米国刑事判例の動向 IV

合衆国最高裁判所判決

「第四修正関係」── 捜索・押収

渥美 東洋 編

日本比較法研究所
研究叢書
84

中央大学出版部

装幀　道吉　剛

はしがき

渥美東洋

一　アメリカ合衆国最高裁判所の主に刑事法運用にかかわる判断を、我が国の関係者に、できるだけ正確に、しかも、社会状況と社会意識、さらには社会の構造の変化、変遷に伴う判断のダイナミックな遷移の動向を背景にして伝達することを目的に作業を開始してから、既に相当な期間を経過した。

日本比較法研究所の永続するプロジェクトの一つとして行われ、当初から今後も行われ続けるこの作業には、私とともに、中央大学の若い研究者として刑事法の将来のグローバルな展開に関心を持つ仲間たちが、加わった。大戦後、とりわけ一九六〇年台から、米国でとりわけ顕著に姿を表面に見せはじめてきた社会構造の変化に対応する法運用や国家の構成理論―社会構造に関する理論―が国家作用の一つである裁判所を通して現実の社会に示されてくる過程に着目する必要が高い、というのがこのプロジェクトを開始したときの動機であった。

アメリカ合衆国の裁判所の判断が正しいのか否かは一応別にして、極端なまでに産業化され、都市化が進展し、家庭やその近隣での人間の連帯感が急速に低下し、政府が社会生活の細部にまでわたって、「援助」の名で干渉の度合いを高めてきたことが自覚されたのが一九六〇年代以降の米国であった。この米国での社会構造や意識の変化は、西欧近代文化の先頭を切り開き、いわゆる人間社会での普遍性であることを確信しながら（いわゆる「哲学の誤謬 philosophical fallacy」）世界の指導者として振る舞う米国の地球規模の全分野での活動を通して、世界に大きな影響を及ぼすに違いない、と当時のわれわれは考えた。

さらに、一般政治・社会理論を伴わずに、わが国の近代化後に断片的に、それぞれの関係者が、それが「よい」と主観的に評価する考え方（個々の考え方（"subjective conceptions"））を、外国の権威に根拠を求めて広めようとする、若干チャイルディッシュな傾向の強い明治以降の日本の法や経済や社会学の分野の大傾向に反省を促したいという、「大それた」意気込みも伴っていたことも、今では、率直に披露してよいと思う。

この種の様々の関心から、刑事法運用について大戦後の日本の母法となった米国、それもアメリカ合衆国の最高裁判所の判断を通して、英米法下での法、刑事法のコンセプトを、できるだけ正確且つ実直に、継受した元の法を知って法運用に当たることができるように、日本の関係者に伝達する作業に入った。

一九六〇年代以降の社会意識や社会構造の変化は、或いは冷戦を通し、又は各種のイノベイション、さらには多くの少数者の社会での政策・意志決定への参加の関心の高まりとともに、加速し増幅してきた。

二　このプロジェクトで、最初に、しかも中心に取り上げられるべき領域は、アメリカ合衆国憲法でいえば、第四修正、日本国憲法では三三条乃至三五条の、いわゆる「憲法上保護された領域」「捜索・押収（人の身体の捜索・押収である身柄の拘束）」、それに実務上密接に随伴する「クェスチョニング」—質問、さらには尋問（インテロゲイション）の分野である。

したがって、作業の開始時から、われわれグループが最大の関心を寄せてきたのがアメリカ合衆国憲法第四修正をめぐるアメリカ合衆国最高裁判所の判例の流れ、傾向と変化であった。この作業をまとめるのに時間がかかり、最初に着手した分野が最も遅く読者の目に触れることになったのは、申し訳なく思う。

三　物理力の独占に拠って、国民国家と法の最大の目標は、平和の維持とそれを基にした個人やグループのできるだけの自由な展開であった。だが、今や、ある分野に限定すれば、国家の信託上の義務を妨げ、また妨げる可能性の高い、多くの国家のライバルとなる「大領域」「アンダーグランドの領域」によって、国民国家の目標は、かなり掘り崩されようとしている。とりわけ、インターネット・インフラは、社会に影響する中核的な「力」を多く分散し、社会の中軸をマルティ・セントリックなものにしている。平和な人生の営みを基本的に守りつつ、不当に自由の展開を妨害しないバランスは、どのように採られればよいのだろうか。そのバランスを保ちうる一般社会、さらにはそこでの政治＝法理論はどのようなものであったらよいのだろうか。そのような関心を表面に出して、日本よりはずっと率直にアメリカ合衆国最高裁判所の裁判官は判断を示している。

この間に、私事にわたるが、多くの示唆を与え続けてくれた、イェール・ロースクールのエイブラハム・ゴールドシュティン教授が逝去した。生前、彼は、犯行発生後の科刑による対処から犯行と社会性を害する行為にそれに出る前に「proactive」に対応して犯行や社会性を害する行為を予防する、つまり犯行者のニーズに応じた対応へと、犯行に対応する社会の改善を図る法運用を他に先駆けて訴えていた。今やこのcriminal justice（社会安全）の分野は確実に基礎を固め、着実な成果を挙げつつある。

このような社会構造（目的と相互連絡の仕組み）の変化とそれについての多面にわたる経験（エビデンスを含む）に基づいて、人々の豊かさと落ち着きと不安に害されない人生を支える社会を掘り崩し兼ねない組織犯罪、経済・政治活動を含む社会性を害する行為を、「思考実験（thought experiment）―純粋理論」によってだけではなく、確かさの高い「客観性のある」豊富な実験・経験に基礎を置く「構成」活動（constructivism）から生まれる理論に従って対処する法運用を、アメリカ合衆国最高裁判所が「法というコンセプト」に従ってどのように「解釈」を通して実現するのかについて、大きな関心を寄せざるをえない。

良くも悪くも、現在のデファクトのグローバル・スタンダードは、法の分野でも米国が創り出している。そのスタンダードの是非・適否について、真剣・率直に不断に新たな判断を示している、特に第四修正の分野でのアメリカ合衆国最高裁判所の判示・ルール設定に、日本の関係者も、正確で、現実的な関心を寄せてくれるようになってもらいたいというのが、私の最大の願望である。

米国刑事判例の動向Ⅳ

目次

Ⅰ　逮　捕

一　相当理由を欠く取調目的の逮捕

1　Dunaway v. New York, 442 U. S. 200 (1979) ……………… 3

取調目的で相当理由のない逮捕をすることは許されない、とした事例。

2　Taylor v. Alabama, 457 U. S. 687 (1982) ……………… 17

取調を目的とする相当理由を欠いた身柄拘束を違法として、その間に得られた自白を排除した事例。

二　相当理由を欠く指紋採取目的の逮捕

3　Hayes v. Florida, 470 U. S. 811 (1985) ……………… 25

同意を得ることなく、かつ、相当な理由なしに事前の司法審査を経ないで、指紋採取を目的として、被疑者を警察署に捜査のために拘禁することは、第四修正に反するとされた事例。

三　逮捕の根拠となる法律が後に無効とされた場合の逮捕の合法性

4　Michigan v. DeFillippo, 443 U. S. 31 (1979) ……………… 30

有効と推定されている法律に従ってなされた逮捕は、その法律が後に無効と判断されても、有効か否かが争われた事例。

四　被逮捕者の逮捕後の行動の監視

5　Washington v. Chrisman, 455 U. S. 1 (1982) ……………… 38

逮捕官憲には被逮捕者の逮捕後の行動を監視し又はこれに同行する一般的権限があるとした事例。

五　合法な捜索の間の捜索家屋の占有者の身柄拘束

6　Michigan v. Summers, 452 U. S. 692 (1981) …… 49

相当な理由に基づく捜索令状が禁制品について発付されている場合に、その捜索を執行する間、捜索家屋の占有者の身柄を拘束することが適法とされた事例。

Ⅱ　捜索・押収

一　相当理由を欠く無令状捜索・押収の禁止

7　Torres v. Puerto Rico, 442 U. S. 465 (1979) …… 63

プエルト・リコのPublic Law 22に基づく、証拠の発見を信ずるに足る相当な理由を欠いた無令状の捜索は、第四修正の要件を充たさず、当該捜索によって入手された証拠は排除されるとした事例。

二　逮捕現場に居合わせた者の無令状捜索・捜検

8　Ybarra v. Illinois, 444 U. S. 85 (1979) …… 67

捜索令状執行時に執行場所に居合わせた者の身体の捜索・捜検は、相当な理由又は合理的嫌疑がない以上、許されないとした事例。

三　情報提供者の提供した情報を基礎とする捜索・押収

9　Ilinois v. Gates, 462 U. S. 213 (1983) …… 80

情報提供者の提供する情報の利用が第四修正上許される基準をアギラ、シュピネリのテストから全体事情テストに変更した事例。

四　情報提供者による情報の利用の場合の情報提供者の身元の開示命令

10　Colorado v. Nunez, 465 U. S. 324 (1984)……110

州事件に関し、令状要件たる「相当な理由」の証明に警察官が情報提供者による情報を利用した旨を被告人が証拠排除聴聞手続で証明した場合には、情報提供者の身許を開示するようにとの裁判所の命令は、法律上根拠があれば州法上は有効であるとした事例。

五　令状記載基準

11　Franks v. Delaware, 438 U. S. 154 (1978)……117

令状記載基準論（four-corners-rule）を一定の要件の下で否定した事例。

六　家屋への立入りと令状の要否

12　Payton v. New York, 445 U. S. 573 (1980)……128

逮捕のための家屋への立入りには令状を要するとした事例。

13　Steagald v. United States, 451 U. S. 204 (1981)……141

逮捕目的で第三者宅に立ち入って被疑者を捜索する場合は、第四修正上、逮捕令状だけでは不十分であり、捜索令状も必要であると判示された事例。

14　Welsh v. Wisconsin, 466 U. S. 740 (1984)……149

血中アルコール濃度の低下という証拠消散の危険性（緊急状況）が認められる場

合であっても、初犯に反則金（noncriminal, civil forfeiture）のみを科す軽微な犯罪の逮捕を理由に、無令状で個人の住居に立入ることは第四修正に違反するとした事例。

15　Dalia v. United States, 441 U. S. 238 (1979) ……………… 157

家屋に秘密に立入ってバッギング・マイクを設置する捜査機関の活動は、立入りを明示して許可する令状によらなくとも、家屋内のあらゆる会話傍受を許可する令状によれば適法であるとした事例。

16　Mincey v. Arizona, 437 U. S. 385 (1978) ……………… 169

殺人現場での四日に及ぶ無令状の捜索押収が違憲とされた事例。

七　行政目的での家屋への立入り

17　INS v. Delgado, 466 U. S. 210 (1984) ……………… 178

密入国者の摘発を目的とする作業場調査（factory survey）は第四修正の押収に当たらないとした事例。

18　G. M. Leasing Corp. v. United States, 429 U. S. 338 (1977) ……………… 187

徴税目的での家屋の立入りに令状が必要であると判示された事例。

19　Marshall v. Barlow's Inc., 436 U. S. 307 (1978) ……………… 192

Occupational Safety and Health Act of 1970（ＯＳＨＡ・職場安全及び健康法）による安全への危害及びＯＳＨＡに基づく規則違反の有無を確かめるための捜索を無令状でなし得るか否かが問題とされた事例。

八　公立学校での生徒の持ち物検査

20　New Jersey v. T. L. O., 469 U. S. 325 (1985) …… 208

公立学校教職員による校内持物検査にも第四修正の規律が及ぶが、令状を入手する必要はなく、また、校則違反等について相当理由（probable cause）には至らない程度の嫌疑である「全体事情の下での合理性（reasonableness under all the circumstances）」があれば、その持物検査は合憲である、と判示された事例。

九　火災現場への立入り

21　Michigan v. Tyler, 436 U. S. 499 (1978) …… 219

消火作業と火災原因確認のための立入りが事実上継続していればその後の火災原因調査目的の無令状の立入りが許されるが、当初の緊急性のある立入りとは別個独立の火災原因調査のための立入りには令状が要るとされた事例。

22　Michigan v. Clifford, 464 U. S. 287 (1984) …… 227

火災が鎮火し消防官と警察官が退去した後の、別の官憲による、火災原因調査のための、同意を得ない、家屋への無令状立入りが違法とされた事例。

一〇　新聞社に対する捜索・押収

23　Zurcher v. Stanford Daily 436 U. S. 547 (1978) …… 246

新聞社に対する捜索・押収が問題とされた事例。

一一　猥褻物の捜索・押収

24　Lo-Ji Sales, Inc. v. New York, 442 U. S. 319 (1979) …… 259

押収対象物の限定・明示を欠いた捜索・押収令状による猥褻物の押収が問題とされた事例。

25　Walter v. United States, 447 U. S. 649 (1980) …… 267

適法に入手した猥褻フイルムの映写は「捜索」に当たり、令状を要するとされた事例。

26　New York v. P. J. Video, 475 U. S. 868 (1986) …… 273

第一修正が関係する場合でも、通常の押収の場合よりも高度の相当理由が要件とはならないとされた事例（猥褻を理由とする押収令状の発付を受けるために提出された宣誓供述書の記載内容の十分性が問題とされた事例）。

一二　電子工学的装置を用いた監視活動

27　United States v. Donovan, 429 U. S. 413 (1977) …… 285

Title III of the Omnibus Crime Control and Safe Street Act of 1968 で、会話の被傍受者を明示・特定すべき範囲、被傍受者への裁判官の裁量的告知との関連で裁判官に告知すべき被傍受者の範囲及びこの特定・告知義務に反した場合の証拠排除の有無が問われた事例。

28　Smith v. Maryland, 442 U. S. 735 (1979) …… 290

架電した電話番号にはプライヴァシーの正当な期待が認められず、ペン・レジスターの設置・利用は第四修正上の「捜索」に当たらないと判示された事例。

29　United States v. Caceres, 440 U. S. 741 (1979) …… 301

国税局（ＩＲＳ）の内部規則によれば、緊急時を除き、電話によらない会話の一

方当事者の同意による傍受には、司法省の事前の許可が要件とされている。国税局の係官が、この許可を得ずに、ラジオ・トランスミッターを身体に秘して被告人と対面で会話し録音された被告人の自己負罪の会話とその内容を傍受した係官の証言は、同規則によれば、排除されるか否かが問題とされた事例。

30 United States v. Knotts, 460 U. S. 276 (1983) …… *313*

ビーパーによる監視は、プライヴァシーを侵害するものではなく、第四修正の捜索・押収に当たらないとされた事例。

31 United States v. Karo, 468 U. S. 705 (1984) …… *323*

ビーパーが設置されたエーテル缶を購入した被疑者が、個人の住居内にそのエーテル缶を搬入しそこから搬出する行為を、そのビーパーを用いて監視する行為が、第四修正上の捜索に当たり、令状を要する、とされた事例。

一三 身体への侵襲を伴う捜索・押収

32 Winston v. Lee, 470 U. S. 753 (1985) …… *335*

全身麻酔による弾丸の摘出は、第四修正に反する捜索・押収に当たるとされた事例。

一四 車輌中の荷物等の捜索・押収

33 Arkansas v. Sanders, 442 U. S. 753 (1979) …… *343*

走行中の車のトランクに積まれたスーツケースの捜索には令状を要するとした事例。

34 United States v. Chadwick, 433 U. S. 1 (1977) …… *356*

マリワナ取引の嫌疑で無令状逮捕する直前に、マリワナの在中を疑うに足る兵隊用の大型旅行カバンが自動車のトランクに入れられるのを捜査官が観察して、自動車ごと連邦ビルに持ち込み「インパウンド」した後、逮捕後一時間半経過して、無令状でその旅行カバンを開け、マリワナを押収した活動の合憲性。

35　New York v. Belton, 453 U. S. 454 (1981)……364

逮捕に伴う捜索・押収の許される範囲が問題とされた事例（被逮捕者が乗車していた車輌の座席に置かれていた上着の無令状捜索はシーメルにいう「被逮捕者の直接の支配下」にあるといえるか否かが問題とされた事例）。

36　United States v. Ross, 456 U. S. 798 (1982)……373

走行中の車輌内に禁制品があるとの相当な理由があり、緊急性が認められる場合に、車輌内の容器類の無令状捜索を是認した事例。

37　United States v. Johns, 469 U. S. 478 (1985)……385

車輌で発見された包装物の押収後三日経過後の無令状捜索は、第四修正に反しないとされた事例。

一五　不審事由による停止後の、凶器発見目的での車輌の捜索

38　Michigan v. Long, 463 U. S. 1032 (1983)……395

凶器が、車内の手の届きそうな所に置かれている嫌疑のあるとき、当該凶器を求めて、捜索することが、許されるのかが争われた事例。

一六　自動車例外

39　Robbins v. California, 453 U. S. 420 (1981)……403

道交法違反を理由に停止させた車輌からマリワナ臭がし、申請人の捜検の結果、マリワナを発見し、さらに、自動車を捜索してマリワナを発見した事例で、この自動車捜索と「自動車捜索の例外」の関係が問題とされた事例。

40 California v. Carney, 471 U. S. 386 (1985) …………………… *415*

モーター・ホームには「自動車の例外（automobile exception）」が適用され、一般駐車場に駐車し具体的な緊急状況がない場合でも、相当な理由が存在すれば、無令状捜索は許されることがあるとした事例。

一七　プレイン・ビュー

41 Texas v. Brown, 460 U. S. 730 (1983) …………………… *424*

プレイン・ビュー（plain view）の原則の下で押収された容器は、その内容物が実際に現認されなくとも、内容物が禁制品又は犯罪の証拠であると経験ある法執行官が現認し得る場合には、無令状で開披し得るとされた事例——風船事件——。

一八　航空機による写真撮影

42 Oliver v. United States, Maine v. Thornton, 466 U. S. 170 (1984) …………………… *435*

open fields doctrine により、空からの写真の撮影は第四修正の捜索・押収には当たらないとされた事例。

43 California v. Ciraolo, 476 U. S. 207 (1986) …………………… *439*

44 United States v. Dunn, 480 U. S. 294 (1987) …………………… *444*

一九　インヴェントリィ・サーチ
（被連行者の所持品の警察所での保管目的での検査）
45　Illinois v. Lafayette, 462 U. S. 640 (1983) …… 454
警察署に連行された被逮捕者が携帯したショルダー・バッグは、日常行われる基準化された保管目的での検査であれば無令状で捜索できるとした事例――Inventory search――。

二〇　捜索に当たらない捜査活動
46　United States v. Jacobsen, 466 U. S. 109 (1984) …… 462
私人が包装物を検査した後の政府の検査は、独立した捜索ではない。適法に入手したコカインの無令状の現場での化学検査（field chemical test）は、第四修正の捜索ではないとした事例。
47　Maryland v. Macon, 472 U. S. 463 (1985) …… 472
猥褻物とされる物の捜査官による店での「購入」が第四修正の「押収」に当たらないとされた事例。

二一　国境での検査
48　United States v. Ramsey, 431 U. S. 606 (1977) …… 480
税関で、禁制品が入っていると疑われる郵便物の開封は相当理由に基づくことを要せず、令状によることを要しないとされた事例。
49　United States v. Montoya De Hernandez, 473 U. S. 531 (1985) …… 487

国境において、税関が、体内（消化器官）に麻薬を隠し持っている疑いのある者に対し、通常の検査の程度を超えて身柄を拘束する場合には、「不審事由（合理的嫌疑）（reasonable suspicion）」が要件とされ、明白な徴表（clear indication）は第四修正上の基準とはならないとされた事例。

二二　合衆国領水又は関税水域内での船舶検査

50　United States v. Villamonte-Marquez, 462 U. S. 579 (1983) …… 502

合衆国税関職員は、合衆国領水又は関税水域において、違法行為に関する嫌疑なくして船舶を停船させて乗船し、積荷目録その他船舶に備え置くべき文書を検査することができる旨の規定（19 U. S. C. § 1581 (a)）に基づく乗船措置と、その際に生じた相当理由による無令状の船内捜索・押収が、第四修正に反しない、とされた事例。

二三　監視付配達・泳がせ捜査（controlled delivery）

51　Illinois v. Andreas, 463 U. S. 765 (1983) …… 512

合法な国境での税関検査により禁制品が発見された容器を封印後、警察の監視下でその容器を申請人のところへ送達し、一時見えなくなったが、申請人がその容器を持って出てきたところでその容器を押収後に再度開披するには捜索令状によることを要しないとされた事例。

二四　空港での停止及び所持品検査

52　Florida v. Royer, 460 U. S. 491 (1983) …… 525

空港で、ドラッグ・カリアー・プロファイルに基づいて停止し、運転免許証と航

空券を返さないまま、窓のない取調室に類似した部屋へ同行することは、相当理由の欠如した身柄拘束であり、その違法な身柄拘束によって汚染された同意に基づく荷物の捜索は違法となり、押収されたマリワナは排除されるとした事例。

53　United States v. Mendenhall, 446 U. S. 544 (1980) …… 536

空港でのドラッグ・カリアー・プロファイルに基づく停止は第四修正の身柄拘束には当たらず、その停止後になされた身体の捜索によるヘロイン押収行為を同意による押収と見て合法と判断した事例。

54　Reid v. Georgia, 448 U. S. 438 (1980) …… 552

空港での乗客の停止、質問の要件としての合理的嫌疑には、本件のドラッグ・カリアー・プロファイルの示す事由では不十分とされた事例。

二五　麻薬探知犬による臭気選別

55　United States v. Place, 462 U. S. 696 (1983) …… 557

個人の手荷物に麻薬が入っているとの不審事由（合理的嫌疑）に基づいて、訓練された麻薬発見犬がその手荷物の臭いを嗅いでテストするために、一次的にその手荷物を留め置くことが、第四修正により禁止されるのか否か及びその限度が問題とされた事例。

二六　自動車検問

56　Delaware v. Prouse, 440 U. S. 648 (1979) …… 577

自動車免許及び自動車登録の検査のために、警察官が裁量により行う random stop check を違憲とした事例。

二七　停　止

57　United States v. Hensley, 469 U. S. 221 (1985) …… 594
既に終了した犯行を理由に停止をすることの可否、警察が発行したちらしに基づいて行われた停止の可否及びその停止が許される場合の要件について判断された事例。

58　Kolender v. Lawson, 461 U. S. 352 (1983) …… 606
不審事由（合理的嫌疑）に基づいて停止を求められた者が警察官の求めに応じて「信憑性があり、かつ信頼のおける」身元を開示しなかった行為を罰する法律が、明確さの欠如を理由に無効（void for vagueness）であるとされた事例。

59　United States v. Sharpe, 470 U. S. 675 (1985) …… 614
マリワナ運搬の不審事由（合理的嫌疑）がある者の二〇分間の身柄拘束が、テリー事件の合法な「停止」に当たり、「逮捕」には当たらないとされた事例。

60　Pennsylvania v. Mimms, 434 U. S. 106 (1977) …… 625
交通違反を取締る警察官は、安全確保のため、運転者を降車させることができるとした事例。

Ⅲ　排除法則

一　善意の例外

61　United States v. Leon, 468 U. S. 897 (1984) …… 637
排除法則の例外として、「善意の例外法理」が採用された事例。

62　Massachusetts v. Sheppard, 468 U. S. 981 (1984) …… 645

二　排除申立て適格

63　Rakas v. Illinois, 439 U. S. 128 (1978) …… 652

第三者が所有する自動車の単なる同乗者は、当該車輌の捜索の合法性を争う適格を有しないとされた事例。

64　Rawlings v. Kentucky, 448 U. S. 98 (1980) …… 662

捜索場所に権利を持っていなければ、押収物の所有権だけでは、自己への排除法則の適用を主張できないとされた事例。

65　United States v. Salvucci et al., 488 U. S. 83 (1980) …… 678

本件は、ジョーンズ（Johns v. United States, 362 U. S. 257 (1960)）で確立された、所持罪での証拠排除申立てに関する自動適格の法理（automatic standing rule）に関係する。この法理は、排除申立てにおける自己負罪の危険性並びに政府の主張の矛盾に着目したものであるが、この法理は維持されるべきではないとされた事例。

66　United States v. Payner, 447 U. S. 727 (1980) …… 685

本件は、第三者の第四修正の権利を侵害した捜索活動によって入手された証拠の果実が証拠から排除されるか否か及び排除法則の適格要件が問題とされた事例。

三　弾劾目的での違法収集証拠の利用

67　United States v. Havens, 446 U. S. 620 (1980) …… 691

違法収集証拠を、被告人の証言たる供述に対する反対尋問において、その供述を弾劾する目的で使用できるか否かが問題とされた事例。

四　毒樹の果実法理

68　United States v. Ceccolini, 435 U. S. 268 (1978) …… 697
証人の証言も違法捜索の毒樹の果実になり得るが、排除法則の適用は非供述証拠の場合よりも慎重でなければならない、とされた事例。

69　United States v. Crews, 445 U. S. 463 (1980) …… 708
公判廷での被害者による犯人識別証言が違法逮捕の果実としては排除されない、と判示された事例。

70　Segura v. United States, 468 U. S. 796 (1984) …… 715
無令状の立入りには緊急状況がなく違法であり、その立入りで現認された証拠は排除されるが、立入り前の情報に基づいて申請された令状を入手するまでの間、証拠隠匿・破壊防止目的で官憲が家屋内に留まった滞在措置（インパウンド）は、第四修正の不合理な押収に当たらず、後に発付されたその令状で押収した証拠は独立源に基づくものとして合法であるとされた事例。

71　Nix v. Williams, 467 U. S. 431 (1984) …… 729
基本権侵害活動によって獲得された証拠から派生して得られた証拠であっても、合法的な手段によってもいずれにせよ発見されたはずであるならば、毒樹の果実としては排除しないとする、いずれにせよ発見された証拠の法理（inevitable discovery doctrine）が採用された事例。

I　逮捕

一　相当理由を欠く取調目的の逮捕

1　Dunaway v. New York, 442 U. S. 200 (1979)

取調目的で相当理由のない逮捕をすることは許されない、とした事例。

《事実の概要》

申請人ダナウェイが強盗未遂と強盗殺人に関係しているとの情報を得たニューヨーク州ロチェスター警察署の警察官は、この情報源だと考えられる未決拘禁者を尋問したが、申請人の逮捕状を入手するのに要する程度の情報を得ることはできなかった。それにもかかわらず警察官は、ダナウェイが隣人の家に居るのを突き止め、彼の身柄を拘束した。ダナウェイには逮捕された旨の告知はされなかったが、退去しようとすれば物理的に制止されるような状況に置かれた。彼は警察署の取調室に連行され、ミランダ警告を与えられた後、取調べを受けた。彼は弁護権を放棄し、犯罪の概略を供述した。ダナウェイは州裁判所の公判でこの供述を証拠から排除するように申し立てたが却下され、有罪判決を受けた。Appellate Division of Supreme Court 及び New York Court of Appeals は有罪を確認した。合衆国最高裁判所はサーシオレイライを認め原審判決を無効とし、ブラウン（Brown v. Illinois, 422 U. S. 490 (1975)）[1]に照らし、さらに審理するよう New York Court of Appeals に事件を差戻した。この差戻審たる New York Court of Appeals はモンロー郡裁判所に事実認定を行うよう指示し、モンロー郡裁判所は結局申請人の申立を認めた。しかしAppellate Division of Supreme Courtはこれを破棄し、申請人を逮捕するために「相当な理由」を欠いてはいても、個人の第四修正の権利を保護するのに充分なほどに注意深く規律された状態の下でならば、警察には、合理的嫌疑に基づいてする尋問のために、合理的な短時間内であれば個人を拘束することが許され、またたとえ申請人を拘束することが違法であったとしても、この違法は十分に稀釈されているので、申請人の供述を証拠として許容してよいと判断した。New York Court of Appealsは申請人の上訴許可申請を却下した。

《判旨・法廷意見》

原判決破棄

一　ブレナン裁判官による法廷意見

(1)　申請人が不任意（involuntarily）に警察署に連行された時、同人は第四修正の意味で「押収」されたのである。被上訴人たる州も、ロチェスター警察が取調中に申請人が供述をするまでは逮捕要件たる相当な理由が欠けていたことを認めている。

テリー（Terry v. Ohio, 398 U. S. 1 (1968)）以前、不合理な捜索・押収を受けないとの第四修正の保障は、逮捕とは何か、逮捕のための「相当な理由」の必要、この相当な理由に基づいた令状の必要、という観点から分析されていた。逮捕とは第四修正にいう「押収」と同義である。令状は常に必要だというものではないが、相当な理由は常に必要なものとされている。「相当な理由」は、一方でプライヴァシーへの無謀（rash）で不合理な干渉から市民を保護するという利益と、他方でコミュニティを保護する法執行に公正な手段を付与するという利益との間の調整をはかる妥協であり、個々の逮捕のもたらすそれぞれの侵害を第四修正の下で合理的とするのに必要な最小限の正当事由である。この「相当な理由」はあらゆる逮捕の必須要件である。

テリーは停止・捜検（stop and frisk）を扱ったものであり、合衆国最高裁は、この停止・捜検はそのもたらす侵害が伝統的な逮捕がもたらす侵害よりも程度の低いものであるので、伝統的な「逮捕」の概念に当てはまるものではないが、個人の聖域への重大な侵害となるから、第四修正の「押収」にあたり、警察活動の中核（rubric of police couduct）をなすものであるとした。そのうえで、この侵害を合理的とするために、一方で個人のプライヴァシーへの侵害と、他方で犯罪の抑止及び警察官の身体の安全とを比較衡量し、武装した危険な人間を扱っていると信ずべき理由を警察官が有している場合には、逮捕のための相当な理由の有無にかかわらず、兇器を探す捜索活動を合理的なものとした。こうしてテリーは、第一に、第四修正の「押収」を逮捕よりも侵害の程度の低いものと位置づけ、この「押収」が合理的か否かは比較衡量（balancing test）によるとし、第二に、この比較衡量によって、最高裁はこの侵害の程度の低い「押収」を「相当な理由」よりは低い根拠に基づいて行うことを認めた。

テリー及びその後の判例――たとえばウィリアムズ（Adams v. Williams, 407 U. S. 143 (1972)）、ミムズ（Pennsylvania v. Mimms, 434 U. S. 106 (1977)）、ブリニョーニ＝ポンス（United States v. Brignoni-Ponce, 422 U. S. 873 (1975)）、マルティネス＝フェルテ（United States v. Martinez-Fuerte, 428 U. S. 543 (1976)）、プロウズ（Delaware v. Prouse, 440 U. S. 648 (1979)）――が、比較衡量を行い、逮捕のための「相当な理由」には至らない程度の理由に基づいた侵害を正当としたのは、これらの侵害が逮捕によりもたらされる侵害に遙かに及ばぬものだからである。

こうした短時間の「狭く限定された侵害」と比較してみて、本件申請人の身柄拘束は伝統的な逮捕と区別できないものである。本件申請人は、警察の車で警察署の取調室に連行され、退去の自由の告知も受けず、警察官との同行を拒んだり、拘束状態から逃れようとすれば物理力で制止された、と思われる状況におかれた。これらの事情から考えると、逮捕の告知も受けず、文書による逮捕処理の手続がされなかった（not booked）尋問の結果、供述しなければ逮捕歴（arrest record）も残らなかったろう、といった事実があるからといって、本件申請人の「押収」がテリー事件及びその後の判例のいう「狭く限定された侵害」に当ると解することは許されない。本件で「相当な理由」を要しないとするならば、第四修正の「押収」には相当な理由を要するという原則が軽微な侵害しか伴わない場合には、当該侵害が許されるか否かは、具体的に利益較量をしたうえで決定するという、例外的な処理に吸収され呑ことになってしまうからである。

比較衡量による基準が法律専門技術上の意味で逮捕に至らない「押収」の場合すべてに適用されるとするのは妥当でない。この較量による法運用は、較量の担い手が法執行官である場合にはとりわけ、その直面した具体的状況に関連する社会的または個人的利益を考慮し較量する時間と経験が限られていることから、第四修正の保護を失わせやすい。警察活動を規律する明瞭で慣れやすい基準が、警察官には不可欠である。

さらに、テリー以後の二つの事件が、本件での申請人の処遇は「相当な理由」を伴わねばならないことを示している。相当な理由のないまま身柄を拘束された被疑者から採取された指紋を、証拠から排除すべきか否かを扱ったデイヴィス（Davis v. Mississippi, 394 U. S. 721（1969））では、身柄拘束は弾劾的段階ではなく捜査段階で生じたものであり、専ら指紋採取の目的で行われたのだから、相当な理由は不要だとの州側主張を斥けて、第四修正は捜査段階にも適用されるとし、捜査段階での「押収」により、多数の無辜の者が身柄拘束から生ずる困惑や迷惑、恥辱を受けるので、その侵害が技術的に逮捕と呼ばれようと捜査目的での身柄拘束（investigatory detention）と呼ばれようと、第四修正は、こうした市民の安全に対する侵害を防止しようとするものであると判示された。さらに、指紋採取は、私生活を探索するものではなく、ワン・セットの指紋がえられればよく、繰り返し行う必要もなく、また、指紋の採取は効果的な犯罪解決手段であって濫用の危険性もなく、破壊される危険もなく、しかも予期せぬ時に行われるものでもない。このように指紋採取活動を特徴づけながらも、デイヴィスは、身柄拘束中に指紋の採取だけでなく、尋問も行われたとの理由で指紋採取手続の有効性を判断することは不要だとした。

また、ブラウン（Brown v. Illinois, 422 U. S. 590 (1975)）では、「相当な理由」に至らない程度の理由により、捜査目的で行われた逮捕は許されないと判示した。ブラウンの逮捕はその意図・形態ともに捜査を目的とするものであり、何かが判明するのではないかとの単なる希望で探索的な活動をすることは許されないと判示した。

こうして、デイヴィス及びブラウンは、身柄拘束状態での取調を目的として身柄を拘束する（detention for custodial interrogation）ことは、その名称の如何を問わず、第四修正の利益を侵害するものとしたのである。それゆえ、本件でロチェスター警察が相当な理由のないまま申請人を「押収」し、尋問のために警察署に連行したことは第四修正及び第一四修正に違反するものと判断する。

(2)　本件での身柄拘束が違法だとしても、この違法な警察活動とそこでなされた供述との間の因果関係が遠く、そのため、当該供述を証拠として許容し得るほど、その違法性が稀釈しているといえるかどうかという問題がある。本件では、ミランダ警告が適切に与えられており、申請人の供述は第五修正の趣旨からは任意であったことに争いはない。しかしブラウンでは、第四修正の実効化のために用いられる排除法理は、第五修正が保護する利益や政策とは異なった利益や政策に資するものであるから、ミランダ警告がなされたとか、ミランダ警告を受けないまま行われた自白を排除するということだけでは、第四修正に違反する活動を充分に抑止することはできないと判示された。無令状逮捕や「相当な理由」を具備しないままでなされた逮捕に由来する証拠が、ミランダ警告を与えるという簡単な処置によって証拠として許容されることになると、このような逮捕が誘発されることになるかもしれない。したがって、適切なミランダ警告が与えられた後の自白が第五修正の趣旨からは任意と認定されるとしても、このようにして認められた自白の任意性は第四修正の分析については第一歩の入口の要件でしかない。

ブラウンでは、自動許容法理（per-se rule）及び条件説（but for rule）を斥け、この入口の要件を満たしていてもなお、ブラウンの供述が違法な逮捕により入手されたものか否かを問題とした。このように違法逮捕と自白との間の因果関係に焦点をあてたのは、両者の間に密接な因果関係がある場合には、証拠排除という措置が将来の同様な警察活動を抑止するのに役立ち得ること、逆に当該自白を証拠に許容すると裁判所の廉潔性を損うことになるという二つの政策を考慮したからである。

ところで自白が違法逮捕により入手されたものか否かを判断する際考慮すべき事項として、ブラウンは、逮捕と自白との間の時間的近接性、中断事由の有無及び警察官の違法活動の意図ないしは主観的違法の程度を挙げ、自白の許容性についての挙証責任は訴追側にあると判示した。そのうえで違法逮捕と自白との間の中断事由がなく、相当な理由を欠いた逮捕は、見込みで行われた探索的な証拠漁りだとして、意図的なものであると判示したのである。本件でも事情はブラウンと同じである。本件で申請人の自白を証拠として許容すると、第四修正を侵害した法執行官に制裁を課さないことを認め、第五修正の手続的保障に従えば、汚れた手を洗えるものと法執行官が知っていれば、彼は安全に振舞えることを認めることになるだろう。原判決破棄。

二　ホワイト裁判官の補足意見

第四修正の根本は利益衡量にある。しかし、裁判所や法執行官が実際に働かせ得る原則（workable rule）を持とうとするなら、この較量は個々の警察官によってアドホックに又は事件ごとに行われてはならず、類型的（categorical）

に行われなければならない。

三　スティーヴンス裁判官の補足意見

警察官の違法活動の後に入手された自白を排除する基準は、当該警察官の善意・悪意であってはならない。適法でない方法により入手された証拠の排除を正当とする理由は、法執行官が全体として――常軌を逸した個々の警察官ではなく――市民の憲法上の権利を将来侵害することのないような一定の手続を採用し、それを実行するように動機づけることである。排除法理は主観的な考慮でなく、客観的な基準を具体化するものである。

四　バーガー首席裁判官の加わったレーンクェスト裁判官の反対意見

本件の記録から、第四修正にいう「押収」が被告人についてなされたと認定することはできない。仮に被告人が「押収」されていたとしても、違法と主張されている身柄拘束と、帰責供述との間で汚染は、充分に稀釈されているので、帰責供述は公判で証拠として許容される。

申請人は、逮捕または身柄拘束された旨の告知を受けず、また抵抗や逃走をするなとの警告を受けてもいなかった。さらに警察官は、申請人の身体に触れもしなかったと証言している。申請人がその意に反して身柄を拘束されたとする、法廷意見の判断を支える証拠はない。

ブラウンと本件とは「区別」できるものである。排除法理のもつ抑止効から問題をみると、警察官の違法活動を行うとの意識の程度（flagrancy）が最も重要な要素である。警察官が善意に、違法活動をする意図もなく、行動した場合には、ミランダ警告が与えられている以上、申請人の供述は第五修正の意味で任意であり、供述を証拠として許容するには、それ以上の要件は要らない。

《解　説》

一　本件は相当な理由を欠いたまま取調目的で身柄を拘束した行為を違法としたものである。「相当な理由」を欠いた身柄拘束に関する近年の合衆国最高裁判所の判例には、次のようなものがある。

デイヴィス事件では、犯人は若い黒人だという強姦被害者の証言から、犯行現場に残された指紋との照合のため、二四名の黒人青年（申請人はその一人であった）が警察署に連行され、指紋を採取された後、簡単な質問を受けた。この事件では、専ら指紋採取の目的で行われた身柄拘束は「相当な理由」を具備していなくても、指紋採取手続はその性質上、個人に対する侵害の程度の低い活動であることを主たる理由に、第四修正の下で合理的とされる場合があると判示しながらも、身柄拘束中に取調も行われたことを理由に、身柄拘束を違法と判示した。

周知のように、指紋採取を目的とする身柄拘束が許される場合もあるとの傍論の方が大きな影響を与え、アメリカ法律家協会模範捜査法典（A. L. I., Model Code of Pre-Arraignment Procedure, Proposed Official Draft 1975）一七〇条以下の規定、又は統一刑訴規則（Uniform Rules of Criminal Procedure, Approved Draft 1975）四三六条において、非供述証拠による同一性確認（Nontestimonial Identification）のため逮捕に必要な「相当な理由」には至らない程度の理由に基づく警察署での短時間の身柄拘束（brief detention）を認める提案がなされ、これを採用した州[2]もあるほどである。

このデイヴィスの次の開廷期に判決の下されたモラレス（Morales v. New York, 396 U. S. 102 (1969)）では、身柄拘束下での尋問により入手された帰責供述の許容性が問題となった。ここでは当初、供述の任意性が主要争点となり、身柄拘束が相当な理由に基づいていなかったとの主張は、事件がNew York Court of Appealsに係属して初めて提出された。同裁判所は、モラレスの身柄拘束はニューヨーク州法の正式逮捕ではなく、警察官は相当な理由を欠いていたかもしれぬが、犯罪について何か知っていると思われる人物を拘束して質問することは合理的だとした。合衆国最高裁判所は、モラレスの身柄拘束の際の事情を評価するに充分な記録がないことを理由に、「相当な理由」に至らない程度の理由に基づいた身柄拘束下での尋問の違法性については判断を留保した。

その後、音声標本（voice exampler）採取のため合衆国検事の下に出頭するよう命じた大陪審召喚（grand jury subpoena）は、第四修正の「押収」にあたらず、合理性の要件を満たしているかも問う必要はないとしたディオニシオ（United States v. Dionisio, 410 U. S. 1 (1973)）、筆跡見本提出のための出頭を命じた大陪審召喚につき同様の判断を行ったマラ（United States v. Mara, 410 U. S. 19 (1973)）、さらに、相当な理由のないまま取調目的で行われた正式逮捕（formal arrest）を違法としたブラウン判決が下された。もちろん、「停止」と予防的「捜検」を認めたテリー、これらが合理的嫌疑に基づいていても構わないとするウィリアムズも健在である。

こうした判例の状況から、本件の「相当な理由」を欠いたままでの身柄拘束下での尋問というモラレスの留保した問題は、①テリー及びウィリアムズの認めるstop and questionにより正当とされるか、②デイヴィスの傍論により承認される可能性のある短時間の身柄拘束（brief detention）により正当とされるか、それとも、③相当な理由のないまま取調目的で行った正式逮捕を違法とするブラウンと同様に違法とされるのか、が問われることとなる。しかし、本件で申請人は警察署に連行され、取調室へ入れられ、ミランダ警告を受けて約一時間後に簡単な供述を行い、翌日完全な供述を行っている。(3) 身柄拘束の行われた一九七一年八月一一日当時のニューヨーク州刑事訴訟法（Code of Criminal Procedure）一八〇―a条はstop and questionを規定するが、公開の場所（public place）でのそれに限定されており、拘束時間も翌日に跨ることは許されないであろうことから、(4) 本件は同法の停止を適用する場合でもない。(5) 結局、②または③のいずれにあたるかを検討することとなる。

二　本件では、申請人の不任意な警察署への連行は、第四修正にいう「押収」にあたるとする。(6) そして、本件での身柄拘束に相当な理由がなかったことにつき争いがなかったことから、同様に相当な理由のないまま、質問と捜検のための短時間の身柄拘束を認めたテリーの判断基準（balancing test）に照して、本件を解決することが妥当か否かを判断しようとする。その際法廷意見は、テリーでbalancing testによる合理性の判断の対象となったのは、伝統的意味の逮捕のもたらす侵害よりも程度の低い侵害であったとテリーを位置づけた。さらに密入国者の有無の検査のため国境警備官が行なう自動車の停止に関するブリニョーニ＝ポンスも、通常、停止は一分以内という短時間のものとの侵害の程度の低さからテリーを適用したものと位置づけている。他にウィリアムズ、ミムズ、マルティネス＝フェルテ、プロウズを参照するよう指示しており、これらも同様に侵害の程度の低いものと位置づけているものと思われる。その上で、逮捕よりも侵害の程度の低いものにあっては比較衡量による合理性判断を行い、侵害が逮捕と同程度であれば相当な理由は不可欠とする。そして本件では申請人はその意に反して連行され取調室で退去の自由についての告知も受けないまま取調べられ、同行を拒んだり拘束から逃れたりしようとすれば物理力を行使されたかもしれなかった点に鑑み、本件身柄拘束は逮捕と区別できないとする。先述の③の立場に与したのである。

本件を逮捕と区別できないとするのは正しい。逮捕するとの告知、逮捕の際の調書作成、逮捕歴の残ること、これらは逮捕についての付随的手続でしかない。身柄拘束とその下での取調が逮捕の特徴だからである。

しかし、法廷意見のテリー以後の判例の位置づけには妥当でない点もある。

ウィリアムズで合理的な嫌疑に基づく捜検を許したのは、ウィリアムズが兇器を所持しているとの情報を入手していたため、警察官の身体の安全確保のため速やかに兇器を取り去る必要が強い場合であった。警察官が期限切れのライセンスプレートを揚げていた車を停止させ、乗員に車外に出るよう命じたところ、当該乗員のポケットが膨らんでいるので捜検を行ったというミムズ事件で、車外に出させたこと、及び捜検を正当としたのは、警察官に危害が加えられる恐れを減ずるためであった。密入国者検査のため国境警備官が検問所を設置して行う車の停止と検査を合理的としたマルティネス＝フェルテは、車の乗員に対する侵害が最小限であることもさることながら、検問所検査における警察官の裁量行使が大きく規制されていたことが主たる理由であった。さらに、合理的嫌疑がない場合の運転免許・登録の検査のためのランダムチェックを違法としたのは、同様に警察官の無制約の裁量による検査の濫用の危険に着目したからと解するのが妥当である。

確かにこれらの判例は、いずれも逮捕よりは侵害の程度の低いものではあった。しかしこれらは、身柄拘束による侵害の程度は当然のように比較衡量の際の要素として考慮されるに止まり、この侵害の程度が相当な理由を不可欠とするか否か、比較衡量による合理性判断の対象となるか否かの判断基準となることにつき、自覚的ではあっても明言してはいなかった。本判決は、こうして身柄拘束にあっては「相当な理由」に程度の差を設ける立場（varying probable cause）を認めないことを明確にしたといえる。

ただ実際の比較衡量に際しては、侵害の程度の低さは決定的な要素とは言えない場合が多いことに注意する必要がある。嫌疑に基づく stop and question のための身柄拘束を認めたのは緊急性・急務性があったからである。自動車の停止についての判断が分かれたのは、警察官の裁量が無制約であったか否かによる。また、デイヴィスの傍論に触発されて提出された同一性確認のための身柄拘束に関する立法提案も、身柄拘束に先立つ司法審査を要件としている。(7) こうしてみると、嫌疑に基づく身柄拘束は逮捕より侵害の程度が低いことのほか、いま一つの要件を満たして初めて認められている。較量の性質上当然であろう。本件では、侵害の程度も逮捕と変らず、しかもこのいま一つの要件——緊急性・裁量行使の制約が何ら満たされていない場合であった。ブラウンに倣って③の立場に立ったのは正当である。単なる主観的嫌疑に基づく身柄拘束を認めることには、見込み捜査、戦略的捜査（strategical investigation of crimes）を肯定する危険性が常につきまとうものであり、また取調目的の身柄拘束は、本来弾劾主義に違反するものである。この危険性を減少する方策のないまま新たな身柄拘束態様を認めることは、プライヴァシー保障の点から許されないからである。

なお、反対意見のレーンクェスト裁判官は本件を任意出頭、任意供述の場合と把える。しかし被疑者が任意出頭したのか否かの区分けは、捜索・押収の際の同意の有無と同様、出頭要請の意味をどれほど理解していたかという困難な問題を生じるものである。(8) 被疑者の主観により警察活動の違法性が判断されるとするのは基準の不明瞭さから承認し難い。

さらに、本件は取調のための身柄拘束の時点で、捜査の関心がダナウェイに集中していたことから弾劾は開始されていたといえ、(9) 旧来の弾劾主義捜査（accusatorial system）の立場からも充分違法と言える場合であった。ただデイヴィスの言うように、取調目的の探索的目的の身柄拘束の危険性から違法性を判断すれば、その処理が直ちに弾劾主義の問題となるのである。したがって、取調目的の身柄拘束はどの段階でなされようと弾劾主義違反になるのだから、身柄拘束が捜査段階か弾劾の段階であったかで区別することは間違いであることを附言しておく。

三　本件はこうして単なる主観的な嫌疑による身柄拘束を違法とした上で、その違法な身柄拘束と、その間に得られた供述との因果関係を問題とし、ブラウンと同様稀釈法理に従って、稀釈するものはなかったとしてその間の因果関係を事情を総合したうえで肯定する。

ミランダ判決は正当な身柄拘束後の取調べを是認し、この取調べの際の強制の契機を可能な限り減少させようとしたものである。したがって、ミランダ警告が与えられていたということは供述の任意性を主張する根拠たり得はするけれども、当初の身柄拘束の違法までも治癒するか否かは別問題である。

ブラウンは、ミランダ警告はそれだけで違法な身柄拘束と供述との間の因果関係を破るものではなく、自白が違法逮捕により入手されたか否かは、逮捕と供述の間の時間的近接性、中断事由の有無、警察官の違法活動の意図、またはその主観的違法の程度といった要素を総合して事件ごとに考慮すべきだとする。本件でも、ミランダ警告がそれだけで違法を治癒するとすれば、ミランダ警告さえ与えれば相当な理由のないままの身柄拘束を奨励することになるとして、ブラウンを踏襲した。しかし、「相当な理由」のない身柄拘束が、ミランダ警告を与えたことにより結果的に是認されることを嫌うなら、違法な身柄拘束と供述との間の条件関係さえあれば、当該供述を排除するという立場(but for rule)を採用すべきではなかったか。稀釈法理を維持し、違法な身柄拘束と供述との間の因果関係が種々の要素によって稀釈されたか否かを事件ごとに吟味するという事情の総合説(totality of circumstances test)の思考方法は、因果関係の有無について明瞭な基準を提供しない。ミランダ告知後、どの要素が満たされていれば、相当な理由のない身柄拘束が適法とされるというのか判然としないのである。

ブラウンで条件関係説(but for rule)を採用しなかったのは、偶々被告人側がそこまで主張・要求しなかったためでもある[10]。証拠漁りを禁ずるとの趣旨を徹底すれば、条件関係説を採用してもよかったのではないかと思う。

四　このように、取調目的の身柄拘束について合衆国最高裁や米法の立場には若干の混乱がみられる。この混乱を是正して、つぎのようにこの問題を理解する方が健全だと思う。つまり、弾劾主義は今では、供述者の口から供述を入手する場合の黙秘権法理に実際上は限定されてしまっている。そこで、犯人と被告人の同一性立証のための指紋等の非供述証拠の提出を一時的に身柄を拘束して強制することは許されるが、口からの供述を得る目的での身柄拘束は許されない。不利益な供述を提供するように、身柄拘束によって、被疑者を強要・強制する結果となるからである。ただ、緊急・急務性のあるときには、一時の身柄の拘束を伴う、質問を目的とする停止(身柄拘束)は許される。

以上のように体系化することができよう。いずれにせよ、取調を目的とする逮捕を許さないとする立場は、現在なお、合衆国最高裁判所では健在なのである。

（1）ブラウンは、「相当な理由」にまでは至らない程度の理由に基づいて正式逮捕された後、身柄を拘束された上でなされた尋問に際し、ミランダ警告を受けて申請人が帰責供述を行ったという場合に、ミランダ警告はそれだけで第四修正違反を治癒するものではないと判示した。

（2）Ariz. Rev. Stat. Ann. §13-1424., Colo. R. Crim. P. 41. 1, Idaho Code §19-625, Utah Code. Ann. §77-13-37 (line up only).

（3）Dunnaway v. New York, 47 U. S. L. W. 4635 at 4636 note 2 (U. S. June 5, 1979).

（4）ニューヨーク州の現行刑事訴訟法（Criminal Procedure Law 1971）は一九七一年九月一日より施行されている。本件身柄拘束は同年八月十一日に行われたため旧法が適用される場合であった。なお、停止による拘束時間につき、旧法下で二時間強の拘束を適法とした例（United States v. Thomas, 250 F. Supp. 771（S. D. N. Y. 1966））がある。現行刑事訴訟法一四〇・五〇条の下では、四～五時間の拘束を違法とした例（People v. Lee, 371 N. Y. S. 2d 812 (1975)）がある。

（5）州法の権限により行動する警察官が停止を行った場合、当該停止の合法性は州法により判断される。United States v. Magda, 409 F. Supp. 734（S. D. N. Y. 1976）.

（6）本判決脚注6によれば、被上訴人は申請人は任意出頭したものと主張している。法廷意見は、A・L・Iの模範捜査法典二・〇一条⑶項の出頭自体が普通の市民には恐しい経験と思われ、警察への出頭要請はそれを受けた者に義務感を生ぜしめやすいとの立論を参照するよう指示してこれに応じている。

（7）A. L. I. Model Code of Pre-Arraignment Procedure §170. 2 Uniform Rules of Criminal Procedure §436 (a).

（8）Lafave, 2 Search and Seizure §8. 2 以下参照。3 Search and Seizure §9. 6 at P. 163 Note 73.

（9）渥美東洋「身柄拘束と取調」、同『捜査の原理』所収。

（10）Brown v. Illinois, 95 S. Ct. 2254 at 2261.

（香川　喜八朗）

2　Taylor v. Alabama, 457 U. S. 687 (1982)

取調を目的とする相当理由を欠いた身柄拘束を違法として、その間に得られた自白を排除した事例。

《事実の概要》

一九七八年アラバマ州モントゴメリーの雑貨屋に強盗が入った。当時この地域では強盗が頻発していたので、警察は徹底した捜査を行っていた。その折、強盗とは無関係な犯罪を理由に身柄拘束されていた者からテイラーが強盗に関係しているとの情報を得た。この者は、以前こうした情報を提供したことがあったわけでもなく、この情報源を示しもせず、また強盗犯罪について詳細な事実を示したわけでもなかった。つまりこの情報は逮捕について相当な理由を構成するものではなかった。それにもかかわらず警察は雑貨屋への強盗を理由にテイラーを無令状で逮捕し、ミランダ警告を与え、警察署に連行した。同署で指紋を採取し、尋問を行い、ラインアップに付した。ラインアップでは強盗の被害者はテイラーを犯人だと特定できなかった。犯人が手を触れた品に残された指紋とテイラーの指紋は一致すると警察はテイラーに告げた。テイラーはガールフレンドと面会した後、権利放棄の書面及び自白調書に署名した。アラバマ州裁判所は公判でこの自白を証拠に許容し、テイラーを有罪と認定した。アラバマ州刑事控訴裁判所はこの認定を破棄した。その理由は、本件はダナウェイ（Dunaway v. New York, 442 U. S. 200 (1979)）と区別できず、したがって自白は排除さるべきだというところにある。アラバマ州最高裁判所はこの判決を破棄した。

《判旨・法廷意見》

破棄差戻し

一　マーシャル裁判官執筆の法廷意見

(1)　ブラウン（Brown v. United States, 422 U. S. 590 (1975)）とダナウェイでは、違法逮捕と自白との因果関係を中断する事情があるためにその自白が自由な意思からなされたものであるため、当初の汚染を除去できるとまでいえる場合を除いては、相当な理由を欠く身柄拘束の下でなされた自白は排除されなければならないと判示した。さらに自白が違法逮捕という汚染の影響を受けているか否かを判断するに当って、逮捕と自白との時間的近接性、中断事情の存否、とりわけ警察官の違法行為の目的及びその程度といった要素を考慮すべきであり、またこれらの要素の存在についての挙証責任は検察側にあると判示した。

ミランダ警告が与えられ、それが供述者に理解されているから第五修正上自白は任意であるといえてもそれだけで違法逮捕という汚染は除去されるものではない。ミランダ警告が第四修正違反を治癒する護符であるとすると、違法な捜索押収に対する第四修正の保障は単なる画餅に帰す。

(2)　本件はブラウン事件反びダナウェイ事件の複製である。被告人は相当な理由を欠くにもかかわらず見込みによって逮捕され、逮捕された六時間後に自白をした。検察側は違法逮捕と自白との時間的近接性はないと主張する。ブラウン事件やダナウェイ事件ではその間に二時間のひらきしかなかったが、それより数時間間隙が長いとの理由で本件のように警察署で身柄を拘束された被疑者が弁護人の助力を受けないまま数回に亘って取調を受け、指紋採取され、ラインアップに付された場合には、この数時間の差には意味はない。

また検察側は、違法逮捕と自白の因果関係を中断する介在事情が幾つかあると指摘している。まず被告人はミランダ警告を三度与えられたという。しかしこの点はブラウン、ダナウェイ両事件が示しているように誤っている。検察側は被告人は自白する前にガールフレンドと隣人に会ったという。しかしこの二人の面会人は、被告人が取り調べられている間取調室の外にいたのであり、被告人が権利放棄書面に署名した後はじめて、この二人との面会が許されたのである。この五分から十分間の面会（この後被告人は強盗については何も知らないと前の供述を撤回した）が、被告人の思慮深く客観的に思案し自由に意思を働かせるという能力に影響を与えたか否かについて、検察側は何の説明もしていない。しかも被告人はガールフレンドはとり乱していたと証言するが、このことは争われてもいない。つぎに検察側は、被告人が逮捕後、尋問を受けている間に逮捕状が発せられたことを挙げる。被告人が身柄を拘束されている間に警察は雑貨品に附着した指紋が逮捕直後に被告人から採取した指紋と一致すると判断していた。たしかに二つの指紋が合致していたので逮捕状が発された。だが逮捕状の発給と自白が違法逮捕の果実であるか否かという問題は関係がない。本件はジョンソン事件（Johnson v. Louisiana, 406 U. S. 356 (1975)）とは異なる。ジョンソン事件では被告人はマジストレイトの面前に連行され、マジストレイトから諸権利を告知されたのち、保釈された。本件では被告人は、逮捕直後採取された指紋と犯行現場に残された指紋とが一致しているとの事実によって逮捕状が発せられた。被告人の指紋は違法逮捕の果実であり、被告人から自白を引き出すのに用いられたものである。これが被告人が取調を受けている間に申請された逮捕状の基礎となっているからといって違法逮捕と自白との間の因果関係を充分稀釈するものとみなすことはできない。

最後に、検察側は、本件での警察官の活動は意図的で度を超えた違法性の高いものではないからブラウン、ダナウェイによって本件を律すべきではないという。しかし、本件ではダナウェイと同様に情報提供者の情報を補強するものがないにもかかわらずその情報によって相当な理由を欠いたまま逮捕し、見込みによって尋問する目的で同意を得ることもなく被告人を警察署に連行している。警察が被告人を虐待しなかったとか、自白が第五修正上は任意だったからといって当初の逮捕の違法性を治癒できるものではない。

検察側はまた、警察官が善意であれば排除法理は適用されないとする考え方を採用するように主張するが、われわれがこの立場を認めたことはまだない。

二　オコナー裁判官の反対意見

まず、テイラーはミランダ警告を三度受けた。ブラウン、ダナウェイ両事件では、ミランダ警告はそれだけでは違法逮捕の汚染を除去できないとしても、自白が違法逮捕により入手されたのか否かを判断するに当っての重要な要素だと判示する。

第二に、ブラウン事件では警察は被告人の家を打ち破り、捜索をし、被告人が帰宅すると銃をつきつけて逮捕したのであって、逮捕の態様は不意打、驚愕、困惑をひきおこすように目論まれたものと思われる。これに対し本件では被告人の逮捕には被告人を脅かすものはない。

第三に、ブラウン、ダナウェイ両事件では中断事情が何らないのに、本件ではテイラーのガールフレンドと隣人が面会に来た。この二人と会う前は被告人は強盗への関与を否定していたのに、面会直後詳しい自白をした。この面会が中断事情となることは明らかである。

第四に、逮捕と自白との間に時間的ひらきがある。

以上の要素を総合して考慮すれば本件には違法逮捕という汚染を除去するに足りる充分な中断事情があるといえる。

《解　説》

(1)　本件は、相当な理由を欠いて行われた逮捕を違法とし、身柄拘束中に入手した自白を排除したものである。この考え方の嚆矢となったのはブラウン事件である。同事件は、違法逮捕後警察署に連行された被疑者がミランダ警告を受けて帰責供述を行った場合に、取調を目的とする逮捕を違法とし、違法逮捕と自白との間の因果関係の有無につき、逮捕と供述との間の時間的近接性、中断事由の有無、警察官の違法活動の意図や度外れの違法性の高い行為かどうかという違法性の程度といった要素を総合的に斟酌した上で、これを肯定したものである。

ダナウェイ事件は、相当な理由がないまま正式な逮捕手続を踏まないで身柄を拘束した場合であったので、デイヴィス（Davis v. Mississippi, U. S. 721 (1969)）の傍論等——指紋採取を目的とする短時間の身柄の拘束は第四修正上合理的だとされる場合もある——に依ってその身柄の拘束が合法だとみられることになるかどうかが争われたが、本件の身柄の拘束は結局、第四修正上は違法な逮捕に当ると判示され、そのような違法な身柄拘束中の自白は、ミランダ警告を与えられただけでは、ブラウンの示した要素を斟酌したうえ当初の違法逮捕と因果関係があると判示し、その自白を排除したものである。

本件は、法廷意見の言うように、ブラウン、ダナウェイ両事件のレプリカであり、その意味では目新しい判断内容があるものではない。注目すべきは反対意見である。

ブラウンには、レーンクェスト裁判官の加わったパウエル裁判官の結論賛成意見があった。これは第四修正違反の場合を、(1)たとえば相当な理由を全く欠いているか逮捕時に被疑者に不必要な侵害が加えられたというような、第四修正への重大な侵害を伴う場合と、(2)たとえば令状により警察官が善意で逮捕を行ったがその令状がのちに無効とされたというような場合のような第四修正の技術的違反の場合との二つの場合に区分し、前者にあってはミランダ警告は汚染を除去するのに不充分だが、後者にあっては、ミランダ警告があれば充分に汚染が除去されるというものであった。

ダナウェイでも、バーガー首席裁判官の加わったレーンクェスト裁判官の反対意見は、排除法理のもつ抑止効の見地からみれば警察官の行為が度外れているか否か（flagrancy）が重要なのであり、警察官が善意で、違法活動を行うとの意図をもたずに行動していた場合には、ミランダ警告が与えられた状況で、被告人の供述が第五修正上任意なものと解される限り、その供述は許容されるとしていた。

これに対し、本件でのオコナー裁判官の反対意見は、本件での逮捕と供述との間の時間的近接性及び警察官の行為が度外れたものでないこと、中断事由の存在といった事情が認められるのに、違法逮捕と自白との間に因果関係が中断されていると判示したに止まった。オコナー裁判官は基本的にはブラウン、ダナウェイ両事件の法廷意見の論理を採った上で、本件では違法逮捕と自白の間に中断事情の存在を認定できると評価する点で法廷意見と異なったとみることができよう。同裁判官の態度は、検察側がサーシオレイライの申請の際には当初の違法が稀釈されていること及び警察官が善意であることを主張していたのに、オーラルアーギュメントでは「善意」の点は強調しなかった（31 Cr. L. 4022）ことに由来するのかもしれない。いずれにせよ、この反対意見に、バーガー、レーンクェスト、パウエル裁判官が加わっているのである。

ここに至って、合衆国最高裁判所は、第四修正上身柄拘束が違法か否かの問題と、第五修正上自白が任意か否かの問題とを区別して考えるという点で見解の一致をみたのである。これを要約すると、①相当な理由がない場合の単なる嫌疑に基づく取調を目的とする身柄の拘束は違法である、②この違法な身柄の拘束中に入手された自白は、ミランダ警告を与えられ第五修正上任意だからといって許容されるものではない、③自白が許容されるためには、当初の違法性が稀釈されねばならず、④稀釈されているか否かを判断するには、時間的近接性、中断事由の有無、警察官の意図又は警察の行為の違法性の程度を総合して判断する、ということに落ち着いたのである。

(2)　ミランダ判決は正当な身柄の拘束の下での取調を認める一方、この取調に当然含まれる強制・強要の契機を可能な限り減少させようとしたものである。したがってミランダ警告が与えられているということは供述の任意性を主張する根拠とはなるが、当の身柄拘束の違法性までも治癒するか否かは別の問題だとするが筋である。ミランダ警告がそれだけで当初の身柄拘束の違法を治癒するとすれば、ミランダ警告を与えさえすれば良いとして相当な理由の欠けた違法な身柄拘束を行うことを奨励することになりかねないからである。この意味でブラウン、ダナウェイ、テイラーと、第四修正と第五修正の問題を区別して考える立場が踏襲され、反対意見さえこれに与するようになったことは、一つのルールができ上がったものとの評価もできよう。

しかし、相当な理由を欠く身柄拘束がミランダ警告を与えたことにより結果的に是認されることを嫌うのなら、違法な身柄拘束と供述との間の条件関係さえあれば当該供述を排除する立場（but for rule）を採用すべきである。稀釈法理を維持し、違法な身柄拘束と供述との間の因果関係が種々の要件によって稀釈されたか否かを事件毎に吟味するという事情の総合説の思考方法は、因果関係の有無について明瞭な基準を提供しない。たとえば、時間的近接性について、逮捕と自白との時間的隔りがあればある程、当初の違法が稀釈されやすくなるのなら、違法な身柄拘束を長時間継続するのが望ましいとの法運用を産みかねまい。また警察官の意図やその行為が度外れているかどうかを検討するに当って警察官が善意であったと言えばそれで足りるとするのか、それとも客観的事情から善意であったと立証できなければならないのか、後者だとして、どんな客観的事実があれば善意といえるのか、判然としない。中断事由についても、本件で恋人との面会の評価が分かれるように、存否の認定は容易なことではない。取調目的での身柄拘束を禁ずるとの趣旨を徹底するなら、but for rule を採用すべきである。このことは我国でのいわゆる別件逮捕・取調を考える際、心すべきことのように思われる。

なお、ダナウェイ事件についても、（本書1事件）を参照されたい。

（香川　喜八朗）

二　相当理由を欠く指紋採取目的の逮捕

同意を得ることなく、かつ、相当な理由なしに事前の司法審査を経ないで、指紋採取を目的として、被疑者を警察署に捜査のために拘禁することは、第四修正に反するとされた事例。

3　Hayes v. Florida, 470 U. S. 811 (1985)

《事実の概要》

申立人は、犯罪との関連を示す証拠があまり存在しなかったのに、一連の侵入盗及び強姦事件の有力容疑者として、自宅に捜査官の訪問を受け、指紋採取のための警察署への任意同行を求められた。捜査官は、申立人が協力しないのなら逮捕するつもりである旨を告げたので、同人は、逮捕されるのを避けるため、不本意ながら警察署への動向に応じた。捜査官は、被害現場において、遺留指紋とヘリンボンのテニスシューズの足跡を採取していたので、申請人の家を出る際、玄関の目にみえるところにあった一足のヘリンボンのテニスシューズを押収した。申立人は警察署において指紋を採取された後、現場に残された指紋と一致するとして逮捕された。

公判に先だち、申立人は、警察で採取された指紋について証拠排除を申し立て、その証拠は違法な身柄拘束の結果収集された果実であると主張した。公判裁判所はこの申立を認めず、指紋を証拠として採用した。申立人は、侵入盗及び性的暴行を理由に有罪とされた。フロリダ州第二地区控訴裁判所は有罪を確認した。同裁判所は同意があったとする点では疑問があるとし、また、逮捕に必要な相当な理由も申立人の指紋を採取した以後に備えたものであると認定したにもかかわらず、テリーのストップ・アンド・フリスクの法理を類推し、捜査官は申立人が犯罪に関係していたという合理的な疑いに基づいて警察署に連行し指紋を採取することができたと判示したのであった。

フロリダ州最高裁判所は、四対三で再審理することを否決した。

当法廷は、テリーを適用したことについての当否を再審理するためにサーシオレイライを受理し、原判決を破棄する。

《判旨・法廷意見》

一　ホワイト裁判官執筆の法廷意見

当法廷は、申立人の主張を認め、ディヴィス（Davis v. Mississippi, 394 U. S. 721 (1969)）に照らし原審判決を破棄する。

Davis v. Mississippi は、逮捕のための相当な理由を欠き、同意を得ることなく警察署へ連行し、指紋を採取した事件で、このような指紋採取目的の拘束は許されず、第四修正に違反するとした。

本件においても、逮捕に必要な相当な理由がなく、同意を得ずに警察署への出頭を求め、指紋採取のための拘束について裁判官による事前の令状審査も行われなかった。

ダナウェイ（Dunaway v. New York, 442 U. S. 200 (1979)）では、テリー（Terry v. Ohio, 392 U. S. 1 (1968)）を拡張せず、適法にミランダ警告がなされても相当な理由に至らない程度の理由による警察での尋問は認められないとした。当裁判所は、ディヴィスの判示を再確認し、相当な理由や令状によらない指紋採取目的の警察署での身柄拘束は第四修正に違反すると同時に、第四修正は相当な理由に至らない程度の理由による指紋採取目的の身柄拘束に関する極めて限定的な手続を認めているといってよい。

警察が、相当な理由や令状を欠き、強制的にある人を自宅やその他の彼がそこにいることのできる場所から連行し、捜査目的のために短期間警察署に身柄拘束することは第四及び第一四修正に違反する。このような一時的な身柄の押収（seizure）は、憲法上相当な理由に基づく場合のみ逮捕が許されるとする伝統的な法理に照らしてみると、司法審査を受けなくても十分に逮捕といえるものである。

指紋採取目的の一時的な身柄拘束が第四修正に照らして許されるといえるのは、① 被疑者が罪を犯したことを疑うに足りる合法的な疑いのある場合、② 指紋採取がその犯罪と被疑者との関連性を肯定または否定するに足りる合理的な根拠となる場合、③ 急迫性が認められる場合、である。いうまでもなく、合理的な嫌疑（reasonable suspicion）もなく相当な理由もないのに指紋採取の目的で警察官が人の住居に令状もなく侵入することは許されるものではない。

本法廷は、ディヴィス及びダナウェイにおいて示唆された見解を放棄するものではないが、第四修正は相当な理由に至らない程度の理由による身柄の一時的押収及び指紋採取のための警察署への連行はある一定の制限された手続のもとで認められると解する。

二　ブレナン裁判官執筆の結論賛成意見

本件事実関係はディヴィスと基本的に区別できず、申請人の身柄拘束には第四修正に照らし基本権侵害が認められる。しかし、法廷意見が、その場での指紋採取が相当な理由や令状が欠如しても憲法上合理的であるとしているのは本件で提示された争点を超えて不必要である。その場での指紋採取はテリーの基準に従って判断されればよいのであって、本件での仮定的な警察実務運用にテリーの基準を適用することが有用であるとする資料は本件記述に徴し見いだしえない。

《解　説》

本件は、指紋採取目的での、被疑者の警察署への連行について、同意を得ず、「相当な理由」なしに、裁判官による事前の審査を経ないで行うことが第四修正に違反するとしたもので、ディヴィス（Davis v. Mississippi, 394 U. S. 721 (1969)）判決に依拠して判断したものである。

ディヴィスは、強姦罪の捜査に際し、逮捕に必要な「相当な理由」を欠き、令状発付を受けず、同意を得ることなく、申請人Davisを警察署に連行し、そこで指紋採取後、簡単な取調を行い釈放したという事案で、採取された指紋は違法な身柄拘束による果実であり許容されないとの申請人の主張に対して、州から「相当な理由」や令状発付を受けずとも指紋採取の目的で捜査上身柄拘束することは第四修正に照らし禁止されていないと反論されたが、合衆国最高裁判所は、指紋採取目的の身柄拘束は第四修正の規律を受けるものであり、逮捕に必要な「相当な理由」がなく裁判官による事前審査もなしに警察署に身柄拘束されたとしても、指紋採取手続はその性質上、個人に対する侵害の程度の低い活動であって第四修正の下で「合理的」とされる場合があると判示しながら、身柄拘束中の取調を理由に第四修正に違反するとしたものである。

このようにディヴィスでの指紋採取目的の身柄拘束が許される場合があるとの判断は、傍論ではあったが、実務に与えた影響は大きく立法提案や州での立法がなされる契機となった(1)。

たしかに、指紋採取手続は、私生活や思考を探る（probe）ものではなく、一組の指紋が採取されれば繰り返し行い個人に困惑を与えることもなく、また、犯罪解明にとって証人による同一性確認手続や自白に比べ効果的な手段であって、不適切なライン・アップや拷問のような濫用の危険性も高くなく、採取された指紋の破壊される危険もないので予期せぬ時や不都合な時に身柄拘束が行われるものでもない。そのように考えれば、第四修正に照らし「相当な理由」が欠如していても身柄を拘束した被疑者から採取された指紋を証拠から排除しないとすることも許されよう。

ディヴィス同様、本件も逮捕に必要な「相当な理由」がなく、警察署への出頭に同意もなく、指紋採取のための身柄拘束について裁判官による事前の審査もなかった事案である。弾劾主義を前提とすれば、取調べ目的の身柄拘束は許されないが、[2]犯人と被告人との結びつき、すなわち「同一性確認」のための指紋等の非供述証拠の採取を一時的な身柄拘束により行うことは必ずしも許されないものとはいえないであろう。

本件は、ディヴィスで示された傍論を前提に、判例としての意義を確認するとともに、一定の場合に「相当な理由」に基づかない捜査目的での被疑者の警察署への連行を認めたものといえよう。

（1）　Dunaway v. New York, 442 U. S. 200 (1979). 本書1事件、酒井安行「尋問目的による相当な理由を欠く身体拘束の相当性及び違法拘束中になされた供述の許容性」アメリカ刑事判例研究（鈴木義男編）第一巻一四七頁（一九八二年）。

（2）　See, Brown v. Illinois, 422 U. S. 490 (1975), Supra. Note (1).

（安冨　潔）

三　逮捕の根拠となる法律が後に無効とされた場合の逮捕の合法性

有効と推定されている法律に従ってなされた逮捕は、その法律が後に無効と判断されても、有効か否かが争われた事例。

4　**Michigan v. DeFillippo, 443 U. S. 31 (1979)**

《事実の概要》

酩酊を理由として、二人の者に対する捜査命令を受けたデトロイトの警察官が指定された場所に到着したとき、被告人とズボンをおろしている女を発見した。被告人が酩酊していることは明らかではなかったが、警察官が被告人に身元をたずねても、矛盾した、ごまかすような答えしかしなかったので、被告人はデトロイト市条例§39-52. 3違反(1)を理由として逮捕された。その逮捕に伴って行われた被告人の身体の捜索から、マリワナと銀紙の包み――それは後に警察署で開披され分析された結果、phencyclidineという禁制品であることが分かった――が発見された。そして、被告人はそのphencyclidineを所持していたという理由で告発された。

被告人は、preliminary examinationで逮捕後に行われた捜索で入手された証拠の排除申立てを行ったが却下された。

Michigan Court of Appeals は中間上訴（interlocutory appeal）を認め、その条項は漠然としているので違憲であり、被告人はその条項に従って逮捕されたので、その逮捕と捜索の両方ともが無効であると判示し、その捜索によって得られた証拠を排除し、検察官起訴を棄却せよとの指示を付して事件を差戻した。Michigan Supreme Court は、州側の上告を却下した。有効と推定されている法律に従ってなされた逮捕は、その法律が後に無効と判断されても、有効であると判断している合衆国第五巡回控訴裁判所（United States v. Carden, 529 F. 2d 443 (CA 5 1976); United States v. Kilgen, 445 F. 2d 287 (CA 5 1971)）と本件での Michigan Court との矛盾を解決するために、合衆国最高裁は certiorari を与えた。

《判旨・法廷意見》

破棄差戻し

一　バーガー首席裁判官による法廷意見

合衆国憲法第四修正と第一四修正の下では、逮捕が合法であれば、無令状で被逮捕者の身体を捜索することが許されている。したがって、本件で、被告人の身柄拘束はそれが行われた時に有効であれば、それに引き続いて行われた捜索は有効であり、その捜索の結果として発見された薬物には証拠能力が認められる（United States v. Robinson, 414 U. S. 218 (1973); Gustafson v. Florida, 414 U. S. 260 (1973)）。

そこで、本件での逮捕の有効性について考えてみると、被告人の行為がデトロイト市条例の文言に違反していることは明らかである。また、相当の理由は、用意周到な、あるいは普通の注意力を持っている者が、一定の状況において容疑者が犯罪を行い終わり、現在行っており、またはまさに行おうとしているということを信ずるのが正当とされるのに十分な事実と事情を官憲が知悉していることであるという基準（Gerstein v. Pugh, 420 U. S. 103 at 111 (1975); Adams

v. Williams, 407 U. S. 143 at 148 (1972); Beck v. Ohio, 379 U. S. 89 at 91 (1964); Draper v. United States, 358 U. S. 307 at 313 (1959); Bringer v. United States, 338 U. S. 160 at 175-176 (1949); Carroll v. United States, 267 U. S. 132, 162 (1925)）から判断しても、相当の理由は十分にあった。この時に、警察官は具体的状況に対応する際に、執行する法律が後に裁判所により無効とされるかどうかの判断を求められるべきではない。

誤った逮捕に対する賠償請求事件であるPierson v. Ray（386 U. S. 547, 555 (1967).）では、請求人の訴えに対して被告である警察官は、その逮捕を善意で行ったということと、逮捕を行うに足る相当の理由があったということを抗弁とすることができると判示された。本件でも、被告人を逮捕した警察官は、デトロイト市条例を善意に解釈して活動し、相当の理由も持っていたので、その警察官の活動を非難することは妥当でない。したがって、違法排除法則の観点から本件捜索で押収された証拠を排除しても抑止効がないので、その証拠を排除する必要はない[2]。

本件は相当の理由がなく、有効な令状がない捜索で入手された証拠を排除してきた諸先例（Torres v. Puerto Rico, 442 U. S. 465 (1979); Almeida-Sanchez v. United States, 413 U. S. 266 (1973); Sibron v. New York, 392 U. S. 40 (1968); Berger v. New York, 388 U. S. 41 (1967)）とは異なる。というのは本件では第四修正の伝統的な要件である相当の理由が満足されているからであり、捜索はその逮捕に伴うものであったからである。しかも、ミシガン州の一般逮捕法であるMich. Comp. Laws Ann. §764. 15により、本件での被告人の身柄拘束は許されているのであるから、デトロイト市条例が違憲であるかどうかを判断するまでもなく、その身柄拘束は有効であった。したがって、その逮捕に伴って行われた捜索は有効であり、その捜索によって発見された証拠は排除されるべきではなかった。破棄差戻し。

二　ブラックマン裁判官の補足意見

警察は本件で問題となっているstop and identity条項を利用して、まず身元を明らかにしないことを理由として逮捕し、次にその逮捕に伴う捜索を行い、禁制品や他の犯罪の証拠が発見された場合には、禁制品の所持やその犯罪で告発し、そのようなものが発見されない場合には、被逮捕者を釈放するという危険がある。被告人はそのような警察活動が習慣として行われていることを立証した場合に初めて、その条項が合憲であるかどうかを争うことができ、裁判所が違憲であると判断した場合には、その逮捕に伴う捜索によって押収された証拠を排除してもらうことができる。しかし、本件の場合には被告人によるその証明がなかったので、本件での証拠を排除する必要はない。

三　ブレナン裁判官の反対意見

法廷意見は Pierson v. Ray に依拠し、警察官個人の善意を問題としているが、その事件は警察官に対する賠償請求事件であり、合衆国憲法の解釈について善意の警察官を処罰するのは不公正であると判断したにすぎないのであって、本件における逮捕官憲は賠償金を科せられたり、処罰されてはいないので、その事件を、本件を判断する際の根拠にすることは妥当でない。本件の問題はむしろ、国が憲法に違反する手段で、被告人に不利な証拠を集めたかどうかということである。というのは、国は立法行為だけでなく、警察活動にも責任を持っているために、その警察活動にどのようなレッテルが貼られようとも、第四修正の権利を侵害する警察活動を認めてはならないからである。したがって、本件を判断するにあたっては、本件での捜索・押収が州法で許されていたかどうかではなくて、第四修正の下で合理的であったかどうかという点に焦点を合わせるべきである。

一九六八年のテリー（392 U. S. 1 (1968)）Terry v. Ohio 事件では、警察が嫌疑に基づいて市民を停止させ、質問を行うにあたっては、兇器を持った危険な人物に対処していると信ずる理由がある場合に初めて捜検（frisk）を行うことができると判断された。そして、その事件ではホワイト裁判官が補足意見で、警察は合理的な嫌疑により容疑者をその者の意思に反して一時的に身柄拘束し、その嫌疑に関連した質問をすることができるが、その者は答える義務を負わず、答えを強要することはできず、しかも、答えることを拒絶してもそれは逮捕理由とはならないと述べている。この点から本件で問題となっているデトロイト市条例を考えてみると、その条例は警察が嫌疑に基づいて捜査活動を行う場合に、容疑者から答えを求めることを認め、それに従わない時にはその者の身体を拘束し、捜索を行い、そして有罪判決を得ることを許している。そこで、本条例を合衆国憲法に照らしてみて問題となる点は、嫌疑に基づいて警察が停止した者は捜索されない権利を行使すれば沈黙権を放棄せねばならず、沈黙権を行使すれば捜索されない権利を放棄せざるをえなくなる、つまり、ともに憲法で保障されている権利の一方を行使すれば他方を放棄することになってしまうということである。したがって、このような状況を避けるためには、テリーとその後の判決で採られた法理、つまり警察は嫌疑に基づいて捜査をする場合に、質問に答えることを拒絶した者の身体を拘束したり、答えを強要したり、身体を捜索してはならないという法理を守るべきである。

法廷意見は、Michigan Court of Appeals が本条例を違憲と判断した以上、それ以後はその条例は無効であると考えられねばならないと述べているが、その判断が下される前に、その条例が合憲であるとの推定を受けている場合にあっても、本件でのデトロイト警察の活動は連邦憲法で許されている範囲を超えているのである。したがって、Michigan Court of Appeals の判決を確認すべきである。

《解　説》

stop and frisk に関するテリー以後の一連の事件から判断できることは、逮捕を行うに足る相当の理由がある場合には逮捕を行い、それに引き続いた取調を認めるが、単なる嫌疑しかない場合には、取調のための一時的な身柄拘束を認め、他方で黙秘権を保障しているということである。ところが、本件のデトロイト市条例は、警察官に容疑者の停止と身元の開示を求める権限を与え、身元の開示を拒絶した場合には、直ちに容疑者を逮捕することを認めている。しかし、これは警察官が嫌疑を解明するためのさまざまな手段を履践することなく、身元開示の拒絶のみを理由として容疑者の逮捕を許している点で、テリー以後の諸判断に照らしてみて問題がある。というのは、テリーでは、警察官は犯罪が行われようとしているか、犯罪が現に行われているか、あるいは犯罪が行われてしまったということを信ずる合理的な理由がある場合に容疑者を停止することができ、犯罪に関連して容疑者に質問することができるが、単なる身元開示の拒絶を理由とする逮捕は認められていないからである。実際、単なる身元開示の拒絶は犯罪の解明に直接関係しているとは言えない。したがって、法廷意見は本件の条例を正面から判断すべきであったのであり、反対意見の言うように、違憲と判断するのが合理的であると思われる。

次に、法廷意見はロビンソン（Robinson v. United State, 414 U.S. 218 (1973)）を引用して、逮捕が合法であった以上、本件での捜索は逮捕に伴う捜索であり、その捜索により発見された薬物には証拠能力が与えられると判示している。ところで、ロビンソンでは道路交通法違反を理由として逮捕された者の、逮捕に伴う捜索・押収の範囲が問題とされ、法廷意見はそのような事情の下では被逮捕者の full search が許されると判示したが、その事件の原審である District of Columbia 巡回控訴裁判所の法廷意見はテリーに依拠して、逮捕官憲の身体の安全を守るために兇器を捜索する pat-down を行う限度でのみ被逮捕者の身体の捜索が許されると判示したのである(3)。しかも、テリーでは捜検は粗暴犯の場合、つまり容疑者が兇器を所持していると信ずる理由がある場合に許されるという条件が付されていた。すなわち、官憲による停止がなされた場合でも、そのことから直ちに捜検あるいは捜索が許されるわけではないのである。本件のように無令状での捜索が問題となっている場合には、乱用の危険性が大きいので、その捜索の範囲は憲法上保障された個人のプライヴァシーの利益との較量において注意深く限定する必要がある。本件で、被告人が兇器を所持していなかったのは明らかであることと、上に述べたように、単なる身元開示の拒絶を理由とする逮捕が許されていることとを考え合わせれば、本件での捜索は不必要な範囲にまで及んでいるので不合理な捜索であると考えることができ、他方で、ブラックマン裁判官が述べているように、この捜索は微罪による身柄拘束を理由とした一般的・探索的捜索であると考える余地は十分にあると思われる。

最後に、バーガー首席裁判官は本件で押収された証拠品の証拠能力に関して、違法排除法則の目的は警察の違法活動の抑止であり、ピアスン（Pierson v. Ray, 386 U. S. 547 (1967)）のように警察官の善意が問題となっている場合には抑止効がないので、排除法則の適用は問題にならないと述べている。(4) しかし、排除法則の適用は警察官個人を処罰することを目的としたものではなく、警察活動と個人のプライヴァシーをいかにしてバランスよく保っていくかということを目的としたものである。(5) 排除法則に反対する者が抑止効のみを問題とし、ウィークス（Weeks v. United States, 232 U. S. 383 (1914)）以後の諸判決でとられた、裁判所が官憲の違法活動に加担するのを避けることと、政府はその違法活動から何らの利益も得てはならないことを保障することという二つの目的を全く考慮に入れていないのは、(6) およそ妥当な態度とは思われない。事実、後者のいわゆる judicial integrity を問題とする限りは、empirical な証明は不必要である。(7) したがって、本件を、国が違憲な方法によって被告人に不利な証拠を収集したかどうかという観点から考えている反対意見の立場が肯定さるべきであろう。

（1） デトロイト市条例 § 39-1-51. 3 三九一二三は次のように規定している。

「警察官が、ある者の挙動から判断して事後の犯罪捜査を行うのに正当な根拠があると信ずる合理的な理由がある場合には、その者を停止して質問することができる。本条項に従って停止された者が全て身元を明らかにせず、また身分証明書や身元を証明するその他のものを提出するのを拒絶することは違法となる。そのような者が自分の身元を十分に証明するものを提出することができない場合には、警察官はその者の身元を確認するために、最寄りの分署にその者の身柄を移すことができる。」

(2) この点について、バーガー首席裁判官は次のように記している。「違法排除法則の目的は警察の違法活動を抑止することである。抑止という目的は、被告人の身体から証拠が発見された時に、その証拠が合法な身柄拘束と合法な捜索の産物である場合に、その証拠を排除することによって達成されることはないであろう。警察が有効と推定されている法律を執行するのを抑止することは、違法排除法則を最も強く主張する者の意図の中にさえ全然なかったのである。」(443 U. S.40, fn. 3).

(3) 471 F. 2d 1082 (1972).

(4) 註(2)参照。違法排除法則の是非については、Judiciature, 六二巻（一九七八）での、その擁護者であるYale Kamisarと廃棄を主張するMalcolm Wilkeyとの理論面での論争と、抑止効に関するempirical studyについてのBradley CannonとSteven Schlesingerとの論争を参照。また、渥美東洋「違法排除法理」（「捜査の原理」所収）を参照。

(5) 渥美東洋「所持品検査の基準と違法収集証拠『排除法則』の適用の基準について」（判例タイムズ三七三号）参照。

(6) United States v. Calandra, 414 U. S. 338 (1974) でのブレナン裁判官の反対意見。

(7) Francis Allen, *The Julicial Quest for Penal Justice: The Warren Court and the Criminal Cases*, 1975 U. Ill. L. F. 518.

（宮島　里史）

四　被逮捕者の逮捕後の行動の監視

5　Washington v. Chrisman, 455 U. S. 1 (1982)

逮捕官憲には被逮捕者の逮捕後の行動を監視し又はこれに同行する一般的権限があるとした事例。

《事実の概要》

ワシントン州立大学警察署の警察官が同大学生のオーバーダールがジンを所持して学生寮を出てきたのを見た。ワシントン州法は二一歳以上でなければ酒類飲料を所持してはならないと定め、同大学の規則は大学構内でのアルコール飲料の所持を禁止していた。オーバーダールは一見するところ二一歳未満に見えた。警官がオーバーダールを停止させて身分証明証の提示を求めたところ、彼は身分証明証を学生寮に置いてきたので取りに行くから待ってくれるようにと応答した。警察官がこの事情では同道せざるを得ないといったところ、彼はそれを認めた。オーバーダールの居室に二人が行ったとき、オーバーダールのルームメイトである申請人クリスマンがそこにいた。警察官は最初三〇秒から四〇秒の間出入口の側柱によりかかって部屋の中を見ていたが、机の上に何かの種子と小さなパイプがあるのに気づいた。警官は、自己の訓練と経験に照らして、それがマリワナの種子と吸引具であると思料して部屋に立ち入り、マリワナの種子と吸引具であることを確認した。警官はオーバーダールとクリスマンの両人にミランダ警告を与えたところ、両人は権利を放棄すると答えた。警官が他の薬物の所持について尋ねたところ、クリスマンがマリワナと現金の入ったプラスチック製の箱を警官に手渡した。警官は警察無線を用いて他の警官を呼び出し、その警官が到着すると直ちに、両学生に居室の捜索を行うと告げた。両人は口頭及び書面でこの捜索に同意した。捜索の結果、さらにマリワナとLSDが発見された。

クリスマンはマリワナとLSDの所持で訴追された。公判に先立って居室から押収された証拠の排除の申立がされた。その申立は却下され、クリスマンは有罪と認定された。ワシントン州控訴裁判所はこの有罪認定を確認した。同州最高裁判所はオーバーダールはジンの所持を理由に適法に逮捕されており、警察官が彼と「居室に同道するのを妨げる理由は何もない」が、無令状で居室に立入り、禁制品を検査し、押収する権利は無いと判示した。オーバーダールには兇器を手に入れたり証拠を破壊する虞の存在を示すものはなく、しかも警察官が居室に一つしか無い出入口のところに佇立していたのでオーバーダールの逃亡を防止する目的で居室に立ち入る必要もなかった。警察官の無令状の立入りと居室についての観察行為が、緊急状況の例外に当るとして正当化されない以上、本件でのマリワナの種子とパイプの押収は現認性の例外（plain-view-exception）に当らず、両学生が与えた同意は警官の当初の立入りの果実であるから、この同意による捜索の途中に発現された禁制品も排除されると判示した。

《判旨・法廷意見》

破棄差戻し

一　バーガー首席裁判官の法廷意見

(1)　合衆国憲法第四修正に定める令状要件の現認性の例外（plan-view-exception）によれば、警察官が、立ち入る権利のある場所において発見された証拠や禁制品の押収は有効である。本件において警察官がジンの所持を理由にオーバーダールを逮捕したのは適法であり同警察官にはオーバーダールの身分証明証を入手するためにオーバーダールに同道する権利がある。

ワシントン州最高裁判所の見解は、警察官の居室への立入りは、緊急状況により必要であることが示されないかぎり、許されないというものである。しかし、被逮捕者の兇器の入手または逃亡を積極的に示すものがなくても、被逮捕者の身柄を拘束する逮捕官憲の権限は消滅するものではない。またこの権限は逮捕理由たる犯罪の性質により変るものでもない。

逮捕行為には逮捕官憲への加害の危険を伴う。また逮捕に対する被逮捕者の反応や、逮捕官憲への加害の可能性を予測する方法はない。さらに被逮捕者は、適切な監視下に置かれないと逃亡する可能性がある。このような理由で、警察官が逮捕後に被逮捕者の行動を監視することは第四修正にいう不合理なもの（捜索・押収）ではない。逮捕官憲が逮捕を全うすることと同様に、自らの安全を確保する必要は強い。被逮捕者の行動の監視は同人のプライヴァシーや身体の自由に対する許されない侵害には当らない。

(2) 警察官は有効な逮捕に伴って、居室の内部、出入口、廊下のいずれに所在することも許されるので、本件での警察官の所在場所は法的には重要ではない。またこの警察官が出入口の所で三〇秒から四十五秒ほど躊躇したからといって、身柄の拘束をも伴う被逮捕者への支配状態が消滅するものでもない。それゆえ、警察官の出入口に対する所在の位置にかかわりなく、居室への立入が不可欠だと考えた場合には何時でも居室内に立入る権利を警察官がもっているのである。本件での警察官はマリワナの種子とパイプを押収する権利をもっていた。本件は個人のプライヴァシーへのアクセスが適法な場合には、現認できる状況で（inplain view）発見された証拠を警察官が入手することを許される典型的な例である。

(3)　マリワナの種子とパイプの押収が適法であるので、これらの証拠とその後、居室から押収された禁制品は公判で証拠に用いることが許容される。被上訴人クリスマンはミランダ警告を受けたのち、任意にマリワナの入ったバッグを提出した。さらに、彼は居室の捜索には書面で同意している。被上訴人クリスマンの有効な同意にもとづく薬物の押収は第四修正に違反するものではない。

二　ホワイト裁判室の反対意見（ブレナン、マーシャル両裁判官参加）

本件での警察官の居室への立入りはマリワナの種子やパイプの出入口からの観察によるのであり自己の安全のためでもなくまたジンを所持していた学生の身柄の拘束を維持するためでもなかった。この警察官も机上にあるものを現認した（in plain view）のであるから、居室への立入りは正当であると主張する。しかし現認性（in-plain-view）の法理は、住居の外から禁制品を現認し得るとの理由のみでその物の押収を目的に無令状で住居に立入る権限を警察官に付与するものではない。クーリッジ（Coolidge v. New Hampshire 403 U. S. (1971)）で強調しているように、現認性（plain-view）の法理は適法な捜索が現に行われている場合または警察官の押収場所での存在が適法な場合にかぎって適用される。つまり最初の侵入は令状又は令状要件の例外に当る場合だとの理由で正当とされるものでなければならない。

法廷意見もこのことを否定してはいない。法廷意見の主張は、警察官はジンを所持する学生のすぐ側にいることが許されるとみるべきである、同警察官はマリワナの種子を現認したい場合であっても、なお居室に立ち入ることが許されるとみるべきである、居室内の学生の監視のために居室に立ち入る必要があると警察官が思料した場合と同様に事件を判断すべきである、ということである。この考え方によれば本件で警察官が机の側に立ち合せた行為は適法だといえるだろう。

しかし、より重要な問題は警察官がジンを所持した学生の身柄の拘束を維持しまたは自らの安全を確保するための立入りを正当とするような状況が存在するとの法廷意見の結論が法律事項の判断として正しいかどうかである。公判裁判所もワシントン州最高裁判所もともに、このような理由での居室への立ち入りを認めてはいない。

警察官が本件での警察官と同様の状況におかれた場合には常に居室に立ち入り、被逮捕者のすぐ側に所在することができるという、per-se-rule を正当だとする理由はないとわたくしは考える。このような per-se-rule が妥当するために、警察官が逮捕した者に居室に立ち戻ることを許した場合に無制限に条件を付すことができるという前提に立たねばならない。たとえば立ち戻りを許した場合にわたしは警察官が机、クロゼット、抽き出し、キャビネットを捜索することも許されると主張できるのかは疑わしいと思う。同様に警察官は身柄の拘束を維持しまたは自己の安全を確保するために必要な限度以上に個人の生活空間を侵すことは許されるべきではない。家庭又は生活空間が関係する場合には、曖昧でない明確な法理が必要だとしても、法廷意見はもっと慎重な判断をすべきだと思う。

本件は警察官が逮捕に伴う立ち入りとして居室への立ち入りが必要な場合であったか否かについて記録上不明瞭な場合である。立ち入りを必要とする緊急状況の有無を判断するために、破棄差戻すべきである。

《解　説》

一　最初の身柄拘束の合理性

本件で学生オーバーダールは州法及び大学規則違反で逮捕された。しかしこの逮捕には若干疑問の余地がないではない。そこでこの点について、簡単に言及しておこう。

まず学則違反の点について、大学キャンバス内での酒類所持は未成年たると否とを問わず禁ぜられており、学則違

反での逮捕には オーバーダールの年齢は無関係だと法廷意見はいう(1)。そこで、法廷意見は判決文の脚注1で示しているように、警察官がオーバーダールを停止させたのは学則違反を理由とするものだと判示している。しかし、オーラル・アーギュメントでの弁護人の発言によれば、未成年者の酒類所持を理由とする場合しか逮捕されないといわれている(2)。学則による取締りの実態は明らかではないが、少くともワシントン州控訴裁判所及び同州最高裁判所では、被告人は未成年者酒類所持を理由に逮捕されたことを前提に判断を下している。

ところで未成年者アルコール所持罪は軽罪であるので、警察官が軽罪を現認した場合には警察官は無令状で逮捕ができる。しかし本件で警察官はオーバーダールを停止させた時点では彼の年齢を確認していたわけではない。年齢を確認したのは彼と同道して寮のエレベーターを待っている間に年齢を尋ねたところオーバーダールが一九歳と答えたときであった(State v. Chrisman and Overdahl, Wash App, 600 Pad 1316, at 1317)。最初の停止は職務質問による停止(Stop and question)とも解される。あるいは、彼がどうみても二一歳未満としか見えたかったので未成年者酒類所持違反の相当な理由があるとの前提でこの停止は逮捕に当るとするのであれば、彼の年齢を問うことは取調に当ることになり、その前にミランダ警告を与えねばならないはずである。

この点について、ワシントン州控訴裁判所は、①警察官は年齢を尋ねるに先立ってミランダ警告を与えるべきであったとしても、オーバーダールは未成年者酒類所持罪では訴追されていないので、年齢の証明はマリワナ所持罪には無関係である、②オーバーダールがこの身柄拘束の違法を主張していないとの理由で、この逮捕を適法だと判断した。ワシントン州最高裁判所も、オーバーダール、クリスマン両名ともオーバーダールの身柄拘束の違法を主張していないとの理由で、この逮捕を適法だとの前提にたって押収の適否を論じている(3)。この前提で、本件押収行為の適否を検討することになる。

二　現認性の例外の要件

⑴　周知のように、キャッツ（Katz v. United States, 389 U. S. 347. 1967）は捜索・押収は原則として令状を必要とするとの法理を採用した。この原則には多くの例外があり、例えば自動車の例外、逮捕に伴う捜索・押収の他に現認性（in plain view exception）の例外もある（一九七一年のクーリッジ参照）。この法理は、「憲法上保護されている領域」に適法に立ち入った場合には、官憲はその場所に犯罪証拠の存在を前もって予期していなかった（in advertent）ときでも、犯罪の証拠であることが、すぐに判明する（immediate apparent）物を現認した（in plain view）ときには、その証拠を令状なしに押収できるというものである。そこで、この法理の前提要件には、「憲法上保護された領域」への官憲の「正当な立入」が必要なことになる。

クーリッジでは、警察官の当初の立ち入りを正当なものにする例として、①　捜索令状を執行する目的での立ち入り、②　犯人の追跡中（in hot pursuit）の立ち入り、③　シーメル法理（Chimel v. California 395 U. S. 752（1968））で限定される逮捕に伴う捜索による立ち入り、それに、④「被告人に対する捜索とは無関係の何らかの正当理由」による立ち入りを挙げている。[4] そこで、本件でも、警官のオーバーダールの居室への同道が、居室への立ち入りを正当にする、何らかの理由を構成することになるのかが争点になった。

⑵　適法な逮捕後に逮捕者が逮捕現場から離れ、それに官憲が同道することが、米国ではよくあるようである。[5] この場合の一定の場所への官憲の同道は逃亡の虞の防止と官憲の生命身体の安全を確保する目的のものとして、正当なものと解されてきている。

一般に、逮捕の際には被逮捕者による逮捕官憲に対する加害の虞または被逮捕者の逃亡の虞が考えられ、この虞の防止のために、被逮捕者の行動を監視し、それに同道する必要は高い。本件法廷意見はこう考える判例の立場を踏襲しており、また反対意見も逮捕に当って加害や逃亡の虞の防止のための監視・同道が必要な場合のあることを認めている。

法廷意見と反対意見の差異は、法廷意見が、これらの虞を逮捕に一般にまたは「定型的」に伴うとの前提でこれを防止するための被逮捕者の行動の監視と同道が許されると判示したのに対し、反対意見は、この虞は事件毎に検討すべきだというところにある。

事件毎の検討は、令状執行官や逮捕官憲等の行為を規律する基準としては、明確さを欠く点で不十分であるといえるだろう。そこで、方法論としては法廷意見の方が妥当だろう。

だが、現認性（in plain view）を理由とする無令状の押収を適法とする要件には、前述のように① 押収に先行した有効な侵入（prior valid intrusion）、② 侵入場所に証拠等のあることを前もって見込んでいなかったこと（inadvertent）それに、③ 侵入場所ですぐに押収対象物が判明した（immediate apparent）といったものがあり、この三要件が充足されていなければならないことになっている。

ところで、この三要件のうち②と③の要件は官憲の濫用防止策としては充分なものとはいえない。濫用防止は、①の要件にかかっている。ところが、法廷意見のように逮捕後の被逮捕者の行動の監視とそれへの同道を逮捕官憲の一般権限の範囲にあると解すると証拠の押収についての要件を相当に緩和する結果になるおそれはないだろうか。

たとえば、① ある被疑事実で屋内で逮捕し、その後被逮捕者に屋内の別の場所に行くように仕向けて、それに同道して、その間に現認できた証拠を押収し、また被逮捕者の直接支配下にある物を捜索・押収する捜査方法、(6) あるいは② 重要犯罪を理由に捜索・押収するに必要な、被疑事実をささえる相当な理由がない場合に軽微事実を理由にして逮捕し被逮捕者の移動に同道して、現認できた重要犯罪の証拠を押収し、また移動に伴った被疑者の直接支配下に入ることになる物をすべて捜索・押収するという捜査方法を許容することにならないかという危惧が生まれる[7]。換言すれば逮捕が一般令状化する、または逮捕が証拠の探索の口実になる危険はないのかが危惧されるのである[8]。ただ、この点は②の要件で規律しようというのである。

三　本件は、反対意見の指摘するように、事実、法律関係の双方からみて微妙な問題が含まれている。

(1)　まず身分証明証を取りに居室に戻った契機について、警察官は本人がそれを申し出たと証言し、オーバーダールは警察官にそうするように強制されたという。公判裁判所は、この宣誓合戦について警察官の主張に軍配を挙げた。

(2)　つぎに、本件は軽微事件であり、したがって一般に逃亡や官憲への加害の虞が低かった事例であったことが問題を微妙なものにしている[9]。

そこで、本事例では軽微事件であるのに、特に具体的に同道の必要が高かったことが示される必要があったのではないかが問われるべきであったように思われる。オーラルアーギュメントで検察官は、ワシントン州立大学には一万六千名の学生がおり、オーバーダールの名前を聞いたとしてもそれを信じるのは無茶だといい、身分証明証が必要であったという[10]。これは逃亡防止のためなのか、それとも被逮捕者の特定のためなのか。後者と解する余地は充分あるように思われる[11]。そのことが示されていれば、本件の解決も、被逮捕者の特定のため軽微事件であっても同道の必要が強い場合として、同道の許される範囲をより限定する結果となったと思われる。その点で、法廷意見は警察官に一般権限を与えるのに性急にすぎたと評されよう。

いずれにせよ、本件により、逮捕官憲には逮捕の被逮捕者の行動を監視しそれに同道する一般的権限が認められ、現認性の法理が「補強」される結果になった。

（1）オーラル・アーギュメントでの検察官の弁論による。30 Cr. L. 4099.

（2）30 Cr. L. 4100.

（3）State v. Chrisman and Overdahl 94 Wash. 2d 711, 619 P2d 971, at 974.

（4）Coolidge v. New Hampshire 403 U. S. at 467.

（5）LaFave, 2 Search and Seizure, at 420.
ラフェイブ教授は、最も多い場合として着衣の変更を挙げている。たとえば、強姦の被疑者の逮捕後服を着たいというので警官が寝室に同行したところ、枕の側でピストルを発見し、押収したモフェット事件（Moffet v. State, 291 Ala 382, 281 So 2d 630 (1973)）、放火及び爆発物所持の被いでＹＭＣＡ内で逮捕された被疑者が着換えたいというので居室に同行したところ、被疑者の信条を示すポスターが貼ってあったのでそれを押収したグリーン事件（People v. Green, 14 Ill. App. 3d 972, 304 N.E. 2d 32, (1973)）、児童への猥褻行為の被疑者が逮捕時のＴシャツ姿を直しシャツを着たいというのでクローゼットまで警官が同行したところ、蓋の開いた箱の中に裸の少年の写真を発見して押収したクラーク事件（Clark v. State, 548 S. W 2d 888 (1977)）等にあって、同行場所で発見された物の押収が正当だと判示された。その理由は逮捕官憲の安全の確保と逃亡の防止に求められた。

（6）ラフェイブの引用するジアカローネ事件（Giacalone v. Lucus, 445 F. 2d 1238. (6th Cir 1971)）に拠った。この事件の概要は次のようなものであった。恐喝（extortion）の共謀の被疑者を同人宅の玄関でパジャマ姿のまま逮捕した。警察官は着換えるように二度慫慂したところ、被逮捕者は着換えを渋っていたが結局寝室に向った。警察官はこれに同行し、被疑者が服が入っているという抽き出しに、ピストル五丁とブラックジャックを発見し押収したものである。被疑者が着換えを渋ったことが警察官の立ち入り拒否に該るかが争われたが、裁判所は被疑者は警察官の寝室への同行に同意したこと、またこうした事態は自宅内での逮捕にはよくあることだとして押収を適法とした。ラフェイブは、被疑者にとって必要な品を得るため場所内を移動するよう被疑者に求める権限が警察官にあるとするなら、この権限は被疑者を移動させて時定領域への接近をはかる戦術として用いられることがあってはならない、と指摘している。註⑸ LaFave, at 422, 尚、本件でも、オーバーダールが身分証明証を取りに行くことについて、警官の指示があったのか争われている。本文参照。

（7）LaFave 前掲書 1982 Pocket Part, at 114 に引用する State v. Seiss, 668 N. J. Super. 269, 402 A 2d 972, (1979) を翻案したもの、

サイス事件の概要は次の通りである。警察官は道交法違反の罰金未納で逮捕令状のでている被疑者宅に赴き、被疑者が「財布をもってきて一緒に払いに行く」として奥に引っこんだのに同行、室内でマリワナ吸引具及び吸いさしを発見して押収した場合に、裁判所は被疑者は逃亡しようという気をおこすような重大な犯罪で逮捕されたのではないので警官は室内に立ち入る必要はないとして、立ち入り及び押収を違法とした。

軽微事件にあっては逃亡の惧れはないとしている点に注意すべきである。

（8）クーリッジで複数意見を執筆したスチュワート裁判官は「plain view 法理」には令状のもつ特定機能が欠けている点について「立入りが正当であれば、イン・プレイン・ビューにある物の押収は、捜索を一般捜索的なものとすることはないので、特定という令状の目的と矛盾するものではない。第四修正の保障への危険は少いのに反し、法執行には大きな利益を得ることになる。一旦適法な捜索が開始され、警察官が予期せず証拠に出会った場合に令状入手時までその証拠を無視していることは、証拠には危険であり、警察官には不便であり時には危険でもあろう。」と云う。イン・プレイン・ビュー法理は、証拠破壊の危険への対処、警察官の便宜を考慮したものであることは確かだが、そうであれば尚のこと、prior valid intrusion は可能な限り厳格に規制する必要は高いと云えよう。プレイン・ビューは押収を許すものでしかなく、一般探索に転化する危険は少いが、prior valid intrusion が拡張され、それがジーメル事件の認める under immediate control と結びつくと、本文にも記したように、移動の都度直接支配下に入る物を探索することができ、一般探索的捜索に転化しやすいものである。

（9）前掲註（7）参照。

（10）30 Cr. L. 4099.

（11）30 Cr. L. 4099.

（香川　喜八朗）

五　合法な捜索の間の捜索家屋の占有者の身柄拘束

相当な理由に基づく捜索令状が禁制品について発付されている場合に、その捜索を執行する間、捜索家屋の占有者の身柄を拘束することが適法とされた事例。

6　Michigan v. Summers, 452 U. S. 692 (1981)

《事実の概要》

デトロイト警察署の警察官が家屋に対する麻薬捜索令状をまさに執行せんとしていたとき、その家屋から出てきた被告人と出合った。警察官は家屋の立入について被告人の協力を求め、さらに捜索の間、被告人の身柄を拘束していた。地階で麻薬が発見され、その家屋が被告人所有のものであることが確認された後、警察官は被告人を逮捕し、身体の捜索をしたところ、オーバーのポケットからヘロインを発見した。被告人は彼の身体の捜索で発見されたヘロインの所持で告発された。

第一審は、そのヘロインは第四修正に違反した違法な捜索の成果であるとの被告人の主張を認めて公訴を棄却し、ミシガン州控訴裁判所さらに同州最高裁判所も一審の判断を確認した。

《判旨・法廷意見》

原審判断破棄

一　スティーヴンス裁判官執筆の法廷意見

本件の問題は不合理な押収から身体が守られるという被告人の憲法上の権利を当初の身柄拘束が侵害したか否かである。本件の身柄拘束は第四修正でいう押収であるが、逮捕に必要な程度の相当な理由に至らない理由によって逮捕に先立つ身体の押収をすることが合憲であるか否かが問題である。

ダナウェイ（Dunaway v. New York, 442 U. S. 200 (1979)）は、たとえ正式逮捕でない場合であっても官憲による身体の押収には相当な理由が伴っている必要がある旨の一般基準を確認したが、実質的に逮捕より侵害の程度の低い身柄の押収は、第四修正で表現されている合理性の基準の下での厳密な吟味に馴じまないことをも認めていた。市民のプライヴァシーへの侵害は、伝統的な逮捕に伴う侵害ほど大きいものでないので、犯罪の予防、防止さらに警察官の生命身体の安全という他方の利益に照らしてその押収を合理的であるといい得る場合であった。

テリー（Terry v. Ohio, 392 U. S. 1 (1968)）、ウィリアムズ（Adams v. Williams, 407 U. S. 143 (1972)）、ブリニョーニ＝ポンス（United States v. Brignoni-Ponce, 422 U. S. 873 (1975)）等では、警察が犯罪を疑う具体的根拠をもつ限り、第四修正が合理的だとして肯定する押収のなかには被身柄拘束者の身体の安全を限定的に侵害する押収が入ることが認められてきている。また相当な理由に至らない程度の理由によっても、その法執行上の利益によって正当化される押収が認められてきてもいる。さらに、法執行上の特別な利益から、正当とされる限定的侵害が問題となる例外の場合は、テリー事件やウィリアムズ事件で関連した、凶器のフリスクを伴う短時間の街頭での身柄拘束の場合に限定されるものでないこともそれらの事件で証明されている。したがって、本件では官憲が行った侵害がどのような性格のものかということその侵害を正当なものといえるかどうかの双方について審査をする必要がある。

本件では、警察は禁制品に関して、被告人の家屋への捜索令状を、事前に、中立で独立したマジストレイトから入手していた。捜索家屋の居住者の身柄拘束は、居住者の自由に重大な拘束を課すことになるのは明らかだが、家屋の捜索よりは侵害の程度が低いものであることも確かである。さらに、警察官が求める情報は通常、身柄拘束によってではなく、捜索によって入手されるので、本件の身柄拘束は情報をさらに得る目的で意図的に利用されるといったものでもなく、また情報入手目的で不当に長い時間に及んでいるといったものでもなかった。さらに、本件身柄拘束は被告人の住居で行われたので、それに伴う社会的な名声の毀損の程度は最小のものであり、警察署への強制連行が生ずる不便や屈辱感なども伴わなかった。したがって、本件身柄拘束は逮捕に比して侵害の程度は相当低いものであった。

禁制品についての有効な捜索令状の執行対象となる家屋の居住者を身柄拘束することが正当か否かを評価する場合、法執行の利益と身柄拘束を支える具体的事実が関係してくる。有罪証拠を発見した場合に犯人の逃亡を阻止するという利益が合法であることはきわめて明白である。また、それほどではないにしても、官憲に対する危険を最少のものとするという利益も重要であることが多い。本件記録上、警察官への具体的な危険を示すものはないが、禁制品の捜索令状の執行には突発的な暴力や証拠湮滅を目的とする狂暴な行動が誘発されやすいので、官憲がその事態を申し分なく制することが日常的になされれば、官憲と被拘束者の双方に対する危険は最小限のものとなる。また、居住者が捜索場所に立ち会った方が、財産を毀損したり、捜索時間を長びかせる結果になるような実力行使を回避するために居住者が抽き出しや施錠された容器等を開けることになるなど、整然とした捜索が可能となるだろう。

家屋の捜索が有効な令状で授権されている場合には、被告人の身柄拘束は、家屋の捜索に附随する身体の自由に対する侵害にすぎないと考える点については先述したが、捜索令状の存在自体が本件の身柄拘束を客観的に正当であることにする証拠となっている。捜索令状が執行される家屋のなかにいる何人かが犯罪を行っていると警察が信ずるに足る相当な理由をもっていることを、すでに司法官憲が認定しているからである。このように、現場の官憲ではなく、中立者たるマジストレイトが家屋のプライヴァシーへの侵害は正当なものだと認定しているのである。居住者と捜索令状が発せられた家屋とに一定の関係があるので、その居住者の身柄の拘束を正当とする犯罪の嫌疑が存在するものと警察官が容易に判断できる明確で確実な根拠が警察にあることになる。

ペイトン(Payton v. New York, 445 U. S. 573 (1980))で法廷意見は、警察は家屋の捜索令状なしに通常の重罪を理由とする逮捕をなす目的で、私人の住居に立ち入ることは許されないと判示している。その事件では、係わりのある私的利益の保護は捜索令状があってはじめて、適切なものとなるのだという考え方を却けて、熱心な官憲と市民との間にマジストレイトを介在させて相当な理由の認定をマジストレイトに行わせる処理に比べれば、捜索令状と逮捕状を区別する立場は、ほとんど意味がないとも判示されている。この判旨は本件にとって重要である。或る市民の住居に禁制品があるとの証拠があり、それがその市民のプライヴァシーへの侵害を正当なものとするのだと司法官憲を納得させる程度の証拠であれば、その市民の住居を官憲が有効な令状で捜索している間、その市民にそこに滞留するように要求することは合衆国憲法上合理的であるといえるのである。

このように、第四修正の目的に照らして、われわれは相当な理由で支えられた禁制品の捜索令状には、黙示的に、適法に捜索がなされる間、その場所の占有者を拘束するという限定された権限を同時に含んでいるものと判示する。

二　スチュワート裁判官の反対意見（ブレナン・マーシャル両裁判官参加）

逮捕よりも相当に侵害の程度の低い押収のなかには、第四修正に示されている合理性の基準による検討に十分に耐え得るものがある場合があるという法廷意見の指摘は正しい。だが、この分野を拡張して一般命題にすることは、第四修正の保護を完全に無視する結果になる。相当な理由に基づく必要のない押収には二つの類型しかないのであって、その第一はテリー（Terry v. Ohio. 392 U. S. 1, 23-24 (1968)）のタイプである。街頭での質問に当って被質問者が武装していて危険があると警察が信ずる理由があるときに人を質問し、フリスクするために停止させる場合がそれである。

第二は車輌の乗員の米国国籍の有無の質問のために国境附近で行う車輌の一時停止である（United States v. Brignoni-Ponce, 422 U. S. 873, 881 (1975)）。

法廷意見は、この例外から侵害の程度と法執行の目的とを較量対比 balancing して、その侵害が合理的なものと認められれば、相当な理由にもとづかない捜索を広く是認するという一般論を引き出している。だが、テリーも、ブリニョーニ＝ポンスも、このような第四修正についての較量原則 balancing approach を認めたものではない。

テリーは、たしかに捜査中の警官についての判断ではあるが、相手が武装しているか否かを確かめ身体損傷への危険をなくす目的での質問・停止を許したのである。同様にウイリアムズ（Adams v. Williams, 407 U. S. 143 (1972)）でも、麻薬の捜索や麻薬事件の捜査のための質問・停止を許したのではなく、性質上の兇器をウィリアムズが所持しているかどうかのための停止・質問が確認されたのである。「本件の限定された捜索は犯罪の証拠の発見のためではなく、官憲に、暴力の危険を感ずることなく捜索を実施することができるようにするためであった……」（*Id.* at 146）。同旨、ミムズ、イバラ（Pennsylvania v. Mimms, 434 U. S. 106, 110, (1977), *See*, Ybarra v. Illinois, 444 U. S. 85, 93 (1979)）。

ブリニョーニ＝ポンスでは、国境附近での車輌の停止が認められたが、それは、ユニークな不法入国者の阻止という政府の目的のためであった。相当な理由にまでは至らない理由で、一時の停止と質問を許すのは、不法入国者が、

「合衆国市民と合法な居住者の仕事とその他の社会のサーヴィスへの要求を危くする重大な経済上、社会上の問題を生ずるから」なのである（422 U. S. at 879）。

この二つの類型に共通することは、犯罪捜査や容疑者の捕縛などの通常の政府の利益とは違った、それとは別個の利益が存在したことである。したがって、競合する利益の観点から、相当な理由に至らない理由であっても身柄拘束を合理的であるとする理由によりこれを是認するには、政府は通常の犯罪捜査の目的を超える重大な目的、もしくは当該捜査に対する異常なまでの障害の存在を証明しなければならない。

本件身柄拘束を支える政府の利益は、有罪証拠が発見される場合の住居の居住者＝犯人の逃亡の防止、ならびに居住者が立ち合えば秩序ある捜索ができることであったが、これらは通常の利益に他ならない。たとえ警察活動に課される規制が不便もしくは不合理であっても、第四修正、第一四修正はそれらを重大な意味のある拘束として課しているのである。

逮捕のための相当な理由を欠く逮捕に先立つ身体の押収を認めることは、逮捕に関する相当な理由の要件を混乱させることになり、また令状の及ぶ範囲でのみ捜索・押収をなし得るとする基本原理もそれによって重大な支障を受ける。さらに相当な理由を欠いている捜索・押収によって、結果的に相当な理由を発見できるように警察の捜査能力を高めるためというだけの理由で、相当な理由を欠く捜索・押収を警察が行い得るとする原則を是認する先例は当最高裁判所には存在しない。

本件身柄拘束は、合理性についてbalancing testを用い得るほどに限定的かつ非侵害的であったとの主張には疑問がある。テリーは第四修正の押収の特別な類型を逮捕に比べ充分に侵害の程度の低いものに限定していたので、balancing testが一般原理に代替しえたのであるとダナウェイで指摘されている。また、テリー、ウィリアムズ、ミムズ（Pennsylvania v. Mimms, 434 U. S. 106 (1977)）における pat-down（衣服の外側を手で触れて凶器などの所在を確認する行為）による捜索は、それらが時間的にも身体の侵害の程度でも強く限定されていたので合法とされたのであり、また、国境警備に関する事件でも、通常その停止は一分未満で、質問があるにしても簡単な質問しかされないことが指摘されている。このように、独立した利益の比較衡量を認めた事件では、警察の侵害は極めて狭い範囲に限定され、停止・取調もしくは捜索は当初の正当化事由に合理的に関連することを要件としており、それらの要件の下で、警察活動を正当化する特殊な政府の法執行の利益は、その活動が狭い範囲に制限されるのを保障する原理を与えていたのである。しかし、本件で法廷意見の認める身柄拘束は、これと全く異なるものである。それには時間的限定がなく、さらに関連性の要件もその身柄拘束に限界を画する原理を与えないことになってしまう。

本件では、相当な理由の原理を採用しない理由が明確にされていないので反対する。

《解　説》

合衆国では、逮捕に必要な相当な理由に至らない理由の場合にも、第四修正の身体の押収の下で、短時間の身柄拘束を認めている。テリーに源をもつその警察活動では、逮捕に必要な相当な理由に至らない理由での停止・質問・捜検（frisk）もしくは身柄の拘束を「合理的」とするためには、一方で個人のプライヴァシーへの侵害と、他方でその活動により得られる政府の利益との比較衡量（balancing test）を用いていた。本件では、この比較衡量を用いて当該身柄拘束を是認し得るか否かが問題となった。

テリー(1)では、生命・身体に危害を生ずる粗暴犯（the crime of violence）の発生する蓋然性が高い場合に、緊急性の要件を附して、停止と兇器の捜検を合理的なものと判定した。いわゆるテリー型停止・捜検を認めたウィリアムズ(2)やミムズ(3)で認められる政府の利益は、犯罪の予防、防止や警察官等の安全という利益であった。他方、国境警備に関するブリニョーニ＝ポンスでは、車輌の乗員の国籍を質問するための random な停止は違法としたが、乗員が密入国した者であるとの具体的に表現し得る事実に基づく停止であれば合法であると指摘された。また、国境警備官が検問所を設けて行う車輌の停止を扱ったマルティネス＝フェルテ(4)は、乗員への主観的な侵害（停止に対する懸念や驚き）は移動パトロールに比べて小さいので合憲であるとした。これらの国境警備に関する事件での政府の利益は、密入国の防止にあるが、特にメキシコ系の人々の流入による社会の混乱（失業問題等）がその背後にあることに注意すべきである。また、これらの事件では車輌の停止が問題となったわけだが、自動車免許及び車輌登録の検査のための警察官の裁量による random spot chech を違憲としたプロウズ(5)では、道路閉鎖などによる全車輌の停止・質問などの警察官の裁量を限定した侵害の程度の低い spot check による方法は禁止されないことを示唆している。したがって、国境警備に関する事件は、密入国の防止と車輌の特殊性が重複した形で表現されたものであり、車輌の運行から生ずる危険性を防止する利益あるいはその特殊性のみが相当な理由に至らない理由での停止を認める場合もあると考えられる(6)。

これらの事件ではいずれも比較衡量が行われたのであるが、そこで是認された警察活動による個人のプライヴァシーへの侵害は充分に限定されたものだといわれている。

テリーにはじまる一連の事件を法廷意見のように、兇器の捜検を伴う短時間の街頭での身柄拘束に限定されないものと評価するのか、もしくは反対意見のように、兇器の捜検を伴う身柄拘束以外には国境警備に関する重大な利益などの通常の犯罪捜査以上の利益を要件とすると評価するのかで本件のような身柄拘束に対する評価も相違するのである。

法廷意見は、本件身柄拘束は情報入手の目的のものではなく、結果的にも本件身柄拘束が逮捕より侵害の程度が低かったことを強調し、その身柄拘束で得られる利益を、犯人の逃亡の阻止、禁制品の関連する事件での警察官等への危害の可能性さらに居住者が立ち会えば秩序ある捜索の執行ができることに求め、事前のマジストレイトによる捜索令状の存在は黙示的に捜索場所の占有者の身柄を拘束する権限を含むと結論した。他方反対意見は、本件身柄拘束で考えられる政府の利益は通常の捜査上の利益に他ならず、比較衡量を用いるべきではなく、またその警察活動により生ずる侵害も決して小さなものではないとした。

逮捕に比べ侵害の程度が低いとの理由のみにより、その警察活動を是認することはできない。少なくともその活動の必要性が証明されなければならないと思われる。法廷意見の主張する利益のうち、警察官等に対する危害の可能性は抽象的にすぎ、この論法を用いるならすべての犯罪においてその危険性は生じ得ることにもなろう。すべての状況において特定の個人に対してその危険性に関する合理的な嫌疑を要件とするのには問題があるかもしれないが、本件においてはそれを要件とすべきである(7)。したがって、具体的な危険が示されていない本件はテリー型の場合とは全く異なる。また秩序ある捜索の執行についても、例えば同意のうえでの立会を確保すれば足り、身柄拘束を必要とする理由とはならないであろう。本件で問題となる利益は犯人の逃亡の阻止であると思われる。確かにその必要性は大きいのだが、反対意見が指摘するように、それは通常の利益に他ならない。法廷意見は、逮捕に足る相当な理由を欠くこと、さらに捜索令状の存在を前提にして、本件身柄拘束の必要性を論ずるわけだが、本件のように個人の家屋に相当な理由に基づく禁制品についての捜索令状が発付されている場合に、相当な理由に基づく逮捕令状が発付され得ないとの状況を一般的に考えるのは多少困難であり、法廷意見も家屋と居住者の関係から想定し得るとするように、その関係は事前にも充分に想定し得ると思われ、逮捕令状を事前に入手し得た場合と考えるべき事件なのではなかろうか。そうであれば、ことさらに本件のような身柄拘束を認める必要はないと言えよう。

かりに逮捕令状を入手し得ない場合を考えた場合、ペイトン[8]における逮捕令状に関する示唆を同様に捜索令状に用いることには、身柄の拘束の必要性に関する審査を欠くので、不必要な身柄拘束を生ずる危険性がある。この場合、少なくとも、占有者の行動のプライヴァシーを侵害するのであるから、現に当該捜索家屋に所在する占有者に限定しなければならないであろう。ただ反対意見が指摘するように、事実上侵害の程度（時間）・範囲も限定し得ない状況が考えられるので例外的なものと考えるべきであろう。したがって、逮捕令状を入手し得る場合には本件のような身柄拘束はできないと考えるべきで、捜索令状に身柄拘束の権限が黙示的に伴っているとの見解は一般論として採用すべきではないと思われる。またこの場合、捜索令状の申請の際に、逮捕に足る相当な理由に至らない理由を示す証拠によって、居住者の短時間の身柄拘束という権限を付与された特別の捜索令状の発付を求めるなどの方法も考えられるのではなかろうか。

なお、相当な理由に至らない理由でのプライヴァシー侵害は、少なくとも後に正式な逮捕や捜索・押収に至らない限り司法審査を欠き官憲の恣意的な活動を許す可能性をもつので、通常の犯罪捜査の目的を超える利益がその活動の必要性の高いことを証明しなければ許されないと考える方が、従来のテリーやブリニョーニ゠ポンスの示すところに近かったのではなかろうか。

（1）　Terry v. Ohio, 392 U. S. 1 (1968). 事件の概要は、ある店の前をうろつきその内部の様子を窺っていた被告人の行為を、強盗の目的で行っていると考え、さらに兇器の所持をも考えた警察官が、被告人に質問し、その答が不明瞭であったので pat-down し、ピストルを発見したというものであった。

（2）　Adams v. Williams, 407 U. S. 143 (1972). 麻薬とピストルを所持する男が駐車場の自動車の中にいるとの信頼のできる情報提供者の情報に基づき警察官が同車輌に近づき、被告人にドアを開けるよう求めたところ、同人が窓を閉めようとしたので、車中に手を入れ通報どおり同人の腰のベルトにあったピストルを取り上げ、拳銃隠匿所持罪で逮捕し、車内と身体を捜索してヘロインと別の拳銃を押収した事例である。テリーの基準を適用して最初のピストルの捜索・押収を適法とし、後の逮捕やそれに伴う後の捜索・押収を合法とした。

（3）Pennsylvania v. Mimms, 434 U. S. 106 (1977). 交通違反切符を渡すために車輌を停止させ、運転者に車外に出ることを求めた警察官が、車外に出た被告人の衣服がふくらんでいたためフリスクしたところ、リボルバーを発見した事例（本書60事件）。

（4）United States v. Martinez-Fuerte, 428 U. S. 543 (1976).

（5）Delaware v. Prouse, 440 U. S. 648 (1979). 本件につき、渥美東洋「自動車検問に憲法上の限定を附した合衆国最高裁のプロウズ事件について」判例タイムズ三八三号二四頁（本書56事件）参照。

（6）法廷意見が逮捕に比べ侵害の程度の低い場合に比較衡量をなし得るとして引用したダナウェイ（Dunaway v. New York, 442 U. S. 200 (1979)）では、取調目的で、相当な理由を欠く逮捕はなし得ないと判断している（本書1事件）。なお、デイヴィス（Davis v. Mississippi, 394 U. S. 721 (1969)）、ブラウン（Brown v. Illinois, 442 U. S. 590 (1975)）参照。

（7）Ybarra v. Illinois, 444 U. S. 85 (1979). 麻薬に関して酒場を捜索する令状が執行されたが、その執行時に居あわせた者の身体の捜索捜検は、相当な理由又は合理的な嫌疑がないならば許されないとした事件（本書8事件）。

（8）Payton v. New York, 445 U. S. 573 at 602-603 (1980). なお本件では、事前に令状を入手しなければ、通常、重罪犯の逮捕のために個人の家屋に同意なく立ち入ることはできないと判断されている（本書12事件）。

（前島　充祐）

II　捜索・押収

一　相当理由を欠く無令状捜索・押収の禁止

7　Torres v. Puerto Rico, 442 U. S. 465 (1979)

プエルト・リコの Public Law 22 に基づく、証拠の発見を信ずるに足る相当な理由を欠いた無令状の捜索は、第四修正の要件を充たさず、当該捜索によって入手された証拠は排除されるとした事例。

《事実の概要》

被告人トーリスはフロリダ州からプエルト・リコ首都のサン・ホァンのイズラ・ヴェルデ空港に着いた。落ちつきがなく、配置についていた武装制服警官をじっとみている被告人を見て官憲は疑いをもったが、禁制品を運搬していると信ずるに足る相当な理由なしに、被告人を空港の犯罪捜査局事務所に連行し、手荷物の捜索をした。捜索の結果、一オンスのマリワナ等が発見されたので、被告人はプエルトリコ禁制物品法違反で起訴され有罪判決を受けた。プエルトリコ最高裁への上訴で、被告人は、Public Law 22 に基づく捜索は不合理な捜索を禁ずる第四修正に違反すると主張した。プエルトリコ最高裁の四名の裁判官は Public Law 22 が第四修正に違反すると判断したが、最高裁の過半数の裁判官の判断によらなければ法律は違憲となし得ないとの規定（同憲法四章五条）により、有罪判決が肯定された。

《判旨・法廷意見》

破棄差戻し

一　法廷意見は、⑴第四修正がプエルト・リコにも適用があること、⑵被告人の手荷物の捜索は第四修正の要件を満たさないこと、⑶本件の捜索は、第四修正の令状及び相当な理由を不要とする例外の場合に当らないこと、の順に判断を下している。

⑴　プエルト・リコへの合衆国憲法の適用の範囲の決定を合衆国議会は通常合衆国最高裁に委ねているが、合衆国議会は憲法の適用に加えられた制約を廃止することもできるので、合衆国憲法の規定は、属領に対してもほとんど全て、しかも合衆国の利益に適うように施行し得るとする立法部の決定は重大な配慮をすべきものである。この点に関する合衆国議会の暗黙の（implicit）決定と長い間の経験によって、第四修正の捜索・押収に対する制限は合衆国全国民の利益に反する危険または不公平をもたらす危険を伴うことなくプエルト・リコに適用できることが確証された。一九一七年から一九五二年にかけて、合衆国議会は立法によってプエルト・リコの住民にも同様の個人の権利を与えた。第四修正の文言及び合衆国最高裁のそれについての解釈を反映する文言を含むプエルト・リコ憲法がプエルト・リコの国民によって採用され、合衆国議会で認可され、その憲法の規定は今も効力をもっている。以上により、第四修正の憲法上の要件はプエルト・リコにも適用されると結論する。

⑵　第四修正は、捜索・押収にあたっては、犯罪を立証する証拠を発見し得ると信ずるに足る相当な理由が存在することを要件とすると同時に、また、緊急状況のため令状入手の要請を遵守できない場合を除いて、令状を入手しておくことを要件としている。Public Law 22 はこのことを要件としないので、Public Law 22 に基づく被告人の捜索もまた、第四修正の要件を満たすものではない。

(3)　プエルト・リコ側は、第四修正の要件を満たさないでも許される捜索の例を掲げ、それらは「準国境」(intermediate border) での捜索の場合であり、プエルト・リコの独特な政治的地位からみて、島としての境界が事実上外国との国境であること、そして武器や麻薬の合衆国内外からの流入によって生ずる問題の重大性を理由に、「準国境」に当り、第四修正の例外として自由な捜索が認められるべきと主張する。しかし、Public Law 22 は、合衆国の外国との国境と同等の機能を有する場所での税関の捜索を類推して、Public Law 22 を正当化することはできない。外国からの旅行者の手荷物を捜索する合衆国の権限は、領土の保全を維持する主権に基づくものであるが、プエルト・リコはその領土への立入りを禁止する主権をもってはいないからである。また、Public Law 22 は健康及び安全のための法律を実施するためになされる州の検査への類推によっても是認されない。プエルト・リコ最高裁も同法は、刑事法の執行のために制定されたものと判示したし、健康及び安全のための検査も通常は第四修正の令状の要件に服するのである。さらに、法執行問題が切迫しているため通常の要件が免除されるべきと主張するが、単に一般的な法執行の緊急性という理由だけで、基本的な第四修正の不合理な捜索・押収を禁ずる第四修正の基本的な条項の適用が除外されてよいものではない。Public Law 22 に基づく捜索は憲法上の保障を侵害するもので、被告人の手荷物の捜索によって得られた証拠は排除されなければならない。

二　スチュワート、マーシャル、ブラックマン各裁判官が加わったブレナン裁判官の補足意見があり、それは、法廷意見に賛成するが、ただ、Downes v. Bidwell, 182 U. S. 244 (1901) ; Dorr v. United States, 195 U. S. 138 (1904), Balzac v. Porto Rico, 258 U. S. 298 (1922) 等の古い事例（今世紀初期の連邦法の適用を制限していた事例）は第四修正その他の権利章典の条項を一九七〇年代のプエルト・リコへ適用するかを問題とする根拠でないことは明らかであると指摘し、拡張解釈は慎しむべきだと述べている。

《解　説》

第四修正は捜索・押収が許される要件として、犯罪の証拠が発見できると信ずるに足る相当な理由の存在と一定の緊急な場合以外の令状の存在を挙げている。しかし、例外的にこの要件が緩和される場合がある。国境に類似する場所での捜索で、さまざまな目的を達成するために合衆国内においても外国における国境と同じ扱いをすることが認められる場合である。例えば、国境警備隊の捜索や健康及び安全規制促進のための積荷の検査、空港の金属探知機の使用や一定の軍事基地の捜索である。しかし、それらの場合に第四修正の要件が緩和されるのは法廷意見も言うようにそれぞれさまざまな考慮に基づくものであり、本件のプエルト・リコのような地理的要素に基づくものではない。プエルト・リコの置かれている地理的状況はアラスカやハワイなどと区別さるべきものではない。また、令状要件の例外となる緊急性が、武器や麻薬の多量の流入とそれに伴う犯罪の激増といったもので生じているとはいえないのはいうまでもないから本件判断は合衆国最高裁として当然の判断であったといえるだろう。

次に、相当な理由と令状なしに行われた捜索に基づく証拠は排除され、このことにも反対意見はない。近時排除法則には様々の点から批判がなされ、合衆国でも見直しが迫られているという論調がわが国で強い。しかし、第四修正の基本権を侵害するような方法で採られた本件証拠は異論なく排除されている。とくに本件では、個々の捜査機関の行き過ぎなどが問題とされているのではなく、プエルト・リコの法律が一般的に第四修正の要件を満たしておらず、それに従って組織的に第四修正の要件を欠く捜索が行われていることに注意が払われて、反対意見もなく証拠排除が認められている。いずれにしても合衆国では排除法則の中核は疑われてはいないことに注意すべきである。

（椎橋　隆幸）

二　逮捕現場に居合わせた者の無令状捜索・捜検

捜査令状執行時に執行場所に居合わせた者の身体の捜索・捜検は、相当な理由又は合理的嫌疑がない以上許されないとした事例。

8　Ybarra v. Illinois, 444 U. S. 85 (1979)

《事実の概要》

警察に信頼できると知られている匿名情報提供者が、酒場のバーテンダーが錫箔の包みを身につけ、また酒場のカウンターの内部の抽出に納めているのを目撃し、さらに、同人から或る日他人に譲渡するために麻薬を所持しているのだとの話を聞いたという情報に基づいて、酒場及び同バーテンダーの身体の捜索のための令状が発布された。「法禁物所持罪の証拠」の捜索を授権する、この令状に基づいて警察官は酒場に立入り、その目的を告知した後、同酒場に居あわせた者に対し兇器の有無を確認するための大雑把なフリスクを行っていった。その際警察官の一人が常連客である本件被告人イバーラの身体をパットダウンしたところ、煙草箱のようなものがあるのを感じた。他の客を一通りフリスクした後、イバーラに戻って今一度フリスクを行い、この煙草箱をズボンから取り出して中を見たところ、錫箔の包みが六包あり、包みの中は後にヘロインと判明した。イバーラは法禁物所持により大陪審訴追を受けた。イバーラは公判に先立つ聴聞において酒場で彼の身体から押収された麻薬の排除を申立てた。しかし公判裁判所は捜索はイリノイ州法の規定に従って行われたものとして申立を却下した。同州法規定は次のようなものである。

イリノイ改正州法三八章一〇八―九条

令状執行に際し令状執行官は左に掲げる目的のため令状執行時に執行場所にいる者を合理的な短時間身柄を拘束し捜索することができる。

(a) 不当な攻撃からの執行官の身体の安全の確保

(b) 令状に特定し記載された用具又は物品の湮滅又は隠匿の防止

被告人は有罪とされ控訴を申し立てた。イリノイ州控訴裁判所はこの法律は本件事実に適用される限度では違憲ではないとして控訴を棄却した。同裁判所によれば、この法律は、捜索場所に居あわせた者から警察官が攻撃されると疑うのが合理的である場合又はこれらの者が令状に記載物品の湮滅若しくは隠匿が当該場所との関係から何らかの形で証明される場合にのみ当該場所の捜索を認めるものと解釈すべきだという。その上で本件においては、捜索がヘロインの譲渡・消費の行われているのが明らかな一部屋からなる酒場について行われたこと、ヘロインの包みの隠匿は容易であること及びイバーラは当該場所に全く無関係な無辜の客であるとはいえないことを理由に、イバーラの控訴を棄却したのであった。イリノイ州最高裁判所は上告を却下した。

《判旨・法廷意見》

一　スチュアート裁判官の法廷意見

(1) 捜索令状発布の時点で、警察は酒場に居た者が法に違反していると信ずべき相当な理由を有してはいなかった。

令状請求書には、酒場の常連客がバーテンダー又は他の者からヘロインを購入するのを匿名情報提供者が目撃したとは記載されていない。

令状執行時においてもイバーラ捜索のための相当な理由は備ってはいない。執行時に警察官はイバーラをイバーラと認めていなかったし、彼が犯罪を行った、現に犯罪を行っている又は犯罪を行おうとしていると考えるべき理由は何らなかったのである。

警察は酒場の捜索令状をもってはいた。しかし容疑者の側に居たというだけでその者を捜索する相当な理由が生ずるというものではない。令状により警察官は酒場とバーテンダーの捜索権限を有してはいたが、酒場の客各々が有する憲法上の保障を侵害する権限までも有していたわけではない。

(2)　イバーラに対する最初のパットダウンはテリー（Terry v. Ohio, 392 U. S. 1 (1968)）の原則から兇器の有無を確認するための合理的フリスクであり、このフリスクにより同人が麻薬を所持しているとの相当な理由を生ぜしめ、この相当な理由が二度目の捜索の憲法上の根拠となるとの検察側主張は容れられない。

イバーラの最初のフリスクは、同人が武装していて現に危険であると合理的に考えられるからなされたというものではない。警察の酒場への立入時に、同酒場は警察官が顧客を観察するのに充分な明るさがあったし、警察はイバーラを犯罪歴のある人物と認めたのでもなく、攻撃をしかけてきそうな人物と考える特別の理由も有してはいなかった。手には何も持ってはおらず、攻撃の気配もみせてはいなかった。服装もイリノイの三月頃の服装として通常のものであった。こうして被告人が武装していて危険だとの嫌疑を警察が抱いたことを正当とする理由は何もない。

テリーは相当な理由を不要とする例外的な場合があることを示しはしたが、この例外の下でも、警察官は身体を拘束した者が武装していると考え又は疑うのが合理的な場合にパットダウンを行うことができるにすぎず、探索的な兇器の捜索を一般に認めたものではない。

(3) 麻薬取引の効果的な規制という政府の利益及び麻薬の隠匿されやすい性質に鑑み、捜索令状の執行場所に執行時に現在する者が麻薬取引に関係しているか又は禁制品を隠匿若しくは携帯していると合理的に考え得る場合には、証拠の捜索を認めるべきだと主張されている。しかし当法廷はディレ（United States v. Di Re, 332 U. S. 581 (1948)）でこの主張を退けた。同事件では、偽造ガソリン配給切符の取引が行われるとの情報により取引場所に赴き取引当事者の車があるので近寄ると、後部座席の情報提供者が運転席にいる者から偽造切符を受け取ったと言うので、助手席にいたディレをも含む三人を逮捕し、その身体を捜索した。この場合、車に禁制品があると考える合理的理由はあるのだから車の捜索は適法であり、切符が身体に隠匿容易なものであることから、車中にいた者の捜索も適法であるとの主張に対し、当法廷は車の捜索の適否は判断せず、疑わしい車に居たというだけで身体の捜索を受けることのない権利を失うことになるわけではないと判断した。勿論、ディレでは車輌又は三人の身体についての捜索令状は発布されていないのに対し、本件では酒場の捜索令状があったとの相違はある。しかし、両事件を規律する原理は同一である。相当な理由という憲法上の基準は長い間採られてきているものであり、これが、無分別かつ不合理なプライヴァシー侵害から市民を護るという利益とコミュティの安全確保のため法執行に適正な裁量を与えようとする利益という相対立する利益の調整をはかる最良の妥協策なのである。破棄差戻

二 バーガー首席裁判官の反対意見（ブラックマン裁判官及びレーンクェスト裁判官参加）

麻薬事犯たるバーテンダー及び比較的小さな一部屋の酒場の捜索令状を手にした警察官が当該場所に赴くと十二人の客がいたという場合に、これらの客が全員武器も持たず麻薬とも無関係であると考え彼らを無視すべきか。麻薬取引の場として知られている場所で麻薬についての捜索令状を執行する場合には警察官はテリー型の捜索を行ってその

身体の安全を確保してよい。

三　レーンクェスト裁判官の反対意見（バーガー首席裁判官及びブラックマン裁判官参加）

第四修正は第一文と第二文に分たれる。第一文は不合理な捜索・押収を禁止し、第二文は令状発布前に備えるべき要件を述べる。この第四修正の第二文は捜索されるべき者を具体的に記述するよう求めてはいない。また実際問題としても警察は令状執行時に捜索しようとする者をすべて事前に特定することはできない。更に警察は捜索場所に立入った時の状況に合理的に反応できる柔軟性をも有していなければならない。令状に記載されていない者の捜索を絶対的に禁止するなら、その者が禁制品をポケットに入れるだけで捜索の裏をかくことができることとなる。こうした結果を支持するような第四修正に関する解釈は採り得ない。

場所を捜索する権限には状況によってはその場所にいる者を捜索する権限を含むとしても、その限界が問題である。捜索される者がその場所に関係があると示すことを要件とする、又は統一逮捕法に倣って疑わしき者を最長二時間身柄を拘束し質問することができるとする先例もある。しかし前者は、どんな形の関係がなければならないのか、またその関係を警察はどのように認識するのか明らかではなく、後者は質問によってどのようにして隠匿されている禁制品を出させるのか明らかではない。後者については更に、令状は「押収」されるべき人物を特定していなければならないとの第四修正の要件に照らしてもより小さな侵害にかえてより大きな憲法侵害を齎すものといえる。イリノイ州を含む幾つかの州は、捜索目的を特定することで憲法問題を回避しているのである。

確かにある者が令状執行時に偶々居あわせたからといって第四修正の保護を失うものではない。しかし当法廷は第四修正の第一文だけに着目し、事情の如何を問わず令状執行時の警察活動が合理的か否かだけを考察している。ところが本件のように令状要件は完全に満たされている場合の合理性概念は無令状捜索の場合とは異っている。令状に従った捜索の合理性判断に際し無令状捜索の場合の合理性基準を適用すべきではない。

被告人は、捜索の場に居あわせた者が禁制品を所持していると信ずべき相当な理由のある場合にのみ完全な捜索を認めるべきだという。しかしこれはテリーの嫌う硬直した態度であり、かつ捜索令状が発布された事実を無意味とするものである。不法に麻薬を所持しているとの相当な理由があるのなら、その者を逮捕すればよい。

令状による捜索の合理性判断に際しては当法廷は捜索の正当事由だけでなく侵害の範囲も考慮すべきである。

警察は酒場の中でヘロインが譲渡されていることを知っていたのだから、酒場に立入った時に酒場の中に一二人もの客がいたのを見てその中の一人又は複数の者が麻薬取引に関係していると考えるのは合理的である。もっとも、こう考えたからといってそれだけで酒場の客全員を完全に捜索することを正当とするものではあるまい。また麻薬取引では麻薬施用具と同程度に兇器が取引道具となっていることから、警察は客の中に武装している者があるかもしれないと思っていた。そこで酒場の客に対し直ちにフリスクを行って令状執行官及び無辜の個人に対する危険を除去したのである。

テリーによれば特定の人物が武装しているとの嫌疑は個々人について考えられねばならないとイバーラは主張する。しかし街頭での停止にあっては多数の者の中からある者を選別する理由を明確にしなければならないが、本件のように令状執行のため、少数とはいえ潜在的には危険なグループと警察が直面している場合とは異なる。まず第一に、「個別的な嫌疑」のかわりに本件においては捜索令状があり、プライヴァシー侵害を行う最初の決定は既になされている。問題は侵害の範囲が合理的か否かなのである。次いで、令状執行官の仕事は街頭での一時的な出会いよりも危険なものである。警察官は被疑者と長時間密着しなければならないだけでなく、令状執行の職責上、人よりも捜索場所の方に注意を集中せざるを得ないからである。こうして街頭での停止の要件たる「個別的嫌疑」を本件でも必要とするなら、警察と市民の出会いの際の事情を総合して合理性を判断しようとする趣旨に反する。

こうして酒場の客に対するパットダウンは、法執行官及び無辜の客への脅威を除去するとの趣旨から合理的である。次いでなされたイバーラに対する捜索は、最初のパットダウンで生じたヘロインではないかとの嫌疑が正しいか否かを確認するための行為であり、合理的である。

《解　説》

一　捜索令状執行時に執行場所に居あわせた者の身体の捜索につき、合衆国では法律により捜索権限を認めている州がある。(1) 先述したイリノイ州法のように、令状執行官の身体の安全確保・証拠湮滅の防止のために捜索を認めるというのが一つの型である。(2) 今一つの型は、州法により令状の書式を定め、令状中にこの権限を付与しておくというものである。(3) 他に、捜索目的等による限定を加えず、捜索令状は捜索場所に居あわせた者を対象とすることができるとのみ定めるニューヨーク州法（N. Y. Crim. Proc. Law § 690, 15 (Mckinney 1971)）、捜索場所に居あわせた者の衣服に捜索対象物が隠匿されていると考えるべき理由がある場合に当該人物の捜索を認めるコネティカット州法（Conn. Gen. Stat. Rev. § 54-33 b (1968)）のような立法例がある。

コネティカット州法のように、居あわせた者が証拠を隠匿していると信ずべき理由を捜索の要件として明示していれば、捜索のための相当な理由を特定の個人について備えるよう求めているのだから、第四修正に抵触する可能性は少ないといえよう。(4) 本件イリノイ州法のように証拠湮滅・隠匿の防止という目的による限定しかない場合には、居あわせた者は誰であれ捜索し得る余地がある。これは妥当か。さらに、こうした法律のない場合に、捜索令状執行官は捜索場所に居あわせた者をどんな場合に捜索できるかが問題となる。

尚、捜索場所に居あわせた者の捜索を認める根拠は証拠湮滅・隠匿の防止である。従って、捜索令状執行中に捜索場所に入ろうとする者のように隠匿・湮滅の可能性のない者については捜索は許されない(5)。また贓物たるテレビのように捜索対象が身体に隠匿するのが容易でない物である場合には、捜索が許されないのは勿論である(6)。そこで、問題は、捜索対象物が隠匿容易である、又は事前にどの程度の量があるのか不明な場合に限られよう。

二　キャッツ（Katz v. United States, 389 U. S. 347 (1967)）及びテリー（Terry v. Ohio, 392 U. S. 1 (1968)）により、第四修正は人を保護するものとされ、個人はどこに居ようとこの保護を受けるものとされた。これに示唆を得てか、プライヴァシーには場所のプライヴァシー（privacy of place）と個人が存在することにより確保しているプライヴァシー（privacy of presence）の二種に区分できるとする有力な学説もある(7)。捜索令状によってある場所のプライヴァシーを開示することが許されようとも、その場に居あわせた者のプライヴァシーは当然に開示されるというものではない。ここまでは法廷意見・反対意見ともに認めるところである。

しかし個人が存在することで確保しているプライヴァシーといえども不可侵のものではない。このプライヴァシー開示の要件をどう形成するかが意見の分れ目となった。

まず反対意見は巧妙で把握しにくい論理展開をしているが、大旨次のようなものと言えよう。

麻薬事犯では一般に兇器も取引道具となるので、客の中に兇器を所持している者がいるであろうとの推論は合理的である。客の中の誰が兇器を有しているかは特定できないので、客全員を疑ってフリスクし、令状執行官の身体の安全を確保する必要がある。そこでパットダウンを行ったところ、タバコの箱のような物を感じた。本件では酒場のバーテンダーが麻薬の売人なのだから、酒場の客の中に譲受人がいると考えるのは合理的である。そこでタバコの箱のような物はヘロインの包みかもしれないとの嫌疑が生ずる。この嫌疑を確認する行為は許される。

着目すべきは、反対意見が兇器の有無の確認のためのフリスクをヘロインの有無の確認のためのフリスクとして利用することを認めている点である。「タバコの箱のような物」の中に隠されている可能性のある兇器は、警察官への加害手段がピストルかナイフであるのが大多数であることから、これらは「兇器」に当らないといってよい。反対意見は、この考え方を無視し、「タバコの箱」状の物があると感じたことを、それを取り出し中を開披する理由、換言すれば捜索のための相当な理由にまで高めている。そこで、衣服のポケットに何か入れているのが通常であることからすれば、反対意見は結局は捜索場所に居あわせた者全員の捜索を認める立場に立つことになるともいえる。さらに反対意見は、兇器を求めての捜検が合理的である理由を捜索場所に居あわせた者が全員潜在的兇器所持者たることに求める。その根拠は、それらの者がバーテンダーが麻薬の売人である酒場の客であるということにつきるのである。こうして反対意見は、「捜索を受ける者が捜索場所に関係があると示せばよい」とする、反対意見が自ら「どんな形の関係がなければならないのか、その関係を警察はどのように認識するのか明らかでない」ゆえに採り得ないとした説に従っているのである。しかも「客」という「関係」さえあればよいとする。警察活動を限定するのは、酒場が「薄暗い、一部屋から成る小さな」ものであったという事実だけである。こうした場所の特徴を類型化し、警察活動の基準とするのは無理ではなかろうか。

これに対し法廷意見は、憲法上捜索には相当な理由が必要なのだから、本件においても身体の捜索には相当な理由が必要だというにつきる。

相当な理由を要件とすれば、捜索場所に居あわせた個々人が存在することで確保しているプライヴァシーは不当な侵害から守られる。だが抽象的嫌疑だけでは、捜索は許されないとすると、令状執行の時点で、たとえば法の規制を受ける薬物の捜索のため捜索場所に執行官が立入ったところ、居あわせた者が薬物の影響下にあるのが一見して明らかな場合(8)を除いて捜索は許されないことになる。そうすると、抽象的とはいえ不審事由があるにもかかわらず何もしてはならないとすれば、証拠の隠匿・湮滅の危険性に対処し得ないことになりかねない。

さて、このような抽象的嫌疑はあるが相当な理由は無いという場合の対処方法として参照されるべきはウォーナーの統一逮捕法(Uniform Arrest Act)(9)になされた、いわゆる職務質問とそれに随伴するフリスクの制度である。反対意見はこの制度を、より小さな憲法侵害に替えてより大きな憲法侵害を齎らそうとするものと批判する。テリー及びウィリアムズ(Adams v. Williams, 407 U. S. 143 (1972))により兇器を求めての停止と捜検は合憲とされはしたものの、証拠を求めての停止・検査は認められてはいない(10)ので、こうした反論のでる余地はある。しかし、先述したように捜索場所に居あわせた者を誰彼構わず捜索することを承認する論理を包蔵する反対意見と、質問及び身元開示を求めることにより一定量の嫌疑が特定個人について生じた場合にのみ、その者を検査できるとする思考法といずれがより大きな憲法侵害を齎らすのか明らかであろう(11)。

ともあれ、本件は、抽象的嫌疑しかない場合で嫌疑を特定の個人に向けるための適法な方策は何ら採られていない場合であった。相当な理由を要件とすることにより、個人の存在することで確保しているプライヴァシーに対する恣意的侵害を防止し、明瞭な基準に従った警察活動を確保することができるのだから、本件事案の解決としては法廷意見の立論は一応首肯できる。しかし先述したような質問――特定個人への一定量の嫌疑――同人への所持品・身体の検査といった手段が講ぜられていた場合にまで、相当な理由が必要だとしたわけではない。この場合についての判断は開かれたままである。

尚、イリノイ州法については合憲的限定解釈を施したといえよう。

三　本件では酒場の客全員に対して兇器の有無を確認するためのフリスクが行われた。

法廷意見はこの点につき、テリー＝ウィリアムズ法理を維持して警察官の直面している相手が「武装していて危険である」との合理的嫌疑を要件とすべきであり、イバーラにはこの「危険」な徴候はなかったとする。これに対し反対意見は、捜索場所では街頭でよりも長時間、警察官は疑わしい者と近接した距離に居続けねばならず、かつ警察官は令状執行という本来の職責上、居あわせた者よりも捜索場所の方に注意を集中せざるを得ないとのラフェイブの指摘[12]を採用し、令状執行官の身体の安全確保のため居あわせた者全員に対するフリスクは許されるとする。

法廷意見のように特定の個人について合理的嫌疑を要件とすると、たとえば捜索場所に居あわせた者の一人がワイシャツの裾をズボンの外に出しており、しかも外に出たがったというような場合[13]には、これを満たしていると言えよう。しかし、通常の服装をし、格別の動作・発言をしなくとも、兇器を所持し、使用の機を窺っている者が居る可能性は否定できない。令状執行官が捜索に取掛った時に、兇器使用の機会は増す。執行官の中の一部を監視役に廻すとの方法も、居あせた者の数が令状執行官の数と同等ないし上廻る場合には有効でないかもしれない[14]。反対意見は麻薬事犯では兇器が取引道具となることが多いという。統計上の根拠のある議論か否か定かでないが、犯罪の性質上、又は捜索場所の性質上捜索場所に居あわせた者が兇器を所持している可能性が高いといえる場合もあろう。こうした場合に危害を加えられるかもしれないとの不安を抱きながら令状執行を行うよう求めるのは酷であろう。先述したように令状執行態様は無数にあり、捜索場所に居る者に対する兇器の有無の確認のためのフリスクに法廷意見のように個別的合理的嫌疑を要件とするのは、無数の令状執行態様に充分対応しきれない、窮屈な原則ではないであろうか。反対意見のいうよう居あわせた者への大雑把なフリスクを認めるべきであろう。ピストル・ナイフ状の物は形、大きさ、重みといった点で他の所持品と区分けをしやすい。兇器の有無の確認のためのフリスクである以上、通常の所持品の開示は許されない。このフリスクの過程で発見された捜索対象物は証拠として許容されないとするのも一つの方法である。(15) こうした限定を加えた上でのフリスクなら、個人が存在することで確保しているプライヴァシーへの侵害も極めて軽微なものとなり、反面で円滑、効果的な法執行が確保されるのだから、許されてよいであろう。

（1） Comment; The "Search All Persons" Power-Does Presence Really Equal Probable Cause? 58 Cornell L. Rev. 614 (1973) は十一州の法を参照するよう指示する。この中ネヴァダ州については参照し得なかった。

（2） 他にこの型に属するものとして Ga. Code Ann. § 27-309 (Supp. 1970), Kan. Stat. Ann. § 22-2509 (Supp. 1971), Mon. Rev. Codes Ann § 95-710 (1969), Wis Stat. Ann. § 968, 16 (1971) これらはイリノイ州法とほぼ同一の規定である。

（3） たとえばマサチューセッツ州法二七六章二A条（Mass. Gen. Laws. Ann. Ch. 276. § 24 (1968)）は令状書式は次のようでなければならないとする。

（特定の物が、窃取横領、若しくは詐取された、犯罪遂行手段として使用されんとしている、若しくは現に使用された、又は違法目的のために不法に所持、保管若しくは隠匿されている）と信ずべき相当な理由のあることが（宣誓供述者―その氏名明記）により、（令状発布官―その氏名明記）の面前で宣誓供述書を通して証明された。それゆえ（占有者氏名―明記―の占有せる）（斯く斯くの場所―場所の特定）、（斯く斯くの者―捜索対象たる人物の特定）及び、先述の物品を所持し若しくは支配下においていると認定される者、又これら物品を受け取りたる者を、以下に定める品目について昼間（又は昼夜の別を問わずいかなる時にでも）速やかに捜索するよう命ずる（以下略）他にこの型に属するものとして Del. Code Ann. tit. 11. § 2310 (Supp. 1970), N. H. Rev. Stat. Ann. § 515-A: 3 (Supp. 1972).

（4） たとえば State v. Procce, 5 Conn. Cir. 637 (260A 2d. 413) (1969).

（5） Smith v. State. 292 Ala. 120, 289 So. 2d 816 (1974); Wallace v. State, 131 Ga. App. 204, 205 S. E. 2d 523 (1974).

（6） Raugh & Silbert, Criminal Law and Procedure; D. C. Court Reform and Criminal Procedure Act 1970, 20 Am. U. L. Rev. 252. (1970) from the citation of Search and Seizure § 4. 9 p. 145, La Fave (1978).

（7） L. Weinreb; Generalities of the Fourth Amendment. 42 U. Chi. L. Rev. 47. (1974).

（8） State v. Bradburg, 109 N. H. 105, 243 A 2d 302 (1968).

（9）S. Warner; The Uniform Arrest Act. 28 Va. L. Rev. 365 (1942). 註（1）Comment は同様の提案を行う、尚ラフェイブは、統一逮捕法には触れていないが、同様の手続を踏むべきだとする。後註（12）参照。

（10）テリー・ウイリアムズ法理からすれば、停止・質問の相手が兇器を携行していると信ずべき理由があれば、警察官は身体の安全のため兇器の捜索をなし得ることとなり、この捜索の結果兇器が挿収されることになれば、それが「逮捕のための相当な理由」を構成し、その者を逮捕し得る、この逮捕に伴う捜索、押収として、身体の証拠を求めての捜索が許されることになる。いきなり証拠を求めての捜検が許されるわけではない。

（11）幸い我国にはこの統一逮捕法に酷似している警察官職務執行法第二条がある。適切な運用によって捜索場所に居あわせた者への恣意的侵害を防ぐことができよう。

（12）W. LaFave, 2 Search & Seizure §4. 9. at 150–151 (1978).

（13）United State v. Mitler, 546 F. 2d 251 (8th Cir. 1976).

（14）Guzman v. Estelle 493 F. 2d. 532 (5th Cir. 1974).

（15）註（14）Guzman v. Estelle.

（香川　喜八朗）

三　情報提供者の提供した情報を基礎とする捜索・押収

情報提供者の提供する情報の利用が第四修正上許される基準をアギラ、シュピネリのテストから全体事情テストに変更した事例。

9　Illinois v. Gates, 462 U. S. 213 (1983)

《事実の概要》

イリノイ州シカゴ郊外のデュペイジ・カウンティにあるブルーミングスディル警察署長は、匿名の手書きの手紙を郵便で受け取った。この手紙には、ブルーミングスディルには薬物頒布で生計を立てているカップル、スーとランス・ゲイツ（Sue and Lance Gates）がいること、彼等のコンドミニアムの住所、彼等の薬物購入先は大方フロリダ州であること、ゲイツの妻スーがフロリダ州に自動車を運転して行き、そこに薬物を積むべく車を残し、次にランスがフロリダ州に飛行機で行きその車を運転して帰ってくること、スーは車をフロリダ州に置いた後、飛行機で戻ること、五月三日に彼女はフロリダ州に再度車を運転して行き、ランスが数日後飛行機で行き車を運転して帰宅すること、ランスが車で帰宅する時に彼はトランクに薬物を積んでいること、現在、彼等は、地下室に十万ドル相当額を超える薬物を所持していること、働く必要がなく薬物の頒布で生計を立てていることを自慢していること、大物の薬物取引者が彼等の家屋をしばしば訪ねていること、などが記載されていた。

この手紙はブルーミングスディルの警察署長から刑事メイダー（Mader）に渡され、メイダーがこの情報に沿って捜査を進めることになった。手紙に記載のあった住所に居住するランス・ゲイツなる人物に運転免許証が発行されていることが判り、秘密情報提供者と連絡を取り、この情報提供者が財務記録を調べた結果、ゲイツのより最近の住所が判明し、また、オヘア空港担当の警察官を通じ、L. ゲイツ（L. GATES）なる人物がフロリダ州ウェスト・パーム・ビーチ行の飛行機を予約したことが判明した。

メイダーは次に薬物対策法執行局（Drug Enforcement Agency 以下DEAという）の係官と連絡を取り、五月五日のフロリダ行のフライトを監視した。この係官はメイダーに、ゲイツがその飛行機に搭乗したこと、フロリダ州の連邦官憲によると、ゲイツがウェスト・パーム・ビーチに到着しタクシーでホリデイ・インの近くに行き、スーザン・ゲイツの名で予約された部屋に行き、翌朝の七時にゲイツと身元不明の女性がそのモーテルをイリノイ州のナンバープレートを付けたマーキュリーで、シカゴ方面への旅行者がしばしば利用する州際道路を北に向かったことを知らせ、さらに、このナンバープレイトはゲイツが所有するホーネット・ステイション・ワゴンに登録されたナンバーであり、ウェスト・パーム・ビーチからブルーミングスディルまで約二二時間から二四時間であることを告げた。

メイダーは、以上の事実を記載した宣誓供述書に署名し、これをデュペイジ・カウンティのサーキット・コートの裁判官に提出した。同裁判官は、この宣誓供述書に基づきゲイツの住居と自動車の捜索令状を発付した。ゲイツの行動態様は相当程度補強されていると結論しようと思えばできた状況にあった。

五月七日午前五時一五分、ランス・ゲイツと彼の妻がシカゴを飛行機で発ってからわずか三六時間後に、彼等はブルーミングスディルの自宅に、約二二時間前にウェスト・パーム・ビーチに残した車で戻ったが、ブルーミングルディル警察は彼等を待ち受けてマーキュリーのトランクを捜索し、約三五〇ポンドのマリワナを発見した。ゲイツの家屋を捜索した結果、マリワナ、凶器、その他の禁制品が見つかった。イリノイ州サーキット・コートはこれらの全証拠の排除を命じた。サーキット・コートの裁判官に提出された宣誓供述書は、ゲイツの自動車と家屋に問題となる禁制品があると信ずるに足る相当理由を認定するには不十分だというのがその理由である。イリノイ州 Appellate Court はこの判断を認容し、イリノイ州 Supreme Court は意見が分かれたが、この判断を認容した。

イリノイ州 Supreme Court は次のように結論した。

この匿名の手紙はそれだけではゲイツの自動車と家屋に禁制品があると信ずる相当理由があるとのマジストレイトの判断の基礎とはならない。この手紙は、その執筆者が正直であるか、又はその者の情報が信頼できることを示すものは事実上何もなく、同様に、この手紙は、ゲイツの犯行に関する執筆者の予測の基礎を何も示していない。禁制品がゲイツの自宅と自動車から発見される相当理由があると結論するにはもっと情報が要る（See Aguilar v. Texas, 378 U. S. 108, 109, n. 1 (1964)；Nathanson v. United States, 290 U. S. 41 (1933)）。

イリノイ州 Supreme Court は、この匿名の手紙を相当理由が認定できるように宣誓供述書で補充できたかも知れないことを認めた。相当理由を支える追加情報を宣誓供述書が含んでいなかったと判示して、シュピネリ（Spinelli v. United States, 393 U. S. 410 (1969)）に由来する二肢充足説（two-pronged test ――二肢を共に充足することを要件とするテスト）を適用している。つまり、同裁判所によると、メイダーの宣誓供述書により補充されたこの手紙は、第一に、この手紙で示された知識を支える事実（basis of knowledge）――つまり、情報提供者がその情報を入手した方法を――を十分に示さなければならず、且つ、第二に、その情報提供者が「正直であること（veracity）」又はそれに代わるこの具体的事件でのその情報提供者の提供する情報が「信頼できること（reliability）」のいずれかを十分に証明する事実を示さなければならないが、本件ではいずれも充たされていないと判示した。

まず、その匿名の手紙を書いた者が信用できることを示す基礎が全くなく、警察による補強は、「犯罪行為について中立な」行為の詳細を補強するだけであり、情報提供者の正直さが示されなければならないという要件を充足していないこと、さらに、情報提供者がゲイツの行為を知った基礎が示されておらず、シュピネリは、詳細な情報を含んでいれば情報提供者の情報には信頼できる基礎があると推定できることを認めたものと解するが、匿名の手紙は十分な詳細さに欠けこの推定をなし得ないことをあげて、相当理由の証明がないと判示した。

合衆国最高裁判所は、部分的に補強された匿名の情報提供者の情報を基礎にマジストレイトにより発付された捜索令状による捜索が第四修正に違反するか否かを審理するためにサーシオレイライを認容した。

一　レーンクェスト裁判官執筆の法廷意見

破棄

(1)　第四修正に合致すると思料してなされた捜索・押収により得られた証拠を排除すべきか否かの争点に関しては、州が排除法理の適用に関し異議を申し立てておらず、真の論争があるとはいえない。第四修正違反と排除法理の適用は別個の問題であり、州の裁判所に具体的に提示されなければならない。慎重さを期す観点からも、事実に関する記録を十分に得て広過ぎる法理を作り出さないようにする観点からも、この争点に関する判断は他日を期し、先例に従う。

(2)　イリノイ州 Supreme Court の挙げた、情報提供者が「正直であること」、「その者の提供した情報が信頼できること」及び「(情報提供者の提供した)知識を支える(知識の根拠となる)事実があること」が情報提供者の情報の価値を決めるうえで高度の重要性を有することはそのとおりだが、これらの要因はすべての事件で厳格に別個独立の要件だと理解されるべきではなく、禁制品又は証拠が特定の場所に存在するとの「相当理由」の有無に関する、常識に基づく実際的な判断に際し、その基礎となる、相互に密接な関連のある判断要因だと解すべきである。

(一) この事情の総合説の方が、情報提供者の情報すべてについて具体的基準の充足を求める厳格な立場よりも、先例に合致する。先例は、相当理由の判断が実際的で、技術専門的なものではないとしてきている（Brinegar v. United States, 388 U. S. 160, 176 (1949)）。相当理由は、蓋然性を扱う概念であり、合理的で慎重な人が日常、行動に際し用いる、事実に基づく実際的な考慮を意味し、法律専門家が用いる技術的概念ではない（Adams v. Williams, 407 U. S. 143, 147 (1972)）。情報提供者の情報は、その価値と信頼性の点において様々であり、厳格な法理には適さない。

二肢を共に充足するとの説（以下、二肢充足説という）は、一方で情報提供者が正直なこと（真実を語っていること）又は具体的事件での彼の提供にかかる情報が「信頼できること」に加えて、他方で、「（情報提供者の提供した）知識を支える（知識の根拠となる）事実」の有無の二つに分けて分析するが、これらの判断要因は、伝統的に相当理由の判断の指標となってきた全体事情を総合した分析に関連する考慮事項と解されるべきである。一方に欠陥があっても、他方の証明が強い場合には、情報が信頼できるか否かを総合的に判断する際に、その欠陥は補われると解すべきである。たとえば、或る具体的な情報提供者が、異常な正確さで、或る場所での或るタイプの犯罪行為を広く予測することが知られている場合、或る特定の事件でその情報提供者が情報の基礎となる事由を完全に示さなかったことが、彼の情報に基づく相当理由の認定を絶対的に阻止すると解すべきではない。同様に、正直さの点で疑問がない市民が犯罪活動を報告した場合——虚偽の犯罪行為を報告すれば犯罪に問われる——、先例ではその知識を支える事由の厳格な吟味は不要だとしてきた（Adams v. Williams, supra.）。反対に、情報提供者の動機に疑問がある場合でも、彼がその犯行を目撃したと述べるとともに、その犯行を明確かつ詳細に述べたのであれば、彼の情報は、このような事情がない場合と比較すると、より重きを置かれてしかるべきである。事情の総合説では、情報提供者の提供した情報が信頼できること（又は信頼できないこと）を示す様々な徴表すべての相対的重要性をバランスをとって評価できるが、二肢充足説では、情報提供者の情報を過度の技術専門的分析により分断し、他の事実から切り離せないはずの争点を切り離して孤立化させそれに焦点を当てるという不当な結果を生む。

宣誓供述書は、通常、法律家でない者により犯罪捜査のまっただ中で急いで作成されるのであり、シュピネリの二肢充足説及びシュピネリに黙示的に含まれる、複雑な高度の構造で出来ている証拠法理及び分析ルールの充足の有無を厳格に審査する立場は、素人が、専門的ではない、常識に基づく判断で、正式の法的手続で用いられる基準よりも厳格でない基準を適用して令状を発付するという、令状発付の実情と調和させることができない。令状発付という急を要する判断に際し、微妙な判断を求める二肢説はマジストレイトの助けとならない。

同様に、宣誓供述書の十分性について裁判所は全く新たな（de novo の）事後審査をすべきではない。マジストレイトの相当理由の判断は審査審で大いに尊重されるべきである。

宣誓供述書が裁判所が相当と考える審査を認めることになると、同意又は他の令状要件の例外によって無令状捜索を行おうとすることにもなり得る。令状は法執行官憲の合法な権限、捜索の必要、及び捜索の限界を明らかにし、不法な警察活動がなされているとの印象を大きく減ずることに通ずる。令状を発付するマジストレイトの相当理由の判断の審査で用いられる伝統的な基準は、捜索により証拠が発見されると結論する相当量の（十分な）根拠（基礎）（substantail basis）の有無であり、この基準は令状への傾斜に沿ったものである。二肢充足説ではなく、この基準による方が、令状の入手を奨励することになり、また、マジストレイトの相当理由の判断を尊重してきたこれまでの伝統とよりよく合致する。

シュピネリの二肢充足説は法執行に重大な支障を生む。シュピネリを厳格に適用すると匿名の情報を用いることができる場合はほとんどなくなる。通常の市民は、日常観察した出来事の基礎事由（その事実をどの様にして知るに至ったかなどの情報入手の経過について）これを詳細に述べないのが一般的である。同様に、匿名の情報提供者が正直か否か（veracity）は判明せず、また、ほとんどの場合この点を知ることができない。したがって、匿名の情報はシュピネリの二肢と共に充足することを要件とする基準をほとんど充たすことができない。にもかかわらず、これらの情報は、特に警察の独立の捜査により補充されている場合には、「完全犯罪」の解決に寄与することがしばしばある。かかる情報を良心を基礎に評価すべきことは第四修正により求められているが、匿名の市民の情報提供者の寄せる情報の利用を事実上ほとんど認めない基準は第四修正の求めるものではない。

以上の理由で、アギラ及びシュピネリで確立された二肢充足説を放棄し、伝統的に相当理由の判断に用いられてきた事情の総合説によるべきことを再度確認する（See Jones v. United States, supra ; United States v. Ventresca, supra ; Brinegar v. United States, supra）。令状を発付するマジストレイトの任務は、伝聞情報を提供した者の正直さ又はその者の提供した情報の「正確さ」と、「（情報提供者の提供した）知識を支える（知識の根拠となる）事由」、を含めて、宣誓供述書に示された状況全体を考慮して、公正な立場に立ってみれば、或る特定の場所に禁制品又は犯罪の証拠が発見される蓋然性があるとみることができるか否かを、常識に拠って実際生活上の基準によって判断することにある。上訴審の義務は、相当理由があるとマジストレイトが判断する相当量の（十分な）根拠（sbstantail basis）の有無を審査することにある。この柔軟な、適用が容易な基準の方が、アギラ及びシュピネリの基準よりも、第四修正の求める公益と私益の調整をよりよく実現することができる。

先例はマジストレイトが超えてはならない限界を画している（Nathanson v. United States, 290 U. S. 41 (1933)）。宣誓供述書では、相当理由の認定に必要な相当量の（十分な）根拠（substantail basis）をマジストレイトに示さなければならず、ネイザンスンで問題となった、全く結論だけしか示していない供述書はこの基準を充たさない。ヘロインが或る家屋に貯蔵されているとの信頼性のある情報を信用できる人から受けとり、そう思料する、との宣誓供述では不十分である（Aguilar v. Texas, 378 U. S. 108 (1964)）。ネザンスンと同様、これは結論だけを示した供述書に過ぎず、マジストレイトが相当理由の有無を判断するのに必要な基礎を事実上全く提供しないものである。マジストレイトの判断は、他人の裸の結論を認めるだけのものであってはならない。裁判所は宣誓供述書の十分さを良心的に審査しなければならないが、シュピネリから発展した法理は適切ではなく、ジョーンズ、ベントレスカ、及びブリンガーで示された、柔軟な、常識を基礎とする基準が第四修正の相当理由の判断基準としてより適切である。

正直さ・正確さ（veracity）を問い――この正確性（veracity）は、さらに、情報提供者が「信用できること」とその情報提供者の提供した情報が「信頼できること」に分かれるが――、さらに、「(情報提供者の提供した)知識を支える(知識の根拠となる)事実」を問うシュピネリの基準は、裁判所により洗練された迷路のようなものである。相当理由は、蓋然性を扱うものであって技術的なものではない。

(二)　以上の、事情の総合説は、情報提供者の情報の詳細を警察が独立の捜査で補強することとの価値を認める。ジョーンズ（Jones v. United States, 358 U. S. 307 (1959)）は、伝聞に依拠した宣誓供述書は、その伝聞供述の信憑性を支える相当量の（十分な）基礎（substantial basis）がある限り、伝聞だというだけで、不十分と解されるべきではないと判示した。情報提供者の供述が補強されており、その補強が合理的だと認められる限り、無令状逮捕の基礎とすることができると判示してきた。アギラも、警察が情報提供者の報告を補強する努力をした場合の、補強の価値を認めている。

ドレイパー（Draper v. United States, 358 U. S. 307 (1959)）では、情報提供者が、ドレイパーは一両日中に電車でシカゴからデンバーに到着すること、ドレイパーはある量のヘロインを所持していること、ドレイパーの身体的特長の詳細、明るいカラーのレインコートを着用し、茶色のスラックスを履き、黒の靴を履き、「かなり速足で」歩くことを告げた。この情報提供者はこの情報を支える事実を何も示さなかった。

上記の期日内の日にこの描写に合致する人物がシカゴから到着した列車を降りるのを警察官が目撃した。身なり、服装、荷物がこの情報に合致し、足速に歩いていた。法廷意見は、逮捕官憲は、ドレイパーの任務遂行の有無と、身体又はバッグに三オンスのヘロインを所持していることを除き、この情報提供者の提供した情報のあらゆる面を自分で確かめた。かかる状況下で、三オンスのヘロインをドレイパーが所持しているとの未確認の部分の情報が正しいと信ずる合理的基礎があった。

本件は、ドレイパーと同様、相当理由の証明があったとみてよい場合である。メイダーとDEAの係官の独立の捜査により、ゲイツが薬物取引に関与していることが示された。さらにフロリダ州は麻薬その他の薬物取引の淵源地としてよく知られている。ランス・ゲイツがパーム・ビーチに飛び、或るモーテルに一晩宿泊し、ウェスト・パーム・ビーチで都合よく彼を待っていた自家用車ですぐにシカゴに向け帰還したという事実は、通常の休暇旅行であることを窺わせると同様、前もって手配された薬物取引のための旅行であることを窺わせるものでもある。

さらに、ドレイパーの場合と同様、匿名情報提供者の手紙は、メイダーの捜査によりその主要部分が補強されているのだから、マジストレイトは令状発付の基礎とすることができると解すべきである。イリノイ州 Supreme Court は、ドレイパーでは情報提供者が以前に信頼性のある情報を提供していたのに対し、本件の情報提供者が正直であることとその情報に信頼性のあることがブルーミングスディルの警察に分かっていなかったとしたが、この区別は、警察署がその匿名情報を受理した段階では適切であったにせよ、メイダーが独立の捜査をした後には、この区別の重要性ははるかに低いものとなった。情報提供者の情報の或る部分が正しいことが確かめられれば、ゲイツの違法行為も含め、その余の部分もおそらくは正しいことになる。この独立の捜査による確認は、シュピネリの「情報提供者の正直さ又はその情報提供者の提供する情報の正確さ（veracity）」——という基準を充足するのに必要な「情報提供者が信用できること」又は「その情報提供者の提供する情報が正確であること」という基準を充たす場合に当たらないとみる見解もあろうが、当法廷は、相当理由は、常識を基礎に、実際的に判断すべきだという要求を充たすには十分だと解する。補強があることで、真実であることをよく確かめない情報であったり人を誤信させる情報である危険は減少しているのだから、伝聞（証拠である手紙）を信ずべき相当強い根拠がある場合だと解すべきである。

その匿名の手紙は、簡単には入手できない、その情報入手時の詳細な事実を伝えるのみならず、通常は予測が簡単ではない第三者の将来の行動を詳細に伝えている。ゲイツ夫妻両人の旅行計画に関する正確な情報は、ゲイツ自身からか、又は通常の旅行計画とはおよそいえない彼等の旅行計画をよく知る誰かからしか得られない性質のものである。この種の正確な情報を入手できたとすれば、この情報提供者はゲイツの違法行為に関しても信頼できる情報を入手したことになるとマジストレイトが判断するのは適法である。シュピネリから発展した二肢充足説にいう「知識を支える事実」を本件の匿名の手紙は充たしていないと判断されるかもしれないが、相当理由は形式的な些細なことに関わる確実さを求めるものではない。本件の匿名の手紙の執筆者はその話をゲイツ夫妻か又は彼等が信頼する誰かから聞いたものだと信ずべき公正な基礎があれば十分である。本件では、この手紙の予測の主要部分の補強があるので、この基礎があるといえる。したがって、本件では、令状を発付した裁判官は、ゲイツの家屋と車を捜索する相当理由があったと結論する相当程度の根拠があったことは明らかである。破棄。

二　ホワイト裁判官の補足意見

(1)　本件では排除法理の適用に関して判断する基礎はあると解すべき場合である。排除法理を第四修正から切り離すことはできない。善意の例外の争点に関し本件では判断する基礎が十分にある場合であり、判断を下すべきである。裁判官が発付した令状に依拠することが合理的である場合、排除法則には抑止効はないので、排除法理は適用されるべきではない。

(2)　本件はアギラ、シュピネリの基準が充たされている場合である。

情報提供者の提供した情報が相当理由となり得るには、①その情報提供者が、禁制品が存在するとその者が言う場所にあると結論する基礎事実（「（情報提供者の提供した）知識を支える（知識の根拠となる）事実」）、「及び」②その情報提供者の提供した情報が信用できる（veracity）と信ずる基礎の、二要件の充足が必要である。さらに、情報提供者の提供する情報がこの二基準の一方又は双方を充足していない場合には、警察が独立した捜査をして、情報提供者が、信用でき、かつ、信頼できる方法で得た情報を基礎にしていることを示す、補強証拠によって相当理由を証明することができる。

下級審のように、ゲイツ夫妻の行動を全く「犯罪と無関係な中立の」ものと解することができるかは疑わしい。事実、彼等の行動は非常に疑わしいものである。ランス・ゲイツがパーム・ビーチに飛んで、一晩モーテルに泊まり、すぐに北に向かって引き返した行動は、訓練された法執行官憲であれば、違法な薬物取引に関係する行動だと認識する行動パターンである。

本件で補強が十分か否かを検討する際に、焦点を当てられるべきは、警察が目撃した行動が犯罪と無関係な中立のものかそれとも疑わしいものかという点ではなく、その容疑者の行動がどのような性質のものであれ、その者の行動を基礎にすると、その情報提供者が信用でき、かつ、その者が信頼できる方法でその情報を入手したと推論できるか否かという点にある。

ドレイパーでは、情報提供者は、ドレイパーが九月八日又は九日のいずれかにデンバーに列車で到着すること、その際の服装、様子等を知らせ、警察は同月九日のドレイパーの到着とその情報に示された服装で到着したことを目撃した。法廷意見は、この、書類鞄を持って列車を降りたというそれ自体犯罪には当たらないの行為を目撃したに止まる場合でも、この補強でドレイパー逮捕の相当理由があると判示した。重要な点は、この補強により、情報提供者が信用できること、つまり、提供した情報は作り事ではないことと、常識的経験に照らせば、かかる情報が信頼できる方法で得られたものであり、その情報を支える十分な事実があること、である。その情報提供者が二日前にドレイパーが着用する衣服について予測できたことは、彼の情報が噂や近隣で耳にしたにすぎないことに基づいている可能性を否定するものである。おそらくドレイパーは共犯者がドレイパーであることを認識できるようにこの服装を身に付けることを事前に計画したのである。したがって、情報提供者は、自らこの犯罪行為に関わっているか、そうでなければ信頼できる内部情報を入手したと推論できたのである。

ドレイパーと同様、本件の警察の捜査は、情報提供者の提供した情報がアギラのテストを満足させる程に信用できることを示している。スー・ゲイツがフロリダに車で行きランス・ゲイツが五月三日以後の数日後にそこに飛行機で行き、ランスがその車を運転して帰ってくることが情報提供者の提供した情報には示されており、この情報を警察が確認したのであるから、マジストレイトは、この情報提供者は、この異常な旅行計画に関して具体的に知っており、話を作り上げたのではなく、信頼できる方法で情報を入手したと合理的に推論することができる。この情報は「報復的意図を持つ旅行社員」の行為だとし、ゲイツ夫妻の行為は異状だが、不法な行為とはいえないとの主張は理論上は可能だが、アギラとシュピネリは令状発付前の確実な有罪の証明を要件としていない。相当理由の証明基準は、犯罪行為があるとのプライマ・フェーシーの証明ではなく、犯罪行為があるとの蓋然性である。したがって、本件令状を無効としたイリノイ州 Supreme Court の判断を破棄すべきである。

(3) 法廷意見は、アギラ、シュピネリを変更し、全体事情テストを採用するが、本件ではアギラ、シュピネリの変更は全く不要である。情報提供者が信用できることとその情報が信用できる方法で得られたことを推測できることを示す何等かの事実を令状発付の条件とすべきである。アギラ、シュピネリの不当に厳格な適用に対する法廷意見の懸念は正しいものだが、提供された情報が令状発付の基礎となるか否かの判断はしばしば難しいので、アギラ、シュピネリの変更の前に、アギラ、シュピネリの意味とドレイパーの関係を明らかにして、より明確な指針を提供すべきである。

三 ブレナン裁判官の反対意見

(1) スティーヴンス裁判官の、多数意見の採る全体事情テストによっても本件令状は無効だとの意見に加わるが、本件ではアギラ、シュピネリを変更すべきではないので、別個に意見を執筆する。

(2) 第四修正の保護は、中立で公平な判断を下すマジストレイトが証拠から相当理由を推論することに意味がある。係官が、相当理由認定の基礎となる事実を示さずに、犯行についての疑いや信念を認めたにすぎないものを基礎に令状を発付することは許されない(Nathanson v. United States, 290 U. S. 41 (1993))。

ジョルデネロ(Giordenello v. United States, 357 U. S. 480 (1958))では、法廷意見は、逮捕令状請求の基礎は、専ら情報提供者及びその他の者の情報にあり、これらの情報提供者で令状発付官の前に出頭するか宣誓供述書を提出した者は皆無であり、この令状請求書には相当理由を認定する基礎が示されていないので、専ら伝聞を基礎に令状を発付できるか否かの争点について判断することは不要であると判示し、法執行係官が令状発付官に提出した令状請求書には、法執行係官が自己の知識を基礎にしていることも、法執行係官の結論を支える基礎も何ら示されていないことを特に指摘して、法執行係官が自己の知識を基礎にしたものとの仮定に依拠することは許されない旨判示した。

情報提供者は、警察官と異なり、信頼できる又は正直であるとの推定は働かないので、令状発付に伝聞を用いる場合に特別の問題が生ずる。情報提供者の結論だけを示した宣誓供述書や情報提供者の結論だけを示した主張を基礎に相当理由を認定することはできない。ジョーンズ（Jones v. united States, 362 U. S. 257 (1960)）は、伝聞情報は、その伝聞情報を信ずる相当量の（十分な）根拠（substatial basis）が示されている場合に限って令状発付の基礎とすることができると判示し、ジョーンズでは、①情報提供者の自分で得た知識（personal knowledge）を基礎にしていること、と②その情報提供者が以前に正確な情報を提供していたこと、さらに、③この情報提供者の情報が他の情報源により補強されていたこと、最後に④被告人が警察に麻薬使用犯であると知られていたこと、を認定している。

アギラ（Aguilar v. Texas, 378 U. S. 108 (1964)）は、ジョーンズで黙示的に示されていたことを明確にしたにすぎない。アギラは、ネイザンスンとジョーンズは、令状発付に必要な相当理由があるとの法執行官の結論を支える事実をマジストレイトに示さなければならないという要件を判示したものだと判示し、申請人が麻薬を所持しているとの結論が示されているだけで、情報提供者の自分自身の知識であることも、宣誓供述人の自己の知識によることも示されておらず、被告人が所持しているとの疑いが示されているだけで、マジストレイトが自分で、これを基礎に相当理由の有無を判断できない、と判示し、令状は伝聞を基礎にすることができるが、そのためには、①麻薬の所在場所にする情報提供者の結論を支える根拠（underlying circumstances）と、②情報提供者の身元を明らかにする必要はないが、その情報提供者が信用できること又は彼の情報が信頼できると法執行官が結論した基礎（underlying circumstances）をマジソトレイトに示さなければならないと判示された。

このアギラの判示はシュピネリで洗練された。シュピネリでは、宣誓供述書にはアギラ以上に十分な情報が含まれていただけでなく、この情報について補強がなされていた。

シュピネリはアギラに二つのテストを追加した。第一に、犯行に関する知識を支える根拠というアギラの要件を充たすに十分な詳細な情報が示されていたことを法廷意見は示唆し、詳細な情報が示されたことで、地下の世界での通常の噂や一般的な評判以上の十分な（substantial）情報を基礎に判断しているといえる場合がある、と判示した。ドレイパーではこの基準が充されていないと判断されたが、提供された情報が詳細であり、マジストレイトがその情報提供者がその情報を信頼できる方法で入手したと合理的に結論できる場合がある、と判示した。第二に、警察による補強がアギラの第二の基準を充たす基礎となり得ると判示した。この判示は、補強は、① 情報提供者の提供した知識を支える根拠と、② アギラの正確さ（veracity）の、双方の基準を充たすことができることを示唆するものとも解することができるが、ホワイト裁判官は、ドレイパーは、確認された事実が他の未確認事実の証明に関し独立の意味を持つと判示したものではなく、情報提供者が或る事について正しい情報を提供していれば、おそらく他の、未確認の重要情報に関しても正しいと解することができるとする趣旨を判示したものと解し、次に、過去に或る官憲が信頼性のある情報を提供したことは彼の現在の主張が正しいと信ずる十分な理由となるとの考え方を先例は却けている、と指摘している。

この議論は説得的である。シュピネリは、提供された情報に含まれている或る程度の詳細な情報の補強は正確さ（veracity）という基準を十分に充足する場合もあるが、アギラの、情報提供者の提供した知識を支える根拠という基準を充足することはない、という立場を示したものである。また、シュピネリは情報提供者の情報がかなり詳細である場合には、アギラの、情報提供者の提供した知識を支える根拠という基準を十分充たす場合もあると示唆している。

これらは手続的観点から定められたルールだが、その基礎にある実体的価値の実現を助けるものである。つまり、相当理由及びそれに伴う侵入は、その基礎となる情報が正直な又は信用できる人により信頼できる方法で得られたものであるという何らかの保証がなければ、認められるべきではないということである。このルールは警察官の場合には、情報入手方法に焦点を当て、情報提供者が関係する場合には、その情報提供者の正直さ又は信用性と情報獲得方法の信頼性に焦点を当てる。伝聞が関係する場合、その正確性確保のために、その伝聞の検討を構造化する必要がある。アギラで宣言され、シュピネリで洗練された基準はこの必要を充たすものである。この基準はどのような情報をマジストレイトに示さなければならないのか警察に示し、マジストレイトにどのような情報を求めなければならないかを示すものである。また、この基準はマジストレイトが相当理由を認定するのに必要な副次的認定を示すものである。シュピネリは、詳細な内容それ自体がその情報の正確性を示すことができるほどであれば、アギラの、知識を支える根拠の基準を充たし、また、情報の詳細な内容についての補強が、アギラの、正確性（veracity）という基準を充たす場合があることを示したものと解される。（このように、アギラ、シュピネリはマジストレイトの相当理由の認定の構造化に関係し、マジストレイトが相当理由についての独立の仲裁者であることを保証し、相当理由の認定の正確性を保証し、上記の実体的価値を促進する。）

今日まで、合衆国最高裁判所は、匿名の情報提供者の情報へのアギラ、シュピネリの適用について正面から判示したことはないが、アギラ、シュピネリは少なくとも警察に知られている情報提供者の情報を扱ったものであり、匿名の情報提供者の情報が関係する場合には一層アギラ、シュピネリを適用すべき理由がある。匿名の情報提供者はその身元、正直さ又は信頼性について全く判らないのであり、信頼できないとの推定に立って扱うべきである。この情報提供者が信頼でき、また、匿名の情報提供者の情報が信頼できる方法で得られたという推定に立つべきではない。信頼できるとの推定に立つ、警察や警察に判明している情報提供者の場合でも、結論だけを示した主張を受け入れないのであれば、匿名の情報提供者の結論だけを示した主張を受け入れる合意的理由はない。

(3) 法廷意見の引用する先例はいずれも事情の総合説の根拠にならない。ジャバン (Jaben v. United States, 381 U. S. 214 (1965)) はアギラ以前の判例であり、アギラと一貫性がない先例ではなく、他の三件はアギラ以降の判例だがアギラと一貫性を欠いてはいない。

アギラ及びシュピネリは、相当理由についての、専門的でない、実際的判断を求める考え方と相反しない。アギラ、シュピネリはマジストレイトに重要な情報の提供を求め、マジストレイトの相当理由の判断を構造化し、中立の判断者として役割を維持し、相当理由の判断の正確性を高め、正直か又は信用できる者が信頼できる方法で情報を得た情報を基礎とする場合でなければ相当理由を認定できないとする実体的価値を促進する。信用できる者から信頼できる方法で情報を入手したとマジストリトが判断すれば、マジストレイトは常識に基づいて、専門的でない、実際的判断をして相当理由を認定できる。

ネイザンスンとジョルデネロは、アギラの一方の基準に関しその証明が強力であれば他方の基準の証明に欠陥があってもそれを補うという法廷意見の示唆と矛盾する。信頼できると推定される警察官の場合でも結論だけを示した主張が相当理由の証明として不十分であれば、同様に、結論だけを示した匿名の情報提供者の主張も不十分である。法廷意見はアギラ、シュピネリは、相当理由の証明に際し匿名の情報提供者の情報の利用に、乗り越えることができない障碍となることを黙示的に示唆するが、アギラ、シュピネリを過度に技術的に解した裁判所があるからといって、アギラ、シュピネリ拒否の根拠にはならない。

法廷意見はアギラ、シュピネリが、マジストレイトがしばしば法律家でない者であるということと相反することを、アギラ、シュピネリ放棄の根拠とするが、アギラ、シュピネリは法律家でないマジストレイトの相当理由の判断を構造化し、助けるものである。さらに、アギラ、シュピネリは審査審による相当理由についてのマジストレイトの判断の尊重と相反するものではない。宣誓供述書に結論を支える根拠が示すことは、マジストレイトが中立の判断者としての役割を果たし、警察の判断に盲判を押すに過ぎないのではないようにするうえで必須のものであり、宣誓供述書に情報提供者の情報を支える状況が詳細に示され、情報源を信用すべき理由が示されているので、マジストレイトが相当理由を認定したのであれば、裁判所は、常識を基礎とする判断ではない、過度の技術的判断をしてその宣誓供述書を解釈し令状を無効とすべきではない、とベントレスカ（United States. Ventresca, 380 U. S., at 108–109）で判示されている。法廷意見のアギラ、シュピネリを放棄する理由の核心は、アギラ、シュピネリは法執行を著しく妨げるという懸念にあるが、この懸念は誇張である。法廷意見の問題は、正直な又は信頼できる者が信頼できる方法で得たとマジストレイトが合理的に認定できる情報に基づいて相当理由が認定されるようにすることの価値に、全く配慮を廻らせていない点にある。

四　スティーヴンス裁判官の反対意見

マジストレイトが令状発付時に知っていたことは、本件の匿名の情報提供者の予測が完全に正確ではなかったことである。本件情報提供者は、スーはフロリダ州に車を運転して行き、「そこで彼女は薬物を積んだ車を残して、飛行機で帰宅する」というものだが、刑事メイダーの宣誓供述書は、彼女はウェスト・パーム・ビーチの地域をマーキュリーを運転して北方に去った、と報告している。この、情報提供者の予測と刑事メイダーが知った事実との食い違いは次の三つの理由で重要である。

第一に、この食違いは、情報提供者の、ゲイツが一〇万ドル以上の価格の薬物を地下室に所持しているとの仮定に疑問を投げかけること、この情報提供者は、常に一方の配偶者がブルーミングスディルに残るとの予測を示して、ゲイツ夫妻が何か価値のあるものを自宅に隠しているので、留守番のないまま家を空けたくないことを示唆しているが、このような推論は、実際両人が自宅から数千マイルはなれたところに一緒にいるときには成り立ち得ないものである。

第二に、この食違いがあるために、ゲイツ夫妻の行動は、情報提供者がいうほど異常なものではなくなっている。スーがフロリダ州に水曜日に車で行き翌日その車を残してイリノイへ飛行機で戻ったとすればこの行動はおかしなものだが、スーがウェスト・パーム・ビーチに車で行き、そこで、金曜日にホリディ・インで夫と合流し、翌朝一緒に北に向かったことは異常なものでも、犯罪行為を証明するものでもない。

第三に、この匿名の手紙が重要な誤りを含んでいるために、私人の住居に強制的に立ち入る基礎に用いる合理性がない。

本件の情報提供者の身元、情報提供者の手紙執筆の動機については誰も知らないのであり、この手紙の予測に重要な点で誤りがあることに照らすと、通常の犯罪には当たらない行為についての補強はあるが、それ以外の部分に関しては補強がない状態で、法廷意見の令状が有効だという評価は、令状執行後に判明した事実を考慮していると推測せざるを得ない。

以上の分析は家屋の捜索については決定的な意味を持つが自動車に関しては、憲法上、家屋とは別個の取り扱いがなされる。可動性が高い自動車に禁制品があるとの相当理由があれば、無令状で捜索できる。この点は本件後の、ロス（United States v. Ross, U. S. (1982)）で判示された。ロスに寄れば、自動車捜索は、ゲイツが到着「後」に相当理由があれば有効となる。

法廷意見は、本件下級審の、令状発付の相当理由がないとの判断を尊重していないが、この種の事実と結び付いた下級審の判断は、下級審の方が匿名情報提供者の信頼性についてよりよく評価できるのであるから、正しくなされたものと推定すべきである。原審判断を破棄し、ロスに照らして判断すべく事件を差し戻すべきである。

《解　説》

一　本件は、これまでのアギラ、シュピネリ(1)の先例を変更して、匿名の情報提供者の情報が第四修正上許容されるためのテストとして、「全体事情の総合テスト」を採用した。だが、後述のように、どの限度で先例を変更したのかについて、慎重な検討を要する。

二　第四修正と情報提供者の提供する情報との関係が問われた初期の事件はアギラであり、アギラは、情報提供者の利用が関係する場合の捜索令状の十分性に関し次のように判示した。

違法な薬物の頒布及び使用に関し、「信憑性のある者から信頼できる情報を受理した」、と述べるにとどまり、その供述を支える適切な事実を示していない宣誓供述書は、第四修正の要件を充たさない。「……申請人の麻薬所持についての結論だけが示されており、しかも、この結論は、宣誓供述者が自ら得た情報に基づくものではなく、身元の明らかではない情報提供者によるものであり、また、この情報提供者が自ら得た情報であることが示されていない。この場合マジストレイトは、相当理由の証明の基礎となる事実の説得性について、自ら判断できない。」

「捜索令状の根拠となる宣誓供述書は、伝聞に基づくものでもよく、宣誓供述書を書く者が自ら直接観察したところを基礎にしなくともよいが、①情報提供者が示す場所に麻薬があるとその情報提供者が結論した基礎・根拠となった状況と、②身元が示されていないその情報提供者が、信用できるか、又は彼の示す情報が信頼できると結論する根拠となる状況を示さなければならない。」

このアギラのテストは二肢充足説と呼ばれる。

第一の基準は、「(宣誓供述書に示された、情報提供者の提供した)知識を支える(知識の根拠となる)事実(basis of knowledge)」が示されなければならないとの基準であり、宣誓供述書に示された、情報提供者が提供した、犯罪に関する情報について、令状発付官が相当理由があると判断できるための、その提供された情報の基礎となる事実(その情報の入手方法など)を示すことを要件とするものである。

第二の基準は、「正直さ・正確さテスト("veracity prong")」と呼ばれ、ここでは、情報提供者が信用できる者であるか、又は、彼の提供する、具体的事件に関する当の情報が信頼できることの、いずれかを令状発付官が認定するに足る事実を示すことを要件とするものである。したがって、この第二基準は、①(情報提供者が)信用できることと、②(情報提供者の提供する情報が)信頼できることの二つの部分からなり、そのいずれか一方が充たされればよいことになる。

この①情報提供者が「信用できるということ」というの要件の充足の有無は、通常、この者の過去の実績を基礎に判断される(2)。情報提供者が信用できるとの要件が充足されない場合には、②の、情報提供者の提供した情報が信頼できることという要件が検討されることになる。アギラではこの要件に関する議論は展開されなかったが、ハリスで(3)は、情報提供者が、違法なウィスキーの過去二年間の或る者からの再三の購入という、自分が有罪となり得る、自己の利益に反する情報は、それだけで、相当理由の基礎となり得ると判示した。

三　本件以前の先例では、この二つの基準、つまり、「（情報提供者の提供した）知識を支える（知識の根拠となる）事実」及び「正直さ・正確さ」の基準の「双方が」充足されなければならないという理解に立っていた。「（情報提供者の提供した）知識を支える（知識の根拠となる）事実」が示されなければならないという要件（情報提供者が示す場所に犯罪の証拠物がある、との情報提供者の結論を支える事実の根拠を示すべしとの要件）を充足する最も典型的な方法は、情報提供者がその情報を入手した方法を示すことである。

この「（情報提供者の提供した）知識を支える（知識の根拠となる）事実」は、情報提供者が情報を提供した事件に関与したか目撃した場合の他、「伝聞」でもよい。

情報提供者が情報の入手方法を直接示して「（情報提供者の提供した）知識を支える（知識の根拠となる）事実」を示することもできるが、「（情報提供者の提供した犯罪に関する）知識を支える（知識の根拠となる）事実」を自ら観察したことが示されていなくても、提供された情報が「詳細」であれば、それによってこの要件が充足される場合があることをシュピネリは示している。情報入手の方法が「詳細に」述べられていない場合には、情報提供者の情報には、地下の世界に流布している単なる噂や被告人の評判よりも、ずっと十分な基礎があるとマジトレイトが判断できる、十分に詳細な情報が示されなければならない。

情報入手方法は示されなかったが、提供された情報の「詳細さ」などで、「（情報提供者の提供した）知識を支える（知識の根拠となる）事実」の要件は充足すると判示した先例にドレイパーがある。

ドレイパー(4)は、これまで当局に信頼できる情報を提供してきた政府の情報提供者であるヒアフォードが、情報の入手方法は示さなかったが、「ドレイパーはシカゴへ列車で出発しており、列車で、三オンスのヘロインを持って、指摘した二日間のうちのいずれかの日の朝に、デンバーに戻ること」に加えて、このときの、ドレイパーの背格好、歩き方、荷物、服装などを具体的に摘示した。法廷意見は、このように詳細な情報が証明されていれば、この情報提供者ヒアフォードは信頼できる方法で情報を入手していると合理的に推論できる、と判示した。

シュピネリは、ドレイパーを、詳細さだけで、その情報に示された事実が正しいものであることをおのずから証明する事例として引用するが、ドレイパーはそのように判示した事例ではなく、官憲による部分的な「補強」があった事例である。アギラでは、「(情報提供者の提供した)知識を支える(知識の根拠となる)事実」が示されていない場合に、それを「補強」で補うことができるのか否かに関しては、議論がなかった。

ドレイパーは、連邦麻薬係官がヒアフォードから提供された情報に基づき、駅で監視し、この情報に合致する者を逮捕し、ヘロインを発見した事例である。法廷意見は、本件情報は伝聞だが、これまで、情報提供者であるヒアフォードは信頼できる情報を提供してきたこと、官憲がヒアフォードの提供した情報に合致する背格好で、情報に合致するバッグを持ち服装をした者が、ヒアフォードの指摘した駅で列車から足早に歩き出したことを確認しており、未確認なのは、申請人が使命を完了したことと、三オンスのヘロインの所持であったが、かかる事実が確認されていれば、ヘロインの所持に関しても、情報提供者の情報は真実であろうと信ずる合理的根拠があると判示した。

ドレイパーでは、申請人ドレイパーが麻薬を持ち帰るための旅であるとの情報をどのようにして知ったのかが示されていなかった事例だが、法廷意見が指摘した程度の「補強」があれば、アギラの「(情報提供者の提供した)知識を支える(知識の根拠となる)事実」を示さなければならないとの要件は充足されているとみたのである。

他方、シュピネリでは、二台の電話を利用していることと、これらの電話がギャンブル活動に利用されていることが情報提供者によって示されたに過ぎず、この程度の情報は、近隣のバーで聞かれる、事前の調査を経ない話などからでも容易に得られるものであり、相当理由があるとはいえないと判示している。

この、「（情報提供者の提供した）知識を支える（知識の根拠となる）事実」を示すことを求める要件は、情報提供者の提供する結論だけを示した情報から生ずる、不用意なプライヴァシー侵害の危険を避け、単なる噂などに基づく私人の領域への政府の干渉を生まなくするうえで、重要な役割を果たす。

他方、「（情報提供者の提供した）知識を支える（知識の根拠となる）事実」が示され、「詳細」に事実が示されていても、そこに示された情報が、それだけで、正確であるとの保障はなく、そのためにはさらに、その情報提供者が信用できるか又はその者が提供する情報が「信頼できる」旨の保障を求めることになる。極端な場合には、情報入手方法が示され、あるいは、詳細に事実が語られていても、その事実が虚偽のものである場合もあり得る。この点で、「（情報提供者の提供した）知識を支える（知識の根拠となる）事実」とは別個に、その情報提供者が信用できる者であるかその者が提供した情報が信頼できることを要件とする立場には意味がある。

さらに、提供された情報の信頼性を確認する点で、警察によるその情報を確認する「補強」にも重要な意味がある。

このように先例では、「（情報提供者の提供した）知識を支える（知識の根拠となる）事実」を示すことを求める要件と、その情報提供者が「信用できること」又はその情報提供者の提供する情報が「信頼できること」のいずれかを示すことを求める要件を、それぞれ別個に充足しなければならず、この二つの要件は、一方があれば、他方は不要となる、という要件ではない、と解されてきた。先例のこの立場は、情報提供者が信頼の置けないものであったり、提供された情報が、噂の域にとどまる不確かなものである場合もある、という場合に対処しなければならず、不確かな根拠による、プライヴァシーへの干渉をできるだけ避け、プライヴァシーへの干渉を必要最小限度のものにとどめるという第四修正の基本的立場に配慮した法理であったということができるであろう。

四　このように、先例の立場は、情報提供者の提供する情報について二肢充足説に立って慎重に判断する立場をとってきたが、本件（ゲイツ）は、先例の判断を変更して、「全体事情」を総合して、提供された情報の「信頼性（reliability）」を判断すべきだとする立場に立った。情報提供者の提供した知識を支える（知識の根拠となる）事実が示されていなくとも、提供された情報が信頼できると判断して相当理由を認定することができるという。

この立場は、情報者を慎重に扱い、そこから生ずる自由の侵害の危険に対処するために大変に慎重な対処をしてきた先例を薬物事犯にも及ぼすとの、従来の立場を離れたのは確かだと思われる。

「信頼性」に中心をおいて判断するとはいっても、情報提供者が信用できる者であることが令状発付官に判明しなかったり、情報提供者の情報の入手方法等が判明しない場合には、果たして提供された情報が確かな根拠に基づいているのかどうかを確実に判断できなくなることは間違いない。しかし、このことを公判では問うにしても、令状発付の段階でも要件とすべきかは難しい問いである。

情報提供者は信頼できる場合もあれば、そうでない場合もある。信頼できる情報提供者の場合でも、その者が信頼できる情報をこれまで提供してきたからということで、安易に当の事件に関してもその者が提供した情報の信憑性を確かめることなく信用してしまうという立場よりは、より慎重に、「（情報提供者の提供した）知識を支える（知識の根拠となる）事実」を示すように求めて不確かなものではないことを確認する方法は、公判では確かに適切である。この点で、情報入手方法を示して「（情報提供者の提供した）知識を支える（知識の根拠となる）事実」の他に、情報提供者が信頼できるか、又は、当の事件の情報が信用できることを示すように求めてきた先例の要件には意味がないわけではない。

匿名の情報提供者から提供された情報であり、法執行官の側にもその者の身元が判らないような場合には、信憑性のある情報提供者から提供された情報の場合以上に、より慎重な判断をすべき場合であるといえる。

密行性の高い犯罪類型にあって、情報提供者の提供する情報を利用して法執行を行う必要は高いが、他方、第四修正との関係で、その情報が十分な根拠に基づくものか否か、その情報が、報復を動機とするものではないのか否か、単なる噂に止まるものではないのか否か、など、慎重な判断を必要とする。一般の市民から提供された情報の場合であれ、その者が不正直な情報を提供する動機は薄いとはいえても、噂に止まる不確かな情報ではないのかをより慎重に判断すべき必要性は高い。「(情報提供者の提供した)知識を支える(知識の基礎となる)事実」を、情報提供者が信用できるか又はその情報提供者の提供した情報が信頼できるという「正直さ・正確さ(veracity)」の他に、別個に示すことを求める要件は、情報提供者により提供される情報の信頼性をより高める意味を持ち、不確かな根拠で、プライアシーへの干渉が生ずることを阻止する意味を持つ。

だが、他方で、匿名の情報提供者から提供される情報を用いて、薬物取引事犯などの密行性の高い犯罪に対処する必要があり、二肢充足説の厳格な適用は、こうした犯罪への対処を難しいものとしてしまう虞れがある。不確かな根拠によるプライヴァシー侵害を避けることへの配慮と法執行の必要とのバランスをどうとるのかが問われる。

本件では、全体事情を総合して、情報提供者の提供した情報の信頼性が高ければ、「(情報提供者の提供した)知識を支える(知識の基礎となる)事実」を示すことを独立の要件としないとする立場をとって、これまでの先例からは離れたが、法廷意見は、「結論だけを述べた令状請求書(宣誓供述書)」は第四修正の要求を充たさない、と判示しており、情報提供者の提供した情報の「信頼性」を判断する際の事情に、「(情報提供者の提供した)知識を支える(知識の基礎となる)事実」が関係してくる場合もあろう。この点で、本件は、情報提供者の提供する情報と第四修正の関係について、先例よりもより柔軟に、提供された情報の信頼性に中心をおいて判断するという立場を示し、「(情報提供者の提供した）知識を支える（知識の基礎となる）事実」と「情報提供者が信用できること又はその情報提供者の提供した情報が信頼できること」を別個に双方とも充足することを求めず、この二つを、相互に補完でき、提供された情報の「信頼性」を「総合的に」判断するための事情の一つとしてとらえるというアプローチを示した限度で先例を変更しているが、本件の、結論だけを示した宣誓供述書では足りない、という判断に示されるように、先例で示された、「（情報提供者の提供した）知識を支える（知識の基礎となる）事実」に関係する諸要因は、情報提供者の提供した情報の信頼性に関する判断をする上で影響を与え続けるであろう。

五　本件では、誰から寄せられた情報かが判明しないとともに、その情報の内容は、直接犯罪行為を示すものではなく、一見すると、犯罪と無関係の、中立に見える行為が犯罪を遂行に関係する行為であると判断されている。この情報は相当に具体的で、本件では法執行機関によるその情報を確認する活動がなされており、事案としては、ドレイパーに類似する。本件では、情報提供者が示す場所に麻薬があると結論する根拠となった事実は示されていない。一見すると犯罪とは関係がないように見える情報だが、その情報が犯罪の摘発上、重要な意味を持つ情報である場合もある。

本件の情報では、旅行スケジュールという、表面上、犯行とは無関係な中立な行為が指摘され、自宅での麻薬の所持については結論が示されているに止まり、情報入手方法の摘示もないが、ホワイト裁判官のいうように、この旅行スケジュールが犯罪と関係することを窺わせるものと解することができないわけではないようにも思われる。そうはいっても、提供された情報だけで、独立に情報の信頼性を判断できるほど、十分な事実が証明されていない。そこで、本件の「詳細さ」や「補強」の有無が検討されるべきことになろう。「補強」が関係する点で、本件はドレイパーと類似するが、ドレイパーは、情報提供者に信頼性がある事例である点で本件と異なる。ドレイパーは、「これまで信用性のある情報を提供してきた情報提供者」が、被疑者の到着駅、時間、服装、背格好、歩き方、荷物、などについて、知らせてきた場合であり、この点で、本件よりも、犯罪について相当理由があると判断する根拠があったといえる場合であり、これと比べると、本件は、「匿名の」情報提供者により提供された情報が捜索令状の基礎となる場合であり、本件は、提供された情報が犯罪に関係するものであるとはいっても、一見すると、普通人の行動と区別することが難しく、また、その提供された情報通りの補強が得られたとしても、その情報が、犯罪を「推論させる」情報だとみてよいかどうかが微妙な場合である。情報の詳細さは、その情報の正しさを保障するものではなく、また、犯罪とは無関係な情報を補強しても、犯罪に関わる部分の補強があるとはいえないので、本件の情報の性質をどうみるかによって判断が分かれることになる(5)。

本件の匿名の情報提供者から提供された情報は、一見すると犯罪と関係がないともみられる旅程だが、本件の被告人は、他に十分な収入源がないのに裕福な生活を営んでいることが指摘されており、麻薬取引と関連の深いフロリダとの間を行き来し、パートナーであるとみられる者の一方が自動車で麻薬取引にフロリダに行き、他方の者がフロリダに飛んで、一泊し、自動車でシカゴに戻るという、「ドラッグ・カリーア・プロファイル」に関係する旅程が情報提供者により示され、概ね匿名者の提供した旅程情報に合致していることが(6)警察によって確認されている、などの事情があり、これらを総合すれば、被告人らのフロリダとシカゴの往復の旅程は、犯罪とは関係のない一般人の旅行ではなく、薬物取引のためのものであるという推定を働かせる合理的基礎があると認められる場合であるとみてよいと思われる。

法廷意見は、匿名の情報提供者から提供された情報について、このような状況証拠による補強がある場合なので、本件での提供された情報は信用できると解して、厳格にアギラ、シュピネリの二肢充足テストで要件とされる各基準を充足せずともよいと判断したものと解される。

他方、本件法廷意見は、匿名の情報提供者から提供された情報が信頼できるかどうかについて疑問の残る場合には慎重を期すべきことを示唆している。状況に照らしてみても、提供された情報が信頼できるかについて疑問が残る場合には、全体事情を総合するテストの中で、アギラ、シュピネリの二肢充足テストで用いられた要件である、情報提供者の提供した知識を支える(知識の根拠となる)事実の有無を考慮に入れることが必要とされると解する余地も残る。

薬物犯罪などの、密行性の高い組織犯罪の摘発・取締のためには、匿名の情報提供者の提供する情報も含め、それを利用して法執行活動を行う必要は高いが、他方、第四修正との関係で、提供された情報が、報復を動機としたり、単なる噂にとどまるものであるなどの場合もあり、不確かな情報によりプライヴァシー侵害が生ずることがないように、情報が信頼できるものか否かについて慎重な判断が求められる。特に情報提供者が匿名の場合には、提供された情報の信頼性についての検討が求められ、不確かな情報に基づいてプライヴァシーが根拠なく侵害される危険を避けなければならない。

本件法廷意見は、アギラ、シュピネリを変更し、「全体事情」を総合して、提供された情報が信頼できるか否かを判断することができると判示したが、匿名の情報提供者から提供された情報が信頼できるものであることが、関連する状況により示されていなければならないことを重視した判断であり、その点ではアギラ、シュピネリと基調を同じくするということができよう。

（1）　Aguilar v. Texas, 378 U.S. 108 (1964), and Spinelli v. United States, 393 U. S. 410 (1969).
（2）　See e. g., McCray v. Illinois, 386 U. S. 300(1967).
（3）　United States v. Harris, 403 U. S. 573(1971).
（4）　Draper v. United States, 358 U. S. 307 (1959).
（5）　本件の情報は有用なものであり、信頼性があるとみて、アギラ、シュピネリを変更すべきだとした法廷意見と、アギラ、シュピネリを基礎としても、その基準が充足されている事例だと解したホワイト裁判官の意見と、犯罪と無関係な行為しか明らかにされておらず、アギラ、シュピネリの要件を充たしているとはいえないとするスティーヴンス裁判官の意見とに分かれた。
（6）　提供された情報と確認された情報との間には、一緒にフロリダからシカゴに戻ったという点で、食い違いがあることがスティーヴンス裁判官の少数意見で指摘されているが、このような食い違いはあるものの、基本的に、ドラッグ・カリアー・プロファイルに該当する行動パタンが示されているとみてよいと場合であろう。

（中野目　善則）

四　情報提供者による情報の利用の場合の情報提供者の身元の開示命令

10　Colorado v. Nunez, 465 U. S. 324 (1984)

州事件に関し、令状要件たる「相当な理由」の証明に警察官が情報提供者による情報を利用した旨を被告人が証拠排除聴聞手続で証明した場合には、情報提供者の身許を開示するようにとの裁判所の命令は、法律上根拠があれば州法上は有効であるとした事例。

《**事実の概要**》

コロラド州の警察官は捜索令状発付申請にあたり、真実を述べていると信頼できる情報提供者の情報に依って、被告人がその家屋にヘロインを所持している等の旨の宣誓供述をした。それにより発付された捜索令状により、被告人の家屋の捜索がなされ、九・六グラムのヘロインが発見され、押収された。被告人は逮捕され、ヘロインの不法所持で起訴された。公判に先立ち被告人は、本件捜索令状は「相当な理由」を欠いていたとして、押収証拠の排除を申し立て、同時に情報提供者の身許の開示を申請した。証拠排除に関する聴聞手続で、被告人は捜索令状を申請した宣誓供述者の証言に反する供述をし、弁護人も宣誓供述者や情報提供者の供述には問題があった可能性があると指摘した。公判裁判所は、その情報提供者が証拠排除の判定に重要な情報を提供した旨の先行立証（initial showing）を被告人が十分に行っており、また被告人の有罪・無罪についてもその情報提供者が重要な証拠を提供すると信ずる合理的理由があると認定して、情報提供者の身許の開示を命じた。だが、コロラド州がこの開示命令に従わなかったので、公判裁判所はこの捜索令状を執行して押収された証拠を排除した。

コロラド州側は抗告し、情報提供者の身許の開示には、宣誓供述者の信用性の減殺が要件となると主張し、宣誓供述者の信用性と情報提供者の信用性との間に区別を設けることは州法上にも根拠があるとの立場に立った。しかしColorado Supreme Court は情報提供者の情報に誤りの可能性があることが示されれば、情報提供者の身許の開示は許されるとみてよいと判示して公判裁判所の判断を確認した。

《判旨・法廷意見》

サーシオレイライ令状却下

一　全員一致の法廷意見

本件サーシオレイライは誤って認容されたものであり、原審判断は独立かつ十分な州法上の理由に基づくので、令状申請を却下する。

二　ホワイト裁判官の補足意見（バーガー首席裁判官・オコンナー裁判官参加）

原審判断は州法に依って州の公判裁判所に広い裁量権を認めたが、この原審判断は合衆国憲法や当合衆国最高裁判所の判例が求めるものではない。

当裁判所は、連邦刑事公判または「相当な理由」の有無を審査する preliminary hearing において、情報提供者の身許開示を要件だとは判示してきていない。マックレイ（McCray v. Illinois, 386 U. S. 300 (1967)）では、連邦憲法のいかなる規定も州に情報提供者の特権を廃止したり、preliminary hearing で情報提供者の身許の開示を求めるものではないと判示された。その理由は、捜索は情報提供者の情報を措信した旨の警察官の宣誓供述に基づいていたのが明らかであるところにある。

フランクス（Franks v. Delaware, 438 U. S. 154 (1978)）では、たしかに、令状発付手続で宣誓供述者が事情を知り意図的に、または真実を無謀に無視して、虚偽の供述をしたことを被告人が十分に先行して証明した場合には、合衆国憲法第四及び第一四修正は「相当な理由」の証明の有無についての聴聞を受ける権利を保障していると判示された。しかし、この判断は宣誓供述者への批判を許すにとどまり、情報提供者を問題としたものではないことが強調されており、また、被告人が情報提供者の情報が虚偽であることを相当程度に先行して証明した場合であっても情報提供者の身許開示の是非については判断はしておらず、その方向づけさえ慎重に避けていたのである。

The Colorado Supreme Court はコロラド州憲法上被告人には情報提供者の提供した事実の真実性や信憑性を争う権利があり、その目的上情報提供者の身許開示を求める権利もあると判示した。連邦法はこれとは異なる解決を許していると思われるが、原審判断は州法だけをその根拠にしているので当裁判所には審理権限がないとの法廷意見に同意する。

三　スティーブンス裁判官の補足意見

ホワイト裁判官は本件につき当裁判所に審理権限がないことに同意しながら助言的な意見を述べている。しかし審理権限がないとは本件の処理について判断する場がないことを意味し、尨大なサーシオレイライ令状の申請を考慮に入れると、助言すら行うべきものではない。

《解　説》

一　麻薬、覚せい剤、大麻、つまり薬物犯罪に関する法執行に当り、米国では情報提供者を利用してきている。情報提供者からの情報に基づいて捜索・押収令状を入手し、捜索の結果証拠を入手すれば、ついで逮捕状を得るか、重罪を理由にする無令状逮捕をするかしたり、薬物が発見されればそれを没収して処分するという法執行実務がそれである。

重罪では無令状逮捕が合理性の要件さえ後に示されれば有効とされるとの法原則がとられており、また、わが国とは異り没収は附加刑ではなく、独立の一種の「保安」処分だとされてきているので、薬物犯罪の法執行では、薬物の発見こそ勝負の決め手だとされてきた。しかも、情報提供者の身許の開示を求めない、「特権」[1]が認められてきているので、捜索・押収令状の申請にあって、令状請求官が捜索・押収の実体要件である「相当の理由」を示すのに当たり、情報提供者から情報を得た法執行官だけが、この手続に出頭して宣誓のうえ供述するか、その法執行官の宣誓供述書だけが資料に用いられることになっている。

そこで、慎重を欠いた情報提供者の供述への措信が宣誓供述者の供述内容の真実さを低下させる結果になってる点に着目して、かつては合衆国最高裁判所は、情報提供者からの情報に基づいた宣誓供述者の供述による捜索・押収を支える「相当な理由」の立証には厳しい態度を採っていた。つまり、情報提供者の情報のもつ危険性と、宣誓供述者の大幅に慎重さを欠いた情報提供者の利用のもつ弊害に着目して、そのような法執行実務への反省を求める目的から、二分肢テストと呼ばれるテストを合衆国最高裁判所は採っていたのである（two-pronged test）。①第一に、情報提供者の提供した情報が信用のおけるものであること、と、②宣誓供述者の供述内容が信用のおけるものであることとは、相互に関連させずに、それぞれを独立させて検討するという内容が二分肢テストである。このテストは、アギラー(2)とシュピネリ(3)で十分に示された。アギラーでは、麻薬が所定の場所に存在すると情報提供者が結論づけた事情と、宣誓供述者たる警察官が、その情報提供者の信用性を確信したか、または提供された情報が信頼できると結論づけた事情を相互に独立した令状発付官たるマジストレイトに対して示されなければならないといったのである。また、シュピネリでは、情報提供者の結論が示されるだけでは不十分であるとの前提の下で、情報提供者が麻薬犯罪について提供した情報を正しいと判断するに当っては、情報提供者が情報入手の具体的方法について供述していない場合には、マジストレイトが自ら情報提供者の示した情報が、単なる噂や告訴人の名声だけによるのではなく、それ以上に十分な根拠に基づいていたと確信できなければ、「相当な理由」を支える証拠は不十分であると判示していた。

ところが、一九八三年に、この二分肢テストはゲイツ(4)で変更された。つまり、二分肢テストでは、① 情報提供者の提供した情報の信頼性と、② それを内容とする宣誓供述者の供述の信頼性とは独立に評価さるべきものとされていたのに、ゲイツ事件では、この両者は相互補完関係にあり、両者を総合して、宣誓供述者の供述の信頼性だけが評価されればよいと判示されたのである。

二　本件で、コロラド州 Supreme Court は、被告人側が、宣誓供述者の供述は情報提供者からの情報に基づく旨を立証したときで、その情報に誤りがある可能性が合理的に示された場合には、裁判所の下した情報提供者の身許開示命令は有効であると判示したのである。

このコロラド州 Supreme Court の判断が、ゲイツの原則に反し、むしろ、かつてのアギラー、シュピネリ原則への回帰を意味するのか否かは、かならずしも判然としない。

ただ、宣誓供述者たる法執行官の信用性のみで、具体的に情報提供者の提供した情報の信頼性を示す手がかりを欠くため令状発付官がその情報の真偽についての検討を加えることができない場合に、宣誓供述者の信頼性についての一般的印象によって「相当な理由」の有無を判断するのは妥当でないとしているかぎりでは、二分肢テストに近いとはいえよう。

しかし、情報提供者の情報に基づいて「相当な理由」についての供述を宣誓供述者が行ったときには、その供述の信頼性は、宣誓供述者の供述と情報提供者の情報とを総合して判定すべきであるとすれば、元になった情報提供者の情報に誤りがある可能性が高いときには、元の情報の検討を必要とし、そのために情報提供者の身許の開示を求めることは合理的であるともいえるので、コロラド州 Supreme Court の判断は、ゲイツに反していないともいえる。

ただ、総合判断テスト、つまりゲイツ原則によるものとしても、情報提供者の身許の開示を命ずるのは、最後の手段であるべきだとの立場からすると、連邦事件や第一四修正の基準からは別の判断もあり得るといいたいのがホワイト裁判官（バーガー首席裁判官及びオコンナー裁判官参加）の補足意見なのであろう。

三　各州は、情報提供者からの情報を利用した宣誓供述者の供述に基づく捜索・押収令状への救済要件について、各州ごとに独立した法律を定め基準を設けることができ、各州がそうしている場合に、不必要に合衆国最高裁判所が積極的にサーシオレイライを利用して介入するのは連邦制に反するともいわれるであろう。

司法府が立法府や行政府の領域に介入したり、合衆国最高裁判所が各州の法状況に介入するには、そうしなければ、それ以外に救済、解決の策を欠く場合に限定さるべきだという立場からは、ホワイト裁判官の補足意見への批判が出てくるのも当然であろう。

スティーブンス裁判官の補足意見は、いずれの立場からのものであれ、行き過ぎた最高裁判所の「司法積極主義」に対する批判を表わしたものと思われる。

昨年の合衆国最高裁判所内部の裁判官の間の対立がうかがわれる事件の一つである。

（1） See, 8 Wigmore, EVIDENCE § 2374 (Mc Naughton revid. 1961).
（2） Aguilar v. Texas, 378 U. S. 108 (1964).
（3） Spinelli v. United States, 393 U. S. 410 (1969).
（4） Illinois v. Gates, 462 U. S. 213 (1983).（本書9事件）

（前島　充祐）

五　令状記載基準

11　Franks v. Delaware, 438 U. S. 154 (1978)

令状記載基準論（four-corners-rule）を一定の要件の下で否定した事例。

《事実の概要》

強姦その他の犯罪の被疑者のアパートの捜索のために提出された宣誓供述書に、犯人の服装に関する被害者の証言と被疑者の通常の服装との一致の有無を確認するため、宣誓供述者が証人と会い、被疑者の通常の服装について話を聞いた旨の記載があった。しかし、実際には宣誓供述者は証人に会ってはおらず、別の警察官が会っていて、しかも証人の話も宣誓供述書に記載されたものとは幾分異なるものであった。この宣誓供述書に基づいて捜索が行われ、被告人の衣類等が押収された。この衣類等の排除の申立に基づく聴聞において、被告人は宣誓供述書の真実性（veracity of the warrant affidavit）を争った。検察側は①デラウェア州法によれば争い得るのは宣誓供述書の記載事項の法定要件の充足の有無のみである、②この問題について明文の規定を持たぬ州の過半数がこの真実性を争い得ないとしている、③ルーゲンドルフ（Rugendorf v. United States, 376 U. S. 528）で合衆国最高裁判所はこの真実性を争い得るかという点につき判断を留保していることなどから、裁判所は宣誓供述書記載の範囲内で（on the four corners of affidavit）被告人の中立を判断すべきだとした。州裁判所は検察側主張をいれ排除申立を却下、デラウェア州最高裁判所はこの判断を支持した。これに対し被告人は、宣誓供述書の不実の記載（misrepresentation）の主張の審理を裁判所が拒否したのは誤りだとしてサーシオレイライを申請した。

《判旨・法廷意見》

一　ブラックマン裁判官執筆

宣誓供述書に宣誓供述者の故意による、又は無謀な真実の無視（rekless disregard for truth）による虚偽の記載（false statement）があったということを、被告人が予め相当程度立証し、かつ当該虚偽記載が相当な理由の認定に必要であった場合には、被告人の申請に基づく聴聞を開くことを第四修正は求める。この聴聞において、偽証又は無謀な真実の無視があったとの主張が証拠の優越の程度に被告人により示され、宣誓供述書中の虚偽の部分を除いた残りの部分では相当な理由を構成するのに不充分な場合には、捜索令状は無効であり、その捜索の果実も排除されることになる。

第四修正は相当な理由を構成するのに充分な事実の証明（factual showing）を求めており、この証明が真実であることを前提にする。これは何も宣誓供述書に記載された事実が総て正確（correct）であることを要求するものではないが、記載された情報は宣誓供述者に真実だと信ぜられるという意味で、真実に合致した（truthful）ものでなければならない。

相当な理由の有無を判断するのはマジストレイトであるから、宣誓供述書に故意による又は無謀な真実の無視による虚偽の記載のあることが明らかとなった場合に尚、当該供述書記載の真実さを争うことができないとすれば、それはマジストレイトの権限に想像もつかぬ重責を課すことになろう。

ところでこの点を争うことに対して一定の制限を加えようとする議論がある。

(1)　違法排除法理は、違法抑止という利益が同法理の使用による社会的コストを上廻る見込みのある場合にのみ拡張適用される。宣誓供述書中の、故意による又は無謀な真実の無視による虚偽の記載の抑止という新たな状況に排除法理を適用することは正当化できない。警察官の違法活動（misconduct）の抑止のため刑事裁判上の有罪を妨げることは余りに大きな犠牲であって社会に課すことはできないからである。

(2)　市民のプライヴァシーは、令状申請者の宣誓、及び要件充足性（sufficiency）についてのマジストレイトの判断により保護されている。宣誓供述書記載事実の真実さ（veracity）を争うための排除法理の適用は、偽証に対する既存の制、裁刑事訴追、懲戒、法廷侮辱、民事訴訟と重なるもので不必要である。

(3)　マジストレイトが、宣誓供述書記載事実の正確さについて公正活発な検討を行えるよう宣誓供述者を質問し、第三者を召喚する等の権限を与えられる捜索後の当事者手続を認めたところで得るものはない。

(4)　相当な理由の有無についてマジストレイトの行った検討を事実の真実さ（veracity）に関して事後審査に付すと、真実さに関するマジストレイトの判断は終局（final）のものでなくなり、それに払われる敬意も減じ、結局マジストレイトの行う手続の厳粛さ、重要さを損うこととなる。これは賢明ではない。

(5)　捜索後に記載事実の真実さについての証拠調（evidentially hearing）を許すなら、宣誓供述書を作成する際の警察官の違法行為の有無という附随的な問題で有罪・無罪の認定という切迫した問題を混乱させることになろう。またこの手続が常日頃から行われるなら、情報屋の身許を開示させるため等、証拠開示の便宜的な手段として被告人に誤って利用されることにもなる。

(6)　宣誓供述書記載事実の真実さを宣誓供述者はコントロールできないのだから、捜索後に真実について争うことが不適切なのである。宣誓供述書は、伝聞又は匿名情報提供者からの情報に基づいていてもよいのである。

こうした議論（以下これを反対説と言う）はいずれも、記載事実の真実さを争うことを絶対的に禁止するには不充分なものである。この議論に対抗する今一つの考え方がある（以下これを肯定説とする）。

㈠　記載事実の真実さを争うことを禁止するなら、警察官は相当な理由を示すために故意による虚偽の主張を利用してマジストレイトを欺くことができることになる。これでは相当な理由という要件は無意味となる。

㈡　捜索前の手続は一方的（ex parte）たらざるを得ず、しかも迅速を旨とする。この手続で、令状申請者の主張を反駁するに足る情報を有してもいないマジストレイトが、宣誓供述者その他の証人を充分吟味することはできない。捜索前の手続は、法を無視した又は無謀な（reckless）違法行為を阻むには不充分である。

㈢　偽証に対する刑事訴追・懲戒等の制裁で排除に替えても、これらは実効性がない。

㈣　重大な虚偽があることを予め適切に申立てた後に証拠調（evidetially hearing）を認めるなら、令状発付手続の重要さ、厳粛さを損うことにはならない。事前審査がex parteだということが、（事後）審査を行う理由なのである。それに宣誓供述書の要件充足性（sufficiency）についてのマジストレイトの判断は今でも公判前の審査に服している。さらに、当法廷は、故意による虚偽記載（deliberate misstatement）又は無謀な真実の無視（reckless disregard）の場合以外の事例には排除法理を拡張しないので、マジストレイトが第四修正の権利の唯一の保護者であるような領域――すなわち、相当な理由の決定に関連ある事実を調べ、記録する際に警察官に過失があったにすぎない場合――を残すことになる。

㈤　有罪・無罪とは無関係な争点の吟味も、相当な理由の有無の判断又はその審査の際に既に行われていることであり、被告人の有罪・無罪の認定を混乱させることにはならない。また、予めの相当程度の証明（substantial preliminary showing）という要件により、証拠開示又は証拠破棄の目的で真否を争う手続（veracity hearing）を利用することを防ぐのに充分である。さらに当法廷は、宣誓供述者が供述書を作成する際の完全性（integrity）を論じているのであり、虚偽があることにつき予めの相当程度の証明がなされた場合、匿名情報提供者の身許開示が事後審査で必要か否かを判断しようとするものではない。

㈥　本件では、新たな領域への排除法理の拡張適用が争点ではない。当法廷は、第四修正違反が重要（substantial）かつ故意による（deliberate）ものである時には、排除法理を適用してきている。宣誓供述書の要件充足性の問題は事後審査に服するものであり、この問題と同供述書の完全性（integrity）の問題とを区別する理論的根拠はない。

さて、捜索令状を支持する宣誓供述書には有効性の推定が働く。そこで、排除のための聴聞を利用するためには、真否を争う者は、故意による虚偽又は無謀な真実の無視があったとの主張、及びその証明の申出（offer of proof）をしなければならない。またこの主張は宣誓供述書中の虚偽の部分を指摘し、その理由を述べていなければならない。但し、主張によれば虚偽又は無謀な真実の無視があったとされる情報を除いても尚、宣誓供述書中に相当な理由を認定するに充分な内容があれば、聴聞は不要である。

デラウェア州では真否を争うことを禁じていたため、同地の裁判所は被告人の申立を審理する機会を有しなかった。申立を処理するに適切なルールの形成は州に委ねられるべきである。破棄差戻。

二　尚、本判決には、バーガー首席裁判官の加わったレーンクェスト裁判官の反対意見があるが、紙数の関係で省略する。

《解　説》

一　周知のようにキャッツ（Katz v. United States, 389 U. S. 347. (1967)）及びチャイメル（Chimel v. California, 395 U. S. 752 (1967)）により、捜索・押収活動は原則として令状によるものとされた。そこで警察の捜索・押収活動は、令状申請、発付という事前審査と、排除申立に係る（聴聞）手続という事後の審査との二度の審査をうけ得ることとなっている。宣誓供述書記載の事実の真否を争うことが許されるか否かという本件の問題の解決も、この二つの審査の意味及びその短所の理解如何によっていたのである。

合衆国最高裁判所は、前掲キャッツにおいてベック（Beck v. Ohio, 379 U. S. 89 (1964)）を引用して、「事前審査を省略すれば、相当な理由の有無を予め客観的に決定することにより与えられる保護策を無視し、あとづけ判断（hindsight judgement）につきものであり信頼のおけない、捜索の事後正当化という手続」に拠ることになるとした。これは、事後審査だけしかないとすれば、警察はその活動の結果入手した証拠・資料を駆使して、捜索・押収活動が適正であったという事実を捏造又は誇張して事後審査に望むことが考えられる。そうであれば、アドヴァサリな手続を採用していても、捜索・押収活動の成功という事実を前にした裁判官が警察の真の活動を見極めてその違法性を判断することは余り期待できないということを意味する。だからこそ、中立的マジストレイトの事前の判断を仰ぐのが望ましいとしたのである。

事前審査では相当な理由の有無の判断が中心課題である。この相当な理由とは、求める物の犯罪との関連及びその所在[1]についての「合理的根拠」をいう（Brineger v. United States, 338 U. S. 160 (1964)）。この認定に基づき、捜索の範囲、態様が令状中に記載されるのだから、事前の手続は、令状を通して警察活動に一定の枠をはめる、あるいは一定の行為基準を設定するものといって良いであろう。

ところが、この事前審査は、肯定論㈡、㈢にいうように、一方的（ex parte）たらざるを得ず、従って一定量の資料が示され、捜索・押収活動の根拠が主張された時、この主張を論駁するに足る情報を有してはいないマジストレイトが、当該主張を独立にかつ迅速に吟味することは困難である。さらに、令状が様々な分野で必要とされ令状制度が拡大するとともに、発付手続がルーティン化し、マジストレイトの判断が御座成になり、ひいてはマジストレイトのラバースタンプ化も危惧される(2)。とすれば、事前審査で警察活動に一定の枠をはめ、基準を設定するとしても、この枠又は基準が果して合理的であったか疑問が残る。

こうして事前審査、事後審査いずれもそれだけでは、警察の違法活動の有無を明らかにするのは難しい。だからこそ、双方の審査が必要なのである。両審査は相補の関係に立つと理解することができる。事後審査における、あとずけ判断の抑制のために、事前審査において警察活動に一定の枠又は基準が課せられる。また事前審査で警察活動に課された枠あるいは基準がそもそも合理的であったのか、又はこの枠あるいは基準からの逸脱行為はなかったのかが事後審査で問われるのである。

ところで、今、令状記載事実基準論を維持し、事後審査で事実の真否を争えないとすると、宣誓供述書の事実に虚偽があっても、事前審査でもマジストレイトに判明し難く、事後審査では、虚偽の主張を許さないのだから、無論発覚しよう筈がない。とすれば、警察側が相当な理由を構成する程の情報を有していない場合でも虚偽の事実により有しているかの如く装って令状を入手し、捜索・押収を行い、その成果を得て事後審査と排除申立にかかる聴聞に臨むといった危険も考え得る。本来根拠のない捜索・押収であるにもかかわらず、その成果によって事前に捏造した根拠を正当なものとすることが容易となる。これでは、こうした事後正当化を阻むための方策である筈の事前審査は意味がないに等しい。令状を原則とした先例の趣旨は没却され、第四修正が相当な理由を要件とした意味も失われる。恣意的なプライヴァシー侵害の危険が生じるのである。ではこの危険を社会が受忍せざるを得ないような、令状記載事実基準論維持のためのより大きな利益があるのかと言えば、実はないのである。記載事実基準論を支持する主張は反対論(4)、(5)である。しかしこれらはいずれも恣意的なプライヴァシー侵害の危険性を受忍するよう求める、より大きな利益のあることを示してはいない。のみならず、その立論は肯定説(4)、(5)により論駁されている。宣誓供述書中の事実の真否を争う場合にも排除申立にかかる聴聞を利用させ、虚偽記載をめぐる議論の中で警察活動の可視性を高めることが、危険の減少に資するであろう。また無令状捜索の場合には、警察官は事後審査――排除のための聴聞において、反対尋問に耐え得る事実を示さねばならず、排除を申立てた者は、この事実の真否を争うことができるのに、捜索令状を得た場合には、真否を争えないというのは片手落ちだとの指摘もある。(3)

二　排除申立にかかる聴聞において虚偽の主張が許されるとしても、その手続が問題である。

本判決は、①「故意の虚偽」又は「無謀な真実の無視」があったことを、②申立人が予め相当程度証明（substantial preliminary hearing）した場合に、排除申立に係る手続において事実の真否を争うことができるとし、さらに③虚偽だと主張される資料を除いても尚、相当な理由を構成するのに充分な内容がある場合には、聴聞は不要だとする。

②の予めの相当程度の証明が、具体的にはどの程度の証明を要するのかは、州の決すべきこととしたのであろう。

③の点は妥当であろう。これは丁度、違法収集証拠があったとしても、それを排除した残りの証拠で有罪認定をなし得るのであればそうしてよいのと同様である。この点につき、「無謀な真実の無視」の場合には、虚偽とされる部分が相当な理由の証明に重要でなければ残りの資料で相当な理由の認定を行ってよいが、警察官の故意の「偽証」があったと証明された場合には、虚偽の重要性如何を問わず、相当な理由の認定をなし得ないとする見解（United States v. Carmichael, 489 F. 2d 983. at 988-989 (7th, Cir.)（1973））がある。排除法理が最も抑止力をもつのは故意の違法の場合であ

ることを理由とするが、重要性（materiality）の要件と責任要件とを明確に分離していないこと、及び少々ドラスティックな解決法とも思えることから、妥当ではあるまい。問題は①の要件である。

宣誓供述者の責任態様は、(a)意図的（purposeful）、(b)故意（knowing, deliberate）、(c)無謀（reckless）、(d)過失（negligent）、(e)責任を問えない（innocent）であると言われる。[4] 本判決は、(c)無謀（reckless）以上の場合に聴聞を許すとした。その積極的理由は明らかではない。しかし、(6)で宣誓供述書は、伝聞や匿名情報提供者からの情報に基づいてもよいものであることを確認している。確かにこれらの情報は「宣誓供述者のコントロールの及ばない」ものであり、供述者にとって責任の負いようのないものではある。捜査の必要上、こうした情報に依拠せざるを得ないことを承認するなら、宣誓供述者がイノセントである場合に事実の真否を争わせないことには理由があると言える。但し、伝聞に拠った場合には、原供述者の知識や観察についての事実の状況を記載しなければならず（United States v. Harris, 403 U. S. 573. (1971)）、匿名情報提供者からの情報に拠れば、重要証拠が発見されると情報提供者が結論を抽きだすこととなった状況、及び警察官が匿名情報屋が信用でき、その情報が信頼できると判断した状況（Aguilar v. Texas, 378 U. S. 108 (1964)）を記載しなければならないから、これを怠ったまま虚偽の事実を記載していれば、少なくとも過失（negligent）にはあたるであろう。

この過失について、本判決は、「故意の虚偽」又は「無謀な無視」を超えて排除法理を拡張しなければ、マジストレイトが第四修正の唯一の保護者である領域――警察が相当な理由の決定に重要な事実を検討し記録する際に過失があったというような場合――を残すことになるという。この領域を残しておけば、マジストレイトの判断の厳粛さ、重要さは失われないとの理解に立つのであろうか。そうなら妥当でない。マジストレイトの判断を終局的なものとすることに大きな危険があるからこそ、事実の真否を争うことを認めたのである。こうした領域を残すことは、過失との口実の下に恣意的なプライヴァシー侵害を惹起しかねないものである。

本判決以前のリーディングケイスであった前掲カーマイケルは、「過失による虚偽記載は理論的には抑止できるものである。しかし、警察官が入手した事実をさらに検討しなかった場合、過失なのか責任がないのかを決定するための効果的な基準がない」として、「無謀」であったときにのみ排除を認める。

ハーマンはこの点につき、reckless は gloss negligent から wanton misconduct までの広い概念であり、negligent との区別が曖昧であること、これに反し、陪審員達が数々の事件で運転手、医師等が innocent か negligent かについて判断を行ってきていることから innocent と negligent の方が明確に区分けできること、更に過失による違法に耐えねばならないとすれば、ブリンガー（Brineger v. United States, 338 U. S. 160 (1949)）の言うように、「法に堪えている市民を、警察官の気まぐれの御慈悲に委ねる」ことになることを指摘し、negligent を含めるべきだとする[5]。過失を口実とする恣意的なプライヴァシー侵害の危険性を衝いているのである。

本判決は、「過失による虚偽記載は理論的に抑止でき」ても、実際には難かしく、違法抑止という利益が排除法理の使用による社会的コストを下回るとでも解したのであろうか。しかし、排除申立に係る聴聞を可能な限り利用しやすくすることにより、警察官の違法行為の有無をめぐる議論の中で、警察官の活動を可視化することの方が、抑止という直接的な利益を図ることより重要と思えるので、過失による虚偽記載の申立のあった場合にも、聴聞の利用を認めるべきであったと思う。

尚、本判決は、匿名情報提供者の供述の真否を争うことができるか否かの点については、判断を留保していることを指摘しておく。

（1） Comment, 28 U. Chi. L Rev. 614 at 687, (1961).
（2） LaFave, Warrentless Searches and the Supreme Court. 8 Crim. L. Bull. 9 at 27–28.
（3） W. W. Steele, and P.L. Batzford, Search warrants ; a crytical Analysis of the Four Corners Rule, 14 Crim. L. Bull. 410 at 421.
（4） Herman, Warrants for Arrest or Search ; Impeaching the Allegations of a Facially Sufficient affidavit. 36 Ohio. St. L. J. 721 at 753–755.
（5） Herman supra. at 750.

（香川　喜八朗）

六　家屋への立入りと令状の要否

12　Payton v. New York, 445 U. S. 573 (1980)

逮捕のための家屋への立入りには令状を要するとした事例。

《事実の概要》

ペイトン事件

警察はペイトンが殺人を犯したとの相当な理由があることを立証できると思料して、無令状で同人のアパートに赴いた。部屋からは光が漏れ音楽が聞こえてきていた。ノックをしても返事がないので、バールを使ってドアを破り室内に入った。中には誰もいなかった。しかし、一見して目に入るところで（in-plain-view）三十口径の薬莢の包みを発見して押収し、後に被告人の公判で証拠として提出した。ペイトンは警察に自首して（surrender）、殺人罪を理由に大陪審訴追を受けたが、アパートで押収された証拠の排除を申立てた。公判裁判所は、無令状の立入りはニューヨーク州刑事訴訟法により認められており、in-plain-view で発見された証拠の押収は適法だと判示した。同裁判所は、緊急状況があれば立入り時に警察官はその趣旨を告知せずとも良いとはしたものの、無令状の立入りは状況の如何に関わりなく州法によって認められていると結論したため、緊急状況での令状入手の可否については判断しなかった。ニユーヨーク州控訴裁判所はこれを支持した。

リディック事件

被告人リディックを強姦被害者が犯人と識別したことから、警察はその住所を割り出しアパートに赴いてドアをノックしたところ、リディックの息子がドアを開けた。リディックはシーツにくるまってベッドにいた。警察は中に立入り、同人を逮捕し兇器を捜索してベッドから二フィートのところにある衣裳箪子を開けたところ、麻薬とこれに関連する禁制品が見つかった。リディックは麻薬事犯で大陪審訴追を受けた。排除のための聴聞において公判裁判官は、リディックの家への警察官の立入りはニューヨーク州法により許されており、被逮捕者の直接支配下にある場所の捜索はシーメル事件により合理的だといえると判示した。控訴裁判所は排除申立てを却下する判断を確認した。

ニューヨーク州最高裁判所は、ペイトン及びリディックの有罪を確認した。同裁判所はまず、警察官が無令状逮捕を行うために被疑者の家に立入ることができるのか、またできるとすればどんな場合にかという問題には基準がないとする。そのうえで、捜索目的での立入りから生ずる侵害と逮捕目的での立入りから生ずる侵害とは違ったものであること、及びこのような立入りによって目的を達成できることから生ずる政府の利益も逮捕目的の場合と捜索目的の場合とで大きく異なることを指摘する。そして重罪を理由とする逮捕を目的とする無令状立入りはイギリスのコモン・ロー及び合衆国の多くの州の実務で受け容れられてきているのは明らかだと判示した。少数意見は、緊急状況にない限り逮捕目的の立入りには令状が要件となるというのが憲法の要請だとする。逮捕はプライヴァシーへの侵害に関わるもので、だからこそ、侵害の程度に応じた憲法上の保護を与えるべきだという。少数意見はまた、私人の家での無令状逮捕を認めるコモン・ロー上の原則を採用した州法及びA・L・Iの要綱があることは承認しつつも、歴史があり、立法もされているからといってそれが重要な憲法問題を左右するものではなく、無令状逮捕を認めるには別の充分な理由づけが必要なのだとした。

《判旨・法廷意見》

破棄差戻し

一　スティーヴンス裁判官の法廷意見

(1)　当法廷は、ワトソン（United States v. Watson, 423 U. S. 411 (1976)）で昼間の公共に開かれている場所での無令状逮捕を支持した。その際、「警察官は無令状逮捕の目的で被疑者の家に立入ることができるか。できるとすればどのような場合であろうか」という未だ解決されていない問題をワトソン事件は提起していない（ので判断をしない）旨を明言した。本件では、重罪を理由とする逮捕目的での無令状の強制的な私人の住居への立入りを許すニューヨーク州法の合憲性が問われている。なお、本件ではペイトンを逮捕する目的での無令状の立入りは緊急状況下にあったとも解し得るが、ニューヨーク州では全ての裁判所がこの緊急状況下という正当化根拠に拠ることはなく、またニューヨーク州最高裁判所は本件をともに令状入手の時間的余裕のある場合として扱っているので、無令状の立入りを正当とする緊急性の有無については審理をしない。また、警察が被疑者を逮捕する目的で第三者の住居に無令状で立入る権限が有るか否かの問題も問われてはいない。さらに、立入り時に被疑者が家の中にいると考えるべき相当な理由を欠いていたとの主張もなされていない。本件は住人の同意のないまま立入った場合を扱おうというのである。

(2)　第四修正の草案が当初下院に提出されたとき、同草案は一文だけから成り、それは令状発付に限定を加えるものではあったが、無令状の捜索・押収に明文で制限を加えるものではなかった。しかし、最終的に採択された段階では同修正は第一文で不合理な捜索・押収を受けることのない基本的権利を保護し、第二文で令状の特定性及びそれが相当な理由に基づくものでなければならないことを求めている。第四修正は一般令状の濫用という危険だけではなくそれ以外の種々の危険をも防止しようとしているのである。無令状で行われた捜索・押収のうちで不合理なものはすべて第四修正の第一文で非難されている。

第四修正の明解な文言は、人の押収及び物の押収の双方に適用される。そこでまず有体物については、当法廷は住居への物理的侵入こそが第四修正がさけようとする主たる害悪であるとし、令状手続がこの種の侵害の危険を最小のものとするのだと判示してきている。

住居内での無令状捜索・押収は不合理だとの推定が働くというのが第四修正の基本原理である。他方、公共に開かれている場所で発見された兇器又は禁制品のような対象物は無令状で押収し得ることは確定している。明らかに目に入る状態（in-plain-view）にある物の押収はプライヴァシー侵害には当らず、その物が犯罪行為と関連性があるとの相当な理由があればその押収行為は合理的のものであるとの推定が働く。一般公衆に開かれた場所での無令状押収と、私人の場所での無令状押収との間には相違がある。

この相違は人の押収〝逮捕〟にも等しく当てはまる。レーベンソール判事は、公共に開かれた場所での無令状逮捕は有効であると判示し、他方、住居への侵入を受けることがないということが第四修正のプライヴァシー保護の原型であると判示した（Dorman v. United States, 140 U. S. App. D. C. 313, 435 F. 2d 385 (1969)）。彼の分析は、緊急状況がない限り、重罪が犯され証拠が存在する相当な理由がある場合でも無令状の立入りは違憲であることを前提にする。憲法は個人の住居にプライヴァシーの利益を保護するものであるが、これは、住居の住人の逮捕を目的とする場合にあっても同じである。（逮捕を行うためには）逮捕前に被疑者の捜索を行うので、逮捕目的の立入りも捜索の目的の立入りもその点で同じだというのである。

しかし、ニューヨーク州最高裁は両者は異なるという。確かに住居内で逮捕状を執行して被疑者を捜索する場合よりも捜索令状を執行する場合の方が、捜索に服することになる領域は広いと言える。しかし（逮捕目的の立入りであっても）警察は身体の安全の確保のために場所全体をチェックする必要があり、逮捕に伴う捜索への制限を無視することもあるので、この区別は観念的なものでしかない。

重要なのは、捜索目的の立入りと逮捕目的の立入りとの間の相違は程度の差にすぎないことである。両者ともに個人の住居の入口を破るという点に特徴がある。第四修正は、さまざまな状況下で個人のプライヴァシーを保護する。物の押収、人の押収双方に等しく適用される文言によって、第四修正は家屋の入口で確たる一線を画したのである。緊急状況のない場合に、無令状で敷居を跨ぐことは許されない。

(3)　ワトソンで法廷意見は、①公共に開かれた場所での無令状逮捕は、逮捕官憲が被疑者が重罪犯だとの相当な理由を有している場合には、有効であるとのコモン・ロー上の原則、②各州間にこのコモン・ロー原則に従っているとの合意があること、③このような逮捕は合理的であるという立法の判断、に依拠した。こうした理由が本件にも当てはまるか否かを考察しよう。

(一)　逮捕に関するコモン・ロー原則は本件とは大きく異なったコンテクストで発展したものである。コモン・ローでは逮捕が許されるか否かの問題はトレスパス又は不法逮捕を理由とした損害賠償請求訴訟で生ずるものであり、これらの訴訟では警察官の逮捕権限は抗弁とされていた。

しかし住居内での無令状逮捕についてのコモン・ロー上の原則は、公共に開かれた場所での逮捕についての原則ほどには明確ではない。ただセマイン（Semayne's Case, 77 Eng. Rep. 194 (K. B. 1603)）の一節が示しているように、裁判所は国王の令状執行権限の範囲を画していたのであり、無令状立入りを明確に是認していたとはいえないのである。
コモン・ローについての学説も相対立している。クック（Coke）が逮捕目的の無令状立入りを違法と考えていたのは明らかである。バーン、フォスター、ホーキンスがこれに賛成し、イースト及びラッセルは、逮捕目的の無令状立入りでは、被疑者が真に有罪の場合には警察官はトレスパスの責任を免除されると解している。これに対し、ブラックストーン、チティ、スティーヴンはヘイルに拠って逮捕目的の無令状立入りは適法だと解している。このように学説が多様であることからも判明するように全員が一致して認める見解というものはない。

住居内での逮捕についての原則は公共に開かれた場所での逮捕についての原則ほどには明瞭ではない。ただコモン・ローにはプライヴァシーの利益を受け容れようとしていたことが証明されている。個人の家はその城であるとの格言を熱心にかつ頻繁に引用していることから、イングランドにおいても植民地においても、住居内の自由はイギリス系の人間の自由にとって不可欠な要素であることが明らかである。

コモン・ローをみても、逮捕目的での住居内への強制立入りを支持する先例もなく、またこれに真向から反対する学説もない。ただ家は城であるとの格言と、強制立入りを認める先例が一七、一八世紀にないことが、現に追跡中である場合や令状により許可された場合以外に住居内での逮捕は許さないというのが当時の一般的な実務であったことを示している。

㈡　現時点では二四州が無令状立入りを許し、一五州がこれを明確に禁じ、一一州は何らの態度も表明していない。しかし、州の裁判所はほぼその全てが逮捕目的の無令状立入りは緊急状況がない限り無効だと判示してきている。ワトソンでは、公共に開かれた場所での逮捕についての立場は各州間で一致がみられたのに対し、本件では各州間の立場が一致しているとはいえない。

㈢　住居内への無令状立入りは合理的といえると連邦議会が判断したことはない。ワトソンで引用された連邦法はいずれも、こうした判断を示してはいない。

(4)　重罪を理由とする住居内での逮捕に令状を要件とすると法執行上の不都合を招くとの議論にも、現に令状要件をとる州で効果的法執行に支障をきたしているとの証明がない限り、賛同できない。

特定の時刻に被疑者が家にいると考えるべき相当な理由に基づいた捜索令状のみがプライヴァシーの利益を適切に保護し得るのではあるが、令状を要件とすることは実際的でないので令状は不要であるとするべきだと州側は主張する。なるほど、逮捕状は捜索令状ほどには十分な保護を与えるものではない。しかし、警察官と市民の間にマジストレイトを介在させるだけで充分である。市民が重罪を犯したとの充分な証拠があり、その者の逮捕を正当化できると司法官憲を説得し得る場合にだけ、法執行官に犯罪を犯したと思われる者の住居の扉を開けるように求めるという立場は合理的なものである。相当な理由を具備した逮捕状は、被疑者が住居の中にいると思料できる理由があれば、被疑者の住居への立入り権限を警察官に与える。破棄差戻。

二　ブラックマン裁判官の補足意見

被疑者の住居で無令状逮捕が行われる場合には、住居のもつ聖域性から生ずる利益の方が、政府の利益に優先する。

三　ホワイト裁判官の反対意見

(1)　㈠　「人の家はその者の城である」との法諺にみられるように、国王の権力が制限されるのは、私人間の民事事件の場合である。逮捕が一方当事者の利益にのみ資するからというのである。国王に直接関係する事件においては、「国王の鍵はあらゆる扉を開ける」というのが原則であった。

コモン・ロー上、警察は二重構造になっていた。第一に治安を維持する者としてコンスタブル（Constable）は警察に与えられた固有かつ始源的な逮捕権限を有しており、無令状で重罪犯人又はその嫌疑を受けた者を逮捕できた。第二にコンスタブルは上級官史の授権と指示により政府の任務を行った。治安判事の発する令状を執行するのは、この権限による。コンスタブルに令状がその固有の権限を超えて行動することを授権したのである。コンスタブルにその義務を告知し、逮捕のための相当な理由が欠けている場合でも民事責任を免れさせて、受けた指示通り行動するようにしたのが令状なのである。

令状に従って行動しているのでない場合に、逮捕のために扉を破るというコンスタブル固有の権限の範囲に関しては学説に争いがある。

一つは、被逮捕者が真に有罪ではない場合でも相当な嫌疑に基づく逮捕目的の立入りは許されるという見解で、これは多数説であった。もう一つの見解は単なる嫌疑に基づくだけでは、コンスタブルは扉を破ることは許されないというものである。後者の立場は住居内での逮捕には、住居以外の場所での逮捕よりも厳重な要件である相当な理由という要件を課そうというものである。だが、この立場でも、緊急状況にない場合には無令状立入りは常に許されないとするものではなかった。

㈡　第四修正が採択された当時、コンスタブルには固有の、広い逮捕権限があった。この権限を限定したのはコンスタブルの属する官庁のコモン・ロー上の性格であって、令状は逮捕権限を限定するどころか、コンスタブルの上級官史に授与された権限をコンスタブルに与えてコンスタブルの権限を拡張したのである。

Writ of assistance は、捜索場所を特定せず、国王の在位中（lifetime of sovereign）有効であった。この令状は法執行官に完全な裁量を与えたのである。そのためか第四修正の起草者は令状に注意を向け、コンスタブルに固有の逮捕権限には関心を寄せてはいなかった。第四修正の第一文はコモン・ロー上の原則を謳っているが、これは、コンスタブルに固有の権限を制限しようとするものではない。重罪での無令状逮捕を行うために住居の扉を破るのは不合理ではないと考えられていたのである。第二文は、捜索場所も何も特定されることのなかった植民地の令状実務の改革を狙ったものである。

こうして、第四修正は、コモン・ロー上の権利を擁護することをねらい、令状に限定を加えようとしたものであることは立法の沿革上明らかである。

(三) 無令状による逮捕目的の立入りはコモン・ロー上、明確に是認されていたからこそ、住居への立入りが憲法問題として争われた記録がないのである。一九世紀後半から二〇世紀初頭の州法は重罪犯を逮捕する目的での住居への無令状立入りを是認している。また、無令状立入りは是認されるという裁判所の判断がおおむね維持されてきた。ジョーンズ（Jones v. United States, 357 U. S. 493 (1958)）やクーリッジ（Coolidge v. New Hampshire, 403 U. S. 433 (1971)）の傍論もそうである。

(2) (一) 緊急状況がない限り、無令状立入りが許されるのは重罪についてのみである。そして重罪事件では、警察官は自分達の所属を告げ、立入り許可を求め、拒否されて初めて扉を破ることができる。また立入りは一般には昼間行われる。重罪、ノック、告知、昼間及び相当な理由という要件は、住居のプライヴァシーを保護するうえでは充分なものである。そしてこれらの要件は本件では充足されている。

無令状逮捕を目的とする立入りが本来無効な無令状捜索を行う口実に使われるといわれるが、そうではない。無令状逮捕を目的とする立入りに伴って行われる捜索は、捜索令状を待って行われる捜索ほどには完璧なものではない。法廷意見は、無令状による逮捕を目的とする立入りを是認しないことから生ずる弊害を、考慮していない。緊急状況では無令状逮捕が是認されることになるので、警察官は緊急状況の有無を判断するというやっかいな仕事を押しつけられることになる。裁判官もそうである。法廷意見に従えば、緊急状況の有無についての争いが果てしなく続くことになるだろう。

《解　説》

一　周知のように、第四修正第一文は不合理な捜索・押収を禁ずる。この「押収」には人の「押収」も含まれる。換言すれば、物の捜索・押収も人の逮捕もそれが不合理でなければよいのであって、令状要件を捜索・押収の原則とするとか、令状を欠く場合の捜索・押収は不合理なものとなると解する立場は第四修正第一文の文理解釈に直接由来するものとはいえなかった。

だが、物の「捜索・押収」について、合衆国最高裁は令状入手を原則とすることへの傾斜を比較的早い時期から示していた。ジョーンズ（Jones v. United States, 357 U. S. 493 (1958)）では、押収対象物が住居の中にあると考える相当な理由があるからといって、そのことが無令状捜索を正当とするものではないとし、ベントレスカ（United States, v. Ventresca, 380 U. S. 102 (1965)）でも、中立的かつ局外者的立場にあるマジストレイトの判断を介在させる方が、犯罪鎮圧という競争的活動に従事する警察官の急いで行う判断よりも望ましい旨を示していた。クーリッジ（Coolidge v. New Hanpshire, 403 U. S. 443 (1971)）でも、傍論でではあるが、無令状捜索及び逮捕は緊急状況のない限り不合理であるとした。今日ではシーメル（Chimel v. California, 395 U. S. 752 (1969)）及びキャッツ（Katz v. United States, 389 U. S. 347 (1967)）により、緊急状況の場合か、適法な逮捕に伴う場合以外は令状による捜索・押収が原則とされている。

これに対し、逮捕については、コモン・ロー上軽罪を理由とする逮捕にあっては、秩序に違反する行為（breach of

peace）が警察官の面前で行われた場合以外は、令状を要するものとされてきている。重罪を理由とする逮捕にあっては、重罪が犯され、かつ、被逮捕者がその重罪を犯したと思料し得る合理的な理由を警察官が具えている場合には、無令状での逮捕を許すというのが一般的であった。(1) 合衆国最高裁判所はベック（Beck v. Ohio, 379 U. S. 89 (1964)）やウォン・サン（Wong Sun v. United States, 371 U. S. 471 (1963)）で特別の事情がなければ令状逮捕によるべきだと判示してはいたが、「警察官が令状を入手しなかったことを唯一の理由にして相当な理由の具備した逮捕を無効であると判示したことはない。」（Gerstein v. Pugh, 420 U. S. 103 (1975)）といわれた。ワトソンでは、警察官が相当な理由が証明されていると思料したのちは、令状入手の時間的余裕のある場合であっても、昼間のしかも公共に開かれた場所にかぎって無令状逮捕を第四修正が是認していると判示した。信頼できる情報屋からの情報に基づいて郵政監察官が情報どおりのレストランに現われたワトソンを逮捕状入手の時間的余裕があるにもかかわらず無令状で逮捕した。法廷意見を執筆したホワイト裁判官は、①コモン・ロー上の原則、②各州間の合意、③連邦議会の態度を理由に、この無令状逮捕を是認する州法には強い合憲性の推定が働くものとした。このワトソン事件は、本件でスティーヴンス裁判官のいうように、警察が無令状による逮捕を目的に被疑者の住居に立入ることができるか否かについては答えていなかった。この問題が本件で扱われることになったのである。

二　ワトソンでの法廷意見は、ラフェイヴ教授も指摘するように、(2) 全く分析に欠けるものであった。逮捕をするには令状を入手することを原則とすることのもつ意味と機能の分析検討は全く不充分のまま、「コモン・ローについての曖昧なレッスン」をはじめとする前掲(i)〜(iii)の要素について、ワトソンでは考察されている。本件ではこのワトソンの法廷意見にしっぺ返しをするかのように、同じ要素について議論している。コモン・ローのレッスンが正確であるか否かは法制史家に任すとして、令状の意味について法廷意見、反対意見がどう理解しているかをみることにしよう。

法廷意見はドーマン（Dorman v. United States, 140 U. S. App D. C. 313, 435 F. 2d 385 (1970)）に拠りながら、逮捕の場合でも、逮捕に先行して被逮捕者の捜索が行われることがあるので証拠の捜索の場合と同様にプライヴァシーの侵害が生ずるのであって、プライヴァシーを侵害するから令状を必要とするというのであれば、住居内での逮捕にも令状を要するという。これはヘイドン（Warden v. Hayden, 387 U. S. 294 (1967)）で、武装強盗の犯人が逃げ込んだ住居に警察官が一遍立入れば、犯人が隠れていそうな場所はすべて捜索することができ、兇器が隠されていそうな場所も犯人を逮捕するのに先立って捜索することが許される――実際洗濯機の水槽の中まで捜索していた――と判示されたことから、逮捕目的の立入りも、証拠の捜索と同様のプライヴァシー侵害を惹起するとしたのであろう。逮捕目的の捜索の場合と物の捜索の場合とでは、プライヴァシー侵害には程度の差はあっても質が違うわけではないというのはこうした趣旨であろう。

反対意見は、無令状による逮捕を目的とする立入りに伴って行われる捜索は捜索令状を入手しての捜索の場合ほど完璧ではないという。しかしヘイドン事件の事実からもわかるように、場合によっては――兇器を求めてという具合に――相当「完璧」な捜索が行われることもあり、若干の程度の差はあっても、令状を不要とするほどの「質」の相違があるわけではあるまい。また反対意見は、重罪、ノック、告知、昼間、相当な理由という要件でプライヴァシー保護に充分だとする。この説明には説得力がない。スコルニクはつぎのように指摘する。「警察官は、（逮捕という）一連の出来事を上級裁判所の基準と合致するような方法で再構成することが必要だと考えている。警察官が相当な理由をでっちあげている。……警察官は先行する事実が適法な逮捕の要件に合致するよう事実を事後構成することが必要だと考えている……（警察官の逮捕要件への）合致は、事後の事実の操作という形をとるもの……である。(3)」排除中立に関係する手続は対審構造のものではあるが、警察官はその活動の結果入手した証拠——逮捕に伴う捜索・押収により相当程度の証拠を入手し得るだろう——を駆使して、逮捕が正当であったとの事実を捏造又は誇張して事後の手続に臨むだろうというのである。換言すれば、相当な理由がない場合であっても、一か八か逮捕の為に立入ってみて、証拠がうまく見つかれば、それを使用して当初から相当な理由を有していたかの如く装うことができるという危険がある。この危険に対処するには、告知、ノック、昼間という要件では意味をなさないだろう。事前の裁判官による審査つまり令状が必要なのである。法廷意見が警察と市民の間にマジストレイトを介在させるだけで充分だとするのは、こうした——実際に前述した危険への対処方法と考えたのか否かは定かではないが——危険が存在することを踏えると、妥当な判断と評価できることになる。

さらに反対意見は、法廷意見も緊急状況の下では無令状逮捕を是認するのであるから法廷意見に従えば今後緊急状況の有無をめぐる厄介な論議をまきおこすことになるだろうという。本件では緊急状況はないものとしているので法廷意見はこの点には触れていない。しかし法廷意見は前掲のドーマン事件に信を措いている。同事件では、つぎの要素に基づいて緊急状況が認定されるという。(4) ①暴力犯罪(crime of violence)である、②被疑者が武装していると考えられる、③相当な理由が極めて明白に示されている、④被疑者が当該場所に居ると考えるべき強い理由がある、⑤迅速に逮捕しないと被疑者が逃亡する虞がある、⑥立入りが平穏(peacefully)に行われたこと。最高裁がこれに従うか否かは定かではないが、反対意見の言うほどには厄介な議論が生ずることになるまい。それよりも無令状逮捕を残しておく方が、前述した後知恵の危険を生み、排除申立に関する聴聞を担当する裁判官に神の如く見通す目を求めることとなり、裁判官にかなり困難な任務を課すことになるだろう。

三　本件は、緊急性のない場合に、被疑者がその住居にいると考えるべき理由のある場合にその住居への逮捕を目的とする立入りには令状を要すると判示したものである。遅蒔きながら我国の法運用に一歩近づいたともいえる。

第三者の住居への立入りについては当然ながら本件は判断を留保していたが、スティーガルト（Steagald v. United States, 451 U. S. 204 (1981)）がこれを扱った。同事件は被逮捕者リオンに対する逮捕状を入手し第三者であるスティーガルトの住居に立入り、リオンを捜索したが同人は家におらず、この捜索の間にコカイン等を発見しスティーガルトを麻薬事犯を理由に逮捕し訴追したという事件である。最高裁判所はスティーガルトの住居の中を捜索するには捜索令状が必要だと判示した。

（1） Exparte Rhodes, 202 Ala 68, 79 So. 462 (1918)；People v. Kilvington, 104 Cal 86, 37 P. 799 (1894).
（2） LaFave, 2 Searches and Seizures 227.
（3） Skolnick, Justice without Trial.　なお渥美「捜査の原理」一五五頁、一六六頁参照。そこではこれを後づけ判断 hind-sight-judgement と呼び、その危険回避手段が、事前の司法審査の要件、つまり令状要件であるといわれる。
（4） Israel & LaFave, Criminal Procedure 141–142.

（香川　喜八朗）

13　Steagald v. United States, 451 U. S. 204 (1981)

逮捕目的で第三者宅に立ち入って被疑者を捜索する場合は、第四修正上、逮捕令状だけでは不十分であり、捜索令状も必要であると判示された事例。

《事実の概要》

信頼のおける情報提供者から連邦麻薬取締局（ＤＥＡ）の係官に対し、連邦薬物犯罪で逮捕状が発付され逃走中の被疑者ライアンズの所在に関する情報の提供があった。係官らは、その所在場所として告げられた申請人スティーガルトらが居住する住居に、ライアンズを逮捕する目的で立ち入った。その際係官らは、捜索令状を入手することができないわけではなかったが、逮捕令状があれば第三者宅への立ち入りとそこでの被疑者の捜索も正当化されると思料したため、捜索令状はあえて入手しなかった。捜索の結果、ライアンズを発見することはできなかったが、係官等は、住居内でコケインと思しき物の存在を認めた。この情報に基づき係官らはスティーガルトらの住居の捜索令状の発付を得て再び捜索を行い、約二〇キログラムのコケインを発見した。スティーガルトは逮捕され、連邦薬物犯罪で起訴された。

公判前にスティーガルトは、連邦麻薬取締局の係官らの逮捕目的での住居への立ち入りは、捜索令状を欠いていたため違法であると主張して、立ち入り後に発見されたすべての証拠の排除を申し立てた。合衆国ディストリクト・コートは、逮捕目的で立ち入り捜索する場合には、第三者宅であっても逮捕令状があれば捜索令状は不要であると判示して、排除申立を却下し、スティーガルトを有罪と認定した。スティーガルトが上訴し、第五巡回区コート・オブ・アピールズは、意見が分かれたものの、排除申立てを却下したディストリクト・コートの判断を確認した。本件の争点の持つ重要性と、この争点についての判断がコート・オブ・アピールズ間で分かれていることを理由に、合衆国最高裁判所によりサイーシオレーライが認容された。

《判旨・法廷意見》

破棄差戻し

一　スティーヴンズ裁判官執筆の法廷意見

(1)　証拠の捜索目的であれ逮捕目的であれ、住居への立ち入りは、居住者の同意もなく緊急状況にもなければ、令状によらない限り第四修正上不合理なものとなる。本件の争点は、逮捕の対象者以外の第三者宅に逮捕目的で立ち入る場合に、その第三者の第四修正上の利益の保護として逮捕令状の発付を得ていることで十分か、それとも捜索令状が必要かである。

令状の目的は、中立の司法官憲に逮捕や捜索の実体要件充足の有無を審査させることにあるが、逮捕と捜索では実体要件の内容が異なるので、それぞれの令状が保護する利益も異なる。すなわち、逮捕の実体要件は被疑者が罪を犯したことを疑うに足りる相当な理由であり、逮捕令状は不合理な（身柄の）押収から個人を保護するものであるのに対し、捜索の実体要件は捜索対象物が特定の場所に存在すると疑うに足りる相当な理由であり、捜索令状は住居や所持品に対して個人が有しているプライヴァシーが不当な侵害を受けないよう保護するものである。

したがって、本件の逮捕令状は、逮捕対象者であるライアンズについて罪を犯したことを疑うに足りる相当な理由があることを司法官憲が認定し、不合理な（身柄の）押収からライアンズを保護するものではあるが、司法官憲の判断は、ライアンズが申請人スティーガルトらの住居にいると疑うに足りる相当な理由があるか否かについては及んでおらず、したがって、スティーガルトが有している住居に対して不合理な侵入・捜索を受けないとのプライヴァシーの利益に対しては何一つ保護を与えていない。本件では、申請人の住居への違法な立入りと捜索からの保護は、捜査に従事する係官による捜索の実体要件の判断に委ねられていたことになり、司法官憲の審査を受けていないこうした判断では、個人の住居への立ち入りを正当化するのに十分ではないということは、当裁判所の一貫した判断である。証拠物ではなく人が捜索対象であるからといって、こうした確立した先例の流れから逸脱する理由を見出すことはできない。したがって、本件の逮捕目的での第三者宅への立ち入りには、捜索令状が必要であった。

捜索令状を要件としなければ、逮捕令状を入手した警察が権限を濫用して、被疑者の友人宅や知人宅をすべて捜索するなどの危険が生じる。また、ある住居内で犯罪が行われている疑いはあるが、相当な理由にまで達していない場合に、その住居に立ち入る口実として逮捕令状が用いられる危険もある。こうした権限の濫用を予防するには、排除法則や国家賠償訴訟を用いるだけでは不十分であり、捜索の実体要件について司法官憲による事前の審査を経ることが不可欠である。

(2) 政府は、コモン・ロー上、逮捕状執行のために官憲が第三者宅に強制的に立ち入ることが許されていたと主張する。たしかに、憲法起草者がいかなる種類の捜索を第四修正上合理的であると考えていたのかを判断するに当たり、コモン・ローが参考になることもあるが、しかし、政府が依拠している先例は、官憲に追跡されている被逮捕者が第三者宅に逃げ込んだ事案に関するものであり、令状要件の緊急性の例外に当たる場合である。しかも、そこでの争点は、第三者宅に逃げ込んだ被逮捕者が、捜索令状が欠けていたことを理由に捜索の違法を主張できるかというものであり、捜索を受けた第三者が捜索の違法を主張している本件にとって適切な先例となるものではない。また、第四修正制定の目的の一つは、一般令状、臨検令状の禁止であるが、逮捕令状の発付を得ていることを理由に、第三者宅を官憲が捜索することが許されるとすれば、被逮捕者という捜索対象のみを特定し、捜索場所については官憲の無制約の裁量に委ねることになり、一般令状、臨検令状の利用を認めているのと同様の事態を招来することになる。

政府はまた、人には本来的に可動性が備わっているので、逮捕目的での第三者宅への立ち入りにも捜索令状が必要であるとすると、逮捕対象者が移動するたびに捜索令状を取り直さなければならず、実務上大きな問題が生じる可能性があるという。しかし、逮捕対象者をその自宅や公開の場所で逮捕する場合には、捜索令状は不要であるし、緊急性の例外も認められている。また、捜索令状が必要な場合であっても、令状入手にかかる手間はさほど大変なものではない。

令状要件は法執行の妨げになるものではあるが、不合理な捜索・押収から個人を保護するために必要であるとして第四修正が定めた制約である。しかも、本件で捜索令状を要件とすることにより捜査機関に課せられる負担はわずかなものであるのに対し、住居につき政府の不当な侵入を受けないとの個人の権利が持つ価値は重い。本件での第三者宅への立入りと捜索が第四修正上合理的なものとなるためには、捜索令状が要件となる。

二　バーガー首席裁判官は法廷意見の結論のみに加わっている。

三　レーンクェスト裁判官の反対意見

法廷意見は、逮捕令状と捜索令状の保護利益の違いを指摘し、逮捕令状は不合理な身柄の拘束を受けないライアンズの利益は保護するが、申請人スティーガルトが住居について有するプライヴァシーの利益の侵害を正当化するのに十分ではないので、本件では捜索令状が必要であったとする。しかし、ダリア（Dalia v. United States, 441 U. S. 238 (1979)）で、盗聴を許可する令状が発付されている場合には、盗聴器の設置を目的に事務所に侵入するために、別途、事務所の捜索令状を得る必要はないと判示されているように、ある利益に対して向けられている令状を執行するのに伴い他の利益を侵害しても、それが第四修正上合理的とされる場合もある。本件で別途、捜索令状が必要か否かを判断するに当たっては、第四修正上の合理性が究極の基準となるのであり、そして、その適用に当たってはキャマラ（Camara v. Municipal Court of San Francisco, 387 U. S. 523 (1967)）で示されているように、捜索の必要と捜索によって生じる侵害とを衡量することが求められる。
逃走犯人は本来的に可動性が高いので、捜査機関が逮捕状執行のため第三者の住居に捜索令状無しに立入る必要はやむにやまれぬものといえる。他方で、逮捕令状があれば、捜査機関の立入り目的が職務遂行にあることが住居の居住者に判明し、捜索対象も限定されているなどするので、捜索令状を欠くことによって損なわれる居住者のプライヴァシーの利益は法廷意見がいうほど大きいものではない。このように、捜索令状を要求することによる捜査機関への負担とプライヴァシー侵害の程度を衡量すると、第四修正の合理性基準からは、本件で捜索令状が別途要件とされることはないということになる。

逮捕対象者が建物の中にいる時間など、建物の利用状況によってこれを逮捕対象者の住居と見ることができたりできなかったりするので、法定意見に従えば、逮捕対象者の住居か否かを捜査機関、令状発付官、公判裁判所は、個別の事案ごとに、それぞれの細かな事実に照らして判断することが求められる。また、緊急状況の有無の判断についてもしかりである。このように、法廷意見は、第四修正違反の有無の判断を著しく不確実にするものであり、この点が、法廷意見の一番の問題点である。

《解　説》

一　逮捕にかかわる第四修正の令状要件による規律の在り方は、我が国と異なる。公共に開かれた場所（public place）で重罪を理由に逮捕する場合は、ワトソン（United States v. Watson, 423 U. S. 411 (1976)）で、たとえ緊急状況になく令状入手の時間的余裕がある場合であっても、逮捕令状は不要とされている。しかし、被疑者をその自宅で逮捕する場合は、ペイトン（Payton v. New York, 445 U. S. 573 (1980)）(1)で、立入りについて居住者の同意がなく、緊急状況にもなければ、逮捕令状が必要であるとされている。ただ、被疑者の自宅ではない第三者の住居で逮捕する場合に、逮捕令状だけでよいのか、別途捜索令状も必要なのかについては、ペイトンでは判断が留保されており、この点を本件で判断することになった。

二　ワトソンで重罪につき公共に開かれた場所での無令状逮捕を合憲とした理由は、① 無令状逮捕がコモン・ロー以来、適法とされていること、② ほとんどの州で無令状逮捕を適法としていること、③ 連邦議会が無令状逮捕を適法としていることから、無令状逮捕を適法とする州法に強い合憲性の推定が働く、というものであり、理論的分析には欠けるものであった。[2] これに対して、ペイトンで被疑者の自宅での逮捕の際に逮捕令状を要件としたのは、住居内での逮捕が、被疑者の行動の自由を制約するのに加えて、被疑者の住居内のプライヴァシーにも干渉する点を問題としたからである。すなわち、住居内のプライヴァシー干渉も加わることから、立入りを正当化する逮捕の要件が備わっているか、より慎重に判断する必要がある、ということであった。

もっとも、住居内のプライヴァシーへの干渉に対して、正当化要件の充足を慎重に判断するというのであれば、理論的には、捜索令状が要件となるのではないかとも思われる。[3] 本件の法廷意見が述べているように、逮捕令状は逮捕を正当化する実体要件である、被疑者が罪を犯したことを疑うに足りる相当な理由を確認するものであり、捜索を正当化する実体要件である、相当理由の備わった被疑事実と関連する証拠が存在すると疑うに足りる相当な理由を確認するものではないからである。これについてペイトンの法廷意見は、「被疑者による重罪への関与につき、司法官憲に対し逮捕を正当化するに十分な証拠がある場合には、被疑者に対し住居のドアを開け法執行官を立入らせるよう求めることは、憲法上不合理とはいえない。したがって、第四修正の目的に照らせば、実体要件に支えられた逮捕令状は、被疑者が所在すると思料する理由がある住居内についての立入りに限っては、これを黙示的に承認している。」[4]

と述べている。[5] また、このペイトンの判示に関して、本件の法廷意見は注で「人の行動の自由の剝奪を承認する逮捕令状は、その者をその住居内で逮捕する必要がある場合は、それに必要な限度でその者の住居に対するプライヴァシーの利益を制限することを当然に承認している。」と述べている。被疑者の住居への立入りに関する逮捕令状効力説とでもいうべき見解かと思われる。

本件で法廷意見は、逮捕目的で第三者の住居に立ち入って被疑者を捜索する場合に、第三者のプライヴァシーが干渉を受けることを前提に、この干渉を正当化するには捜索の実体要件である被疑者がその住居に所在すると疑うに足る相当な理由と、この実体要件の充足を認定する事前の令状審査が必要であることを確認し、さらに、この審査は逮捕令状の発付の際には行われていないので、別途、捜索令状の発付が要件となるとした。令状制度の要求を厳格に貫こうとすれば、法廷意見の判断のようになると思われる。また、ペイトンが被疑者の住居への立入りについては、令状発付官が黙示的に承認を与えているので、逮捕令状で十分なのだとの理解に立っているとしたならば、本件の法廷意見の判断はペイトンとも一貫するものとなる。

反対意見は、捜索令状を要件とすることによる実務上の負担と、要件としなかった場合のプライヴァシー侵害の危険性に関し、その評価を法廷意見と異にしている。また、捜索令状を要件とすることが令状制度の要求には適うとしても、合憲性の判断は究極的には第四修正にいう捜索の「合理性」であるとの立場に立ち、こうした評価を加えて合憲性を判断することが許されると考えているものと思われる。

三　我が国の刑事訴訟法は、被疑者を逮捕する場合には、その場所の如何を問わず、令状入手の時間的余裕があれば逮捕状によることとしている（一九九条）（現行犯、準現行犯も令状収取の時間的余裕のない緊急状況にあることを前提にしているものと解される（二一二条））。しかし、逮捕目的での住居への立入りに関しては、被疑者の自宅か第三者宅かを問わず、捜索令状なしの立入りを認めている（二二〇条一項一号）。憲法三五条一項が、「三三条の場合を除いて」住居への立入り、捜索が捜索令状によらなければならないとしていることの意味を、適法な逮捕遂行目的の場合には、常に捜索令状は不要と立法者は解していることになる。本件の反対意見を参考にすれば、人の可動性の高さに着目し、捜査機関の負担、プライヴァシー侵害の危険等を考慮して憲法自体が捜索令状を不要としたと解釈したことになろうか。

（1）この事件については、本書12事件参照。
（2）本書12事件解説参照。
（3）See, Supreme Court Leading Cases 1979 term, 94 Harv. L. Rev. 178, 186.
（4）Payton v. New York, 445 U. S. 573, 602–603 (1980).
（5）Steagald v. United States, 451 U. S. 204, 214 n7 (1981).

（柳川　重規）

14　Welsh v. Wisconsin, 466 U. S. 740 (1984)

血中アルコール濃度の低下という証拠消散の危険性（緊急状況）が認められる場合であっても、初犯に反則金（non-criminal, civil forfeiture）のみを科す軽微な犯罪の逮捕を理由に、無令状で個人の住居に立入ることは第四修正に違反するとした事例。

《事実の概要》

証人Jは、無謀運転の後停止し自動車を降りて立ち去る運転手を目撃した。数分後現場に到着した警察官に証人Jは、その運転手は泥酔しているか病気かだと述べたので、警察官は放置された自動車の車検証を調べ、その結果、その車輌は申請人名義で登録されており、住所も現場に近いことが確認された。警察官は直ちに申請人宅に赴き、無令状で家屋に立入り、寝室にいた申請人を酩酊運転を理由に逮捕したが、申請人は呼気検査を拒否した。

当時のウィスコンシン州法では、飲酒運転での被逮捕者に対し、呼気検査等を求めることを許し、正当理由なく検査を拒否した場合には、運転免許の取消処分を認めていた。

申請人は運転免許の取消処分を避けるために、検査拒否の正当性を判断する聴聞の申請をしたが、公判裁判所は、申請人の逮捕は合法であり、呼気検査の拒否に正当な理由はないとして、運転免許の取消を命じた。Wisconsin Court of Appeals は、緊急状況が存在するとの証明が欠けるので申請人の家屋内で行われた無令状逮捕は合衆国憲法第四修正に違反するとして、運転免許取消命令を破棄した。これに対して Supreme Court of Wisconsin は、被疑者の追跡が必要なこと、犯人・公衆双方に対する危害を防止することが必要なこと、さらに証拠破壊の防止が必要なこと、以上の三つの要素が緊急状況を構成したとして、Wisconsin Court of Appeals の判断を破棄した。

ウィスコンシン州法では、呼気検査は合法な逮捕の下で許されるとされ、したがって本件の家屋の立入りを伴う逮捕が第四修正の下で許されるか否かの問題が生じるため、サーショーレイライが認められた。

《判旨・法廷意見》

破棄差戻し

一　ブレナン裁判官の法廷意見

第四修正は住居への物理的侵入を規律し、その第一の保護策が令状要件である。ペイトン（Payton v. New York, 445 U. S. 573 (1980)）（本書12事件）では、住居内での重罪による無令状逮捕には、相当な理由と緊急状況の存在が要件となると判断された。また先例は、令状要件の例外は極めて少なく、注意深く限定されていること、さらに、警察は無令状であることを正当化する差し迫った必要性があることを証明する責任を負うことの二点を強調してきた。

犯罪が軽微である場合、緊急状況があるとの認定を控えるのが妥当であり、さらに家屋内での無令状逮捕が関連する場合にはより一層緊急状況の認定には慎重でなければならない。したがって、通常、家屋内の逮捕が許されるのは、中立かつ独立したマジストレイトが発付した令状がある場合に限られる。

マクドナルド（McDonald v. United States, 335 U. S. 451 (1948)）でのジャクソン裁判官の補足意見さらに下級裁判所の判断は、緊急状況の評価上重要な要素なるものとして、その犯罪行為の性質に着目してきた（連邦のリーディング・ケースとして、Dorman v. United States, 140 U. S. App. D. C. 313 (1970)）。

緊急状況が存在するとして住居内で無令状逮捕が認められたのは重罪の場合であって、ほとんどの裁判所は重罪を除く犯罪での住居内の無令状逮捕を認めていない。この常識的な考え方は第四修正が要求するものであり、緊急状況の判断をする場合には、犯罪行為の軽重が問題となり、軽微な犯罪の場合には緊急性の例外が適用されることはほとんどないとすべきである。

ウィスコンシン州は、追跡中であること、公衆の安全を守ること、さらに血中アルコール濃度という証拠の確保の必要性を理由に本件逮捕を正当化しようとするが、本件事実に照らして唯一し得るのは血中アルコール濃度を確保する必要性が緊急性を構成するとの主張である。しかしウィスコンシン州は飲酒運転の初犯には反則金を科し、収監刑を科し得ない違反行為だとする選択をし、この選択は同州の飲酒運転に対する関心を最も良く示している。ウィスコンシン州のそのような選択を前提とするかぎり血中アルコール濃度が低下するとの理由で緊急性を認め家屋内での無令状逮捕を認めることはできない。

二　ブラックマン裁判官の補足意見

ウィスコンシン州がいまだにアルコール等の影響下での運転を反則金に当たる違反行為としているのは驚くべきことである。しかし州が自らそのような刑罰制度を設けることは残念ながら合衆国憲法はそれを禁じていない。

三　ホワイト裁判官の反対意見（レーンクェスト裁判官参加）

申請人は憲法上の権利の侵害を主張するが、連邦憲法や連邦法による救済を求めていない。第四修正は本件で争点となった警察の行為にも適用されるが、ウィスコンシン州は違法な逮捕の場合の検査拒否は正当であるとしており、第四修正が違法な逮捕の果実の排除を要件とするかは疑わしい。したがって、申請人の逮捕がたとえ違法であったとしても、運転免許の取消が連邦法上のポリシーに反さないならば、州裁判所の第四修正の適用に誤りがあっても、当裁判所が審理する理由はない。

ところで、原審の第四修正の解釈は適切であったと考える。犯罪行為が軽微だからといって緊急性を無視することはできない。また、軽罪の証拠破壊を防止するために行う無令状逮捕が有効とはなり得ないと示唆する先例もない。さらに軽罪とされる犯罪類型の中には多くの重大な犯罪が含まれており、重罪か否かの基準で線引きするのは疑問であり、法廷意見の採る犯罪行為の重大性を基準とすると、ケース・バイ・ケースの処理が必要となり法執行が大きく妨げられる。

本件の逮捕理由となった犯罪の重大性の評価の点でも法廷意見は誤っている。法廷意見は、初犯に対し反則金のみを科すことに注目するが、ウィスコンシン州では、アルコール等の影響下での自動車の運転で告発された場合、陪審裁判を受ける権利が保障され、また有罪とされたすべて者に対し命令的に免許取消処分がなされている。さらに官憲の面前以外で発生した交通違反行為に対しても無令状逮捕が認められてもいる。したがってウィスコンシン州は本件の犯罪行為を重大性に欠けると評価しているとはいえない。

本件は、ウィスコンシン州の交通法規の重大な違反に関する証拠、すなわち血中アルコール濃度の低下による証拠の消失を防止する必要性が、住居内での無令状逮捕を正当化する緊急状況を構成したとすべきである。

《解　説》

第四修正は身柄の押収、すなわち逮捕を規律する。第四修正の第一文は不合理な捜索・押収を禁止し、実体要件として、① 犯罪が行われた相当な理由、② 押収対象物がその犯罪の証拠もしくは禁制品であるとの相当な理由、③ その証拠等が捜索場所に存在するとの相当な理由の三つの要件を挙げ、それらを具備した場合に限って、捜索・押収を合理的だとしている。また第二文は一般令状や探索的な捜索・押収を禁止し、実体要件を具備した令状の発付のみが許されるとしている。したがって第四修正は実体要件が欠ければ令状の有無とは関係なく、捜索・押収は不合理となるとの原理を採用している。他方令状要件に関しては、少なくとも逮捕についてはコモン・ロー上の原則があり、重罪については、重罪が行われたことと被逮捕者がその重罪を行ったという相当な理由があれば無令状で逮捕ができることになっている。また軽罪については、官憲の面前で行われた場合には無令状逮捕はできるが、他の場合には令状を要件とするが原則である。

しかし、身柄拘束後不必要な遅滞なく被拘束者をマジストレイト等の審査官の面前へ引致することを求めたマクナップ[1]以来、後知恵の危険の防止の観点から、特に無令状逮捕における遅滞なき審査官の面前への引致が重要視され、さらに、事前のマジストレイト等による審査すなわち令状要件を重要視する見直しが行われてきている。しかし、クーリッジ[2]やキャッツ[3]で展開された令状要件への傾斜は逮捕を除く捜索・押収の分野での原則となったが、逮捕については、コモン・ローからの伝統あるいは場所・物と異なり人は自ら行動性をもつために法執行においては迅速性が求められることなどから、捜索・押収に比べて令状要件を重要視する程度は低かった。ところが逮捕には公共に開かれた場所で行われるような活動のプライヴァシーのみに関連する原型的な身柄拘束と、個人の家屋に立入って逮捕が行われるように場所のプライヴァシーの侵害を伴う身柄拘束の二つの類型があり、後者の場所のプライヴァシー侵害を伴う逮捕は、特にその場所が第四修正の保護の中核である住居の場合には、逮捕理論についても第四修正の令状要件が重要性をもつようになってきた。ペイトンで、重罪の逮捕を目的に、被疑者の住居に無令状でかつ同意を得ずに立ち入ることは第四修正に違反すると判断された[4]。すなわち、住居内での身柄の無令状の捜索・押収は原則として不合理なものと推定され、また、場所のプライヴァシー侵害を伴うことについては物の押収と身柄の押収とは程度の差こそあれ、質的には同じであるから、緊急状況を欠くときには、無令状で家屋に立入ることはできないと判断された。

本件はペイトンで判断された、緊急状況を欠くかぎり、実体要件を具備しても無令状での家屋への立入りは許されないとの内容が、軽微犯罪を理由とする場合に、第四修正の内容としてそのまま適用されるか否かが問題となった[5]。法廷意見は、「緊急性の例外」は重大犯罪に限られるべきで、軽微犯罪の場合に無令状の立入りを認めることはできないとする。この考え方は、軽微事件を理由に政府による干渉が広く行われる危険を懸念して、軽微犯罪を取り締まる政府の利益よりも個人の住居でのプライヴァシーの利益の方がはるかに大きいとの理解に立っている。そして軽微であるか否かの基準には、その犯罪の初犯の法定刑が刑事罰であるか否かとしてよいと判示した。これに対し反対意見は、重罪か軽罪か、あるいは重大犯罪か軽微犯罪かは各州によって異なり、ケース・バイ・ケースの処理が必要となるので効果的な法執行が妨げられるとし、軽微犯罪についても緊急状況があれば無令状の立入りを認めるべきだとする。さらに反対意見は、酩酊運転等を取り締まるというウィスコンシン州の関心の評価においても法廷意見には誤りがあるとする。反対意見が述べるように、実際にはウィスコンシン州も酩酊運転等に対し大きな関心を寄せ、効果的な法執行のために初犯に反則金を科すなどの方策を用いていると考えるのが妥当なのであろう。しかしブラックマン裁判官が指摘するように、初犯に反則金で対処するとの選択には疑問がないわけではなく、また法廷意見のようにある一定の歯止が必要と考えるならば、初犯の法定刑を基準にすることは、法執行の上でも意味があると思われる。

The Supreme Court of Wisconsin が本件事例において令状要件の例外を構成する要因として述べている①「hot pursuit の例外」、②公衆等への危害の防止、③容易な証拠破壊の防止という三つの点に対して法廷意見は、③の証拠破壊の容易性が緊急状況を生むとして血中アルコール濃度の測定のための血液採取を認めたシュマーバー[6]がある一方、ウィスコンシン州の利益が小さいとしてその適用を排した。また①の「hot pursuit の例外」については、本件では犯行現場から直接に、もしくは継続して犯人を追跡していないとし、また②の危険防止については、すでに自動車を放棄して立ち去ったので、双方とも本件では適用されないとしている。したがって、②の公衆等の危害の防止という別個の法益が関連する場合は別にしても、①の「hot pursuit の例外」を充足する事例の場合に、③のように軽微犯罪には証拠破壊の容易性という「緊急性の例外」が適用されないとするならば、同様に政府の利益は小さいことを理由に「hot pursuit の例外」の適用がないのかとの疑問が生じる余地がある[7]。勿論この問題は本件と直接関連するものではないが、少なくとも本件では犯人が家屋を安全地帯として利用することを許すべきではない犯罪に対する法定刑の整備があらためて求められたといえよう。また、現時点では住居という場所のプライヴァシーが関連する場合に限定されてはいるが、将来、捜索・押収の場合と同様に逮捕にあっても、令状要件を第四修正の原則とみる傾向が強まることも予測される。

（1） McNabb v. United States, 318 U. S. 332 (1943).

（2） Coolidge v. New Hampshire, 403 U. S. 443 (1971).

（3） Katz v. United States, 389 U. S. 347 (1967).

（4） Payton v. New York, 445 U. S. 573 (1980).（本書12事件）

（5） ペイトンでは家屋に無令状で立入ることを正当化する緊急状況はないとの前提で議論されたので、緊急状況については具体的な考察がされずに、下級裁判所に判断を委ねたが、ドーマン（Dorman v. United States, 140 U. S. App. D. C. 313 (1970)）では以下の六つの要因が示された。①犯罪の重大性 ②被疑者が兇器を所持していると思料するのが合理的か否か ③相当な理由を示す明白な証拠があるか否か ④被疑者がその家屋にいると思料する理由があるか否か ⑤被疑者を迅速に身柄拘束しなければ逃亡してしまう可能性があるか否か ⑥家屋への立入りが平穏に行われたか否か ⑦家屋への立入りが夜間に行われたか否か。本件では法廷意見は①にのみ着目した判断で充分であるとする。

（6） Schmerber v. California, 384 U. S. 757 (1966).

（7）「hot pursuit の例外」を初めて認めた判例として Warden v. Hayden, 387 U. S. 294 (1967) 参照。この事件では、武装強盗の犯人がある家屋に逃げ込んだ後五分経過しないうちに、警察は犯行現場に到着し、続いてその家屋へ立入り、犯人と凶器の捜索が行われた。第四修正は、遅滞することによって警察官や公衆に重大な危害が生じることが予想される場合に、警察にその遅滞を求めるものではなく、迅速性が求められる場合だとしている。さらに United States v. Santana, 427 U. S. 38 (1976) では、係官がMとヘロイン売買の約束をし、MがSの家からヘロインを運び、係官に手渡したときにMが逮捕された。そして別の係官がS宅へ赴き、ドアの付近に立っていたSに近づき、Sに身分を告げたところSが家の中に入ったため、係官はドアを通り、玄関内でSの身柄を拘束し、係官がMに渡した印のついた金をSが所持しているのが発見された。Sは公共に開かれた場所にいたので、無令状逮捕しようとしたことは合法であり、Warden v. Hayden, supra で認められた

hot pursuit は、たとえ短時間の追跡であっても、家屋への無令状の立入りを正当化し、Sが警察官を見たのであるから、いかなる遅滞も証拠破壊を生ずると考えられるとしている。hot pursuit は in presence の延長にあるので、犯罪の重大性という基準によって、住居への立入りの許否が決定される可能性は少ない。なお本件では、hot pursuit は犯行現場から犯人を直接にもしくは継続して追跡する場合であるとの定義が明らかにされている。

（前島　充祐）

15　Dalia v. United States, 441 U. S. 238 (1979)

家屋に秘密に立入ってバッギング・マイクを設置する捜査機関の活動は、立入りを明示して許可する令状によらなくとも、家屋内のあらゆる会話傍受を許可する令状によれば適法であるとした事例。

《事実の概要》

司法省の係官は、上訴人の事務所の二台の電話の傍受許可を合衆国 District Court の裁判官に申請し、同裁判官は、上訴人が州際通商商品の窃取を共謀しているとの相当理由と、この謀議が電話を通じて行われていること、及び電話傍受以外の方法では効果的な捜査ができず危険であることを信ずるに足る理由を認め、二〇日間（又はそれ以前に傍受の目的が達成されればそれまでの期間）これを許可する令状を発した。令状には、傍受されるべき受話器及び、会話の内容が具体的に示され、傍受対象とならない会話を傍受しないよう取り得るあらゆる措置を講ずること、定期的に傍受の進捗状況を報告することなどの条件が付されていた。二〇日の期限が過ぎた後、係官は電話傍受の延長を求めると同時に、電話に加えて上訴人の事務所で交わされるあらゆる会話を傍受する許可を求め、裁判官は、電話傍受許可を延長すると共に、上訴人の事務所（およそ一五フィート×一八フィート）での共謀に関するあらゆる会話を二〇日間傍受することを許可し、電話傍受と同様の条件を付した（この許可はこの後さらに一度延長された）。この令状は、事務所への立入を明文で許可してはいなかったが、係官は上訴人の事務所に深夜ひそかに立入り、三時間ほどかけて傍受装置を事務所の天井に設置し、傍受が不要になった約四〇日後再び同所へ立入って装置を取りはずした。

上訴人は、州際通商商品窃取の共謀など五つの訴因で起訴され、公判前に傍受された会話の録音の証拠排除を申し立てたが棄却された。公判で政府側は、贓物の保管や共犯者が逮捕された後どう対処するかを話し合っている会話の録音を証拠として提出した。

上訴人は贓物収受及び牙保の共謀で有罪認定を受けた後、再び証拠排除を申し立てたため、裁判所は傍受装置設置の方法について聴聞を開いた。公判裁判所は、タイトルⅢによる傍受装置設置目的の立入りは、傍受令状に明記されていなくとも黙示的に許されていると解され、その方法が不合理でないかぎり適法な令状執行として許されるとし、本件では、上訴人らに気づかれないで事務所内の会話を傍受するには、深夜に密かに立入って装置を設置する以外に方法はなかったので、本件立入りは合理的であるとして、排除申立てを棄却した。

第三巡回区 Court of Appeals は上訴人の有罪を確認したが、傍受令状の請求に当たって捜査機関は、立入りが必要な旨を述べる方がより慎重又は望ましいと指摘した。

《判旨・法廷意見》

原審判断確認

一　パウエル裁判官執筆の法廷意見

(1)　上訴人は、裁判官の許可の有無や立入り方法の合理性にかかわらず、第四修正は個人の住居等への秘密の立入りを禁じていると主張し、傍受装置設置目的の立入りを裁判官が授権できるとする限りでタイトルⅢは違憲であるという。

しかし、先例は、傍受装置設置目的の立入りは捜索令状に従って行われるならば違憲ではないとの立場をとっているると解される。確かにアーヴィンでは、無令状の傍受装置の設置が違憲とされ、シルヴァーマンでは、無令状の立入りや会話傍受は許されないとの立場が確認された。しかし、このような立入りをいかなる場合にも許さないという憲法原則はなく、捜索令状を執行するのに必要があれば家屋等への立入りは許されている。上訴人は、了解のない立入りは告知を欠いているので違憲であるというが、告知が証拠破壊や逃亡につながる虞のあるときには、その必要がないことはキャッツで示されており、ドノヴァンも、タイトルⅢは、事後の告知があれば、憲法の要請は充たされると判示している。立入りを必要とする傍受にあってもこの事後の告知により憲法の要請は充たされる。このように、第四修正が傍受装置設置目的の秘密の立入りそれ自体を禁じていないことは先例が黙示的に認めている。

(2)　上訴人は、立入りが憲法上許されても、合衆国議会は裁判官に法律上の授権権限を与えていないと主張する。

確かにタイトルⅢは、電子工学的方法による人の行動の監視条件を詳細に定めながら、傍受装置設置については何も定めていない。しかし、法律の規定及び立法経過によれば、一定の具体的条件の下では、裁判官は方法を限定せずに電子工学的監視を許可する権限をもつことが示されている。タイトルⅢは、連邦及び州の裁判官が許可した場合を除いて会話傍受を禁じ、電話傍受とバッギングを区別せずに、裁判官が、監視によって刑事事件の証拠が発見される蓋然性のあることを認めたときは、対象となる会話の当事者及び内容をできるかぎり具体的に特定して許可すべきことを定めている。

こうした要件の充足は、傍受を真に必要な場合に限定するために求められるのであり、これが充足されていると裁判官が判断して、電話傍受又はバッギングを許可したとき、その実施方法を立入りを必要としないものに限るべきことをタイトルⅢが定めていると解する理由はない。

タイトルⅢの立法経過をみても、立入りが必要な場合を含めて裁判官に傍受の許可権限があることが裏づけられる。議会が立入りを明文にしなかったのは、立入りを必要とする傍受と必要としない傍受に重要な違いはないと考えていたからである。委員会での審議は、立入りがバッギングに必要な活動であることが認識されたうえで進められたことが伺えるが、制定されたタイトルⅢは、傍受の実施について立入りを必要とする活動を特に区別して扱っていない。傍受に立入りが必要な場合のあることを認めながら、立入りを必要とする傍受について明文で規定しなかったのは、バッギングを許可する際には立入りも同時に許可する趣旨と解される。

裁判官が立入りを必要としない傍受だけしか許可できないと解すると、タイトルⅢ制定の目的も達成できない。犯罪に対処するためには、電話傍受もバッギングも必要と考えて同法が制定されたとき、立入りを認めなければバッギングの実施はほとんど不可能になるからである。

このように議会は、秘密の立入りを含む電子工学的監視の許可権限を裁判官に与える意図であったと解される。

(3) タイトルⅢのもとで立入りが許されているとしても、裁判官はこれを許可する旨を明文で示さなければならないというのが上訴人の最後の主張である。本件の傍受令状には立入りを許可する旨が記載されていないので、立入りは第四修正に違反するというのである。当裁判所は、第四修正の求めるのは次の三点であると解してきた。第一に、令状は中立の裁判官が発すること。第二に、捜査機関は、対象となる証拠が犯罪の解明又は有罪立証に有用であることの相当理由を示すこと。第三に、令状には捜索すべき場所及び押収すべき物を具体的に示すこと、である。本件でバッギングを許可した令状は、上訴人の事務所が犯罪の実行にかかわりのあることが認められて発せられ、傍受すべき事務所及び傍受内容が特定されており、第四修正の要件を充たしている。上訴人はこの令状にはその執行方法、つまり事務所への立入りが明記されていないというが、憲法の文言も当裁判所の先例も先に挙げた三つの要件に加えて、令状にその執行方法を明記すべきことを求めてはいない。最善の執行方法の選択は、第四修正の不合理な捜索・押収にわたらない範囲で、令状を執行する法執行官の裁量に委ねられているのである。

上訴人は、電子工学的監視は二つの異なる第四修正上の権利を侵害する点で他の捜索・押収と異なるという。傍受は私的会話に干渉するだけであるが、立入りは被疑者の財産に損害を与えたり、所持品などを裁判官の許可しない検査にさらす虞があるというのである。けれども他の場合にも令状執行官は、裁判官が予期しなかったプライヴァシーに介入する必要に直面することがある。逮捕令状執行のため家屋に立入る必要があるときは、行動の自由と家屋のプライヴァシー双方を侵害することになる。捜索の際に財産に損害を与えることもある。このようなとき、侵害されるかもしれないあらゆる第四修正上の権利を予期して執行方法を令状に記載すべきことを求めるのは極論である。令状執行の方法については、その合理性についての事後審査を設ければよい。傍受装置の設置には場合に応じて立入りが必要な場合があり、黙示的に含まれているその許可を明示しなければ違憲とすることは、内容のない形式主義である。

したがって第四修正は、令状に立入りの許可を明示することを求めていないと解するべきである。

二　ブレナン裁判官の一部賛成、一部反対意見

法廷意見の⑴に賛成するが、⑵についてはスティーヴンス裁判官の反対意見に同意し、⑶についても以下の理由で反対する。

タイトルⅢが立入りを許しているとしても、裁判所の明示の許可は単に望ましいというにとどまらず、憲法上求め

られていると解する。

傍受装置設置目的の立入りは、それ自体独立した捜索・押収に匹敵する活動であり、法執行官の裁量が許される令状執行の一方法にとどまるものではない。ある部屋の中で交わされる会話を家屋に立入らずに傍受することは可能であるし、立入りは会話のプライヴァシーだけでなく「人の城」である家屋のプライヴァシーも侵害するうえ、傍受ではとらえられない物を法執行官の目にさらすことになるので、活動が濫用にわたる虞が大きい。立入りにはこのように、個人のプライヴァシーに会話傍受以上の侵害を加えるので、裁判所の明示の許可を必要とする。

第四修正は、法執行機関の捜索活動が可能な限り限定されていることを求めている。したがって、会話の押収を許可した令状がありさえすれば、犯罪捜査にあたる令状執行官の裁量で、必要とあらばそれとは別のプライヴァシーの侵害も許されると解すべきではなく、合衆国憲法は、立入りの必要性を中立の裁判官による審査に服させていると解すべきである。

令状に執行方法の正確な記載を求めるのではなく、傍受に際して立入りが必要な旨の記載をすればたりるのだから、その場合でもなお令状執行の最善の方法は執行官が選択することができ、過度に厳格な内容を令状に求めることにはならない。また、家屋に立入らなくても会話を傍受できる場合があると思われるから、事前の司法審査を行えば不必要かつ不適法なプライヴァシーの侵害を防止でき、令状要件が「内容のない形式主義」に陥ることもない。

三　スティーヴンス裁判官の反対意見

個人の家屋への立入りは、合衆国憲法第四修正に違反し、場合によっては刑罰法規に違反する行為である。本件の立入りに正当理由があるという主張を支えるのは、裁判官が上訴人の事務所での会話傍受装置の設置を許可する令状を発付していることであるが、この令状には使用する装置が特定されておらず、設置のための立入りの許可も明示されていないうえ、これを許す法規自体存在しない。そこで、会話傍受を許可する法律がこのような活動を許していると解釈できるかが争点となるが、以下の三つの理由でそのような解釈はできないと解する。

(1)　合衆国議会がその意図を示さないかぎり、個人の権利は、法執行活動をより容易にするという利益に勝るものであり、これを保護するのが裁判所の役割である。

以前には予想されなかった捜査方法による効果的な法執行と、第四修正が保護する個人のプライヴァシーの利益を調整する役割は合衆国議会にあるから、法解釈にあたって議会の意図には十分注意を払うべきであるが、本件では、プライヴァシー侵害を許す法律自体制定されていない。プライヴァシーと法執行の兼ね合いを図る役割を負うのは裁判所よりも議会であるということと、裁判所はできるだけ憲法解釈を避ける法解釈を行うという伝統によれば、議会が予定しないプライヴァシー侵害を裁判所が許すべきではない。

しかし法廷意見はこの立場を採らず、憲法上かなり疑義のある法律に定めのないプライヴァシー侵害を認めてしまった。当裁判所がこのような解釈を下すのは、禁制品が入っていることを疑うに足る相当理由なしに、私信を開披する権限を郵便職員に与えたラムジー、ペン・レジスターによる個人の電話の監視を許し、それに民間の会社が協力するように判示したニューヨーク電話会社に次いで本件で三度目である。

本日の法廷意見はこれに加えて、合衆国議会が明文で示すことなく、会話傍受令状の執行にあたる法執行官に、州の刑罰法規違反となる個人の家屋への立入り権限を与えたと解し、しかもそれには立入りの必要性や適法性についての裁判官の審査も必要ないと判示した。議会が、そのような重大な権限を明文で示さずに行政機関に与えるとは考えられず、法文の通常の意味を超えて法令を解釈すべきではない。

(2)　タイトルⅢは、傍受の請求権者、適用犯罪、連邦裁判官への資料提出、裁判官の許可基準、実施時間の限定及び対象たる会話の特定などの定めをおいて、傍受手続を詳細に規律している。他の点については明示の定めをおきながら、立入りだけを黙示的に許しているという解釈は不自然である。

(3) タイトルⅢの立法経過からも、裁判官の事前審査のない立入りを許す意図が議会にないことが明らかである。

議会の審議において、傍受装置設置目的の立入りが言及されていることを法廷意見は黙示の許可の根拠とする。しかしこれは、会話傍受が安易に用いられると、ジョージ・オーウェルの「一九八四年」が現実のものとなるとの反対意見に対して、立入りを伴うような傍受は安易に用いられ得る手段ではなく、傍受の実施は周到に条件づけられ、かつ裁判官の厳格な審査に基づいて行われることによって、そのような危険はないと反論する趣旨の発言であったと解される。法案の提案者が「個人のプライヴァシーの保護策を可能な限り網羅した」と述べていることからも、議会が黙示に立入りを認めているという解釈は導かれ得ない。

同法の起草者は、それまで当裁判所が審理した電子工学的監視一般について検討を加えており、その形態を特定していないので、法廷意見はあらゆる形態の監視を同法が許しているとするが、これには理由がない。法廷意見が引用しているものを含めて先例の多くは、警察の活動を違法としたので、起草者は違法と判断された活動を許すような内容にならないよう、個人のプライヴァシーを保護するためあらゆる手段を講じたのであり、また先例には装置設置目的の立入りについて判断した事案はないのである。これらは隣室の会話傍受のため部屋の壁にマイクをしかけたり(ゴールドマン)、捜査官が隠しマイクをつけたり(オン・リー)、法律事務所(オズボーン)や公衆電話ボックス(キャッツ)にマイクをつけたもので、相手に気づかれない活動という点で共通であるとはいえ、こうした活動と、個人の家屋等への違法な立入りとは別のものであり、当裁判所は、バーガー・キャッツ以前は物理的侵入を伴う活動を違法と判断してきたのである。

一九六八年以前では、アーヴィンが唯一、傍受装置設置目的で私人が行えば刑法犯となる立入りを行った事例である。ここでは、個人の住宅に違法に侵入し、一月以上にもわたって会話を盗聴する行為は第四修正の基本的原理に違反すると判断された。法廷意見がいうように、四人の裁判官は何らかの令状がなければ立入りは許されないとしているが、裁判官の明示の許可のない立入りが許されるとの意見を述べている裁判官は一人もいない。この判断を議会が引用していることから考えても、議会が立入りを黙示的に許しているものとは解されない。

(4)　このように傍受装置設置目的の立入りは、法文にも立法経過にもその根拠がなく、州の刑罰法規に違反し、合衆国憲法上保護されるプライヴァシーを侵害する行為であり、捜査機関がそうした活動をする場合は、相当理由及び必要性の司法審査を受けることを議会は求めているから、議会がそれを不要とする意図を明示していない限り、令状なしに立入りを行うことは許されない。

《解　説》

一　財産権に基づくプライヴァシーを保護すればたりると考えていたオルムステッド＝ゴールドマン法理では、憲法上保護された領域への物理的侵入の有無が第四修正違反の判断基準であった。その後シルバーマン、ウォン・サンにより物理的侵入の有無や捜索・押収対象が有体物であるかどうかによらず第四修正の保護が及ぶとの判断が下され、捜査機関による盗聴を認めたニュー・ヨーク州法が、第四修正の捜索・押収対象物の特定性の要件を充たしていないなどとして違憲とされたバーガーを経て、第四修正の保護するのは場所ではなくて人であり、プライヴァシーへの合理的期待であるとするキャッツにいたって、物理的侵入がない場合もプライヴァシー侵害があるとの理解が定着した。(1)

合衆国議会は一九六八年に Title III of the Omnibus Crime Control and Safe-Streets Act を制定して、捜査機関による

会話傍受の手続を定めた。回線に装置を設置すれば実施できる場合の多い電話傍受と異なり、本件のように家屋内の会話を傍受する場合は、その家屋等の内部に隠しマイクを取り付けることで最も確実に傍受が行えることから、居住者等に秘して家屋に立入る行為が必要とされ、合衆国の法執行機関はそのような方法を用いる必要に迫られることがあった。しかし、皮肉なことにタイトルⅢは、当初第四修正の保護の範囲を画していた盗聴実施のための家屋等への立入り（物理的侵入）についてはは一切定めをおいていないいため、この活動に傍受令状に加えて裁判官の令状が必要なのか、またそもそも裁判官にはそのような令状を発する権限があるのかについて下級審の判断が大きく別れていた。(2)本件はこの点についての合衆国最高裁判所の判断である。

二　法廷意見は、① 第四修正は立入りそのものを禁止していない、② タイトルⅢは立入りを許す趣旨である、③ 立入りについて裁判官の許可が明示される必要はない、との構成をとり、ブレナン裁判官は②についてスティーヴンス裁判官に同意したうえ③について反対意見を、スティーヴンス裁判官は②について反対意見を表しているが、第四修正が装置設置のための立入りを許していない、との解釈をとらないことについては全員が一致している。

法廷意見は、令状に基づいて行われさえすれば、立入りが第四修正に違反しないとの理解を支える先例としてアーヴィンとシルヴァーマンを引用している。しかし、隠しマイクを設置するため捜査官が無令状で住居に立入り、ひと月以上にわたって盗聴を続けたアーヴィンは、そのような活動が第四修正の基本原理に違反するとしながら、排除法則が州に適用されないために有罪判決が確認された事件であり、(3)シルヴァーマンは、壁にスパイク・マイクを装着して内部の会話を盗聴した事件であって、屋内に立入った事件ではない。(4)したがって、本件のようにタイトルⅢに従って傍受令状が発せられ、その実施のために明示の授権のない立入りを行い、その適法性が問われている本件で、令状が発せられていれば直ちに立入りが適法になるとの理由を支えるのに引用する事件としては、両事件とも適切ではなかろう。

三　法廷意見と反対意見は、タイトルⅢの解釈をめぐって対立している。会話傍受の手続を定めた同法が立入りについてまったく触れていないので、文言の意味が明らかでないときには立法経過を探るという解釈の手順に従って両者とも立法経過を検討するが、それによっても、議会が立入りを許可しない意図なのか、法律に明文化するまでもなく許すとの意図なのかは明らかでなく、本件の評釈も法廷意見の立場を支持するものと、反対意見を支持するものに分かれている。(5)

ブレナン裁判官が言うように、会話のプライヴァシーと家屋のプライヴァシーは別のものと考えるべきであろうから、会話のプライヴァシーに干渉することに合理性があり、それが裁判官によって確認されたとしても、必ずしも常に家屋への立入りにも合理性があることにはなるまい。隠しマイクの設置が、家屋内のあらゆる会話を傍受する唯一の方法であるということが共通の認識であり、裁判官もそれゆえにわざわざ立入りを令状に明記しなかったという考え方もできなくはなかろう。しかし、法廷意見はそう言わずに、いったん会話傍受が認められた以上、その執行方法は捜査機関の裁量に委ねられると言っている。そうすると、家屋のプライヴァシーという別のプライヴァシーを捜査機関は自己の裁量で侵すことができることになり、それが第四修正に適うかは大いに疑問であろう。法廷意見は、逮捕令状執行の際に家屋への無令状の立入りが認められることと本件の立入りを同一視しているが、逮捕を行うには身柄を捜索しなければならないため、その際にたまたま被逮捕者がいる家屋へ立入ることが必要になることがある。しかし、それを、目的とされる会話が行われる場所が特定され、周到に準備されて実施される傍受のための立入りを同じに解してよいものだろうか。また、前述のように裁判官が傍受の当然の手段として立入りを認めていたとしても、それを令状に明記しなければ授権の範囲が明確ではない。

このように考えてくると、会話のプライヴァシーとは別のプライヴァシーを侵害することについて法律に定めがない場合、捜査の必要とプライヴァシーのバランスをどのようにとるかの政策を立案するのは第一に議会の権限であるとのスティーヴンス裁判官の理解や、ビッケルを引用した評釈の言うように、より根本的な問いであればあるほどそれを決するのはまず議会であるべきで、裁判所は策定された政策が憲法原理に適うかを審査する役割を負うとの理解にたてば、[6]反対意見の方がより憲法原理に忠実であるといえるのではないだろうか。[7]

いずれにしても、傍受に立入りが必要で、立入りそのものが第四修正で禁じられていないことには異論がなく、タイトルⅢがより周到に定められていればこのような争いは生じなかったといえるかも知れない。

（1） Olmstead v. United States, 277 U. S. 438 (1928); Goldman v. United States, 316 U. S. 129 (1942); Silverman v. United States, 365 U. S. 505 (1961); Wong Sun v. United States, 371 U. S. 471 (1963); Berger v. New York, 388 U. S. 41 (1967); Katz v. United States, 389 U. S. 347 (1967). 渥美東洋「捜査の原理」有斐閣（一九七九）一一頁以下。同「捜索—押収によるプライバシーの概念」『刑事裁判の諸問題』岩田誠先生傘寿祝賀論文集一八五頁。

（2） Comment, The Illegality of Eavesdrop-Related Break-ins: United States v. Finazzo and United States v. Santora, 92 Harv. L. Rev. 919 (1979).

（3） Irvine v. California, 347 U. S. 128 (1954).

（4） Silverman v. United States, supra.

（5） Cobb, Covert Entry, Electronic Surveillance, and the Fourth Amendment: Dalia v. United States, 40 Louisiana L. Rev. 951 (1980) は反対意見を支持する。Goldsmith, The Supreme Court and Title III: Rewriting the Law of Electronic Surveillance, 74 J. Crim. L. & C. 1, 116 (1983) は法廷意見支持である。この他 McNulty, Dalia v. United States: The Validity of Covert Entry, 65 Iowa L. Rev. 931, 945 (1980); McFadden, Sneaking Through the Castle Gate: Covert Entries by Police to Plant Bugging

Devices, 67 Georgetown L. J. 1429 (1979) も参照。
（6）　Comment, supra 926 ; Bickel, The Least Dangerous Branch, (1962) at 161.
（7）　本件の意義は立入りを認めたことよりも、法廷意見がこのような解釈態度をとったことにあるとする評釈もある。Goldsmith, supra 117.

（小木曽　綾）

16　Mincey v. Arizona, 437 U. S. 385 (1978)

殺人現場での四日に及ぶ無令状の捜索押収が違憲とされた事例。

《事実の概要》

上訴人らを麻薬犯罪で摘発するため、麻薬課の警察官ヘンドリックスは上訴人に麻薬の購入を申し込み、打ち合わせ時間に応援の警察官九名及び検察官を伴って上訴人のアパートを訪れた。ドアが開くと同時にヘンドリックスは中に入り、上訴人と撃ち合いになって、他の警察官が部屋に入った時には、両名の他二名が負傷していた（ヘンドリックスは数時間後に死亡）。直ちにそれ以外の負傷者の発見及び応急処置のために必要な措置がとられたが、それ以上の活動はされなかった。

間もなく殺人課の警察官が到着して、現場での証拠収集を開始した。捜索は無令状で、アパート全体を（家具からカーペットにいたるまで）対象として四日にわたり、その結果、二〇〇点から三〇〇点の物品が押収された。

一方、負傷した上訴人は病院に運ばれ集中治療を受けたが、同夜のうちに警察官が病室を訪れ、上訴人が逮捕下にあることを告げ、ミランダ告知のうえで、治療装置のため話すことのできない上訴人に対し筆談で取調べをした。尋問中繰り返し「弁護士と会うまで話せない」という上訴人の取調べは真夜中まで続けられた。上訴人の供述には、意識が正常でないことを窺わせるものもあった。

謀殺の他、麻薬所持などの訴因で起訴された上訴人は、上記の捜索中に押収された証拠の排除を申し立てたが却下され、国側は、病院での尋問中の供述を上訴人の公判供述を弾劾する証拠として提出した。

訴因すべてについて有罪とされた上訴人は、本件捜索・押収の第四修正違反、病床での尋問中の供述の任意性の欠如を理由に上訴した。アリゾナ州最高裁は、謀殺につき州法違反を理由に有罪判決を破棄したが、麻薬事犯について、捜索・押収は以下の理由で第四修正に違反しないと判示し、有罪を確認した。

殺人現場又は致死の結果が予想される傷害の現場では、その現場への立入りが適法で、事件の発生を知ってから合理的な時間内に、その殺人又は傷害現場の状況を把握するに必要な限度で行われる場合には、無令状捜索が許される。本件無令状捜索は、警察官が重傷を負った現場で直ちに開始され、負傷者の救助、及びその犯罪の動機、意図（麻薬など）を明らかにする目的に限って行われたので第四修正の合理的な例外である。

また、弁護人との接見要求を無視した取調べによる本件供述には有罪の直接証拠としての証拠能力はないが、ハリス、ハース両事件によれば、ミランダ判決は弾劾証拠としての証拠利用にまで及ぶものではなく、供述に任意性が認められれば、ミランダ違反の供述も弾劾証拠として法廷に提出できる。本件供述が任意であるとの公判裁判所の判断が明らかに誤りであるとはいえないので、上訴人の供述の弾劾証拠としての利用に誤りはない。

このような「殺人現場の例外」の合憲性、及び供述の任意性を判断するためサーシオレイライが認められた。

《判旨・法廷意見》

破棄差戻し

一　スチュワート裁判官執筆の法廷意見

(1)　無令状捜索について

第四修正は、具体的に定められ、かつ限界が明確に画されたいくつかの例外を除き、事前の司法審査を経ない捜索を自動的に違憲としている。原審は、本件捜索が第四修正のいずれかの例外に当たるというのではなく、「殺人現場の例外」という新たな例外に当たるとし、国側は、この例外の合理性を以下のように主張する。

第一。警察官を撃った時点で上訴人はプライヴァシーの合理的期待（キャッツ事件）を失った。また、逮捕のための立入りによって、アパートのもつより大きなプライヴァシーが既に開披されているのでそれに引き続く捜索によるプライヴァシー侵害は憲法上問題とならない。したがって、本件捜索は上訴人のプライヴァシーを侵害していない。

第二。犯罪現場での緊急援助が必要であると合理的に考えられる場合、救助・救援のための住居への無令状立入り・捜索が許されることは多くの州裁判所、合衆国裁判所の先例が認めている。殺人現場では速やかに負傷者の捜索・救助の必要があり、そのための緊急活動は無令状で行うことができる。そして、その過程でプレイン・ヴューにある物の押収は適法である。

第三。重大犯罪である謀殺を早期に解明するという社会の重大な利益があるときは無令状捜索が許される。

第四。「殺人現場の例外」の基準は厳格に画されているので憲法に違反しない。

第一について。個人の違法な活動への関与を示す証拠が収集される以前に、プライヴァシーの合理的な期待がなくなることはない（タイラー）。そのうえ、殺人現場が第三者の住居であればこの主張は理由を失う。また、適法に身柄を拘束された者の身体のプライヴァシー（エドワーズ、ロビンソン）と、その者の住居のプライヴァシーとを同列に論ずることはできない。シーメルは、適法な身柄拘束が、自動的に無制限のプライヴァシー侵害を許すものではないことを示した。上訴人に憲法上保護される権利がないとの主張は理由がない。

第二について。無令状の捜索は、それを始めるのに合理的な理由となった目的を達成するのに必要な範囲に限定される。本件では、殺人課の警察官の到着以前にアパート内の負傷者は確認され、救助は完了していた。アパート全体を対象にした四日に及ぶ徹底的な捜索は、到底、負傷者の救助を理由には許されない。

第三について。謀殺の他にも、早期解明が求められる事件はある。謀殺の現場で無令状捜索が許されるのであれば、他の重大犯罪の現場でも無令状捜索が許されることになろう。また、迅速な捜索の必要性だけでは、事前の司法審査を欠いてよいとする正当な理由にはならない。迅速な捜査が望ましいのは当然であるが、合衆国憲法起草者は捜査の便宜のために個人のプライヴァシーを犠牲にしてはならないと考えた。そのため、無令状の法執行を客観的に合理的にする理由と緊急性のある場合（例えば、逮捕に伴う、逮捕官憲の安全確保・証拠破壊の防止の場合（シーメル）、犯人追跡中の場合（ウォードン対ヘイドン）、切迫した証拠破壊の虞れのある場合（シュマーバー））を除いて、捜索には令状が要件となる。本件にはそのような緊急性はなく、令状入手が困難であったことを示す事実もない。事件の重大性自体が令状要件の例外となる緊急性を構成するという主張は採ることができない。

最後に、原審が定めた基準は、厳格に画されておらず、その基準の充足の審査が警察官の裁量に委ねられるほどのものとなっている。第四修正はこの点につき警察官ではなく中立の裁判官による判断を要件としている。

以上の理由で原裁判所が創造した「殺人現場の例外」は第四修正の合理的な例外ではない。

(2)　供述の任意性について

ミランダ法理に違反して採られた供述であっても、弾劾証拠としては法廷に提出することが許されるとハリス、ハース両事件は判示した。しかし一方、不任意供述は如何なる手続でも被告人に不利に用いれば、第一四修正のデュー・プロセス違反となる（ジャクソン、ヘインズ、ライナン、ストローブ）。したがって本件上訴人が理性的判断と自由な意思によって供述したのでなければ、有罪は破棄される（タウンセンド、ブラックバーン）。

本件では、身体的な暴力を加えたり（ブラウン）、或は薬物の影響下で取り調べたり（タウンセンド）といった、不任意供述の典型的な方法は用いられていない。しかし、物理的な圧力だけが不任意供述の徴表ではなく、任意性は取調べの全体事情により判断される。

上訴人は取調べの数時間前に重傷を負い、殆ど意識不明で病院に運ばれ、やや回復したとはいえなお集中治療を受けていた。苦痛で正常な思考力を保てない状態で、弁護士と接見するまで質問を中止してくれるよう繰返し述べたにもかかわらず、取調べは上訴人が治療を受ける間及び意識を失っている間を除いて続けられたのである。記録上、本件供述が「自由かつ理性的判断による選択（グリーンウォルド）」の産物でないこと、上訴人の弁護人との接見の意思が無視されたことが明らかなので、弾劾証拠にも用いることは許されない。

二　マーシャル裁判官の補足意見

上訴人の第四及び一四修正の権利が侵害されたとの法廷意見に同意するが、第四修正の権利侵害を理由に救済を求める手段をより広く開くべきであると考える。

ストーンは、第四修正の権利侵害を州裁判所で争う充分かつ公正な機会がある場合には、連邦人身保護令状による救済の要件を欠くと判示した。当裁判所は、本件ではそれに従ってサーシオレイライを認めた。ところで、合衆国裁判所に第四修正の権利侵害を理由とする連邦人身保護令状発付申請事件の管轄がないと、本来下級の合衆国裁判所で審理すれば足りる重要性の低い事件で、州裁判所が当裁判所の先例と異なる判断をした場合、当裁判所としてはそれを容認し、法令適用の不統一を黙認するか、サーシオレイライを認めて当裁判所の事件負担を増加させるかの選択を迫られる。ストーンを再検討する必要がある。

三　レーンクェスト裁判官の一部賛成、一部反対意見

本件捜索が第四修正に違反するとの法廷意見に同意する。ただ、この捜索で押収された証拠の中には、緊急性の例外が適用される物があるかもしれないので、差戻審はその点について慎重に審理すべきである。

病床での供述が任意でないとの点には反対する。公判裁判所は、上訴人の身心の状態について証拠を検討した結果、任意と判断した。法廷意見は、公判裁判所が依拠した証拠を採用せずに供述の任意性を否定したが、アリゾナ州最高裁も公判裁判所の事実認定を確認しており、事実については州裁判所の認定を尊重すべきである。

《解　説》

一　「殺人現場の例外」について

第四修正の合理的例外にはいくつかの類型があるが、本件の争点は、その現場での殺人事件という事実だけで、第四修正の令状要件の合理的例外の一類型を構成するといえるかである。先例が合理的と解してきた、本件に関係のある例外には次のものがある。

まず、逮捕官憲の安全を確保するための捜索。この点に着目し、ウォードン対ヘイドンは、犯人追跡中に犯人が逃げ込んだ家屋での武器の捜索を、シーメルは、逮捕に伴う、被逮捕者の身体とその者の直接支配下にある領域での武器の捜索を、それに必要な限度で無令状で許されるとした。テリーも、合理的嫌疑（不審事由）があれば防衛目的の

捜検は適法とした[1]。

第二に、証拠破壊の防止のため、令状入手の時間的余裕のない場合がある。シーメルでは、証拠破壊の防止上も、身体及び直接支配下にある領域での無令状捜索が許されると判示され、ヴァルでは、被逮捕者の家の前で令状による逮捕をした以上、家の中に誰も居ない場合には、家の中での証拠破壊の危険は去ったとし、その家の無令状捜索を第四修正違反とした[2]。

また、シュマーバーでは、酩酊運転の相当理由により逮捕された被疑者の同意を欠く無令状の血液採取は、血中のアルコールの消散、つまり証拠の消失の虞れがあるため令状入手の時間的余裕がなく、証拠保全の必要性が高いとして合憲と判断された[3]。

これらの場合の他、活動の性質上、捜索を緊急に行わざるをえない場合として、本件で国側が主張したような、犯罪の被害者の救助等の場合がある。

タイラーは、火災原因調査の家屋の立入りにも原則として令状が必要となると判示したが、その中で、現に火災中であればその家屋への無令状の立入り、消火活動、原因調査が許されると述べている[4]。又、アレインメント前手続模範法典は、身体又は財産が現に危険に曝されていると信ずる合理的理由がある場合、無令状で家屋の捜索ができる旨規定する[5]。

これらの類型に共通するのは、捜索を合理的にする理由と必要性（実体要件）はあるが、令状入手の時間的余裕のないこと＝緊急性である[6]。

緊急性がなく、しかも侵害されるプライヴァシーの範囲も限定されないため[7]、探索的になりがちな本件の無令状捜索が第四修正の合理的例外とならないのは先例に照らして当然といえよう[8]。

二　不任意供述の証拠能力について

供述の証拠能力を規律する法理は様々な視点から構成される。事実認定の正確さを求める伝統的な自白法則の他、ブラウンに始まる、供述採取の方法に着目することにより捜査活動の規律にも目を向けた法理は、物理的・心理的圧力を加えた供述採取を、人間の尊厳を否定し、或は個人の自己決定権を侵すと評価した。そして、そのような供述には任意性が欠けるので、その供述の信頼性の有無にかかわらず、手続のどの段階で提出されても司法の公正を害し、合衆国憲法第一四修正のデュー・プロセス違反となるとしてその利用を禁じてきた(9)。

やがて、ミランダは、身柄拘束下の取調べの可視性の低さに着目し、加えられたかもしれない圧力をなくし、供述の自由を確保するためにいわゆるミランダ告知を設定し、この告知を欠いて採られた供述は供述の自由を侵害して採られたものと強く推定するという法理を生み出した(10)。

しかし一方、ハリス、ハースは、ミランダ法理は捜査段階の供述の自由を保障する法理であって、反証される危険なく偽証する権利を保障するものではないので、被告人の偽証の疑いのある供述を弾劾する証拠にミランダ違反の供述を用いることは禁止されないとして、ミランダ法理の射程を限定した(11)。

ミランダ以前の任意性（供述の自由）を中心とする基準は、任意性を欠く供述は全ての目的で排除されるとするのに対して、ミランダ違反は、供述の自由の侵害を推定する事情にすぎず、その違反で入手された供述は、直ちに任意性を欠くとされるものではない。

この区別によって考えたとしても、本件は任意性、つまり、供述の自由を欠いていることが証明されているので、弾劾の目的でも証拠として許容されないと法廷意見は判示したのである。

（1） Warden v. Hayden, 387 U. S. 294 (1967)；Chimel v. California, 395 U. S. 752 (1969)；Terry v. Ohio, 392 U. S. 1 (1968).

（2） Chimel, supra, at 764 (quating Preston v. United States, 376 U. S. 364)；Vale v. Louisiana, 399 U. S. 30 (1970).

（3） Schmerber v. California, 384 U. S. 757 (1966).

（4） Michigan v. Tyler, 436 U. S. 499 (1978)（本書21事件）参照。

（5） Model Code of Pre-Arrainment Procedure § SS 260. 5 (1975).

（6） 渥美東洋『レッスン刑事訴訟法［上］』一二五頁以下参照。

（7） なお、Terry v. Ohio, 392 U. S. 1, at 25-26 は、捜索・押収はそれを始めることが合理的となる目的の範囲に限定されるといい、United States v. Rabinowitz, 339 U. S. 56 (1950) , Frankfurter, J. , dissenting, at 71-73 は、緊急性のある範囲に限られる無令状の捜索・押収は、それ以外の領域には及びえないとしている（Chimel, supra at 766, n. 12）。また、渥美東洋「所持品検査の基準と違法収集証拠「排除法則」の適用の基準について（中）」判例タイムズ三七四号二五頁註⑼によれば、身体等一つの領域のプライヴァシーへの介入は、それ以外のプライヴァシーへの介入を当然に正当にするものでもない。

（8） なお、先例について一般的に LaFave, Wayne R., Search and Seizure, A Treatise on the Fourth Amendment 2d ed. を参照。

（9） see, e. g., Brown v. Mississippi, 297 U. S. 278 (1936)；Lisemba v. California, 314 U. S. 219 (1941). Blackburn v. Alabama, 361 U. S. 199 (1960)；Haynes v. Washington, 373 U. S. 503 (1963)；Townsend v. Sain, 372 U. S. 293 (1963). 合衆国における供述排除をめぐる判例理論について渥美東洋『捜査の原理』二二一頁以下、及び同「取調べと供述に関する法理」法曹時報三九巻五号一頁以下参照。

（10） Miranda v. Arizona, 384 U. S. 436 (1966).

（11） Harris v. New York, 401 U. S. 222 (1971)；Oregon v. Hass, 420 U. S. 714 (1975).

（小木曽　綾）

七　行政目的での家屋への立入り

17　INS v. Delgado, 466 U. S. 210 (1984)

密入国者の摘発を目的とする作業場調査（factory survey）は、第四修正の押収に当たらないとした事例。

《事実の概要》

ＩＮＳ（Immigration and Naturalization Service）は、密入国者の捜索のため、カルフォルニア州にあるＤ社の二つの工場の作業場調査を三回に亙って行った。このうち二回の作業場調査は、Ｄ社で多くの密入国者が雇用されているとの相当な理由に基づいて発付された令状によって執行されたが、被調査者の氏名の特定はなかった。また第三回目の作業場調査は雇用者の同意の下で行われた。これらの作業場調査では、数人のＩＮＳの係官が作業場の出入口付近に配置され、他の係官が作業場内を回り、身分を明かした後に、従業員の国籍などを質問した。この質問への返答が曖昧であったり、外国人と認めた場合には、入国許可証の提出が求められたが、従業員たちが仕事を続け、作業場内を歩くことは許されていた。

被上訴人はこれらの作業場調査で質問された四人であったが、いずれも合衆国市民あるいは永住権をもつ者であり、本件の作業場調査は第四修正に違反するとの宣言判決とその活動を中止させる停止命令を求めて提訴した。

District Court は、被上訴人にはその作業場に合理的なプライヴァシーの期待はなく、令状もしくは同意の下で行われた立入りを争う適格はないとし、さらにテリー(1)に依拠して、質問を受けたか否かにかかわらず本件の作業場調査の際に被上訴人に第四修正が禁止する身柄拘束はなされなかったと判断し、ＩＮＳに有利な summary judgment を行った。

Court of Appeals は、一般人がみれば作業場を自由に立ち去ることはできないといえる事情があったとみて、従業員全体の押収があったと判断し、また多くの密入国者が特定の作業場で働いているとの相当な理由だけでは個々の従業員を質問するのに充分ではなく、個別的に合理的な嫌疑がある場合にのみ質問は許されていると判断した。

《判旨・法廷意見》

破棄

一　レーンクェスト裁判官の法廷意見

第四修正は、警察と市民とのすべて接触を禁ずるものではなく、個人のプライヴァシーや安全に対する恣意的で抑圧的な介入の防止を目的とする(2)。

ローヤー(3)では、身許質問や身分証明書の提示の要求は第四修正の意味での押収には当たらないと判示された。また、ブラウン(4)で合理的嫌疑を欠く場合、身許確認を拒否したために行われた身柄拘束は第四修正の権利を侵害すると判示された。両事件から明らかなことは、警察官の質問はそれだけでは第四修正の侵害とはならないことであり、さらに一般人が返答をしなければ立ち去ることができないと考える程度の威圧がなければ、その質問は第四修正の身柄拘束ではないということである。そして返答がない場合にさらに別の手段を講ずる場合には、それを正当化する客観的な要件が必要となる。

Court of Appeals は、本件作業場調査に不意打ちの要素があったこと、系統立った質問が行われたことを理由に、従業員全体の押収に当たるとしたが、その理由づけの中心はＩＮＳ係官が出入口附近に配備されたところにある。しかし係官の出入口附近の配備が直ちに事態を押収にするとはいえない。自由な行動の制限は使用者に対するものであり、記録上係官が自由な歩行を禁止したり、退去を制止したとの事実もない。係官の出入口附近への配備は全員に質問をするためであって、従業員が真実を述べたり、ただ返答を拒否しただけの事態が身柄拘束に当たるとはいえない。本件では、立ち去れば身柄拘束を受けると大部分の従業員が懸念するのが合理的であるような状況はなく、従業員全体が押収されたとはいえない。

Court of Appeals は、さらに、個々の被質問者が違法滞在の外国人だとの合理的な嫌疑がある場合にかぎって身柄拘束を伴う質問が許されるというが、本件では従業員全体の押収はなかったので、被上訴人が実際に押収もしくは身柄拘束された場合にしかそのような質問方法は争点にならない。ところで、被上訴人は身柄を拘束されておらず、またその質問も短時間で終わっていた。合法に就労している者に対してＩＮＳの係官が質問しかしないのは作業場調査の当初から明らかであり、事実それらの者には質問しか行われなかった。したがって、被上訴人は自己に生じた事柄を争うことしかできないし、被上訴人とＩＮＳの係官の本件出会いは第四修正の押収には当たらない。

二　スティーヴンス裁判官の補足意見

本件では公判審理がなく、記録上は被上訴人が身柄を拘束されたとみるのが合理的か否かの問題について summary judgment を是認することができない。真に検討すべき事実に関する争点が証明されていないので、法廷意見に加わる。

三　パウエル裁判官の結論にのみに加わる補足意見

本件の作業場調査はマルティネス＝フェルテの理由づけに依り許される。(5)

合衆国滞在の密入国者の数は二百万ないし千二百万といわれているが、密入国の主たる理由は合衆国での就労にある。本件のような作業場調査はこの密入国要因に直接対処するもので、そこでの政府の関心も大きい。また本件作業場調査には客観的・物理的な侵害はほとんどなく、そこでとられた具体的な調査方法は合法に就労している者が懸念することにならないような最小限度の干渉にとどまっている。また、作業場での従業員のプライヴァシーへの期待は、自動車の場合と同様に、住居でのプライヴァシーの期待に比べて低いことも明らかである。

四　ブレナン裁判官の一部補足・一部反対意見（マーシャル裁判官参加）

本件の作業場調査で従業員が押収されたとはいえないが、被上訴人個人は不合理な押収を受けている。

個人に対して官憲の質問が行われ、周囲の状況からみてそこから立ち去ることができないと一般人が考える状況があれば、そこには押収がある。(6)このテストは質問を受けた者の主観によるのではなく、質問を無視して立ち去る自由があると一般人が考えるか否かを示す客観的状況に着目している。本件では、突然一五ないし二五名の係官が系統立って活動し、容疑者を発見すると手錠のうえ連行し、また作業場のすべての出入口に誰も退去できないように係官が警護に当たる状況下で、係官がバッヂを示して従業員に質問した。かかる状況で、係官の質問に返答を拒否し退去できる自由があったと一般人は考えない。

被上訴人の身柄の押収は、具体的で客観的な事実に基づかなかったばかりか、個々の係官の裁量を限定する手続もとられておらず、合衆国市民か否かを問わず無差別に従業員全員が質問の対象にされた。このような無差別で大規模な質問を合憲とはいえない。外国人であれ、それだけで違法行為をしているわけではない。合衆国市民と合衆国に合法に滞在する外国人を保護するためには、合理的にみて密入国者と認められる者にかぎって焦点を合わせる法執行がされるべきである。パウエル裁判官は、マルティネス＝フェルテに依拠した判断をする。しかしマルティネス＝フェルテ事件は巡回パトロールが問題となったブリニョーニ＝ポンス事件[7]との区別をしたもので、常設検問所での停止にあっては主観的プライヴァシーはほとんど侵害されない点が考慮されたのであって、客観的プライヴァシーへの干渉の態様が極めて適切な場合であった。常設検問所での自動車の停止と比較して、本件の作業場調査は不意打ちのもので、調査に当たる係官の裁量の範囲も広い。さらに職場には住居ほどのプライヴァシーは認められないにしても、自動車に比べれば保護すべきプライヴァシーの程度は高い。したがって、作業場調査に伴う侵害を正当化する嫌疑の程度もそれに応じて高くなければならない。この場合に採るべき方法は①テリーでいう具体的嫌疑の要件を充足して行う方法であり、密入国者の合理的嫌疑のある従業員にかぎって停止・質問をする方法、または②現行の法執行よりも侵害の程度が低くかつ信頼できる作業場調査の制度を採用することである。そこでは作業場の従業員の多数が入国許可証のない外国人であると信ずる合理的な理由があり、しかも他に方法がないことなどを示す事実に基づく令状を要件とすることが考えられる。それに加えて作業場調査の方法や時間に限定を設けることも考えられる。

ＩＮＳが現在直面する困難な問題を生じた責任の一端は合衆国の全国民にあり、合法に就労している者にはないので、これらの就労者の憲法上の権利にはより敏感でなければならず、出入国制度について再吟味する必要がある。

《解　説》

本件では、密入国者等を摘発のうえ国外退去を命ずる目的での作業場調査の対象が、密入国者だけでなく合衆国市民等にも及んだ場合、その調査で質問を受けた合衆国市民等の第四修正の権利の侵害の有無が問題とされた。

Court of Appealsは、本件調査では従業員全体が押収されたことになると判示したが、法廷意見も反対意見もその見方を却けている。本件の作業場調査で従業員全体が押収されたとみる構成要素は、すべての出入口附近への係官の配備であるが、法廷意見はその事実だけでは全員を押収したことにはならないという。また反対意見も、ほとんどの従業員は干渉されずに仕事を続け、自由に作業場内を歩行できたと判示する。(8) ところでメンデンホールで示されたように、判例上は、周囲の状況から質問に答えずに質問現場から立ち去る自由がないと一般人が考える場合が第四修正の押収であると考えられている。通常は押収は個人に対して行われ、ある場所にいる者全員の押収だけを目的とする法執行はない。そこで全員の押収といわれる事態は個人の押収に至る過程で行われ、いわば逮捕や身柄拘束の前段階に当たる場合が多いのであろう。このような逮捕の前段階としての押収が問題となる限り、そこでは逮捕よりも活動のプライヴァシーへの侵害の程度は低く、またテリータイプの身柄拘束と同程度の侵害の程度にとどまる場合も多いであろう。ところで実務上全体を押収しなければならない場合とは、本件のようにその場所で犯罪が行われていると疑う相当な理由は認められるが、犯罪を行っている個人を特定できない場合や、その個人を特定した令状の執行の際に全体のなかからその個人を発見する目的による場合などであろう。

カマラ(10)で採用されたbalancing testは、テリーにいたって、典型的な逮捕を支える相当な理由には至らない程度の合理的な嫌疑による短時間の身柄拘束を肯定することになった。さらにカマラでは、それまで行政目的の家屋への立入りは第四修正の保護の外にあるとしていたフランク(11)を変更しつつ、個別的な相当な理由が欠けていても、法律上又は行政的措置によって官憲の恣意的活動を防止する合理的な基準が定められている場合には、令状発付の要件が具備されているとと判断された。したがって典型的な逮捕又は典型的な捜索・押収には当らない、それより低い程度に第四修正の権利を侵害する活動の正当化要件には、合理的な嫌疑又は恣意性を排した基準に基づく確かな手続による法執行、もしくはその双方が挙げられることになっている。ところで本件のような作業場調査において従業員全体の押収を認めるには、反対意見はそれが示す(b)の方法のように、多数の不法就労者がその作業場に居るとの合理的嫌疑と、恣意性を排した侵害の程度の低い作業場調査制度が確立しているという双方の要件と、原則として、その実体要件を事前に独立した審査機関に審査を委ねる令状要件によるとの考え方にも十分な根拠がある。

本件では、従業員全体の押収はなかったと認定されたが、被上訴人の押収があったか否かで法廷意見と反対意見は対立している。

合理的な嫌疑を理由に stop and frisk を容認したテリーでは、市民と警察官の街頭での出会いは信じられぬ程に多様性に富むとして、すべての出会いが第四修正の押収になるのではないといわれた。またメンデンホールでステュワート裁判官は、第四修正の身体の押収とは、周囲の状況に照らして質問を受ける状況から自由に立ち去ることができないと一般人が考える場合だとし、その例として、複数の警察官がいて威迫的な状況がある場合、警察官が武器を提示している場合、立ち去りを思いとどまるような物理的な身体への接触のある場合、警察官の要求に応ずる義務があるような言葉や口調が用いられる場合が挙げられている。このステュワート裁判官の示した基準は、ローヤーでも法廷意見には採用されていないが、合衆国最高裁判所の多くの裁判官が採用したものと考えられ、本件でも法廷意見や反対意見が採用し、一応の基準となっている。しかし本件では、法廷意見は被上訴人には質問しかなされていないとの理由で押収はなかったと判断し、反対意見はこの調査で採られた一連の活動が、質問を無視し自由に立ち去ることができないと一般人が考える状況にいたっているので、この調査は押収に当たるという。ここには事実認定に対立がある。さて通常本件のような作業場調査に反対意見の指摘するような状況が多く伴うことを考えると、出入口に係官が配備されている場所での警察官との出会いと、街頭での出会いが同質のものだとみる法廷意見に疑問がないわけではない。法廷意見は、被上訴人に自己の事柄を争う適格しかなく、被上訴人は従業員全体としても個人としても押収はされていないと認定する。そして従業員全体に対して行われた活動、あるいは周囲の者に対して個別的に行われた活動を、従業員全体の押収はなかったとの前提に立って、被上訴人個人が押収されたか否かの評価をするに当って、完全に度外視する。だが、全体の押収にはあたらないとされた作業場調査でとられた背景事情は、被上訴人が第四修正の意味で押収されたか否かを評価する際に考慮されなければならないものと思われる。この背景事情をつねに考慮すべきだといいえれば、作業場調査時には反対意見のような要件が具備されていなければならないというほうが説得力があるのではなかろうか。

作業場調査は少なからず系統的に行われ、ある種の心理的影響を就労者に与えるとの前提に立つと、反対意見が示す①の方法のように、個々に具体的な嫌疑がある者にかぎって質問が認められるとしても、具体的嫌疑がない者に対して押収（典型的逮捕には至らない程度の押収）がなかったといえる状況だといえる場合はむしろ稀なのではなかろうか。[12] また本件のような作業場調査で具体的な嫌疑がなければ質問できないとすると、効果的な法執行は望めないだろう。そこでパウエル裁判官のように、本件のような作業場調査は押収に当たるとして、就労を目的とする密入国への対処は社会にとって急務であり、そうであれば、不法就労者に直接かつ効果的に影響する調査がなされなければならないとの必要性を強調して、第四修正の限定的な例外をこの場合にも認める立場も説得的であろう。たしかに反対意見が指摘するように、主観的プライヴァシーへの侵害が常設検問所に比べて大きいこと、また自動車内と作業場内ではプライヴァシーへの期待の程度に相違があるので、従来の判例から独立した例外に当たるとみるのには問題はある。だが新たな限定された第四修正の例外をこの場合に認めるとの主張には説得力がある。

街頭での市民と警察官との出会いは多様性に富み、そこで行われる押収には、具体的かつ合理的な嫌疑が要件となるとする一般的な原理が用いられるべきであるが、本件のような作業場調査はその目的が限定的で、法執行の方法も限定できる性質がある。このような特徴のある作業場調査を法廷意見のように押収を伴わないとみて放置する立場と、テリータイプの押収とは区別して、カマラタイプの押収とみて反対意見の示すような要件を求める立場のいずれが説得的かを十分吟味すべきであろう。

（1） Terry v. Ohio, 392 U. S. 1 (1968).
（2） 法廷意見は、テリーの他 United States v. Mendenhall, 446 U. S. 544 (1980) のステュワート裁判官の示した基準を引用している。なおメンデンホールについては、本書53事件参照。
（3） Florida v. Royer, 460 U. S. 491 (1983).（本書52事件）
（4） Brown v. Texas, 443 U. S. 47 (1979).
（5） Martinez-Fuerte, 428 U. S. 543 (1976).
（6） 反対意見も法廷意見と同様に、Mendenhall のステュワート裁判官の基準を引用する。
（7） United States v. Brignoni-Ponce, 422 U. S. 873 (1975).
（8） 反対意見の脚註2参照。
（9） 前掲註（2）参照。
（10） Camara v. Munincipal Court, 387 U. S. 523 (1967).
（11） Frank v. Maryland, 359 U. S. 360 (1959).
（12） 反対意見は、本件の状況では質問がなされた時点で押収を認める。したがって、具体的嫌疑がない者には質問をしなければ押収の問題は生じないことになるのかもしれない。しかし本件のような作業場調査は質問を伴うことによってはじめて意味をもつ活動なのであり、合理的な嫌疑に基づく手続は本来本件のような作業場調査には馴じまないように思われる。

（前島　充祐）

18　G. M. Leasing Corp. v. United States, 429 U. S. 338 (1977)

徴税目的での家屋の立入りに令状が必要であると判示された事例。

《事実の概要》

申請人（G. M. Leasing Corp.）は自動車のリース業を主とする企業であり、Nがその総支配人（general manager）であった（ただ、Nは創業者、役員又は取締役ではない）。Nは別件で有罪判決を受け拘禁刑に処せられたが逃亡した。

ＩＲＳ（国税局）は、Nの二年間の所得税額不足を決定し、適正な所得税申告の欠如と逃亡者であることを理由に、税が徴収できない虞があると判断し、申請人たる会社はNの仮装法人（alter ego）であって、法人格がなく、自己の個人財産貯蔵目的に使われていると判断して、申請人名義で登録されている自動車を、不足納税額徴収のために押収し、さらに、申請人の小屋風の建物である事務所に無令状で立入ったが、この立入り時には何も押収しないで立ち去った。その二日後、係官は、再度この建物に立入り、帳簿、その他の財産を押収した。

その後、申請人は、申請人たる法人は納税者Nの仮装法人ではなく、課税査定額は無効であり、自動車と事務所中の物の押収は第四修正違反だと主張して、自動車の還付請求と押収された文書の証拠からの排除を申し立て、係官に対し損害賠償請求訴訟を提起した。

District Court は申請人の請求を認容する判決を下し、ＩＲＳの捜索・押収は第四修正違反だと認定したが、Court of Appeals はこの判断の大部分を破棄し、査定額は有効であり、申請人はNの仮装法人であり、本件無令状捜索・押収は第四修正に違反しないと判示し、係官の立入りは「悪意によるもの（maliciouly）」だとの District Court の認定は証拠上の根拠がないと判示した。
　合衆国最高裁判所は第四修正に関する争点に限定してサーシオレーライを認容した。

《判旨・法廷意見》

　一部確認・一部破棄差戻し

一　ブラックマン裁判官執筆の法廷意見

(1)　第四修正の争点に限定してサーシオレーライを認めたので、本件の査定額と法人格の有無に関する争点については審査しない。したがって、査定額と徴収は有効であり、申請人はNの仮装法人であり法人格を有しないとの原審認定を基礎に本件を検討する。

(2)　右の事実に照らすと、申請人所有の財産は査定額の満足を得るための適法な押収の対象となると信ずるに足る相当理由の証明がある。自動車と事務所中の物の捜索・押収の相当理由はあるから、残る唯一の問題は、自動車の押収又は小屋の中の物品の押収を合理的なものとするには令状が要るか否かである。

(3)　本件での自動車の押収は、公道、駐車場、又はその他の開かれた場所（open places）でなされたものであり、プライヴァシーの侵害は全く関係しない（Murray's Lessee v. Hoboken Land & Improv. Co., 18 How. 272 (1856), See also Hester v. United States, 265 U. S. 57 (1924)）。

(4)　だが、申請人の事務所内での帳簿等の押収には申請人の事務所のプライヴァシーの侵害が関係する。このとき令状によるのが原則である（Camara v. Municipal Court, 387 U. S. 523, 528-529 (1967)；Coolidge v. New Hampshire, 403 U. S. 443, 454-455 (1971)；id., at 512 (WHITE J., concurring and disssenting)；Stoner v. California, 376 U. S. 483 (1964)；United States v. Jeffers,

342 U. S. 48 (1951)；McDonald v. United States, 335 U. S. 451 (1948)；Agnello v. United States, 269 U. S. 20 (1925)）。

商業・産業用家屋（business premises）も第四修正の保護を受ける（See v. City of Seattle, 387 U. S. 541 (1967)；Go-Bart Co. v. United States, 282 U. S. 334 (1931)；Silverthorne Lumber Co. v. United States, 251 U. S. 385 (1920)）。企業も第四修正の保護を受ける（Go-Bart Co. v. United States. supra；Silverthorne Lumber Co. v. United States, supra；Oklahoma Press, Pub. Co. v. Walling 327 U. S. 186, 205-206 (1946)；Hale v. Henkel, 201 U. S. 43, 75-76 (1906). Cf. California Bankers Assn. v. Shultz, 416 U. S. 21 (1974)；Federal Trade Comm'n v. American Tobacco Co., 264 U. S. 298, 305-306 (1924)；Wilson v. United States, 221 U. S. 361, 375-376 (1911)；Consolidated Rendering Co. v. Vermont, 207 U. S. 541, 553-554 (1908)）。

もちろん、先例では、商業・産業（business）はその特殊な性格と任意な存在の故に、純然たる私人が関係する場合であれば許されない侵入を受ける立場に自らを置いていることを認めてきている。ビスウェル（United States v. Biswell, 406 U. S. 311 (1972)）では、Gun Control Act of 1968, 18 U. S. C. 923 (g) により認められた検査手続に従って、営業時間内の、施錠された倉庫の無令状捜索を認めた。法廷意見は、取扱者は、商業帳簿、火器、弾薬の効果的な検査を受けることを知ってこの広範な規制を受ける商業・産業に従事することを選択し、連邦による免許を受理していることを指摘した（See also Colonnade Cartering Corp. v. United States. 397 U. S. 72 (1970)（酒類産業））。

だが、本件では、申請人のプライヴァシー侵害は、その商業・産業の性質、許可、又は活動の規制を理由とするものではなく、その正当理由は、申請人の財産は査定税額の満足を得るために押収し得るというところにある。これは通常の税法の執行と異ならず、企業であるというだけで申請人を一般の場合と異なって扱う理由を発見できない。

被申請人は、税法執行のための無令状でのプライヴァシー侵害を認める第四修正の広い例外があると主張するが、課税及び徴税権限は無令状の捜索よりも無令状押収に関係する。公開された場所にある財産を無令状で押収し又はプライヴァシー侵害を伴わずに無令状で押収する場合と、企業が所有する場合であれ、私人の家屋内の物を無令状で押収することは全く別である。実際、第四修正が阻止しようとした主要な害悪の一つは、一般令状と臨検令状による徴税目的での広範なプライイヴァシー侵害にある。

コモン・ローの歴史からも、権利章典の採択に先立つ数州の法律からも、権利章典採択後の判例法からも、税法執行のための立入りについて令状を要件とする原則に広範な例外を創造したとみるべき根拠はない。

被申請人は、ボイド（Boyd v. United States, 116 U. S. 616 (1886)）の傍論も根拠にするが、ボイドは、徴税目的でのプライヴァシー侵害には第四修正の令状要件が適用されないとは直接判示しておらず、そのように解することができる文言があるとすれば当法廷はその傍論には従わない。

被申請人は、如何なる方法であれ（納税者からの）押収を認める連邦法である 26 U. S. C. § 6331（六三三一条）を根拠に、無令状捜索・押収が認められると主張する。キャマラ（Camara v. Municipal Court, 387 U. S. 523 (1967)）とシー（See v. City of Seatle, 387 U. S. 541 (1967)）に照らすとこの種の法律は許容できるものだと主張するが、失当である。キャマラとシーでは押収官憲の裁量を規律することが重要な配慮事項の一つであった。六三三一条は政府官憲に押収対象物と押収場所について裁量権を付与していることは明らかである。

被申請人は、自己の財産を押収されないようにする徴税対象者を扱わなければならないので令状入手の負担は重いと示唆するが、同条は、財産隠匿の危険の徴表の有無に拘らず税の支払を無視したか拒んだ納税者全員を押収の対象として認めており、迅速に行動する必要がある場合だけに焦点を当てたものではない。

被申請人には、徴税の利益に照らすと本件はビスウェル（United States v. Biswell, 406 U. S. 311 (1972)）とコロネイド（Colonade Catering Corp. v. United States, 397 U. S. 72 (1970)）の理由づけが本件に当て嵌まると主張する。この両事件は規

制が厳しい活動に任意に参加した場合に関係する。だが、六三三一条は、納税を懈怠したすべての場合を扱っており、徴税の利益だけで自動的に無令状でのプライヴァシー侵害が正当とされるとはいえない。

被申請人には、商業・産業用家屋の場合、私人の住居よりプライヴァシーの利益は少ないと示唆するが、この主張が正しいとしても、同条は商業・産業用の財産と居住領域に何ら区別を設けていないので、同条の意図の解釈に関してはこの主張は重要性がない。

同条が無令状のプライヴァシー侵害を白紙委任したものだとは解されない。同法はあらゆる形態の「押収」を認めるが、プライヴァシー侵害の方法については示していないと解するのが自然である。したがって、申請人の事務所への侵入は、一定の注意深く定義された一定種類の事件を別にして、適法な同意がなければ、有効な令状によらなければ「不合理」だとする、通常の第四修正の法理により規律を受ける。

被申請人は、本件では令状要件の例外である「緊急状況」の場合だと主張するが、本件では、最初の立ち入りから二日経過して（無令状の）立入りがなされており、事務所から物が運び出されるのを見てから一日以上してから本件の押収のための立入り行為がなされており、緊急状況があるとはいえない。

したがって本件無令状の立入りは第四修正に違反する。

(5)　被告たる個々の官憲に対する一般的及び懲罰的損害賠償を求める申請人の請求については、官憲の善意の有無、本件立入りによる申請人への何らかの損害の発生の証明の有無、免責に関する争点を審理すべく、原審に事件を差戻す。原審が原原審に事件の審理を指示すれば原原審がこの争点を判断すべきである。

二　バーガー首席裁判官の補足意見

本件では二四時間の監視中、家屋から箱型容器とそれ以外の物が搬出されるのを官憲が目撃した場合であり、これは「直ちに」押収する正当理由となる緊急状況に当たると解すべきである。本件では立入りまでに一日半経過しているので緊急状況はないとの法廷意見の結論には同意するが、法廷意見が、政府が必要とする重要記録を含むと見るのが合理的な箱型容器の搬出を、無令状押収を許す緊急状況に当たらないと解する理由を理解し難い。

（本件は次の19事件とまとめて解説を加える。）。

（中野目　善則）

19　Marshall v. Barlow's Inc., 436 U. S. 307 (1978)

Occupational Safety and Health Act of 1970（ＯＳＨＡ・職場安全及び健康法）による安全への危害及びＯＳＨＡに基づく規則違反の有無を確かめるための捜索を無令状でなし得るか否かが問題とされた事例。

《事実の概要》

Occupational Safety and Health Act of 1970（ＯＳＨＡ・職場安全及び健康法）の検査官は、電機及び配管施設業を営むBarlow's Inc., の顧客サーヴィス・エリアに立ち入った。同社の社長及び総支配人であるＢ（Ferrol G. "Bill" Barlow）は立入りを拒否したのでＯＳＨＡの検査官は身分証を見せて作業領域の捜索をしたいと告げた。Ｂは自社に関する何らかの通報の有無を尋ねたが、係官はそのような通報はないが、同社は同官庁の選択過程で選択されたにすぎないと答えた。係官は再度同社の非公開領域への立入りを求めたが、Bは、令状の不所持を理由に、第四修正を根拠に同社の被傭者が居る領域への立入りを拒んだ。三ヶ月後、労働長官は、United States District Court for the District of Idahoに、その係官の立入りを認めるようにBに義務づける命令の発付を申請した。この命令が発せられたが、Bは再度立入りを拒み、OSHAにより許されるとされる無令状立入りの差止救済を求めた。三人制の裁判所が招集され、B勝訴の裁判が下った。本件にはキャマラ（Camara v. Municipal Court, 387 U. S. 523, 528–529 (1967)）とシー（See v. City of Seattle, 387 U. S. 541, 543 (1967)）が適用され、第四修正上、本件の捜索には令状が必要であり、無令状検査を認めるこの法律の授権は違憲だと判示し、差止を認める判断を下した。労働長官がこの判断に上訴した。合衆国最高裁判所は審理権限（probable jurisdiction）があると判示した。

《判旨・法廷意見》

原審判断確認

一　ホワイト裁判官執筆の法廷意見

(1)　労働長官は、OSHA執行のための無令状の立入りは第四修正上の合理性があると主張するが失当である。

第四修正は私人の家屋と同様、商業・産業用建物も保護する。イギリス本国の課税法に従い家屋と製品の検査を受けた商人（merchant and businessmen）は一般令状を特に神経を逆撫するものだと強く感じていたのであり、この令状は大抵の植民地人を怒らせた。第四修正は大部分、税官吏とその他の国王の官憲に密輸物品を捜索する広範な一般探索的権限を与えた臨検令状による執行を受けた植民地人の経験から生れたものである。

無令状捜索は一般に不合理である。この法理は住居と同様、商業・産業用家屋にも適用される（Camara v. Municipal

Court, 387 U. S. 523, 528-529 (1967)；See v. City of Seattle, 387 U. S. 541, 543 (1967)。第四修正の無令状による侵入禁止は刑事事件の捜査のみならず非刑事の調査にも適用される。See v. City of Seattle, supra, at 543. この理由は、第四修正の基本目的が政府の官憲による恣意的な侵害から個人のプライヴァシーと安全を守ることにあるからである。Camara, supra, at 528. したがって、令状要件の例外として認められる場合に該当しなければ、シーによれば、本件での検査には令状が要件となる。

労働長官は、「広範囲に規制がなされている産業」（United States. v. Biswell, 406 U. S. 311, 316 (1972)）と「綿密な規制を受けてきた」産業（Colonnade Catering Corp. v. United States, 387 U. S. 72, 74, 77 (1970)）、では令状要件の例外が認められていると主張する。だが、これらの事件は本当の例外の場合であり、一定の産業については政府による監督の歴史があり、事業主（proprietor）にはプライヴァシーの合理的期待が全くない場合がある。酒類産業（Colonnade）と火器産業（Biswell）はこの場合である。企業主（entrepreneur）がこの産業を始めたとき彼は任意に政府の全面的規制に服する途を選択したのである。これらは令状要件が適用されない種類の事件であるが、これらの事件を通常の商業・産業から区別する要素は、政府の綿密な監督が長きに亙ってなされてきている伝統があり、そのことにその商業・産業に参入する途を選択する者は容易に気がつかなければならないはずであるということである。規制産業に従事する経営者は、結局、課される規制に同意しているのである（Almeida-Sanchez v. Uited States, 413 U. S. 266, 271 (1973)）。

労働長官の議論はこの例外を原則にしようとするものであろう。労働長官は一九三六年ウォルシュ・ヒーリィ法（Walsh-Healy Act of 1936, 41 U. S. C. 35 et seq.,）を援用し、州際通商に関係する商業・産業すべてが長きに亙り被傭者の安全と健康状態について政府の綿密な監督を受けてきたとする結論を根拠づけている。だが、同法による被傭者の労働状態への関与の程度は、ＯＳＨＡが命ずるほどの具体性と広範さを有してはいない。同法による、政府と契約した被傭者に関する最低労働賃金と最長労働時間の義務づけが、州際通商に係わる商業・産業すべての労働条件を細部にまで亙って規制しようとしたものだとは到底いえない。同様に州際通商に影響を与える商業・産業に従事しているという事実だけで後に捜索を受けることに任意に同意したとはいえない。州際通商に何らかの影響を与えずに行える商業・産業はほとんどない。

労働長官は労働法の領域での先例を類推しコロネイド・ビスウェルタイプの例外に当たることを根拠づけようとする。Republic Aviation Corp. v. NLRB, 324 U. S. 793 (1945) では、法廷意見は、効率が害されない場合には労働時間外に労働組合への参加を勧誘する権利が被傭者にあると判示した。雇用者は被傭者に自己の財産を開いたことで、雇用者は、被傭者による全国労働関係法（National Labor Relations Act）第七条の権利行使を許す限度で自己の私的財産権を放棄したことになる。だが、法廷意見は、所有者の私的財産権を根拠に、工場の労働域外の領域であってもまた労働時間外であっても、被傭者ではない労働組合組織者の侵入を拒むことができるとも判示している（NLRB v. Bobcock & Wilcox Co., 351 U. S. 105 (1956)）。

本件で重要な事実はBの異議を排して立入りを求めたのは政府の係官（官憲）である事実である。被傭者はＯＳＨＡ違反を報告することを禁じられていない。日々の作業中に被傭者が観察したことは、雇用者の合理的プライヴァシーの期待には属さないが、政府の検査官は被傭者ではない。令状がなければ彼は公衆と同様の立場にある。公衆が見ることができるものは政府の検査官も同様に無令状で見ることができる。商業・産業の所有者は、活動するのに必要な被傭者を使用していることで被傭者だけに許されている領域を政府に開いたことにはならず、政府の係官による無令状の検査が許されることにはならない。

(2)　労働長官は、ＯＳＨＡの執行制度は無令状捜索を求め、同法中で加えられている捜索の裁量の制約と同法の規制は、令状によるのと同様のプライヴァシーの保護を既に与えており、この捜索は「合理的」だと主張し、「合理性」が究極の基準であり（Camara v. Municipal Court, supra, at 530）、無令状の検査を認めることでしか本件での拮抗する公共の利益と私益の合理的調整ははかれないという。

労働長官は、無令状の検査は事前の告知を伴わず、不意打ちの利点があり、ＯＳＨＡの適切な執行に不可欠だという。同法の違法とする危険な状況は容易に隠匿・修繕することができない構造上の欠陥も含むが、同法は、迅速に変更したり、欺いたりすることができる、安全に関わる事項も詳細に規制する。検査官の最初の捜索要求と立入り拒否後の令状入手の間に、後者の類型の違反が是正されてしまう危険があり、また、令状が一方当事者の申請に基づき、遅滞なく、事前の告知なく発せられるので、不意打ちの要素を維持できるとしても、令状が義務づけられると行政上の負担が非常に重いものとなるという。

令状を求めると負担が非常に重くなり、同法の執行に必要な検査を阻止するかその効果を減少させるという議論は説得的ではない。第一に、経営者の大部分が、通常、無令状の検査に同意すると期待できる。労働長官は検査拒否のパターンが広範であることを当法廷に示していない。所有者が令状を求めた事件では事前の告知と令状入手までの遅滞により検査の効率は害されると主張するが、この主張も採用できない。同法と労働長官の制定する規則では不意打ちを与える捜索が考えられているが、労働長官の制定する規則では、立入り拒否の場合、検査官はその理由を確かめ上司に報告し、その上司が、立入りの義務づけを含め、適切な行動を迅速にとるとされ、立入り拒否の場合にとるべき道が定められている。現行の実務に関する記録によれば、立入り拒否後に令状入手を求めても同法の実効性は害されてない。立入り拒否後の令状申請は一方当事者申請であり、不意打ちの利点は損なわれない。

労働長官が令状を入手する場合であれその他の手続をとる場合であれ、事前の告知をする場合であれしない場合であれ、長官の検査権限はOSHA違反の状況がその家屋に存在すると信ずるに足る相当理由の証明に基づくものではない。刑事事件での相当理由は要件とはされない。本件のような行政上の捜索の場合、令状発付の根拠となる相当理由は、違反の現存を示す具体的証拠に基づく場合だけでなく、ある検査に関して立法府又は行政府が定めた合理的な基準が或る特定の施設について充たされていることの証明がある場合にも発せられる（Camara v. Municipal Court, supra, at 538）。例えば、或る一定の領域に分布する様々の類型の産業の被傭者の分布のような中立の情報源と、その領域のより小さな分割単位のいずれかの場所で捜索を行うのが望ましいと考えられる頻度を基礎に、OSHAの執行のため行政府が策定した一般的な計画に基づいて、或る具体的商業・産業をOSHAの捜索対象に選択したことを令状が証明していれば、雇用者の第四修正の権利は守られることになる。令状入手が加重な負担だとは解されない。

最後に、労働長官は、本件で令状を求めると他の規制法の無令状捜索の規定が憲法違反になると主張する。だが、無令状捜索の合理性は具体的法執行の必要と各法律のプライヴァシー保障にかかる。引用法律の中には或る一つの産業にだけ適用されるものもあり、そこでは規制は既に相当広範に行われており、コロネイド・ビスウェルの令状要件の例外が適用される場合もある。また、法律によっては、立入り拒否の場合に令状が要る旨を具体的に定めるものもあれば一般的な文言で規定するものもある。要するに、本判決は、本件の事実とOSHAに関係する法を基礎にするものであり、当法廷は本件以外の行政に関する制度に及ぼす実際上の又は想像上の影響を懸念して、本件の法律に関し適切とされる判示から後退するものではない。

令状によりプライヴァシーの保護が増加するとしても、その保護はわずかであり、令状による負担を凌駕する正当事由とはならないとの主張も採用できない。無令状の捜索権は、大統領府と行政府の官憲、とりわけフィールド（野外）で活動する官憲に、捜索時期及び捜索対象者（人）に関しほとんど無制約の裁量をもたらす。これに対し、令状によると、その検査が合衆国憲法下で合理的であり、法律により授権され、具体的な中立の基準を含む行政計画に従っていることを、中立のオフィサーが保障することになる。また、令状が発付されていれば、執行対象となる施設の所有者にその捜索の範囲と目的を執行時に執行場所で告知することになり、検査官が超えてはならない限界を示すことになる。これらが令状の果たす重要な機能であり、先例の基礎となっている。

労働長官の示す懸念はOSHAの無令状捜索を正当化するものではなく、また、捜索が合理的であるために令状入手を要件とする憲法の一般的要件に違反する。

(3) Bには、OSHAが令状又はそれに相当するものなしに検査を認める限度で憲法に違反するとの宣言判決を受ける権利があり、その限度でOSHAの執行の差止判決を受ける権利がある。原審判断確認。

二　ブレナン裁判官は本件の審理及び判決に加わっていない。

三　スティーヴンス裁判官の反対意見（ブラックマン、レーンクェスト両裁判官参加）

法廷意見が、商業・産業の労働領域での危険からの被傭者の保護のためにOSHAが労働長官に認めた、定例的に行われる（routine な）、同意によらない無令状検査は第四修正に反すると判示している点、及び令状は相当理由の証明がなくとも発付できるとする点に反対する。

第四修正は第一文で不合理な捜索・押収を禁止し、第二文で相当理由に基づく場合を除いて令状の発付を禁止する。本件の究極的問題は、OSHAの認める無令状捜索が第一文の「不合理な」捜索に当たるか否かにある。犯罪捜査の場合には捜索の合理性は一般に有効な令状によりなされたか否かにかかるが、令状条項の相当理由の要件が充たされていなくとも第一文の意味で合理的な捜索もある（See Uited States v. Martinez-Fuerte, 428 U. S. 543 ; Terry v. Ohio, 392 U. S. 1 ; South Dakota v. Operman, 428 U. S. 364 ; United States v. Biswell 406 U. S. 311）。本件の規制目的での検査は私見によればこの後者の場合である。

(1)　令状要件は文言上相当理由の概念と結びついている。ＯＳＨＡによる検査は、その定義上、検査家屋が法に違反するとの相当理由に基づくものではないので、令状条項に照らして判断すると自動的に不合理なものとなることは明らかである。法廷意見は、令状要件の相当理由の内容を緩めることで規制目的での定例的に行われる通常の（routine な）検査を行う政府の法執行の利益に配慮している。

このような法廷意見のアプローチは令状条項の明文を無視しており、第四修正の起草者の樹てたバランスを無視している。第四修正が禁止しようとしたのは無令状捜索ではなく、一般令状による捜索であり、具体的な相当理由の証明がなければ令状は発付されてはならないとしたのは一般令状の権限を制限するためである。その後の第四修正の歴史では相当理由のない無令状捜索による危険を合衆国最高裁判所は強調してきているが、この捜索を限界づけるために起草者が採択したのは令状条項ではなく第一文の合理性の一般要件である。令状条項の要件を薄めることで対処すべきではない。このような第四修正の最初の理解に忠実に従えば、令状条項は定例的に行われる通常の（routine な）規制目的での商業・産業用家屋の検査には適用されないことになる。かかる検査が有効とされるとすればそれは第四修正の合理性の要件を充たしているからである。

(2)　たとえ相当理由なくして発付された令状が令状条項に忠実に従ったことになるとしても、本件の政府の検査計画が令状手続を要件としていないから違憲であるとの法廷意見の結論には賛成できない。法廷意見は公共の利益と第四修正の保護する個人の利益を比較衡量しているが、次のような幾つかの要因を考慮すると連邦議会が認めた定例的に行われる（routine な）検査の方が重要だとされるべきである。

ＯＳＨＡの検査対象となる商業・産業が、その家屋に安全義務違反があるかもしれないのに検査官の無令状立入りの拒否権があることになると、雇用者が検査官の立入りを拒否する頻度は増加するだろうと結論するのは決して不合理ではない。立入り拒否の頻度が増加すれば検査官は前もって令状を入手する一般的な実務の採用を義務づけられることになろう。令状要件がＯＳＨＡの適用を受ける雇用者の行動に及ぼす影響についての法廷意見の予測が正確だと判明するかもしれないが、これは経験的な証拠を基礎とする判断であり、ＯＳＨＡによる無令状捜索権限の重要性に関する連邦議会の判断を尊重すべきである。

法廷意見は、検査官が立入りを拒否された場合について定めた規則を根拠に、令状入手までに検査の遅滞から何ら問題が生じないことを労働長官は認めていると判示するが、この規則は直ちに立入ることができる法律上の権限を背景に公布されたものであり、時々起こる立入り拒否に対処するためのものであり、数多くの立入り拒否により生ずる遅滞は行政上受容できるとする労働長官の判断を黙示するものではない。

たとえ令状要件が議会の目的を挫折させるものではないとしても、雇用者の第四修正上の利益の保護のために令状が必要とされるのでなければ、合衆国最高裁判所には労働長官に令状入手の負担を課す権限はない。法廷意見の立場では、令状発付官が審査すべき唯一の問題は、当の検査が、より位が高位の行政庁の役人が策定した検査スケジュールから逸脱しているか否かだが、この場合、令状を要件としても雇用者には何ら保護を与えないことになる。令状要件には、雇用者にその検査が法律の授権するものであること、その検査の合法な限界を告知すること及び立入りを求める者が法律上授権された検査官であることを確証すること、の三つの機能があるが、ＯＳＨＡとの関係でこの三つの機能を検討してみると、ＯＳＨＡと関連規則が既に与えている保護に令状要件が加えるものはほとんどなく、令状要件がさらに与える極く僅かの利益も、憲法違反の認定の十分な理由ではなく、また、無令状の検査が必須不可欠だとの連邦議会の判断を凌駕する正当事由とならない。

検査令状は当の検査が事実通常の定例的な（routine な）ものであり、検査官が、責任ある役人が策定した検査計画から逸脱する違法なものでないことを確証することになり、ハラスメントを目的とする検査を減少させるという点では、労働長官の定める現在の執行制度でも同様の効果がある。立入り拒否の場合の通常の定例的（routine なもの）ではない捜索を検査官が行おうとすれば、上司への報告義務があり、また、裁判所に虚偽の事実を呈示することにもなるので抑制されることになるとみるべきである。

行政令状の果たす他の二つの目的も現行の制度で十分に達成されている。検査官の身分に疑問があれば立入り前に確かめる十分な機会が与えられている。ＯＳＨＡでは検査官の立入りには適切な身分証の呈示が要件とされ、この身分証には検査官の氏名、ＯＳＨＡ違反検査官の身分を有すること、写真と署名が示されている。それでも疑問があれば雇用者は、検査官の権限を確証するために無料で電話をかける権利がある。又は、単に立入りを拒否して、裁判所の命令の呈示を待つことができる。

ＯＳＨＡによる検査の合法な限界を雇用者に告知するのに令状は必要ではない。ＯＳＨＡにより連邦議会が与えた検査権が広範なのは確かだが、法廷意見が求める令状手続はこの権限を制限しようとしたものではなく、ただ単に雇用者がその検査の範囲について告知を受けることができるようにすることを狙ったものである。ＯＳＨＡもそれに関連する規則もこの検査がなされることについて告知機能を果たしているといえるのだから、令状は不要である。令状が形式的なものに過ぎず、法執行に課される負担が非常に重いことに照らすと、第四修正の解釈の装いの下に、既に負担加重な連邦の資源にさらに重い負担を課すにすぎない形式的手続を求めるべきではない。

連邦議会は、合衆国最高裁判所と同様に、第四修正の命ずるところを遵守する義務を負うのであり、合衆国最高裁判所は、連邦議会が公共の利益と政府による恣意的な介入を受けない私人の利益とのバランスをはかる役割を果たしていることを認め、連邦議会の判断を尊重してきている（See United States v. Martinez-Fuerte, 428 U. S. 543（国境から離れた常設チェック・ポイントでの違法入国をチェックするための通常行われる（routine な）車輌の停止）、Colonnade Cartering Corp. v. v United States, 397 U. S. 72（酒類産業の家屋検査）、United States v. Biswell, 406 U. S. 311（火器ディーラーの検査））。だが、法廷意見は、ビスウェルとコロネイドのように連邦議会の判断が尊重されるのは、規制法の除去しようとする弊害が或る具体的な産業に特有のものでその産業が長きに亙って政府の規制を受けてきたような場合に限定される、と判示している。だが、これには次の理由から賛成できない。

第一に、私見によれば、規制計画が長きに亙って行われてきていることは、その計画を適切に執行するのに必要な定例的に行われる通常の（routine な）検査の合理性と何ら関連がない。職場での健康及び安全に関する危険に対処するために最近連邦議会が規制措置をとったことは、長きに亙って規制措置がとられてきている場合と比べて、その連邦議会の判断を尊重しなくてもよい理由にならない。実際、ビスウェル（Biswell v. United States, 487 U. S. 99 (1988)）の法廷意見が支持した規制法による検査計画は一九六八年に立法されたものである。したがって、重要なのは、連邦議会の規制は重要な公共の利益を促進するとの連邦議会の判断であって、その判断の日付ではない。

第二に、法廷意見は、規制法による検査が合理的だとの連邦議会の判断が尊重されるのは、連邦議会が産業毎に立法した場合だと判示するが、検討すべきは、或る単一の産業に向けられた規制法により検査計画が授権されているか否かではなく、連邦議会が、その規制法により対処しようとした弊害が発見される商業・産業用家屋にその検査権限の行使を限定したか否かである。ビスウェルでは、仮に連邦議会が火器の違法取引を制限する手段としてすべての商業・産業用家屋の検査を認めていたとしたら、合衆国最高裁判所はその検査計画を不合理と判断していたと思料されるのであり、検査権限が合憲とされたのは、連邦議会が適法に行使できる規制権限の及ぶ対象に検査権限を限定したからである。同様に、ＯＳＨＡは職場での健康及び安全に関する危険に向けられており、その検査権限はそのような危険が発見される見込みのある領域にしか及ばない。

最後に、法廷意見は、酒類産業と火器産業ではその産業に従事する者がその取引による利益は勿論、その負担も受け入れているという理由を挙げて、コロネイドとビスウェルでの連邦議会の判断は尊重を受けるという。法廷意見はかかる商業・産業では規制措置に同意しているが、ＯＳＨＡの場合には安全に関する定例的な通常の（routine な）検査に同意したとみるのは擬制だという。だが、双方の場合に同意は擬制である。本件でもビスウェルと同様に、商業・産業活動の規制に気づきそれに従うように求められているのである。双方とも、規則の有効性は、同意に拠るのではなく、労働者の健康に関する公共に利益又は違法な火器取引を制限する公共の利益が、規制を受けている者に関係する家屋の領域を政府の検査官が見ることを防ぐ経営者の利益を凌駕するとの連邦議会の判断を示す連邦法の存在に拠っているのである。

本件は電機及び配管に関する契約者の職場の定例的な通常の（routine な）捜索がなされようとした場合であり、ＯＳＨＡは合理的時間内のこのような検査を授権しており、この検査は連邦議会が適法な議会の権限を行使できる領域に限定されている。また、この領域は被傭者が通常近づくことができる場所であり秘密が関係する作業や施設がある場所だとの示唆はない。連邦議会は産業での安全は規制と監督を要する差し迫った連邦の利益であり、その規制法の安全確保の目的を達成するには無令状の検査が必要だと判断したのであり、この連邦議会の判断は尊重されるべきである。

《G. M. Leasing / Barlow 解説》

一　Ｇ・Ｍリースィング会社事件(1)では、税務調査目的での住居への立入りに令状が要るか否かが争点となり、バーロウ[2]（Barlow）では、ＯＳＨＡによる労働条件点検調査のための会社への立入調査を無令状でなし得るか否かが争点となった。法廷意見は両事件で行政調査目的で商業・産業用家屋・事業所に立入るには令状が必要だと判示した。

二　キャマラ[3]、シー[4]では、行政調査のための家屋への立入りには令状が要ると判示し、通常の犯罪捜査よりも程度の低い相当理由に基づく令状の発付を認めた[5]。キャマラ、シーで火災予防のための点検に令状を求めたのは、住居のプライヴァシーの利益に照らしてのことである。刑事であれ非刑事であれ、程度の違いはあるにせよ住居のプライヴァシーの利益への干渉が生ずることに変わりはなく、ここに法執行官の裁量を制約すべき必要がある。Ｇ・Ｍリースィング会社とバーロゥの二判例はキャマラ、シーの先例を基礎としている。

三　Ｇ・Ｍリースィング会社事件

法廷意見は、規制が厳しい産業に自ら任意に加わった場合である、ビスウェル[6]（火器産業の倉庫の無令状捜索を認めた事件）やコロネイド[7]（酒類産業についての無令状捜索を認めた事件）と異なり、税務調査（課税評価）目的の立入りのときには、私人と企業とを同様に扱い、政府の官憲に無制約の裁量を与える一般令状・臨検令状を用いた徴税活動によるプライヴァシー侵害の阻止が第四修正の制定目的の一つであったことを挙げ[8]、税務調査の領域での官憲の裁量に制約を加える必要を強調して、原則として、税務調査のための立入りには令状が要ると判示した。

本件の意義は、第四修正の歴史を引いて、行政調査（税務調査）の場合でもプライヴァシー侵害が関係するときには、第四修正の規律を受けることを確認した点にあろう。

四　バーロゥ事件

本件の重要な意義は、ＯＳＨＡによる行政目的での商業・産業用家屋・事業所への無令状立入りの合憲性を「プライヴァシー合理的期待」の観点から検討した点にある。法廷意見は、ビスウェルと（火器）コロネイド（酒類産業）はプライヴァシーの合理的期待が「全くない」場合であり、本件とは異なると判示して、ＯＳＨＡによる商業・産業用家屋・事業所への立入りに令状を求めた。

キャッツ[9]以来、第四修正の保障はプライヴァシーの合理的期待の観点（もっともな期待）から考察されてきている[10]。この期待は、或る者がプライヴァシーの主観的期待を示し、その期待が社会が合理的だとして認めるものであれば認められる。

本件は、プライヴァシーの合理的期待が、公共の利益の強さとの関連で変化することを示唆している。法廷意見は、ビスウェルを引いて、厳格な規制がなされている産業に「任意に」加わった点をプライヴァシーの合理的期待がない理由に挙げる。だが、ビスウェル事件での規制プログラムが比較的最近のものであることに示されるように、規制の長さは決定的な理由ではなく、火器や酒類の製造・流通を産業の自由に委ねることで生ずる重大な社会的影響、弊害の阻止という公共の利益の重大さこそが真の理由だとみるべきであろう。「任意に」加わった点も、それだけを理由にすると、政府が規制を厳格にすればそれで無令状の活動が是認されるのかという問題が生ずる。「公共の利益」の「重要さ、重大さ」こそが、プライヴァシーの合理的期待が全くないと判断した根本理由だといえるように思われる。長きに亙る厳格な規制が行われていることは重大な公共の利益が関係することを示すものだといえるだろう。

法廷意見は、このような厳格な規制が続けられてきている産業に任意に参加した場合に比し、本件では、労働条件の規制が関係するにとどまり、住居のプライヴァシーへの利益（合理的期待）が認められる状況での立入りを官憲の無制約な裁量に委ねてしまうのは妥当ではなく、令状を求めることで生ずる行政上の負担も法執行を阻止したり困難としたりするほどではないと判示した。これに対し、スティーヴンス裁判官は、法廷意見のいう令状による規律の実益はほとんどないと断じている。法律と、行政庁内部の規律・統制により下級の行政官の裁量には適切な規律が加えられているので、濫用されることはなく、法廷意見の令状により保護しようとするねらいは既に達成されているとみるのである。

だが、法律を執行するための行政庁の高官が決める政策が妥当でなければ住居のプライヴァシーが不当に侵害されることにもなりかねないので、行政活動の規制の観点から令状を求める法廷意見の立場が無意味だと断ずるのは早計に過ぎるのではなかろうか。法廷意見は、例えば、一定地域の様々のタイプの産業の被傭者の分布程度といった、中立の情報源と、その中のいずれかの場所での、行うことが望ましいと思料される捜索の頻度を基礎に定められた行政計画に基づいて、或る特定の産業がOSHAによる捜索の対象として選択されたことを令状が証明していればその捜索は第四修正に違反することはないと判示しており、ここに、プライヴァシーの保障が関係するときの、高官を含めた行政活動全体の裁判所によるコントロールの重要性が意識されていることをうかがうことができる。

五　スティーヴンス裁判官は第四修正の第一文（合理的捜索・押収）と第二文（令状による捜索・押収）の解釈について法廷意見とは異なる立場に立つ。スティーヴンス裁判官は令状要件を強調する判例の流れを是認するものの、第一文と第二文はそれぞれが独立の根拠であるとし、令状条項の要件を薄めてはならず、行政捜索・調査・検査の押収は専ら合理性の要件によって判断すべきだという(11)。

G. M. Leasing Corp. で示されたように、課税目的での一般令状・臨検令状による政府官憲の無制約な裁量の規律の必要から第四修正が生まれたことに照らすと、令状条項が行政調査に及ばないといえるのかには疑問が残る。また、ジョンスン(12)以降、令状の必要を強調し、キャッツでは実体要件が整っていることを理由とする無令状での通信傍受活動の合憲性の主張を却けて、捜索・押収令状によることが求められると判示している。先例は、プライヴァシーの合理的期待がありその保護の必要が大きい状況では、原則として、令状によることを求めており、第一文は第二文の例外として解釈されてきているといってよい。スティーヴンス裁判官の意見は先例の見解とは異なる見解に立っている。

（中野目　善則）

（1）G. M. leasing v. United States, 45 U. S. L. W. 4098 (1977).
（2）Marshall v. Barlow, 46 U. S. L. W. 4483 (1978).
（3）Camara v. Municipal Court, 387 U. S. 523 (1967).
（4）See v. City of Seattle, 387 U. S. 541 (1967).
（5）市の衛生局の検査官による家屋への立入りを伴う無令状の臨検を違法としたキャマラ（Camara v. Municipal Court, supra）では、令状発付に必要な相当理由について、通常の犯罪捜査とは異なり、建築物の古さの程度、建物の性質、対象地域全体の状態等に基づいているのであれば、必ずしも特定の住居についての具体的知識に基づくことを要しないと判示して、「相当理由」が特定の家屋に関するものでなくともよいことを明らかにしている。
（6）United States v. Biswell, 406 U. S. 311 (1972).
（7）Colonnade Cartering Corp. v. United States, 397 U. S. 72 (1970).
（8）See Lasson, The History And Development of the Fourth Amendment to the United States Constitution, 1937.
（9）Katz v. United States, 389 U. S. 347 (1967).
（10）キャッツ以降の「プライヴァシーの合理的期待」の観点に立つ判例の展開をレヴューした論文として、堤和通「捜索・押収法における情報のプライヴァシー」――合衆国最高裁判所の裁判例の分析――中央大学大学院研究年報第一八号Ｉ―２法学研究科篇（一九八九年）がある。
（11）Michigan v. Cllifford, 467 U. S. 287 (1984) 事件でのスティーヴンス裁判官の意見をあわせて参照。
（12）Johnson v. United States, 333 U. S. 10 (1948).

八　公立学校での生徒の持ち物検査

20　New Jersey v. T. L. O., 469 U. S. 325 (1985)

公立学校教職員による校内持物検査にも第四修正の規律が及ぶが、令状を入手する必要はなく、また、校則違反等について相当理由（probable cause）には至らない程度の嫌疑である「全体事情の下での合理性（reasonableness under all the circumstances）」があれば、その持物検査は合憲である、と判示された事例。

《事実の概要》

公立高校生徒である被申請人は、校則に反して校内の禁煙区域で喫煙していたところをある教員に見つかり、副校長補佐Cの査問を受けた。ところが、被申請人は禁煙区域はおろか、およそ喫煙などしていない旨答えた。Cはハンドバッグの開披を命じた。開いてみると煙草一箱と煙草用巻紙束がみつかった。Cの経験では煙草用巻紙はマリワナ使用に供される蓋然性が高かったので、もっと捜せばマリワナ使用に関する証拠が見つかるものと考え、ハンドバッグ内を徹底捜索した結果、被申請人のマリワナ取引への関与を示す多数の証拠が見つかった。

Cは警察に通報し、証拠を提供した。被申請人は警察の求めによって出頭し、マリワナ頒布を自白した。この自白とCによる持物検査で得られた証拠に基づき、州少年・家庭裁判所で審判が開始された。被申請人はCによる持物検査が合衆国憲法第四修正に反するとして、そこで得られた証拠の排除を申し立て、又、警察での自白も違法捜索の影響によるものだから排除されるべきだと申し立てた。右裁判所は第四修正が公立学校教職員による持物検査にも適用されることは認めたものの、「犯罪が行われたか若しくは現に行われつつあるとの合理的疑いがある場合、又は、校内規律保持のために持物検査が必要といえる合理的理由のある場合」には持物検査は正当だといえる、と判示して排除申立を棄却した（State ex rel. T. L. O., 428 A. 2d 1327 (N. J. 1980)）。すなわち、最初のバッグ開披では被申請人が校則違反を犯していた疑いが濃く、次のマリワナ捜索は関係証拠の発見に基づくものなので、いずれも合理性があるというものであった。控訴審も第四修正については右判断を確認した。

しかし、州最上級裁判所は被申請人の証拠排除申立を認容した。そして、① 第四修正は公立学校教職員による持物検査にも適用があり、② 校内持物検査で入手された証拠にも排除法則は適用され、③ 持物検査の要件は少年・家庭裁判所の判示の通りであるが、(a)煙草の所持が直ちに禁煙区域での喫煙を疑わせるものではなく、(b)バッグ内に煙草があると疑うに足る合理的根拠もなかったとし、④ マリワナの件での徹底捜索も巻紙束の存在によって正当化されるものではない旨を判示した（State ex rel. T. L. O., 463 A. 2d 934 (N. J. 1983)）。

合衆国最高裁判所は当初、学校内での違法捜索で得られた証拠の少年審判への使用にも排除法則が適用されるか否かを審理する為にサーシオレイライ申請を認容したが、再度オーラル・アーギュメントを開き、本件検査が第四修正の要件に反するか否かを審理した。

《判旨・法廷意見》

原審判断破棄

申請人は、第四修正では法執行官による捜索・押収に適用されるにとどまり、公立学校教職員の職務には適用がない旨主張するが首肯できない。当裁判所の先例で、このように第四修正の適用を限定したことはなく、第四修正を「国の行為（state action）」一般に適用し、刑事法運用機関以外の政府機関による法運用にも及ぼしてきた。第四修正の中心眼目は政府官憲の恣意的介入から個人のプライヴァシーを守るものであるが、この利益が侵害されるのは犯罪捜査の場合にとどまらないからである。教師は親権者に代わる（in loco parentis）立場にあるので国の権限に基づく行為とはいえず、第四修正の適用はない、との見方もあるが採り得ない。かかる見解は、第一修正・第一四修正を生徒にも適用するとの先例に反するし、また、今日の義務教育法制下では、教師の権限は親権者の委任に基づくというよりは公的権限の行使と解すべきである。

もっとも、持物検査が合理的か否かを決する基準については特別な考慮を要する。すなわち、一般的に捜索の必要性とそれによる弊害との利益較量により、その合理性が判断されることになるが、本件では一方で生徒のプライヴァシーと身体の安全という利益を、他方では、校内秩序維持という教職員の利益を比較することになる。学校では生徒にプライヴァシーがないとか、少なくとも学課に不要な所持品にはプライヴァシーの期待が認められないと見るのは失当である。学校は刑務施設とは異なるし、学課には不要であっても学校に持参して何ら支障のない物はいくらでもある。要するに、生徒は様々な物を正当に所持することができ、学校に持参したことを以って直ちに、それらの物に対するプライヴァシー権を全て放棄したとはいえない。また、校内懲戒手続には一定の柔軟性をもたせるべきこと、及び、教師と生徒の関係には正式手続での処理では妥当性を欠く部分のあることは従来から認められている。

そこで比較してみると、学校という環境は、通常の捜索が服すべき制約の緩和を求めているといえる。まず、校内懲戒手続を迅速且つ非公式に進めるためには令状要件は不要である。また、捜索を正当化する嫌疑の程度の修正がなされることになる。通常の捜索の要件となる「相当理由」は絶対に縮減できない概念ではない。当裁判所の判例上も相当理由には至らないが合理的な嫌疑に基づく捜索・押収の正当性は、一定の限られた状況の下では認められてきている。それ故、生徒のプライヴァシーの利益と教職員の校内秩序維持の必要とを調整すれば相当理由の厳格な遵守は不要であり、生徒に対する捜索の正当性は「全体事情の下での合理性」によるべきである。その場合、その合理性の判断にあたっては、①その捜索が開始時点で正当事由を伴うか否か、②実際になされた捜索の範囲が開始時の正当事由と合理的に関連しているか否か、を検討しなければならない。通常の状況では、生徒が法律又は校則を犯したか、又は、現に犯しつつあることを示す証拠が見つかると疑うに足る合理的根拠があれば①の要件は充足される。次に、捜索において採られた手段が捜索の対象物に合理的に関連し、且つ、生徒の年齢・性別並びに違反行動の性質に照らして過度に侵害的でない場合には②の要件も充足される。

右の基準に照らして本件持物検査を検討してみると、原判断は正当だとは認められない。まず、煙草の捜索については、バッグ内から煙草が見つかればそれは禁煙区域での喫煙を示す証拠の一つとはなる。バッグ内に煙草があると疑ったのも、身のまわりの何処かに煙草を持っているだろうと考えるのが自然なので合理的だといえる。次に、マリワナ使用の件での捜索についても、煙草用巻紙の所持から自己の経験上マリワナ使用を疑い、それに関連する証拠を捜し出したのであるから合理性が認められる。

尚、仮に校内持物検査が不合理であったとしても、それにより得られた証拠を排除すべきか否か、という問題は、本件では論ずる必要性を欠くので判断はしないこととする。

二　パウエル裁判官の補足意見

初等・中等学校の学童・生徒には、成人や学校外で少年が享受するのと同様の憲法上の保護を与える必要はないことを強調しておきたい。教師は、おそらく親子関係を除いては他に比類ないくらいの親密さと権威とを学童・生徒に対してもっているといえるのである。

三　ブラックマン裁判官の結論に同意の意見

法廷意見は、教職員による校内持物検査が相当理由に基づくべきか否かについて十分な分析をしていない。第四修正の起草者は関連する諸利益を較量した結果、令状要件と相当理由要件を充足する捜索だけが合理的であると判断した。通常の場合よりも法執行の必要性の高い特別な場合で、令状要件・相当理由要件が現実にそぐわないような例外的状況に限って、裁判所は憲法起草者の較量に代えて自らの較量を用いることができる。法廷意見が較量を例外ではなく原則であるかの如く示唆している点で納得することができない。思うに、生徒と教師の安全又は授業を脅かす行動に即座に対処するための特別な必要を認め得るので、持物検査には令状と相当理由の双方の要件は不要となり、関係する諸利益を較量して決められる基準を適用するのが正当である。

四　ブレナン裁判官の一部補足・一部反対意見

第四修正が公立学校教職員の職務にも適用される、との部分については法廷意見に賛成するが、その余の部分には反対する。

当裁判所の先例によれば、第四修正には三つの基本原理がある。すなわち、①無令状の捜索は特に限定された例外を除いては不合理である、②本格的な捜索（full-scale search）は、犯罪が行われ且つ、犯罪の証拠が捜索される場合にあると思料すべき相当理由が示される時に限り、合理的であるといえる、③本格的な捜索・押収よりも介入の度合いの低い処分は、令状と相当理由の要件を欠く場合でも、プライヴァシーの利益に十分な配慮を払う限りにおいて、較量によって正当化できる。しかし、本件事案がプライヴァシーへの重大な介入にあたることは明白である。教員が法執行官として行動するのではない場合には、無令状で持物検査をなし得る。学校における薬物濫用や校内暴力の現状に鑑みれば、緊急性による令状要件の例外があるといえるからである。

反面、相当理由の要件は具備しなくともよいとする法廷意見には同意できない。プライヴァシーに対する本格的な侵入を相当理由に至らない程度の嫌疑で正当化できるとした先例はない。仮に利益の較量によったとしても、法廷意見には賛成できない。先例によれば相当理由の基準は、実務での運用に耐え得るものでなければならず、常識的判断だと思われるものであるべきである。法廷意見の採るところの全体事情の下での合理性の基準は、教職員の間に混乱をもたらすだけである。

本件の場合、煙草用巻紙の存在だけから被申請人のマリワナ所持の蓋然性が高いものと判断することはできない。それ故、本件捜索は不合理なものであったといえる。

五　スティーヴンス裁判官の一部補足・一部反対意見

(1)　当裁判所における申請人の当初の主張は、公立学校教職員の校内持物検査に対して排除法理は適用されない、というものであった。しかるに、両当事者の主張していない点について法廷意見は判断を試みているので、不適切だと思料する。

(2)　法廷意見は、暴力行為等と軽微な校則違反とを区別せず、無令状捜索を認めた。校内の暴力行為等が教育環境に重大な脅威となりつつあるのは事実である。しかし、それへの対処についても、法律違反又は校内秩序への重大な破壊的行為に関する証拠の発見に限って、無令状捜索は許容されるものと考える。

《解　説》

一　合衆国憲法第四修正は政府官憲による不合理な捜索・押収を禁止し、自由社会の基礎をなす個人の人格的自律を保障する。これは、刑事手続に限らず、行政手続にも適用されてきた。(1) 又、第四修正上の原理は連邦事件のみならず、第一四修正に包含されるとして各州法域の事件にも適用される。(2)

とはいえ、第四修正による制約は、およそ政府官憲が個人の生活に干渉する場合の全てに及ぶものとまではされてきていない。たとえば、在監者は舎房の中ではプライヴァシーへの合理的期待を全面的に否定されている。(3) それでは、本件のように学校での教師と生徒の関係という特殊な状況にも第四修正は適用されるものであろうか。

この点について、少なくとも第四修正の適用が全面的に排除されるものではない、という限りでは、裁判官全員の意見が一致している。この立場は、信教の自由、表現の自由、退学処分における手続的デュー・プロセスの保障が生徒に及ぶとした諸先例の流れ(4)に沿うものである。

また、同時に、公立学校教職員の行為には第四修正が及ばないとの立場を採る一部の裁判所が論拠としてきた親代わり（in loco parentis）理論をも否定するものである。in loco parentis 理論とは、公教育は親権者の委任に従って行われるものであるから、教職員の行為は合衆国憲法の適用の対象となる「国の行為（state action）」には該当しない、というものである。(5) しかし、公教育における教育内容を決定し、それを実行するにあたり、政府は親権者の委任によらずに、政府独自の政策的立場に依拠している。

右のように考えれば、公立学校教職員による校内での持物検査を国の行為にあたるとの前提で第四修正を適用した法廷意見は正当であるといえよう。

二　次に、学校という特殊な環境の故に第四修正の内容が修正を受けると解してよいか、が問題となる。

(1)　まず、令状を不要とする点では全員一致である。校内の秩序維持のために迅速、柔軟に対処する必要があり、第三者機関の介在する正式手続は教育環境には必ずしも好ましくないことがその根拠である。

(2)　本件での中心問題は、相当理由の要件を緩和することを認めるか否か、である。

法廷意見は、プライヴァシーと校内秩序維持の必要とを較量し、全体事情の下での合理性があれば、当該持物検査は合理的だという。パウエル裁判官は補足意見で、学校内の教師と生徒の関係と他の一般的な関係との質的相違を強調する。これに対して、ブラックマン裁判官の意見は、通常よりも法執行の必要の高い特別な場合でなければ、法廷意見の基準は採り得ない、として安易な要件の緩和に歯止めをかけようと試みている。

ところで、先例上、相当理由に至らない程度の嫌疑でも可能とされてきた処分は、いずれも本格的な捜索よりも個人のプライヴァシーへの制約の度合いの低い処分に限られている。すなわち、着衣の上からの凶器捜検や、(6)国境警備官による自動車検問での乗員に対する短時間の質問等である。(7)ところが本件持物検査は、バッグを開披し内容物を徹底的に捜索するものであるから、本格的な捜索にあたるものといえる。そこで、法廷意見は本格的な捜索について相当理由に至らない程度の嫌疑で足りると解したものとみることもできるかもしれない。(8)

だが、当初の持物検査の開始時の嫌疑は禁止区域での喫煙であり、そのための捜索行為はバッグの開披にとどめている。この時点ではいまだ本格的な捜索ではなく、先例にいう相当理由には至らない程度の嫌疑でなし得る程度の処分に過ぎない。次に、煙草用巻紙が発見されてマリワナ使用の嫌疑が生じ、単なる合理的疑いを越えてマリワナ使用の相当理由が存在することになった。マリワナ使用の相当理由が備われば、単なる校則違反の合理的疑いのみでは正当化されない本格的な捜索が可能となる。このように本件では、当初の「全体事情の下での合理性」は、本格的な捜索開始時には「相当理由」に変化していた訳である。この点の論理展開に法廷意見の苦心の跡が見受けられる。

更に、反対意見は全体事情の下での合理性という基準では、教職員の行動の明確な指標となり得るのかは疑わしいという。(9) だが、各学校の教育環境に照らして、持物検査を受ける生徒の利益と早期に教育環境を回復・整備する利益とを全体事情の下で判断することは、それほど困難ではないのであろう。他の一般的な「国の行為」とは異なり、教育施設の運用上に相当の裁量を残したのが法廷意見の意図だと思われる。今後、同種事案を審理する裁判所にとっては、学校の運営にあたっての裁量行使の適否を審査する上で本件は一つの基準となり得るであろう。

尚、余りにも軽微な校則違反でも持物検査が許されるならプライヴァシー保障は画餅に帰すとの反対意見の指摘は正当だが、法廷意見は本件をそのような場合とは見ていないようである。

三　本件法廷意見は、第四修正の要件を緩和する根拠として学校という特殊な環境という点を再三再四強調しているが、結果的には、本格的な捜索についても相当理由に至らない程度の嫌疑で足りるとする道を拓く役割を果たした、と見ることもできそうである。すなわち、最近、合衆国最高裁判所は、損害賠償請求についてではあるがオコンナ対オルテガで、公立病院職員の執務室内の私物に対する病院幹部による捜索・押収の当否が争われた事案で、以下のような判断を下している。(10) 被傭者にも事業所内でのプライヴァシーへの期待は認められるが、事業主の監督・統制権と被傭者のプライヴァシーの較量の上で全体事情の下での合理性が認められればその捜索・押収は第四修正には反しない、というのである。(11)

この事件では、本件でブラックマン裁判官が述べた、通常の場合よりも法執行の必要性の高い特別な場合、という基準が法廷意見にも採り入れられるに至っている。もっとも、そのブラックマン裁判官自身は、その事案は右の基準を充足するものではないとして自ら反対意見を執筆している。こうして見ると、利益の較量による第四修正の緩和に対して一定の歯止めをかけようとした本研究判例のブラックマン裁判官の意見の狙いは、果たして、実際上、十分に効果を挙げているといえるのか評価が分かれるところとなろう。

四　個人の自由な生活領域に対する公権力の干渉に対して伝統的に関心が高い米国と我国とでは、もとより法文化的伝統も異なる。また、公教育の使命についても、我国ではむしろ徹底した生活指導を望む声の方が強いともいわれる。しかし、種々の問題をはらむとはいえ、まがりなりにも学校内での生徒のプライヴァシー保障を明らかにした本件は、学校をめぐる紛争について特別権力関係論や部分社会法理で解決を図ってきた我国の法状況に新たな視点を提供するという意味では参考に値するものといえよう[12]。

（1）Camara v. Municipal Court, 387 U. S. 523 (1967)；Marshall v. Barlow's, Inc., 436 U. S. 307 (1978)；Michigan v. Tyler, 436 U. S. 499 (1978).

（2）Wolf v. Colorado, 338 U. S. 25 (1949)；Mapp v. Ohio, 367 U. S. 643 (1961).

（3）Hudson v. Palmer, 468 U. S. 517 (1984).（解説・紹介、（吉田　章担当）渥美東洋編『米国刑事判例の動向Ⅱ』日本比較法研究所・平成元年に収録。）

（4）West Virginia State Bord of Education v. Barnette, 319 U. S. 624 (1943)；Tinker v. Des Moines Independent Community School District, 393 U. S. 503 (1969)；Goss v. Lopez, 419 U. S. 565 (1975).

（5）W. R. LaFave, Search and Seizure 4th ed., Ch. 10. 11.

（6）Terry v. Ohio, 392 U. S. 1 (1968).

（7）United States v. Martinez-Fuerte, 428 U. S. 543 (1976).

（8）このような指摘をする判例評釈は多い。e.g., *The Supreme Court, 1984 Term*, 99 HARV L. Rev. 233, 241–43 (1985)；Supreme Court Review, Fourth Amendment, 76 J. CRIM. L & CRINOLOGY. 898, at 908, 916–22 (1985)；*Comment*, 47 Ohio. L. J. 1099, 1105 (1986)；72 CORNELL L. Rev. 368, 391–92 (1987).

（9）同様の指摘として、e.g., *Supreme Court Review, supra*, 922–26.

(10) O'Connor v. Ortega, 480 U. S. 709 (1987).(解説・紹介として、高井裕之・判例タイムズ六七五号。)

(11) この事件での令状要件と相当理由要件を不要ないし緩和するとの結論にも批判はある。e. g., Supreme Court Review, Fourth Amendment, 78 J. CRIM. L. & CRIMINOGY, 792, 824 (1988); The Supreme Court, 1986 Term, 101 HARV. L. Rev. 119, 236-37 (1987).

(12) 本件及び本件以降の校内薬物検査に関する諸判例の解説として、清水真「校内薬物検査とプライヴァシー保障」警察政策第七巻一〇四頁以下、洲見光男「薬物検査の適法性——連邦最高裁判決を手がかりとして」判例タイムズ八一五号六二頁以下、清水真「校内薬物検査とプライヴァシー保障・再論」明治大学法科大学院論集第七号四四五頁以下並びにそれらに収録の文献を参照。

(清水　真)

九　火災現場への立入り

21　Michigan v. Tyler 436 U. S. 499 (1978)

消火作業と火災原因確認のための立入りが事実上継続していればその後の火災原因調査目的の無令状の立入りが許されるが、当初の緊急性のある立入りとは別個独立の火災原因調査のための立入りには令状が要るとされた事例。

《事実の概要》

一九七〇年一月二一日深夜、被告人の経営する家具店で火災が発生した。火勢が衰えた頃消防署長は現場に到着し、建物の中に可燃性液体の入った二個のプラスチック容器が発見された、との報告を受けた。署長は建物内に立入り容器を調べた結果、放火の疑いが濃いとして、警察官ウェッブに連絡した。同警官は容器及び店内の写真を撮影した。その間署長はビル内をざっと見て廻り、その他の火災の原因を示す証拠調べをしようとしたが、煙霧のためそれ以上はできず、現場を立ち去った。この当初の建物への立入りと、容器の押収は、令状もなく、また所有者等の同意もえることなく行われたものであった。（被告人は当初容器を証拠として提出することを争ったが、ミシガン州最高裁判所ではこの異議申立を断念した。従ってこの第一回目の立入りは本件の直接の争点ではない。）午前四時までには鎮火し、消防隊も帰った。それから四時間後、副署長を伴って署長は店内に立入り、大ざっぱに調査をした後そこを離れた。火災発生の翌朝、当初の立入り後数時間経ったのち、消防と警察の鑑識係が再度店内に立入って調査をしたところ、カーペットの焼痕とヒューズの跡ではないかと思われるテープとを発見し、このカーペット及びテープを持ち帰った。この第二回目の立入り捜索も、無令状で同意なく行われた。火災発生後一ヶ月以上たったのちミシガン州警察は、被告人の店で、写真を撮影したり、ヒューズその他の証拠を発見し、それらを押収するなどの調査を何回か重ねた。その結果、本件火災は放火によるのではないかとの見解にいたった。この数度にわたる立入り調査も無令状で、同意なくなされた。

被告人は建造物放火共謀罪（conspiracy to burn real property）等を理由に訴追され、建物から収集された証拠と火災調査に当った警官の証言によって、有罪と認定された。立入り、捜索、押収に令状も同意もなかった点についての異議は却下された。

ミシガン州最高裁判所は、消火作業終了後、消防隊が現場を立ち去った後は、火災現場に立入り捜索を行うためには、関係人の同意を得るか令状を必要とするとして、本件での消火作業終了時以降の一連の立入り、捜索は、合衆国憲法第四修正と第一四修正に違反するものと判示した。

《判　旨》

一　スチュアート裁判官による法廷意見

(1)　第四修正は、犯罪の組成物、道具の採収を目的として法執行官が行う私人の住居への立入り、という典型的な場合にのみ適用されるものではない。第四修正の趣旨は、公務員の恣意的侵害から個人のプライヴァシーを保護するところにある。それゆえ行政上の目的で行う捜索もまた、第四修正の範囲内にある。同条の下では、「注意深く限定された特定類型に入る事件を除き、有効な同意のない私人財産への捜索は、適法な捜索令状のない限り不合理である。[1]」（第四修正は「不合理」な捜索を禁止している）令状を入手するのに要件となっている相当な理由の証明の程度と内容は捜索の目的、侵害の程度によって相違があるが、捜索に当たって令状を必要とする点では相違はない。

申請人は火災原因の調査の為に令状を要件としても、なんら実益はないという。しかし、令状発付官であるマジストレイトの役割は、火災発生の事実を確認することにあるのではない。捜索の合理性の有無、プライヴァシーを侵害することの必要の有無を検討し、認定するところに、マジストレイトの役割がある。火災原因の調査を目的とする捜索にはそれが事件毎に行われるという性質上、既に行われた立入りの回数、捜索の範囲、捜索の日時、火災後経過した時間、建物の継続使用の有無といった要素を考慮に入れつつ、プライヴァシーを侵害して建物に立ち入る必要性と建物所有者が生活を妨害されるという害悪との合理的バランスをはからねばならない。火災原因の確認という重要な社会目的が火災の羅災者のプライヴァシーに優先する場合でも、マジストレイトはプライヴァシーの侵害を最小限に止めて、羅災者の受ける迷惑を防止するという役割をはたすことができる。

さらに、羅災者は、この調査を正当とする事実は知ってはいるが、捜索を支える法的根拠を知っているとはかぎらない。立入りが合法的なものであるといえるとした事由がなんであるかを所有者に知らせる機能を令状がはたすのである。このように、火災原因調査にあっても令状を要件とすると、それは羅災者のプライヴァシー等の保護に役立つことになるのである。そこで、火災原因の不明な場合には、火災原因を確定し同種火災の再発防止のために、捜索は令状により行われる。そのときに法に違反した行為の証拠が発見されれば、それは刑事事件の捜査を目的とする捜索令状の発布を請求するのに必要な相当な理由を証明するためにも、またその行為の訴追にあっても利用できる。しかし刑事訴追に利用すべき証拠を求めている場合には、相当な理由についての通常の基準が適用される。本件での立入りは捜索令状も同意も得ることなく行われており、各々が令状を不要とする「注意深く限定された特定の」例外に該当しない限り違法である。

(2) 行政規制（regulartory）の分野においても、緊急状況にあっては、調査を迅速にすることが必要なので、無令状の立入りを合法だとされてきている。建物が現に火災中であればその不幸が無令状の立入りを合理的なものとするのに充分な緊急性を提供する。そして一旦消火の目的で建物内に立入れば、消防士はそのまま目に入る範囲にある（in plain view）証拠を押収し得る。また消防士は消火作業の外に火災原因の確認という任務も担っているので、鎮火後も火災原因調査のために合理的な時間内、建物に留まるのには令状は不要である。出火箇所の迅速な確定は火災の再発防止に、また迅速な調査は証拠破壊の防止にそれぞれ必要であり、さらに消防士の任務遂行が早ければ早いほど、罹災者のプライヴァシーに後から干渉する度合も減少することになるからである。そこで、消火作業をし火災原因を確認するための無令状の立入りが合憲であるならば、この目的によって火災現場を調査している間に、無令状で証拠を押収する行為もまた合憲である。

(3) 被申請人は、消防士が一旦火災現場を離れてから、四時間後になされた再度の立入りの際には、令状を要すると主張する。しかし消防署長らは暗闇、湯気、煙にさまたげられて調査が困難だから火災現場を離れ、日の出後、間もなく調査を継続したのである。早朝の立入りは当初の立入りが事実上継続したものに他ならず、令状を欠いたからといって、それによって証拠の押収が違法になるものではない。

しかし、一月二二日以後の立入りは当初の緊急無令状の立入りとは独立した別個のものであり、これらの捜索は、令状又は同意がない以上第四及び第一四修正の下では違法であるから、この立入りの際入手された証拠は被申請人の new trial では証拠から排除されるべきである。

よって、ミシガン州最高裁判所の new trial を命ずる判決を支持、確認するものである。

二　スティーブンス裁判官の補足意見

犯罪が行われたと信ずべき相当な理由がなく、犯罪の捜査を目的とするための告知のない立入り（unannounced entry）を正当としなければならない格別の必要性が法執行上ない場合にあって、合衆国憲法にいう合理性の要件を充足するためには、州は調査についての正当な告知を行うべきである。相当な理由が存在する時には令状に拠るべきである。ただ火災発生一ヶ月後の立入りは、令状も告知もなかったから法廷意見に加わる。

三　マーシャル裁判官の加わったホワイト裁判官の一部補足、一部反対意見

二回目の立入りを当初の立入りの継続だとみる点に反対する。合理的な時間内、建物に留まることができるという法廷意見の基準に照らしても、消防士が捜索を継続することをせずに却って、現場から離れたという事実は、当初の無令状での立入りを正当とする緊急状況はもはやなくなったことを示している。また州裁判所は二度目の立入りにあっては刑事事件の捜査が行われていたのであり、二度目の立入りの目的が刑事事件の証拠の収集にあったと認定しているが、このように認定された事実に鑑みるならば令状が必要である。

四　レーンクェスト裁判官の反対意見

火災後、家具店の建物は使用されず、所有者であるタイラーもそれを管理しようとすらしなかった。そこで第一回消火作業ののちには消防士が施錠し、同店が損失を被るのを防いだのである。タイラーはこの手続に異議を申立てなかったことからみて当該場所を放棄したといえる。そうであれば、捜索についての告知、又は合理的な時間内に捜索を行うよう求めることにはなんらの実益もない。更にタイラーは告知を受けていたことが記録上示されている。本件捜索は不合理ではない。

本件は、火災原因調査を目的とする建物への立入りにも、原則として令状が必要となるとした最初の判例である。論点は二つあった。① 行政調査に令状を要するか、② 無令状での緊急調査が許されるか。本件ではいずれも肯定した。

《解　説》

行政目的での調査・立入りの分野においては、合衆国最高裁判所はフランク[2]で無令状立入りを拒んだ被告人の有罪を支持し、無令状捜索を不合理とする第四修正に新たな例外をつけ加えた[3]と解された。しかし、キャマラ及びスィー[4]ではこれを変更し、行政目的での立入りにあっても令状を要するものとした。このキャマラ＝スィー法理も制限を受けることになったと思われた[5]時期があった。コロネイド[6]で、議会は酒類産業を取締る目的で捜索、押収の合理性の基準を設定する権限を有するとし、ビスウェル[7]では、広く取締を受ける事業に従事し連邦の免許を得ることを選択した者は、自己の商業帳簿（commercial records）、火器・弾薬等が立入り検査に服することを知った上で営業しているのだとして、施錠された銃砲貯蔵室の無令状での捜索を合憲とした。しかし、この前の開廷期、G・M・リースィング会社事件[8]で、国税局調査官の税金滞納者の事務所への無令状での立入りを違憲とする中で、コロネイド、ビスウェル両事件が特別の業務ゆえに無令状での立入りを認めたと理解している旨示唆し、さらに本件より八日前のバーロウ[9]では、両事件は、酒類産業、火器産業は従来から政府の監視下にあったこと、及び様々な規制を受けることになるのを知悉したうえで免許を要する事業に就いたこと、こうした特別な状況の反映であったとして両事件を限定し、職場の安全性等の調査を目的とする捜索にも令状を要するものとした。こうしてビスウェル、コロネイドはキャマラの示唆した例外にあたることが明らかになり、合衆国最高裁判所は、行政調査の分野での令状要件の原則に大きく傾斜していることを示した。こうした先例の傾向からすれば、本件で火災原因調査に令状を要するとしたのは当然であったろう。まして本件では、消防署長が容器を確認した時点から犯罪である放火の証拠収集に注意を向け、刑事捜査が開始されていたのである。

本件の意義は、キャマラ以後の判例の中では初めて令状発布の意味を論じていることにある。キャマラでは、家屋調査を目的とする立入りについての相当な理由の存否はマジストレイトには判断し得ないのではないか、が問題とされた。そこでは、令状は、調査の根拠法、捜索の範囲、調査官の権限を居住者に知らせることに意味があるとされた。しかし本件では立入りのための相当な理由は紛れもなくある。そこで法廷意見は、①マジストレイトは、所有者の生活が崩されないだろうかという懸念と、プライヴァシー侵害の必要性との合理的バランスを図り、プライヴァシー侵害を最小限にくい止め、被害者の困惑を防止する、②令状は財産所有者に立入りの合法性を支える事実が何であるかについての充分な情報を提供するもの——この点はキャマラ事件と同様——であるとした。①の点は重要と思われる。本件の事実の下で、相当な理由が紛れもなく存在する場合に、マジストレイトがプライヴァシー侵害の必要性を検討するとしても、必要性がないと判断することは、公共の利益に背き、許されない。では、令状不発布という形で侵害をくい止めることが許されない時に、どうしてプライヴァシー侵害を最小限にすることが可能か。法廷意見は暗黙裡に、次の前提に拠っているのである。すなわち、捜索の範囲、日時、既に行われた立入りの回数、その他の諸要素を考慮してなされたマジストレイトの認定は、調査官＝消防士の行為基準を設定するためになされるのだ、ということである。令状の提示する内容が調査官＝消防士に対する行為規範であるからこそ、まず消防士の行い得る行為が明らかとなって彼を拘束し、ついで仮に規範からの逸脱があれば、それによって得られた証拠の許容性をめぐる論争の中で、逸脱が批判されることとなる。基準が明確であれば逸脱の有無についての判断が容易であり、結局調査官の活動の可視性を高めることとなろう。こうして令状を事件毎の個別的な行為基準の設定と解して初めて、マジストレイトが合理的バランスを図るということの意味を理解することができ、又令状の意味、機能を理解できるのである。マジストレイトが必要性を判断するとしても、必要性は有るか無いかのいずれかであり、令状不発付という形でしかプライヴァシー侵害を抑制できない。情報提供という点も、事前の告知、あるいはビスウェル事件で行われたことだが、身許を明らかにした上で立入り根拠を規定する法律の条文のコピーを示すといった方法で、代替可能な余地がある。今後、再び行政調査における令状の役割を問われた時、合衆国最高裁判所は、行為基準を設定し、調査活動の可視性を高めるためとの位置づけを言明することになるであろう。

さて、法廷意見は、第一回目の立入り及び二回目の立入りを、緊急状況下での無令状調査に当たるとする。最初の立入りについては当然であろう。しかし、二回目の立入りの折には緊急状況はないと考えるのが、ホワイト裁判官の指摘するように、妥当であろう。もっとも鎮火が午前四時、再立入りが午前八時頃であることから、ミシガン州の裁判所は、夜間の令状発付を認めていない、あるいは手間がかかるという場合かもしれない。しかし、通常なら四時間後まで緊急状態が継続しているとは考えられない。補足意見が適切ではなかろうか。

（1） Camara v. Municipal Court, 387 U. S. at 528-529 (1967).
（2） Frank v. Maryland, 359 U. S. 360 (1959).
（3） Camara, at 529.
（4） See v. City of Seattle, 387 U. S. 541 (1967).
（5） たとえば、B. J. George, "Criminal Procedure Sourcebook", p. 218.
（6） Colonnade Catering Corp. v. United States, 397 U. S. 72 (1970).
もっとも本件では、国税法は捜索・押収について規定しておらず、第四修正の原則が適用されるとして、無令状立入りを認めなかった。

（香川　喜八朗）

（7）United States v. Biswell, 406 U. S. 311 (1972).
（8）G. M. Leasing Corp. v. United States, 97 S. Ct. 619 (1977).
（9）Marshall v. Barlow's Inc., 46 U. S. L. W. 4483. at 4484.

22　Michigan v. Clifford, 464 U. S. 287 (1984)

火災が鎮火し消防官と警察官が退去した後の、別の官憲による、火災原因調査のための、同意を得ない、家屋への無令状立入りが違法とされた事例。

《事実の概要》

被上告人クリフォードは自宅への放火で逮捕され起訴された。

早朝に被上告人の家屋で被上告人の不在中に火災が発生した。この火災の通報後、消火班が五時四二分頃現場に到着し、鎮火後、消防官全員が現場を七時四分頃退去した。この火災のあった朝の八時にデトロイト消防署の放火部の火災原因調査隊隊長補佐官Bは、同消防署から放火の疑いがあると報告を受け、火災原因調査を指示されたが、他の仕事のため、彼と彼のパートナーが火災現場に到着したのは同日の午後一時であった。

彼等が到着すると現場に作業員がおり、その家屋に立入り、地下室から水を汲み出していた。近所の人は、被上告人に連絡したところ、被上告人から、被上告人の保険会社のエージェントに、担当者を派遣して家の安全を確保する措置をとるように求めて欲しいと頼まれたこと、この日は被上告人は戻らないことを捜査官に告げた。水が汲み出されるのを待っている間に、彼等は、ドライブ・ウェイにコールマン燃料缶があるのを発見し証拠として押収した。一時三〇分までに、水が汲み出され、同意なく、行政令状もなく、被上告人の住居に立入り火災原因調査を開始し、地下室の階段裏が発火場所であることを確認した。地下室中に燃料の匂いが強くたちこめ、階段裏に二個のコールマン缶があり、コンセントに繋がれ、午前三時四五分頃にスイッチが入るようにセットされた電気タイマーに、ワイアで接続された電気調理器具があった。

地下室が発火場所だと判断した後、捜査官はこの家屋の残部を無令状で捜索した。この広範で完全な捜索の結果、抽出しとクロゼットは古着で一杯になっており、部屋の壁には釘があったが絵はなく、ビデオ用のワイアとカセットはあるが機械はないことが発見された。

予備審問で、相当理由の立証のために、国は物証を提出したが、被上告人は、大部分が被上告人の被災家屋の無令状による同意のない捜索により得られた証拠であり第四及び第一四修正に違反して入手されたものだとの理由で排除を申立てたが却下され、公判に付された。公判に先立ち再度この証拠の排除を申立てたが、公判裁判所は緊急状況があるとの理由でこの申立を却下した。この裁判に対する中間上訴がなされ、Michigan Court of Appeals はこの判断を破棄した。同裁判所は、緊急状況がないと判示した。同裁判所は、本件捜索は、所有者が不在で被災家屋に自由に立入ることができる状況で、その捜索が火災時から合理的時間内に行われた場合にはかかる捜索を認めるというデトロイト消防署の放火部の政策に従って行われたものだと認定し、この政策は、タイラー（Michigan v. Tyler, 436 U. S. 499 (1978)）に反し、被上告人の住居の無令状での同意のない捜索は第四及び第一四修正違反だと判示した。

合衆国最高裁判所はタイラーの適用に関して存在する疑念を払拭するためにサーシオレーライを認容した。

被上告人は、地下室と階上での捜索による証拠と証言全部を、令状、同意、又は緊急状況なしになされた放火の証拠収集目的での捜索であり、第四修正と第一四修正によれば自動的に不合理となると主張し、他方、申請人は、本件捜索全体は合理的であり、令状要件の例外の場合だと主張した。

《判旨・複数意見》

破棄

一　パウエル裁判官執筆の複数意見（ブレナン、ホワイト及びマーシャルの各裁判官参加）

(1)　本件で被上告人の家屋の捜索を正当化する緊急状態はないとの州裁判所の認定を州は争っていない。州は、火災原因の行政目的での調査はすべて令状要件から免除されると主張するが、失当である。

タイラーでは行政目的での捜索は一般に令状が必要だと判示しており、この見解を再確認する。無令状の同意によらない立入りと捜索の合憲性は、火災により損傷した家屋に第四修正の保護を受ける正当なプライヴァシーの期待があるか否か、合理的なプライヴァシーの期待があるにも拘らず政府の侵入を正当とする緊急状況はあるのか否か、捜索目的が火災原因の調査にあるのかそれとも犯罪活動の証拠の収集にあるのか、といった幾つかの要素に掛かる。

(2)　タイラーで述べたように、プライヴァシーの合理的期待は火災の被災家屋に残っている。被災後もその家屋で生活しあるいは仕事を続けることもあるし、それが不可能でも、しばしばそこには私物が残っている。プライヴァシーの期待は財産の種類、火災による損害の程度、その家屋の事前の使用と継続的使用、そして或る場合には所有者の部外者による侵入を受けないようにする努力等により変化する。プライヴァシーの期待は、客観的なもの、つまり、「社会が『合理的』と認める用意のあるもの」でなければならない。合理的プライヴァシーの利益が火災による被災家屋に残っていれば令状要件が適用され、官憲による立入りは同意又は緊急状況がなければ、令状によりなされなければならない。

(3) 鎮火のための無令状での立入り及び鎮火後の火災原因調査のための合理的時間内の無令状での「滞在」は正当だが、火災による被災家屋にプライヴァシーの合理的期待が残っている場合には、鎮火後そして消防官と警察官がその現場を退去後さらに調査（捜査）をするには、一般に、令状によるかあるいは新たな緊急状況がなければならない。

(4) 令状が必要な場合、捜査目的が令状の類型（種類）を決める。主たる目的が火災原因と発火場所の調査にあるときには、行政目的の令状で十分である。この令状を入手するには、消防官は、不審火によること、その捜索の範囲が合理的であり火災の被災者のプライヴァシーに不必要な侵入をしないこと、それに、その捜索が合理的で適宜な時間になされることを証明すれば足りる。

捜索の主目的が犯罪活動の証拠の収集にある場合には、犯罪捜査目的の令状によらなければならず、この場合、関連する証拠が捜索場所で発見されると信ずるに足る相当理由を証明しなければならない。

有効な行政目的での捜索中に犯罪活動に関する証拠が発見された場合には、それをプレイン・ビュー法理により押収できる。この証拠を犯罪捜査目的の令状を入手する相当理由を証明するものとして用いることができる。だが、消防官は、最初に相当理由を独立の司法官憲に証明せずにこの証拠に基づいて行政目的での捜索の範囲を拡大することは許されない。

捜索目的は、緊急状況が存在するときでさえも重要である。無令状の火災原因調査目的の捜索の正当理由を、その原因が決定された後に、犯罪活動に関する証拠の収集のための捜索の正当理由として用いることはできない。再発火予防のために行政目的での捜索は許されるが、この捜索の範囲は、その目的達成に合理的に必要とされる範囲を超えてはならない。プレイン・ビューの状態にない犯罪活動の証拠を収集する捜索は、伝統的な相当理由の証明に基づいて発せられる犯罪捜査目的の令状によらなければならない。

被上告人の家屋の捜索は、一応少なくとも、二つの別個の捜索から成るとみることができる。つまり、緊急状況消滅後の地下室の捜索と、それに引き続く、家屋の住居部分の広範な捜索である。上記の基準を本件に適用する。

(5)　被上告人の家屋は二階半の高さがあり、より低い部分は広範な損傷を受けていたが、家屋の外部と階上の部屋の一部は、煙害は受けたものの火による損傷は受けていなかった。消化活動によりドア一枚と大部分の窓は壊れ、B（デトロイト消防署放火部火災原因調査隊隊長補佐官）の到着時にはこの家屋は住める状態にはなかったが、個人の身の回り品は残っており、不在中の侵入を受けないようにしていた。このような状況では、また家屋にプライヴァシーの強い期待があることに照らすと、被上告人は、被災家屋にプライヴァシーの合理的期待を持っており、本件の消火後の調査には令状要件の適用がある。したがって、地下室と階上部分の、無令状での同意によらない捜索は、それぞれの目的と範囲を正当化する緊急状況がある場合にだけ有効と解される。

(6)　州は、タイラーを本件の無令状捜索を正当化できるように修正すべきだと主張する。タイラーでは、法廷意見は、家具店の鎮火後の無令状捜索を、緊急状況がなかったにも拘らず、火災直後に開始された有効な捜索の継続であるという理由で認めた。この事件は、調査は鎮火後に開始されたが、煙と暗さのために完了することができず、朝早くにこの捜索が再開された事案である。

州は本件は幾つかの点でタイラー事件と区別されることを認めている。

第一に、本件の捜索はそれ以前の捜索の継続ではない。鎮火し官憲が現場を退去した後に放火調査官が到着し捜査を開始するまでに、被上告人はさらに侵入を受けないようにする措置をとっている。第二に、住居のプライヴァシーの利益は、特にクリフォードが行動した後は、火災に被災した家具店よりもはるかに大きいので、第一の捜索後になされた第二の捜索は、令状、同意、又は緊急状況がなければ不合理である。この二点でタイラー事件と相違する。少なくとも、鎮火し消防官と警察官が現場を退去した後に、家屋の所有者が被災家屋の安全を確保する合理的努力をしている場合には、その後の捜索は、令状又は同意によるかあるいは何らかの新たな緊急状況がなければならない。主目的が火災原因調査にある場合には、行政目的での令状で十分である。

(7) 火災原因が判明したのだから、階上部分の家屋の捜索の唯一の目的は放火犯の証拠の収集にあったといえる。緊急状況がなければこの捜索は犯罪捜査に必要な令状が要る。

仮に、昼間の、行政目的での地下室の捜索が有効だとしても、この捜索を階上捜索の根拠にすることはできない。この捜索の範囲は、火災原因と発火場所の決定、それに再火災の防止措置をとるのに必要と考えるのが合理的な範囲に限定される。本件では、調査官が、地下室が発火場所であり、地下室階段脇の時限装置により発火したことを発見したのだからこの捜索の範囲は地下室の領域に限定される。地下室で発見された証拠を家屋の残部を捜索する相当理由を証明するのに用いることができるとしても、相当理由の証明がなされているとの司法官による事前の認定がなければ、その捜索は合法ではない。階上部分の捜索を正当化する緊急状況はないので、また、無令状でなされているので、この捜索は、地下室の捜索の有効性にかかわりなく、第四及び第一四修正に違反する不合理な捜索である。

(8) 中間上訴で異議申立のあった唯一の物証は、三個の空の燃料缶、電気調理器具、タイマー、付属コードである。被上告人はまた、地下室と階上部分の無令状捜索に関する調査官の証言にも異議を申立てている。これらすべてが、被上告人の家屋の、鎮火後の憲法違反の捜索の果実である。したがって、これらの証拠を排除した原審の判断を確認するが、一個の燃料缶は被上告人のドライブ・ウェイに目に見える状態で置かれており、消防官による最初の調査の時にプレイン・ビューの状態にあったものだから、証拠能力があり、この証拠を排除した判断を破棄する。

二　スティーヴンス裁判官の補足意見（結論賛成の意見）

タイラー（Michigav. Tyler, 436 U. S. 499 (1978)）での私の個別意見に示した考え方に立つので、パウエル裁判官の意見には参加しない。タイラーは複数意見の結論を支えるという判示には賛成する。

鎮火のための立入り、鎮火後の再火災防止のため滞留と発火原因調査のための立入り権が消防官にあること、火災原因と発火場所判明後は、家屋の他の部分の捜索には令状が必要であることには意見の一致がある。本件の争点は、B（デトロイト消防署放火部火災原因調査隊隊長補佐官）の立入りは、最初の立入りの捜索の継続とみることができるのか、それともそれとは別個の、鎮火後の調査とみるべきかであり、第二は、鎮火後の火災原因調査目的での所有者の同意のない無令状での立入りが合憲か否かである。

⑴　本件は最初の有効な立入りの継続に当たらず別個の捜索だとみる複数意見に同意する。タイラー事件と異なり、最初の有効な捜索に参加したのとは別の官憲が調査をしている。タイラー事件と異なり、現場の状況から火災原因調査が中断されたのではない。本件は警察官が現場に到着するのが遅れた場合である。一般に、少なくとも、その家屋に戻った時に最初に立入ったのと同一人員のうちの誰かが関係しており、一時的にその場を離れたことに正当理由があり、その家屋の状況のために一時的な離脱が必要になったというのでなければ、再度の立入りは、緊急状況が終了しているのだから令状が要る。以前には判明していなかった再火災の危険があるような場合も再度の立入りが認められる。

⑵　同意のない火災原因調査のための立入りと第四修正の関係が問題となる。

本件の状況では第四修正は少なくとも四通りに解釈できる。

第一は、鎮火後の家屋の無令状捜索は合理的ではなく、犯罪が犯されたと信ずるに足る相当理由がなければ令状は発付されてはならないとする立場であるが、このような厳格な解釈を合衆国最高裁判所が採用したことはない。

第二は、無令状捜索一切を不合理なものとみるが、鎮火後の相当理由の証明なくして発付された令状による捜索を許す立場である。この立場は第四修正の文言と合致せず、令状条項の趣旨に反し、令状発付官が盲判を押すことを可能にする。

第三は、鎮火後の捜索には令状は一切不要であるとする立場である。その捜索が迅速になされその範囲が火災原因の調査に限定されていれば放火についての相当理由の有無にかかわらず合理的だとみる立場である。レーンクェスト裁判官がこの立場をとっている。

第四は、この立場が第四修正の二つの条項が命ずるところだと信ずるものだが、事前の告知を伴わない立入りには、伝統的な刑事事件での捜索令状の入手が要件とされ、火災原因調査官による無令状の立入りは、事前に立入り調査について告知をしたかそのための合理的努力をした場合には、合理的となる、との立場である。

火災原因調査官が放火犯罪が犯されたと信ずる相当理由がなければ、家屋の所有者には火災原因調査目的での家屋への立入りについて事前の合理的告知を受ける権利がある。この告知は所有者に立会権を与えることになる。捜索の合理的限界を超えないようにすることができるし、所持品への損害を最少限にし、その家屋についての質問に答え、調査の助けとなる関連情報を提供できる。事前の告知により証拠隠匿や破壊の危険の増加の虞れもあるが、犯罪を犯す意図を持つ者はその痕跡を懸命に覆い隠そうとするものだとみるのが公正な見方であろう。いずれにせよその所有者を放火犯だとみる相当理由がなく、或る規制を行う場合に許される事前の告知を伴わない、その場での検査を認める一般的政策の根拠となる正当理由もない場合には、或る個人が犯罪活動を行っているとの単なる嫌疑は、事前の告知を伴わない強制的立入りにより個人のプライヴァシーを侵害する正当理由として十分ではない。

本件では告知が与えられていない。緊急状況がない、強制的無令状の立入りは、その捜査の間、その捜索に立ち会うように十分な告知をその家屋の所有者に与える何らかの努力を火災原因調査官がしていなければ、合理的とはいえない。その所有者が合理的告知を受けて正当な職務執行に干渉しようとしたときには適切な制裁を課すことができる。

犯罪が犯されたと信ずるに足る相当理由があり令状が発付されている場合には、その財産の所有者が告知を受ければ証拠物を隠匿又は破壊する合理的蓋然性が証明されているといえるので事前の告知が要らない。

本件では家屋の所有者が町から離れていたという事情があるが、所有者に告知をする試みは全くなされておらず、そうすることが無駄であったという証明もない。保険会社の代理人に連絡をとったのと同一者を通じて告知を与えることができた可能性があり、そうすれば、友人又は近隣の者に立会いを依頼し、火災原因判明後の家屋全部の違法な捜索を避けることができたかもしれないのである。

本件で、火災原因調査官は、家屋所有者に家屋の調査について公正な告知を与える努力をしていないので、本件捜索は第四修正に違反する不合理なものである。

三　レーンクェスト裁判官の反対意見（バーガー、ブラックマン及びオコンナーの各裁判官参加）

本件でのサーシオレーライ認容は、タイラー（Michigan v. Tyler, 436 U. S. 499 (1978)）の適用に関する疑問解消のためなのに、法廷意見はかえってこの疑問をより大きくしている。タイラーの「緊急状況」を理由とする立入りを合法とする理論を適用すると、本件ではクリフォードの家屋の地下室の捜索は合法であると解され、他方、それ以外の家屋の部分については、相当理由に基づいて発せられた令状がなければ捜索は許されないと解される。

(1) 鎮火後、消防官と警察官がクリフォードの家屋を退去後、約六時間してからなされた捜査官の地下室への立入り検査は、鎮火目的の最初の立入りが「実際に継続した」場合に当る。本件では、タイラー事件と同様、消防官の退去前に、鎮火活動と火災原因調査が同時に行われていた。本件では消防官が退去後、放火部の調査官の到着まで、六時間が経過しているが、これを、再度の立入りまで五時間が経過したタイラー事件の場合と異なるとみるべきではない。

法廷意見は、クリフォードがプライヴァシーの保護措置をとったことをいうが、これは捜索に当たる、プライヴァシー侵害の有無の検討には関連があっても、捜索に当たることが明らかな活動の要件である令状要件の例外たる、緊急状況の有無の検討には関連がない。消火と火災原因調査を截然と区別できないのは明らかである。消防官は、火災原因を示す徴表に注意を向け、コールマン燈火燃料缶を火災原因調査官のために除けておいた事実がこのことを示している。

法廷意見は、火災にあった家具倉庫より、住居のプライヴァシーの利益の方がはるかに重要だと述べてタイラーと本件を区別しようとするが、火災に遭った点では、双方の場合は同様であり、第四修正上、商業家屋も私人の住居と同様の保護を受けることは先例で確立している(See See v. City of Seattle, 387 U. S. 541, 542-543 (1963) (citing cases))。火災原因を究明する公共の利益の点でも両事件は同様である。

したがって、タイラーによれば、本件地下室の捜査は合法であり、その結果発見された証拠を放火の公判で用いることが許されると解すべきである。

(2) キャマラ(Camara v. Municipal Court, 387 U. S. 523 (1967))、シー(See v. City of Seattle, 387 U. S. 541 (1963))では、行政目的での捜索の場合にも、限定された範囲ではあるがプライヴァシーの期待の侵害が伴うので、調査官の無制約な裁量から建物所有者のプライヴァシーの利益を保護するために令状が要ると判示した。だが、キャマラ、シーで示されたこの懸念は、火災発生後合理的時間内になされる鎮火後の調査（捜査）には当て嵌まらない。緊急状況下では、鎮火のため建物に消防官が立入れることに争いはなく、一般に鎮火のため建造物を完全な支配下に置くことになる。鎮火後、火災原因調査のためにその家屋に火災原因調査官が限定された範囲で立入ることについて、かなりの懸念を抱くことはないだろうと解される。火災の被災者は、通常時の家屋占有者と異なり、一般に、火災発生後の消防官、警察官及び医療関係の係官の立入りを予期し歓迎する。同様に、本件のように、保険会社の係員のような、関係はあるが見知らぬ者にも被災建造物への立入り権限があることがしばしばある。かかる状況下では、火災原因調査官の立入りは、新たな立入り又は鎮火目的で最初に消防官が到着した時に行った立入りと相当に異なる立入りだとはおよそいえない。かえって、この立入りは火災発生直後に火災発生現場に到着した医療関係の係官と保険会社の調査官の行った立入りに類推すべきものである。

クリフォードの家屋の調査（捜査）は、彼の家屋に到着した市の火災原因調査官の無制約な裁量の結果だとはいえない。火災発生後に初めてクリフォードの家屋の検査の正当根拠が発生したのであり、彼等がコントロールできない偶発的又は緊急の出来事が発生して初めて、火災原因調査官に立入り権限が授権されたのである。

私見によれば、火災発生後捜索令状の入手を要件とする効用は非常に限られたものであり、その捜索に附随する個人のプライヴァシーの保護のために令状要件の履践を求めることが正当とはいえない。本件では、鎮火後の短時間内に、その家屋がトレスパスを受けない完全な措置がとられる前に立入りがなされており、地下室の火災原因調査目的での捜索は合理的なものである。

《解　説》

一　本件の争点は、鎮火後の火災原因調査のための捜査官の立入りに令状が要るか否かである。本件では特にタイラー[1]との関係が問題となる。複数意見は、本件と類似の事件であるタイラー事件と本件を区別して、本件の火災鎮火後の火災原因調査のための調査官の立入りは最初の鎮火等の緊急状態に対処するための立入りと区別され、その「継続」とみることはできず、令状によらなければならないと判示した。この点にはレーンクェスト裁判官の反対意見がある。

地下室への鎮火後の立入りについては意見が分かれたが、二階への無令状での立入りについてはそれが違憲であることについて意見の対立がない。また、路上に証拠品として出された燃料缶の押収についてもプレイン・ビューの状態にある物の「押収」であり許されることに争いはない。

二　行政目的でなされる捜索・押収については、家屋のプライヴァシーに配慮してキャマラ[2]、シー[3]以来、原則として令状によらなければならないものとされて、政府の無制約な裁量にすべてを委ねることを避けてきている。ただ、行政目的で発付される令状の場合には、「相当理由」は通常の犯罪捜査に求められる相当理由よりも程度の低いもので足りるとされる[4]。

三　(1)　このように行政目的のためであれ、家屋への立入り調査に令状が求められるのは、家屋に「プライヴァシーの正当な利益」があるからである。

キャッツ[5]は第四修正に保護を「プライヴァシーの合理的（正当な、もっともな）期待」から考察するアプローチを示した。この期待があるとするには、プライヴァシーについての主観的期待を政府の活動の対象となる者が示していることと、その期待が社会が合理的として認める用意のあるものであることが必要である。本件では、この後者の期待を「客観的」なものと判示している。

(2)　火災による「被災家屋」にはプライヴァシーの合理的（正当な）期待があるといえるのかが問題となるが、本件複数意見はこのキャッツのプライヴァシー分析の観点から、被災家屋のプライヴァシーを考察している。

タイラー[6]は、火災後の家屋にプライヴァシーの期待はないという主張を却下して、火災後も家屋に引続いて住みあるいは事務所で仕事を続けることができ、それができないときでも火災により損害を受けた住居に私物が残っていることがしばしばあると指摘して、放火犯であることが証明されていないときには火災の被災者がその家屋に有するプライヴァシーの合理的期待は少しも減少することはないと判示した。

本件複数意見は、タイラーの判示部分を若干敷衍して、火災の程度がひどく、灰廃に帰し、合理的プライヴァシーの期待が全くないという場合もあるが、火災による被災を受けた財産にプライヴァシーの合理的利益が残されていれば、同意又は緊急状況のある場合を除き、令状要件の適用があると判示した[7]。

タイラーは、キャマラ[8]、シー[9]の流れに立って、火災鎮火後の再度の火災原因調査のための立入りについて、最初の緊急状況を理由とする立入りとその立入りにより消防士の目に触れた放火の証拠の押収は合憲だが、鎮火後の再度の立入りは、最初の緊急性を理由とする立入りの「継続」である場合を除いて、令状が要ると判示した。タイラー事件では、最初の立入りにより可燃物の入ったプラスチック容器を発見し、放火の疑いがあったが、夜で暗く、蒸気、煙等で、現場がよく見えなかったため、一旦調査を打ち切って、四時間後、日の出後間もなく調査を開始し無令状で立入った活動を、緊急状況での立入りの「継続」に当たると判示した。

本件は、一旦現場から消防隊・調査隊が退去した後、数時間後に火災原因調査のための別の火災原因調査官が到着し被災家屋に立入ったが、到着時にはコールマン燃料缶が証拠として印を付けた状態で外に出してあったという状況であった。本件は、放火が疑われる状況での、鎮火後数時間しての再度の火災原因調査のための立入りが関係する点では、タイラー事件と全く同じであり、本件とタイラー事件との区別は微妙である。

本件複数意見は、「鎮火後の火災原因調査のために必要な合理的時間」内の「滞留」には令状は不要だとするのがタイラーの趣旨であり、被災家屋（「住居」）について侵入阻止の措置をとっている本件では、鎮火後消防官が「退去」した後にさらに（放火部の調査官による）火災原因調査を開始するには令状によるか緊急状況が新たに発生したのでなければならないと判示し、本件は緊急状況の「継続」に当らないと判示している。

これに対し、レーンクェスト裁判官は火災家屋のプライヴァシーについて多数意見とは異なる見方から出発し、火災後は、火災原因調査のために調査官が限定された範囲で立入ることを被災者が予期しているのが通常だから、鎮火後に火災原因調査のために再度立入ったからといってその立入りは鎮火後合理的時間内にされていれば最初の立入りの「継続」であり、本件の再度の地下室の火災原因調査のための立入りは火災原因調査官（捜査官）に無制約の裁量を与えている場合だとはいえないと判示し、調査部隊が替わった点について、また、商業用家屋か住居かによる区別は説得的ではないと判示した。

四　本件ではプライヴァシーの合理的期待があると構成することができるかは微妙である。火災発生後、消火目的、鎮火後の火災の再発生の予防目的、火災原因の調査目的で立入れることには法廷意見、少数意見とも争いはない。被災家屋に残されたプライヴァシーがあるにせよ、緊急状態を理由とする消防官、警察官の立入りにより、その家屋の中の状態は一定限度で官憲の目に触れてしまったのであるから、プライヴァシーはその限度でなくなっているといえる。

さらに、火災発生後合理的時間内になされる鎮火後の火災原因調査は、レーンクェスト裁判官のいうように、通常予期すべきものであり、再火災の防止や火災原因調査目的での立入り調査を受けないことは期待できず、仮に当事者がかかる立入りを受けないとの期待を抱いたとしても、その期待は社会が合理的なものとして是認するものではないといってよいのではないか。再度の立入りが、最初の立入りの「継続」であるか、最初の立入り後のプライヴァシーの合理的期待を増加させる措置がとられていない状況での立入りである場合には、火災という緊急状況が発生したために失われたプライヴァシーの合理的期待は「回復」するわけではないので、新たな「捜索」には当たらないとみることもできるだろう。このような火災発生後「合理的短時間内の」、正当な立入りに関連する範囲での立入りに一般探索的捜索・押収を生む危険があるとはいえない。本件では、最初の鎮火後すぐに行えば問題のない立入りを数時間後に行っている場合であり、プライヴァシーの合理的期待を「新たに」侵害するという状況が関係する場合ではないとみることもできるだろう。仮に本件のように、被災者が立入りを阻止する希望を表明するなどしてプライヴァシーの主観的期待を示したとしても、それだけでは、最初の立入りにより失われたプライヴァシーの合理的期待を回復させるとみるには十分なものではなく、したがって、火災原因調査に必要な合理的時間内にその調査目的に必要な範囲に限定して無令状で調査することは許されるとみる余地も十分にあるのではなかろうか。

火災原因調査に要する合理的時間が経過すれば、当初の火災原因調査という目的も達成され捜索目的・立入りの正当理由はなくなり、また、新たなプライヴァシーが集積されるので、無令状による活動に委ねておくことは適切でなくなる。

五　複数意見は、行政目的の立入りと犯罪捜査目的の立入りを区別すべきであることを強調する。

行政目的による場合と刑事事件の捜査目的による場合とを区別することには一応の合理性がある。それは、行政目的の場合と刑事目的の場合とでは「相当理由」の内容・程度を異にするからである。

だが、火災原因の調査が関係し、不審火による火災について放火が疑われる場合、それは行政目的であると同時に、刑事事件関係の調査にも関係する。本件での、火災原因の調査を含む行政捜査と（放火に関する）犯罪捜査は密接に関連する。行政目的と刑事目的との相違により、捜索の許される範囲に相違が生ずることになるが、鎮火とその後の火災原因調査という行政目的の最初の立入りの際に、時限装置や燃料缶が発見されるなどしており、行政目的でなされた調査は同時に犯罪捜査に関する相当理由を基礎づける意味も持つ場合である。

だが、複数意見は目的及び相当理由の相違を強調して、無令状での火災原因捜査を正当とする状況があっても、プレイン・ビューの状態にない犯罪活動に関する証拠の収集は伝統的な相当理由に基づく令状に拠らなければならない、と判示している。

六　本件複数意見の令状要件を重視する判断は、捜索・押収の「実体要件」の判断を官憲だけの判断に委ねることをしないで、できるだけ中立で公平な裁判官又は令状発付官の判断を介在させることによって、官憲に無制約な裁量を与えることによる恣意的法執行の危険あるいは後知恵の危険、相当理由の判断が緩められる危険を回避することを狙って令状への傾斜を進めてきた判例(10)を背景として下されたものである。合衆国では常時の令状発付態勢にあり、インパウンド（現状凍結措置）を用いて令状入手を義務づける方向を強化しているので本件法廷意見のように再度の立入りにために令状入手の時間的余裕のある場合には必ず令状を求めることが強調されたものといえるだろう（この点、インパウンドがない我が国の場合には、プライヴァシーの合理的期待があるとみて行政令状の発付を求める立場に立ったとしても、複数意見と同様の結論を採ることには無理があろう）。

七　本件では、複数意見も少数意見も、ともに地下室以外の上部の部屋の捜索は、火災原因が地下室にあることが判明したのだから、第四修正違反だとする点で一致している。行政目的での捜索は、火災原因・発火場所の究明と再火災の防止に限定されるから、上部の部屋については捜索し得ないという。だが、これも、インパウンドを認め証拠破壊を防止することができ常時令状発付態勢にあることを背景にしての判断だとみることができるだろう。被逮捕者が直接コントロールし得る範囲でしか逮捕に伴う捜索・押収をなし得ないとするシーメル(11)の判断のように、実体要件がある緊急状況下での捜索・押収の範囲をかなり狭く限定すると、合理的な法執行を阻止し不当に犯罪者を利することがないようにするためインパウンドのような別の工夫が必要となる。（我が国ではインパウンドがないので、実体要件が整えば、行政目的であれ、刑事目的であれ、「緊急捜索・押収」によって対処することを肯定すべきこととなろう。我が国では、本件のような場合、直接の発火場所以外の場所まで、火災原因調査、再火災の予防のために緊急性を理由として立入ることができるとみる余地は十分にあるといえるだろう）。

八　スティーヴンス裁判官は、第四修正の第一文（合理的捜索・押収）と第二文（令状による捜索・押収）の関係を、第一文についても「相当理由」が要件となるものとは解さずに、第一文は第二文とは独立のものとみて、相当理由はキャマラやシーのように犯罪捜査のときよりも程度を下げるべきではなく、行政目的での捜索・押収は第二文ではなく第一文の「合理性」の要件の規律を受けるとの立場に立っている。程度の低い相当理由による無令状の立入りを犯罪捜査にも用いることになることを懸念するためであろう。そして前もって立入りを告知しないときには犯罪捜査令状を得るべきだが、立入りについて事前の告知があれば「合理性」があるとする。「事前の告知」こそが家屋のプライヴァシーの正当な利益を保護することができるとみる。この事前の告知を求める立場は主観的プライヴァシーの保護に関連してプロウズ(12)などでとられてきたものである。

キャマラ、シーを初めとする先例も、本件複数意見も、第四修正の第一文と第二文の関係をスティーヴンス裁判官のように解してはおらず、第一文は令状要件の「例外」の場合ととらえ、第一文にも第二文の「相当理由」の要件

（実体要件）が適用されるが、事実類型に応じてその要件は変化し、行政調査や職務質問などでは、通常の犯罪捜査に求められるよりも相当理由の程度は低いものでよいとしてきている。ここではプライヴァシーの利益と公共の利益との「バランス」をはかって解決する手法が採られる。

スティーヴンス裁判官が「事前の告知」の必要を強調する点も、放火犯などが関係するときには、証拠隠匿・破壊の危険を伴うので、疑問が残る。

九 本件では複数意見、少数意見の間に既にみたように対立はあるが、キャッツの「プライヴァシーの合理的期待」の観点に立ってこの期待が認められる場合、行政調査のためであれ、緊急状況が欠けるときには令状の入手が必要であるとする理解では共通しており、複数意見、少数意見ともに、これまでの第四修正の発展の枠内にある判断だといえる。

火災発生後の火災原因調査に関しプライヴァシーの合理的期待を検討して明確な基準を設定する必要は高い。本件では、複数意見と反対意見の間で、タイラーのいう「継続」の場合であれば無令状の調査が許されるとする、同じ基準に拠ったが、その適用において相違した。

（1） Michigan v. Tyler, 436 U. S. 499 (1978).
（2） Camara v. Municipal Court, 387 U. S. 523 (1967).
（3） See v. City of Seattle, 387 U. S. 541 (1967).
（4） 例えば消防目的での家屋への立入りには、ある特定の住居が在る地域の調査・検討を行うために議会又は行政府が定めた、合理的な基準を充たしていれば令状発付の相当理由はあり、老朽化の程度（建築からの時間の経過）、建物の性質、地域全体の状況などを基礎としてよく、特定の家屋の具体的状況についての知識に基づいている必要はないとされる（Camara

v. Municipal Court, supra）。また、労働条件点検目的での立入りも、ある一定の地域の様々な類型の企業での被雇用者の分布と行うことが望ましい捜索頻度などを基礎に決められた一般的行政計画に基づいて、ある具体的な企業がその調査の対象となったことを証明する令状があれば足りるとされる（Marshall v. Barlows Inc., 436 U. S. 307 (1978)）本書19事件。

（5）Katz v. United States, 389 U. S. 347 (1967). キャッツ以降の「プライヴァシーの合理的期待」の観点に立つ行政領域での判例の展開をレヴューした論文として、堤和通「捜索・押収法における情報のプライヴァシー」―合衆国最高裁判所の裁判例の分析―中央大学大学院研究年報第一八号I―2法学研究科篇（一九八九年）。

（6）Michigan v. Tyler, 436 U. S. 499 (1978).

（7）複数意見は、住居か商業用家屋かでプライヴァシーの合理的期待の程度を区別する。だが、先例はいずれの場合にも第四修正の保護が同様に及ぶことを判示している。商業・産業用家屋（business premises）も第四修正の保護を受ける。See v. City of Seattle, 387 U. S. 541 (1967)；Go-Bart Co. v. United States, 282 U. S. 334 (1931)；Silverthorne Lumber Co. v. United States, 251 U. S. 385 (1920). 企業も第四修正の保護を受ける。Go-Bart Co. v. United States. supra；Silverthorne Lumber Co. v. United States, supra；Oklahoma Press, Pub. Co. v. Walling 327 U. S. 186, 205-206 (1946)；Hale v. Henkel, 201 U. S. 43, 75-76 (1906). Cf. California Bankers Assn. v. Shultz, 416 U. S. 21 (1974)；Federal Trade Comm'n v. American Tobacco Co., 264 U. S. 298, 305-306 (1924)；Wilson v. United States, 221U. S. 361, 375-376 (1911)；Consolidated Rendering Co. v. Vermont, 207 U. S. 541, 553-554 (1908)

（8）Camara v. Municipal Court, 387 U. S. 523 (1967).

（9）See v. City of Seattle, 387 U. S. 541 (1967).

（10）Johnson v. United States, 333 U. S. 10 (1948)；Katz v. United States, 389 U. S. 347 (1967).

（11）Chimel v. California, 395 U. S. 752 (1969).

（12）Delaware v. Prouse, 440 U. S. 648 (1979)（決まった場所での自動車検問所での検問があることの掲示による告知。）.（本書56事件）

（中野目　善則）

一〇　新聞社に対する捜索・押収

23　Zurcher v. Stanford Daily 436 U. S. 547 (1978)

新聞社に対する捜索・押収が問題とされた事例。

《事実の概要》

警察官らは、スタンフォード大学病院（Stanford University Hospital）の院長（director）から、前日の午後から病院の管理室を占拠している集団の排除の要請をうけた。平穏にその場を退去するように説得する努力が不成功に終った後、より強硬な手段が採られることになった。デモの参加者たちはその管理室に通ずる廊下の端にバリケードを築いた。警察がその廊下の西の端から突入したところ、棍棒で武装した一団のデモ参加者が東端のドアから現れて、その場にいた九名の警察官を攻撃した。一名の警察官が床に叩き伏せられ、頭を繰返し殴られ、別の一名の警察官は肩を砕かれた。警察官全員が負傷した。その東のドアには警察の写真撮影者は全くおらず、傍観者と記者はほとんど全員が西側にいた。負傷した警察官らは彼等を襲った者のうち二名を特定・識別できたが、その警察官の一名は、その東のドアのところで少なくとも一人の者が襲撃者たちの写真を撮影しているのを見た。数日後に発行された、スタンフォード大学の学生新聞であるスタンフォード・デイリィ（Stanford Daily）の特別号で病院でのデモ参加者と警察の衝突に関する記事と写真が掲載され、その写真には、自分は九名の警察官が襲撃された現場である病院の廊下の東の端にいた、との同新聞のスタッフ・メンバーの説明文が附されていた。翌日、サンタ・クララ・カウンティ District Attorney's Office は、Municipal Court から、右の出来事を証明するネガ、フィルム、及び写真の捜索のため、同新聞社の捜索令状を得た。この令状は、右の犯人を識別するため重要性があり関連性のあるネガ、写真及びフィルムが同新聞社に存在すると信ずる相当理由があるとの認定に基づいて発付された。この令状は、同新聞社のスタッフのメンバーが右の不法な行為に関係していたことを主張してもおらず、そのことを示してもいなかった。

この令状はその日遅く警察官により、同新聞社のスタッフであるメンバーの立会の下で執行された。同新聞社の写真現像所、ファイリング・キャビネット、机、及びごみ箱が捜索された。施錠された引出しと部屋は開披されなかった。この令状執行に当った警察官らはこの捜索の間、ノートと通信文を閲読する機会があったが、同新聞社のスタッフの主張とは反対に、令状の限界を逸脱した捜索が行われたことを否定した。この警察官らは、捜索場所に部外秘の資料（confidential material）があることを知らされていなかった。この捜索で発見されたのは、既に同紙上に発表された写真のみであり同新聞社から運び去られた資料は全くなかった。

一ヶ月後、同紙とそのスタッフである種々のメンバー（本件の被上告人である）は合衆国 District Court に、本件捜索を行った警察官、警察所長、ディストリクト・アターニー、彼の部下の一名、及び本件令状を発付した裁判官に対して、宣言的救済と差止による救済を求める民事訴訟を提起した。申立人は、合衆国憲法第一、第四及び第一四修正違反を主張した。

District Court は差止請求を却下したが、宣言的救済を認容した。同裁判所は、犯行とそれに関連する証拠が存在する蓋然性について相当理由がある点は問題にしなかったが、第一及び第一四修正によれば、文書提出命令（subpoena duces tecum）によることが実際的でないと信ずる相当理由があることを宣誓供述書に示された証拠に基づいて判断できた場合を除き、被疑者以下の者の占有下にある資料を捜索する令状の発付は禁じられる、と判示し、さらに、文書提出命令に従わないだけで令状を発付してはならず、捜索令状は、その捜索・押収対象物の所有者がその証拠を隠匿若しくは破壊しないように求める裁判所の命令を無視する虞れがなければ発付されてはならないと判示した。さらに、同裁判所は、犯罪と関連のない捜索対象場所（innocent object）が新聞社である場合、かかる捜索が許されるには、重要な資料が破壊されるか隠匿される虞れがあることと証拠の破壊又は隠匿を禁止する命令が効果がないことの「明白な証明」が要ると判示した。本件では令状の有効要件が充足されていないため、本件の捜索は違法であると判示した。Court of Appeals はこの判断を確認した。合衆国最高裁判所はサーシオレイライを認容した。

《判旨・法廷意見》

破棄

一　ホワイト裁判官執筆の法廷意見

(1)　(一)　本件の争点は、犯罪の果実、道具、その他の証拠を、犯罪とは無関係の第三者が所有又は占有していると思料する相当の理由がある場合、その第三者に対する捜索との関連での第四修正の解釈・適用にある。

(二)　現行法上、犯罪の果実、道具、又は証拠が発見されると信ずる相当理由があれば、その場所の占有者が第三者であるか否かを問わず、有効な捜索令状を発付できる。第四修正の文言上、第三者に対する捜索令状は通常、発付できないと示唆するものは全くない。令状条項は、捜索令状は相当理由に基づくこと及び相当理由との関連での捜索・押収対象物の限定（particurality）を要件にするだけである。

(三)　原原審は捜索場所の所有者を逮捕できるか否かで捜索・押収の可否が決まるとするようであるが、捜索・押収の合理性を決める決定的要因は、捜索・押収の対象物の所有者に犯罪の容疑があるか否かではなく、具体的に明示された捜索・押収対象「物」が立入場所に存在するか否かである。逮捕と押収の正当理由は別である。Caroll v. United States, 267 U. S. 132, 158-159 (1925); See also Federal Rules of Criminal Procedure, Rule 41. 第四修正は、それ自体、プライヴァシーと公共の必要との間にバランスを立てている。文書提出命令の方がプライヴァシー侵害が少ないか否かにかかわりなく、裁判所が第四修正を改正して、本件のような場合に捜索令状の発付を拒み、文書提出命令によることを求めているると解すべき正当な根拠・理由はない。

(2)　下級審の理由づけには以下の欠点がある。

第一に、捜索場所の占有者が第三者で、被疑者でなくても、刑事法を執行し証拠を発見する国家の利益は同じであるから、その第三者が無辜か否かは法律上意味はない。

第二に、第三者に対する捜索・押収令状の発付を禁止し文書提出命令によることを求めてもその第三者は文書提出命令の呈示を受ければ証拠を保全し結局は合法に提出することになるから犯罪捜査に相当程度の悪影響を及ぼすことはないとの原原審の立場は、捜索令状は、しばしば、犯人がまだ識別されておらず、すべての犯罪者が判明していない捜査の初期の段階で捜索令状が利用される点を考慮していない欠点がある。犯罪の果実や証拠を所持する第三者が表面上は無実の者とは見えてもそうでないことがあり得るし、無実の者であっても犯人と関係があるか犯人に同情して友人を帰責する証拠を保全するうえで信頼がおけなかったり、その証拠により不利益を受ける虞れのある者に、捜査当局がその証拠の所在を知っていることを告げないと信頼してよいとはいえないこともある。いずれにせよ、第三者が善意ではあっても、文書提出命令には、提出前にその妥当性を争う機会が与えられるため、その間に真犯人が証拠を隠匿又は破壊してしまう虞れが生ずる。このように文書提出命令によった場合には、原原審が思料するよりも捜査に重大な危険が生ずる虞れがあり、下級審は、第四修正を改正するほどの正当理由を示していない。

さらに、文書提出命令の発付には裁判官が関与せず、相当理由の証明も要らないので、文書提出命令の入手より捜索令状の発付を受けることの方が難しい。したがって、捜索令状と文書提出命令の選択に当り、検察官は後者を選ぶことになると解されるので、原原審の判断がプライヴァシーをより十分に保障することになるとは解されない。

(3) (一) 第一に、捜索が新聞のタイムリーな発行を妨げ、第二に、部外秘の情報源が涸渇し、当局が新聞社のファイルを容易に利用することになると情報源となる者が懸念することになり、事件報道の機会が失われ、第三に、この情報が押収され記者が将来それを利用して記録し記憶を維持することが抑制されてしまい、第四に、捜索のため内部の編集過程が暴かれることを恐れてニュースの処理過程の熱気を冷まし、その報道が差控えられる結果となり、第五に、警察の関心の的になる情報があることを隠すために報道機関が自己検閲をする等、新聞社のニュースの収集、分析、報道の能力が極度に損なわれることを理由として、原原審は第一修正は、捜索・押収令状を利用することをほぼ自動的に禁止し、文書提出命令の利用だけを許す、ものと判示している。

押収対象物が第一修正の保護の中に入る場合には、第四修正の要件は「注意深く厳格に」適用され、令状要件は法執行官にできるだけ裁量の余地を残さないように運用されなければならないが、第四修正も、捜索令状を発付するには第一修正が守る価値を参酌するように求めた諸先例も、文書提出命令を利用するように義務づけてはいない。憲法の起草者は捜索が合理的であり、かつ中立のマジストレイトが捜索令状を発付せよとの要件を採択したが、出版事件では令状の発付を禁じ、文書提出命令の利用が実際的ではないこと（impracticable）を令状発付の要件としてもおらず、また、捜索場所の所有者が出版に関係する場合に、所有者が捜査対象たる犯罪に関係がある旨の証明を義務づけると主張もしていない。さらに、先例は、捜索活動が第一修正が守る利益を危うくする場合には、裁判所は令状要件を特に厳格に（with particular exactitude）適用するように求めているだけである。令状発付の要件、つまり、相当理由、捜索場所及び押収対象物の明示（specificity）、全体の合理性という要件を正しく運用すれば、新聞社の捜索を許可する令状が生むと懸念される弊害を阻止する十分な保護を与え得るものといえる。実際に新聞のタイムリーな発行を妨害する捜索がなされないようにマジストレイトが保護することはできないと思料する合理的理由はなく、前述の押収対象物の明示要件と捜索・押収の合理性の要件を正しく適用し、その要件の遵守を監督し、その要件を遵守すれば、新聞社のファイルを一般探索的に捜索・押収したり、通常の編集過程での判断と刊行の是非の判断に干渉する事態は生じない。本件令状はこの種の捜索を是認するものではない。本件の捜索により部外秘の情報源がなくなり無令状捜索を恐れてニュースの公表を差控える事態を生むとも解されない。

(二)　被上告人は、また、国の求める資料の提出又は押収に先立って新聞社は国にその権限があるか否かを争う機会が与えられるべきであると主張する。自由な表現に対する事前の制約を課す拘束命令は告知・聴聞の機会を与えていないので無効であり（Caroll v. Prince Anne, 393 U. S. 175 (1968)）、単に証拠保全のためではなく一応憲法上保護される資料を一切市場に出回らないようにするための押収は、猥褻性についての対審構造の聴聞の後の、裁判官による猥褻性ありとする認定がなければなし得ない（A Quantity of Books v. Kansas, 378 U. S. 205 (1964)）。だが、憲法上保護されると推定される資料の押収すべてが事前抑制に当たるのではない。本件のような令状には、本件新聞社の刊行又は思想の伝達を事前に又は直接に規制する現実的な虞れはない。かかる令状のもつ危険は、マジストレイトが第四修正により求められる職責を果たせば避けられる。マジストレイトは捜索を合理的限界内に止めることができるからである。

(4)　捜索令状の濫用の危険を避けるために議会や行政府は憲法に定められていない保護を定めることができるが、第四修正が新聞社に対する捜索令状を一般的に禁止し、一般法理としてまず文書提出命令によることを求め又は捜索令状の発付に関連して事前の告知と聴聞を義務づけているとはいえない。原審判断破棄。

二　ブレナン裁判官は本件の審理・判決に加わっていない。

三　スチュワート裁判官の反対意見（マーシャル裁判官参加）

(1)　本件捜索は第一及び第一四修正の保障する出版の自由を侵害している。

(一)　新聞社の捜索は出版の自由に負担を課す。最も直接的で明白な第一修正違反は、かかる捜索が新聞の活動を物理的に妨げる点である。ニュース室を占拠し、かなりの時間をかけてその場所を完全に捜索すれば必然的に通常の活動は妨げられ、ニュースの収集、執筆、編集、及び刊行は妨げられる。これに比し、文書提出命令は提出を求められた文書を捜しそれを提出する機会を新聞社に与える。

(二)　より重大なのは、告知を欠く捜索が、部外秘の情報源より入手した情報を外部に明らかにしたり、ニュース・ソースの身元を明らかにしたりする虞れがあることである。重要な情報は、しばしば、情報源を明らかにしない保障があるため初めて入手できるので、憲法が報道機関に果たすよう期待している、公衆への情報伝達の機能が発揮されるためには情報源の保護が必要となる。

捜索令状による場合には警察官は、令状に記載された物が発見されるまで新聞社のファイルを捜し、すべての文書を読むことになるのに対し、文書提出命令の場合には、提出を求められている特定の文書だけを新聞社自身が提出できる。捜索は、したがって、文書提出命令とは異なり、捜査の目的と全く関係のない部外秘の情報を不必要に警察官の目に晒す結果となる。したがって、何の告知もせずにニュース室を捜索できることになると部外秘の情報源の利用を制限する結果となり、その結果、公衆にとって重要性のある情報の流れを減少させることになる。かかる事態は、第一修正に真向から反する。

(2)　本件は、押収対象物が特権との関係で押収の是非が問題となっている事例ではなく、捜索・押収令状によらず、原則として文書提出命令による旨の要件を警察に課すと、重要な社会の利益が損なわれるのか否かが争点となっている。

本件では直ちに捜索をして生命又は財産を保護する緊急の必要はなかった。捜索対象たる証拠は禁制品ではなく、本件の新聞社がその通常の機能を果たす過程で入手した資料である。本件新聞社もそのスタッフ・メンバーも何ら犯罪活動で疑われていなかった。本件では、その新聞社が写真の提出を命ずる文書提出命令に応じないとか、その他の理由で文書提出命令を入手することができないといった証明はない。したがって、本件で国側が企図した資料を入手する上で文書提出命令は、捜索と同様に効果的なものであったろうと解される。

先例上、第一修正の利益の侵害の虞れがある場合にはそれに先立つ裁判官の関与する聴聞を開くことが要件となる。捜索令状は通常一方当事者だけの申請に基づいて発付されるので、その捜索の必要性については事後にしかチャレンジすることが出来ず、新聞社に与えられている憲法上の保護は取返しのつかない侵害を受けてしまうのである。これに対し、文書提出命令は、その命令を無効とする申立をして、対審構造の聴聞で政府にその資料の提出を求める正当理由があるか否かを争うことができる。本件で文書提出命令が用いられたとしたら、本件新聞社は、警察の求めている証拠が存在しないことを証明する機会を与えられたはずであり、政府の正当な必要は、出版の自由を侵害することなく実現できたはずである。

四　スティーヴンス裁判官の反対意見

(1)　本件の新規な問題は一九六七年のヘイドン（Warden v. Hayden, 387 U. S. 294 (1967)）による重大な判例変更から生じたものである。本件の問題は、犯罪への関与の疑いがない者の私的ファイルにある、文書たる証拠を、事前の告知を与えずに捜索する、令状を入手するために必要とされる、「相当理由」の内容である。

(2)　禁制品、犯罪による利得又は犯罪の道具を所持していれば、その者は犯罪と関係があり、捜索を受けるとの告知が与えられると証拠の隠匿若しくは破壊を行う危険があると推測できるが、証拠たる文書を所持しているにすぎない場合には、その所持者が違法行為をしたり文書提出命令又は非公式の提出要請を尊重しない蓋然性ははるかに少ない。ヘイドン以前には、後者の証拠が関係する場合にはその所持者は文書提出命令に従う義務を尊重するものと推定していたのであり、この手続は憲法次元のものであった。無実の市民が自己の書類について持つプライヴァシーと占有の利益は第一四修正のデュー・プロセス条項が保護しているので、この自由を剝奪するには、憲法上、原則として、それに先立ってその旨を告知しその合法性を争う機会を与えなければならない。この原則の例外は、第四修正の要件が厳格に遵守された場合のみである。

ヘイドン以降、単なる証拠を押収し得ることになり、警察には新たな権限が与えられたのであり、文書の捜索・押収は第四修正の新しい次元の問題に属する。したがって、一八世紀に贓物の捜索令状の発付を正当化するために適切とされた相当理由の証明があるだけでは、自動的に第四修正に反さないことを証明したことにはならない。

第四修正は相当理由に基づかない令状の発付を禁じている。捜索の告知をせずに捜索をすることが正当とされるのは、証拠の隠匿又は破壊の虞れがある場合のみである。令状申請書に、事前の告知のない実力を行使する捜索が必要である旨を証明していなければ、相当理由の要件は充足されているとはいえない。その場合、合理的な捜索とされる他の場合に当たらなければ、その捜索は第四修正に違反する。

(3)　本件では、令状申請書には、被上告人が違法行為に関係していたとか、警察が入手しようと考えていた証拠が、事前の告知が与えられれば破壊されたことを示唆する事実は何も示されていない。したがって、本件の令状は令状要件を定めた条項にしたがっておらず、本件捜索は第一文の不合理な捜索に当たる。

五　パウエル裁判官の補足意見――省略

《解　説》

一　本件は、犯罪の嫌疑をかけられていない第三者たる新聞社を捜索・押収するには、第四修正上、文書提出命令の利用が義務付けられ、文書提出命令を利用できない場合に限って、通常の捜索・押収令状を利用できることになるのか否かについて判断した最初の合衆国最高裁判所の判例である。

二　通常の場合、第三者の家屋に捜索・押収対象物が存在する場合でも、捜索・押収が一般探索的にならないようにするための要件――犯罪を行ったと疑うに足りる相当な理由、捜索・押収がその相当理由に関連する証拠物に限定されていること、その証拠が捜索場所に存在する蓋然性があることといった要件――を充たした令状により捜索・押収がなされれば、その捜索・押収は合法なものとされる。

だが、犯罪の嫌疑のない「新聞社」が捜索・押収対象である場合には、その捜索・押収によって、犯罪とは関連のない活動――とりわけ「表現の自由」に関係する活動――まで法執行官憲の目に触れる結果となり、秘密の情報源が明らかとなるなど、第一修正に関連する利益の侵害の虞れが生ずる。

だが、法廷意見は、令状発付に当たって捜索・押収の要件の充足の有無の審査を厳格にすれば、一般探索的捜索・押収の危険は防げるとみて、第一修正の利益が関連する場合であれ、文書提出命令の利用が実際的ではないことが令状による捜索・押収の前提条件とはならず、捜索・押収令状の発付に際しては、相当理由があれば足りると判示した。

だが、本件下級審やスチュワート裁判官の言うように、犯罪を行ってはいない第三者たる新聞社が関係する場合には、第一修正の利益を侵害する虞れが類型的に高いとみれる場合であるので、まず文書命令の利用が義務づけられ、文書提出命令を利用し得ないような事情のある場合に限定して捜索・押収令状による捜索を認めるべきであるとする立場は相当に説得的であると思われる。

この様に、第一修正が関係する場合には、通常の場合と違って、第一修正の利益に配慮した規律を考えるべきであるとする立場は、先例の流れにも添っている。

猥褻物とされる物の捜索・押収に関しては第一修正の利益が関連することに配慮して、令状発付に際しては、「猥褻性の有無に焦点を当てて周到に吟味する」ことを求め[1]、猥褻文書の大量押収が関係する場合には、「事前の」「対審構造の」猥褻性の有無についての聴聞を求め[2]、証拠保全目的の押収にあっても、押収後、「速やかな」「対審による」猥褻性の認定手続を義務付けるなど[3]、兇器や薬物が関係する場合に比べ要件を加重してきているのである[4]。

本件は、第一修正の利益が関係することが明白であることに照らすと、事実類型に応じて要件を加重することは、むしろ、先例の流れに添うところだったのではないかと思われるのである[5]。

仮に、法廷意見のように、令状発付については、マジストレイトの憲法違反についての周到な判断に委ねることで第一及び第四修正の利益が十分保護されるとしても[6]、通常の捜索・押収の場合と同じ要件で足りるとする立場は、その令状の執行段階で犯罪とは関係のない資料が必然的に法執行官憲の目に触れることになる点を十分考慮していない欠点があると思われる。この点は令状発付の際の審査を厳格にし令状要件を厳格にしただけでは避けることができない問題なのであるから、別の工夫が求められるというべきであろう。

さらに、証拠破壊の危険も過度に強調すべきではないと思われる。(7) 新聞社は、記録を保存して将来の取材に備えるのが通常であろうし、一般的に証拠破壊の危険があると推定すべきものでもない。法廷意見は証拠破壊の危険を一般化し過ぎているように思われる。

三　起草当時には求められていなかったとしても、起草者の狙いとするところをよりよく実現する方策が後にみつかったのであれば、その方策は起草者の意図に添うと言ってもよく、起草者が具体的にそれを意図していなかったから憲法の内容とはならないとするのは、憲法解釈方法としても妥当とは思われない。

法廷意見は猥褻物の大量押収が関係する場合には、憲法上保護される表現の自由の事前抑制の危険があることを理由に、その押収に先立つ事前の裁判官の関与する対審構造の手続の履践を義務づけた先例(8)を引いているが、この先例は、起草者が具体的に意図したというよりも、起草者の第一修正、第四修正の狙いとしたところをよりよく実現し得る方策を探求した結果であろう。起草者の理解は、法理の発展を阻止する理由にはならないと思われる。法解釈に関する、法廷意見の立場には疑問が残る。

四　なお、本件後、連邦議会は、新聞社の捜索・押収等が関係する場合には、原則として文書提出命令の利用を義務づけ、それが不可能な場合に限定して捜索・押収を認める法律を制定した。(9)

（1）　Marcus v. Search Warrant, 367 U. S. 717 (1961).
（2）　Quantity of Copies of Books v. Kansas, 378. S. 205 (1964).
（3）　Heller v. New York, 413 U. S. 483 (1973).
（4）　New York v. P.J. Video, 475 U. S. 868 (1986)（本書26事件）事件での解説を参照。

（5）Note, 92 Harv. L. Rev. 57, 200–210 (1978). このノートは、法廷意見は「相当理由」という言葉に本来存在する柔軟性を無視していると批判している。

（6）多くの法域ではマジストレイトは法律家である必要はなく、憲法上の権利の微妙なバランスを評価できないかもしれないとする懸念を表明するものもある。See Note, Constitutional Law-First and Fourth Amendments-Search Warrants and the News Media-Zurcher v. Stanford Daily, 436 U. S. 547 (1978), 1979 Wisconsin L. Rev. 660 (1979).

（7）パウエル裁判官は、註で Stanford Daily 社がヴェトナム戦争に関して官憲の利用に通ずる証拠を廃棄するポリシーを採っていたことを挙げるが、——本件法廷意見はこのポリシーが採られていたことを全く指摘していない——仮にその様なポリシーが採られていたとしても、そのポリシーが本件にも適用されたのかには疑問が残る。

（8）Quantity of Copies of Books v. Kansas, 378. S. 205 (1964).

（9）Privacy Protection Act of 1980 (Public Law 96–440, 96th Congress). この法律の概要については、渥美東洋「捜索・押収におけるプライヴァシーの概念」『刑事裁判の諸問題』岩田誠先生傘寿祝賀論文集（判例タイムズ社）一八五頁、二一〇頁（註23）（一九八二年）参照）。

（中野目　善則）

一一　猥褻物の捜索・押収

24　Lo-Ji Sales, Inc. v. New York, 442 U. S. 319 (1979)

押収対象物の限定・明示を欠いた捜索・押収令状による猥褻物の押収が問題とされた事例。

《事実の概要》

ニューヨーク州警察の捜査官が申請人の「成人向」書店から二巻のフィルムを購入した。それを見た捜査官は同州の猥褻法違反に当たると結論し、このフィルムは同州の猥褻法違反に当たり販売者の店を捜索する令状を正当化するに足る合理的理由があるか否かについてTown Justiceの判断を受けるためにこのフィルムを持参した。Town Jusitceは両方のフィルムを全部見て、猥褻物に当たると結論し、その捜査官の提出した宣誓供述書に基づき、申請人の店の捜索と、Town Justiceに示した二本のフィルムの他のコピーの押収を許可する令状を発付した。この捜査官は、宣誓供述書で、猥褻法違反と思料される「類似の」フィルムと類似の行為を描いた印刷物がその家屋で発見できると主張し、Town Justiceにこの捜索令状執行に同伴を求めた。捜査官が同伴を求めた目的は、この店に法違反の押収物が他にあるか否かをTown Justiceが独立して判断できるようにすることにあった。Town Justiceはこれに同意した。この令状には、「裁判所が独立して審査し、その所持が猥褻法違反に当たると判断したもの」の押収を認めるという記載を含んでいた。だが、Town Justice が令状に署名したときには、この記載に続いて、押収すべき物のリスト又は押収物の記載はなく、押収すべきものとして記載のある唯一のものは右の二本のフィルムのコピーであった。Town Justice は、また、このフィルムの販売を理由にこの店を営業している売り子の逮捕令状に署名した。

この後、Town Justice、その捜査官、それと九人の他の法執行官憲が店に立入り、ただ一人いた売り子を逮捕下におき（店の中で自由に仕事をすることはでき店は開けたままであった。）、捜索令状を呈示して、六時間に亙る捜索をした。この捜索はコインを投入して動くフィルムを上映するブースを、コインなしで見れるようにして、Town Justice がそのフィルムをそれぞれ数分見て、猥褻物であると信ずる相当理由があると判断したときにはそのフィルムとプロジェクタ（映写機）の押収を命じた。次に、展示してある書籍と雑誌について検討し、文字部分が意味があるとみられるほど含まれていない雑誌だけを選んで、それを数秒ないし数十秒終わりまで見て、相当理由があると判断したときにはそのコピーの他、それと同一の又は「類似の」コピーの押収を命じた。全部で三九七冊の雑誌が押収された。最後にガラス・ケースの中にあるフィルムと他の物について捜索し、店員が箱の外の絵がそのフィルムの内容を示すと述べたので、その絵から箱の中のフィルムが猥褻物であると信ずる相当理由があると判断した場合には、Town Justice はそのフィルムのコピーすべての押収を命じた。

この捜索終了後、押収物を州警察のバラックに運んでそこで押収目録（インヴェントリィ）が作成された。それぞれの物はこのとき捜索令状に記載され、後に、完成した捜索令状が Town Justice に提出された。この令状は捜索開始前 Town Justice が署名したときには二頁であったものが後には一六頁になっていた。したがって、書籍及びその他の記事の押収とインパウンド後に押収対象物の明示した記載（particular description）がなされたことは明らかである。

申請人は同州の第二級猥褻罪で起訴された。申請人は公判前に、この捜索・押収が第一、第四、第六修正に違反することを理由に証拠すべてを排除するよう求めたが、却下され、有罪答弁した。したがって、雑誌とフルムが猥褻であることは裁判上の自白があったことになり、本件では猥褻性に関する争点はない。本件令状と本件捜索・押収の妥当性だけが本件の争点である。排除申立を却下する裁判に対する上訴を有罪答弁後も許しているニューヨーク州に従い、申請人は控訴したが、棄却され、州最高裁への上訴も棄却された。合衆国最高裁判所は本件の雑誌、フィルム、及びその他の物の押収が第一、第四、及び第一四修正に違反するとの主張を審査するためサーシオレーライを認めた。

《判旨・法廷意見》

破棄差戻し

一　バーガー首席裁判官執筆の法廷意見

(1)　本件の捜索令状は、捜査官が捜索開始前に購入した二本のフィルムのコピーの具体的記載を除き、押収対象物の限定・明示した（particularly）記載がない。この令状は、捜査官の、他の類似の猥褻物がその店で発見されると思料されるという結論だけを述べた供述書に基づいて発付されたものであり、何が猥褻物か、猥褻物と判断された物を押収すべきかを、その捜索をする官憲の裁量にすべて委ねてしまっている。第四修正はこのような行為を許していない。また第四修正は一般令状によって捜索し、捜索・押収中に又はその終了後にその捜索令状を完全なものにすることを認めていない。

本件の捜索開始時には、本件令状が仮に有効だとしても、具体的記載のある二本のフィルムのコピーの捜索について相当理由があるにとどまり、それ以外の物については十分な相当理由が欠けていた。本件は一般令状による捜索の場合である。

(2) 先例では、犯罪の摘発という競争的な業務に従事する法執行官憲の急いだ判断ではなく、中立で公平な司法官の発する令状の重要性を強調してきている。州は、本件で捜索にTown Justiceが立ち会い、参加しているので、猥褻であるとの相当理由なくして押収されることがない保障があり、猥褻性の争点について申請人は直ちに対審での聴聞を受けることができるという。

Town Justiceは捜索・押収令状の申請書を呈示されたとき司法官に求められる中立性と公平性を示してはいない。Town Justiceの行為の適法性を審査するに当たり、Town Justiceの主観的信念を問題とする必要はない。記録に示された客観的な事実に照らすと、初めにあった中立で公平な立場がいかなるものであれ、それがなくなってしまっているのは明らかである。Town Justiceは本質的に警察活動である捜索隊の、リーダーではないとしても、そのメンバーになってしまっている。一旦その店で無効な令状による一般的捜索をしてしまえば、彼は、司法官として行動しているのではなく、法執行官憲の一員として行動しているのである。彼は猥褻と思料する物の押収を命じたとき、警察官憲に「類似の」物の押収を指示し、その「類似の」物が何を指すかの判断をその官憲の裁量に委ねた。実際、彼は、一般令状を完全なものにすることさえ許した。Town Justiceは、警察の準備した押収目録が彼が押収を命じた物を正確に示しているかどうか確証できないことを認めている。

州はまた、本件捜索・押収がヘラー(Heller v. New York, 413 U. S. 483 (1973))に従っていることを主張するが失当である。同事件では、州法違反の可能性があるという警察の報告に基づき、裁判官が劇場で通常の客と同様に金を払ってフィルムを全部見て、そのフィルムを証拠として押収する令状を発付した。ここでは一本のコピーの押収が、猥褻について裁判が係属中、上映を続けることができなくなるという主張はなく、ヘラーの主張は、フィルム一本でさえ、押収に先立つ対審の聴聞がなければ合法に押収できないというものであった。合衆国最高裁の法廷意見は、この主張を却けて、中立な司法官がそのフィルムを見た後に相当理由があると判断して発付した令状によりなされた押収は、請求に基づき猥褻性の争点について迅速な対審の聴聞が開かれれば、憲法上許されると判示した。第一修正により保護されると推定される書籍、フィルム、その他の物の大量押収の場合には事前の対審の聴聞が義務づけられるが、刑事手続に用いる証拠保全の目的で一本のフィルムのコピー一本を押収する場合はこれとは大きく異なるのであり、とりわけその押収が上映の継続を阻止するという証明又は公判前の主張がない場合は特にそうである。Id. at491-492. 本件では Town Justice は令状の申請からその発付、執行の段階まで監督・関与している。いつ彼が「中立で公平な」司法官として行動したのか識別するのは難しい。押収の執行に当たり警察と検察と共に行動しており、また、一方当事者参加の形でしか、押収後の「速やかな」猥褻性についての聴聞を行っていない。ヘラーはこのような行為を許していない。

(3)　州は、さらに、店で争点となっている物を一般公衆に展示していたのだから申請人には政府の侵入を受けないという正当な期待はなく、したがって令状は不要であると主張する。だが、小売り店が一般公衆が立入ることを誘っているから第四修正の保障に従わない店全部の捜索・押収に同意したとはいえない（See Lewis v. United Stats, 385 U. S. 206, 211 (1966)）。Town Justice は本件フィルムを見たが客として見たのではない。書籍の検査、フィルムの内容についての検査も同様である。

申請人はその売り子を通じ本件の店全部を対象とする捜索・押収に同意したともいえない。代理人である売り子は逮捕下におかれ捜索令状が発付されていたことを知っていると考えられるから、同意は自由かつ任意になされたものではない。一見合法であるかのようにみえる強制を前にしてなされた同意は、本件の違法な行為を合法にできない。

破棄差戻。

《解　説》

一　本件は押収対象物の限定・明示した記載を欠く「一般令状」による「猥褻物」の捜索・押収が関係した事件である。全員一致の法廷意見は令状発付裁判官が関与してなされた一般令状による法執行は第四修正と第一修正の双方に違反すると判示している。一般令状による猥褻物とされる物の押収が違憲とされた事例にはマーカス[1]の等があるが、本件は、法執行に裁判官が関与していた点に特徴がある。

二　第四修正は、その制定経緯からも文言からも明らかなように、押収対象物の限定・明示した記載（particular description）のない一般令状・臨検令状による捜索・押収を禁止する[2]。このような令状は、捜索・押収について無制約の裁量を法執行官憲に与えることになり、私人のプライヴァシーはすべて政府の裁量に委ねられてしまうからである。当然のことながら、捜索開始時に捜索・押収令状が押収対象物を限定・明示していなければ、政府に無制約の裁量を与えることになるので、それは一般令状である。

本件法廷意見は、このような一般令状を禁止する第四修正の基本的立場を確認して、本件での令状には押収対象物の限定・明示した記載がないので、この令状は一般令状に他ならないと判示している。

三　法廷意見は、本件で令状を発付した裁判官は「中立性と公平性」を欠いていると判示している。

第四修正が令状による捜索・押収を原則とする趣旨は、法執行機関は、犯罪の摘発・発見・鎮圧という業務に従事している性質上、その判断が犯罪の取締の方に傾斜しているため、法執行機関に捜索・押収の可否・範囲の判断をすべて委ねてしまうと、相当理由・必要性についての恣意的な判断や後知恵の危険を生むので、中立で公平な裁判官

（令状発付官）の判断を介在させることによって、この弊害を回避・除去・阻止するというところにある。[3] この裁判官の判断は「中立で公平な」ものであるからこそ意味がある。

本件では裁判官は一般令状を発付したのみならず、その執行に参加し、「類似」品の押収まで指示して一般捜索的捜索・押収を命じており、法廷意見は、これらの諸点はこの裁判官が法執行機関の一部として行動していることを示すもので、裁判官に求められる中立性と公平性は失われていると判示した。また、事後に、押収対象物を記載してこの令状を完全なものにすることを許してさえおり、裁判官が令状発付に関与する意味が失われてしまっていることを示している。

四　本件では「猥褻物」が関係する。猥褻物の捜索・押収の場合、表現の自由の保障が関係するので、兇器や薬物の押収よりも慎重な配慮が求められる。[4] 相対的猥褻概念によって猥褻性の有無を判断するため、第一修正により保護を受ける物までが捜索・押収を受ける虞れがあるからである。そこで、判例上、押収前の「猥褻性について焦点を当てて周到に吟味する手続を踏むことが求められ、[5] 事前抑制を避けるために、猥褻文書の大量押収の場合には、令状発付に先立つ猥褻性の有無についての（裁判官の関与する）「対審（構造）の」聴聞（prior adversary hearing）を開かなければならず、[6] 証拠保全目的での少量のサンプルを、マジストレイトが映画のフィルム全体を見て発付した合法な令状により押収するときも、事前の対審構造の聴聞は不要だが、第一修正の利益への配慮から、押収後の「すみやかな」「対審構造の」聴聞をが開かれなければならないとされている。[7] また、第一修正の利益への配慮から、捜査機関とは独立した猥褻性の有無についての周到な判断を介在させるため、猥褻物の押収は令状によることを求めている。[8]

本件で捜査官が捜索・押収への裁判官の同伴を求めたのは、第一修正との関係で猥褻性の判断は微妙であるので、第一修正違反の虞れを回避しようとしたためであると思われる。

だが、既にみたように、本件では裁判官の中立性と公平性は失われており、また、ヘラー[9]の求める押収後の「速やかな」「対審構造の」聴聞も開かれていないので、第一修正にも違反しているといえる。

五 以上みたように、本件は先例で示された基準に従った判断を示した事件であり、新基準を示した事件ではないが、裁判官の法執行への関与の形態が法執行機関の一部となり、裁判官に求められる中立性と公平性を失っている場合を示した点で意味のある事例だといえるだろう。

（1） Marcus v. Search Warrant of Property, 367 U. S. 717 (1961).
（2） See Lasson, The History And Development Of The Fourth Amendment To The United States Constitution, 1937.
（3） Johnson v. United States, 333 U. S. 10 (1948). 渥美東洋「『レッスン刑事訴訟法（上）』レッスン7 一〇九頁参照（一九八五年）（中央大学出版部）。
（4） Marcus v. Search Warrant of Property, supra. なお、New York v P.J. Vide, 475 U. S. 868 (1986)（本書26事件）参照。
（5） Marcus v. Search Warrant of Property, supra.
（6） Quantity oif Copies of Books v. Kansas, 378 U. S. 2052 (1964).
（7） Heller v. New York, 413 U. S. 483 (1973).
（8） Roaden v. Kentucky, 413 U. S. 496 (1973).
（9） Heller v. New York, supra.

（中野目　善則）

25　Walter v. United States, 447 U. S. 649 (1980)

適法に入手した猥褻フィルムの映写は「捜索」に当たり、令状を要するとされた事例。

《事実の概要》

偽名の荷主名を用い荷受人を実在する会社名と似た架空の会社名とする封をした荷物が、誤って実在の会社に配達され、その会社の従業員が荷物を開けたところ、多数のフィルム在中の箱が見つかった。その箱の表示からフィルムは猥褻フィルムと考えられた。そこで従業員は箱を開け、フィルムの一部を光にあて、映像を見ようとしたが果さず、FBIに通報し、荷物を係官に交付した。FBIは荷主にも荷受人にも連絡せず、さらには、無令状でそのフィルムを映写機にかけた。この映写の正確な日時は記録上は明らかではないが、フィルム入手二ヶ月後のことのようである。

上訴人は猥褻フィルムの州際輸送を理由に大陪審訴追を受けた。フィルムの排除を求めかつその還付を求めた上訴人の申立は却下され、上訴人は有罪とされた。第五巡回区控訴裁判所はこれを確認した。

《判旨・複数意見》

原判決破棄

一　スティーヴンス裁判官執筆による多数意見

(1)　フィルムの内容がフィルムの入っていた箱の表示から推察し得る場合であったとしても、FBIが権限なくフィルムを映写した行為はフィルム所有者の憲法上保護されたプライヴァシーの利益を侵害する不合理なものである。というのはフィルムの映写は捜索に当り、本件の映写行為は無令状で、所有者の同意もなく、緊急状況もないまま行われた捜索であるからである。

(2)　ＦＢＩがフィルムの箱を適法に占有することになったからとはいえ、フィルムの捜索権限まではない。包装物の所持権限をもつ警察官は、それだけでその内容を検査する権限をもつものではない、というのが確立した原則である。また包装物の内容が書物その他、第一修正により保護される物であり、かつ当該包装物を押収する根拠が包装物中の物品の意思伝達内容に関するものである場合には、とくに令状要件の遵守が重要となる。

(3)　包装物及び在中の箱を私人がすでに開封済であるとの理由で、ＦＢＩが無令状で、それを映写してよいとはいえない。たしかに私人のなした不当な捜索・押収は第四修正違反とはならず、また私人の捜索・押収の結果政府が或る物を適法に入手した場合には、それを証拠として利用し得るというのが、マクドゥウェル（Burdeau v. McDowell, 256 U. S. 465 (1921)）以来確立した原則である。そこで、本件でも私人の検査と同程度に包装物とその内容をＦＢＩが検査することは許される。しかし、政府に交付されたとき、包装在中物が私人の検査によって明瞭に目につく状態になっていないときには、政府は、私人の検査によるのとは別の理由に基づく捜索権限がないかぎり、私人の行った捜索の範囲を超えてはならない。本件では私人は実際にはフィルムを見ておらず、政府が映写するまでは誰もフィルムの内容を推測するしかなかった。先行した私人の捜索の範囲はこの映写行為によって、はるかに広げられたので、この映写行為は私人の検査とは別個の捜索行為と解されるべきであり、この捜索には緊急性がなく、しかも入手しようとすれば容易に入手し得たはずの令状もないまま捜索がなされたのである。

(4)　フィルムの箱の入っていたボール箱はしっかりと包装封緘されており、その内容を示すラベルも記述もなかった。このボール箱が荷受人に配送される前に私人によって開披され、フィルムの箱の表示が明らかにされたとしても、フィルム自体に対する荷主の適法なプライヴァシーの期待は変ることなく持続する。私人による捜索は、この期待の一部を侵したにすぎず、第四修正の保護を受ける部分が残っており、この部分まで私人の捜査で否定されてしまったのではない。原判決破棄。

二　ホワイト裁判官の一部補足・結論賛成意見

私人がフィルムを政府に交付する前に自ら映写していた事案であれば、政府の映写行為が第四修正に違反するか否かはまだ残されていると多数意見は示唆するが、その立場には賛成できない。上訴人はフィルムに適法なプライヴァシーをもっており、私人の映写後であっても、この期待は持続するものである。

三　ブラックマン裁判官の反対意見

政府のした映写行為は私人のフィルム入手行為と別個の捜査ではなく、違憲ではない。というのは、FBIがフィルムを受領した時点ですでに上訴人はフィルムの内容へのプライヴァシーの期待を全く失っていたといえるからである。

フィルムの箱の表示からどんな内容のフィルムかが判っていたのであるから、FBIがフィルムを映写したとしても捜索の性質は変わらず、また令状を要する新たな捜索になるのでもない。

プライヴァシーについての上訴人の主観的な期待が一部侵害されたのは、上訴人自身の行為にも原因がある。連邦地方裁判所が判示するように、荷主名も荷受人名もともに偽名で物を輸送する行為は、物についてのプライヴァシーの放棄とみるのが合理的である。

それゆえ映写行為は、別個の捜索でもなくプライヴァシー侵害にもならないので、第四修正上合理的な捜索といえる。

《解　説》

一　本件は、官憲が適法に入手したフィルムを映写することは捜索に当たるので、事前に令状を入手すべきだとしたものである。

私設馬券の作成・販売行為の記録や賭博用禁制品等に対する捜索令状を執行中、机の抽出しから発見されたフィルムを別室で発見された映写機とスクリーンを用いて映写した結果、そのフィルムが猥褻物と判明し、上訴人が猥褻物品所持で有罪とされたスタンリー（Stanley v. Georgia, 394 U. S. 557 (1969)）では、私人が猥褻物品を単に所持することを違法とする州法は、第一及び第一四修正に違反するとした。この法廷意見を補足してスチュワート裁判官は、映写するまで内容が判明しなかったのであるから、そのフィルムは禁制品でもなく、また明白に目に入った状況にあった犯罪の証拠でもないので、フィルムの押収映写を許すと、無制限の捜索・無差別的押収を認めることになるとの理由で、この別件でのフィルムの押収は第四及び第一四修正に違反すると判示した。スタンリー事件ではフィルムは捜索令状に明示された対象物ではなく、したがって映写行為が「捜索」に当るか否かを判断しなくてもフィルムの押収自体が違法であると補足しておけば足りる場合であった。

これに対し本件ではＦＢＩがフィルムを入手した行為は適法とされる。マクドゥウェルにより、私人の違法な行為により取得された物の官憲の入手行為は第四修正に違反しない。したがって、本件での実在する会社の従業員が行った荷解、フィルム箱開披等の行為が違法か否かにかかわりなく、ＦＢＩのフィルム入手行為は第四修正には違反しないと解される。したがって映写行為がはたして合憲か否かが問題とされたのである。本件は映写行為を第四修正の捜索に当たるので令状を要すると判示した、合衆国最高裁判所の最初の判例である。

二　複数意見はチャドウィック＝サンダース法理に拠る。チャドウィック（United States v. Chadwick, 433 U. S. 1 (1978)）では停止中の自動車に置かれたフットロッカーの入手が適法であっても、その中味を捜索するには令状を要すると判示され、サンダース（Arkansas v. Sanders, 442 U. S. 753 (1979)）にあっては、同様に走行中の自動車のトランクに置かれたスーツケースの押収が適法であってもその内容を捜索するには令状が必要であると判示された。こうしてチャドウィック＝サンダース法理は、車中の容器には車に対するプライヴァシーとは別個のプライヴァシーが存在することを前提に、容器入手が適法であっても容器の内容にあるプライヴァシーを開示するには令状を要するとしたのである。本件ではＦＢＩがフィルムを入手するときまでにすでに包装函、フィルムの箱は開けられていたので、その部分ではプライヴァシーの保障はない。だが、複数意見はフィルムの内容はまだ誰にも明確には判明していない点に着目し、フィルムの内容には独立のプライヴァシーの期待が残っているとみた。これに対し反対意見は偽名の荷主名と荷受人名を用いて包装物を輸送すれば、その包装物の内容を誰かが見るであろうと考える方が合理的であり、しかも、フィルムの箱に示してあったラベルや表示から、フィルムの内容が猥褻なものであることが判明していたのであるから、収納されたフィルムの内容に独立したプライヴァシーを認め得ないと解した。また、すでにこのような状況では私人がフィルムの内容まで見てしまったとしても、その内容について荷送人にはプライヴァシーについての正当な期待がなく、荷送人はプライヴァシーを放棄しているとみるので、そもそも、ＦＢＩの映写行為を独立に第四修正の下で検討すべき必要はないことになる。そして、サンダース事件の法廷意見は脚註13で、車輌内で銃ケースが発見されたときには、そのケースの中味にはプライヴァシーはないと判示したが、ラベル等からみて、本件でのフィルムの箱とフィルムの関係はサンダース事件でのガンケースとその中味の関係が同一であると指摘する。プライヴァシーへの期待という観点からは本件は微妙な事例であろう。このような状況でも法廷意見は令状を要するというが、実は令状の要否の問題はプライヴァシーへの期待の保護の要否という観点からだけで、決定されるものでないことを示していると言えよう。微妙な事例では、とりわけ第一修正が関係するときには、捜査活動の基準を明確にするためにも、令状入手の時間的余裕があれば、令状を要すると解すべきだとするのが法廷意見の立場なのではあるまいか。また、そう解する方がより合理的であるように思われる。

尚、補足意見は、私人が映写していたとしても荷主のフィルムへのプライヴァシーは存すると言う。偶々私人がフィルムを見たか見ないかがプライヴァシー存否の岐れ目となるのを嫌ってのことであろう。

三　本件ではＦＢＩが行ったフィルムの映写行為が正確には何時行われたのかはっきりとしないが、フィルム入手の二ヶ月後であったらしいという。令状入手の時間的余裕は充分にある場合であった。また令状が発布されていれば、映写が何時行われたのか明確でないということもなかったであろう。令状は警察活動の個別的行為基準を設定するものであり、当該警察活動の結果入手された証拠の排除の申立に係る聴聞において当該行為基準自体の合理性及び行為基準からの逸脱の有無を審査する過程で、個々の警察活動の可視性を事後であれ高める機能がある。令状の要否にはプライヴァシー保護の点だけでなく可視性の向上も斟酌すべきである。

また本件は捜索対象が映画フィルムであり、第一修正の表現の自由が関係する場合でもある。私人の開けたボール箱中のフィルム箱の表示から捜索のための相当な理由は確立されるとしても、捜索の必要性を慎重に判断すべき場合である。この判断は犯罪抑止という競争的活動に従事する熱心な警察官よりも中立的マジストレイトに親しみやすいであろう。

（香川　喜八朗）

26　New York v. P. J. Video, 475 U. S. 868 (1986)

第一修正が関係する場合でも、通常の押収の場合よりも高度の相当理由が要件とはならないとされた事例（猥褻を理由とする押収令状の発付を受けるために提出された宣誓供述書の記載内容の十分性が問題とされた事例）。

《事実の概要》

Erie County N. Y. District Attorney's Office の捜査の結果、被上告人（P. J. Video and James Erhart）が猥褻で告発された。被上告人の店から Erie County の Sheriff's Department の一員が借り出してきた一〇本のビデオカセットを調べる任務に就いた捜査官Gは、全部を見たのち各フィルムのテーマと映写行為を要約する宣誓供述書を作成した。この宣誓供述書が被上告人の店の捜索令状請求書に添付された。

これを承けて New York Supreme Court の裁判官は捜索令状を発付した。この令状は翌日執行され、宣誓のうえ作成された押収品目録にしたがって、警察は合計一三本のビデオカセットを押収した。令状発付裁判官は押収品の証拠保全目的での一時保管を命じた。

被上告人は、一〇本のフィルムのうち五本のみについて、州の猥褻法違反で Village of Deputy Justice Court に起訴された。被上告人は、令状発付官は捜索・押収の対象たる映画を自分では見ていないので、本件の押収令状には相当理由が欠けているとして、押収ビデオテープの排除を申し立てた。Justice Court はこの申立を容れ公訴を棄却した。国がこれに上訴を申し立てたが、上訴審は原審判断を確認し上訴を棄却した。

New York Court of Appeals（ニューヨーク州最上級裁判所）も、一審判断を、一審とは異なる理由によって確認した。

同裁判所は、例えば、兇器や薬物の押収令状請求書とは異なり、書籍及びフィルム等の押収令状請求の審査に当たっては兇器や薬物が関係する場合よりも高度の評価基準を用いるべき旨を判示した。New York Court of Appeals は、この「より高度の」基準をつぎのように用いた。

「宣誓供述書記載のシーンの多くは、明白な性行為を含み、憲法の基準上、明らかにいやらしいものと認められるが、宣誓供述書にはこれらのシーンが押収フィルムの全部か、大部分か、極く一部かが明示されていない。宣誓供述書記載の性行為を、フィルム中の会話を摘示して補充してもおらず、宣誓供述人は、映画の筋と無関係な状況を、映画の『特徴』又は『主題』と述べている。宣誓供述人は、映画の筋（又は筋が欠けていること）に全く言及していないので、映画が、専ら見る者の好色的興味に訴えるものである旨を証明していない。要するに、本件の宣誓供述書の内容を、いやらしい部分だけを摘示したものではないと推論できない。」

同裁判所は、令状発付官が、現代の社会基準を用いて映画を全体として評価したうえ、猥褻物に当たるので憲法の保障が及ばない、と判断するに必要な情報が、宣誓供述書には含まれていないと判示した。この判断には、議会定義の猥褻物に本件のビデオテープが当たるか否かを判断するのに十分な情報が宣誓供述書には含まれているとの一名の裁判官の反対意見がある。

合衆国最高裁判所は本件ニューヨーク州最高裁判所と他の連邦裁判所（Sequoia Books Inc. v. McDonald, 725 F. 2d 1091 (CA7 1984) 及び United States v. Pryba, 163 U. S. App. D. C. 389, 502 F. 2d 391 (1974), cert. denied. 419 U. S. 1127 (1975)）との間の見解の相違の解決のため、サーシオレイライを認容した。

《判旨・法廷意見》

破棄

一　レーンクェスト裁判官執筆の法廷意見

(1)　フィルム又は書籍の、その内容を理由とする押収には第一修正の利益侵害が関係する点で、その他の物の押収と異なる。このため、かかる押収は一定の特別要件を充足しなければならない。例えば、ローデン（Roaden v. Kentucky, 413 U. S. 496 (1973)）では、猥褻物と主張される物の無令状の押収が「事前抑制」に当たる場合には、第四修正の緊急の場合の例外を根拠に無令状で押収することは許されないと判示した。Quantity of Books（Quantity of Books v. Kansas, 378 U. S. 205 (1964)）及びマーカス（Marcus v. Search Warrant, 367 U. S. 717 (1961)）では、さらに一歩進めて、書籍又はフィルムの大量押収が事前抑制に当たる場合には、それに先立つ猥褻性についての対審による聴聞を開かなければならないと判示した。ヘラー（Heller v. New York 413 U. S. 483 (1973)）では、猥褻と主張される物の押収が「事前抑制」に当たらず、証拠保全のためにすぎない場合でも、令状によることを要し、押収後すみやかに猥褻性について裁判官による判断の機会が与えられなければならないと判示した。また、リー・アート・セアター（Lee Art Theatre, Inc. v. Virginia, 392 U. S. 636 (1968)）では、第一修正の保護を受けると推定される物の押収令状は、押収対象物が猥褻物であるとの警察官の結論に専ら依拠して発せられてはならず、令状発付官が猥褻性を周到に吟味できる具体的事実を記載した宣誓供述書に基づいて発付されなければならない、と判示した。

(2)　ニューヨーク州 Court of Appeals は、捜索・押収と事前抑制の関係について判示した合衆国最高裁の先例によれば、書籍又はフィルムの押収請求の審査に当たり、相当理由について、第四修正のみが問題となる通常の場合よりも「高度の」基準が要件となるとするが、当法廷は、第一修正を根拠にそのように判示したことはない。

ヘラーでは、フィルムの廃棄又は上映阻止を目的とするフィルムの押収と、証拠保全を目的とするフィルムの押収とでは全く異なり、とりわけ、押収されたためフィルムの上映が阻止された旨の証明や主張が公判に先立ってなされていない場合には前者とは全く異なるのであり、「中立なマジストレイトの相当理由の判断を経た」令状により証拠保全目的で押収され、その後すみやかに対審構造の手続で猥褻性について裁判官が判断する機会が保障されていれば、その押収は合憲である、と述べて、マジストレイトによる事前の相当理由の判断が介在していれば、第一修正の利益は守られると判示した。通常の捜索・押収よりも高度の相当理由が書籍・フィルムの押収の要件となると示唆した先例はない。ローデン、Quantity of Books、マーカス、ヘラー、及びリー・アート・セアター等で示され、長く用いられた、書籍又はフィルムの押収に関する手続で、第一修正の利益が損なわれる事態は十分に防止できる。したがって、第一修正の保護が推定される場合の押収令状請求の審査も通常の場合と同一の相当理由の基準によって審査すべきである。

ゲイツ（Illinois v. Gates, 462 U. S. 213 (1983)）では、令状発付官は、宣誓供述書に示された全事情を前提に、特定場所での禁制品又は犯罪の証拠の存在の蓋然性の高さは実務的に、常識により判断しなければならず、令状発付官の判断を審査する上訴審は、発付官の下した相当理由がある旨の結論を支える十分な根拠（substantial basis）があるか否かを審査すべきであると判示した。ゲイツ事件の基準を適用すると、本件の五本のフィルムが州法上の猥褻物であると信ずるに足る相当理由が本件の令状にあったことは疑いを容れない程度に明らかである。本件宣誓供述書が州法上の三構成要件のうちの第二の構成要件たるいやらしさについての相当理由を十分に証明していることは被上告人も認めている。また、当法廷の審査によればこの宣誓供述書には州猥褻法の第一及び第三の構成要件、つまり映画が専ら好色的興味に訴えることをねらったものであり、その映画には、文学上、芸術上、政治上又は科学上の真摯な価値が欠けている、と見てよいと結論する基礎となる十分な情報が示されている。

ニューヨーク州Court of Appealsで反対意見を述べたジェイスン裁判官が判示したように、「本件の各宣誓供述書は、冒頭で映画名を示したビデオテープの「内容」と特徴は次の通りであると述べている。宣誓供述書記載の映画は被告人らが成人向けカセット映画として宣伝していた映画であるから、その宣誓供述書は、各映画の内容を全体として誠実かつ正確に描写したとマジストレイトが信ずるのは合理的であり、本件映画のタイトルを筋と場面を総合して考えれば、その映画の主題と真摯な価値につき合理的に判断できるはずであり、本件の宣誓供述書は結論だけ述べられている宣誓供述書には当たらない。」ゲイツ事件では、犯罪行為の蓋然性又は犯罪行為がなされた相当程度の蓋然性の存在だけが相当理由の認定に必要な理由であるとしている。破棄・差戻。

二　マーシャル裁判官の反対意見

ニューヨーク州法の猥褻規定に定められた基準の意味と、その基準の個々の事件での適用は、州法の問題であり、州裁判所に委ねられ、本件宣誓供述書が相当理由を証明しているか否かについては原審の判断を尊重すべきである。

ニューヨーク州法上、猥褻と判断するには、いやらしさの他、映画が現代の社会の基準に照らし「全体として」「専らそれを見る者の好色的興味に訴え」るものであることと、及び全体として、文学上、政治上又は科学上の価値を欠くことが要件とされている。ところが、本件の宣誓供述書には、性的な行為の一部が抜粋・描写されているだけで、全体として映画が専ら好色的興味に訴えるものか否かについて述べておらず、また、全体として何等かの芸術的価値があるのか否かにも触れておらず、現代の社会の基準に照らして、そのフィルムが猥褻か否かにも触れていない。本件の宣誓供述書のうちの二通の宣誓供述書では一定の性的行為が映画の中で終始写されているとの結論が述べられているだけで、映画の大部分のシーンさえ描写されていない。宣誓供述書記載のシーンは宣誓供述人の選択にすぎない。したがって、その性的な行為が映画全体で展開されているのか、又、本件フィルムの基調が何であるのかを判断する基礎はほとんど無い。フィルムの中から選んだシーンのリストが記載されているだけでは、全体としてフィルムの芸術的価値についての判断や、専ら好色的興味に訴えるものか否かの判断はなし得ない。

《解　説》

一　本件は「猥褻」フィルムのコピーの捜索・押収が関係する場合であり、第一修正が関係する。法廷意見は、押収対象物が猥褻物である場合には、兇器や薬物の押収が関係する捜索・押収よりも「より高度の」基準を充足することが必要であるとしたニューヨーク州 Court of Appeals の判断を破棄し、通常の基準で足りると判示した。

二　「猥褻」の判断基準については判例上変遷があり、(1) また、近年の合衆国最高裁判所の判例は、いわゆる「相対的」猥褻概念によって猥褻性を判断してきている。(2) 本件のニューヨーク州法も、ほぼ、近年の合衆国最高裁判所の採る猥褻基準と同様のものである。

この猥褻概念の下では、猥褻に当たるか否かを一義的に明確に判断できない場合がある。そのため、「猥褻物」の捜索・押収により、本来ならば第一修正が保護する物まで押収されてしまう事態が生ずる虞れがある。そこで猥褻物の捜索・押収に当たっては、第一修正の利益が直接に関係していない、兇器や薬物の捜索・押収などとは異なった配慮が求められる。(3)

三　先例上、猥褻性の有無の判断は微妙であるため、第一修正が保護する利益の侵害を回避するために種々の慎重な手続が設けられている。(4)

マーカスでは、マジストレイトが押収対象物たる資料を自ら全く審査することなく、令状請求書（complaint）記載の、押収対象物が「猥褻物」だとの警察官の「結論」だけに基づいて、押収対象物を具体的に示さずにただ単に「猥褻出版物」とだけ記載した捜索・押収令状が発せられ、第一修正が保護する資料まで大量に押収されたという事案にあって、合衆国最高裁判所はこの令状は「一般令状」に他ならず、押収前に「猥褻性について焦点を当てて周到に吟味する」手続（searchingly on the question of obscenity）が欠けているために、令状執行官に、裁量権行使の指針となるような十分な情報を与えない結果となったと判示した。(5)

リー・アート・セアター(6)も、マーカス事件に依拠して、猥褻物との捜査官の「結論」のみを示した主張に基づいて、その結論を支える基礎を吟味せずに発付された令状による捜索を違憲とした。（但し、マジストレイトが自らフィルムを見る必要があるか否かについては判断を留保している。）

また、Quantity of (Copies of) Books(7)では、猥褻文書の大量押収の場合には、「猥褻物」ではないため第一修正が保護する物が押収されたことで事前の抑制という結果が生ずるのを避けるには、令状の発付に先立つ、裁判官の関与する対審構造による聴聞（prior adversary hearing）を開かなければならないと判示した。

ヘラー(8)では、証拠を保全する目的による令状による押収の事件であり、合衆国最高裁判所の法廷意見は、令状発付官が映画のフィルム全体を見て令状を発付したのであるから、中立で公平なマジストレイトが猥褻性の問題について周到に吟味したといえるので、事前の対審構造の聴聞は開かなくともよいが、第一修正上の利益への配慮から、押収後の「すみやかな」「対審構造の」聴聞が要件とされると判示した。

さらに、ローデン(9)では、猥褻物の押収は必ず令状によらなければならないと判示されている。ローデンはドライブ・イン・シアターで上映されている映画フィルムのコピーの無令状押収（逮捕に伴う捜索・押収）が問題となった事案である。猥褻物の押収にあって令状要件を強調するのは、ただ単に令状入手が容易であるということだけではなく、表現の自由の事前抑制を避けるため、書籍であれフィルムであれ、押収の合理性の評価に当たってはより高度の基準が充たされなければならないのであり[10]、第一修正の利益の保護への配慮から中立で公平なマジストレイトの猥褻性の有無についての、周到な、捜査機関とは独立した判断を介在させる必要があるからである。また、定期的上映スケジュールが組まれ、入場料金を払った客に上映されまたその上映が繰り返されている映画については、事前の裁判官の令状入手を求めることで証拠破壊の危険や証拠の隠匿が生ずる虞れは少ないからである[11]。

四　本件の原審は、マーカスやローデンなどの先例に依拠して、第一修正の利益に配慮して、事前抑制に当たるのを避けるために「より高度の」基準を要件としたが、法廷意見は、この原審の判断を、相当理由について「より高度の」基準を求めたものと解して、破棄した。

相当理由の判断には、事実判断のみならず、本件では「猥褻性」についての判断が関係する。このとき表現の自由が関係する場合もあるので、「より高度の」基準の充足が求められるとしたのがニューヨーク州 Court of Appeals だが、本件法廷意見は、かかる基準が相当理由の判断に際し求められてはいないと判示した。

法廷意見は、「より高度の」基準の充足を求める立場には立たなかったが、ゲイツを引いて、相当理由を支える「十分な根拠（substantial evidence）」があることを求めており、この判断の過程で、猥褻性に関する判断を周到に行わなければならないことになろう。法廷意見は、ニューヨーク州 Court of Appeals のジェイスン裁判官の意見を引いて、本件での押収対象となったビデオテープは、「成人向けカセット映画として宣伝していたものであり、本件での宣誓供述書の記載により、映画の主題と真摯な価値について判断できる場合であり、結論だけが述べられた宣誓供述書の場合ではない、と判示している。猥褻物であると判断することができる十分な基礎がなければならないとする点で、本件法廷意見は、猥褻性についての周到な判断を求める先例の基調から外れる判断を示したものではない、と解すべきであろう。

五 本件で、法廷意見は、宣誓供述書に拠って猥褻物であると判断することが許されるとみた。本件では、いやらしいとされるシーンが全体なのか一部にとどまるのかが、宣誓供述書の記載からは判明しないとみたのが本件のニューヨーク州 Court of Appeals の法廷意見であり、マーシャル裁判官の意見である。宣誓供述書によって猥褻性の有無を判断する場合には、情報が間接的なものとなるので、宣誓供述書にいやらしいシーンが全体なのか一部なのかを明示するように求めるか否かが問われる。

マジストレイト又は令状発付裁判官が「自ら」フィルムを見て猥褻性の有無を判断すれば、第一修正の利益にある程度十分な配慮がなされることになるが、宣誓供述書だけから猥褻性を判断するときには、猥褻性の認定は「間接的」なものとなり、そのために、捜査官の、全体の一部分だけの選択的記載や不十分な記載によって令状発付官の猥褻性の判断が左右され、歪められる虞れがあるので、慎重な配慮が必要であろう。映画の題名だけから見るとフィルムが如何にも猥褻物であるかのように見えても、中味を検討してみるとそうでないことがあり得るし、また、一部だけを全体から切離して記載した場合には、「相対的」猥褻概念によって猥褻の規律を図ろうとしている現在の法の基準に反する評価をすることにもなる。その点で、宣誓供述書の記載について、猥褻性の判断を映画全体の文脈との関連で十分になし得るように、映画の筋や場面の記載やいやらしいとされる部分の映画全体に占める位置について示すことを求める立場は、より慎重な立場である。

だが、本件は、成人向けカセット映画として宣伝されていた、猥褻ビデオテープとされるテープ一〇数本の押収に関係した事例であり、本件宣誓供述書の記載を一部分だけ抜き出しものとは解さずに、各映画の内容を全体として誠実且つ正確に描写したものと令状発付官が信ずるのは合理的であると解することが、不合理であるとはいえないであろう。宣誓供述書の記載を判断する場合に、「成人向けカセット映画」として販売されているものに関する記載であるという事実背景を考慮に入れて本件の宣誓供述書の記載を判断する必要があろう。

（1） Regina v. Hicklin, [1968] L. Q. 3 Q. B. 360（この判例は、猥褻性が問題となる部分だけを取りだしてそれが最も影響を受けやすい人（the most susceptible person）に影響を与えるか否かにより猥褻か否かを判断した。合衆国でこの基準を採用していた裁判所もあったが、この基準は後に捨てられた。）; Roth v. United States, 354 U. S. 476 (1957)（猥褻な言動は表現の自由の本質的部分をなすものではなく、真理に至る第一歩としての社会的価値は極僅かなものであり、秩序と道徳を維持する社会の利益の方が明らかに優位する。猥褻は憲法上保障された言論又は表現に含まれない。――（この前提は以下に述べるミラー事件の基準によっている現在でも維持されているといえるであろう）――。猥褻物とは、好色的興味に訴える態度で性を取り扱っているものをいう。）; Memoirs v. Massachusetts, 383 U. S. 413 (1966).（①その資料のテーマが全体として専ら好色的興味に訴えるものであること、②性に関する事柄の描写又はその表現が現代の社会の基準に真っ向から反するものであり、明らかにいやらしいものであること、③その資料が欠点を補うような社会的価値を全く欠いていること（utterly without redeeming social value）が猥褻の要件とされた。複数意見。）; Miller v. California, 413 U. S. 15 (1973)（猥褻性を判断する基準は、①平均人が、現代の社会の基準により、その作品が、全体として好色的興味に訴えるものと認定するものであること、②その作品が、適用州法により具体的に定義された性的行為を明らかにいやらしいと認められる方法で描写していること、③その作品が、全体として、真摯な文学、芸術、政治又は科学的価値を欠いていること、である。ミラーでは Memoirs の第三の基準は検察側に事実上証明できない負担を課すものだとして Memoirs テストを採らないことを明らかにした。）なお、渥美東洋「猥褻に関する二つのアプローチ」判例タイムズ五四二号（一九八五年）を参照。

（2） Miller v. California, *supra*.

（3） Marcus v. Search Warrant of Property, etc., 367 U. S. 717, at 730-731 (1961); Quantity of (Copies of) Books v. Kansas, 378 U. S. 205, 211-212 (1964).（猥褻物は禁制品であり、したがって、猥褻物とされる物の捜索・押収を規律する基準は、麻薬、賭博器具、及びその他の禁制品に関して適用される規律と異ならないとする立場を既にマーカスで却けている、と判示した。）

（4）Marcus v. Search Warrant of Property, *supra.* マーカス事件は、一般令状の事件でありその意味で、第四修正それ自体の観点から下された事件であるとする見方もあるが（*Cf.* Burnett, *Obscenity Search and Seizure and the First Amendment,* 51 Denver L. J. 41, at 55 (1974)）、同事件の法廷意見は第一修正の保障する表現・出版の自由に関する利益にしばしば言及しており、第一修正の利益を意識した判断であることは確かであろう。異端や煽動的文書の取締と捜索・押収は密接に関連しており、一般令状を無効としたEntick v. Carrington, (1765) 19 How. St. Tr. 1029やWilkes v. Wood, (1765) 19 How. St. Tr. 1153は思想の自由と密接な係りがある。このような歴史は、合衆国憲法第四修正の背景をなしており（*See e. g.,* Marcus v. Search Warrants of Property. *supra,* at 724-729）、その意味で、第四修正と第一修正を全く切り離して考えることは妥当ではないと思われる。

（5）猥褻物の押収が関係した事件ではないが、共産党を違法とするテキサス州のSuppression Act（一九五五年制定）違反を根拠に、同法の罰条を引用するのみで押収対象物の特定を欠く令状が発付され、その令状により、大量の文書が押収され、結局は共産党関係の文書やその党に関係する文書が何ら発見されなかったStanford v. Texas, 379 U. S. 476 (1965)でも、マーカスやQuanity of Booksを引いて、押収対象物が、書籍であり、押収の基礎が、書籍中の思想（idea）であるときには、押収対象物は、最も厳格な精確さで（the most exact scruplous exactitude）限定されなければならないと判示している。

（6）Lee Art Theatre Inc. v. Virginia, 392 U. S. 636 (1968).

（7）Quantity of Books v. Kansas, *supra.*

（8）Heller v. New York, 413 U. S. 483 (1973).

（9）Roaden v. Kentucky, 413 U. S. 496 (1973).

（10）"[P]rior restraint of the right of expression, whether by books or films, calls for a *higher hurdle* in the evaluation of reasonableness." Roaden v. Kentucky, *supra,* at 504 (emphasis added).（書籍の場合であれ、映画の場合であれ、表現の自由の権利に対する事前抑制が関係する場合には、合理性の評価に際し、「より高いハードル」を考慮に入れなければならない。）本件法廷意見は註の（6）で、この判示部分は、書籍又はフィルムの押収令状を発付するに際し、より高度の相当理由を求めたものではなく、緊急性の例外は適用されず、マジストレイトが「猥褻性の問題について周到に吟味した」上で発付した令状に基づいて押収すべきことを求めた趣旨のものであると判示している。

(11) 通常、出版物や映画等が関係する場合には、捜索・押収が行われる者には、できるだけ、公開・発表する機会を求めることはあってもそれらを隠匿・破壊する動機は少ない。そこで猥褻を理由とする捜索・押収の場合には緊急性が欠けるといえるのである。

(中野目　善則)

一二　電子工学的装置を用いた監視活動

27　United States v. Donovan, 429 U. S. 413 (1977)

Title III of the Omnibus Crime Control and Safe Streets Act of 1968 で、会話の被傍受者を明示・特定すべき範囲、被傍受者への裁判官の裁量的告知との関連で裁判官に告知すべき被傍受者の範囲及びこの特定・告知義務に反した場合の証拠排除の有無が問われた事例。

《事実の概要》

前記法律によるワイヤー・タッピングによりドノバン、ロビンス、ブザーコの三名が令状（authorization）申請書に氏名の記載があった者との間で、授権理由たる犯罪について会話をしたことが判明したが、約一ヶ月後の延長申請書にこの三名を会話の被傍受者として明示しなかった。後に右三名を含めて令状に氏名の記載があった者に「傍受内容明細書」が送付され、会話傍受の事実が告知された。ところが、その会話を傍受されたメルロとラウエルはその氏名を令状申請書に記載されることもなく、傍受内容明細書の送付も受けなかった。District Court は、犯罪に関し会話を傍受する相当な理由を持っているのに、延長申請書に氏名が記載されていなかったことを理由に、ドノバン、ロビンス、ブザーコに対しては延長申請に基づいて発せられた令状によって得られた会話を排除し、メルロとラウエルに対しては会話傍受内容明細書による告知を受けなかったことを理由に傍受の結果入手した証拠をすべて排除した。Court of Appeals はこの判断を確認した。これに対する政府のサーシオレイライ申請が認められた。

本件は「総合犯罪規制及び安全市街地法一九六八年法第三部（Title III of the Omnibus Crime Control and Safe Streets Act of 1968）」即ち、合衆国法典タイトル一八、二五一〇条から二五二〇条の解釈に関係する。とりわけ本件では、① 二五一八条(1)(b)(iv)（会話を傍受される者の明示・特定を求めた規定）により明示・特定を求められる者の範囲、② 二五一八条(8)(d)（裁判官の裁量による告知を定めた規定）により、政府は、会話傍受後、令状発布裁判官が会話を傍受された者に会話傍受内容明細書を送達して行う告知を与えるか否か判断できるようにするため、傍受の過程で会話を聴かれた者の氏名をその裁判官に告げる義務を負うか。③ 右二つの規定に違反した場合、二五一五条、二五一八条(10)(a)により証拠は排除されるのか、の三点が争われた。

《判旨・法廷意見》

破棄

一 パウエル裁判官執筆

(1) 二五一八条(1)(b)(iv)は、ワイヤー・タッピングの授権申請は犯罪を犯し且つ通信を傍受される者が判明している場合には、その者を特定・明示（identify）しなければならない、と定める。この規定により特定・明示を求められる者は、政府が① ある個人が捜査対象たる犯罪に加担していること、と、② 政府が特定・明示する電話によりその者の会話が傍受される、との二点につき、そう信ずるに足る相当な理由を政府が持っている者であるとされている（United States v. Kahn, 415 U. S. 143 (1974)。本件ではこのような個人全員の明示・特定が法律により求められているか否かが問題となった。政府の立場は、捜査の主たるターゲットを特定すればよく、この者は政府が特定をはかろうとしている電話を用いるか否かにより決まるとするものだが、この立場は前記法律の文言と構造、それに立法沿革のいずれにもほとんど支えられない。二五一八条(8)(d)は複数人に会話傍受内容明細書の交付を命じている。また二五一八条(1)(e)では令状申請書に記載された複数人のうちの誰かについて政府が以前に傍受申請をした場合にはそれをすべて示すよう求めている。したがって、複数人の氏名が授権申請に記載されることを連邦議会が予期していたのは明らかである。

(2)　二五一八条(8)(d)は、令状発付裁判官は、令状又は申請書に氏名の記載があった者に傍受内容明細書を送付させねばならず、この明細書は、授権命令が発せられたこと、授権申請がなされたこと、及びその申請の処理結果及び傍受の有無を告知するものでなければならない。

令状又は申請書に氏名の記載のある者へのこの明細書の送付は命令的のものと規定され、その記載のなかった被傍受者への送付も裁判官が正義の利益に合致すると思料する場合にはこれをなし得ると定めている。

傍受会話の内容を知っているのは検察官であるから、この規定は検察官に傍受対象者を裁判官に知らせることを求めているものと解し得る。したがって、報告書でのメルロ、ラウエルの氏名の欠如は本項に違反する。

(3)　二五一五条は違法に傍受された会話とその果実たる証拠の公判等での利用を禁示する。さて前記二つの違反は、二五一五条の引金規定である二五一八条(10)(a)(i)にいわゆる「会話の違法傍受」に当たるか否かが問題となる。先例たるジョルダーノ(1)とシャヴェズ(2)によると、前記法律違反は、その要件の如何を問わず会話の傍受をすべて違法とするものではなく（シャヴェズ）、傍受利用の必要が明らかな例外的な状況にかぎって、傍受の利用を認める連邦議会の意図を直接に又は重要といえる程度に示している規定に違反した場合にはじめて証拠の排除が求められる（ジョルダーノ）。

令状発付の要件は、①通常の方法の不奏功、②特定個人の犯罪への加担、③傍受による犯罪に関する会話入手の蓋然性、④政府の明示する会話施設が特定・明示された犯罪に関して使用されていること、である（二五一八条(3)）。裁判官が、これらの要件が充足されていると判断できれば、或る者の氏名の申請書での欠落があっても、それによって、合法な授権が無効とはならない。本件での令状申請での氏名の欠落は、政府が気づかなかったことが理由であり、別件目的でわざわざそうしたのではない。

傍受内容明細書による傍受等の事実の告知が、傍受終了後であることに鑑み、この事後手続違反が傍受行為を違法とするものではない。

立法沿革上、事後告知規定は傍受手続の合理性を担保する目的のものではあるが、事後告知規定自体が傍受の利用自体を制約するものとは解し得ない。

したがって、二五一八条(1)(b)(iv)違反、同条(8)(d)違反は、同条(10)(a)(i)による排除の根拠とはならない。Court of Appeals の判断を破棄し差戻す。

二　マーシャル裁判官（スティーヴンス、ブレナン両裁判官参加）は、二五一八条(3)の要件を充足する場合でも、なお、裁判官は他の事由を参酌して令状を発付しないで済まし得ることを考えると、同条(1)(b)(iv)による情報の裁判官への提供は重要な役割を果たす。また、かつて傍受申請のあった場合に該当することが判明するかもしれない。さらに、氏名の記載があれば同条(8)dによる傍受明細書の送付の基礎となる。つぎに、二五一八条(8)(d)による裁量送付の規定も同法二五二〇条による民事訴訟に必要な情報を提供する点で重要である。以上を考えると、本件の証拠は排除されるべきである。

《解　説》

キャッツ（3）は、会話が盗聴され漏れることはないだろうとのもっともな期待からプライヴァシーの問題を考えるとの立場をとった。

本件は、通信傍受の実体要件と令状によるその審査はなされている場合である（法廷意見(3)）。本件では、さらに、電話の特定・明示のみでは不十分であり、犯罪に関係した会話を傍受する相当な理由を政府が有している者について、授権申請でその者を明示することが求められると判示した。この判断は、キャッツの、事前の令状によって、プライヴァシーの保護をより厚くしようとする姿勢をさらに進めたものとみることができる。

さらに、本件では、任意的告知（二五一八条(8)(d)）をなすのかどうか判断するのに必要とされる情報の提供を、明文で求められてはいないが、義務的なものとした。これらの解釈は電子工学による監視のもつ可視性の低さを少しでも減らしていく方向での解釈であると評価できる。

本件の証拠排除は、憲法違反を理由とするものではなく、法律違反を理由とする場合である。法廷意見が二五一八条(1)(b)(iv)違反を認めながら証拠を排除しなかったのは、ドノバン他の記載の延長申請での欠如は不注意によるものであり、別件捜査目的からではなかった点を重視したものである。少数意見のいうように、判明している者について令状発付の際に考慮することができ、また、命令的告知の引金となり、事後告知の点についても、告知を受けた者は傍受の事実を知り、それを争う機会を与えられることになるのは確かであろうが、本件は法律違反の場合であり、通信傍受の実体要件に関するものというよりは、事後の告知に関係するものであり、意図的な違反ではないので、法廷意見の立場も合理性を欠くとはいえないであろう。

（1） United States v. Giordano, 416 U. S. 505 (1974). この事件では前記法律規定（二五一六条(1)）によればアターニー・ジェネラル又はアターニー・ジェネラルが特に指定したアシスタント・アターニー・ジェネラルが傍受授権申請を認可しなければならないのにその認可が欠けていた。令状請求官を限定して盗聴の濫用を防止しようとするこの規定は、この法律で中心的役割を演ずるから、法定の者の認可の欠けた傍受により入手された証拠とその果実は排除されると判示した。

（2） United States v. Chavez, 416 U. S. 562 (1974). この事件では、前記法律により求められている会話の傍受授権申請に必要な認可をアターニー・ジェネラルが実際に与えていたが、申請書にはアシスタント・アターニー・ジェネラルが認可者であると誤記されていた。授権申請の認可者を授権申請及び授権命令で明示するよう求めた規定（二五一八条(1)(a)、二五一八条(4)(d)）それ自体は前記法律の定める法制度の中で重要な役割を果たすものではないとして、単なる誤記は二五一八条(10)(a)(i)の「違法に傍受された場合」に当らない、とした。

（3） Katz v. United States, 389 U. S. 347 (1967). 公衆電話ボックスを利用しての賭博情報の州際連絡の会話をＦＢＩの官憲が無令状で電子盗聴記録装置を設置して傍受した活動を、違憲と判断した。第四修正は、場所を保護するのではなく、人々のプライヴァシーを保護し、捜索・押収対象を有体物に対する物理的進入を伴う場合に限定していたオルムステッド＝ゴールドマン法理を変更し、会話者がプライヴァシーについて「もっともな期待」・「合理的期待」を有していれば、そのプライヴァシーは第四修正により保護されるとした。なお、Burger v. New York, 388 U. S. 41 (1967) は、特定の犯罪の相当な理由、会話の限定という要件を欠き、傍受令状の二ヶ月という長い有効期間の定めがあり、一日のうちの盗聴時間に制限を設けていないニューヨーク州法を違憲とした判例である。

（中野目　善則）

28 Smith v. Maryland, 442 U. S. 735 (1979)

架電した電話番号にはプライヴァシーの正当な期待が認められず、ペン・レジスターの設置・利用は第四修正上の

「捜索」に当たらないと判示された事例。

《事実の概要》

ある強盗事件の被害者が、犯人と名乗る男から脅迫電話・猥褻電話を受けるようになった。警察は、この被害者が示した犯人の人相書と合致する男が、強盗の犯行現場付近で被害者が目撃したのと同型の自動車を運転して、被害者宅付近を走行しているのを発見した。そして、自動車のナンバー・プレートからその男が申請人スミスであることを突き止めた。そこで、警察は電話会社に要請して、申請人が自宅から架けた電話の番号を記録するために、電話会社の交換機室（central office）にペン・レジスターを設置させた。これは無令状で行われた。ペン・レジスターにより申請人が被害者宅に電話を架けた事実が確認されたので、警察は令状を入手して申請人宅を捜索した。この捜索により、被害者の氏名と電話番号が掲載された頁の部分が折られている電話帳が発見され、申請人は逮捕された。その後、ラインナップで、申請人が犯人であることが被害者により確認された。

強盗で起訴された申請人は、公判に先立ち、ペン・レジスターが無令状で設置されたことを理由に、ペン・レジスターの利用に由来するすべての証拠の排除を申し立てた。公判裁判所は、ペン・レジスターの無令状設置は第四修正に違反しないとして申立てを却下し、申請人に六年の収監刑を宣告した。Court of Appealsは、架電された電話番号には憲法の保護を受けるプライヴァシーの合理的期待がなく、ペン・レジスターの利用は第四修正上の捜索に当たらないので令状は不要であるとして、公判裁判所の判断を確認した。ペン・レジスターの利用に第四修正の規律が及ぶか否かという点について、下級裁判所の間に対立がみられるために、合衆国最高裁判所によりサーシオレイライが認容された。

《判旨・法廷意見》

原審判断確認

一　ブラックマン裁判官執筆の法廷意見

(1)　政府による電子工学装置を用いた監視のうち一定の形態のものが、第四修正上の「捜索」に当たるか否かを判断するに際し、指導的先例となるのはキャッツ (Katz v. United States, 389 U. S. 347 (1967)) である。キャッツ以降当裁判所は、第四修正の適用の有無はその保護を求めている者が、もっともな (justifiable)、あるいは合理的な (reasonable)、正当な (legitimate) プライヴァシーの期待を主張できるか否かに懸かっていると一貫して判示してきている。(1) そして、このプライヴァシーの期待の検討は、キャッツでのハーラン裁判官の補足意見で正しく示されているように、通常次の二つの問いに分かれる。一つは、当の個人が自らの行為において、現実の (主観的) プライヴァシーの期待を表明していたかであり、いま一つは、そのプライヴァシーの主観的期待を社会が合理的なものと認めるか否かである。(2)

(2)　ペン・レジスターの利用は個人の財産権を侵害するものではなく、したがってトレスパスを構成しない。また、キャッツで問題とされた電話での会話の「内容」がこれにより明らかにされるわけでもない。申請人スミスが主張しているのは、架電した電話番号に正当なプライヴァシーの期待を申請人は有しており、これが侵害されたということである。

しかし、この主張は受け入れられない。まず第一に、一般に人が架電した電話番号にプライヴァシーの現実の期待を有しているとは思われない。なぜなら、電話利用者は皆、通話するに当たり自己の電話番号を電話会社に伝えなければならないことを承知している。また、市外通話については、毎月の請求書に架電記録が添付されているので、架電した番号を記録する装置を電話会社が有していることも、電話利用者は承知している。そして、実際にペン・レジスターは、料金の過重請求等のチェック、回線不良のチェック、電話の不正利用の摘発、違法行為の防止等の目的で電話会社により用いられている。仮に、ペン・レジスターがこのように利用されていることを多くの人が知らないとしても、迷惑電話・猥褻電話を架けてくる相手を突き止めるためにペン・レジスターが使われていることは知っているはずである。このように、電話利用者は、電話番号を電話会社に伝えなければならないこと、電話会社がこの電話番号を記録する装置を有していること、電話会社が様々な正当な業務目的から実際に電話番号を記録していることを知っているのである。

申請人は、他者を排して「自宅」から電話を架けたことを理由に、プライヴァシーの期待は表明されていると主張する。だが、自宅から架けようとどこから架けようと、同じように電話番号を電話会社に伝えなければならないのであるから、電話番号については、通話「内容」とは異なり、電話を架けた場所如何により、プライヴァシーの期待に差異を認めることはできない。

第二に、仮に申請人が架電した電話番号に主観的期待を抱いていたとしても、この期待は社会が合理的なものと認めるものではない。第三者に任意に伝えた情報については、プライヴァシーの正当な期待は認められないと当裁判所は一貫して判示してきている(3)。例えば、ミラー（United States v. Miller, 452 U. S. 435 (1976)）では、銀行の預金者が資産情報を任意に銀行及びその従業員に銀行業務の通常の過程で伝えた場合には、この情報が政府に通報される危険を預金者は負っているので、この情報にプライヴァシーの正当な期待は認められないと判示されている。本件でも、申請人は、電話会社に電話番号を電話会社の業務の通常の過程で伝えているので、電話会社が警察に電話番号を知らせる危険を負っている。したがって、申請人には、プライヴァシーの正当な期待は認められない。

申請人は、電話会社が料金請求をするに当たり、市内通話については電話番号を記録しないことから、市内通話である被害者への通話では、電話番号にプライヴァシーの正当な期待が認められると主張する。だが、市内通話であっても電話番号は電話会社に伝えなければならず、架電された電話番号の記録を電話会社は自由に行える。また、電話会社が市外通話区域をどの範囲に設定するかに、第四修正の保護の範囲を懸からせるわけにはいかない。

以上の理由から、申請人は架電した電話番号にプライヴァシーの主観的期待を有しておらず、仮に有していたとしても、それは正当なものとは認められない。したがって、ペン・レジスターの設置と利用は第四修正上の「捜索」には当たらず、令状は要件とならない。原判断を確認する。

二　スチュワート裁判官の反対意見

キャッツの判断が出ている後では、電話会社が警察に電話番号を伝える危険を、電話を架けた者は負うというだけでは、架電した電話番号にプライヴァシーの正当な期待が認められない理由にはならない。架電された電話番号は、個人の自宅あるいはオフィスという、明らかに第四修正の保護を受ける場所で行われるプライヴェートな行為により発せられる情報である。また、電話番号はキャッツで憲法の保護が及ぶとされた電話での会話の不可欠の部分をなすものである。さらに、架電した電話番号は「内容」を伴わないものなどではない。これが知られることにより、架電した相手と場所が容易に明らかになり、個人の生活の最も内面的な部分が明らかにされる。したがって、個人の電話から架電された電話番号には、会話と同様に憲法の保護が及ぶと考える。

三　マーシャル裁判官の反対意見（ブレナン裁判官参加）

犯罪捜査上価値のある情報を他人に伝えたからといって、常に憲法の保護が及ばなくなるわけではないと考えるので、法廷意見に反対する。

法廷意見は、電話加入者が架電した電話番号にプライヴァシーの主観的期待を有しないというが、プライヴァシーは形のある一個の物のように、完全に保有するか全く保有しないかのどちらかというものではなく、ある目的で銀行や電話会社にある情報を明かしたからといって、他の者に他目的でその情報が開示されることまで容認しなければならなくなるわけではない。

また法廷意見は、仮に主観的期待があるとしても、社会はそれを合理的なものと認めないという。その根拠として危険の負担の考え方を挙げているが、この危険の負担は、ある種の選択の余地を前提にするものである。少なくとも、危険の分析を最初に第四修正上の法理に取り込んだ一方当事者同意の監視の事例では、被告人に、秘密の会話を行う相手を選ぶ自由があった。しかし本件では、被告人は、電話の利用をやめない限り、監視を受ける危険を負わざるを得ない。また、危険の分析がプライヴァシーの期待の合理性判断で決定的な役割を果たすことになると、法執行機関が通話の録音を公衆に告知しさえすれば、通話の録音の危険を負わせるができることになってしまう。こうした不都合を意識してか、法廷意見は規範的分析が必要な場合があることを認めているが、それがいかなる場合か、また本件がなぜその場合でないのかということについてなんの説明もしていない。私見によれば、プライヴァシーの期待が正当なものか否かは、個人が開かれた自由社会で負わざるをえない危険か否かで判断すべきである。法廷意見が用いた基準を公式化したハーラン裁判官も、社会にその危険を負わせることが望ましいか否かの検討が必要である、とホワイト（United States v. White, 401 U. S. 745 (1971)）の反対意見で述べている。そして、この判断は第四修正上ならびに第一修正上の利益を考慮して行わなければならない。ペン・レジスターの利用は、個人の持つ安全の感覚を相当に危うくするものであり、犯罪者でなくても不安を覚える。評判の良くない政治団体やニュース・ソースの秘匿を求めるジャーナリストを含め、おそらくすべての者が、個人的に接触をもった相手を明らかにされることを避けたいと思っているはずであり、そしてそれは正当なことである。Probable cause に基づかないペン・レジスターの利用を認めると、ある一定の形態の政治団体への加入が妨げられ、ジャーナリズムの果敢な活動が妨げられることになる。ペン・レジスターの利用に関しても第四修正の規律は及び、したがって法執行官が電話会社にペン・レジスターの利用を求める際には令状の入手が要件になると考える。

《解　説》

一　合衆国憲法第四修正は、明文上は、不合理な捜索・押収から自己の身体、家屋、書類及び所持品の安全を確保する権利を個人に保障している。この憲法の保障は、キャッツ（Katz v. United States, 389 U. S. 347 (1967)）以前は、基本的には財産権を保護するものと考えられ、家屋への物理的侵入と押収対象物の有体物性が第四修正の保護を及ぼす要件であるとされていた（オルムステッド＝ゴールドマン法理）(4)。その後、プライヴァシー保護の考え方に移行し、シルヴァーマン（Silverman v. United States, 365 U. S. 505 (1961)）、ウォン・サン（Wong Sun v. United States, 371 U. S. 471 (1963)）で、押収対象物の有体物性の要件は捨てられたが、まだプライヴァシー保護が財産権保護に結びつけられて考えられたために、物理的侵入の要件は残った。それがキャッツにおいて、財産権と完全に切り離されてプライヴァシーそのものを保護するものであるとの理解が確立した。そして、第四修正の保護は「プライヴァシーの正当な期待」が認められるものに及び、憲法に明示されている「身体、家屋、書類及び所持品」に限られないことになった。そして、その後の判例は、「プライヴァシーの正当な期待」が認められるものは何かという問題について、判断を積み重ねていくことになる。

本件では、架電した電話番号にこの「プライヴァシーの正当な期待」が認められるか否かが争われている。これが認められると、架電された電話番号を記録する装置であるペン・レジスターの設置・利用は、第四修正上の「捜索」

に当たることになり、Probable cause（実体要件）と裁判官による事前の令状審査が要件として課されることになる。

二　ところで、「プライヴァシーの期待」という用語は、キャッツでは法廷意見が用いたものではなく、ハーラン裁判官が補足意見で用いたものである。そして、第四修正の保護が及ぶ範囲を判断する基準としてハーラン裁判官が具体的に提示した基準が、①当の個人が自らの行為において、現実の（主観的）期待を表明しているか否か、②その期待を社会が合理的なものと認めるか否か、というものであったが、本件以前に法廷意見としてこの基準を明確な形で用いた判例はなく、本件がその最初の判例である。本件以降、この基準は、ビーパーの利用に第四修正の規律が及ぶか否かが問題になった事例、オープン・フィールドの法理の適用が問題になった事例、住居附属地（curtilage）の法理の適用が問題になった事例、歩道脇に出されたゴミ袋の捜索・押収に第四修正の規律が及ぶか否かが問題になった事例などで広く用いられるようになる。

三　本件では、プライヴァシーの主観的期待について、法廷意見は、市外通話料金の請求書に架電記録が添付されていることや、猥褻電話・迷惑電話の逆探知を電話会社がしてくれることから、電話会社が架電された電話番号を記録することが一般的に知られているが、架電するに際してその電話会社に電話番号を伝えるのだから、電話番号に主観的期待はないと強く示唆している。これに対して、マーシャル裁判官の反対意見は、他人に情報を伝えても、伝える相手と目的を限定している場合には主観的プライヴァシーはあるという。公衆に完全に情報を晒しているのでなければ、他目的利用はされないとの期待を人が有する場合もあるというのである。

主観的プライヴァシーはまさに「主観的」なものであり、その認定は容易にできない場合もでてくる。そこで、法廷意見も、主観的プライヴァシーがあると仮定して、社会がこれを合理的なものと認めるか否かの検討を行っている。

この点について法廷意見は、「危険の負担」の考え方（risk analysis aproach）を用いて、主観的期待を社会が合理的なものと認めるものではないとしている。この危険の負担という概念は、元々は、ロペス（Lopez v. United States, 373 U. S. 427 (1963)）、ホッファ（Hoffa v. United States, 385 U. S. 293 (1966)）、ホワイト（United States v. White, 401 U. S. 745 (1971)）などの身分を秘した捜査官や情報屋が被疑者に接触して会話を漏洩、録音・送信した事案において、こうした行為に第四修正の規律が及ばないことを論証するために用いられたものである。[10] この危険の負担の概念を用いていることについては、マーシャル裁判官の反対意見は、情報を伝えるか否かの選択の余地がないところでは、情報を他に漏洩される危険を個人に負わせることはできないと批判している。これに対して、法廷意見は、銀行に伝えた資産情報について他に開示される危険を預金者は負っていると判示したミラー（United States v. Miller, 425 U. S. 435 (1976)）に依拠しようとしている。この点、資産情報については銀行に記録・保全義務が法律で課されているなどの点で電話番号と異なるので、ミラーは十分な根拠にならないと批判する論者もいる。[11] また、そもそも、「人間の行為を制禦する点に中心を置く思考」である危険の負担の概念を、[12]「個人の行動の自由な選択に中心を置く思考」であるプライヴァシーの正当な期待の有無を判断する下部基準として用いることが、[13] はたして一貫した思考といえるのかという点で疑問が残る。

主観的プライヴァシーを社会が合理的なものと認めるか否かの検討には、別のアプロウチを採ることも可能であったように思われる。例えば、通信の秘密を厚く保護する利益と電話の不当利用から生ずる害悪との衡量を前提としつつ、電話事業とその提供するネットワークの「公共性」を強調して、電話番号についてのプライヴァシーを社会は合理的なものとは認めないとすることもできたであろう。[14] また、他人に伝えた情報について、漏洩の危険を常に負うとするのではなく、他目的利用は禁止はされるとの期待を社会が正当なものと認める場合があるか、あるとすればどのような場合かという形で問題を検討することもできたと思われる。

いずれにせよ、他人に預けた情報については、自己の管理下にある情報と同程度のプライヴァシー保護は認められないとの考え方を合衆国最高裁判所は固めつつあることが、ミラー及び本件の判示から窺える。

四 本件により、架電された電話番号にはプライヴァシーの正当な期待は認められず、ペン・レジスターの設置・利用が第四修正の規律の外に置かれることになった。とはいえ、本件は、電話番号に「第四修正の保護に値する」プライヴァシーはないと判示したのであって、プライヴァシーが全くないと明言しているわけではない。理論的には、電話番号には主観的プライヴァシーも認められず、プライヴァシーが一切ないとする立場と、客観的プライヴァシーまでは認められないが縮減したプライヴァシーは認められるとする立場の二つが考えられる。後者の立場に立つと、法律でペン・レジスターの設置・利用に憲法よりも緩やかな規律を及ぼすことも許されることになる。現に、連邦議会は、一九八六年にElectronic Communications Privacy Actを制定し、ペン・レジスターの設置・利用について裁判所の承認は要件としたものの、捜査中の犯罪との「関連性」があれば許されるという第四修正よりも緩やかな要件を課してこれを規律する立場を採った(15)。

これに対して我が国では、本件のスチュワート裁判官の反対意見のように電話番号を通信そのものの構成要素であると解し、その上、憲法二一条の「通信の秘密」に電話番号も含まれるとして、これに絶対的な保護を与えようとする傾向が強かった。そのために、脅迫電話の逆探知ですら積極的に行われないできた(16、17)。こうしたこれまでの我が国の法運用の妥当性を考える上で、本件の判断及びその後の連邦議会の対応は、多くの重要な示唆を与えてくれであろう(18)。

（1） See, Rakas v. Illinois, 439 U. S. 128, 143, and n 12 (1978)；United States v. Chadwick, 433 U. S. 1, 7 (1977)；United States v. Miller, 425 U. S. 435, 442 (1976)；United States v. Dionisio, 410 U. S. 1, 14 (1973)；Couch v. United States, 409 U. S. 322, 335–336 (1973)；United States v. White, 401 U. S. 745, 752 (1971) (plurality opinion)；Mancusi v. DeForte, 392 U. S. 364, 368 (1968)；Terry v. Ohio, 392 U. S. 1, 9 (1968).

（2） Katz v. United States, 389 U. S. 347, 361 (1967) (Harlan J., concurring).

（3） See, United States, Miller, 425 U. S. 435, 442–444 (1976)；Courch v. United States, 409 U. S. 322, 335–336 (1973)；United States v. White, 401 U. S. 745, 752 (1971) (plurality opinion)；Hoffa v. United States, 385 U. S. 293, 302 (1966)；Lopez v. United States, 373 U. S. 427 (1963).

（4） See, Olmstead v. United States, 277 U. S. 438, 466 (1928)；Goldman v. United States, 316 U. S. 129, 135–136 (1942).

（5） Katz v. United States, 389 U. S. 347, 361 (1967) (Harlan J., concurring).

（6） United States v. Knotts, 460 U. S. 276 (1983). この事件については、本書30事件参照。

（7） Oliver v. United States, 466 U. S. 170 (1984). この事件については、本書42事件参照。

（8） California v. Ciraolo, 476 U. S. 207 (1986). この事件については、本書43事件参照。

（9） California v. Greenwood, 486 U. S. 35 (1988). この事件については、米国刑事法研究会（代表渥美東洋）アメリカ刑事法の調査研究（39）（山内香幸担当）比較法雑誌二三巻四号一一五頁参照。

（10） ロペス、ホッファ、ホワイトについては、渥美東洋『捜査の原理』五五―六二、一〇六―一一〇頁参照。

（11） Fishman, Pen Register and Privasy: Risks, Expectaitions, and the Nulfication of Congressional Intent, 29 Cath. U. L. Rev. 557, 569–570 (1980).

（12） 渥美、前掲註（8）二二六頁。

（13） 渥美、前掲註（8）二二六頁。

（14） 渥美東洋『罪と罰を考える』二四―三三頁参照。

（15） The 1986 Electronic Communications Privasy Act, 18 U. S. C. § 3122 (b) (2).

（16） 渥美、前掲註（12）参照。

（17）　脅迫電話の逆探知については、電話番号が通信の秘密に含まれると解しつつ、現行犯法理から無令状で許されるとする見解もある（例えば、内閣法制局見解［昭和三八年一二月九日付］）。但し、ここでいう現行犯法理の具体的内容は明らかではない。その意味としては、①現行犯逮捕に伴う捜索であるとするのと、②犯罪行為を行っている場合には、その行為に付随するものについてもプライヴァシーが認められないとするのとの二つが考えられる。とはいえ、逮捕行為が全く行われていないことからすると、逮捕の着手の有無を問題にしない立場に立たない限り、①の意味にはとることができず、②の意味であると考えざるを得ない。

（18）　本件の紹介に、鈴木義男編『アメリカ刑事判例研究第一巻』三〇頁（関哲夫　担当）がある。

（柳川　重規）

29　United States v. Caceres, 440 U. S. 741 (1979)

国税局（ＩＲＳ）の内部規則によれば、緊急時を除き、電話によらない会話の一方当事者の同意による傍受には、司法省の事前の許可が要件とされている。国税局の係官が、この許可を得ずに、ラジオ・トランスミッターを身体に秘して被告人と対面で会話し録音された被告人の自己負罪の会話とその内容を傍受した係官の証言は、同規則によれば、排除されるか否かが問題とされた事例。

《事実の概要》

国税局便覧（Internal Revenue Service Manual）は、電話によらない会話の一方当事者の同意による傍受は司法省の事前の許可を要件とし、許可申請者が司法省の許可を得るために四八時間未満の時間しかない場合には一定の者の許可を得れば足りる旨の規定を定めている。

国税局の係官イー（Yee）は租税の不正申告の容疑で被告人カセレス（Caceres）と面会した。そのとき被告人は係官イーに事を穏便に処理してもらうことを条件に金員の供与を申込んだ。約一〇ヶ月後の一九七五年一月二七日イーが租税の件で面会し帰るとき、同様の申込が被告人から再度なされた。イーはこの申込を拒否したが被告人がいいはるので、ついに考えてみないこともないと述べた。その後イーの方から面会を求めたところ、被告人は一旦断ったが、ついに一九七五年一月三〇日、午後五時一五分の会話で翌日の午後二時の会合に同意した。一月三一日に事前の緊急時の傍受許可が申請され獲得された。同日、司法省に対し、三〇日間有効な対面会話の傍受を認める許可を下すよう申請がされた。一月一三日の会合で被告人は金員の支払を約束した。この会合以後の会合と同様に、イーは他の係官が傍受・録音できるようにラジオ・トランスミッターを隠し持っていた。イーは二月五日に被告人を尋ね翌日の会合を取り決めた。この会合での会話の傍受については司法省の傍受許可はまだなく、緊急時の許可がおりた。二月六日の会合で被告人は金員支払の約束を繰返した。二月一一日に司法省は、被告人とイーとの会話を三〇日間有効に傍受することを求める許可申請を認めた。この許可はその日の会合に間に合い、この会合で被告人は金員を支払った。だが、三〇日間の許可有効期間の開始日は二月一一日だった。そのため、一月三一日と二月六日の二回にわたる対面会話の傍受・録音には司法省の許可はなかったことになる。

被告人は賄賂罪で公判に付されたが、国税局が会話の傍受・録音に当たってその規則に違反したことを理由に、三回の会話を録音したテープを証拠から排除するように求めた。District Court は三回の録音をすべて証拠から排除したが、Court of Appeals は第三回目の録音テープについては、傍受許可があったとして、一審の裁判を破棄した。一、二審とも、一月三一日と二月六日の録音テープは司法省の許可が欠如しているので国税局の規則に違反して傍受されたものと認定し、国税局の傍受許可申請開始時とイーとの会合予定時の間には四八時間未満の時間しかなかったが、この緊急事態は止むを得ずに生じたものでなく、政府が勝手にたてたスケジュール上そうなったものにすぎないから、傍受・録音の許可申請と傍受・録音をする活動との間に四八時間の余裕がなくても、緊急事態に当るとはいえず、したがって緊急時の例外措置を定める規定の適用はない旨を判示した。合衆国最高裁判所はサーシオレイライを認容した。

《判旨・法廷意見》

原審判断破棄

一　スティーヴンス裁判官執筆の法廷意見

一月三一日と二月六日の会話の録音及びその会話を傍受した係官の会話内容についての証言が、国税局の規則に違反することを理由に、証拠から排除されるべきか否かが本件の問題である。

(1)　行政庁の規則を遵守すべき旨合衆国憲法又は連邦法により命ぜられている場合には、司法部はその規則を実施する義務がある。だが、本件はそのいずれの場合でもない。①Title III of the Omunibus Crime Control and Safe Streets Act of 1968, 18 U. S. C. § 2510 *et seq.* は、いずれの当事者の同意もない電子装置による監視には規律を加えているが、連邦法は、一方当事者の同意による会話の録音には何ら規制を加えていない。②合衆国憲法も被告人の立場にある者のプライヴァシーを保護していない。ロペス（Lopez v. United States, 373 U. S. 427, 439 (1963)）で、第四修正は会話の相手方たる国税局の係官が個人の供述を録音しないことを保障してはいないと判示し、その際、申請人が国税局の係官に賄賂を申込むことで招いた危険には、誤りのない記憶によってであれ、機械による録音によってであれ、この賄路の申込が裁判所に正確に伝えられる危険を含むとみるのが公正だ、と結論した。同様の分析がホワイト（United States v. White, 401 U. S. 745 (1971)）でとられ、たとえ被告人が会話の相手方が政府のエージェントであることを知らなかったとしても、情報提供者の身体に秘したトランスミッターにより一方当事者の同意を得てなされた傍受の場合にも、会話内容が裁判所で用いられる危険は会話者により負担されるべきだとされた。エージェントが電子装置を用いずに行動し、会話内容を曝露する場合と、エージェントが会話を同時録音し又は隠し持ったラジオ・トランスミッターで送信した会話を他のエージェントが録音し、又は傍受する場合とで、プライヴァシーについてのもっともな期待を侵害してはいない点にかわりはないとされた。先例たるロペスとホワイトは本件規則に従った処置が合衆国憲法の求めるところではないことを証明している。③ 本件は、時期的により早い段階で許可申請がなされたならば、司法省の許可は下りなかった場合だとはいえないから、許可が下りた後、傍受がされる普通の場合に比べて、平等保障の否定があるとはいえない。④ そのうえ、本件で司法省の事前の許可を得なかったのは規則運用の責任を負う国税局の担当官が本件を緊急事態に当たると解釈したためである。この解釈は誤りだとしても、明らかな誤りだとはいえない。この種の誤りからは憲法問題は生じない。⑤ また、本件は、行政庁の規則がある個人に指針を与えるため又はある個人の利益を守るために公布され、個人がその規則に依拠したのは合理的であったこと、及び、行政庁がその規則に違反したため個人がかなりの不利益を受けたことを理由に、デュー・プロセス条項が関係してくる場合でもない。被告人は国税局が会話の傍受許可を受けていなかったことを知らなかったのであるから、本件の規則に依拠していたともいえないし、その規則違反が被告人の行為に何らかの影響を及ぼしたともいえない。また、司法省の許可が下りるまで国税局の傍受活動がなされずに延期されていれば、被告人は事態をより上手に処理し得たかもしれないという点に不利益はあるが、本件で事前の司法省の許可が下りていなかったのはもっぱら許可申請の処理が遅れたためであり、司法省の迅速な許可があれば全く同一の不利益が生じていたと思われる。⑥ 行政手続法（Administrative Procedure Act, originally passed in 1946, 60 Stat. 237, and is currently codified at 5 U. S. C. § 551 *et seq.* and § 701 *et seq.* (1976)）を根拠に証拠を排除できる場合でもない。行政手続法は法律の要件とする手続を遵守せずになされた行政庁の行為と同様、恣意的な、気まぐれな裁量を濫用する、又は法律に従っていない行政庁の行為を裁判所が審査し無効とすることを認める。5 U. S. C.§706 (1976). 本件は行政手続法の事件ではなく、求められている救済は行政庁の行為を無効とすることでもない。本件は刑事訴追であり、被告人は証拠排除という方法を通して国税局の規則を実施することを求めている。排除法理は主として、憲法上の基本権侵害を抑止することの方が、有罪獲得よりも重要だとの判断に立つ。録音が現実にされたとしても、また行政庁の内部規則に違反があったとしても、それによって被告人の憲法上の権利の侵害がもたらされてはいないので、排除法理の適用はない。

(2) (一) 申請人は、本件規則はたとえ憲法上又は法律上求められるものではないとしても、本件規則は市民のプライヴァシーを守るにあたり非常に重要なものであるから、その違反には排除法理を適用すべきだと主張するが、この立場はとれない。犯罪捜査活動を規律する規則は一般に望ましいものと考えられ、こうした規則の方が排除法理によるよりも一般公衆により価値のある保護を与える場合もある。本件で証拠排除を認める立場をとると、国税局が電子装置による監視に関する内部規則を廃止したり、修正したりする原因を与えることになると示唆するものではない。しかし、規則違反があればすべての違反に厳格に排除法理を適用するとの立場は、訴追手続及び警察手続を規律してきた過去の基準に、それ以上の別の要件を附加するといった基準を作る傾向を抑制してしまいかねない点で、その影響が大きなものになってしまうという可能性も無視できない。本件で、国税局は係官が意図的に規則に違反した場合には内部の制裁を定めている。この限度を超えてあらゆる場合に証拠の排除を求めるのは、行政府の定めた規則に違反した行為に対して適切な救済策を定める第一次的な責任を、行政府から奪ってしまうことになるであろう。長期的にみると、法律の命ずる枠内の規則しか持たないか、単なる願望の形で規則を定めるかのいずれかであるよりも、国税局の便覧に定められたような規則を持ち、本件の記録に示されている類の時々起こる誤った運用を許すというあり方の方がはるかにましである。

(二) 事件ごとに判断するアプロウチをとれば、証拠の排除が求められると申請人は主張するが、そうはいえない。本件の二回の会話は緊急時の許可を得て録音された。行政庁のこの行動は後に規則に違反するものだと認定されたが、それにもかかわらず、会話傍受の適法性を誰も問題とせず、また許可申請の迅速な処理があれば司法省の許可は確実に下りたと思われる状況にあっては、本件の行動は規則に従おうとする合理的な善意の試みであったと解せられる。この状況では、裁判所が裁量権を行使して証拠を排除する理由はない。

Court of Appeals の判断を破棄する。

二 マーシャル裁判官の反対意見

法廷意見が本件にデュー・プロセス違反がないとし、証拠を排除しないとした点に反対する。

(1) (一) 政府官憲は私的市民に劣らず法の諸原則により拘束される。このような考え方は、行政庁に個人の利益を守る規則の遵守を求めた先例の基礎をなすものであり、合衆国のデュー・プロセスの概念の中心をなす。法廷意見は本件規則が憲法上又は法律上の要請でないというが、先例は、行政庁の規則が行政庁内部の問題だけにかかわるのではなく、個人の利益を守るねらいを持つ場合、その規則が合衆国憲法又は連邦法により命ぜられたものでなくとも、その遵守を求め続けてきている。本件規則の制定沿革上、本件規則の目的が個人のプライヴァシーの利益の保護にあることは明らかである。本件の規則は一九六五年と一九六六年に上院司法委員会の小委員会（ロング委員会）が連邦の行政庁の用いた監視技術について行った調査の結果できあがった。ロング委員会で、国税局の係官は広範な様々の盗聴技術を授権なしに広範に使用していたこと、納税者と国税局の係官のある会話を送信し傍受する活動がなされていたこと、国税局は内部規則違反を発見し又は不許可にすることを全くしていないこと、監督を行う立場にある者は違法なワイヤータップの使用を認めていたが、上層部の公務員は規定からの逸脱が広範に存在することを知らないままであったこと、などが明らかにされた。この調査に応えて国税局は新たな規則を制定した。この規則が本件手続の基礎をなす。かかる規則制定の経緯に照らせば、本件規則は個人の重要な利益に影響を与えるものである。

㈡　法廷意見は、被告人が規則に主観的に依拠したか否か、不利益を受けたか否かでデュー・プロセス違反の有無を決するとの立場をとるが、この立場は、吟味を政府行為が合法であるか否かに向けようとする目を他にそらそうとするものである。この立場からは、政府が規則を通常一般に無視していれば個人が無視された規則に依拠していたなどとはいえなくなるので、政府はその規則を非難を受けずに無視しようと思えばできることになってしまうであろう。法廷意見は規則の命令規定を訓示規定に読みかえる結果を生んでしまっている。デュー・プロセス条項は結果とは関係なく手続が守られなければならないとする立場を体現しているのである。政府の行為ではなく被告人の不利益の有無が重要なのだとすると、個々の官憲はある手続が事件を左右するものでなければその手続を履践することなく行動できることになる。法廷意見の立場は、デュー・プロセス条項が一般に禁じ、本件の規則が特に阻止することをねらっている、気まぐれな無制約の意思決定をさえ招く。政府が個人の利益を保護すると一旦約束したときには、その約束を政府自身の便宜で反古にしてしまうことは憲法上許されないことである。

(2)　デュー・プロセス違反があるから、違法の果実は排除さるべきである。したがって、当裁判所の監督権の範囲に本件が入るか否かの吟味は要らないのではあるが、法廷意見がこの点に言及しているので（法廷意見の(2)の部分）意見を述べる。法廷意見の理由づけ、結論ともにとうてい賛成できない。

㈠ 法廷意見は係官が本件が緊急事態に当たると善意で解釈した点を強調するが、そうはいえない。会合のスケジュールをどう組むかは係官イーが自由に決めることができたのであり、申請時から録音・傍受時まで四八時間未満の時間しかないという、規則の定める緊急事態は、もっぱら政府が自ら作り出したものだ、との下級審の判断を法廷意見は無視している。

㈡ たとえ善意であったと仮定してもこの点を考慮すべきでない。排除法理の適用を悪意の場合に限定すると、裁判所は度はずれた違反行為を除いて排除法理を適用しないだろうということに法執行官憲が賭けて行動するという事態を招く。

㈢ 法廷意見は、本件規則が、係官が意図的にそれに違反した場合には、その規則違反に対する制裁を定めているから、証拠の排除は必要でないというが、この制裁は効果的に用いられているのかどうか疑問である。傍受許可に関する規則が実施されることに意を用いないという状態が引き続いてきたのである。「一般的にいって、国税局の官憲はロング委員会が違法行為を直接的にはっきりと指摘したときに限って違法行為の存在を認めた」とロング上院議員は述べた。また一九七四年度に、違反に対してとられた制裁は名ばかりのものであった。裁判所が規則を実施する責任を放棄すれば国税局が規則違反の規律に気を配る度合いが増す見込はなく、自己規律の関心は必ず減少しよう。

㈣ 排除法理を厳格に適用すると、一層の要件を付け加える基準の形成を大きく抑制してしまうと法廷意見はいうが、この憶測を支えるものは何も提出されていない。事実は逆であり、証拠が排除される措置がとられても依然として手続上の保護を行政庁は廃止していないというのが実情である。法廷意見は廃止した例を一つも挙げていない。

㈤ 法廷意見は本件で排除法理の適用が不適切な理由を示しておらず、証拠排除と拮抗する利益の存在すら認めていない。具体的に抑止できるか否かを全く別にして、排除法理が奉仕する重要な価値がある。違法の果実を行政庁が得るのを否定すると、その行政庁の行為が関係するデュー・プロセスの利益とプライヴァシーの利益に真実性が与えられる。より重要なのは、裁判所がこれらの価値を守る立場に立つことを再確認する点である。裁判所の誠実さを維持するためにはプライヴァシーへの不法な侵入は裁判所の判決で何ら是認されるべきではない。今日の判示は必ず裁判所に、官憲の違法行為に加担したという汚点を与えることになる。下級審の判断が確認されるべきである。

《解　説》

一　本件は、贈賄の申込み者との会話を、その賄賂を申し込まれた国税局の係官が、ラジオ・トランスミッターで他の政府の係官が聞けるようにし、その会話が録音されて有罪の証拠とされた事例である。

キャッツで、公衆電話ボックス内で行われた会話の傍受（両当事者の同意のない傍受）について、電話を使ってなされている会話には、プライヴァシーのもっともな期待（合理的な期待）があるとして、この期待を侵害して政府が通信を傍受するには、捜索・押収の実体要件の他に、令状要件を充たさなければならない旨判示した。(1)

他方、一方当事者の同意のある場合についての、無令状でなされた会話の傍受及び録音に関係する事例に、本件で引用されているロペス(2)及びホワイト(3)がある。

法廷意見の引用するロペスは、キャッツ以前の判例である。国税局係官に対しロペスから再三にわたる脱税に関する見逃しの対価としての賄賂の申込みがあり、この申込みを受けた係官は国税局査察官と相談してラジオ・トランスミッターを身に秘してロペスと会話し、ロペスとの、脱税見逃しの見返りとしての賄賂の申込みの会話が録音され、それがロペスの有罪を基礎づける証拠として用いられた。この会話は違法に押収されたとする被上告人の主張を却け、ハーラン裁判官執筆の法廷意見は、政府の係官が会話の相手方であり、その係官はその会話の内容を明らかにする完全な権限を持ち、ラジオ・トランスミッターは、政府の係官との会話について最も信頼できる証拠を得るためのものであったに過ぎず、政府の係官に賄賂の申込みをした者は、その係官が、瑕疵のない記憶又は機械的な記録のいずれであれ、法廷でその申込みを正確に再現するリスクを負う、と判示した。

ホワイトは、ワイアレスの電子傍受機器を利用して、傍受に同意した情報提供者と被上告人との麻薬取引に関する会話を傍受・録音した事例であり、ホワイト裁判官執筆の法廷意見は、一方当事者の同意のある会話の傍受は、電子工学的装置を用いない状況での相手方に対する「信頼の誤算」があった場合と同様である旨判示した。

だが、一方当事者の同意がある場合でも、ロペスや本件のように、相手方から賄賂の申し込みをしてきた場合と、そうではなく、ホワイトのように、一方当事者の同意を利用して積極的に情報を得ようとする場合とでは事情が異なる。本件は前者の事実類型を扱っている。

一方当事者の同意を積極的に利用して情報を得ようとする場合には、会話の相手方が犯罪と全く関係のない日常会話をする等の場合も多く考えられ、会話をする一般市民が、相手方がラジオ・トランスミッターを利用する等して政府のエイジェントが聞けるようにしており、政府の係官に、いつ何時、話が知らぬ間に話が筒抜けになっているかもしれないということを懸念せざるを得ないことになると、自由闊達な、政府の批判を含めた会話は萎縮し、政府の目を気にした、場合によっては疑心暗鬼のような心理状況をもたらす。政府は一方当事者の同意を利用した電子工学的装置を用いた監視によって、監視能力を飛躍的に高めることができるが、自由社会の根幹を損なってしまう虞がある。一方当事者の同意を利用して、積極的に情報を得ようとする場合には、捜索・押収令状によって対処し、自由社会を損なう危険を避けるべきであろう。電子工学的装置を利用した場合には、自然の目や耳を利用するのにとどまる場合と、情報獲得の精度や広範さを含めた監視能力の点において、質的な違いがある。一般的に一方当事者の同意があればよいとするホワイトの立場には疑問が残る。(4)

ロペス及び本件の場合はこれとは異なる。相手方が賄賂を持ちかけてきた場合（本件の事実に示されるようにしつこく再三にわたって申込みがなされる場合も多いと考えられる）、この対処方法として、その会話の内容について政府の係官が聞けるようにして、相手から犯罪が仕掛けられてきたことを明らかにする措置を講じておく必要があり、そのような方法を用いることに合理性が認められる。このような措置を講じておかなければ、問題が発覚し相手が逮捕されたときなどに、賄賂を要求されたために贈賄に及んだ等の抗弁がなされ、実際には賄賂を受領するように働きかけがあったにもかかわらず、賄賂を要求した犯人にされてしまう虞れがあり、自己の無実を明らかにすべく「防御目的で」傍受を（政府の官憲に）依頼することが必要とされる場合がある。この場合は、犯罪に関する話などを持ちかけられていない相手方から積極的に情報を得る活動の一環として電子工学的装置が使われる場合ではない。この「防御目的」での通信傍受や会話の傍受の場合には、一方当事者である賄賂の提供者である相手方は、他方当事者（賄賂が申し込まれている者）に、犯罪に関する行動を明らかにしている場合であり、この会話の内容について、相手方には、その会話の内容は漏れることはなく、その会話の内容を知られることはないというプライヴァシーの合理的期待はないといってよい。賄賂の申込者の方は、会話の相手方が政府の係官であることを認識し、その会話の内容を聞かれることを認識している。賄賂の申込みを受けた公務員や係官は、その会話の内容を傍受し録音することに同意しているので、この者のプライヴァシーの侵害はない。会話の内容も犯罪に関するものに限定される場合が多いと想定され、犯罪とは無関係な会話が傍受の対象になるという虞はないか少ない。このような場合、賄賂の申込みを受けた政府の係官からみれば、プライヴァシーの観点から保護の対象となる会話でないことは明らかな場合である。この場合、人の面前で犯罪が行われている、プレイン・ビューの場合と同様の状況があり、両当事者の同意のない会話の場合一方当事者の同意を利用して積極的に情報を得ようとする場合とでは基本的な相違がある。相手から犯罪に関する会話がなされることが予想され身の潔白を証明するためにその会話の傍受や録音に一方当事者の同意がある場合、その会話は賄賂の申込みを受けた係官の面前で又は聞こえるように犯罪に関する会話をしている場合であるから、他方当事者のプライヴァシーが認められる場合として保護の対象になる場合ではない。ロペスや本件の場合は、ホワイトとは基本的にその性格を異にする。

二　本件は、憲法違反を扱った場合ではなく、国税局の内部規則違反を扱った場合である。したがって、憲法上、排除法理が適用される場合ではない、とする法廷意見は妥当であろう。

本件は、国税局の規則違反の場合であるが、法廷意見は、証拠は排除されるべきではないとした。

国税局規則で定める、会話の傍受についての内部での事前の許可は、プライヴァシーを守るに当たり非常に重要なものであるとみるとしても、賄賂の申込みを再三にわたり受けた国税局の係官が、他の係官が聞くことに同意を与えて、防御目的で電子工学的装置を身につけて会話の内容を聞けるようにした場合であり、そもそも、相手方の（賄賂を申し込んだ側の）会話内容には保護されるべき利益を主張することが正当とされる場合ではなく、また、緊急時の許可を得ることで足りたのかどうかが問われたが、規則に従おうとする係官らの合理的な善意の試みがなされた場合であるので、排除法則は適用されるべきはないとする法廷意見の判断は妥当なものであろう。

（1）　Katz v. United States, 389 U. S. 347 (1967).

（2）　Lopez v. United States, 373 U. S. 427 (1963).

（3）　United States v. White, 401 U. S. 745 (1971).　一方当事者の同意がある場合の秘聴、秘密録音については、渥美東洋「捜査の原理」一〇五頁以下を参照せよ。

（4）　渥美東洋『捜査の原理』一〇五頁以下（一九七九年）（有斐閣）。

（中野目　善則）

30　United States v. Knotts, 460 U. S. 276 (1983)

ビーパーによる監視は、プライヴァシーを侵害するものではなく、第四修正の捜索・押収に当たらないとされた事例。

《事実の概要》

ミネソタ州麻薬捜査官は、３M社から元従業員アームストロングが違法薬物を作るための原材料を盗取していたとの通報、及びアームストロングの監視の結果判明した、同人が同様の薬品をホーキンス・ケミカル社から購入しているとの事実から、アームストロングが違法薬物の製造にかかわっているとの嫌疑を抱いた。そこでその捜査官は、ホーキンス・ケミカル社の同意を得てアームストロングが購入することになっているクロロフォルム用の容器の内側にビーパーを取りつけた。アームストロングがその容器を購入した後、その捜査官はアームストロングの運転する車を肉眼とビーパーで監視しながら追跡した。アームストロングはペシェンという者の家に行き、クロロフォルム容器をペシェンの車に移した。ペシェンは車で州境を越え、ウィスコンシン州に入った。この間に捜査官はペシェンの車を見失い、同時にビーパーからの信号も一時途絶えたが、ヘリコプターに設置された受信機で約一時間半のちに再びビーパーからの信号を受信した。その信号によれば車は停止しており、その場所はシェル湖畔のノッツのキャビンであることが判明した。

ビーパーを使用してクロロフォルム容器の所在を確認し、その後三日間断続的にキャビンを観察して得た情報に基づいてその捜査官は捜索令状を入手して、キャビンを捜索した。その結果、キャビン内に薬物製造装置、覚醒剤の処方箋及び原料薬物を発見するとともに、キャビンの外にあった樽の下にビーパーを取りつけた容器を発見した。

被告人の、令状によらないビーパーによる監視の結果入手された証拠の排除申立は却下され、被告人は有罪判決を受けた。合衆国第八巡回区控訴裁判所は、ビーパーによる監視は被告人のプライヴァシーへの期待を侵害する第四修正に違反する行為であり、キャビンの所在をつきとめた結果入手した証拠は排除すべきであると判示した。

《判旨・法廷意見》

破棄

一　レーンクェスト裁判官の法廷意見

本件ではビーパーが被告人ノッツの共同被告人が購入したクロロフォルムの容器に取りつけられ、その容器を積んだ車の進行を監視してミネソタ州の捜査官はクロロフォルムを購入した地点からシェル湖畔のキャビンまで追跡することができた。このようなビーパーの使用が、第四修正の権利を侵害するのか否かが本件で提起された問題である。

(1)　キャッツ（Katz v. United States, 389 U. S. 347 (1967)）は、第四修正の保護が及ぶか否かは物理的侵入の有無によるのではなく、プライヴァシー侵害の有無によると判示した。さらにスミス（Smith v. Maryland, 442 U. S. 735 (1979)）はプライヴァシー侵害の有無は、第一に、個人がプライヴァシーへの主観的な期待を現に有していることを行動によって示していること、第二に、その個人のプライヴァシーへの主観的な期待が社会一般が合理的だと認めるに足るものであること、という二つの要件の充足如何によると判示した。

本件で捜査官はビーパーを使用して路上を走行する車を追跡した。ところでこの車については、「車輌の機能は移動・運搬にあるのであって、住居や財産保管にあるのではないから、車輌へのプライヴァシーの期待は比較的に小さい。車輌は公衆の詮索を免れる性質をもつものではない。車輌というのは公道を走行するものであり、公道では車輌の乗員と車中の物は人々が現認できる状態にある。」（Cardwell v. Lewis, 417 U. S. 583, 590 (1974)）と判示されている。車に乗って道路を走行する者は、ある場所から他の場所への移動についてプライヴァシーへの合理的期待を有するものではない。ペシェンは、路上走行中に自分がある道路をある方向に走行していることを、停車した時には停車の事実を、そして公道から私有地に入った行為によって目的地が何処かを、知りたいと思う者には何人に対しても、自ら伝えているのである。

これに対しノッツはキャビンに関する限り、住居での伝統的なプライヴァシーへの期待をもっていたことは疑うべくもない。しかし、この期待があるとしても、ペシェンの車が公道からノッツの私有地に到着するのを他人が肉眼で観察するのを妨げるものではなく、キャビンの外の囲いのない敷地（open field）にあるクロロフォルム容器の存在についてまでその合理的期待は及ばない。

警察は、ペシェンの走行ルートや公共の場所に隣接するノッツの私有地を公共の場所から肉眼で観察しさえすれば、車の到着、容器の所在を充分に知りえたはずである。本件で捜査官が肉眼以外にビーパーに頼ってペシェンの車の所在地をとらえたからといって、右の事実には何の変化もない。警察は科学技術を用いて人間に生来備った感覚能力を増幅させてはならないとは、第四修正はどこにも示していない。

⑵　被告人は、検察の趣旨に適った判断がされると国民を四六時中監視することが可能となり、しかも裁判所がその監視の成果を知ることも、その監視を監督することもできなくなるという一般論を展開する。だが、実際にはこのような濫用の虞れを示すものは全くない。かりに被告人が想定するような底引網的法執行（dragnet type law enforcement practice）が起こったとすれば、その時に別の憲法上の原則の適用を検討するに足る時間的余裕がある。

被告人は、被告人の所有地内でのクロロフォルム容器の所在を発見するためのビーパーの使用は違法だと主張する。本件は被告人の住居という聖域に関する事件だというのである。しかし本件記録上、ビーパーの信号が受信されていたのはクロロフォルム容器が車で運ばれて被告人の私有地に到着するまでであって、それ以後その信号の受信を示すものはない。肉眼での監視ができなくなったので捜査官はビーパーを使用した結果、クロロフォルム容器の最終設置場所を確認することができた。この確認が肉眼だけではできなかったことは認められるとして、科学的手段を用いて五感の能力をこのようにして高めたことが肉眼による監視のときには提起される筈のない憲法上の論点を提起することにはならない。というのはペシェンの車の走行中ずっと一定の距離を保って追跡していればペシェンの車がノッツのキャビンに到着するのを確認できたはずであるからである。このようにして判明した事実が他の事実と相俟って捜索令状入手のために用いられたのである。ビーパーがキャビン内での容器の移動を確認したり、又はキャビンの外から肉眼では見えないものを見るためにビーパーが何らかの形で使用された事実を示す証拠はない。

以上の理由により、本件でのビーパーによる監視は被告人のプライヴァシーを侵害するものではない。

二　ブレナン裁判官の結論賛成意見

本件で被告人がビーパー取りつけの点まで争っていたなら、本件はより処理し難い事件となったと思われる。先例によれば、警察が情報を入手するために憲法上保護された領域に物理的に侵入した場合には、その結果入手された情報がたとえそれ以外の方法によっても収集されたであろうと想定できる場合であれ、この物理的侵入行為が第四修正違反に当たると判示されている（Silverman v. United States, 365 U. S. 505 (1961)）。キャッツもその後の判例もこの原則を変更してはいない。

私はまた、控訴裁判所がその註の個所で容器の所有者が同意すればビーパーを取りつけることは許されると判示しているが、それには同意できない。第四修正の趣旨に照らすと、被疑者の所持する物にビーパーを取りつけること、被疑者がビーパーを既に取りつけた物をそうと知らないで購入するように仕向けることとの間には、憲法上の差異はないと思われる。

被告人は、先例に照らして、ビーパーが取りつけられた物を購入したのが自分ではなく他の共犯者なので、自分にはビーパー取りつけの適法性を争う適格がないとオーラルアーギュメントで主張している。この主張が正しいとするなら、第四修正の適格概念を再定義しようとした当法廷の試みは混乱を生むものでしかなかったことになる。

三　ブラックマン裁判官の結論賛成意見

法廷意見は「open field 法理」に言及しているが、本件はこの法理に関わるものではないので、この言及は不要である。さらに当法廷は open field 法理に関する事件について別に事件移送命令を発している。従って本件でこの問題を判断すべきではない。

四　スティーヴンス裁判官の結論賛成意見

法廷意見は広きにすぎる傍論を述べている。第一に、法廷意見はクロロフォルム容器がキャビンの外の open field にこれみよがしに置いてあったかのようにいうが、本件記録上こうした認定を支えるものはない。第二に、第四修正は警察が科学技術を用いて人の五感の能力を高めることを禁じていないというが、当法廷はキャッツ事件ではそれとは逆の判示をしている。

《解　説》

一　本件は、ビーパーを用いた車輌走行の監視はプライヴァシーの侵害とはならず、第四修正にいう捜索・押収に当らないと判示した最初の判断である。(1)

ビーパーとは、通常二秒間隔でピッピッという発信音を送る無線送信器であり、波長を合わせた受信器で音を受信し、その音の強弱によってビーパーを取りつけた物の所在を確認できるよう工夫されたものである。(2) 遮蔽物がなければ通常二ないし四マイル四方に信号を送ることができるといわれる。(3) ビーパーは主として薬物関連犯罪の捜査にあって、禁制品たる薬物、薬物や材料を入れる容器、車輌、飛行機に取りつけられ、受信器を車輌又は飛行機に積んで、行先をつきとめるのに用いられるといわれる。(4) ただあくまで信号を発するのみで、会話を伝えるものではないので、会話の傍受を規制するTitle III of Omnibus Crime Control and Safe Street Act of 1968の適用を受けることはない。

二　キャッツ事件以降、政府の行為が第四修正にいう捜索に当たるか否かを判断するに当たって、まずその行為がプライヴァシーへの期待を侵害したか否かを問うこととなった。キャッツ事件で補足意見を執筆したハーラン裁判官はプライヴァシーへの期待があるというためには、①個人が（主観的な）プライヴァシーへの期待を現に示しているか否か、②そのプライヴァシーへの期待は社会が合理的だと認めるに足るものか否か、の二つの要件の充足如何によると判示した。この手法はスミス事件で法廷意見に採用され、本件法廷意見もこれによっている。

さて、本件法廷意見は、車輌による移動にはプライヴァシーへの合理的期待を認めることはできないという。路上走行中の乗員及び車中の物は現認（in plain view）されるものであり、一定道路を一定方向に向って走行している事実、停止すれば停止したという事実、公道から私有地に入れば自分の目的地が何処かということを他人に伝えているのだからという。ハーラン裁判官の分析での(1)の要件を満たしていないとしたことになる。キャッツ事件の法廷意見の文言にしたがえば、走行中の車輛の乗員は、何かプライヴェットなものとして確保しておきたいということを何ら示していないと判断したことになる。

なるほど、車輛は、窓を通して乗員の髪型、体型、服装といった情報、車輛の色、型式、ナンバーといった車自体の特徴という情報を外部に曝しつつ移動する。(5) また目撃時の所在、走行方向、停止の事実、目的地を知らせていることも確かである。しかし、これらの情報・事実を知らせているのは通常はわずかな時間間隔だけである。走行中の車輛及び乗員について何らかの情報を入手する機会のあるのは、通常、対向車の乗員、同一方向に向かう近隣の車の乗員、走行道路を眺望できる者に限られよう。これらの者のうち最も長時間観察を行い情報を入手できるのは同一方向に向かう車輛の乗員であるが、これとても道の岐れる時がくるのが普通である。つまり他人の車輛の全行程を知り得る人間はまだ居らず、また逆に、走行の全行程――どこから来、どこへ行こうとするのか――を他人に知らせつつ走行する者もまずいないのが通常である。とすれば車輛走行の全行程に乗員はプライヴァシーをもっといい得るのではないか。(6) もっとも乗員は全行程をプライヴェットなものとして確保しているということを何らかの作為によって示すことはあるまい。しかし、ラリー参加車のように積極的に全行程を示すことがない（不作為）以上、行程をプライヴェットなものとして確保していると解するのが、車輛走行の一般的態様からみて、穏当というべきではないだろうか。(7)

三　走行行程にプライヴァシーを認めるべきではないかとの疑問は、本件では争点とされたかったビーパーの取りつけの問題を考えるとさらに深まる。

ある場所から別の場所に移動することにプライヴァシーへの期待はないとすると、ビーパーを取りつけることは一体何を侵害することになるのか。勿論、たとえば私人の車庫内の車にビーパーを取りつける場合のように、物理的侵入を伴う場合には、物理的侵入自体が第四修正の捜索に当ることになろう。[8] では公道上に置かれた車の外部にビーパーを取りつける場合はどうか。これも取りつけ行為自体が物理的侵入といえなくもない。しかしこれは余りに軽微な侵入であろう。[9] ましてカードウェル（Cardwell v. Lewis, 417 U. S. 583 (1974)）では、駐車中の車から塗料を少し削り取ることは第四修正違反ではないと判示していることでもある。[10] 磁石で車の外部にビーパーを取りつけること自体は第四修正の範囲外とされる可能性が高い。

ビーパーの取りつけとビーパーの使用（即ちビーパーによる監視）とを区別した上で、ビーパーによる監視がプライヴァシー侵害に当らないとすると、ビーパーの取りつけも、物理的侵入を伴う場合を除いては、何ものをも侵害するものではないことになる。今後ビーパー取りつけの合憲性が争われることになったとしても、その問題については既に本件で外堀が埋められてしまっていることになるのではないかと危虞される。

四　ではそもそもビーパーの取りつけ利用は第四修正の枠内に置く必要のある問題なのだろうか。

前述したように、車輌走行がプライヴェットなものならば歩行もプライヴェットなものであり、走行であれ歩行であれ個人の全行程を追跡・尾行し、肉眼であれ監視することはプライヴァシー侵害となるはずである。現にそのように解して追跡及び肉眼での監視にも令状が必要だとする見解も合衆国には既に存在する。[11] しかしこのタイプの監視に令状が必要だとする先例は下級審にも一件もないと報告されている。[12] また第四修正は警察活動が個人に困惑・威圧を与えることのないよう防ぐ役割を裁判所に課したもので、隠密裡の追跡・監視はこうした困惑・威圧を与えるものではないので第四修正に反するものではないと説かれてもいる。[13] 要するに、こうした形の監視方法は、常識（commom sense）に照らして、穏当であり、捜査に必要なものだと一般に認められているのである。

隠密裡に行われる肉眼での監視は、監視対象たる個人に威圧、困惑を与えない限り適法とされるようである。では意図的に個人に威圧・困惑を与えるやり方で監視が行われた場合――いわゆる荒っぽい監視（rough survillance）(14)――に、その個人は一体何を侵害されたことになるのか。全行程についてもっている主観的プライヴァシーが侵害されているという答えを用意しておかねばなるまい。

ビーパーによる監視も同様である。ボビシンク（United States v. Bobisink, 415 F. Supp. 1334 (D. Mass, 1976)）の判示するように、技術改良によってビーパーが衣服に気づかれない状態で取りつけられるようになったらどうか。個人の日常の行動がすべて把握されることになっても、プライヴァシー侵害を主張できないことになるが、不都合はないのか。法廷意見は、その折には別の憲法原則を考えればよいという。しかし移動のプライヴァシーという核になるべき権利を否定しておいて、果してどんな新たな憲法原則が引き出せるのか。

こう考えると、追跡・監視は、令状による規制を受くべきとはいわないまでも、少なくとも移動のプライヴァシーを承認したうえで、第四修正の枠内で合理的と思われる方法で、(15)規制を行い、濫用への歯止めをかけておくことが必要だったのではあるまいか。

五　いずれにせよ、本件では、ビーパーの取りつけに第四修正の問題がない事例ではビーパーの利用が通常の方法による自動車の追跡に当たるとみて、第四修正に違反しないと判示したままである。ビーパーを取りつけた車輌は、取りつけを知っている者に対しては、走行全過程を開披しているとみてよいからである。

このように処理できないビーパーの利用の追跡については、本件では判示されていないとみるべきであろう。

（1）ビーバーによる監視がプライヴァシーを侵害することになるか否かについて、下級審には見解の対立があった。侵害を構成するとするものとして、たとえば United States v. Bobisink, 415 F. Supp. 1334 (D. Mass, 1976), United States v. Moore, 562 F. 2d 106 (1st Cir, 1977). プライヴァシー侵害に当らないとするものとして、United States v. Huttord 539, F. 2d 32 (9th Cir. 1976), Dunivant v. State, 155 Gr App. 884, 273 S. E. 2d 621 (1980), United States v. Frazier 538 F 2d 1322 (8th Cir 1976).

（2）32 Cr. L. R. 4129. オーラルアーギュメントでの検察官の説明による。

（3）Id.

（4）United States v. Holmes, 521 F 2d 857 (5th Cir, 1975).

（5）こうした情報について、乗員はプライヴァシーを有するとは限らないとする先例は多い。たとえば、Delaware v. Prouse 440, U. S. 648 (1979). なお本件はこうした走行過程で必然的に人目に曝さざるを得ない情報について論じているのではないことに注意する必要がある。

（6）このプライヴァシーは社会一般からも合理的なものとして承認されるのではないか。プライヴァシーという言葉が適切でないなら、一般的な走行の自由、活動の自由といってもよい。

（7）キャッツ事件の文言に従えば個人がそうと知っていて曝しているもの（Knowingly exposed）はプライヴェットなものではないとされる。全行程を曝して移動している者はいないのである。また、キャッツ事件でのハーラン裁判官の意見のうち、キャッツが電話ボックスの戸を閉めて、プライヴァシーへの期待を示したと指摘した点を重視する見解もある。しかし、ハーラン裁判官は、盗聴防止装置を使用して電話をするよう求めた訳ではない。通常の用法にしたがって利用していればプライヴァシーへの期待を示していたと解すべきである。自動車の通常の利用で充分全行程へのプライヴァシーへの期待を示しているといえるであろう。

（8）United States v. Huttord, 539 F 2d. 32 (9th Cir. 1976).

（9）United States v. Moore, 562 F 2d 106 (1st Cir. 1977).

（10）ホームズ事件（前掲註（4））は逆の見解に立つ。

（11）Note, Beepers, Privacy and Fourth Amendment. 86 Yale L. J. 1461.

（12）LaFave, I Search and Seizure. at 434.

（13）Id. at 435.
（14）Christic, Government, Surveillance and Individual Freedom, 47 N. Y. U. L. Rev. 871 (1972).
（15）たとえば、令状入手の時間的余裕のない緊急捜索として、又は、自動車の例外として位置づけることも考えられる。LaFave 前掲註四二八頁以下参照。

（香川　喜八朗）

31　United States v. Karo, 468 U. S. 705 (1984)

ビーパーが設置されたエーテル缶を購入した被疑者が、個人の住居内にそのエーテル缶を搬入しそこから搬出する行為を、そのビーパーを用いて監視する行為が、第四修正上の捜索に当たり、令状を要する、とされた事例。

《事実の概要》

ＤＥＡ係官は、カロ、ホートン、ハーレイの三名が合衆国に輸入された衣服からコカインを抽出するために、五〇ガロンのエーテルを政府の情報提供者に注文したことを知った。そこで係官はエーテルの缶の一つにビーパーを設置し、監視することを授権する裁判所の命令を得た。情報提供者の同意を得て係官は運搬される缶の一つをビーパーを設置した自分たちの缶と取り替え、全部で一〇個の缶を塗装して同一の外観を与えるようにした。係官はビーパーを使用し且つ肉眼でも監視しながらカローを追跡し、同人の家に至った。同日係官はビーパーを使用してエーテルがホートンの自宅に移されているものと判断した。二日後、ビーパーを使用してエーテルがホートンの父の住居に移され、その翌日更に商業用保管施設内のロッカーに移されているのが判った。もっとも、どのロッカーかはビーパーによっては特定できなかったので、文書提出命令によりロッカールームの記録を入手し、ホートンの借りているロッカーを特定し、それを警報装置（entry tone alarm）で監視していたのだが、エーテルは係官の気づかないうちに更に別の場所に移され、係官はビーパーを使用して三日後にそのロッカー施設の所在をつきとめ、エーテルの臭いでロッカーを特定し、同施設のマネージャーの同意を得てエーテルの保管されているロッカーが監視できるようビデオカメラを設置し、このカメラを通してエーテルが被告人ローズと身元不明の女性によりホートンの小型トラックに移されたのを確認した。肉眼とビーパーによる監視を行って係官はトラックを追跡し、一旦ローズの家に至った。同日更に、ハーレイ、スティールが借りているタオス内の住居に向かったのを確認した。到着時にビーパーを使用して缶がその家の中にあることが判明し、翌日いまいちどビーパーを使用して缶が尚家の中にあることを確認した。この時家の窓が開けられていたことからエーテルを使用していたのではないかとの疑問をもった。翌日同住居の捜索令状を入手し、その二日後令状を執行し、ホートン、ハーレイ、スティール、ロスを逮捕し、コカインと抽出器具を押収した。ホートン、ハーレイ、スティール、ロスは譲渡目的でのコカイン所持の共謀で大陪審訴追を受けた。ローズは所持の共謀でのみ訴追された。

連邦地裁は、ビーパーの設置の為の最初の令状は無効であり、証拠の押収は正当な権限の無いまま行われたビーパーの設置と監視により汚染された果実であるとの理由から、押収された証拠を排除した。連邦控訴裁判所は、エーテル缶の中にビーパーを設置し、私人の住居や商業用ロッカーの中でそれを監視するためには令状が必要であると判示し、タオスでの捜索令状及び押収は当初の違法活動により汚染されたものであるとして、タオスの住居にプライヴァシーを有するホートン、ハーレイ、スティール、ロスについては証拠を排除するのは適切であったと判示した。

《判旨・法廷意見》

一　ホワイト裁判官の法廷意見

(1)　缶の中にビーパーを設置することは第四修正上の権利を侵害するものではない。ビーパーを設置した時点で、缶はＤＥＡに属しており、被告人は缶へのプライヴァシーの期待を有していたとは言えない。エーテル及び一〇個の缶は情報提供者に属し、同人はこれらの品への侵害に同意している。設置を有効とするにはこの同意で十分である。

また控訴裁判所はビーパーを積載した缶をカロに引き渡した時点で第四修正違反があったというが、しかしビーパーが設置されてはいるが監視されてはいない缶をカロに引き渡しただけではプライヴァシーを侵害したことにはならず、従ってこれは捜索・押収には該当しない。引き渡しはカロがプライベートなものとしておきたい情報を伝達するものではないし、また引き渡しはプライヴァシー侵害の可能性を創り出しはしたが、プライヴァシー侵害の可能性があるというだけでは、第四修正の捜索には当たらないからである。更に押収が行われたというためには、個人の財産所有上の利益が何らかの意味ある干渉を受けたことが必要だが、本件ではこうした干渉は行われておらず、押収が行われたとも言えない。

(2)　ノッツ事件（United States v. Knotts 460 U. S. 276 (1983)）ではビーパーの設置された缶がキャビンの中にある間にビーパーにより監視されたことを示す記録はない。これと異なり本件ではタオスにある家にエーテルが有るか否かを確認するためにビーパーが使用された。肉眼による監視に対して開かれてはいない場所である住居内をビーパーで監視することは当該住居にプライヴァシーの利益を有する者の第四修正上の権利を侵害するものである。住居内での無令状での捜索・押収は緊急状況がない限り不合理なものと推定される。本件でもＤＥＡ係官がエーテルが家の中に有るか否かを確認するために住居に立入ることが有用と考え、無令状で隠密裡に立ち入ったなら第四修正の不合理な捜索を行ったことになろう。第四修正の趣旨からはこの結論は、政府が家の外からの観察では入手し得ない情報を得るために無令状で隠密裡に電子工学的装置を用いた場合と同じである。

ビーパーによる監視は本格的捜索に比し侵害の程度の低いものではあるが、政府が最も知りたい、場所の内部についての重要な事実を外部に曝すものである。ノッツ事件では、入手された情報はキャビン内部についてのものではなく、見たいと思う者ならだれであれ入手できる情報を伝達したに過ぎないのに対して、本件ではビーパーでの監視によりビーパーが家屋内に有るという、肉眼では確認できない事実を確認したのである。

(3) 係官はビーパーを使用してエーテルがタオスの住居に現に有り、令状請求の間もそのままそこに有ったことを確認している。この情報は無令状で入手されたものであり、それゆえ住居にプライヴァシーを有する者―ホートン、ハーレイ、スティール、ロスにたいしては公判で許容されるものではない。またこの情報が令状発付のための相当な理由を確立するのに重要であったと立証された場合には家屋への捜索令状も無効となるものである。しかし、宣誓供述書中に汚染されていない証拠が十分提出されていれば、令状は有効であり、本件宣誓供述書には警察官がビーパーを使用しなくても捜索を行おうとしている家屋にエーテルが有ると結論するだけの事実が挙げられていたことから、宣誓供述書中に含まれているビーパーの使用に関する情報以外の情報が第四修正違反の果実であって、家屋の居住者の誰もが異議を申し立てることのできるものか否かの問題は残る。

スティールとロスについては、タオス到着前にビーパーにより監視された場所のいずれにも利益を有しないので、家の中で発見された証拠は彼らには許容される。

ホートンとハーレイについては、第二のロッカーに到着する前に、両人がプライヴァシーを有していた家屋や他の場所内でビーパーを違法に使用してエーテルの所在を突き止めたとしても、この使用がその後にエーテルの所在を探知し、タオスまで追跡するのにビーパーを用いたことを汚染するものではない。エーテルがロッカー施設内のどこかに有ることはビーパーにより判明したが、どのロッカーに置かれているかということまで特定したものではなく、ロッカーの特定はエーテルの臭いにより行われたのだから、ビーパーによる監視はホートン、ハーレイが借りたロッカーの内容まで明らかにしたものではないので、これは捜索には当たらない。

またエーテルがホートンのトラックに積まれるのを係官は肉眼で見、追跡に当たってビーパーにより監視をしたのだから、エーテルがトラックに有る間は、ビーパーによる監視についての排除申立適格の有無を問わず、何人についても第四修正違反はない。こうした状況下では宣誓供述書には、捜索令状発布のための相当な理由を提供するのに十分な、汚染されていない情報が上げられていたのは明らかである。家屋内で押収された証拠はどの被告人に対しても排除されるものではない。

二　オコナー裁判官の一部補足、一部結論賛成意見

(1)　法廷意見は、容器の所有者の同意の有無が決定的な要素だとし、容器所有者の同意があれば、当該容器が住居内に持ちこまれても、住居の所有者のプライヴァシーへの合理的期待を侵害することはなく、同意がなければ、住居所有者の自己住居へのプライヴァシーの期待は、たとへ住居所有者が当該容器自体にプライヴァシーへの期待を有していなくても、侵害されることになるというのである。

しかし、先ず第一に、この基準は、ローリングス（Rawlings v. Kentucky, 448 U. S. 98, (1980)）と矛盾するものである。同事件では、当法廷は、女性のハンドバッグから押収した薬物を、薬物所有者である、その女性の男友達が当該バッグへのプライヴァシーの期待を有していたとはいえないとして、許容したものである。その男友達は、ハンドバッグの中から発見された薬物の所有権を主張したとしても、捜査の適法性を争う適格を欠いていたのである。閉ざされた

容器の捜査が、当該容器の所有者の同意のないまま行われたからといって、そのことで、その容器の中に発券された証拠を排除する権利を被告人全てが付与されるわけではない。

第二に、客の容器の中のビーパーでの監視が住居の所有者のプライヴァシーを侵害するのは何時かということについての法廷意見の基準はマトロック判決（United State V. Matlock 415 U. S 164.（1974））と矛盾する。住居の所有者は客の閉ざされた容器に支配力を有せず、捜索に同意する権限も無いからである。

第三に容器の中にビーパーはないとの住居所有者の期待の有無は、容器の中にビーパーはないと容器所有者が考えているかいなかに拠るものではない。住居所有者のプライヴァシーへの期待は、それ自体で、合理的か、不合理かのいずれかである。客が政府の情報提供者としての地位を明らかにしていない以上、住居所有者のプライヴァシーへの期待が合理的であることを変えるものではない。

(2)　法廷意見の基準にかえて、ビーパーの設置された容器への被告人の利益を基準としたい。閉ざされた容器が住居に許可を得て運び込まれた場合には、住居所有者や住居にプライヴァシーを有する者は、その容器が自分たちの物か又は自分たちの支配下にあるのでない限り、コンテナの移動について有していたかもしれないプライヴァシーへの期待を放棄しているのである。住居自体へのプライヴァシーの利益は、住居の中にある物の中身や移動へのプライヴァシーとは異なるものである。個人が特定の容器、場所、会話にプライヴァシーの利益をなんら有しない場合には、その者は排除申立の適格が無い。二人の者が、特定の場所、容器、会話に対して同じ、重なり合うプライヴァシーを有している場合には、両人とも互いに他の者のプライヴァシーを第三者に対して放棄し得る。

或る者のプライヴァシーが他の者のプライヴァシーの中に入り込んだ場合、たとえば住居への客が住居所有者も近づけない容器をもっている場合には、住居所有者は容器所有者のプライヴァシーに自己のプライヴァシーを一部放棄したのである。住居内を捜索せずに容器を捜索できるのなら、住居所有者は自身のプライヴァシーは侵害されていないのである。

しかし本件でのビーパーは容器の中身ではなく所在についての情報を送って来ている。住居内での所在は、一部は住居の、一部は容器の、属性である。しかし主たるプライヴァシーの利益を有するのは、住居所有者ではない。住居所有者は、閉ざされた容器の住居からの出入りに同意したことで、容器の所在についてはプライヴァシーを放棄したのである。目的物の所在についての支配を欠く者は、所在についての情報が開示されたとしてもプライヴァシーの利益を侵されたことにはならない。

結局閉ざされた容器に設置されたビーパーを監視することにより入手された証拠を被告人が争うことが許されるのは、①ビーパーによる監視が行われたのが肉眼での容器の追跡ができなくなった時点であって、被告人が容器の移動が依然としてプライヴェットなものだとの合理的期待を有しており、かつ、②被告人が容器の捜索に有効な同意を与える権限を有しているというのに十分な程、当該容器自体に利益を有している場合である。自己の容器をビーパーという手段によって追跡されない権利の有無は、その容器を肉眼で観察することをも妨げることのできる権限及びその容器の所在を支配する権限——通常はこの権限は容器自体へのプライヴァシーの利益から導き出されるものだが——の有無にかかっている。いずれの権限を欠いても容器の移動へのプライヴァシーの期待を有することにはならない。

三　スティヴンス裁判官の一部補足、一部反対意見

ビーパーでの監視により公共の眼に曝されていない財物の所在を把握することは第四修正の捜索を構成するとした点では、法廷意見に賛成する。それ以外の点では反対である。

(1) ビーパーの設置は「押収」を構成する。（本件ではビーパーが設置された時点では容器は被告人に引き渡されていないが、これは何も問題とはならない。一旦引き渡しがなされれば、容器は被告人の物となり、被告人は排他的支配権を主張できることになるからである。被告人の物となった時点で憲法上保証された利益の侵害が始まるのである。）

被告人の財産に監視装置を設置することでDEA係官は個人の財産の排他的支配権を簒奪したのである。ビーパーを設置し、容器を用いてそれを隠すことで政府は財物に対する支配（dominion and control）を主張していることとなり、物への支配を主張することが、語の本来の意味での「押収」にあたるのである。

(2) 個人の財産が公共の眼から隠されれば、その財産を所持していることはプライヴェットなものとなり、第四修正の保護対象となる。本件ではビーパーによってDEA係官は公共の眼に曝されていない事実を知ることができた。ビーパーだけが容器が何時立入り禁止の住居に移され、何時ある場所から他の場所へ運搬されたかを教えたのである。こうしてビーパーによって財物の所在を知ることができたのだから、これは第四修正の「捜索」概念に包摂される利益を侵害したのである。本件の「捜索」は、カロが缶を住居に運び込んで公共の眼から隠した時点で、開始された。第四修正は、公共の眼に曝されていない個人の財産の所在というプライヴァシーの利益を保護するものである。

《解　説》

一　ノッツ事件で、合衆国最高裁は化学薬品の容器に設置したビーパーによる無令状での監視を、それが肉眼による監視では入手できないような情報を開示するものでない限り、第四修正違反に当たらないとした。公道を走行している際、車輌の乗員と車中の者は人が現認出来る状態にあるので、ある場所から他の場所への移動についてはプライヴァシーへの合理的期待を有するものではないとしたのである。本件ではノッツ事件で未解決のままであった以下の二つの争点についての判断がなされた。第一に、化学薬品の容器中に当初の所有者の同意を得てビーパーを設置することは、当該容器がビーパーの設置されていることを知らぬ買い手に渡されたとき、第四修正の「捜索」又は「押収」を構成するのか否か、第二に、ビーパーでの監視は、これにより肉眼では入手出来ないような情報を開示した場合に、第四修正違反となるのか否か、ということである。

二 まず本件連邦高裁判決によれば、理由は詳らかではないが、ビーパー設置の授権を命ずる裁判所の令状を無効とした連邦地裁の判断について検察側が上訴していないので、本件は無令状でビーパーを設置し監視したものとして扱われることとなったとされる(1)。法廷意見は、ビーパー設置当時、エーテルの所有者は情報提供者であり、缶の所有者はDEAであり、これら所有者の同意を得て缶の中にビーパーを設置していること、容器の引き渡しの時点では被告人のプライヴァシー侵害の可能性は有っても現実にプライヴァシー侵害がなされているわけではないので引き渡しが捜索を構成するものでもないこと、押収が行われたというためには財物の所有権への何らかの干渉がなされていなければならないが、本件ではそれも行われていないので押収が行われたとはいえないとして、設置は第四修正違反には当たらないとした。確かに、本件以前の下級審の判例の中には、ビーパー設置の時点で政府が設置対象物を所有しているとか、ビーパー設置につき所有者の同意を得ている場合には、設置それ自体は適法とする例(2)があり、法廷意見はこれらと同様の判断をしたものと解される。

ビーパーを設置しただけでそれが稼働していない場合に、プライヴァシーの侵害の危険は発生したとしても、現に侵害があったといえないのは法廷意見のいうとおりである。しかし問われるべきはその危険性である。日常生活での取引のありようからすれば、ビーパー設置に譲渡人の同意があったからといって、その同意が引き渡し後の譲受人を拘束し、譲受人が自己のプライヴァシー侵害の危険を負わねばならないというのは奇妙なことである。ビーパー設置当時の法的状況がどうであれ、「重要なのは、捜査官憲は財物が譲渡され、誰かの所有に帰した後、ビーパーがその機能を発揮するよう意図していたこと[(3)]」であり、「たとえ取引の目的は違法であろうとも、取引自体は違法ではない場合に、取引当事者は譲渡人が取引対象物のその後の動きを監視できるよう設定していると考えるべきリスクをおっているというのは馬鹿げている[(4)]」し、「市民は自分が購入するものには電子工学的装置たるスパイ（electronic spy）など含まれていないと思ってよい権利がある[(5)]」といってよいからであり、「カッツ事件で、電話会社が録音装置の設置を認める権限が無いのと同様に、譲渡人は譲受人のプライヴァシーを侵害してよいわけではない[(6)]」からである。

また同意による捜索・押収に関する従来の法理からすれば[(7)]、同意権者はプライヴァシーを侵害されることになる者であり、決して侵害しようとする者ではないはずである。財産法上の所有権者の同意により設置を論ずべきではなかったといえよう。ただ、法廷意見が設置を適法とした結論部分に注を付し、「ビーパーの設置と監視には令状を得るのが望ましいのは明らかである、というのはビーパーが肉眼による監視のできない場所にあるのかどうかを判断するためにも令状は有用であり重要でも有るからだ[(8)]」とし、理由は後述の監視の問題と関連するとはいえ、設置にも令状が有った方がよいとしている点に注目すべきである。設置を適法としたことは救済的判断と言えよう。

三　ビーパーでの監視により肉眼では入手できない情報を得た場合に第四修正違反となるのかという点につき、法廷意見は肉眼による監視に開かれていない住居内をビーパーで監視することは当該住居にプライヴァシーを有する者の第四修正上の権利を害するものだとする。

連邦最高裁の判例上住居内の無令状での捜索・押収は緊急状況がない限り不合理なものと推定される[(9)]。ビーパーでの監視は、警察官が住居に立入りその中を捜索するのと同様に、住居内部の情報を入手することになるのだから、この判断は正当なものと言えよう。

検察側は、特定の品が一定の時刻に個人の住居内に存在するか否かを判断するために電子工学的装置を用いることは無令状で、相当な理由や合理的嫌疑なくして行い得ると主張していた(10)。ビーパーを設置した物が何時立入り禁止の住居内に移動して行くことになるかは予見出来ないので、結局ビーパーを使用するすべての事件で令状を得ておかなければならなくなり、また特定性の要件を充たすことができないからというのである。

しかしビーパーを設置したものが住居内に移動するかいなか予見できないのであれば、やはり令状を用意しておくべきである。特定性の点については、本判決はビーパーが設置される対象物、捜査官がビーパー設置を望む状況、ビーパーによる監視を求める期間を特定することは出来るとしている(11)。

尚、令状を要件とする場合、令状発布のために「相当な理由」を要するのか否かについて、従来の下級審は相当な理由を求めるものが多かった(12)のだが、本判決は私人の住居（private premises）内にあるビーパーによる監視は、通常の捜索（full scale search）よりも侵害の程度の低いものであると位置付けていることに注意を要する。これは合理的嫌疑でよいとする前触れかもしれない。相当な理由であれ、合理的嫌疑(13)であれ、事実を示す確率の程度はさておいても、「追跡装置の利用により、犯罪活動に関係ある事実が明らかになると考える理由(14)」を示すことが必要であろう。

四　本判決が下された当時、ビーパーの大きさは、現在のキングサイズの煙草箱よりいくらか大きい程度であり、バッテリーもほぼ同じ大きさであった(15)。現代の技術革新の状況からして近い将来これが相当に小型化されることだろう。そうなったときに濫用の危険性は一挙に高まる。ノッツ事件及びカロ事件により、合衆国では、ビーパーの設置、公道を走行中の車輌の監視は無令状で行ってよく、肉眼で監視不可能な住居内の監視には令状を要することとなった。監視対象物がどこに持ち込まれるか分からない以上、令状を利用することが多くなると思われる。また追跡装置の利用に関する論稿の多く(16)が令状規制を説いていること、Title III と同様の立法を促していることを銘記すべきだろう。

（1） United States v. Karo, 710 F. 2d 1433, at 1436, (1983).
（2） United State v. Emery, 541 F, 2d 887 (1st Cir. 1976), United States v. Bailey, 628 F. 2d 938 (6th Cir. 1980), Uited States v. Perez, 526 F. 2d 859 (5th Cir. 1976).
（3） Lafave, 2 Search and Seizure, (3rd ed.) at 649.
（4） Lafave, Id, at 649.
（5） United States v, Bobisink, 415 F. Suppl 334 (D. Mass. 1976).
（6） United States v. Bobisink, 415 F. Suppl 334 (D. Hass. 1976).
（7） Schneckloth v. Bustamonte, 412 U.S. 218 (1973).
（8） 468 U.S. 705, at 713 FOOT NOTE 3.
（9） Welsh v. Wiscnsin, 466 U.S. 740 (1984), Steagald v. United States, 451 U. S. 204 (1981).
（10） United States v. Karo 468 U. S. 705, at 717.
（11） Id, at 718.
（12） United States v. Curtis, 562 F. 2d 1153 (9th Cir. 1977)；United States v. Moore, 562 F 2d 106 (1st Cir. 1977).
（13） 合理的嫌疑で足りるとするものとして Fishman, Electronic Tracking Devices and The Fourth Amendment：Knotts, Karo, and The Questions Still Unanswered, 34 Catholic U. L. Rev 277, (1985) at 391.
（14） Notes, Tracking Katz：Beepers, Privacy, and the Fourth Amendment 86 Yale L. Rev 1461, (1977), at 1504.
（15） 註（13）、（14）参照。
（16） 註（13）、（14）の論文参照。

（香川　喜八朗）

一三　身体への侵襲を伴う捜索・押収

32　Winston v. Lee, 470 U. S. 753 (1985)

全身麻酔による弾丸の摘出は、第四修正に反する捜索・押収に当たるとされた事例。

《事実の概要》

被害者ワトキンソンが午前一時ころ閉店しようとしたとき、銃を所持した男が自分に向かってくるのに気がついた。ワトキンソンも銃を取り構えたとき、別の男が「動くな」と命じたので、同人は声をかけた男に向け発砲したが、足を撃たれ、その男もどこか身体の左側部を負傷したようであったが現場から逃走した。警察官がまもなく現場に到着し、ワトキンソンは救急車で病院に運ばれた。

約二〇分後、警察官は現場から八ブロック離れたところで左胸部に被弾している被申請人リーを発見した。被申請人は二人組の強盗に襲われたとき撃たれたと供述した。被申請人は救急車で被害者ワトキンソンと同じ病院に運ばれたが、その時救急室にはまだワトキンソンがおり、「おれを撃ったのはそいつだ」と言った。捜査の結果、自分は強盗の被害者であるとの被申請人の供述内容は虚偽であるとして、同人は強盗未遂などの訴因で起訴された。

州は、左鎖骨下にある弾丸摘出手術を命じる旨の申立を州裁判所に行った。最初の聴聞で、州側鑑定人は、手術には約四五分を要し、三～四％は一時的神経障害を併発し、一％は永続的神経障害が生ずるおそれがあり、〇・一％は死亡する可能性があると証言したが、第二回目の聴聞で、再検査の結果、弾丸は神経と動脈の直下ではなく皮下にあり、深さ一・五センチの切開が必要だが、局所麻酔で足りそれほど危険ではないと証言した。

そこで、州裁判所の公判裁判官は手術を命じる申立を認めた。被申請人はヴァージニア州最高裁判所に、差止命令及び人身保護令状の発付を求めたが却下されたので、ヴァージニア東部地区連邦地方裁判所に対し、第四修正に基づく手術の差止を申し立てたが、同様に却下された。

しかし、手術の直前、執刀外科医が被申請人の胸部X線検査を実施させたところ、弾丸は胸部筋肉組織中二・五～三センチのところにあり、外科医は全身麻酔が必要と判断した。そこで、被申請人は、新証拠に基づく再聴聞を州裁判所に求めたが、却下され、州最高裁判所も却下を確認した。

被申請人は、連邦地方裁判所にすでになされた裁判についての変更又は修正を求めたところ、同裁判所は手術を差し止め、第四巡回控訴裁判所もこれを確認した。

州のサーシオレイライの申立を受理する。

《判旨・法廷意見》

原審判断確認

一　ブレナン裁判官執筆の法廷意見

第四修正は「プライヴァシーの正当な期待」を保護しており、原則として政府の干渉を許さないが、「相当な理由」が認められる場合には、法執行のための社会の利益が優越し、個人のプライヴァシーの利益が制約されることになっても正当といえる。これが、第四修正の「合理的な捜索」という意味である。

証拠収集目的での身体の外科手術の強要は、それが重大なものであれば、プライヴァシーの期待に深く関係し、犯罪の証拠収集であったとしても「不合理」なものとされることがあり得る。シュマーバーでは、酩酊運転の被疑者に対して血液検査を強要することが第四修正違反となるかが問題とされたが、同事件は事故後病院で手当を受けているとき逮捕され、異議を申し立てたものの、警察官の指示によって、医師が血液を採取したというもので、酩酊運転を疑う「相当な理由」が存し、令状要件の例外とされる「緊急状態」の存在が認められ、捜索は必要と考えられる程度を越えるものではなかったので、血液検査は適法とされた。シュマーバーでは、第四修正が人に関するプライヴァシーを保障していることを確認したが、第四修正は、身体の保護領域へのあらゆる侵入（intrusion）を禁止するものではなく、個々の状況の下において正当化され得ないような侵入や相当ではない方法でなされる侵入を抑制しようとするものであるとされた。

手術による体内への侵入が合理的かどうかは事案ごとの検討（case by case basis）に委ねられるが、その際、個人のプライヴァシー及び身体の安全への利益と社会の利益とを比較衡量することになる。シュマーバーは、このような比較衡量による検討の枠組を提供してくれた。シュマーバーは、第四修正に照らし、このような捜索・押収を行うにあたっては、「相当な理由」に裏付けられ、緊急な場合を除いて、令状が必要であるとはしつつ、血液検査の「合理性」判断は、その手続が個人の身体の安全や健康を脅かす程度ならびにプライヴァシーや人間の尊厳という利益を侵害する程度、及び有罪・無罪を公平かつ正確に判断する社会の利益とを比較衡量すべきであるとして、当該採血は少量で実質的に危険を及ぼすものではなく後に残るような損傷や苦痛を生じさせるものでもなく、一般に行われる身体検診の方法として日常的な方法であり、対象者の酩酊度を判定するのに極めて有効な手段で、証拠発見の明白な徴憑

(clear indication)があって、他に方法がない場合、酩酊運転の取締りに極めて重要といえるから、身体への侵入は正当で、「合理的」なものであると判示された。

シュマーバーの比較衡量テストを本件に適用すると、原審の結論は正当といえる。州は捜索を行うにあたって「相当な理由」を有していた点及び被申請人には十分な手続的な保護が与えられており医学的・法的問題を争うことができた点について争いはない。

本法廷が検討すべきは、被申請人のプライヴァシーの利益への侵害の程度及び州の証拠収集の必要性にある。手術による被申請人の健康と身体の安全への侵害の可能性は、当事者が激しく争っていた点である。連邦地裁は、当初手術が被申請人に危険をもたらすものではないと判断したが、再聴聞の結果、新証拠が提出され手術は危険であるとした。原審控訴裁判所は、弾丸の正確な位置を発見するのは困難で筋肉組織の深部まで手術をすることになり、筋肉への損傷を伴うだけでなく神経や血管等へも損傷を与えるおそれがあって、他の病気に感染するおそれもあると判示した。また、手術に要する時間も一五〜二〇分ですむという意見と二時間三〇分はかかるという意見もある。そして、本件下級裁判所は、医学上の理由から全身麻酔による手術を行うことを肯定したが、このような手術は、プライヴァシーや身体の完全性に対する重大な侵害をもたらすものといえよう。患者の同意がある場合には、全身麻酔が必要な手術において必ずしも重大な侵害を惹き起こすとはいえない。この場合には、手術は患者自身の意思に基づいて行われ、従って、プライヴァシーは保持されるからである。しかし、本件では、原審において、州が被申請人の身体をコントロールし、麻酔や睡眠剤を使用し無意識の状態にし、証拠収集目的のために皮下捜索を行おうとしているのであって、このような手術は、皮下への外科的探索に対する被申請人のコントロールを全く奪うものである。

次に、州が弾丸摘出のために被申請人の身体へ侵入する必要性についても検討する必要がある。州は、弾丸が被害者の銃器から発砲されたということを立証するために必要であり、それはまた被申請人が強盗犯人であったことを証明することにもなると主張する。しかし、州は、弾丸以外に、被申請人が被害者に近づき深夜強盗を働いた犯人であることを証明するその他の証拠を利用することができる。すなわち、病院で被害者が被申請人と犯人とが同一であると確認し、被申請人が事件発生後まもなく被害者の店から数ブロック離れた場所で発見され、被申請人の被弾した位置が被害者の報告と一致することなどから十分に証明し得る。これらに鑑みると、もともと弾丸を実質的な証拠として用いることができるとはいえ、被申請人に対して手術をする差し迫った必要性はないといえる。

本件における以上の諸要因を検討してみると、当裁判所は原審と同じ結論に到達する。手術は被申請人の保護された諸利益を侵害するものである。医学上手術の危険はそれほど高くはないといえ、法的にはかなり問題である、すなわち手術が合理的であると判断するためには非常に不確実な要素が作用するからである。一方、弾丸は被申請人の訴追にあたり役に立つことはいうまでもないとしても、州はそれが証拠として必要であるということを立証していない。このような事情においては、州は手術という手段により犯罪の証拠を収集するために捜索することが、第四修正にいう「合理的」であると立証しえていないと考える。

第四修正は、市民がプライヴァシーの正当な期待を有する領域について、政府の不合理な侵入を阻止するものである。プライヴァシーの期待が低い場合や、捜索が、プライヴァシーの利益への最小限の侵入にしかならない場合には、第四修正の保護はそれほど強くないが、逆に、我々の社会がプライヴァシーの利益が極めて高いと考えている領域へ政府が侵入しようとしている場合には、その捜索を合理的なものとするより実質的な正当化根拠が要求される。この原理によれば、本件捜索は「不合理」なものといえよう。

二　バーガ首席裁判官の補足意見

法廷意見は、手術をしなくても体内に隠匿された法禁物が存在することを自然に身体的機能が明らかにすると思料せられる合理的理由が存在する場合には身体の拘禁を妨げるものではない。

《解　説》

第四修正は、プライヴァシーの正当な期待を保障しているが、[1] 本件は、被害者の発砲した弾丸摘出のための被疑者に対する外科手術が立証上必要だとしても、第四修正の保障するプライヴァシーや身体の安全に反し、「不合理な捜索・押収」にあたるとされた事例である。

本件判決において、法廷意見はシュマーバー判決で採用された第四修正の「合理性」判断の枠組に依拠し、プライヴァシーの利益への侵害の程度及び証拠としての必要性を具体的に検討した。シュマーバー判決は、周知のように、自動車の衝突事故を起こし負傷して病院に収容された被告人について、逮捕のうえ、同人の異議を斥けて、酩酊運転の証拠として、右病院の医師に命じて、同人の身体から血液を採取させた事件で、右採血手続の適法性を肯定したものである。ここでは、① 証拠発見の「明白な徴憑（clear indication）」、② 手段の合理性、③ 実施方法の合理性が身体内部への侵入を伴う処分の許容性の要件とされている。このシュマーバー判決は、第四修正の保障する不合理な捜索・押収の禁止による排除法則を第一四修正の内容として州にも適用されるとした Mapp v. Ohio, 367 U. S. 643 (1961) 及び第五修正の黙秘権保障も第一四修正の内容となり州にも適用されるとする Malloy v. Hogan, 378 U. S. 1 (1964) に依拠して導かれたものであるが、本件との関連を検討するうえで、第五修正の点は別として、第四修正の保障について、州にも適用されるとされたところから、本件判決がその検討の枠組を同判決によったものといえる。[2]

シュマーバー判決では、相当な理由が認められ、逮捕に伴う捜索・押収にあって、証拠の散逸のおそれを理由とする証拠保全の緊急性が無令状の処分を認める根拠とされているのであるから、前述の許容性の要件は令状による処分の場合にも妥当するものといえよう(3)。ところで、これらの各要件に該当するかどうかは、必ずしも明白ではなく、事件ごとに判断されることになるが、プライヴァシーの侵害の程度及び証拠収集の必要性とを比較衡量して判断することになろう。本判決もこのような見地から、シュマーバー判決を検討の枠組として具体的に判断している。まず、プライヴァシーの侵害の程度について、外科手術の危険性を問題として、これを高い危険性があるものとし、証拠収集の必要性について、他に証拠が存在し外科手術を行って証拠を収集する必要性は少ないとした。これまで、外科手術について、それが手術として比較的簡単なもので、対象者の生命等に対する危険は大きくないことを理由に、これを肯定したものや(4)、手術の部位や全身麻酔の必要性等からかなりの危険を伴うものであることなどを理由に、これを否定したものなどが見られたが(5)(6)、本判決では、弾丸の存在する部位、手術の範囲・時間、麻酔の程度などについて争いがあり、その安全性が不明確であることから危険性は高いと判断された(7)。

なお、本件判決は、当該外科手術による証拠収集の必要性は大きくないとして、不合理な捜索にあたるとされたが、証拠としての必要性が大きい場合には、合理的なものとして許容されることがあり得ることを明言した。もっとも、医学上からは手術をしたほうがよいにもかかわらず、被疑者が証拠として使用されるのを阻止する目的で異議を申し立て手術に応じないとき、どのように解するかは残された問題である。

結局、身体内部への侵入については、シュマーバー判決のたてた枠組に従って、プライヴァシーの侵害の程度及び証拠収集の必要性とを比較衡量して具体的に判断していくことになろうが、本件判決の法廷意見は、抽象的な判断の枠組を示したのみでその判断の具体的基準を示しておらず、下級裁判所に対する統一的な解決の基準としては十分ではないといえよう。

（1） Katz v. United States, 389 U. S. 347 (1967)；Olmsted v. United States, 277 U. S. 438 (1928).

（2） 身体内部への捜索に関しては、すでに、麻薬の入ったカプセルを飲みこんだ被疑者を無令状で強制的に病院へ連行し、医師に命じて胃ポンプを使用してカプセルを取り出させたという Rochin v. California, 342 U. S. 165 (1952) で、合衆国最高裁判所は、「良心にショックを与える」ものであり「正義の感覚」に反すると判断し、これを第一四修正の適正手続条項に違反するものとしたが、この判決は、第四修正に基づく排除法則が州へ適用されることが認められていない時期に出されたもので、第四修正に依拠する結論をひき出していないので、本判決の前提とはされていないといえよう。

（3） 井上正仁「刑事手続における体液の強制採取」法学協会百周年記念論文集第二巻六七〇頁（一九八三年）。

（4） United States v. Crowder, 543 F. 2d 312 (D. C. Cir. 1976)；Exparte Johnson, 452 So. 2d 888 (Ala. Crim. App. 1984)；Hughes v. United States, 429 A. 2d 1339 (D. C. 1981)；Doe v. States, 409 So. 2d 25 (Fla. Dist. Ct. App. 1982)；Creamer v. State, 229 Ga. 511, 192 S. E. 2d 350 (1972), cert. dismissed, 410 U. S. 975 (1973)：Allison v. States, 129 Ga. App. 364, 199 S. E. 2d 5 87 (1973), cert. denied, 414 U. S. 1145 (1974)；Hughes v. State, 56 Md. App. 12, 466 A. 2d 533 (1983)；State v. Lawson, 187 N. J. Super. 25, 433 A. 2d 656 (App. DiV. 1982)；State v. Allen, 277 S. C. 595, 291 S. E. 2d 459 (1982).

（5） Bowden v. State, 256 Ark. 820, 510 S. W. 2d 879 (1974)；Pople v. Browning, 108 Cal. App. 3d 117, 166 Cal. Rptr. 293 (1980)；Adams v. State, 269 In d. 663, 299 N. E. 2d 834 (1973), oert. denied, 415 U. S. 985 (1974)；Bloom v. Starkey, 65 A. D. 2d 763, 409 N. Y. S. 2d 733 (1978)：People v. Smith, 80 Misc. 2d 210, 362 N. Y. S. 2d 909 (sup. Ct. 1974)；State v. Allen, 277 S. C. 595, 291 S. E. 2d (1982).

（6） Note, Analyzing Reasonableness of Bodily Intrusions, 68 MARQ. L. REV. 130 (1984).

（7） 本件に関する解説として、高橋則夫「外科手術による証拠採取の適否」英米刑事法研究会一一〇回判例タイムズ五八〇号三二頁（一九八六）、「違憲な捜索・押収の一事例—全身麻酔による弾丸摘出」ジュリスト八五五号六四頁（一九八六）。

〔付記〕 本稿脱稿後、小早川義則「弾丸摘出手術の適否」名城法学三七巻別冊西山還暦記念三八一頁に接した。

（安富　潔）

一四　車輌中の荷物等の捜索・押収

33　Arkansas v. Sanders, 442 U. S. 753 (1979)

走行中の車のトランクに積まれたスーツケースの捜索には令状を要するとした事例。

《事実の概要》

一九七六年四月二三日アーカンソー州リトルロック警察署の警察官は、被上訴人がマリワナの入ったグリーンのスーツケースを携えて、同日午後四時三五分のアメリカン航空便でリトルロック市空港一番ゲートに到着する、との情報を情報提供者から受け取った。この情報提供者は、以前にも同種情報を提供し、その情報により被上訴人はマリワナ所持のため有罪とされるに至ったことから、警察官も情報提供者も被上訴人を知っていた。情報提供者のもたらした情報通り、被上訴人は一番ゲートに到着し、空港の荷物係からグリーンのスーツケースを受取り、これをランボウなる者に渡した。ランボウは空港で暫く時間をつぶしてから外へ出、既に被上訴人の乗っているタクシーのトランクにスーツケースを積み、そのタクシーに同乗した。警察はこのタクシーを追跡し、空港から七ブロック離れた所で停止させた。警察の要請を受けてタクシーの運転手はトランクを開け、警察官は中にある鍵のかかっていないスーツケースを、被上訴人及びランボウの双方の同意のないまま開けた。中にマリワナがあるのが判り両名は逮捕された。被上訴人とランボウは、譲渡の意思でマリワナを所持していたことで訴追された。裁判開始前被上訴人は、捜索により第四修正及び第一四修正の権利が侵害されたとして、マリワナの排除を申立てた。公判裁判所は、聴聞後理由を付すことなくこの申立を却下した。被上訴人は有罪とされた。

上訴においてアーカンソー州最高裁判所はマリワナは違法なスーツケースの捜査により入手されたもので排除されるべきだとした。警察官は禁制品がスーツケースに入っていると考えるに足る相当な理由を有してはいたが、スーツケースのための捜索令状を得なくとも足りるとするだけの緊急状況はなく、証拠破壊の危険性もなかったということを理由とする。

《判旨・法廷意見》

一　パウエル裁判官の法廷意見

(1)　第四修正は不合理な捜索を受けることのない国民の権利を保障する。当法廷は、同条は私人の財産の捜索は同条の令状条項に従い発布された令状に基づいて行われるべきとの要件を含むものと解した。それゆえ、私人の財産の捜索は合理的かつ令状に基づいたものでなければならない。捜索が合理的であれば令状は不要だというものではない。令状要件は、熱心さの余り誤ちを犯す法執行官をチェックする作用を営み、政府の異なった部局に権限・機能を分離することで個人の自由がよく確保されるとの憲法上の原則を反映し、中立的なマジストレイトが相当な理由の有無及び捜索の範囲を導き出すことにより、法執行官が不合理な主張を行う危険性を最小限に食止めようとするものである。

しかしこの令状要件にも例外がある。法執行官への危険、又は証拠の散逸若しくは破壊といった令状入手の社会的コストが、マジストレイトの事前審査を受けるべき理由を上廻っている場合には、この例外が適用される。しかし、令状要件への例外は必ず第四修正の保護目的をある程度侵害するものであることから、無令状での捜索が許される状況は注意深く限定される必要があり、この例外を求める者が例外の必要性を立証する責任を負うことになる。

捜索令状を不要とする状況の一つに、警察が特定の車に禁制品又は犯罪の証拠があると信ずべき相当な理由を有していて、路上又はハイウェイ上で当該車を停止する場合がある。キャロル（Carroll v. United States, 267 U. S 132 (1925)）が判示するように、不合理な捜索・押収からの自由の保障は、店舗・住居その他建築物の捜索と船、車の捜索との間の相違を承認しているものと解されている。この区別の理由は、車の可動性から令状入手が実際的でないこと、及び車の整備・利用への規制から、車とは別の財産については存在するプライヴァシーへの期待が車には薄くなっていることにある。

⑵　本件では、警察はグリーンのスーツケースにマリワナが入っていると信ずべき相当な理由を有していた。かつて情報を提供していることから信用できる情報屋が、被上訴人がリトルロック市空港に到着することを詳しく物語っており、その話は総て細部にわたって正確であることが証明されたからである。

禁制品がタクシーにより運搬されていると信ずべき相当な理由を有していたのだから、警察が当該タクシーを停止し、その場で車を捜索しスーツケースを押収したのは正当であった。

そこで残された問題は、警察は無令状で直ちにスーツケースを捜索するのではなく、それを持って被上訴人と共に警察署に行き、そこで捜査令状を入手すべきであったか否かということである。荷物の捜索は、一般に、令状に基づいて行われた場合にのみ適法である。チャドウィック（United States v. Chadwick, 433 U. S. 1. (1977)）では、車の無令状捜索を支持する二つの政策はいずれもカバン（luggage）には適用されないと指摘して、キャロルの認める例外をカバンの捜索全般に拡張するのを拒んだ。本件ではチャドウィック事件同様、警察官はカバンを押収しており、当該カバンを排他的支配下に置いていた。そのため、有効な捜索令状を入手するまでにカバンやその中味が持ち去られる危険はなかったのである。更に、カバンは個人の所有物を容れる容器であり、プライヴァシーへの期待を想起させるものでもある。

州側は、車から適切に取り出されたカバンの無令状捜索の必要性を立証する責任を果していない。車の可動性から生ずる緊急性というものは、警察が捜索目的物を押収しそれを安全に支配下においた後、捜索直前の時点で評価されねばならない。警察が一度スーツケースを押収した場合、その可動性の程度はスーツケースが元あった場所によって影響されるものではない。車から取り出された荷物の無令状捜索の必要性は、他の場所から取り出された荷物の無令状捜索の必要性より大きいというものではない。

同様に、ハイウェイ上で停止させられた車から取り出されたスーツケースには、他の場所から取り出された荷物に対して抱くプライヴァシーへの期待よりも低い期待しか抱かれない、というものではない。スーツケースは車で運搬可能だからというだけでなく、他の手段で運搬できもするし、又一時的に物を容れ保管することができることから、個人の私物を置こうとするものである。スーツケースは私物の運搬に際しその容器として機能するのである。車の捜索のための令状を要しないとする理由が、車から警察が取り出したカバンの捜索にも当嵌るものではない。それゆえ、警察が適法に停止した車の中にカバンがあったからといって、そのカバンの無令状捜索にまで、キャロルとその後の同趣旨の判例を拡張する理由はない。

第四修正の令状要件は、他の場所にある荷物に適用されると同程度に、自動車から取り出された荷物（luggage）にも適用される。この荷物を警察が無令状で捜索する権利があるとするなら、その警察活動は、ハイウェイ上で停止させられた車に適用される令状要件の例外とは別の例外により正当とされるのでなければならない。警察官の身体への危険又は証拠散逸の危険もなく、犯罪の嫌疑を受けている者の身柄を適法に拘束し、そのスーツケースを確保している場合には、裁判所の承認を得るまでスーツケースの捜索を延ばすべきであった。

二　バーガー首席裁判官の結論のみについての補足意見

警察は、被上訴人グリーンのスーツケースがタクシーのトランクに置かれるよりも前に同ケースにマリワナが入っていると信ずべき相当な理由を有していたのだから、スーツケースを開けるよりも先ず捜索令状を入手すべき義務があることは、チャドウィックの下で明らかである。チャドウィックの判旨は、人が携えているトランクやスーツケースの中味にも適法なプライヴァシーへの期待があり、このプライヴァシーへの期待は、所有者が公共の場所で逮捕されたからといって消失するものではない、ということである。所有者は、ホテルのロビー、空港、駅、路上の何処で逮捕されようとも、自己が同意しないにもかかわらず警察の要求があるからといって、荷物の中味を開示されることのない権利を有している。

本件で、スーツケースが押収されることになった自動車に法廷意見が繰返し言及しているのは、誤解を招く。禁制品があるのではないかとの疑いの対象であったのは、被上訴人の荷物であって、自動車ではない。被上訴人の逮捕時にスーツケースがトランクにあったからといって、問題が自動車という令状要件の例外に移るものではない。

三　ブラックマン裁判官の反対意見

法廷意見は、本件とチャドウィック事件とが事実の重要な点で類似しているというが、そうではない。チャドウィック事件はフットロッカーと自動車との関連は充分に希釈されていて、自動車の例外を主張する必要はなかったのに対し、本件は、捜索時の事情から、自動車の例外として許されるものである。

私人の財産の押収によりプライヴァシーへの侵害が生じた以上、捜索というい ま一つの侵害は、押収に伴うものと看做してよい。又、本件で令状を要求したところで、警察は押収のための相当な理由を具備しているのだから、当然のように令状は発布され、令状要件の資するところは最小限のものでしかない。更に一定のタイプの私人の財産に特別の令状が必要だとすれば、法運用の遅延と不確実さという刑事司法への大きな損失をもたらすことになろう。

警察官の立場に立てば、当法廷の限界設定が実際的でないことがよく解る。車の乗員を逮捕するための相当な理由がある場合には、シーメル（Chimel v. California, 395 U. S. 752（1969））の下で、警察官は乗員の直接支配下にある物を捜索できる。車自体を捜索する相当な理由を有している場合には、キャロル＝チェインバース（Chambers v. Maroney, 399 U. S. 42（1970））法理の下で、車の内部総てを捜索してよい。しかしチャドウィックと本件の下では、スーツケースのような目的物が乗員の直接支配下にこそないが車の中に発見された場合、無令状では捜索できないことになる。

荷物用の枠（luggage-container-rack）が車の上に取り付けられている場合、逮捕を行う警察官はこれを車のトランク同様にその場で開けることができるのか、又はチャドウィック事件におけるフットロッカー同様、これを取外して署に戻って令状を求めるべきか。また車の前部座席に坐っている者を逮捕する相当な理由があり、スーツケースが後部座席にあるとしよう。このスーツケースはチャドウィック＝サンダースの適用のない、被逮捕者の直接支配下にあるといいえるのか。また、逮捕官憲が車のトランクを開けたところ、中にみかん箱、ランチバケット、アタッシュケース等の容器があったとした場合はどうか。これらの中どれを直ちに捜索でき、どれがインパウンドされねばならないのか。

荷物と車の一部との間の区別、被逮捕者の直接支配下にある荷物とそうではない荷物との区別、荷物（personal luggage）と他の容器（container）や包装物（package）との区別の問題は多数あり、これらの間に線を引くことは、第四及び第一四修正の政策から観て、さほど意味はない。

キャロル＝チェインバースに従って、順次押収され捜索される車の中に発見された個人の財産を押収し検索するのには、令状を要件とすべきではないとの明瞭な原則を採用すべきである。

《解　説》

一　周知のようにキャッツ（Katz v. United States, 387 U. S. 347 (1967)）及びシーメルで捜索・押収における令状主義の原則が謳われた。しかし、この令状主義の原則には「自動車の例外（automobile exception）」といわれるものがある。

キャロル事件では、禁酒法違反の酒類運搬中の車輛を停止、捜索した後、車中の者を逮捕した場合に、住居・店舗と車輛・船舶とを区別し、車輛の可動性を理由に無令状捜索を認めるとの判断が下された。チェインバース事件は、警察が強盗犯の逃走中の車輛を停止し、車中の犯人を全員逮捕した後、車輛を警察署まで引っぱっていってから車中の捜索を行ったものである。車輛の可動性への対処方法として、①無令状捜索を直ちに行うこと、②車輛自体を押収し車輛の捜索令状入手まで車輛をインパウンドしておくこと、の二つの方法が考えられるが、第四修正の目的からは両者に差異はないとし、車輛が捜索の動く標的（fleeting target）であったのだから、停止後その場で捜索を行ってもよく、警察署に引いていって捜索を行ってもよいとした。この二つの事件は、ともに、捜索のための相当な理由のある場合に車輛の無令状捜索を認めたことから、キャロル＝チェインバース法理として、令状主義の例外の一カテゴリーとされている。(1、2) これは主として車輛の可動性に着目して形成された考え方である。車輛については近年、車輛が人の住居・所持品保管場所として利用されることがないこと、公道走行中も乗員や所持品は人目につき得ること、更に自動車登録・車輛整備のための規制を受けるものであること、これらの理由から車輛に対するプライヴァシーの期待は家屋に対する期待よりも低いものとされている。これが車輌の可動性と併せて車輌の無令状捜索を認める論拠となっている。そこで車輌に容器（container）が置かれている場合には、容器の運搬手段たる性質に着目し、運搬手段が車輌という可動性あるものに置かれた以上当該容器にも可動性が生ずるとして、チェインバース法理により無令状捜索が認められもした(3)。車輌のトランクの中は人目につきにくく、所持品保管もなされ得るにもかかわらず無令状捜索を受けるのなら、車中の容器にも所持品保管の役割があるとはいえ、無令状捜索を受けてもよいとの判断もあったろう。

ところが、チャドウィックは、駐車中の車に置かれた容器については、こうした考え方を採らないとした。チャドウィック事件は、警察がマリワナが入っていると信ずべき相当な理由を有している鍵のかかったフットロッカーを被告人が自動車のトランクに置いた直後、トランクは開いており自動車のエンジンは未だ始動していない状態のおり、被告人達を逮捕し、フットロッカーを自動車ごと連邦ビルに持ち込み、逮捕から一時間半後に当該フットロッカーを無令状で捜索し、中のマリワナを押収したものである。合衆国最高裁判所は、フットロッカーの中味は人目につくものではなく、また政府の検査の対象となるものでもない、フットロッカーは所持品の保管に用いられるもので、プライヴァシーへの期待は自動車に比べてはるかに高い、加えてインパウンドされていることから証拠破壊の危険性もなく可動性もないのだから、無令状捜索は認められない、と判示した。

このチャドウィック事件は、① 車は駐車中でエンジンも始動していない、② 逮捕はフットロッカーをトランクに置いた直後に行われている、③ しかも車のトランクは開いたままでである、という状況下であったことに注意すべきである。チャドウィックでの車とフットロッカーは、たまたま時間的場所的に一致した処にあった（coincidental）(4)にすぎず、「車中の容器」と言える程の関連性は薄い、否、むしろなかったと言ってよいかもしれない。そこで、少なくとも現に走行中の車に積まれた容器の処置は、チャドウィック事件では未解決のまま残された問題であった[5]と言える。この現に走行中の車の中の容器には、その可動性に着目してキャロル＝チェインバース法理を適用すべきか、それとも「容器」たることに着目してチャドウィック事件を適用するのかは開かれたままであった。

本件はこの開かれた問題に対し、走行中の車に積まれた容器に対するプライヴァシー保護の必要性を認めた上で全面的にチャドウィック法理を適用することとしたのである。

二　チャドウィックを適用するとしても、当然のことながら本件との異同がある。

反対意見は、チャドウィック事件での容器が二〇〇パウンドもの大きな、二重に錠の施されたフットロッカーであるのに対し、本件での容器は小さな、鍵のかかっていないスーツケースであることを理由に、本件とチャドウィックとの相違を主張する。これはチャドウィック事件に大要次のような表現があるためであろう。

チェインバースの法廷意見が無令状捜索とインパウンドとのどちらが車の所有者の権利を大きく侵害するかを判断しなかったのは、車へのプライヴァシーの期待が大きく減じているためである。これは鍵のかかった荷物（locked luggage）には当嵌らない。更に、家のドアの鍵をかけて侵入者を防ごうとする者と同様、鍵をかけて中の所持品を守ろうとする者も第四修正の保護を受ける、ともいう。

こうした表現を踏まえてであろう、ラフェイヴは、チャドウィックについては、①最高裁は荷物（luggage）と車との間で一線を画した、②チェインバースは鍵のかかった容器（locked container）には適用されない、の二つの解釈が可能だが、いずれが重視されることになるのか予測し難いとしていた[6]。その上で、相当な理由に基づき麻薬所持で被疑者を逮捕し、その者の身体を捜索したところ、麻薬は発見されず、被逮捕者の直接支配下ではない所に同人のコートと紙袋があるという場合を設定し、チャドウィックはこのコート・紙袋の捜索に令状を入手せよと言うのだろう

かと疑問を呈している。(7)

さて、本件法廷意見は、脚註9で容器の大きさ、施錠の有無は重要な相違ではないとする。チャドウィックによれば警察のなすべきは、令状入手まで容器を確保することだとされる。警察のなすべきことという点からは、なるほど施錠の有無は重要ではないとも言えよう。しかし、法廷意見は、自ら脚註で認めるように、また前述ラフェイヴの提示するように、やっかいな問題を残している。同脚註で法廷意見は、捜索の過程で発見された容器(container)、包装物(package)が総て第四修正の完全な保護に値するものではない、中味が外観から推測できることから容器・包装物の性質上プライヴァシーへの合理的期待があるとはいえないもの(例えば、盗犯用道具箱、ガンケース)もあるとする。その上で自動車から押収された包装物のうち、令状を必要とするものとそうでないものとを区別するのは困難である、本判決の意味するのは、個人の荷物(persoral luggage)の捜索には一般に事前の令状が必要だということであり、第四修正が容器・包装物に適用されるか否かは、それらが自動車から押収されたか否かに拠るのではない、とする。

自動車の中から押収されたか否かが第四修正適用の基準となるものでないということは理解できる。しかし自動車の中にであれ、ブリーフケース、ハンドバック、財布、コート紙袋といった種々の容器包装物が置かれている可能性はある。現に鍵がかかっているか否かは別としても、施錠可能な容器と紙袋とではプライヴァシーへの期待は同じなのか、異なるのか。(8) 一般に荷物の捜索には事前に令状を入手すべきだとしながらも、総ての荷物が第四修正の保護を受けるのではないとする以上、どこかで一線を画さねばならないが、その基準を明確にするのは容易ではないかもしれない。これは、例示されている類の物について判例の集積を待つということかも知れぬ。ただ、前述ラフェイヴのチャドウィックへの二つの解釈に関しては、本件では、①の方が強調されたとは言えよう。

三 いま一つ本件で着目すべきは、車には無令状捜索とインパウンドとの間に相違がないとしつつ、容器では相違があるとする法運用の実際からの理由に言及している点である。法廷意見は脚註14で次のように説く。

チェインバースで自動車を押収しインパウンドすることを憲法上の要件とするなら、規模の大小を問わずあらゆる警察署が令状入手時まで車の運搬・管理のための人員・用具を整えねばならないこととなる。更にハイウェイ上で車が押収された場合、警察は車及び車内にある物を令状入手時まで無事確保していることのできる場所を提供せねばならなくなる。これらは多くの警察署へ過重な負担となる。個人の荷物にはこうした問題は生じない。

この表現からは、自動車へのプライヴァシーの期待が容器に比し低いという考え方も、実は説得のための便法ではないかという疑念を抱かせる。既にプロウズ（Delaware v. Prouse, 440 U. S. 648, (1979)）で車の乗員のプライヴァシーを認める口吻の判断が下されてもいる(9)。今後、自動車へのプライヴァシーの期待は、容器に比し低いとの命題を再考する契機となるかもしれない。

四　反対意見は、チャドウィック＝サンダース法理を採用するなら、三の箇所で指摘したように何を無令状捜索でき、何をインパウンドすべきか不明瞭になるので、適法に押収された物は直ちに無令状で捜索できるとすべきだとする。確かに明快な法理（clear-cut rule）ではある。しかし反対意見の考え方には次のような危険がある。

本件でスーツケースの無令状捜索を認めたとしよう。本件ではスーツケース押収のための相当な理由は情報提供者の齎した情報により確立された(10)というが、情報提供者の情報が仮に単なる嫌疑しか生ぜしめない程度のものであったとしよう。警察がこの嫌疑に基づいて車を停止し、スーツケースを押収、捜索を行い、その結果たまたまマリワナが発見されたという場合に、警察はこのマリワナが発見されたという事実から、捜索前には単なる嫌疑しかなかったにもかかわらず相当な理由を有していたとの事実を捏造し、当初から自分達の行為が正当であったと主張する危険性が生ずる。事前に警察が捜索のための相当な理由を有していたか否かを審査する機会がなく、しかも情報提供者は公判・排除のための聴聞に現われることはまずないからである。こうして本来根拠のない捜索も、その成果によって事後的に正当化されることになる。第四修正が相当な理由を要件とした趣旨も没却される。この可能性を塞いておく必要はないのだろうか。

チャドウィックについての前述した二つの解釈の他に、同事件は個人のプライヴァシーを脅かす捜索には能う限り令状手続という保護を意味あらしめんとする考慮が、最高裁は明言こそしていないが、働いているのかもしれない。[11]

五 最後に、チャドウィックでは、捜索・押収の時点及び場所が逮捕から離れている場合には逮捕に伴う捜索・押収法理は適用されないとした。本件は逮捕に伴う捜索・押収の類型というより、緊急捜索・押収の類型であり、合衆国では合理的な捜査・押収の一類型にこれも入るのである。いずれにせよ、反対意見の提示する、車輌の前部座席にいる者を逮捕し、後部座席にスーツケースがあるという、容器が被逮捕者の直接支配下にあるといえるか否か微妙な場合に、チャドウィック＝サンダース法理が適用されるか否かは今後にまつこととなる。

(1) キャロル＝チェインバース法理と呼ばれていようとも、両者には大きな違いがある。チェインバース事件では乗員が全員逮捕されたことから、車が動いて行くという具体的な可能性はなく、緊急状況はなかったといえる。また、第三者による車の奪取・証拠湮滅の可能性も示されてはいなかった。更に車は警察署に引いていかれたことから、道路交通の妨害となるという状況でもなかった。結局チェインバース事件は、無令状捜索を認めるべき緊急状況その他の理由はなかったといえる。この点を衝くのがクーリッジ（Coolidge v. New Hampshire, 403 U. S. 443 (1971)）である。誰も乗っていない被告人の車を被告人の家のドライブウェイから警察署に引いてゆき、そこで無効な捜索令状に基づいた捜索を行った場合に法廷意見は車が動く危険はなかったのだから、正当な令状を入手すべきであるとし、その上でキャロルを適用するためには、現に車が動くとの具体的状況を要するとした。キャロルに対するクーリッジの見解は、チェインバースとは調和し難い。車の可動生が緊急状況を生みだすかについては、混乱した状況にあるといえる。尚その後、車がいつでも動かせるよう整備されている（the vehicle is operational）という事が緊急状況という基準を満たすものだという Cardwell v. Lewis, 417 U. S. 583 (1974) がある。

（2）本件法廷意見も脚註7で、捜索対象が車だという理由で無令状捜索が認められる訳ではないと指摘している。

（3）たとえば People v. Mckinnon, 7 Cal. 3d 899, 103 Cal. Rptr. 897, 500 P. 2d 1097 (Cal. 1972). 他に容器は家よりも自動車に近いとする United States v. Lariano, 497 F. 2d 147 (5th. Cir. 1974).

（4）United States v. Chadwick, 393 F. Supp. 763 (D. Mass. 1975). 尚、この容器と車の関連性の稀薄なことについては、捜索側は、上訴審でも合衆国最高裁判所でも主張しなかった。こうした状況は作出し得るものであることに由来するのかもしれない。La Fave, 2 Search and Seizure 538.

（5）LaFave, 2 Search and Seizure, 1980 Pocket Part at 38.

（6）LaFave, 2 Search and Seizure, 364.

（7）Ibid., at 365.

（8）ラフェイヴでは、紙袋やコートへのプライヴァシーへの期待は、旋錠可能な容器に比し低いとする。

（9）比較法雑誌一三巻二号一二〇頁以下参照。

（10）本件では、警察はスーツケースにマリワナが入っていると信ずべき相当な理由を有していたとされる。かつて提供した情報によりマリワナ所持でサンダースが有罪とされた事実があることから信用できる情報屋が、サンダースが空港に到着することを詳しく物語っており、その話が細部にわたって正確であることが証明されたからだという。情報提供者のもたらした情報が如何なる場合に相当な理由を構成するかについて、スピネリ（United States v. Spinellii, 394 U. S. 410 (1969)）は、⑴情報屋が信用できる、⑵犯罪についての情報が信頼できる、⑶⑴⑵については、各々別個に要件が満たされているかを判断するべきで相互に前提としてはならない、としている。尚、ハリス（United States v. Harris, 403 U. S. 573 (1971)）はスピネリを事実上変更したと言われるが、変更を明言した訳ではないので、スピネリをリーディングケイスとしておいてよいであろう。本件では⑴の要件は満たしている。⑵については、空港到着時間、スーツケースの色といった犯罪に関する事実以外の事実に関しては正確であるが、スーツケースにマリワナがあるという犯罪に関する情報には根拠が示されておらず、信頼できるか否か不明である。⑶については何ら言及されていない。本件は、ドレイパー（Draper v. United States, 338 U. S. 309 (1959)）の考え方を採用しているかのようである。ドレイパー事件は、以前正確な情報をもたらしたことのある情報屋が被告人が麻薬を所持して一定時刻にシカゴ駅に到着すること、及び被告人の身体、着衣、所持品の特徴形態を細かに知らせてきた場合に、⑴ 情報屋が信用できる、⑵ 犯罪に関する事実以外の事実についての情報が信頼できる、⑶ ⑴⑵から犯罪についての情報も信頼できる、として、被告人の逮捕とそれに伴う捜索・押収のための相当な理由があったとしたものだからである。しかし、本件はスピネリを事実上変更し、ドレイパーの要件にまで後退させたとみるべきではない。本件では車の停止及びスーツケースの押収には憲法上問題はないものとサンダースが認めており、相当な理由については争いがなかったからである。

（香川　喜八朗）

（11） LaFave, *Supra* note (6) at 364.

34 United States v. Chadwick, 433 U. S. 1 (1977)

マリワナ取引の嫌疑で無令状逮捕する直前に、マリワナの在中を疑うに足る兵隊用の大型旅行カバンが自動車のトランクに入れられるのを捜査官が観察して、自動車ごと連邦ビルに持ち込み「インパウンド」した後、逮捕後一時間半経過して、無令状でその旅行カバンを開け、マリワナを押収した活動の合憲性。

《事実の概要》

ジョージ・マッカドとブリジット・レアリーの両名が列車に兵隊用大型旅行カバンを積み込むのを目撃された。その大型のカバンは容積に比し極端に重く、しかもマリワナやハッシッシの臭消しによく用いられるタルカムパウダーがそのカバンから漏れていた。さらにマッカドの人相は薬の運び屋に合っていた。これらの情報をえて、連邦捜査官らは、その情報後到着駅のボストン駅で両名を待ち伏せた。令状は入手していなかったが、マリワナを嗅ぎ当てるように訓練された犬を連れてきていた。その犬の合図でマリワナが旅行用大型カバンに在中することが判明したのちに、被申請人チャドウィック（Chadwick）が両名のところに近づいてきた。ここで、三名は大型カバンを自動車まで運び、レアリーが前部座席に坐っている一方、チャドウィックとマッカドはカバンを自動車のトランクに運びこんだ。トランクが開いており、自動車のエンジンがまだ始動していない状態の、このとき、三名は捜査官により逮捕され、自動車ごと連邦ビルに連行された。旅行用の大型カバンは連邦ビル内に保管され、被告人らやその仲間に持ち去られるおそれはなく、カバン内に爆発物等の危険物が在中すると考えられる理由もなく、直ちに開披しなければ、証拠価値を喪失するような証拠が入っていると考える理由もなかった。ところで、逮捕後一時間半経ったのち、この兵隊用旅行大型カバンは、無令状で、承諾もなく捜査官によって開けられ、マリワナが発見され押収された。

このマリワナの証拠能力が争われ、連邦一・二審はともに、可動物たる自動車の捜索・押収に関するキャロル＝チェインバース法理か逮捕に伴う捜索・押収法理に照らせば、本件の捜索・押収は許されるとした政府の主張を却け、適法な押収物中に禁制品が在中すると疑うに足る相当な理由があるというだけの理由によって、捜索・押収を有効とはなし得ないと判示した。

《判旨・法廷意見》

原審判断確認

一　バーガー首席裁判官執筆の法廷意見

(1)「合衆国憲法第四修正の令状要件（Warrant-requirement）は沿革上家屋と関連する利益の保護をねらいとするものであるから、家屋、事務所、秘密の意思伝達の手段である所持品が問題となる事例以外の場合には、第四修正上問題となるプライヴァシーの保護要請の程度は低く、犯罪が行われた相当な理由さえあれば、令状によらない必要性、緊急性が存在しなくても、無令状で行われても合理的といえる、という政府の主張は却ける。

キャッツ（Katz v. United States, 387 U. S. 347 (1967)）は、第四修正は場所ではなく「人」を保護し、人がそこではプライヴァシーが保護されていると適法に期待する領域への政府の不合理な侵入から人を保護するものと解し、そのため事前の令状入手を必要とする制度は第四修正の内容だとした。沿革上も合理的思考上も、憲法第四修正が家屋とそれ以外の領域を区別しているとはいえない。

マジストレイトの発する令状は中立のマジストレイトの不偏の独立した要件の精査により、違法な捜索・押収に対する保護策であり、犯罪と競い合うために性急になりがちな法執行官らの判断よりも保護策として信頼し得るという重大な機能をもつ。捜索物件、押収対象物（被逮捕者）を明示・特定した裁判官の授権により捜索活動に従事する方が、法執行を適法な限界に留める蓋然性は、はるかに高い。また、捜索・押収を受ける者は、令状を執行する官憲の権限の適法性、その範囲、捜索の必要性を確知し得る（Camara v. Municipal Court, 387 U. S. 523 (1967)）。

(2)　かかる重大な機能を果たす第四修正の令状要件は家屋のみならず公衆電話ボックス（public telephone booth）にも及ぶ（Katz v. United States, supra）が、二重に施錠された兵隊用大型旅行カバンに私物を入れることで、被告人らはその内容物が公衆の目に曝されないとの期待を示しているが、その期待は、家屋の扉を侵入者に対して閉じた場合と同様であるから、本件のカバンの捜索・押収は第四修正の令状の適用を受ける場合である。

(3) 第四修正の令状要件に関する、周到に限定され、制限されたつぎの例外にも当たらない。

① 可動物たる自動車は従来他の物とは区別されてきており、後者の無令状捜索が不合理な場合にも前者の無令状捜索が認められてきている。その理由の一部は自動車の移動手段性にある。しかし、自動車を移動したり、車中の証拠物が破壊される危険性が低くても、移動性と破壊の危険性が皆無でないかぎり無令状捜索・押収が許されている。このように広がる理由は、自動車に対するプライヴァシーの期待が低いことにある。家屋のように人の住居又は所持品の保管場所に、自動車が利用されることはほとんどなく、公道を走行中、乗員や所持品も、ある意味では公然と人の目につくことがあり、さらに、運転免許、車輌登録、車輌装備等の規制により、家屋の場合よりもプライヴァシーは稀薄になっている。② ところが、本件は、このような自動車のプライヴァシーの保護の事例ではない。というのは大型旅行カバンの内容物は人の目につくものではなく、また定期的な検査の対象になるものでもないからである。荷物の内容物は自動車とは異なり、所持品の保管に用いられているので、自動車に比しプライヴァシーへの期待は、はるかに高い。それに加えて、大型旅行カバンをボストン駅で自動車とともにインパウンドし、連邦ビル内に保管してあるかぎり、証拠破壊から十分に予防されている。したがって、捜索対象物が容易に法域外に流出する惧れがないかぎり、無令状捜索というより大きな侵害を惹起することは不合理である。

(4) 逮捕に伴う捜索・押収の法理は、捜索・押収の時点及び場所が逮捕から離れている場合には、緊急状況が存在しないかぎり妥当しない。被逮捕者が直接身体につけていない物を、兇器入手や証拠破壊の危険を阻止・予防するために、法執行官の支配下に置くことを自動車の捜索に関して認めたロビンソン (United States v. Robinson, 414 U. S. 218 (1967)) の法理は、本件のように被逮捕者によるかかる危険がない以上、本件には妥当しない。

二 ブラックマン裁判官の反対意見（レーンクェスト裁判官参加）

逮捕が重大なプライヴァシー侵害であり、自動車にあってインパウンドの手続はそれほど有意味のものではないことを理由に、単純明快な、法執行官の遵守し易い基準を定立する方が得策だとして法廷意見に反対する。

(1) 自動車の停止に際しての逮捕にあっては、被逮捕者の着衣と所持品を逮捕官憲が捜索するときには令状は不要とするのが先例である(United States v. Robinson, 414 U. S. 218 (1967); Gustafson v. Florida, 414 U. S. 26 (1967); United States v. Edwards 415 U. S. 800 (1974))。

(2) 運転者を逮捕したのち、自動車をインパウンドし、相当な理由に基づいて、自動車の中を調べることは許されている(Chambers v. Moroney, 399 U. S. (1970))。

逮捕で侵害されるプライヴァシーはきわめて大きいので、逮捕時に侵害されるプライヴァシーまでいたらないプライヴァシーの侵害は、逮捕時に侵害されたプライヴァシーに付随するに止まるものとして独立の保護対象にしなくてよいと訴えられる。被逮捕者は逮捕時点に所持していた物に別のプライヴァシーを有しており、そこでインパウンドを介在させて、その物の調査には令状を要するとする方が、この付加的なプライヴァシーを保護する所以であるともいえよう。法執行官による相当な理由があるとの判断が、のちにマジストレイトによって覆えされる場合も考えられるのである。だが、令状は、かなり多くの場合に機械的に発付されるので、本件のような状況で法執行官憲に令状入手の形式を履践することを求めれば第四修正の法益の保護をする実際上の効果があるとの主張には疑問がある。逮捕時での捜索にあっては、無令状捜索を肯定する例外要件が整っている場合がほとんどであり、逮捕時の捜索にあっては、所持品へのプライヴァシー保護への期待は、逮捕という事実により失われているので、限界を画す明快な法理として、適法な逮捕に伴って押収された財産については無令状捜索を認める方が得策である。このように解することによって、第四修正をめぐる手続を簡素化し得る一方、第四修正の保護する法益を差程害することにはならないのである。

《解　説》

一　合衆国憲法第四修正では、形式的には第一文で「不合理な捜索・押収からの保護」、第二文で「宣誓、確言で証明され、捜索・押収場所を特定した、〝相当な理由〟に基づく令状」による捜索・押収の手続を定める。そこで、かつては相当な理由と必要性を伴った「合理的な捜索・押収」にあっては令状は不要であると解されもしてきたが、キャッツ事件は、全ての事例で、令状入手の時間的余裕を欠く場合を除いて、令状による旨を求めるのが第四修正の立場であるとした。法廷意見は、この点を確認して政府の主張を却けた。なお、令状手続による場合には、捜索・押収の「必要性」の立証は不要だとする見解を採る傾向が強いが、第一文の捜索・押収と第二文のそれとを全く同様に扱うか否かについては、カマラ及びスィーで、同様に扱う旨が示唆されたかがなお依然として明確ではない（Camara v. Municipal Court, 387 U. S. 523 (1967); See v. City of Seattle, 387 U. S. 541 (1967)）。

二　令状捜索・押収が原則だとしても、法廷意見に示されるように一定の場合には例外はある。第一が緊急捜索・押収、第二が証拠の散逸、第三が、予防的捜索、第四が逮捕に伴う捜索・押収である。本件では、このうち、第一と第二が問題となる状況はまったく欠けている。

(1)　職務質問（stop and question）にあっても、捜検（frisk）は、the crimes of violence の場合に、官憲や第三者の生命身体への侵害の危険の予防措置として、"protective search" を根拠にしてしか認められていない（Terry v. Ohio, 392 U. S. 1 (1968)）わが国のように、職務質問の不審事由と密接な関連を捜索対象物が有する旨を口頭質問に当る官憲が合理的に思料する場合には、所持品検査を許す旨の先例や法理は合衆国にはない（最判昭五三年六月二〇日刑集三二巻四号六七〇頁（米子銀行強盗事件）参照）。

(2)　そこで、正当に停止された自動車内部の捜索に関して、かなりの便法が講ぜられている。交通法規違反を理由に人を逮捕し、つぶれた箱から麻薬を押収した事例たるロビンソン事件では、家屋に居る者より自動車内に居る者の方がプライヴァシーの期待が低いことも一つの理由に、逮捕は重大なプライヴァシー侵害であり、被逮捕者は実力行使で反抗する可能性が高いので、〝正式の逮捕〟時には予防的捜索を超えて身体の捜索をなし得ると判示された（United States v. Robinson, 414 U. S. 218 (1973)）。また、強盗の通報を知人からラジオで受けた警官が不審車を停車させ、インパウンド（現状凍結）を超えて、直ちに車内を捜索した事例にあって、自動車は家屋と異なり、それほどプライヴァシーの保護を十分にしなくてもよいとの理由で、インパウンドされるよりも、すぐに捜索され、そののち自動車を利用できる方が不便が少ないとする者もいるから、自動車に関しては、インパウンドと捜索はほとんど同じ措置だと判示されたのは、チェインバース事件であった（Chambers v. Moroney, 399 U. S. 42 (1970)）。

さらには、交通規制、自動車車輛規制が拡大した結果、公道での警官と個人との接触は家屋の場合より、はるかに頻度が高いので、自動車と家屋は、プライヴァシーの保護領域として相異するとまで判示されている（Cady v. Dombrowski, 413 U. S. 433 (1973)）。

本件は自動車に関するものではあるが車中になお内容物が不明なようにされた、もう一つの「場所のプライヴァシー」が旅行用大型カバンについて存在するとして、グラブコンパートメントや座席の下やトランク内のむき出しの物と区別したのである。そこで、本件によって、チェインバースとキャディの両事件は、この限度で限定を受けることになったといえる。

(3)　さて、つぎに、逮捕に伴う捜索・押収との関係である。法廷意見は逮捕後一時間半後になされた、インパウンドされた車の中の無令状捜索は逮捕に伴う捜索・押収とはいえないと判示した。反対意見は、逮捕に伴う捜索・押収を法廷意見よりは若干拡げて、自動車を用いた者が「職務質問のために停止」されたのではなく、「正式に逮捕」されたときには、自動車について、インパウンドし得る範囲までは捜索を認めるという明快な基準を提案する。合衆国では家屋については別として、自動車については、令状請求についてマジストレイトが判断を下すまでの間、インパウンドを肯定してきている。この点はわが国と異なる。また、現在では、種々の揺れののち（GoBart Importing Co v. United States, 282 U. S. 344 (1931)；United States v. Lofkowitz, 285 U. S. 452 (1932)（厳格）→ Harris v. United States, 331 U. S. 145 (1947)（緩やか）→ Trupians v. United States, 334 U. S. 699 (1948)（厳格）→ United States v. Rabinowitz, 339 U. S. 56 (1950)（緩やか））、Chimel v. Califonia, 395 U. S. 752 (1969) で、逮捕時には、被逮捕者が直接支配する範囲内での無令状捜索のみを肯定し、一部屋＝事務所全体にいたる（例えばファイル・キャビネット）捜索には令状を要すると判示している。そこで、本件の旅行用カバンについて、自動車の場合の例外であるロビンソン＝チェインバース＝キャディが妥当しないとすれば、通常の逮捕に伴う捜索・押収を規制するチャイメルの適用を受けて、捜索には令状を要すると解することになる。反対意見は、時々裡のチャイメルの変更を想定するものといえよう。

ところで、わが国にはインパウンドの制度もなく、また、チャイメルよりは広く、「逮捕の現場」での捜索・押収を無令状でも許している（憲法三五条、刑訴法二二〇条参照）。そこで、わが国の場合には、本件のような事例を合法と解し得る余地は十分にある。

ちなみに、わが国では、現行犯逮捕後、一二〇メートル離れた派出所に連行後、逮捕数分後に着衣を脱がせて押収した活動を「逮捕の現場」のものとして許容した事例（大阪高判昭五〇年七月一五日、判時七九八号一〇二頁）と、逮捕現場では被逮捕者を奪還されるおそれもあって、約一キロ離れた警察署にパトカーで連行したのちに、なされた所持品の捜索・押収は、逮捕現場で直ちに捜索・押収することが著しく困難であったとは認められないので、「逮捕の現場」でのものとはいえないとした事例（大阪高判昭四九年一一月五日、判タ三二九号二九〇頁）、被疑者を準現行犯逮捕した際、被疑者が腕に装着していた防具を、逮捕直後興奮冷めやらぬ状況にある被疑者の抵抗を抑えてその場で差し押さえるのが適当ではないと思料した警察官が、約五〇〇メートル離れた警察署に連行して差し押さえた行為、並びに準現行犯逮捕場所が道幅の狭い道路上で、車輌等が通る危険性もあり、また被疑者からの抵抗を受けるおそれもあったことから、一旦付近の駐在所に連行した後、さらに、約三キロメートル離れた警察署に連行して所持品を捜索した行為を、「逮捕の現場における捜索、差押えと同視することができる」として適法とした事例（最決平八年一月二九日刑集五〇巻一号一頁）がある。

（中村　明寛）

35　New York v. Belton, 453 U. S. 454 (1981)

逮捕に伴う捜索・押収の許される範囲が問題とされた事例（被逮捕者が乗車していた車輌の座席に置かれていた上着の無令状捜索はシーメルにいう「被逮捕者の直接の支配下」にあるといえるか否かが問題とされた事例）。

《事実の概要》

ニューヨーク州警察の警官がニューヨーク本線 the New York Thruway を覆面パトカーで走行中、制限速度を超して走行した車に追い越され、それを追跡して発見し道路側に寄せて停車させた。車には四人の男が乗っていた。自動車登録証と運転免許証を呈示させたところ、乗員のなかには誰一人、車の所有者もおらず、また所有者と関係ある者もいないことが判明した。ところで、その間にその警察官はマリワナの焼臭を感じ、「スーパーゴールド」と表示された封筒を車の床に見つけ、これはマリワナだと推論した。警察官は男達に車外に出るよう命じ、マリワナ不法所持を理由にして全員を逮捕した。警察官は全員の身体を捜索し、男達をそれぞれ本線の四ヶ所に分けて互いに接触することのないようにしたうえで、「スーパーゴールド」と表示された封筒を開け、その中にマリワナがあるのを確認した。被逮捕者にミランダ警告を与えたのち、全員の身体を捜索した。ついで車の座席部分を捜索した。後部座席にベルトンの物である黒革の上衣を発見した。そのポケットのチャックを開けると中にコカインが入っていた。警察官はその上衣を自分の車に置いてから、被逮捕者四名を最寄りの警察署に連行した。

ベルトンは禁制品の所持を理由に大陪審訴追を受けた。公判廷でベルトンは警官が彼から押収したコカインを証拠から排除するように申立てたが、却下された。そこでベルトンは小さな縮減された犯罪について有罪の答弁をしたが、そのコカインは合衆国憲法第四及び第一四修正に違反して押収されたとの主張を留保した。

The Appellate Division of the New York Supreme Court（ニューヨーク州の控訴裁判所）は、マリワナの不法所持を理由とする被告人の逮捕が有効であれば、警察官は他の禁制品を被逮捕者の直接的支配下にある領域で捜索することは許されるとの理由をつけて、捜索・押収は合憲であると判示した。The New York Court of Appeals（州の最上級裁判所）は、被逮捕者及び共犯者がその上衣に近づく危険がない場合には、上衣のチャックのかかったポケットの捜索は、逮捕に伴う捜索であるとはいえないと判示した。二名の判事は反対した。

《判旨・法廷意見》

破棄

一　スチュワート裁判官の法廷意見

合衆国憲法第四修正は捜索について令状要件を具備することを原則とする。しかし緊急状況にあれば令状要件の例外が認められる。McDonald v. United States, 335 U. S. 451, 456. (1900) とりわけシーメル（Chimel v. California, 395 U. S. 752. (1969)）で当法廷は適法な逮捕にひき続いて被逮捕者と被逮捕者が直接に支配する領域を捜索することは許されると判示した。この捜索は被逮捕者が逮捕に抵抗し又は逃走するために用いるかもしれない兇器を取り除き証拠の隠匿又は破壊を防止する必要上、長きにわたって有効と考えられてきている。シーメルでの法廷意見はテリーの法廷意見（Terry v. Ohio, 392 U. S. 1 19）と同様に捜索の範囲は、捜索の開始が許されることとなった事情に厳密に結びついていて、しかも、その事情によって正当とされるものでなければならないとの原理を強調した。そこで、シーメルでは、被逮捕者が兇器を入手し又は証拠を破壊し得る領域の捜索には理由があるとしたが、逮捕現場以外の室内又は逮捕現場であっても机の抽き出しその他閉されている箇所の捜索は合理的ではないと判示した。

逮捕に伴う捜索・押収を制限するこの原則は個々の事件に適用するに当って困難を伴うものと下級審裁判所には映った。ラフェイヴ教授の言うように、プライヴァシー侵害が法執行の利益から許されるか否か、警察官が正しく判断できるような基準に従って警察が活動してこそ、第四修正及び第一四修正の保障が実現されるのである。警察官を導く明瞭で判りやすい基準が不可欠である。

ロビンスン（United States v. Robinson, 414 U. S. 218 (1972)）では、「適法な逮捕が行われた場合の被逮捕者の身体の全体にわたる捜索は令状要件の例外に当たるだけでなく、第四修正の下で合理的なものである」との、適用し実施するのに容易で明瞭な原則への道を切り拓いた。しかし、車の乗員の逮捕に伴ってどの範囲まで車の中を捜索できるかについては明瞭な基準がない。ある確定した原則を裁判所がどのように適用するか判らない場合には、憲法上の保護の範囲も判らず、また警察官もその権限の範囲が判らないことになる。シーメルは、逮捕に伴う捜索の範囲は被逮捕者の直接支配下を超えてはならないとしたが、下級審裁判所はこの領域が車の内部を含むものであって、しかも被逮捕者がつい先程まで車の乗員 recent occupant であった場合には、どこが直接支配下にある領域かについて効果的な定義を下し得ないという。先例を検討すると、車の後部座席部分という比較的狭い範囲内にある物品は通常は被逮捕者が兇器や証拠を摑むことのできる領域内にあると帰納することができそうだ。効果的な原則を確立するために、捜索し得る領域についてのシーメルの定義をこの観点から解釈しよう。そうすると、警察官が自動車の乗員を適法に逮捕した場合には、その逮捕に伴うものだとして車の座席部分を捜索することができると判断する。

この結論から、警察は車の座席部分から発見された容器（container）はすべてその中味を調べることもできるといえることになる。というのは座席部分は被逮捕者の手の届く範囲内にあり、座席部分にある容器も手の届く範囲内にあるからである。こうした座席部分にある容器は、それが開けられていようと閉じられていようと、捜索することができる。というのは、この容器の捜索を正当とする理由は、被逮捕者が容器にプライヴァシーの利益を有していないからではなく、適法な逮捕によって被逮捕者の有しているかもしれぬプライヴァシーの利益を侵害することが許されることになるからである。こうしてシーメルでも警察は被逮捕者をその自宅で逮捕したという理由だけではその家の抽き出しをすべて捜索することはできないとしながら、被逮捕者の手の届く範囲にある抽き出しは、その中にある物が警察に危険であるかもしれないとの理由で捜索してよいとしたのである。

もちろん、こうした容器の中に、兇器も、逮捕理由となった犯罪の証拠も入っていないこともあろう。しかしロビンスン事件でいうように、「適法な逮捕に伴う身体の捜索を行う権限は被逮捕者から兇器を取り上げ証拠を発見する必要に基づくとはいえ、逮捕時の状況から兇器や証拠が実際に身体に発見される蓋然性について裁判所が後に下す判断に拠っているのではない。相当な理由に基づいた被疑者の逮捕は第四修正の下で合理的な侵害である。この侵害が適法なら、逮捕に伴う捜索はこれ以上に正当化理由は不要である。」

The New York Court of Appeals はチャドウィック（United States v. Chadwick, 433 U. S. 1 (1977)）、サンダース（Arkansas v. Sanders, 442 U. S. 753 (1979)）に依拠して本件の捜索・押収は憲法に違反し無効であると結論した。だが両事件とも合法な逮捕に伴う有効な捜索・押収といわれるものに関するものではない。チャドウィック事件では警察がフット・ロッカーを排他的に支配してから一時間後、被告人が身柄拘束を受けてから相当に時間が経過した後に捜索が行われたのであって、この捜索は逮捕に伴うものとはいえない。サンダースでは、荷物所有者の逮捕に伴う荷物の捜索の合憲性については判断しないと明言している。両事件に依拠する The New York of Court of Appeals の判断は誤りである。

二　ブレナン裁判官の反対意見

(1)　シーメルが令状要件の例外を認めた根拠は逮捕官憲の身体の安全と証拠破壊の防止にある。この要請を充たすため、被逮捕者の直接支配下にある領域を捜索することができるという。しかし逮捕が行われ、被逮捕者が安全に身柄拘束された場合には、被逮捕者が兇器や禁制品に手をのばす危険はなくなっている。法廷意見はこのことを忘れ、警察官にわかりやすい法原則を確立するためとして、車の中は常につい先程まで車に乗っていた被逮捕者の直接支配下にあるとのフィクションを採用したのである。

(2)　乗員の誰もが後部座席の上衣に手をのばすことができなかったにもかかわらず本件で無令状捜索を認めたことで、法廷意見は被逮捕者が兇器や証拠を入手する機会がない状況下であっても無令状での「領域」捜索（area search）を警察が行うことを認めたのである。このアプロウチにしたがえば、たとえ本件で警察官がベルトンとその仲間を逮捕するに先立って彼らに手錠をかけて、のちに、後部座席に置かれた施錠された荷物又は他の手の届かない容器にまで捜索が及んだとしても、結論は変わらないことになる。しかしこの結論は不健全であり、かつ先例に反する。

(3)　法廷意見は警察官にわかりやすい明瞭な原則をつくるためとして、車中とトランクとの間で一線を画そうとする。しかしこれには問題が多い。

被疑者が車の外で逮捕されたとしても車の無令状捜索を行ってよいとするが、この捜索は逮捕後どの位の時間内であれば有効であるのかが示されていない。無令状捜索が有効なのは被疑者が車を離れて五分後か、三〇分後か、三時間後か。捜索時に被疑者が車の近くに立っているのが問題となるのか、被疑者が車を離れる前又は後に警察が相当な理由があることを確信したか否かは問題となるのか。今日の判断は何故に車に限定されるのか。被疑者が家から歩いてでてきて、警察官が外からその家の中をのぞきこんだところ犯罪が行われているとの相当な理由があった場合はどうだろう。

たとえ法廷意見の判示が車の内部の捜索に限定されるとしても、車の「内部」とは何か、鍵のかかったグラブコンパートメント、ドアパネル、床板の下の部分を含むのか。

ステイションワゴンやハッチバックのように荷物置部分が内部から手の届く場合と、タクシーのように運転席とその他の部分とがグラスパネルによって仕切られている場合とで別個の法理が必要なのか。法廷意見の原則は、物を保管できる程の大きさのある容器だけが捜索できるというのか。それとも兇器や被疑者の逮捕理由たる犯罪事実の証拠が保管されていそうもない場合でも容器はすべて捜索できるというのか。法廷意見はこうした問題への明瞭な解決を与えてはいない。

三　ホワイト裁判官の反対意見（マーシャル裁判官も参加）

本件では車の内部及びそこに発見された容器は逮捕に伴うものとして捜索できるというが、荷物、書類ケースその他の容器については、シーメルの原則の極端な拡張であって、支持することはできない。

《解　説》

一　本件もロビンス事件（本書39事件）と同様、警察官が自動車を適法に停車させた後、車中にマリワナ臭を感じた場合であるから、自動車に対する捜索の要件を令状要件を別とすれば具備する場合である。自動車の適法な捜索の間に発見された上衣の押収が適法であるのもロビンス事件の場合と同様である。ロビンスによれば車中から適法に押収された容器が形態上中味を明瞭に物語っていて透明な容器に入れられているのと差がない場合には容器の中味はイン・プレイン・ビュー（in plain view）の状態にある場合と同視できるので、その容器にはプライヴァシーの利益はなく、無令状でその容器の内容を捜索しても有効・合法であると判示している。しかしロビンス事件の場合の如く、不透明なプラスチックにより包装されている容器が問題の場合には中味は in plain view の状態にあるものと同視はできないので、包装物を開披するのには別に令状要件を具備しなければならないと判示した。ところでシーメルに照らしあわせれば本件でも黒革の上衣のポケットに関していえば、その中に何があるかは上衣を見ただけでは判別できないが、上衣のポケットの中にピストル、ナイフ等の兇器が存在する危険があるので、ベルトンがポケットの内容物についてプライヴァシーへの期待をもっていると考えても、車内にあって被逮捕者の直接支配下にあるとみられる場合には、逮捕に伴う捜索・押収は許されることになるというのが法廷意見の立場である。このように、法廷意見は本件ではチャックを開けてポケットの中を捜索することは適法だと判示した。

二　第四修正の令状主義の重要な例外として逮捕に伴う捜索・押収があることは周知のとおりである。シーメルでは、被逮捕者の直接支配下（under immediate control）にある領域の捜索は許されると判示された。被逮捕者が兇器や証拠を摑むことのできる領域内にあるものを放置しておけば、逮捕官憲に危害が加えられ、証拠が破壊される虞れがあるからである。このシーメルの原則が車にどの程度適用されるかについては下級審では、占有（posession）と同義に解するものがあった。たとえばベリーヒル（United States v. Berryhill, 445 F. 2d 1189 (9th Cir. 1971)）では逮捕直前に被逮捕者が車を運転していた場合には、車は同人の支配下にあるものと考えられ、無令状で捜索できるとされた。ベイカー（State v. Baker, 26 Ariz. App. 255, 547 P. 2d. 1055 (1976)）では、逮捕時に被告人の直接支配下にあった領域は、同人が捜索時には車から少し離れたところで武装した警察によって拘束されていたとしても、無令状で捜索できるとして、車の中の捜索を認めた。ホール（People v. Hall 226 N. W. 2d 562 (1975)）では、捜索時に被告人が車の外に出ていたとしても、逮捕時に被告人の直接支配下にあった小包みは無令状で捜索できるとした。

連邦下級審や州裁判所のこうした態度に対してラフェイヴ教授は、シーメルの下では、「捜索に先立つ時点で被告人が特定の領域に手をのばすことができたであろうか否かではなく、現に（捜索時に）被告人が当該領域に手をのばすことができるか否かを問うべきだ」と主張していた[1]。そのうえで、①被逮捕者が現に手をのばすことができるのはどんな場所か、②被逮捕者が逮捕に抵抗しもしくは逃走するため又は証拠破壊のための手段を求めようとする蓋然性の程度が問われるべきだという。そして①についてはつぎの四点を考慮すべきだという[2]。(a)被逮捕者が何らかの形で拘束（restraint）を受けていたか否か、たとえば手錠をされたか否か、(b)自動車に対する被告人及び警察官の位置、ドアの近くか車の後か、(c)車に立入ることの難易又は中の容器若しくは包装物を入手（gain）することの難易、(d)被逮捕者その他の者の人数に比べた警察官の人数の四点である。

こうした要素を斟酌して事後的に容器の捜索が適法であったか否かを問うのは一つの論法であろう。しかし逮捕の現場で捜索に従事する警察官にこれらの要件を総合的に又は個々的に考察して、自己の行おうとする捜索が適法か否かを迅速に判断することを求めるのは困難であるかもしれない。自己の行為が許されるのか否か、現実に捜索に携わる警察官が明瞭な基準を求めるのは故なきことではない。本件のオーラルアーギュメントで、ニューヨーク州オンタリオ郡のDistrict Attornyは明瞭な基準（bright line）の必要性を強調していた。[3] 本件弁護人は、被上告人が現に上衣を直接支配下においていたか否かを問うべきだとして、証拠破壊の危険はないと主張していた。[4] ただシーメル事件では警察官と被疑者は一対一であったのに、本件では一対四であるとのレーンクェスト裁判官の指摘に対しては、第四修正の保護の有無を警察官と被疑者の人数と力に拠らせるべきではない旨応じていた。裁判所の友Amicus Cureaとして Deputy Solicitor General は、逮捕時に被逮捕者が近づくことが可能であったような領域（area to which the arrestee could potentially have gained access at the time of arrest）内の物は捜索できるとすべきだと主張していた。[5]

さて、本件はラフェイヴ教授の掲げる四要件を考慮する立場を採らず、概ね Deputy Solicitor General の主張を採用した。逮捕時に被逮捕者が掴むことのできたであろう領域内にあるものは無令状で捜索できるとしたのである。現実に兇器を入手し証拠破壊をする危険性があったか否かを問わず、逮捕時に被逮捕者の手の届く範囲（grapple reach）内にある容器は捜索できるとした点は、反対意見のブレナン裁判官の言うように一つの擬制――兇器入手・証拠破壊について――を採用したともいえよう。ただ、この擬制に全く合理的理由がないかといえばそうではない。ロビンス事件でスティーヴンス裁判官がいうように、逮捕直前に被逮捕者が証拠又は兇器をポケットに入れてチャックをしさえすれば、訴追を免れ、逮捕を免れることができる場合も考えられるが、法廷意見のように処理すればこのように危険を一律に除去することが可能となるからである。

三　本件では上衣のポケットにベルトンのプライヴァシーがあることを前提とし、それにもかかわらず、その上衣が逮捕時に同人の直接支配下にあったとして開披することを許した。ロビンス事件でも包装物にロビンスのプライヴァシーがあることを認めている。ただ包装物はシボレーのステイション・ワゴンの格納部分にあり、しかもその上には他の荷物が置かれていた。ロビンス事件では包装物はシーメル事件のいう「直接支配下」になかった。このことが適法な車中の捜索の間に発見された容器の無令状開披を違法とするか否かの分れ目となったのである。

本件は「直接支配下」の解釈が争われ、逮捕時に摑むことのできたであろう領域はこれに当たるとされたのである。自動車の中全体が直接支配下にあるとの極端な立場も、現に摑むことのできる領域とすべしとの限定された立場も採らなかった点は、立場の「穏健さ」をいわれていたスチュアート裁判官の最後の意見として似つかわしいものと言えるかもしれない。

（香川　喜八朗）

（1）LaFave, 2 Search and Seizure, at 500.
（2）*Id.* at 502-503.
（3）29 Cr. L. 4063.
（4）*Id.* at 4064.
（5）*Id.* at 4064.

36　United States v. Ross, 456 U. S. 798 (1982)

走行中の車輌内に禁制品があるとの相当な理由があり、緊急性が認められる場合に、車輌内の容器類の無令状捜索を是認した事例。

《事実の概要》

信頼できる情報提供者が警察にバンディットと呼ばれる男が車のトランクに麻薬を置いてこれを売っているとの情報を齎した。その際その情報提供者はバンディットの特徴、車輌の型式・色も報告していた。警察は直ちに現場に赴き、駐車中の先の車を確認し、車輌のナンバーから、その車の登録名義人がロスであること、ロスという人物を調査したところロスがバンディットという仮名をもつ男であることが判明した。付近を一廻りしたのち警察官は走行中のロスの事を停止し、同人に車外に出るように告げた。警察官はロスの身体を捜索する一方、車内の前部座席で弾丸を、グラブコンパートメントの中でピストルを発見した。ロスを逮捕し、手錠をかけた。ロスから車の鍵を取り上げ、トランクを開けたところ、封をした茶色の紙袋があった。それを開けると数個の、白い粉末の入ったグラシン紙の包みが見つかった。警察官はその袋を元の場所に戻し、トランクを閉め、その車輌を警察署に移送し、同書で無令状で車輌を捜索したところ、車のトランク内に別のチャック付きの革製のポーチがあり、中に、三、二〇〇ドル入っていた。また白い粉はヘロインと判明した。

ロスは譲渡目的でのヘロイン所持で連邦地裁に訴追され、有罪と認定された。控訴裁判所小法廷は、車輌停止と捜索の要件たる相当な理由があるので、キャロル＝チェインバース（Carroll v. United States, 267 U. S. 132 (1925), Chambers v. Maroney, 399 U. S. 42 (1970)）両判決によりトランクを含む車輌の無令状捜索は適法と判示する一方、トランクで発見された二つの容器――紙袋と革製ポーチ――を別々に検討して、サンダース（Arkansas v. Sanders, 442 U. S. 753, 1979）を基礎に、容器の無令状捜索の合憲性はその所有者の容器への合理的なプライヴァシーの期待の存否に拠るとの基準を用いて、紙袋の無令状捜索は適法だが、革製ポーチの捜索は違法だと判示した。紙袋から取得した物は証拠能力を認め、革製ポウチの中身のそれは認められなかった。尚、同控訴裁判所は、革製ポーチの捜索は逮捕に伴う捜索だから無令状で許されるとの検察側の主張を却け、検察側も以後この判示を争わなかった。その後控訴裁判所は事件を大法廷で再審理したところ、多数は、警察は容器の発見された事を捜索する権利があるのだから、紙袋とポーチを開けるのも合理的だとの議論はサンダース事件により取り得ないと判示した。

《判旨・法廷意見》

破棄

一　スティーヴンス裁判官の法廷意見

(1)　キャロルで当法廷は、無令状捜索・押収が相当な理由――すなわち押収及び廃棄を受けることになる物品を車輌が積んでいるとの四囲の事情からの合理的推論――に基づいて行われた場合には、当該捜索・押収は合理的であるとした。禁制品の運搬に関する事件にあって令状を入手することは実際的でなく、このことがキャロルの基礎となっている。

また令状入手が可能である場合には令状を入手すべしとの原則の例外を限定するのにあたって、当法廷は、警察官が車輌に禁制品を積んでいると信ずべき相当な理由を有していなければならないとしている。更に、この相当な理由は、マジストレイトも令状を発布するであろうような客観的事実に基づくものでなければならないともしている。

要するに、キャロルで確立された令状要件の例外は、相当な理由により支持された車輌の捜索にのみ適用される。またこの種の事件にあっては、捜索が令状発布を正当とするであろうような事実に基づいている場合には、たとえ令状を実際には入手していなくても、当該捜索は合理的なのである。

(2)　禁制品を運搬していると考えられる車の無令状捜索を正当とする考え方は、論理的には不法物品が入っていると考えられる可動性ある容器にも等しく当嵌る筈である。しかし、これはチャドウィック（United States v. Chadwick, 433 U. S. 1 (1979)）で否定された。チャドウィックでは、中にマリワナがあると疑うに足りる相当な理由のあるフットロッカーも、可動性があるとはいえ、荷物へのプライヴァシーの期待は自動車に対するよりも大きく、反面で令状入手に必要な時間荷物を一時押さえて置くことの方が自動車を一時押さえておくことよりも派生する問題は少ないと指摘し、無令状での捜索は許されないとした。

サンダースでは、マリワナが入っていると疑うに足りる相当な理由のあるスーツケースがタクシーのトランクに置かれたからといって、自動車に対する無令状捜索の一環として、無令状で捜索できるものではないと判示した。このチャドウィックもサンダースも、各々フットロッカーやスーツケースの他、車や車中の他の物を捜索するための相当な理由のないものである。

ロビンス（Robbins v. California, 453 U. S. 420 (1981)）では、特定の容器に嫌疑が向けられていたものではなく、警察官が被告人の車にマリワナがあるとの相当な理由を有していて車全体を捜索するうちに発見した不透明なプラスティックに包まれた包装物を開けることが許されるかが問われた。スチュアート裁判官は、容器はその中身がin plain viewにない限り第四修正の保護を受け、無令状捜索は許されないとした。

本件ではチャドウィックやサンダースと異なり警察官は被上訴人のことを捜索するための相当な理由を有していた。ロビンスとも異なるのは、本件では当事者が車の適法な無令状捜索の間に警察は車中に発見された容器を開ける権利があるか否かを正面から問題としていることである。これが本件の問題であり、この答えはキャロルで設定された令状要件の例外によってどの範囲まで捜索が許されるかにより決まる。

(3) キャロルでは禁酒法捜査官が押収したウィスキーはin plain viewにあるものではなかった。捜査官は車に禁制品があるとの相当な理由を有していたので、警察官は車の座席の背もたれの布張り部分を切り裂く権利を有していたといえる。

チェインバース事件では警察はダッシュボートの下のコンパートメントに隠されていた兇器を発見した。この範囲の捜索が許されないとの示唆はない。キャロルで警察官が布張り部分を裂いて開けることが合理的なら、その中に隠されている麻袋を覗くことも合理的であろう。チェインバースでコンパートメントを開けることが合理的なら、その中でごわごわになっているペイパーバックを開けるのも合理的であろう。

キャロルの判示は実際的な配慮に基づくものである。それゆえ車中で発見された容器や包装物が、車に対し無令状捜索の許される範囲内に入らないとすると、キャロル判決の実際的な意味あいは大きく損なわれるであろう。というのも禁制品は、その性質ゆえに人目を避けねばならないので、何らかの容器に入れない限り、車に置かれることもまずないであろうからである。そこでキャロルでは車中に隠匿され違法に運搬されている禁制品は無令状で捜索し得るとしたのである。

固定した場所の捜索は、通常、捜索対象物を発見し得る全領域に及ぶ。そこで兇器を求めて捜索する権限を与える令状はまた、クローゼット・抽斗・容器といった兇器が隠されていそうな場所を開けることも許す。車の捜索令状は捜索対象物がありそうな箇所をすべて捜索することを許す、この法理は容器にも等しく当嵌まる。

第四修正は容器の中身を plain view から隠そうとする容器の所有者を保護するものである。しかし、その保護も状況如何で異なるものである。入国しようとする旅行者の携える荷物、逮捕時に被逮捕者の携帯していた容器、令状による捜索物たる品を隠し得る容器、これらはいずれもマジストレイトが相当な理由があると決定した場合にはプライヴァシーの利益もこれに途を開けねばならない。

同様に車輌が禁制品を運搬しているとの相当な理由があれば、当該車輌及びその中身に対する個人のプライヴァシーもなくなるものである。確かに車のトランク又はグラブコンパートメントへのプライヴァシーの利益は、可動性のある容器へのプライヴァシーの利益より低いものではない。しかしこのプライヴァシーの利益も捜索の権限に服さねばならない。相当な理由に基づいた無令状捜索の範囲は、相当な理由に基づく令状により捜索し得る範囲よりも、狭くも広くもないものである。

こうして車の無令状捜索の範囲は、禁制品が隠匿されている容器の性質により限定されるのではなく、捜索対象物及びこれが見つかるかもしれないと考えられる相当な理由のある場所により、限定される。

適法に停止させられた車の捜索が相当な理由により許される場合には、捜索対象物を隠し得る車のすべての部分及びその中の容器を捜索し得るものである。

二　ブラックマン裁判官の補足意見

法執行官と被告人双方のためにも、適用可能なルールが明白に確立されるべきである。本件はそうした基準を与えている。

三　マーシャル裁判官の反対意見――ブレナン裁判官が加わっている。ホワイト裁判官は別の反対意見でこれに同調している。

(1)　法廷意見はマジストレイトの果たしている重要な役割を無視するものである。

マジストレイトによる事前審査は、個人に対する法執行官の権限の集中を限定し、広範に過ぎる不当な捜索が行われるのを防ぐものである。事前審査はまた、捜索・押収の合理性を後知恵判断で評価することを防ぐものでもある。更にマジストレイトの中立的な判断が介在しているということから、通常の法執行過程は尊敬すべきものであると国民に保障することになるものである。法廷意見はこうしたマジストレイトの役割を無視するものである。

(2)　法廷意見は「自動車の例外」の伝統的な正当化事由——即ち自動車の可動性から生ずる緊急性と車へのプライヴァシーが消失していること——のいずれにも基づかないものである。容器の押収は、車の保管と異なり、直ちに捜索を行わない場合には車と乗員をどうすべきかというような実際的な問題を生ずるものではない。また容器は一旦車の中に置かれたからといって、その中の所有物をプライヴェイトなものとしておく能力を突如として失うものでもない。

(3)　法廷意見はキャロル、チェインバースでもそれぞれ、車の中の主要なコンパートメントの無令状捜索を許していることを理由に、本件での容器の捜索が正当とされると主張する。しかし、車内の主要コンパートメントは、車自体と同様に可動性を有し、かつ安全確保という点からも車と同様の実際的な問題を呈するものであって、これらは車中の容器には当嵌まらない。

また、キャロル事件で法廷意見が関心を寄せていた実際的な問題とは、令状入手までの間、車の可動性を失わせておくことの難しさについてである。しかし容器については、車と同様の実際的な問題を生ずるものか否か、当法廷が判断する機会は未だなかったのである。

(4)　法廷意見は、容器の中身が車の中のどこかに隠されていると信ずべき理由がない場合には、容器を捜索する相当な理由があるからといって容器の置かれている車の無令状捜索を正当とすることはないと示唆している。しかし、相当な理由による車全体の捜索の際警察が発見した容器よりも、こうした容器の方がよりプライヴァシーを認めることができるものであって、しかも警察が押収し保管するのが困難ではないとする理由は何か、こうした容器の方が令状に服せしめるのが容易だとする理由は何か、示されていない。

法廷意見は、チャドウィック、サンダースでは、車と容器とは個々一致した処にあったという関係でしかないとすることで、両事例と本件との相違を説明するが、容器の捜索の合法、違法をこうした不確かな基準で区別するべきではない。

(5) 法廷意見は、警察活動の効率性を高め、捜査の便宜に資するようにとするもので、容器が第四修正の保護下にないことを示している。

《解　説》

一　一九二五年のキャロル判決で合衆国最高裁は、自動車中の禁制品の存在についての相当な理由があり、しかも令状入手の時間的余裕がない場合には車輌及び車輌内の物の無令状捜索・押収を「合理的」と判示した。自動車は令状請求を行う法域からの容易な逃避が可能なものであることが理由とされた。しかしシーメル判決（Chimel v. California, 395 U. S. 752 (1969)）まではキャロルの重要性は着目されなかったといわれる。シーメル判決が逮捕に伴う捜索・押収を相当に広く認めていたハリス・ラビノヴィッツ法理（Harris v. United States, 331 U. S. 145 (1947), United States v. Rabinowitz, 339 U. S. 697 (1948)）を変更し、逮捕に伴って許される捜索の範囲が被逮捕者の身体による直接支配下に限定されたため、逮捕の場所次第では車内の無令状捜索が認められない場合が生じたため、キャロル法理の重要性が是認された。こうした折自動車の捜索を一定要件の下で令状要件の合理的例外とするチェインバース判断が下された。

強盗犯人が乗車するとの相当理由のある自動車を停止させ、乗員を逮捕し、車輌を警察署に移動したのちに無令状で捜索をした事例について、相当理由と緊急性を備えているためキャロル法理の下で無令状捜索が許される場合には一旦車を移動した後の捜索も無令状で許されると判示したのがチェインバース事件である。警察官の安全確保と被疑者の便宜の上からも深夜に暗い場所である逮捕現場で捜索するより警察署での捜索のほうが妥当だと判断されたが、車輌移動後の緊急性の消失には言及されなかった。

こうして自動車内の捜索・押収に関するキャロル＝チェインバース法理が確立された。

二　車内の容器は車輌とともに可動性をもつことを理由に無令状捜索を肯定することもできる。つまり、車輌外からは見えない車輌内部の捜索が、キャロルでは後部座席の背後に隠されていた物品を座席の布を切り裂いて発見した場合に、チェインバース事件ではグラブコンパートメント内を見て物が押収された場合に、合理的とされるのであれば、同様に車輌内に存在する容器の無令状での捜索も合理的と考えられるからである。

ところが合衆国最高裁は停止を認める根拠が不審事由（reasonable suspicion）に止まる場合に、車外で窓越しに見える部分を除いて車内の捜索は停止に伴う捜索・押収として合理的だとはみない立場を採ってきている。

また自動車内に存在する容器ではなく、車外にあった容器が停車中の車内に置かれるのを待って、その容器を捜索・押収する行為は不合理だと判示した。それがチャドウィック＝サンダース（United States v. Chadwick, 433 U. S. 1 (1977), Arkansas v. Sanders, 442 U. S. 753 (1979)）である。

チャドウィックではマリワナ在中の相当理由のあるフットロッカーが停車中の車輌のトラックに運び込んだところで自動車と被告人を押収（逮捕）して車を連邦ビルに移動して、逮捕の一時間後にフットロッカーを無令状で捜索しマリワナを押収した場合に、フットロッカーの内容物に独立したプライヴァシーへの合理的期待が認められ、フットロッカーを押収すれば緊急性は消失するので内容物については令状要件の例外は認めないと判示された。容器に独立にプライヴァシーへの合理的期待を認めたチャドウィック判決を前提にマリワナ存在の相当な理由が認められていたスーツケースがタクシーに積まれたのでタクシーを停止させ無令状でスーツケースを捜索しマリワナを押収した事例であるサンダース事件では、法廷意見は、チャドウィックにより処理すべきか、キャロル＝チェインバース法理で処理すべきかが中心争点だとした上で車の可動性から生ずる緊急性の有無は捜索直前の時点で評価されるべきであり、本件ではこれを欠くこと、スーツケースは容器でプライヴァシーへの期待は低いものではないことを理由として、公道を走行中停止させられた自動車中に置かれていたからといって手荷物の無令状捜索が合理的となるものではないと判断した。

サンダース事件はまずスーツケースには相当理由があるが、タクシーには禁制品があるとの相当理由はない場合であったので、車輌自体に捜索のための相当理由がある場合の車中の容器の無令状捜索の是非はチャドウィック＝サンダース法理の下ではまだ開かれたままである。

キャロル＝チェインバース法理が適用されず、自動車と独立に押収の相当理由が認められる容器については、押収後捜索に先立つ令状入手を必要とするというのがチャドウィック＝サンダースで示されたことである。ただ押収容器の内容物が証拠物又は禁制品であることが外部からみて判明する場合には現認性の例外により捜索には令状は不要だということになったのである。

三　その後道路交通法違反で停止した自動車からマリワナ臭がしたので車内を捜索してマリワナ在中の包み又は封筒を発見し、押収したロビンス事件（Robins v. California, 453 U. S. 420 (1981)）とベルトン事件（New York v. Belton, 453 U. S. 454 (1981)）が下った。

ロビンス事件ではマリワナ臭に気付き、座席部分にマリワナを発見、被告人を逮捕した後、車のテイルゲートを開け、中にバッグ及び緑の不透明なプラスチックに包まれた包装物を発見して開けたところマリワナが発見され押収された。ここでは車輌への適法な無令状捜索の間に発見された容器がサンダース判決脚註13にいう、外観から中身が推測できる場合に当たるかが争われたのである。複数意見は、脚註13の例外に当たるためには容器の形態の特徴、透明性等内容物が明白に示され、観察者に一目瞭然でなければならないとし、不透明容器はたとえ適法な捜索の間に発見されても無令状で開披することは不合理だと判示した。

ベルトン事件では、警察官が速度制限違反で停止して免許証の提示を求めたところ車内のマリワナ臭に気付き、車の床に「スーパーゴールド」と表示された封筒を発見し、内容物がマリワナだと判断し、乗員全員を車外に出しマリワナ不法所持で全員を逮捕した後、その封筒を開けるとマリワナが見つかり、更に車内を捜索したところ、後部座席にあった被告人の黒革のジャケットのポケットのチャックを開けると中にコケインを発見した。

法廷意見は、車の乗員を逮捕し身柄を拘束したときには逮捕に伴い被逮捕者の身体による直接支配下にある座席部分を無令状で捜索でき、発見された容器は封の有無を問わず無令状で捜索できると判断した。

ロビンスでは容器の形態、透明性等容器の性質によりプライヴァシーへの期待の有無が区分けされ、第四修正の保護を受けるか否かが決められるとの前提で捜索・押収を認めず、ベルトンでは逮捕に伴う捜索・押収との理由で無令状捜索・押収を令状要件の合理的例外として判示したのである。

ともかく両事件ではこれらの事件へのチャドウィック＝サンダース法理の適用の是非については言及されなかった。

四　本件ロス判決は、緊急性が認められ且つ車輌内に禁制品があるとの相当理由がある場合には、その車輌の無令状捜索が許され、捜索中に発見された容器も禁制品を隠匿している蓋然性が高いとみられる場合には無令状捜索が許されるとしたものである。容器の内容物の捜索・押収が独立に問題となる場合を扱ったチャドウィック＝サンダースと区別して車輌内に禁制品又は証拠物が存在する相当理由があることを理由に自動車を停止、捜索・押収する事件について判示したのである。また現認性の例外を認めたロビンスは本件と両立し得る（スティーヴンス裁判官の同意意見）。

さて本件ロス判決は車輌の適法な無令状捜索の間に発見された容器内に証拠物又は禁制品が存在する相当理由がある場合には無令状捜索を肯定したので、一種の緊急捜索・押収を認めたものである。容器の押収を原則としそれに内容物の捜索には別の令状を要件とするという合衆国の従来の一般的傾向に若干の変化の兆しがみられよう。我国の場合の逮捕に伴う捜索・押収とほぼ同様の理論構成を本件ロス事件に及ぼしている。

またベルトン事件のような場合に逮捕に伴う捜索・押収が許されるのは当然として、その捜索・押収中にさらに相当理由のある容器が発見された場合には自動車がもし逃走する危険を考え無令状の捜索・押収が認められたのである。

五 ロス判決にも若干考慮すべき点が残されている。

まず第一に、法廷意見は、車輌のトランクやグラブコンパートメントへのプライヴァシーの利益は可動性のある容器への利益と何ら異なるものではないとして、容器が自動車と独立する場合を扱ったチャドウィックと区別したうえで、自動車内にある容器の押収・捜索を認めたが、インパウンド（impound）つまり押収後の原則的令状入手による捜索との関係が将来に残されているのではないかということである。

第二に、ロス判決は、随所に「禁制品」の文言を車との関わりを示す文章を用いていることから、禁制品が車中にあるとの相当理由を有している場合でなければロス法理は適用されないのかということである。

「単なる証拠の法則」（mere evidence rule）が廃止されて久しく、また法廷意見が「相当な理由に基づく無令状捜索の範囲は……令状により捜索し得る範囲より狭くもなければ広くもない」としていることから、禁制品に限定されるものではあるまい。ただ現在薬物犯罪の効率的摘発が求められている点を強調して、逮捕に伴う無令状の捜索・押収（押収ではなく）を認めた点を強調したのではない。

第三に、本判決は脚註9でチェインバースとホワイト（Texas v. White, 423 U. S. 67 (1975)）を引いて、「路上での無令状捜索が許される場合には、車が現状のまま保管されていれば警察署でその後すぐに行う捜索も許される」としていることから、一旦車中から押収され保管されて時間の経過した後の容器の捜索にもロス法理は適用されるのか、という点である。

この点を積極的に解するジョンズ判決（United States v. Johns, 53 U. S. L. W. 4125 (1985)）が下されている。

（香川　喜八朗）

37　United States v. Johns, 469 U. S. 478 (1985)

車輌で発見された包装物の押収後三日経過後の無令状捜索は、第四修正に反しないとされた事例。

《事実の概要》

薬物の密輸入の捜査に当たっていた合衆国関税係官は、メキシコ国境に違い辺鄙な空港で被告人のトラックが飛行機と連絡しているのを目撃した。そのトラックが接近して暫くすると飛行機は離陸した。ついで二機目が着陸し、離陸した。

係官はトラックに近寄り、被告人等に地面に伏せるように命令した。さらにトラックに近づきマリワナ臭を感じ、荷台を調べると、緑色のプラスチックで包まれ、テープで封がされた包装物を発見した。包装の仕方が密輸マリワナに普通用いられるものであることを経験上知っていた係官は、被告人等を現場で逮捕した。係官は現場ではそのトラックを捜索しないで、Drug Enforcement Administration の本署へ牽引し、そこで包装物はトラックからＤＥＡの倉庫に移され、保管された。三日後、係官は無令状でその包装物を開封してサンプルを採取し、後にそれがマリワナであることを確認した。
被告人等はマリワナ頒布の意図を伴う所持及びその共謀で起訴されたが、公判に先立ち District Court は、被告人のマリワナの証拠排除申立を容認したため、政府が上訴した。これに対して Court of Appeals もロスは本件無令状捜索を正当化しないと判断した。

《判旨・法廷意見》

破棄差戻し

一 オコンナー裁判官の法廷意見

被告人は、本件車輌の無令状捜索には相当な理由が欠け、チャドウィック(1)により、違法だと主張する。しかし、係官がマリワナ臭を感知した時点でその車輌に禁制品が存在するという相当な理由は存在していたが、その車輌に近づくまで係官は包装物の存在を知らなかったのであるから、本件では包装物だけでなく車輌自体に禁制品の存在する相当な理由があったと考えられる。チャドウィック事件では、footlocker に対しては相当な理由が存在したが、車輌自体に対して相当な理由が存在しなかったのであるから、本件をチャドウィック判断の下で考えることはできない。

ロス(2)では、「自動車の例外」の下で、マジストレイトが授権するのと同じ範囲の捜索が許されると判断され、また車輌の捜索令状では捜索対象物が存在すると思われる車輌全体の捜索が許される。したがって相当な理由が合法に停止した車輌の捜索を正当化するのであれば、捜索対象物が存在すると思われる車輌の全部分及びその内容物の捜索も正当化される。さらにロスによれば、押収現場であれ、DEAの本署に戻った後であれ、無令状捜索が許される。車輌が可動性を失ったからといって、車輌の無令状捜索の正当事由が消失することはなく、警察等の合法な管理下にある車輌は、その車輌内に禁制品があるとの相当理由があるかぎり、無令状捜索ができ、緊急状況は要件とされない。

Court of Appeals は、容器の無令状捜索が許されるのは、緊急状況下での車輌の一部分捜索か車輌捜索直後の場合に限られると判示するが、そのように示唆をした先例はない。ロスでは、逮捕現場で車輌から発見された紙袋の捜索と、後に警察署でその車輌から発見された皮のポーチを区別せずに、車輌全体の捜索に相当な理由があれば、無令状で車輌内部で発見された容器を開披することは許されると判示した。ロスの判示によれば脚注で、車輌をインパウンドした場合には、警察署での直後の捜索が許されると述べられたが、全体事情に照らすと、車輌の捜索過程で発見された容器の捜索を車輌自体の捜索と区別して時間的に制約しようとしたものではなく、また「自動車の例外」を限定してこの場合に令状を要件とする立場もそこでは却けられた。自動車の無令状捜索が許される範囲は、禁制品の入った容器の質により決定されるのではなく、捜索の対象物又はその対象物が発見される相当な理由のある場所が何であるかにより決まるのであり、容器が関連する場合でも「自動車の例外」の適用には影響はない。

被告人がマリワナ臭のある包装物中にプライヴァシーの利益をもつといえるかについては論争の余地があるが、外観からその内容物を推論できる容器にあっては合理的なプライヴァシーがあるとはいえないことが以前から指摘され、第四巡回区では、この解釈に基づき、「明白な臭い」は容器の無令状捜索を正当化すると判断した。しかし第九巡回区ではこのアプローチを拒絶し、政府もこの点を上訴で争っていないので当裁判所で判断する必要はない。ところで車輌に禁制品が所在するとの相当な理由がある場合は、その車輌や車輌に所在する物に対するプライヴァシーの期待は、捜査官の無令状捜索の権限に服することになる。

警察署などで直ちに容器を捜索することは所有者の利益にも反し、倉庫に保管したというだけで本件包装物の無令状捜索が不合理となるものではない。さらに、無令状捜索まで遅れが生じたことで捜索がかならず「不合理」となるものでもない。勿論、無制限の保管が認められるわけではなく、またその遅滞がプライヴァシーや所有の利益に影響し「不合理」なものとなる立証を禁ずるものでもない。しかし本件では、トラックの中に禁制品があるとの相当な理由があり、被告人はトラックと包装物の押収の合法性を争っておらず、また返還も求めていないのであるから、本件で生じた遅滞が第四修正の保護する利益に影響したとの主張及び立証はされていないとみてよい。

政府はその包装物を押収する権限をもち、直ちに無令状で捜索しようとすればできたのであるから、DEAの倉庫に保管され三日後になされた本件無令状捜索は「合理的」であり、この結論はインパウンドされた車輌に関する先例とも一致する。

二　ブレナン裁判官の反対意見（マーシャル裁判官参加）

第四修正は、一般原理として、閉ざされた容器や包装物の無令状捜索を禁止し、たとえ容器の中に禁制品があるとの相当な理由があっても、令状が発付されるまでは、その容器の押収の限度を超えることを許していない。閉ざされた容器が自動車の中にあることが、この憲法原理の例外を認める理由にはなり得ず、また押収三日後の包装物の無令状捜索は第四修正を侵害している。

たとえロス判断を容認したとしても、捜索が許される時間的範囲を拡張することには同意できない。本件事情の下では、保管された包装物に対して緊急性はなく、令状入手という合理的な手続を排する根拠はない。

さらに法廷意見は本件で争点とされていない「明白な臭い」の問題に示唆を与える言及をしているが、この問題は下級裁判所でも判断の分かれる問題であり、法廷意見は当裁判所の唯一の先例であるジョンソン(3)とも矛盾し、適切なものではない。

《解　説》

第四修正は不合理な捜索・押収を禁じ、相当な理由に基づかない一般令状を禁止するが、令状要件には明確に言及していない。しかしキャッツ(4)及びシーメル(5)では、逮捕を除く捜索・押収の分野では、第四修正は原則として令状を要件にすることが明らかにされ、要件の審査に当る官憲が関与する手続の重要性が認められたが、この令状要件の例外の一つに「自動車の例外（automobile exception）」が、禁酒法の時代の一九二五年のキャロル(6)以降認められてきた。

キャロルでは、固定した住居や店舗と可動性をもつ車輌や船舶を区別し、車輌は令状を求めている間に他の法域に走り去る点に留意し、むしろ車輌の可動性が潜在的緊急性を生むとの前提で令状要件の例外を肯定した。しかし、Harris-Rabinowitz 法理(7)の下では、家屋内での逮捕に伴う捜索は無令状で家屋全体に亙って行えるとされ、車輌の場合にもこの原理が適用されたため、多くの場合「自動車の例外」というより「逮捕に伴う捜索・押収」という形で処理がなされていたが、シーメルにより「逮捕に伴う捜索」は、被逮捕者の身体及び直接の支配下に限定されたため(8)、その後は「自動車の例外」は独自に発展することになった。

チェインバース(9)では、逃走中の車輌を停止し犯人を逮捕した場合に、その車輌の停止を無令状捜索だけでなく、警察署への車輌の牽引後の無令状捜索も許されると判示し、キャロルと同様に車輌の可動性に留意した判示をした。しかしチェインバースでは、実際に令状入手の時間的余裕が欠けるという緊急性の有無の観点からではなく、むしろ車輌が本来的にもつ可動性を理由に令状要件の例外が認められ、「緊急性の例外」とは趣旨の異なる方向への展開が示された。その後クーリッジ(10)やカードウェル(11)では、車輌の可動性と「緊急性の例外」の関連についてのチェインバース判断に対する最高裁判所内部での評価が分かれ混乱した状態が続き、ホワイト(12)でも同様であったが、少なくともチェインバース判断の下では、逮捕現場での車輌の無令状捜索が許される場合には、警察署での直後の捜索は許されることが確認されている[13]。

一方「自動車の例外」を支えるもう一つの要因には、自動車のプライヴァシーの性質がある。キャディ[14]では、自動車の場合には証拠が in plain view に置かれることがあることを指摘し、カードウェルでは、自動車の機能は輸送であり、住居や所有物を保管するものではないので、プライヴァシーの期待は小さいと考えられた。そして inventory search が問題となったオッパーマン[15]では、自動車は住居と異なり、自動車検査や定期点検整備など、政府による広範囲かつ継続的な取締の対象となっていることが示され、自動車のプライヴァシーは住居のプライヴァシーより保護の程度が低いことの説明がなされている。そして、カーニィ[16]では、車輌の可動性と住居に比べプライヴァシーの期待が低いという二つの「自動車の例外」の要因は、単独では理由づけとしては不十分な場合があるとして、両者を結合した理由づけがされた。このため「緊急性の例外」と車輌の可動性の関係はますます弱められる結果となっている。

本件は、車輌から押収された包装物を三日後に無令状で捜索することが許されるか否かが問題となったが、車輌に別の容器が積載されている場合、「自動車の例外」の下でその容器の無令状捜索の可否についても判例は複雑であった。チャドウィック[17]では、連邦麻薬取締官は、禁制品が入っている相当な理由のあるフットロッカーを被告人が自分の自動車のトランクに積み込んだ時に、被告人を逮捕した。その被告人を逮捕した時点では、トランクは閉じられておらず、エンジンも停止したままであった。そして係官は被告人とその自動車を連邦ビルに連行し、逮捕の一時間半後に無令状でフットロッカーの捜索をしてマリワナを発見した。合衆国最高裁判所は、「自動車の例外」がフットロッカーの捜索に適用されない理由として、フットロッカーなどの容器は、その中身が人目につくものではないこと、自動車とは異なり政府の検査や取締の対象物ではないこと、さらに所持品の保管の機能をもつことなどを指摘し、また逮捕の一時間半後に行われた無令状捜索は「自動車の例外」ばかりでなく、「逮捕に伴う捜索」あるいは「緊急性の例外」によっても正当化できないと判示した。またサンダース[18]では、被告人はマリワナが入っている相当な理由を官憲に知られていたスーツケースをタクシーのトランクに入れ、空港から暫く走行した後に警察官がそのタクシーを停車させた。警察官は、タクシー運転手にトランクを開けるように求め、中にあった施錠されていないスーツケースを開け、マリワナを発見した。合衆国最高裁判所は、ここでも「自動車の例外」の適用はないとし、自動車から取り出された容器に対しても一般の容器と同じように第四修正の令状要件が適用され、「緊急性の例外」として認められる場合を除いて無令状の捜索はできないと判示した。チャドウィック＝サンダース法理の下では、容器が車輌に積載されている場合にも、自動車とは別個の容器のプライヴァシーが存在するという前提があり、「自動車の例外」により車輌の停止、捜索・押収が認められても、容器については押収のみが認められ、容器を開披する無令状捜索が認められるには、緊急状況が存在しなければならないと解された。しかしロス事件ではこの点が自覚され、チャドウィック＝サンダース法理の内容を明らかにした。実は、チャドウィックとサンダースは、容器を無令状で捜索するために、意図的に「自動車の例外」を濫用しようとした事例であったことが、これにより判明したのである。ロス事件では、自動車のトランクに禁制品があるとの相当な理由に基づき、警察官が被告人の自動車を停止し、車内を捜索したところ、ピストル等が発見され、被告人が逮捕された。そして逮捕に伴う捜索・押収が行われ、トランクの中から白粉の入った紙袋が発見され、さらに後に警察署においても自動車の無令状捜索が行われ、現金の入った革のポーチが発見された。合衆国最高裁判所は、当初の押収は自動事に対して行われ、車輌内に存在する物の押収のために「自動車の例外」を濫用した場合でないロスでは、「自動車の例外」として認められる無令状捜索の範囲は、車輌が合法に停止され、さらに車輌全体を捜索する相当な理由があれば、捜索対象物が存在する可能性が認められるすべての容器・包装物を含めて、車輌さらに車輌内にある物を捜索できると判示した。したがって、チャドウィック＝サンダース法理は特定の容器に対して法執行官憲が予め相当理由の存在を認定していた場合に限定され、車輛に容器が積載されている場合にも、少なくとも車輛全体を捜索する相当な理由があれば「自動車の例外」として容器の無令状捜索が許されることになった。ロス法理は自動車のプライヴァシーには家屋と異なり限定があり、自動車のプライヴァシーが開披されれば、自動車内に所在する物には家屋におけるのと同様のプライヴァシーの期待は認められないとの前提に立つ。したがって「自動車」の例外は「緊急性の例外」とは全く別の原理として構成されているのが現状である。

本件はロス法理の下では、トラックの別の場所にも禁制品が存在するとの相当な理由が認定されるかぎり、チャドウィック＝サンダース法理の適用がないことは明らかである。したがって本件で重要なことは、ロス法理の下での「自動車の例外」で、車輛から押収された三日後に行われた容器の無令状捜索が許されるとした点である。そして車輛のプライヴァシーの期待は家屋の場合とは異なるとの前提に立てば法廷意見の結論は当然のものといえる、ロスでは、「自動車の例外」でも、マジストレイトが授権するのと同じ範囲での捜索が許され、「相当な理由」によって合法に停止した車輛の捜索が正当化されるのであれば、捜索対象物が存在すると思われる車輛の全部分及び車内の容器・包装物等の物を捜索できるとする。通常、住居の場合にはマジストレイトは、特定の犯罪の証拠等が特定の場所に存在するという相当な理由に基づいて令状を発付するのだが、「自動車の例外」の事例での相当な理由の場合、少なくとも特定性の要件に緩和がみられ、ロス判断はこの点を明らかにしたものと考えられる。一方、相当な理由があれば、「自動車の例外」では車輛の捜索は別にしても、無令状押収（停止）ができることはすべての判例・裁判官においても一致するところといってよい。したがってロス判断の下では、住居に比べ程度の低い相当な理由の下で車輛が停止されれば、その相当な理由に関連する証拠が存在し得る車輛・容器等のすべての捜索ができる可能性をもつことになるだろう。

なお本件は inventory search を扱ったものではない[19]。

（1）United States v. Chadwick, 433 U. S. 1 (1977).（本書34事件）

（2）United States v. Ross, 456 U. S. 798 (1982).（本書36事件）

（3）Johnson v. United States, 333 U. S. 10, 13 (1948).

（4）Katz v. United States, 389 U. S. 347 (1967).

（5）Chimlel v. California, 395 U. S. 752 (1969).

（6）Carroll v. United States, 267 U. S. 132 (1925).

（7）Harris v. United States, 331 U. S. 145 (1947). United States v. Rabinowitz. 339 U. S. 56 (1950).

（8）New York v. Belton, 453 U. S. 454 (1981). 事件では、Chimel 事件での被逮捕者の直接の支配下という定義の下で、すでに犯人が逮捕され車外にいる場合であっても、座席部分並びに座席部分にある容器は「逮捕に伴う捜索・押収」が許されると判断した。本件については、本書35事件参照。

（9）Chambers v. Maroney, 399 U. S. 42 (1970).

（10）Coolidge v. New Hampshire, 403 U. S. 443 (1971).

（11）Cardwell v. Lewis, 417 U. S. 583 (1974).

（12）Texas v. White, 423 U. S. 67 (1975).

（13）See Michigan v. Thomas, 458 U. S. 259 (1982) : United States v. Ross, 456 U. S. 798 (1982).

（14）Cady v. Dombrowski, 413 U. S. 433 (1973). しかし plain view であるか否かは、自動車のプライヴァシーが制限される理由としては現在採用されていない。Califonia v. Carney, 417 U. S. 386 at 392 (1985) 参照。

（15）South Dakota v. Opperman. 428 U. S. 364 (1976).

（16）California v. Carney, 417 U. S. 386 (1985).（本書40事件）

(17) United States v. Chadwick, 433 U. S. 1 (1977).

(18) Arkansas v. Sanders, 442 U. S, 753 (1979).（本書33事件）

(19) inventory search は、逮捕や自動車のインパウンドなどをした場合に、所持品や自動車内にある物などの目録を作成するために行われる捜索であり、それらの物の紛失を防止すると同時に、それらの物が紛失したとの偽りの訴えから警察官を保護するために行われるものである。South Dakota v. Opperman, 428 U. S. 364 (1976) 参照。

（前島　充祐）

一五　不審事由による停止後の、凶器発見目的での車輛の捜索

38　Michigan v. Long, 463 U. S. 1032 (1983)

凶器が、車内の手の届きそうな所に置かれている嫌疑のあるとき、当該凶器を求めて、捜索することが、許されるのかが争われた事例。

《事実の概要》

ハウエルとルイスの両警察官は、深夜パトロール中に、交通法規に違反しかつ制限速度違反で走行中の車を発見した。その車を監視していると路端の溝にそれた。警察官は捜査を行うため車を停止した。車の乗員はロングだけであったが、同人は車の後部で警察官に出会った。車は溝から道路に一部つきでており、運転席のドアは開かれたままであった。警察官は免許証の呈示を求めたが、これに応答せず、再度呈示を求めたところこれには応じた。警察官が、更に車の登録証の呈示を求めたおり、ロングが何かの影響下にあるのではないかと思われたが、ロングはそれに答えないまま、車のドアの開いた方に歩き始めたので、ロングの後を追い、運転席の床の上に大きな狩猟用ナイフを発見した。そこで警察官はロングを停止させ、テリータイプの捜検を行ったが、凶器は発見されなかった。

ハウエルは、ルイスとロングが車の後ろにたたずんでいる間に、他に凶器がないか否かを確認するため、フラッシ

ュライトで車内を照らしたところ、前部座席のアームレストの下に何かが出ているのに気づいた。それを取り出すと小袋（Pouch）であり、中にマリワナと思しきものがあった。ロングをマリワナ所持を理由に逮捕し、車中を捜索したが、他に禁制品や登録証は発見されなかった。警察官は車をインパウンド（impound）することにした。ハウエルは車のトランクを開けたところ、中にマリワナがあった。

Barry County Circuit Court は車の内部及びトランクで発見されたマリワナの排除申立を却下し、ロングをマリワナ所持で有罪とした。ミシガン州控訴裁判所は、座席部分の捜索はテリーの予防的捜索（Protective Search）に当たり、トランクの捜索はオッパーマン（South Dakota v. Opperman, 428 U. S. 364 (1976)）にいう押収品目録作成のための捜索（Inventory Search）に当たるとして、有効だと判示した。

ミシガン州最高裁判所はこれを破棄し、テリータイプの捜索の唯一の正当根拠は警察官及び近くにいるものの保護にあるのだから、この理由によっては本件捜索を正当とすることはできないと判示した。

《判旨・法廷意見》

一　オコナー裁判官の法廷意見

（本件では連邦裁判所の管轄権についての判示がなされてもいるが、これは省略し、第四修正の問題に限定して紹介・解説することとする。）

ロングの主張は、テリー（Terry v. Ohio, 392 U. S.1 (1968)）は犯罪活動を行った、又は行おうとしていると考えられる者について限定的な捜検（pat down search）を認めたものにすぎないということである。しかしテリー事件自体は個人の停止とその後の身体の捜検に関するものではあったが、当法廷は次のようにも指摘している。「凶器を求めての予防的捜索・押収についての第四修正上の制約を詳細に論ずることはしない。こうした制約は個々の事件の具体的状況の中で論じられるべきものである。」テリーは、予防的捜索を身柄拘束された被疑者の身体に限定していると解釈する必要はない。

ミムズ（Pennsylvania v. Mimms, 434 U. S. 106 (1977)）及びウィリアムズ（Adams v. Williams, 407 U. S. 143 (1972)）でテリーを適用した際、車中の被疑者へ近づいて行くことが警察官にとって危険に満ちたものであることを認めている。

また被疑者が凶器をもっていなくても凶器を入手し得る場合には警察官や他の者に危害を加えることが有り得ることを認めている。

当法廷の先例は、被疑者が危害を加えるとか、路上での警察官と被疑者との出会いがとりわけ危険であるとか、被疑者の周辺に凶器が存在する可能性があるので危険が生ずるとかといったことが考えられる場合には、警察官等の保護のため予防的捜索を行うことが正当とされる事を示している。こうした原理から、具体的で説明可能な危険を示す事実及びこれら事実からの推論とが相俟って、被疑者が危険であり、凶器を直接支配下におくことが可能と警察官が考えるのももっともである場合には、凶器を隠匿し得る可能性のある車内の座席部分の捜索は許される。

車の内部にテリータイプの捜索を行っている間に警察官が本件のように凶器ではなく禁制品を発見した場合に、それを無視するよう求める事は出来ず、第四修正もその排除を求めるものではない。

本件の状況下で両警察官がロングが再度車内に入るのを許すのは危険だと考えたのは正当である。

テリー判決に照らして警察官の予防的活動が有効か否かを判断する際の基準は、特定の政府の行為の合理性である。本件では警察官はロングが再度車内に入る前に、同人の手の届く範囲に凶器がないかを確認するために予防的手段を講じたのであり、これは不合理ではない。警察官が被疑者が危険ではないかとの合理的な考えを有している限り凶器を発見するために座席部分を捜索することは許される。

ミシガン州最高裁は、ロングは捜査目的での停止の間、警察官の支配下にいたのだから加害の虞れはなかったという。しかしテリーと同様の立場におかれた被疑者が、短時間警察の支配下におかれていても衣服に手をやり凶器を取り出すかも知れないのと同様に、ロングの立場に置かれたテリー型被疑者が警察の支配を打ち破り、車内の凶器を取り出すかもしれないのである。加えて被疑者が逮捕されていない場合には、後で再び車内に入り、凶器を取り出すこともあろうし、テリー型の捜査が終了する前に被疑者が再度車内に入り凶器に近づく事もあろう。いずれにせよ完全に身柄を拘束する逮捕を行っていないために警察官も攻撃をうけやすく、またその警察官が自身や他の者をどうやって危険から保護するか迅速に判断しなければならない場合には、本件で行われたようなテリー型の捜査こそが行われやすい警察の捜査であることを強調しておく。ミシガン州最高裁はトランクから押収したマリワナを車の違法な押収の果実として排除した。このトランクの捜索がオッパーマンの下で許されているのか否かを判断するため差し戻す。

二　ブレナン裁判官の反対意見

(1)　テリー事件で当法廷は、凶器の有無を確認するための身体の捜索という限定的な捜索だけを認めたのである。テリーのどこにも警察官が合理的嫌疑に基づいて被疑者の車を捜索できるとはしていない。

法廷意見はテリー型の停止にあって新たに場所の捜索（area search）の法理を支持するためにシーメル（Chimel v. California, 395 U. S. 752 (1969)）とベルトン（New York v. Belton, 453 U. S. 454 (1981)）に依拠しているが、これは間違いである。シーメルは逮捕に伴う捜索の範囲を限定したものであり、ベルトンは車の乗員の逮捕に伴う捜索の範囲を限定したものである。いずれも相当な理由のある逮捕の過程で生じたものである。

(2)　テリーで認めた、凶器を求めての捜索は、攻撃用具となるかもしれない物を求めて被疑者の着衣の上からパッティングすることだけである。捜索の範囲は、その目的だけでなく、侵害の程度を考慮することによっても、決まるものである。それなのに法廷意見は、被疑者が現に占有しているわけでもない車の捜索を、最初のパッティングで凶器たり得るかもしれない物が隠されている事が判明した場合にポケットに手を入れる事と同程度、あるいはそれより侵害の程度の低いものと位置付けているのだ。

(3)　法廷意見は area search の限界について何も限定をしていない。ただ「凶器が隠されている領域に限定して」乗員座席部分の捜索が許されるとするのみである。しかし凶器は車中のどこにでも隠し得るものであり、現に本件でも、凶器隠匿の可能性があるというので leather pouch の捜索を支持している。

また警察官は被疑者が武装し危険であるとの合理的嫌疑を有していなければならないとの要件も area search の開始を抑制するのに役立ってはいない。

ロビンソン（United States v. Robinson, 414 U. S. 218, 1973）が言うように、テリータイプの停止から生ずる束の間の接触よりも被疑者の身柄を拘束して警察署に連行する場合の方が、逮捕を行う警察官への危険ははるかに大きい。この考え方に照らしてみると、本件での警察官と被疑者の対面から危険が生じたとする法廷意見の評価が原理ある基準に基づいているのか疑わしい。

《解　説》

一　周知のように、合衆国最高裁は、テリーで初めて相当な理由や令状のない場合の「停止と捜検」（stop and frisk）の適法性を判断した。同事件では「捜索に伴う侵害と捜索の必要性との衡量以外に合理的か否かを決する出来合いの基準はない」としたうえで、「犯罪の予防と摘発という利益」や「法執行官自身や、相当な理由のない状況下での暴力犯罪の犠牲者となるかもしれない人々の安全確保の必要性」と個人の利益とを衡量して、疑わしい行動をしているからと言うので間近で捜査している人物が武装しており、危険であると警察官が合理的に考える事のできる場合には、当該警察官がその者が本当に凶器を所持しているのか否かを判断し、身体への脅威を無力化するために必要な手段をとることを否定するのは不合理であると判断した。さらにウィリアムズ事件では、駐車中の者が腰のベルトに銃を隠し持ち、麻薬も所持しているとの、信頼できる情報提供者からの情報に基づき、警察官は当該車輛に近づき、車内の者にドアを開けるように求めたところ、これには応じず、窓を開けたので、警察官は腰に手をのばして拳銃を押収し、その不法所持で逮捕後、捜索を行い、麻薬、ナイフ、及び別の拳銃を押収したという事案であったが、信頼出来る情報に基づいて銃の存在を知っているのであれば、車の外から凶器を現認できなくても、車の座席部分に手を伸ばして腰のベルトから拳銃を取り出すことは許されると判断した。その主たる理由は、警察官に対する拳銃発砲事件の三〇%が警察官が車に乗車中の乗員に近寄って行ったときに起こっている事から、警察官への加害の危険性があるという点にある。またミムズ事件では、交通法規違反を現認して車輛を停止させ、乗員に車の外に出て運転免許証等を提示するよう求めた際、当該乗員の上着の一部が異様に膨らんでいるのに気が付き、フリスクを行ったところ拳銃を発見したという場合に、交通法規違反を現認している以上、乗員に車外に出るよう命ずることは合理的であり、この命令に従い車外に出てきた者の上着の膨らみから同人が凶器を所持しているのではないかとの合理的嫌疑に基づきフリスクを行うのも合理的であると判示した。この理由も警察官の安全確保にある。

二　こうして身体に凶器を隠し持っているとの嫌疑があり、警察官の安全確保の必要がある場合にはその凶器を求めてのフリスクが許されることになった。では、凶器が身体ではなく、車内の手の届きそうなところに置かれているとの嫌疑のあるとき、当該凶器を求めての捜索が許されるのかが問われたのが本件である。

法廷意見は、「警察官が、被疑者は危険であり凶器を直接支配できると考えるのももっともであるような、具体的かつ明瞭な事実に基づく合理的な嫌疑を有している場合には、凶器が置かれ、又は隠されていると考えられる場所に限定して、車内の捜索が許される」とした(1)。

この点につき、ラフェィヴ教授は① 法廷意見の立論からすると、警察官は被疑者を車外に出させるなど、加害の危険を避けるための他の方法を無視してよいことになり、危険が継続しているというだけで相当な理由がないにもかかわらず車内の捜索が許されることになる、② 車内の捜索を正当とするほどの、被疑者の車への接近可能性の程度が定かではない、③ ミシガン州の田舎では狩猟用ナイフを所持していることは格別のことではなく、本件被疑者は武装していて危険だとは言えない、法廷意見はどのタイプの被疑者が武装していて危険かについて広すぎる解釈を行った、と批判している(2)。

しかし、テリーの基準によれば、被疑者が武装していて危険であれば凶器を求めての捜索が許されることになるが、本件では狩猟用ナイフが車内で発見されていることから、被疑者が「武装している」事は明らかである。「危険」であるか否かは、ピストルやナイフのような「典型的な凶器」（我が国で言う性質上の凶器）を有している場合には常に危険と考えてよい(3)。

本件では車内の捜索は、ナイフの発見後に行われており、テリーにいう合理的嫌疑があった場合である。

三　では車内の捜索はどこまで許されるのか。この点につき、法廷意見は、まず、テリーが予防的な捜索の範囲を身体に限定していないことを指摘し、ミムズ判決が車内に座っている者に近寄る時の尋常ならざる危険（inordinate risk）に依拠していること、ウィリアムズも、交通取締に際しての警察官への脅威が理由となっていることを上げたうえで、シーメル（Chimel v. California, 395 U. S. 752, (1969)）及びベルトン（New York v. Belton, 453 U. S. 454, (1981)）を引用して、凶器の隠匿されていそうな車内の座席部分の捜索は許容されるとした。周知のように、シーメルは被逮捕者の直接支配下にある領域の捜索を認め、ベルトンは自動車の座席部分は「直接支配下にある領域」に当たるとしたものである。

まず、テリーは、予防的な捜索の範囲を身体に限定していたものではなく、「警察官は、自己の求めている物を発見するのにふさわしい、注意深く限定した捜索を行ったのである。この種の事件は、その事件特有の事実に基づいて、判断されねばならない。」(4)として、予防的捜索の範囲が広がる余地のあるものであることを認めていた。また、テリータイプの停止が行われたとき、対象者が、その者の車中に置いてあるものを直接支配しているか否かを判断するのは、緊急状況下では、困難であることからも明確な基準(bright line)を打ち立てたものと言えよう。(5)

(1) 463 U. S, at 1049.
(2) LaFave, 2 Search and Seizure 3rd. ed, at 527.
(3) Ison, Fourth Amendment — Officer Safety And The Protective Automobile Search : An Expansion Of The Patdown Frisk 74J. Crim. L. Cri & Criminology 1265, at 1278. 問題はむしろ用法上の凶器であろう。Ison は、二本の長いステッキを被告人から取り上げたのを正当とした Peaple v. Harris, 48 N. Y. 2d 208, 216, 397 N. E. 2d 733, 736, 422 N. Y. S. 2d 43, 46 を引いて、タイヤレバーを身体につけていると思われる被疑者をフリスクすることは、同被疑者がそれを凶器として使用しようとしていると警察官が考えるのが合理的な場合には、許されるとしつつ、タイヤレバーが車の中に置かれている場合には、車内に置かれることは通常有り得ることなので、危険性はないとしている。
(4) 392 U. S. at 30.
(5) 前掲註(3)、一二七九頁。

(香川　喜八朗)

一六　自動車例外

39　Robbins v. California, 453 U. S. 420 (1981)

道交法違反を理由に停止させた車輌からマリワナ臭がし、申請人の捜検の結果、マリワナを発見し、さらに、自動車を捜索してマリワナを発見した事例で、この自動車捜索と「自動車捜索の例外」の関係が問題とされた事例。

《事実の概要》

ハイウェイ・パトロールの警察官が、道路交通法違反の運転をしていた申請人のシボレーのステイションワゴンを停止させた。警察官は、運転免許証及び自動車登録証を提示するよう求め、既に降車して車外にいた申請人が免許証等を取り出すため車のドアを開けたときに、車中にマリワナの煙の臭いがした。警察官は申請人の身体を捜検し液体入りガラスびんを発見、車の座席部分を捜索したところマリワナと喫煙具を発見した。申請人をパトカーに乗せた後ステイションワゴンのテイルゲイトを開けるとデッキ一杯にハンドルセットが置かれていた。それらを持ち上げたところ少しひっ込んだ格納部分があった、格納部分には荷物用バッグ（tote bag）と緑の不透明なプラスチックに包まれた二個の包装物があった。包装物を開けると、各々一五ポンドのマリワナが入っていた。

申請人は薬事犯で訴追された、同人は包装物を開いて発見された証拠の排除を申立てたが却下された。カルフォルニア州控訴裁判所はこの判断を支持した。合衆国最高裁判所はこの判決を破棄し、サンダース（Arkansas v. Sanders,

442 U. S. 753 (1979)）に照らして再審理するよう差戻した。差戻し審では、包装物の無令状開披は憲法上許される、というのは公判裁判所が包装物の中味が外からみて推論できたと結論したのは合理的であり、上訴人は包装物の中味にプライヴァシーへの合理的期待を有していなかったからだとする。

《判旨・法廷意見》

破棄差戻し

一　スチュワート裁判官による複数意見

(1)　第四修正は令状要件を原則とする。この令状要件の例外として「自動車の例外（automobile exception）」がある。ハイウェイ上で停止させられた車を捜索するための相当な理由がある場合には捜索令状は不要である、というのは車には可動性があり、乗員は疑われていることに気付き、令状の入手を要すると、車中を再度見ることはできないだろうからである。

近年当法廷はこの「車の例外」によって車の中に発見された閉じられた容器の無令状捜索が許されるとの主張を二度却けた。

チャドウィック（United States v. Chadwick, U. S. 1 (1977)）においては、第四修正の観点からは荷物は車と同視できるので「自動車の例外」は閉じられた荷物にも拡張されるべきだとの主張を退け、車の例外はそれを生むにいたった機会に固有の特別の状況に限定されるべきだとした。第一に、車に対する取り扱いは車に固有の可動性に依拠するもので、車の可動性ゆえに令状入手を実際的なものでなくしている、車も荷物も可動だとしても荷物自体は警察の支配下において持ち運び保管し得る。第二に、車に可動性があるというだけで「自動車の例外」に当たるとすることはできない。「自動車の例外」は、車を取りまくプライヴァシーへの期待が消失したことによって、又は車が住居や財産の保管場所ではなく運搬手段として利用されることから生ずるプライヴァシーへの期待が消失したことによって、認められる。このプライヴァシーの消滅は荷物には当てはまらない。容器 luggage は財産の保管場所であり、閉じられた容器の中は見ることができず、また容器は州の規制に服するものでもない。

サンダースにおいては、車の例外を拡張して車自体の適法な無令状捜索の間に車中で発見された物は無令状捜索をすることができるとすべきだとの主張を却けた。当法廷は第一に、警察がスーツケースを押収したなら、そのスーツケースの可動性はそれが押収された場所によって何ら影響を受けることはないと指摘して、車から押収された荷物を捜索する必要は、他の場所から押収された荷物を無令状捜索する必要より大きいものではないとした。第二に、車から押収された閉じられた荷物へのプライヴァシーの期待は、他の場所で発見された閉じられた荷物へのプライヴァシーの期待よりも低いものだと考える理由もないとした。

本件でも、車中で運搬されていた閉じられた容器の中味は第四修正による完全な保護を受けるものではないと主張されている。しかしこれはチャドウィック、サンダースでの当法廷の見解と一致するものではない。

(2)　被上訴人は、第四修正は「所持品（personal effect）」を運搬するのに通常用いられる容器（container）のみを保護するのであって、本件申請人は容器の性質上第四修正の保護を受けないのだと主張する。被上訴人は、「所持品」とは、着衣、身体について運搬される又は身体に密接な関係がある物品を意味するものと、解している。この立場を支えるためスーツケースのような丈夫な容器と厚紙の箱のような flimsier container との間に一線を画した事例による。

被上訴人の主張は二つの理由から説得力に欠ける。

第一に、第四修正の文言に根拠がない。第四修正は人とその財産（effects）を保護するもので、財産が身体に関する物（personal）であるか、身体に関係しない（impersonal）かに関わりなく第四修正の保護が働く。チャドウィック事件でのフットロッカーやサンダース事件でのスーツケースの中味が無令状捜索を受けることがないのは、それらが閉じられていて中の見えない容器の中に置かれていて、そのことでチャドウィックやサンダースも中味が公の吟味（public examination）を受けることはないとの期待を表明していたからである。

第二に、被上訴人がした区分が客観的基準となると考えるのが困難である。ある者がスーツケースに入れる物を別の者は紙袋に入れる。先例に何ら共通した結果がないように、閉じられたスーツケース、ブリーフケース、紙ばさみ、ダッフルバック、箱に対するプライヴァシーの利益を区別することは誰にもできない。

(3) 被上訴人はサンダースの脚註13は「捜索途中に警察に発見された容器や包装物がすべて第四修正の完全な保護に値するものではない」といっていると異議を述べている。しかしこの註の次の文章がこの例外にあたる。すなわち「中味が容器や包装物の性質上外観から推測できることから、プライヴァシーへの合理的期待があるとはいえないもの（たとえば盗犯用道具箱、ガンケース）もある。同様に場合によっては、包装物の中味が開かれていて目に見える（open to plain view）ようになっていれば、令状入手の必要を省くことができる。」というのである。第二の例外は閉じられていない容器の中にある物品に言及していることは明らかである。第一の例外はプレイン・ビュー（plain view）の例外のバリエーションにすぎない。というのは容器の形状が特徴あるものでそのためその中味が判るなら、その中味は捜索に携っている警察官の視野から除かれていたとは言い難いからである。容器が無色透明である、又はその中味をはっきりと示している場合も同様のことが当てはまる。要するにサンダース事件の脚註13を反対にすれば、容器の中味が「目に見える」と言える状態にあるのでない限り、その中味は第四修正の完全な保護を受けるということになる。

カルフォルニア州最高裁判所は、申請人を逮捕した警察官の証言を根拠に、本件での包装物が脚註13の第二の例外にあたるという。しかし、本件警察官が包装物にマリワナがあると考えたのは、マリワナは通常本件でのような形で包装されているとの伝聞に基づく推量による。この警察官の証言は曖昧なもので、マリワナが通常本件の場合と同様に包装されているということを証明することはできない。プライヴァシーへの期待は一般社会の規範により確立されるもので、脚註13の第二の例外にあたるというためには容器の特徴ある形態、又は、透明であること、その他何であれその中味を明白に物語っていて中味が観察者に一目瞭然であらねばならない。実際、緑の不透明なプラスチックの包装がマリワナを含んでいることを示していてそれが信頼できるとしても、その事実が本件では記録上証拠によって立証されていない。マリワナ二箱が申請人の車の適法な捜索の間に発見されたがそれらは閉じられた不透明な容器の中にあった。こうした容器はたとえ適法な捜索の間に発見されても無令状で開くことはできない。

二　パウエル裁判官の補足意見

本件及びベルトンは、第四修正についての三つの異った問題に関わるものである。①公共ハイウェイ上での逮捕に伴う捜索の範囲、②被疑者がプライヴァシーへの合理的期待を有している容器を捜索するための相当な理由のある場合に、警察官は令状を入手しなければならないか、③車の全領域及びその中に発見された容器を含む令状要件への「自動車の例外」の範囲の三つである。

(1)　自動車の乗員は自動車内部に対しては限定されたプライヴァシーへの期待しか有していない。この限られた利益も乗員が身柄拘束を伴う逮捕下に置かれると消失してしまう。逮捕直前乗員は車の内部全体を完全に支配しており、警察官が車に近づく際に兇器や禁制品をポケットやその他容器に入れることができる。このことから車の内部と、その中にある種々の容器とで保護の程度を変えることを正当とすることは難しい。但し、こうした考慮は車のトランクには当てはまらない。トランクは乗員の逮捕直前又は逮捕の過程でも乗員の支配下にはないからである。

(2) 本件容器を捜索する相当な理由は存在する。チャドウィック及びサンダースが容器の中味を捜索するのに令状を要するとするのは、その容器が所持品の保管に用いられている又はその容器がその中味を公に精査されることのないような形で封をされている場合に限られている。これは結局は四囲の事情からプライヴァシーを主張することが合理的か否かにかかっているのだが、複数意見はこれを失念し、警察官は閉じられた容器を捜索する前には当然令状を入手しなければならないとの考え方を採用した。どんな小さな容器——たとえば煙草の箱、紙コップ——でも、それを捜索するための相当な理由がある場合には、警察官は令状を入手しなければならないとすることによる負担は過重なものであり、他方プライヴァシーの利益もこのことによって保護されるとは限らない。

(3) 反対意見は、警察官が事を捜索する相当な理由を有している場合には、車の中を捜索する緊急性ゆえに車の中に発見された容器も無令状捜索できるという。令状主義への「自動車の例外」の範囲を拡張することで本件を解決することは、本件のような問題で多数を構成する根拠を与えることになる点で魅力的なものである。

三 ブラックマン裁判官の反対意見

多数意見の基準——包装物の外見からその中味が判るか否か——は、新たな訴訟の潮流をつくることになる。無令状で押収され捜索される車の中で発見された物品を押収し捜索するのに、令状は不要であるとの明確な法理を採用すべきであった。

四 レーンクェスト裁判官の反対意見

警察官が包装物を開いたのはサンダースの脚註13の例外の場合にあたる。車のテイルゲートを開く前に、本件警察官は車の座席部分にマリワナを発見していた。警察官がマリワナその他の品を車の前部座席から取り出している際、ロビンスは「捜している物は後にある」と言った。そこではじめて警察官はワゴンの格納部分を開け、プラスチックのバッグを発見したのである。警察官の一人は禁制品は通常このような形で包装されていると証言している。こうした事実を踏まえると、申請人はガーベイジ・バッグにプライヴァシーへの期待を有してはいなかったと思われる。全事情から、ガーベイジ・バッグの中味は外観から推論できるものであったことは、確かであるからである。

自動車の捜索について機能的な法理を求める必要性は高い。私はキャロル＝チェインバース法理に立ち返り、無令状で捜索・押収できる車の中に発見された物品を押収し捜索するのに令状は不要であると考える。

五　スティーヴンス裁判官の反対意見

ベルトン事件と本件とは合一に判断されるべきである。両事件ともに、ハイウェイ上で適法に停止され、乗員は適法に逮捕され、警察官は車中に禁制品があるとの相当な理由を有していた。「自動車の例外」は車の完全な捜索――グラブコンパートメント、トランクその他禁制品が含まれていると考えられる容器を含む――を行う権限を警察に与えるものである。

サンダースとチャドウィックは本件とは区別できるものである。というのは両事件は「自動車の例外」にあたるものではないからである。チャドウィック事件では、連邦麻薬捜査官は車のトランクに置かれた直後に押収されたフットロッカーを捜索する相当な理由を有していた。サンダース事件では、警察官は特定の荷物がタクシーのトランクに置かれる前からその荷物に禁制品が入っていると考える相当な理由をもっていた。両事件ではともに車を捜索するための理由はなかった。サンダース事件では運転手を逮捕する権限もなかった、チャドウィック事件で車のトランクにフットロッカーを置く前に、サンダース事件でタクシーを走らせる前に、警察官が被疑者を逮捕したなら、チャドウィック事件とサンダース事件の結論は同一であったろう。

サンダース事件、チャドウィック事件はともに警察官が捜索のための相当な理由を有している車中の容器を捜索する権限を与える「自動車の例外」の適用を妨げるものではない。また容器の性質によって差異を設けるべきでもない。無令状捜索が「自動車の例外」にあたる場合には車全体を捜索して良いとの見解を採らず、当法廷は本日の二つの事件を正反対の方向へ大きく進めたのである。

(1) キャロル＝チェインバース法理での令状要件の「例外」とは、第四修正の保護する場所及び物の捜索に先立ってマジストレイトから令状を入手するという要件に対してのみ当てはまるのであって、「例外」にあたる捜索の範囲はマジストレイトが令状により授権するものと同一であるべきだ。

(2) ベルトン事件で当法廷は「自動車の例外」で解決できる問題を車の乗員の「適法な身柄拘束を伴う逮捕（lawful custodial arrest）」によって解決した。しかし、停止と逮捕との間に差異はあるが、逮捕に身柄拘束を伴う逮捕とその他の種類の逮捕の区別があることには精通していない。

被告人の乗っている車が停止させられたのち、警察官はマリワナの臭いを嗅ぎ、そのため、その車に禁制品が積まれていると考える相当な理由をもったのである。その車を完全に捜索することは合理的である。しかし交通違反以外の犯罪が行われたと考える理由がない場合に警察官が運転人にブリーフケースや荷物を開けるよう求めることは不合理である。とはいえ、運転者は警察官が自己の身柄を拘束し、それゆえ車の全内部を捜索する理由を得ることに憲法上異議を申立てることはできないであろう。法廷意見による新しい法理の下では、逮捕官憲は、交通違反で停止させられた車の内部に興味を引く外見のブリーフケースや包装物を見たときはこうした手続を踏む理由を見いだすことができる。警察官のこの判断が、マジストレイトが令状発布で授権するよりもより広い範囲で車の捜索を行う憲法上の基礎を与えることになろう。

《解　説》

一　周知のように、今日では合衆国にあっても捜索・押収については令状要件が原則とされている。この令状要件の原則には「自動車の例外」といわれるものがある。

キャロル（Carroll v. United States, 267 U. S. 132 (1925)）では、禁酒法違反の酒類運搬中の車輌を停止、捜索した後、車中の者を逮捕した場合に、車輌の可動性を理由に無令状捜索を認めるとの判断が下された。チェインバース事件では、警察官が強盗犯の逃走中の車輌を停止し、車中の犯人を全員逮捕した後、車輌を警察署に牽引したのちに車中の捜索を行った場合に、車輌が捜索の動く標的であったのだから、停止後その場で捜索を行っても、警察署に引いていって捜索を行ってもよいとした。この両事件はともに捜索のための相当な理由のある場合に車輌の無令状捜索を認めたもので、キャロル＝チェインバース法理として令状要件の例外の一カテゴリーとされる。これは主として車輌の可動性に着目して形成された考え方である。ただ車輌については近年、車輌が人の住居・所持品保管場所とされるものではないこと、公道走行中も乗員や所持品は人目につき得ること、さらに自動車登録・車輌整備のための規制を受けるものであることを理由に、車輌に対するプライヴァシーの期待は家屋に対するそれよりも低いものとされている。これが車輌の可動性とあわせて車輌の無令状捜索を認める論拠となっている。

ところで車輌に容器（container）が置かれている場合、容器の運搬手段としての性質に着目し、運搬手段が車輌という可動性あるものに置かれた以上その容器にも可動性が生ずるとしてキャロル＝チェインバース法理により、無令状で捜索できるのか、それとも別の処理が可能かが争われた。チャドウィック事件、サンダース事件がそれである。

チャドウィック事件では、警察官がマリワナが入っていると信ずべき相当な理由をもっている鍵のかかったフットロッカーを被告人が自動車のトランクに置いた直後、未だトランクが開いていて自動車のエンジンは始動していない状態のおり、被告人達を逮捕し、フットロッカーを自動車ごと連邦ビルに連行、逮捕から一時間半後に当該フットロッカーを無令状で捜索し、中のマリワナを押収した。合衆国最高裁判所は、フットロッカーの中味は人目につくものではなく、また政府の検査の対象となるものでもない、フットロッカーは所持品の保管に用いられるものでプライヴァシーへの期待は自動車に比べてはるかに高い、加えてインパウンドされていることから証拠物の破壊の危険性もなく可動性もないのだから、無令状捜索は認められないと判示した。

サンダース事件は、警察官がマリワナが入っていると考える相当の理由をもっているスーツケースを被告人がタクシーのトランクに積んで走行中、そのタクシーを停止させ、スーツケースを無令状捜索したものである。合衆国最高裁判所は、車の可動性から生ずる緊急性は捜索直前の時点にはなく、警察官はスーツケースを押収して排他的支配下に置いていてケースの中味が破壊される危険性はなく、またスーツケースは所有物保管の容器であってプライヴァシーへの期待を有するものであるとして、無令状捜索を違憲とした。

これら両事件はともに、容器自体について捜索のための相当な理由があり、車はその容器が積まれている関係で停止させられたり捜索された場合であった。車の内部の捜索だけを目的とする場合ではないので、「自動車の例外」は妥当せず、捜索対象である容器については原則に戻って令状を要するとされたのである。

さて本件は、ロビンスが車のドアを開けた際警察官がマリワナの臭いを嗅いだというのであるから、車に対する捜索の理由と必要のある場合であった。車自体に対しては、「自動車の例外」の妥当する場合だと言ってよいだろう。ロビンスも車のグラブコンパートメントから発見されたマリワナと喫煙具の排除を申立ててはいない。この場合、無令状で適法にプライヴァシーが開披された場所で、イン・プレイン・ビュー（in plain view）の状態で押収物が発見されているから、この物の押収は無令状で行っても問題はない。だが車内捜索が合法でも車内で新たに「捜索」をしなければ、マリワナの発見ができない容器については、車に対するのとは独立のプライヴァシーが依然として残っているとみて、令状要件を不透明なプラスチック容器について具備することを求めたのである。

二　本件は、チャドウィック事件及びサンダース事件と異なり、当初から包装物が禁制品を含んでいると信ずべき相当な理由があったという場合ではない。それどころか多数意見は、禁制品（マリワナ）は通常本件でのように包装されていると聞いていたとの警察官の主張を却け、伝聞に基づく推量が「相当な理由」を構成するものではないとしている。その上で、サンダースの脚註13に言う第四修正の保護外にある容器・包装物――盗犯用道具箱やガン・ケースのように中味が外観から推測できることからプライヴァシーへの合理的期待があるとはいえないもの――にもあたらないとした。

本件包装物がおのずと中味が判明する容器（self-identifying-container）にあたるか否かは反対意見との対立もあるように微妙な問題であろう。マリワナが通常緑の不透明なプラスチックに包まれているか否かは証明困難であろうからである。

外見からおのずと中味が判明する容器にあたらなければ、当該容器にはプライヴァシーへの合理的期待があり、これを開披するには令状を要するとのサンダースの脚註13の立場は、従来の判例の延長線上にあるものとみてよい。

三　わが国では憲法三五条、刑訴法二二〇条は、「逮捕の現場」での新たな捜索を許し、合法的に場所のプライヴァシーが開かれたところでは、その場所に証拠が存在する蓋然性が高いと認め得る場合は、新たな場所へのプライヴァシーに干渉する「捜索」をも合理的だと考える。その理由に、合法にプライヴァシーが開かれた場所で裁判官が立ち合えば、その場所に正当理由たる被疑事実の証拠が存在する蓋然性があることをその場所の周囲の状況から合理的に推論できる場合があり、その時点で、捜索を合理的にする要件は令状要件を除いて具備されていると考えるからである。令状を不要とするのは、令状のその時間的余裕が欠ける場合があるからである。

そこで、本例の場合、日本法によれば容器について車中で発見して、なおマリワナの存在の蓋然性があれば、令状要件は求められない。

四　ところが合衆国では、シーメル原則により、逮捕場所や合理的に開披された場所では、証拠に関するかぎり目に見える状態にある物だけを押収し得るのが原則であって、新たな容器や本棚等の場所の捜索は許されないとされている。

そこで、複数意見は、不透明容器内にマリワナの存在することが判然とする場合ではないので、容器の捜索には、令状要件が妥当するといったのである。

車の捜索にあっての令状要件の例外は、車内を見れば、一見して判然と証拠物と判明する場合に限られるというのが、シーメル以降の先例を適用した結論となる。

五　ところで、事実問題としては、本例のごとき容器も含めて証拠物の存在が判然としているとみるのが合理的か否かの判断基準を明確にするのはかなり難しい。煙草箱のようなものはどうなるのだろうか。

六　ちなみに車の可動性、車の停車、車内の捜索がされると、捜査が及んだことを犯罪者が気付き、証拠を破壊する危険が高くなることを考えると、合理的にプライヴァシーが開かれた場所の周囲の状況により証拠物・禁制品の存在する蓋然性を推論し得る場合に、新たな「捜索」をも令状がなくても許す、わが国の法制の方が合理的ではなかろうか。

（香川　喜八朗）

40　California v. Carney, 471 U. S. 386 (1985)

モーター・ホームには「自動車の例外（automobile exception）」が適用され、一般駐車場に駐車し具体的な緊急状況がない場合でも、相当な理由が存在すれば、無令状捜索は許されることがあるとした事例。

《事実の概要》

ＤＥＡ（Drug Enforcement Agency）の係官は、被告人が街で青年Ａと接触し、二人で駐車場のモーター・ホームに入り、窓の日除を閉ざしたのを目撃した。そのモーター・ホームの中でセックスとマリワナの交換がされているとの情報を受けて、係官は監視を続け、出て来たＡを尾行し、停止したところ、Ａは被告人にセックスの代価にマリワナを受け取ったと述べた。係官たちがモーター・ホームに赴きドアをノックすると被告人が出てきたが、係官は法執行官である旨を告げ、令状も同意もないまま、内部に立入り、マリワナ等を発見し、被告人の身柄を拘束した。

被告人はマリワナ所持罪で起訴され、preliminary hearing でマリワナ等の証拠排除を申請したが却下された。Superior Court も証拠排除の申請を却下し、本件モーター・ホームの捜索は第四修正の令状要件の例外とされている「自動車の例外」に当たると判断して被告人を有罪とし、また、California Court of Appeals も原審を確認した。

しかし California Supreme Court は有罪判決を破棄し、本件捜索は無令状で行われたので「不合理」だと判断した。同裁判所は、自動車に認められるプライヴァシーの期待が低いことが「自動車の例外」を認める理由であるとし、モーター・ホームには住居と同等のプライヴァシーの期待が認められるとして、「自動車の例外」の適用を認めなかった。

《判旨・法廷意見》

破棄差戻し

一　バーガー首席裁判官の法廷意見

第四修正は、令状要件の下で不合理な捜索や押収を受けない権利を保護するが、令状要件の例外の一つにキャロル事件(1)で認められた「自動車の例外」がある。自動車のプライヴァシーも憲法上保護されるが、自動車には可動性があるので、保護の程度が低くてもよいと判断されており、さらにチェインバース(2)やロス(3)でも一貫して自動車の可動性が主たる理由として「自動車の例外」は認められ、さらに令状入手を不可能にする緊急状況が生ずると考えられてきた。

しかしその後の先例は、自動車の例外を構成するのは可動性だけでなく、自動車に認められる個人のプライヴァシーの期待は家屋や事務所に比べて低いとしたうえで、令状要件の例外を肯定したといえる。自動車が直ちに動くことがない場合でも、可動性を備えているのでプライヴァシーが制限され、「自動車の例外」が正当化されており、同様にトランクやグラブ・コンパートメントなどの閉ざされた領域であっても、プライヴァシーの期待が低いので、「自動車の例外」が適用されてきた。

プライヴァシーの期待が制限されるのは、捜索対象がイン・プレイン・ビュー（in plain view）にあるからではなく、公道を走行する車輌は、家屋と異なり、自動車検査や安全走行を確保するなどの点で実に広く取締る必要があるからである。一般市民は自動車取締りの必要性から自動車のプライヴァシーが制約されることを十分に知っており、相当な理由があれば無令状で停止・捜索できることも知らされてきた。要するに、プライヴァシーの期待を制約する政府の自動車取締の必要性に加えて、可動性があることから生ずる緊急性が令状要件の例外を正当化するのである。

被告人の車輛は家としての属性をもつと同時に自動車としての属性をも備えているので、「自動車の例外」の適用範囲にあるのは明らかである。多くの車輛には輸送目的だけでなく家として使用されている状況があるが、「自動車の例外」の適用に際してモーター・ホームと通常のセダンを区別すると、車輛の大きさや装備などで区別せざるを得ないが、これは煩雑である。さらにモーター・ホームに「自動車の例外」の適用を認めないと、不法な薬物の取引などに使用されている状況を無視することにもなる。公道上にあるとか、住居として使用されていないとの基準で車輛を区別することはできない。

モーター・ホームには「自動車の例外」が適用されるが、さらに本件捜索が「不合理」か否かが問題となる。しかし、ＤＥＡの係官はその車輛を捜索するのに充分な相当理由をもっており、マジストレイトに本件事実を提出したならば当然に令状が発付されたと考えられるので、本件捜索は不合理ではない。

二　スティーブンス裁判官の反対意見（ブレナン・マーシャル両裁判官参加）

本件では、州裁判所は連邦法と州法の下で、保護される権利を広く認めたのであり、他の法域での判断との矛盾が顕著でないかぎり、合衆国最高裁判所は全国統一の基準となる判断をすべきではない。新たな問題で時期尚早な解決をすると、将来採用され得る原理の発展を妨げることにもなる。捜索・押収を規律する原理は、事件ごとの判断で形成・練磨されたものであり、その問題について下級裁判所が下した一連の判断を考慮すれば、対立する利益の調和を計ることができるはずである。

無令状捜索を許す「自動車の例外」は限定的なものであり、実際に令状入手が可能であれば、令状を入手しなければならない。もしモーター・ホームが、令状要件という一般原理と「自動車の例外」との間で等距離に位置するものであれば、例外よりも一般原理が優先すべきである。

しかしモーター・ホームは等距離には位置していない。モーター・ホームの用途や構造は、公道外で駐車し、人が住んでいれば、固定住所と違いのないことを社会は認めつつある。このような場所の捜索には令状が要件となり、無令状捜索が許されるのはモーター・ホームが公道を走行しているか、他に緊急状況があって令状入手の時間的余裕がない場合に限られる。

本件ではモーター・ホームは裁判所の近くに停車しており、何故確実な令状捜索を実践しなかったのか疑問であるが、法廷意見は、緊急状況を示す証拠が欠けたためモーター・ホームに備わる可動性に依拠してしまった。しかし当裁判所は、チャドウィック(4)やロスで、可動性は令状要件の例外を認める充分な理由にはならないと判断している。プライヴァシーの期待は、フットロッカーのような容器よりもモーター・ホームの内部により大きく認められており、可動性が容器の無令状捜索を正当化しないのであれば、住居空間の捜索の正当理由にはなり得ない。

本件モーター・ホームは日常生活が営めるように設計されたものなのである。居住空間をもつ車輌であることを係官は知っていたはずであり、その外観から令状の必要が確認できると考えられる。カルフォルニア州の車輌法は、住居として設計されもしくは改造された車輌をハウス・カーとして、ステーション・ワゴンと区別した条文をもち、飲酒の禁止に関してもハウス・カーの住居部分を例外として扱っている。この法律は、モーター・ホームと一般車輌はその外観で区別できることを前提とするとともに、モーター・ホームに単なる輸送目的を超える価値を認めている。

人間的な活動の領域を充分に提供する場所の捜索は、輸送機能しかもたない自動車の捜索とは根本的に異なる。モーター・ホームは城ではないが、ホテルの部屋や別荘などと同等の機能をもつものである。したがってモーター・ホームの住居部分の無令状捜索は、緊急状況がない限り、不合理である。

《解　説》

一　合衆国憲法第四修正は不合理な捜索・押収を禁止し、一般令状を禁止するが、明文では令状要件を定めてはいない。しかし令状要件への傾斜は、捜索・押収の場合と身柄の押収＝逮捕の場合には相違があるが(5)、次第に明らかにされ、場所・物の捜索・押収にあってはキャッツ(6)及びシーメル(7)により令状要件が採用された。しかしこの令状要件の例外の一つにキャロルで認められた「自動車の例外」があり、またペイトン(8)では逮捕のために家屋へ立入る場合には令状が要件となるとされたため、住居としての性質と自動車としての性質を兼備えるモーター・ホームに「自動車の例外」が適用されるか否かが本件で問題となった。

現在では「自動車の例外」は二つの要素で理由づけされている。第一はキャロル以来常に認められてきた車輌の可動性である。車輌は動くので令状を入手していると法執行ができない、という内容が車輌の可動性という表現に表されてきた。キャロル事件では、相当な理由に基づく自動車の停止の後に捜索が行われ、その後に逮捕が行われている。したがって、停止―逮捕―捜索・押収の類型の場合には、犯人は逮捕されているので「自動車の例外」による無令状捜索は許されず、車輌の押収のみが許されるのではないかとの疑問が出された(9)。しかしチェインバースでは、「自動車の例外」によって逮捕後の捜索も許されると判示した。チェインバース事件では、車輌の停止後逮捕が行われ、後に警察署で無令状で車輌の捜索が行われている。逮捕から時間を経た捜索は「逮捕に伴う捜索」とは認められないため、チェインバースでは、「自動車の例外」により警察署での無令状捜索が認められる理由として、この場合にも相当な理由があり、車輌が直ぐに動き得る状況（readily movable）にあるので、停止現場で無令状捜索が認められている以上警察署での無令状捜索も許されると判断され、車輌の可動性の内容が令状入手の時間的余裕を欠くという「緊急性の例外」とは異なる意味をもつようになった。この傾向は、車輌内に容器が積載された場合の無令状での容器の捜索にもみられた。ロスは、車輌全体を捜索する相当な理由があれば、捜索対象物がある可能性が認められるすべての容器を含めて、車輌あるいは車輌内の物を捜索できると判断して、逮捕後警察署で行われた捜索で車輌のトランクから発見された皮のポーチの開披を、「自動車の例外」を理由に認めている。さらにジョーンズ(10)では、車輌から包装物を押収しDEAの倉庫に三日間保管した後に行われた無令状捜索も、ロスの下での「自動車の例外」により認められると判示している。これらの事件では、容器が車輌から離された後にも「自動車の例外」による無令状捜索を認めるために、車輌の可動性だけでこの例外を説明するのは困難になったといえる。この点はロスやジョーンズでもはっきり意識されていたが、本件では車輌の可動性だけが「自動車の例外」の要素でないことが明示された。

「自動車の例外」の第二の要素は、七〇年代の判例から次第に明らかにされてきたもので、自動車には住居に認められる程のプライヴァシーの期待はないという分析である。住居は第四修正の保護するプライヴァシーの中核にあるものと考えられ、重罪の逮捕のための住居への立入りが問題となったペイトンでは、緊急状況が存在しないかぎり住居への無令状の立入りは許されないと判示し、また反則金を科す違反行為の逮捕のために無令状で住居への立入りを行ったウェルシュ(11)では、軽微な犯罪の場合にも無令状の住居への立入りは許されないとし、政府の利益が小さい場合には「緊急性の例外」の適用も限定されることを示唆している。一方自動車については第四修正の保護の対象としながらも、プライヴァシーの期待は制限されるとし、その理由として証拠物等が警察官に見えてしまうというプレイン・ビューによる説明(12)が行われる一方で、inventory search が問題となったオッパーマン(13)では、自動車は自動車検査や定期点検整備などを含め、政府による広範囲かつ継続的な取締りを受けるためにプライヴァシーの期待が制限されると説明されている。そして本件では、車輌内部の閉ざされた場所や積載された容器の捜索も「自動車の例外」によ り許されるので、プレイン・ビューによる説明を放棄し、自動車のプライヴァシーが制限されるのは政府の取締りの対象となっている故であることを明言している。

車輌の可動性と自動車のプライヴァシーが制限されているという二つの要素で「自動車の例外」が構成されることに異論はないが、各々の内容の解釈あるいは両者の関係の解釈の相違により「自動車の例外」の適用範囲に大きな差異が生じ、意見の対立がある。

本件では住居としての属性と自動車としての属性を兼ね備えるモーター・ホームに「自動車の例外」が適用されると判断された[14]。法廷意見は、車輌の可動性を「緊急性の例外」と区別し、自動車のプライヴァシーが制限されることをむしろ車輌の可動性による理由づけを補完するものとして「自動車の例外」を構成したと考えられる。そしてモーター・ホームも車輌としての属性をもつこと、モーター・ホームと他の車輌を区別することは煩雑であり明確な基準とならないこと、さらにモーター・ホームでは薬物取引などに利用される危険があることを理由にモーター・ホームに「自動車の例外」が適用されるとする。反対意見は、自動車のプライヴァシーは制限されるとしながらも、車輌の可動性は「緊急性の例外」を意味し、「自動車の例外」も「緊急性の例外」の一つと理解して、「自動車の例外」が適用されるためには、プライヴァシーが制限された自動車であることと車輌に可動性があることの双方が独立して要件となると構成したと考えられる。そしてモーター・ホームの住居部分は、家であり、自動車としてプライヴァシーが制限される場所ではないので、「自動車の例外」は適用されるべきでないとする。さらに州車輌法がモーター・ホームと他の車輌を区別した規定をもつこと、モーター・ホームが少なくとも別荘やホテルと同じものとして利用されていることを指摘している。

最近の合衆国最高裁判所の捜索・押収に関する判例は、捜索と押収も区別せずに侵害されるプライヴァシーを単一のものとし、とくに「自動車の例外」にあっては、そのプライヴァシー侵害を正当化する事由が一度存在すれば常に正当化され、また部分的な侵害の正当化事由によって全体の侵害を正当化する傾向にある。この傾向からみれば法廷意見の結論も予測できなかったものではない。しかし住居を厚く保護する判例の流れの中で、住居部分と車輌の部分を区別しない議論はあまりに雑であり、何故住居部分のプライヴァシーまで制限を受けるのかが明らかにされていない。一方法廷意見は脚注3で、モーター・ホームが住居として使用されていることが客観的に示される状況にある場合に「自動車の例外」が適用されるか否かを判断しているのではないとし、令状が必要か否かは、その車輌が動き得る状況にあるか否か——例えばブロックの上に置かれたような場合、自動車検査を受けているか否か、電気や水道などの設備と繫がれているか否か、また公道に容易に出られるか否かなどの事情に拠るとする。したがってモーター・ホームに常に「自動車の例外」が適用されるのはではないが、何故住居として用いられているモーター・ホームに「自動車の例外」が適用できない場合があるのかとの疑問も生ずる。住居が厚く保護されるのは、反対意見の示すように、そこで生活が営まれるからであり、法廷意見の示す客観的な事情によって住居であるか否かが決すると考えるのは正しいとは言えないだろう。しかも合衆国ではモーター・ホームで生活を営む人口も増えている。捜索・押収を単一のプライヴァシー概念の下で構成し、さらに「緊急性の例外」とは別個の「自動車の例外」を認めることには大きな疑問がある。

(1) Carroll v. United States, 267 U. S. 132 (1925).
(2) Chambers v. Maroney, 399 U. S. 42 (1970).
(3) United States v. Ross, 456 U. S. 798 (1982).（本書36事件）
(4) United States v. Chadwick, 433 U. S. 1 (1977).（本書34事件）
(5) コモン・ロー上重罪の逮捕の場合には、相当な理由があれば無令状逮捕ができ、令状が要件とされるのは、官憲の面前で平穏を乱す行為（breach of the people）が行われた場合を除く軽罪の逮捕の場合であった。しかし多くの州では、平穏を乱す行為だけでなく官憲の面前で行われた軽罪全般に亙る無令状逮捕を認めている。そしてここで令状が求められることは第四修正の内容として理解されているのではない。

（6）Katz v. United States, 387 U. S. 347 (1967).

（7）Chimel v. California, 395 U. S. 752 (1969).

（8）Payton v. New York 445 U. S. 573 (1980).（本書12事件）

（9）Ramon v. Cupp, 423 F. 2d 248 (9th Cir. 1970) 参照。

（10）United States v. Johns, 469 U. S. 478 (1985).（本書37事件）

（11）Welsh v. Wisconsin, 466 U. S. 740 (1984).（本書14事件）

（12）Cady v. Dombrowski, 413 U. S. 433 (1973), Cardwell v. Lewis, 417 U. S. 583 (1974) 参照。

（13）South Dakota v. Opperman, 428 U. S. 364 (1976).

（14）本件ではモーター・ホームは自動車と住居の双方の属性をもつ車輌という形で問題にされているが、モーター・ホームという言葉の定義は明確ではないようである。例えばトレイラーのように自動車と分離できるものとバンのように自動車と一体のものとでは何らかの相違が認められてもよいように思われるが、本件ではどちらのタイプのモーター・ホームであるか明らかではない。また原審であるCalifornia Supreme Court の反対意見によれば、本件モーター・ホームは一般の駐車場に駐車したもので、モーター・ホーム専用の施設など（mobile home park or other usual facility indicating current residential use）に駐車したものではない。

（前島　充祐）

一七　プレイン・ビュー

41　Texas v. Brown, 460 U. S. 730 (1983)

プレイン・ビュー（plain view）の原則の下で押収された容器は、その内容物が実際に現認されなくとも、内容物が禁制品又は犯罪の証拠であると経験ある法執行官が現認し得る場合には、無令状で開披し得るとされた事例――風船事件――。

《事実の概要》

自動車運転免許証の携帯を確認するための検問所で、深夜、被告人の自動車が停止させられた。警察官Mは被告人に運転免許証の提示を求めながら車内をフラッシュ・ライトで照らしたところ、被告人がズボンのポケットから右手を密かに出したのを見た。その指には不透明な緑色の風船が挾まっており、口部近くで結ばれていた。被告人はその風船を座席の上に落とし、運転免許証を捜すためにグラブコンパートメントを開けて調べたのち、運転免許証を携帯していないと言った。警察官Mは同種の風船の内部に麻薬が入れられることがよくあるのを知っていたので、被告人がグラブコンパートメントを開けたときに、内部がよく見えるように移動しており、その内部に数個のプラスチックの小瓶や風船の入った袋があり、またかなりの量の白い粉が散らばっているのに気づいていた。警察官Mは被告人に自動車の後方に行くよう命じ、被告人がそれに従ったのち、車内からその緑色の風船を拾い上げると、その口部内側には粉のような物質が附着しているのが見えた。警察官Mは被告人に逮捕の告知を行い、正式逮捕の書類作成のため、現場で被告人の自動車内で捜索・押収した事実についての目録を作るために捜索（inventory）をしたところ、植物性の緑色の物質と乳糖の瓶を発見し、その風船と共に押収した。テキサス州のDistrict Courtでの証拠排除に関する審問手続で、警察の化学検査官は風船内部の物質がヘロインであることを証言し、風船にヘロインを入れておくことがよくあることを附言して証言した。

District Courtは被告人を有罪であると認定したが、テキサス州のCourt of Criminal Appealsは有罪認定を破棄し、プレイン・ビュー（plain view）の原則では本件の無令状押収は正当化されず、この押収を合理的だというためには、警察官が押収時にその風船が犯罪の証拠であることを知っていなければならなかったと判断した。

プレイン・ビューの原則の適用範囲が不明確なため、サーシオレイライが認められた。

《判旨・法廷意見》

破棄差戻し

一　レーンクェスト裁判官執筆の複数意見（バーガー首席裁判官・ホワイト・オコンナー各裁判官参加）

Court of Criminal Appealsが依拠したクーリッジ（Coolidge v. New Hampshire, 403 U. S. 443 (1971)）では、次の三要件を充足した場合にプレイン・ビューの原則による無令状押収を認めている。①警察官の最初の侵入が合法であるか、もしくは特定の場所を見得る位置にいたことが適法であること。②前もって証拠を発見することを予期したものではないこと。すなわち、予め特定の証拠の存在する場所を知っていたり、それを押収する意図を有していてはならない。③現認された物が犯罪の証拠か禁制品もしくは押収し得る物であることが即座に判明しなければならない。下級裁判所では、このクーリッジの複数意見を適用するのが一般であるが、この見解が合衆国最高裁判所の多数意見を構成したことはない。

この複数意見によれば、本来プレイン・ビューに存在する物の押収の許否は、その前提となる立入りの合法性に依拠するはずである。しかしこの意見は、プレイン・ビューの状態での物の押収を合衆国憲法第四修正の令状要件に対する独立した例外と構成したので、その説明が不正確なものとなってしまった。ペイトン（Payton v. New York, 445 U.S. 573 (1980)）では、公共の場所で発見された兇器や禁制品などは無令状で押収できるという原則を確認しており、プレイン・ビューの状態にある物の押収はプライヴァシーの侵害にも関係することはなく、さらに、その物の存在により犯罪を連想する相当の理由があるとの前提に立てば、その押収は合理的であると推定される。しかし、官憲の立入ることのできない個人の住居の場合には事情は異なるが、すくなくとも第四修正の下では、ある対象領域への立入りに対して事前に何らかの正当化事由が存在すれば、プレイン・ビューの状態は物の押収に根拠を与えるのである。したがって、プレイン・ビューは第四修正の令状条項の独立した例外としてではなく、官憲の対象領域への立入りについて事前に正当化事由が存在するか否かという問題の延長線上にある問題だと理解される。

このプレイン・ビューの原則は、警察官がプレイン・ビューの状態にある物を現認した場合、その物に対する所有者の利益は占有権と所有権に限定されるとの認識に基づくものであり、また、その物が禁制品などの場合に令状入手を要件とすると不必要な不便をもたらし、警察あるいは公衆への危険を招く恐れがあるという点に配慮したものである。具体的な個々の法執行活動が許されるものか否かは、第四修正の保障する利益に対する侵害と、法執行活動がもたらす合法な政府の利益との較量によって判断されるのであり、プレイン・ビューの原則は第四修正の中核をなす捜索・押収の合理性の要件が物の押収を規律することを反映したものといえる。

本件において、運転免許証の確認のための停止には問題はなく、フラッシュ・ライトの使用も第四修正の権利を侵害しないことは多数の裁判所が認めている。さらに警察官が車内を見るために位置を変えたことも第四修正とは無関係であり、被告人には合法なプライヴァシーの期待も認められなかった。したがって本件風船の押収は適法であった。

Court of Criminal Appeals は第三の要件を欠くと判断したが、即座に判明するという語句は不当に高度な確実性を要件としているように解されてしまっており、適切なものではない。バニスター（Colorado v. Bannister, 449 U. S. 1 (1980)）でもこの旨が明らかにされている。この事件は、通常の場合、押収には相当な理由の存在を要件とするペイトン事件の基準を確認したものであるが、押収対象物が犯罪に関連しているとの実際的かつ大まかな蓋然性だけが要求されるのである。警察官Mは職務経験上本件のような風船に麻薬を入れておくことがよくあることを知っており、さらにグラブコンパートメントの中を見たことで犯罪の連想がなされたのであるから、相当な理由が存在したことは明白である。さらに風船の内容物を直接見ていないことは問題ではない。その風船の特徴こそがその内容物を雄弁に語っているからである。

第二の要件も本件押収を禁ずるものではない。本件記録では、一般的期待を超えて麻薬犯罪の証拠発見を予期していたとの事実は存在しなかった。

本件風船の発見は合法であり、第四修正の下での押収対象物であると信ずる相当な理由も存在した。したがってCourt of Criminal Appeals の判断を破棄差戻す。

二　ホワイト裁判官の補足意見

プレイン・ビューでの押収は予期したものであってはならないとするクーリッジの見解は、本日の判断においても是認されたわけではない。

三　パウエル裁判官の結論にのみ加わる補足意見（ブラックマン裁判官参加）

複数意見の結論、さらに令状要件とプレイン・ビューの原則に関する説明には同意する。しかし複数意見はプレイン・ビューの原則の適用範囲を超えているので参加することはできない。令状要件に対する例外は絶対的必要性によってのみ正当化されるわけではないが、すくなくとも注意深く限定されねばならない。

プレイン・ビューの例外は一〇年以上の間是認されてきたもので、本件でクーリッジ事件の複数意見を批判する必要はなく、その判断の範囲で本件を処理できるのである。

四　スティーヴンス裁判官の結論にのみ加わる補足意見（ブレナン・マーシャル両裁判官参加）

プレイン・ビューの状態にある物の押収を正当化するためには禁制品自体が見える状態にある必要はないとする複数意見に同意する。しかし先例によれば、密閉された容器（container）の場合、たとえそれがプレイン・ビューの状態にあり、そのなかに禁制品が存在する相当な理由があっても、その容器を押収したあとには令状入手の時間的余裕があるので、無令状でその容器を開けることはできないとされており、複数意見の考察は不完全である。

第四修正は、物に対する占有の利益と個人のプライヴァシーの利益を保護し、押収は前者に、捜索は後者に関連する。そしてこのふたつの利益は常に同じ範囲に存在するわけではない。プライヴァシーの利益を損うことなく、さらに占有の利益も認められない状況であれば、第四修正の例外は正当化されるが、プレイン・ビューが問題となる事例は押収と捜索が結びついた場合である。①ある物を適法に捜索している官憲が別の物を押収する場合。この場合に生ずる令状あるいは緊急状況の一般令状化への拡張の危険は、プレイン・ビューの中核をなす要件により防止できる。すなわち物の押収は新たなプライヴァシーの侵害を伴ってはならず、さらに押収時にその物が犯罪に関連するとの相当な理由が存在しなければならないのである。② 官憲がプレイン・ビューの状態にある容器に気づき、それを押収したり、内容物を調べる場合。当裁判所の最近の判例は、容器の内容物の捜索の合憲性が先行した容器の押収の合憲性によって自動的に判断されないことを証明しており、各々の利益に対する別個の審理が必要である。可動容器がプレイン・ビューの状態にある場合、押収はプライヴァシーの利益に関連しないので、もし内容物が禁制品であるとの相当な理由が存在するならば、禁制品の消滅を防止する社会の利益は占有の利益に勝り、一時的な押収は許される。しかし現場でその容器を開けてよいことにはならない。その容器が官憲の管理下に置かれれば、証拠破壊の危険はなく令状入手が要件となる。たしかに多少の不便は生ずるが、それだけで中立なマジストレイトの面前に出頭する義務を免除する理由にはならず、個人のプライヴァシーを官憲の判断に委ねるには、緊急状況の存在が証明される必要がある。

本件の風船の無令状押収は適法であったが、無令状でそれを開けたことの正当性を理由づけねばならない。この場合、ふたつの正当化が考えられる。第一に本件は、本件風船に限らず、おおよその車輌内のどこかに禁制品が存在すると信ずる相当な理由が存在する場合である。この場合には、ロス（Unaited States v. Ross, 456 U. S. 798 (1982)）の下では車輌内のいかなる容器の内容物であれ、それを検査することは許されることになる。第二は、内容物がその外観から推論できる場合である。この場合には、その性質上合理的なプライヴァシーの期待は認められず、禁制品がプレイン・ビューの状態にあるのと同程度の確信を警察に与えているのである。すなわち、車輌全体を捜索する相当な理由があるか、もしくは実際にその風船の内容物が禁制品であるとの確実性が存在する場合には、証拠排除の必要はないと結論する。しかしテキサス州裁判所ではこれらの事実を確定する審理がなされていないので複数意見の結論に参加する。

《解　説》

第四修正は、第一文で不合理な捜索・押収を禁じ、第二文で宣誓、確言で支持されかつ捜索場所と押収対象物を特定した相当な理由に基づく令状による手続を定めている。同修正条項の押収には人の押収（逮捕）も含まれ、他方重罪における逮捕は合理的な理由に基づけば無令状でなし得るとのコモン・ロー上の原則があったため、同修正条項の令状要件の適用に問題を生じてきたが[1]、すくなくとも逮捕以外の捜索・押収の分野ではキャッツ[2]（Katz v. Unaited States, 389 U. S. 347 (1967)）により、第一文の実体要件（reasonableness）が充足される場合であっても、時間的余裕があれば令状入手を原則とする立場が明らかにされた。本件で問題となったプレイン・ビューの原則は、この令状要件の例外の一つであり、その内容を具体的に示したのがクーリッジの複数意見である。

プレイン・ビューを理由とする無令状押収を適法にする要件としてクーリッジの複数意見が示した要件の一つに、押収に先行した立入りが有効であることが挙げられており、さらにその警察官の立入りを正当化するものとして、①令状による場合、②犯人追跡のような場合、③合法な逮捕に伴う捜索の場合、④官憲が現場にいたことにつき全く異なる正当理由がある場合などが示されている[3]。本件では被告人への逮捕の告知はなされたものの、どの時点であるいは何を理由に逮捕されたのかが記録上明らかにされておらず、したがって複数意見は、逮捕に伴う自動車の無令状捜索を許したベルトン[4]（New York v. Belton, 453 U. S. 454 (1982)）を用いずに論じている[5]。プレイン・ビューの原則の適用で実際上多くの問題が生ずのは、その前提に逮捕がある場合が一般的であるが、複数意見はペイトン事件では公共の場所で発見された兇器・禁制品等は無令状で押収できるとの原則が確認されたとして、逮捕ではなくむしろ法執行官が目で現認するか、それ以外の方法で認定した相当な理由の存在によって、プレイン・ビューを理由とする無令状押収を基礎づけたものと考えられる。しかし、押収に先行する立入り（捜索）についての正当理由の存在という基準を若干修正して、公共の場所での無令状押収では、プレイン・ビューの原則によって押収対象物が禁制品か犯罪の証拠である相当な理由が基礎づけられているとの立場を本件は採ったものと思われる。これによって、クーリッジで示された有効な先行する逮捕の存否という明確な基準から離れることになるので、適用基準としてはクーリッジの判断よりも明白なものでなくなったことになる。

プレイン・ビューの状態にあるか否かは押収に関する問題である。しかし通常押収にはその前提として捜索が先行する場合が多い。合法な捜索により場所のプライヴァシーが開披され、その結果として官憲がプレイン・ビューを獲得するともいえる。したがって、そこには新たなプライヴァシーを開披することはないとの意味でプレイン・ビューの状態にある物の押収はプライヴァシー侵害と無関係だとはいえる。逆に新たなプライヴァシーを開披するものであればプレイン・ビューの原則の範囲外と考えられる。すなわち、現認された物に犯罪と関連するという相当な理由が認められれば押収できるのであるが、通常想定されるのは、その押収物が証拠そのものの場合である。例えば本件でヘロインそのものが現認されたのであればプレイン・ビューの原則の下ですべて処理できるといえる。しかし押収物が容器である場合には、容器そのものが証拠として許容されることには問題はないが、容器の内容物には問題がある。容器を開けることは新たなプライヴァシーを開披することであり、捜索である。複数意見はプレイン・ビューの第三の「即座に判明する」との要件の解釈だけで結論を下して、風船の容器としての性質を無視し、証拠としての許容性さえも認めるかのようである。しかし、捜索を場所・空間のプライヴァシー、押収を物のプライヴァシーに対応するものと考えるならば、複数意見の論法は説得性に欠ける(6)。これに対しスティーヴンス裁判官の説明は明確であり、論理的である。押収物たる容器の開披は原則として捜索であると解しながら、ふたつの正当化が考えられるとする。容器の内容物についてはプライヴァシーは残っていても、目でみる現認状態にあるだけでなく、それ以外の職業的能力によって、内容物を犯罪の証拠又は禁制品と高度に推論できる場合は、プレイン・ビューに準じて処理してよいとみて、内容物の捜索をも認められると判示し、結論としては複数意見を支持できる場合があることになる。サンダース[7]（Arkansas v. Sanders, 442 U. S. 753 (1979)）の法廷意見は、註13において、外観から内容物が推論できれば合理的なプライヴァシーは期待し得ないのであるから、例えば盗犯用道具箱やガンケースなどは第四修正の完全な保護には値しないという。ガンケースは銃の保管という目的のために製造され、その使用目的も限定されるとも思われるが、盗犯用道具箱や風船はすくなくとも内容物の具体的な特定があって製造されるわけではないと思われ、使用目的もガンケースに比較すれば多様性を帯びるであろう。特定の使用目的のために製造される容器は多いといっても、実際の使用はその目的を超える場合が少なくないのであるから、ある唯一の目的で使用される容器の場合には内容物も高度に推定できるとは容易にはいえず、プレイン・ビューの原則の下で押収された容器の外観から、その現場での容器の開披が認められるのは例外的な場合だと考えられる。[8]

もう一つの、容器の開披を正当化する根拠としてスティーヴンス裁判官が示すものは、自動車の例外（automobile exception）である。キャロル（Carroll v. Unaited States, 267 U. S. 132 (1925)）では、逮捕後の捜索について、住居と車輌を区別し、車輌内に禁制品があるとの相当な理由があれば、無令状で捜索ができるとし、チェンバース（Chambers v. Moroney, 399 U. S. 42 (1970)）では、逮捕後の車輌は必ずしもインパウンドする必要はなく、現場もしくは警察署での捜索は許されるとした。[9] 他方車輌内の容器についてはチャドウィック[10]（United States v. Chadwick, 433 U. S. 1 (1977)）やサンダースなどで車輌とは別個のプライヴァシーが認められたが、ロスではキャロルで認められた無令状捜索の及ぶ範囲について審理がなされ、車輌全体を捜索する相当な理由があれば、捜索の対象物がある可能性が認められるすべての容器・包装物を含めて、車輌あるいは車輌内の物を捜索できるとした。この事件では、車輌内に禁制品があるとの相当な理由に基づき停止させた車輌を捜索したところ、ピストル等が発見され、被告人が逮捕された。そして逮捕に伴う捜索・押収がなされ、さらに後に警察署においても無令状捜索がなされ、トランクの中で発見された容器（paper bag・leather pouch）の開披が問題とされていた。したがって、本件においても、車輌の停止後であっても当初から押収物の押収を予期した場合を除いて、車輌内に禁制品が存在するとの相当な理由があったと認定できれば風船の開披は可能となることが示されたのである。

複数意見は本件の処理にあたって自動車の例外などを全く考えていないようである。ただプレイン・ビューの原則が通常の場合にも妥当することを考えると、容器の特殊性がひとつの基準になる可能性はあるものの、捜索と押収を区別しないままにプレイン・ビューの適用範囲を考察することは、広く無令状での捜索＝容器の開披をもたらすことになると思われる。第四修正の分野にあっては、捜索と押収を区別したプライヴァシーの保護による理論構成をすべきであろう。

（1）　*See* Beck v. Ohio, 379 U. S. 89 (1964); Wong Sun v. Unaited States, 371 U. S. 471 (1963); United States v. Watson, 423 U. S. 411 (1976). さらにペイトンでは逮捕を目的とする被疑者の住居への立入りには令状を要するとする（本書12事件）。

（2）　逮捕に伴う捜索・押収の範囲を限定したシーメル（Chimel v. California, 395 U. S. 752 (1969)）参照。住居での逮捕に伴う捜索は、被逮捕者の身体もしくは手の届く範囲＝直接の支配下（within the immediate control）に限定され、それ以外の捜索は令状を要するとしている。

（3）　Coolidge v. New Hampshire, 403 U. S. 443, at 467.

(4) ベルトン事件では速度制限違反で車輌の停止が求められ、マリワナの不法所持を理由に逮捕がなされた。逮捕後さらに後部座席上にあった上衣のポケットの捜索がなされコカインが発見されたという事例であり、逮捕に伴う捜索として、容器の捜索を含む車輌内の無令状捜索を認めた。ここでは、シーメルの「直接の支配下」を乗員が既にいない車輌内全体に及ぼしている(本書35事件)。

(5) 複数意見の註2参照。

(6) 渥美東洋「捜索・押収におけるプライヴァシーの概念」刑事裁判の諸問題(岩田傘寿祝賀)(昭和五七年)所収、一八五頁以下参照。

(7) 本書33事件参照。

(8) *See* Robbins v. California, 453 U. S. 420 (1981) ここではサンダースの註(13)について、容器の内容物が目に見えるといえる状態でなければ第四修正の完全な保護を受けるとしており、無色透明の容器又はその内容物がはっきり示されることが必要であるとしている(本書39事件)。

(9) *See* Cady v. Dombrowski, 413 U. S. 433 (1973) United States v. Robinson, 417 U. S. 218 (1973).

(10) 本書34事件参照。

(前島　充祐)

一八　航空機による写真撮影

42　Oliver v. United States, Maine v. Thornton, 466 U. S. 170 (1984)

open fields doctrine により、空からの写真の撮影は第四修正の捜索・押収には当たらないとされた事例。

《事案の概要》

Oliver v. United States

オリヴァーの農場で、マリワナ栽培が行われているとの匿名の情報を得た二人の薬物取締官が無令状で立入禁止の表示のある施錠された農場の門の脇の歩道から中へ侵入し、住居から一マイル離れたところにあるマリワナ畑を発見した。オリヴァーは、法禁薬物製造罪で逮捕され大陪審起訴された。

公判に先立つ聴聞において連邦地方裁判所は、Katz v. United States, 389 U. S. 347 (1967) を援用して、オリヴァーにはマリワナ畑に対するプライヴァシーの正当な期待が認められるとして、証拠を排除した。これに対し、第六巡回控訴裁判所は、Open fields には第四修正の適用がないとする Hester v. United States, 265 U. S. 57 (1924) と Katz v. United States は、両立し得るものであり、プライヴァシーを必要とする人間関係は Open fields においては一般的に生ぜず、土地所有者に排他的権利が存するからといって、第四修正の保護を与えるには十分でないとして原決定を破棄した。オリヴァーからの上告申立が受理された。

Maine v. Thornton

ソーントンが住居裏の森でマリワナ栽培をしているとの匿名の情報に基づき、二人の警察官がソーントンの住居と隣家との間の小路を通って森に入ってみると、立入禁止の札を掲げ、金網で柵をしたマリワナ畑があったので、ソーントンの所有地であることを確認したうえ、令状発付を受け、マリワナを押収した。ソーントンは大陪審起訴されたが、メイン州公判裁判所は無令状捜索にひきつづき押収令状が発行されているとはいえ、立入禁止札があり外部から遮断された地域にはプライヴァシーの正当な期待があり、また Open fields ともいえないとして証拠を排除した。州最高裁判所もこれを確認し、Open fields の法理が適用されるのは、警察官が合法的にその場所に立入ることができ、また外部から見える活動が行われている場所でなければならないが、本件では、警察官はソーントンの住居地へ不法に侵入しており、私的な活動を行っていたにすぎないとした。州からの上告申立が受理された。

《判旨・法廷意見》

Oliver v. United States（上告棄却）

Maine v. Thornton（破棄差戻し）

一　パウエル裁判官執筆の法廷意見

Hester v. United States で表明された Open fields の法理は、第四修正の文言に依拠するものである。「身体、住居、書類及び所持品」に対する第四修正の保護は、Open fields に適用されるものではない。Open fields が「住居」と区別されるとするのは、コモンローに遡る。また Open fields は「所持品」に当たるものでもない。したがって、Open fieldsへの官憲の侵入は第四修正にいう不合理な捜索には当たらない。

Katz v. United States以来、第四修正の適用の基準は、個人に憲法上の保護に値するプライヴァシーの正当な期待があるかにあり、社会にとって合理的と認められる期待だけが保護される。その判断は、憲法起草者の意図、その場所の利用方法、社会が官憲からの保護に値すると考えていること、などを考慮することになる。

Hester v. United States判決は、不法行為に関し、個人の屋外での活動は、住宅付属地（curtilage）を除けばプライヴァシーの保護を求めることができないという趣旨のものといえよう。Open fieldsでの農作物の栽培などの活動にプライヴァシーを保護する社会的利益はなく、柵や立入禁止札を設けても公衆の立入を有効に阻止することはできず、上空からの観察を防ぐ方法はないので、Open fieldsに対するプライヴァシーの期待は社会にとって合理的なものとはいえない。

コモンローではOpen fieldsとcurtilageとは区別されており、これによればcurtilageのみが第四修正の保護を受けることができる。コモンロー上のcurtilageは、家という聖域と生活のプライヴァシーを連想させる私的な活動が及ぶ領域でありそれゆえ第四修正の趣旨からは「住居」の一部と考えられてきているのである。これに対し、Open fieldsにはプライヴァシーの期待はない。

プライヴァシーの正当な期待が侵害されたかを判断するために、事件ごとにOpen fieldsでの捜索状況を検討するとの立場は、第四修正の文言に反するのみならず、法執行の必要性と第四修正の保護する利益とをうまく調整し得るものではない。このような方法は、警察官に自己の権限の範囲を認識することを困難にさせるだけでなく、憲法上の権利が恣意的かつ不公平に侵害される危険をも生ずることになる。

オリヴァーとソーントンは、本件において、柵や立入禁止札を設け予防策を講じていたが、それは、プライヴァシーの期待が第四修正に照らして正当であったということを示すものではない。正当かどうかの基準は個人が主観的にプライヴァシーの期待を示したかではなく政府の侵入が第四修正の保護する個人又は社会にとっての価値を侵害したかにある。更にOpen fieldsへの政府の侵入はコモンローの不法侵入といえるからといって憲法上の「捜索」にあたるものではない。本件において、不法侵入に関するコモンローにより保護されている一般的財産権は第四修正の適用には関係があるとはいえない。

二 ホワイト裁判官の一部補足、結論賛成意見

本件は第四修正の文理解釈により解決すべきであり、プライヴァシーの期待について言及する必要はない。土地所有者のプライヴァシーの期待が合理的であっても、それによりOpen fieldsが「住居」又は「所持品」に当たることにはならない。

三 マーシャル裁判官の反対意見

法廷意見は、本件での警察官の活動が第四修正にいう不合理な捜索に当たらないとするにあたって、第四修正の文理解釈から「住居」以外の場所への侵入には適用されず、個人の屋外での活動はcurtilageを除いて保護されないとしたが、いずれも賛成できない。

法廷意見は、電話ボックスや商業用建築物も第四修正の保護を受けるとするKatz v. United Statesに反するのみならず、Open fieldsと区別してcurtilageについて第四修正の保護を受ける理由を説明していない。第四修正は、政府の活動の基準を規定したものではなく、政府の干渉から保護される個人の自由を保障するものである。

プライヴァシーの期待が正当かの判断基準は、第一に、プライヴァシーの期待が実定法に規定された権利に基づくものかどうか、第二に、当該場所の利用がどのような性質のものか、第三に、プライヴァシーの利益を主張する個人

が一般的な方法で公衆に表明したかどうか、による。本件は立入りが禁止されていない私有地が問題とされたHester v. United Statesとは事案を異にする。

州法によりその土地への立入りが不法侵入として犯罪となるような私有地は第四修正によって保護されるという法理が確立されるべきであると考える。

（安富　潔）

43　California v. Ciraolo, 476 U. S. 207 (1986)

《事実の概要》

裏庭でマリワナを栽培しているとの匿名の密告電話を受け、警察官が被申請人宅へ赴いたところ、高い二重の塀に囲まれており地上からは裏庭を見ることができなかった。そこで、担当警察官が自家用飛行機を使って上空から被申請人宅でのマリワナ栽培を確認し、写真に撮影し、これを疎明資料として令状を入手した。翌日、令状が執行され、マリワナが押収された。

事実審において、被申請人からの証拠排除の申立は却下され、同人はマリワナ栽培の事実について有罪の答弁をした。

California Court of Appealsは、無令状で飛行機から裏庭を観察するのは、第四修正に違反するとして原判決を破棄した。その理由とするところは、①被申請人の裏庭のマリワナ畑は自分の家の「住宅付属地（curtilage）」に当たる、②「庭」の中を観察するための飛行は、「家（home）」という「聖域（sanctity）」への直接かつ権限のない侵入であり、プライヴァシーへの正当な期待を損なうものである、ということにあった。

California Supreme Court は州側上訴を棄却し、原審判断を確認したが、当裁判所は、自分の家の curtilage にある塀で囲まれた場所を一、〇〇〇フィートの高さから飛行機を使って肉眼で観察することが第四修正に違反しないかを判断するために、州側の申し立てたサーシオレイライを認める。

《判旨・法廷意見》

原審判断破棄

バーガー首席裁判官執筆の法廷意見（ホワイト、レーンクェスト、スティーブンス、オコナー各裁判官参加）

州の主張によれば、被申請人が裏庭に何らの遮蔽もしていないのは飛行機から観察されてもよいと考えていたといえるし、どのような目的の飛行であれ上空から肉眼で観察できる場合は許されるというものであった。これに対し、被申請人は curtilage にある庭にはプライヴァシーへの期待があると主張している。

第四修正の適用に当たって、人は憲法上保護された合理的なプライヴァシーへの期待を有しているかが検討されなければならない。Katz v. United States, 389 U. S. 347 (1967) では、第一に、個人が自らの行為によってプライヴァシーの主観的な期待を表明したか、第二に、その期待が社会にとって合理的なものと認められるかが基準とされた。被申請人は、違法な植物栽培行為についてプライヴァシーがあるとしているが、この点について当事者間に争いはない。被申請人が争っているのは、捜査目的をもった捜査機関が有利な観察をなし得るという州の権限についてである。

次に、プライヴァシーへの期待が合理的かについて検討する。その基準となるのは、個人が私的な活動を隠そうとしたかではなく、州の干渉が第四修正によって保護された個人的・社会的価値を侵害するかにある。被申請人の主張によれば、裏庭は curtilage にあり、飛行機を使った州の観察行為は、第四修正に照らすと無令状で許されるものではないという。curtilage の法理は、個人の家の聖域及び生活のプライヴァシーを連想させる親密な活動に及び、その保護は、プライヴァシーへの期待が最も高い物理的・心理的な家に隣接する領域において家族や個人のプライヴァシーを保護することである。本件で問題となっている領域は、高い二重の塀で囲まれた郊外の家に隣接した場所である。この裏庭とそこでの栽培を curtilage に含まれるとするのなら、問題は、低空飛行によって警察官がその領域を肉眼で観察することがプライヴァシーへの期待を侵害するかにあるといえる。とはいえ、その領域にあるということでおよそ警察官による観察が禁止されるというわけではない。第四修正における家の保護は、誰でもが通行できる場所への侵入を阻止するものではない。本件における捜査官による観察は、誰でもが飛行できる「空」から行われたものので物理的侵入を伴うものではない。

このような観察は司法官憲が令状発付のための根拠として必要なものであり、捜査官は飛行機から一般公衆が見ることができたものを見たにすぎないのである。

反対意見は、法廷意見が第四修正は個人の財産への物理的侵入に限定されるべきではないという Katz v. United States でのハーラン裁判官の貴重な意見を顧慮していないというが、ハーラン裁判官の所説は「盗聴」についてであり、公衆が通行可能な領域からの複雑でない方法による観察の事案である本件についてはあてはまらない。

飛行機が普及した今日、一、〇〇〇フィートの上空から肉眼でマリワナ栽培が観察されることに対して憲法上保護されるという期待は合理的とはいえない。第四修正は、飛行機から肉眼で見えるものについて観察するために令状の発付を必要とするものとはいえない。

《反対意見》

パウエル裁判官執筆の反対意見

法廷意見は、Katz v. United States で展開された基準を著しく逸脱するもので賛成できない。

法廷意見は、空は飛行するすべての人に開かれているというだけで、curtilage における屋外活動に関する市民のプライヴァシーの利益を奪う理由について説明しているとはいえない。

市民は、監視されることなく自由で安全な生活を保障されるという選択をしたのであり、問題は、本件におけるような捜索が「合理的」かどうかである。現代の法状況を考えてみると、第四修正は、捜査官による専断的な干渉を受けない市民の権利を確保することにある。Katz v. United States は、監視を行う警察が物理的行為を行ったかどうかという基準に照らして憲法上保護されたプライヴァシーの合理的期待が侵害されたかを判断する構造を採用することを明らかにしたが、それは、第一に、個人が自らの行為によってプライヴァシーの現実的・主観的な期待を表明したかどうか、第二に、その期待が社会にとって合理的なものと認められるかどうかという問題として検討される。法廷意見は、この判断の枠組を確認する一方で、その結論において被申請人のプライヴァシーを合理的ではないとしている。この結論は、一連の curtilage の法理を再確認する判例と調和していない。第二に、「家」はプライヴァシーへの正当な期待が認められる場所であり、第四修正は政府の不合理な侵入から「家」を保護している。

当裁判所は、建造物の内部（the interior of a structure）にも同様なプライヴァシーの保護が及ぶとして curtilage の法理を再確認しており、家に隣接する領域にプライヴァシーが認められるべきといえよう。

法廷意見は、被申請人の裏庭は、curtilage に含まれるとしつつ、飛行機による監視は、物理的侵入を伴うものではないから許されるとしたが、監視の方法については、個人と自由社会の利益に焦点を合わせて憲法上プライヴァシー権を保護しようとする Katz v. United States の基準に照らすと、本件でとられた方法は正当ではない。Katz v. United States 以来、物理的侵入の有無と社会がプライヴァシーの利益を合理的と認めるかどうかとは別問題であると当裁判所は考えてきた。

そこで、飛行機から「家」を観察したという事実について考えてみなければならないが、法廷意見は、この点について充分な説明を加えていない。空にむかって開かれている裏庭での活動は一般の飛行機の搭乗客がそれを観察することもあり得るので、警察による捜査目的の監視について合理的とする。

しかし、この理由づけは相当ではない。第一に、現代社会の匿名性に照らすと、飛行により現実にプライヴァシーの危険が常に生ずるわけではないし、第二に、警察による監視目的の飛行とその他の目的の飛行とでは質的に異なるからである。

被申請人の裏庭にはプライヴァシーが認められ、第四修正にいう捜索に当たり、原則として無令状では合理的とはいえないが、例外が認められないわけではない。しかし、本件はそうした例外には当たらない。無差別的な飛行機からの監視は「家」に対する極めて重大な脅威といえる。

Katz v. United States では、第四修正のプライヴァシーの保障に対する silent and unseen な侵入を阻止しようとしたが、なお住居のプライヴァシーにおいて一人にしておいてもらう権利の保護が強く求められるべきである。法廷意見はこの権利を実現しようとすることなく、家に対する無令状の侵入が合理的ではないとの確立した判断を尊重していないので反対するものである。

（安富　潔）

44　United States v. Dunn, 480 U. S. 294 (1987)

《事実の概要》

覚せい剤の製造及び販売目的の所持の共謀罪等で陪審により有罪を宣告された被上訴人Dに関する捜査経過は以下のとおりであった。捜査官は共犯者Cに対する盗聴令状の発行を受け、同人の注文した物品に盗聴器を仕掛けておいたが、その後、Cのトラックが納屋に横づけされ、それらの物品が被上訴人の牧場の納屋に運ばれたのを航空写真及び盗聴器からの信号で確認したうえ、令状発付を受けることなく牧場に立ち入ったところ、ほぼ住居と納屋との中間地点まできたところで覚せい剤と思われる臭気が納屋のある方角からただよってきたので、有刺鉄線と正面の木製の柵をのりこえ当該納屋に侵入し、庇の下のすきまから懐中電灯を照らして中を覗くとそこは覚せい剤製造所のように思われた。捜査官はこの時点では納屋の中に入らず同所から離れたものの、翌日覚せい剤製造所であることを確認するために再度同所に侵入した。捜査官は捜索令状を得て、これを執行し、被上訴人を逮捕し関係証拠を押収するとともに覚せい剤の包みを住居の押入から発見しこれも押収した。

地方裁判所は、Dの証拠排除の申立てを却下し、D及びCに有罪を言い渡した。（差戻前）控訴裁判所は、同人らの有罪を破棄し、捜索令状の発付は捜査官による違法な無令状の侵入により得られた資料によるもので、押収されたすべての証拠は排除されなければならないとした。この控訴審判決の根拠は、その納屋が、「住宅付属地（curtilage）」にあり第四修正の保障を受けるものであるというにある。当裁判所は、州側サーシオレイライの申立てを認め、原審判決を破棄し、Oliver v. United States, 466 U. S. 170 (1984) に照らし、さらに検討するため原審に差戻すこととした。原審差戻審において、原審控訴裁判所は、再度、押収証拠について排除するとの結論は維持したものの、その法的根拠を変更し、納屋は住居の curtilage ではないが、納屋の外から中を覗きこむのはプライヴァシーの正当な期待を害するものではないとした。州は再度サーシオレイライを申し立てたので、当裁判所はこれを受理し原審控訴審判決を破棄差戻したところ、原審は再び納屋は curtilage に含まれるとしたので、納屋は住居の curtilage に含まれるのかについて州からなされたサーシオレイライを受理し当裁判所はこれにつき判断し原審を破棄することとする。

《判旨・法廷意見》

原審判断破棄

一　ホワイト裁判官執筆の法廷意見

いわゆる curtilage の概念は、コモンローに由来し、住居に隣接する領域を住居同様保護しようとするもので、第四修正の適用範囲を決定するにあたって機能するものである。Hester v. United States, 265 U. S. 57, (1924) によれば、第四修正の保護はいわゆる open fields には及ばず、コモンロー同様個人の住居と open fields とは区別されるとしている。Oliver v. United States において Hester 事件の判旨を再確認し、第四修正は、住居の curtilage に及ぶとし、curtilage に含まれるかどうかは個人が住居と同様に扱っているといえるかどうかを基準に判断されるとした。

これまでの裁判例によれば、curtilage かどうかの判断に当たっては、①住居にどの程度隣接しているか、②住居をとりかこんでいる領域にあるかどうか、③何のために使用されているか、④通行人から覗かれないようにされているか、を基準としてきた。第四修正の保護を受け得るかを判断するに当たって重要な要素ではあるが、これらの基準にあてはめるだけで curtilage の範囲を決定する問題の解決とはならないと考える。これらの基準を本件にあてはめると、curtilage の外にあるという結論になる。すなわち、第一に、記録によれば、納屋は住居の柵から五〇ヤード離れ、住居からも六〇ヤードは離れており、従って curtilage に含まれるということはできない。第二に、Oliver v. United States において curtilage かどうかの境界ははっきりとわかるものでなければならず、それは日常的にいう概念とほぼ同様なものであるとされたが、本件において住居部分の周囲には柵が設けられており、その納屋は柵の外の住居から全く離れた別の場所にあるのであって、住居を囲む領域にあるとはいえない。第三に、ことに重要なのは、捜査官が納屋は「家」という私的な生活のために使用されていたのではないといういくつかの客観的資料を有していたことである。すなわち、捜査官は、共犯者が所有していた覚せい剤製造器具が納屋に運びこまれたことをうかがわせる航空写真をとり、納屋へ向かう途中覚せい剤と思われる臭気をかぎ、それが納屋の方からただよってきていることを確認し、納屋の外からなかを覗くまえに、中でモーターがうなりをあげているのを聞いているのである。これらを考慮すると、納屋は「家」の一部ではなく、その使用目的はプライヴァシーの保護を受けるものと性格づけることはできない。(なお、この点に関して、スカーリア裁判官の補足意見がある。それによると、捜査官が客観的な資料を有していたかどうかは重要ではない。重要なのは、使用目的がなにかではなく、捜査官が使用目的を知っていたかである。捜査官の主観を基準として判断されなければならない。)第四に、open fields から捜査官が観察することは許される。様々な種類の柵が設けられてはいるが、それは、家畜のためであって捜査官の観察を阻止するためのものではない。

被上訴人は、さらに curtilage とは別に納屋及びそこに収容されている物について自己の業務上不可欠なものでありプライヴァシーの正当な期待が有するというが、それは Oliver v. United States の意義を誤解しているものである。Oliver v. United States では open fields は第四修正にいう「住居」や「物件」ではないとの Hester 事件の判示を確認し、open fields への官憲の侵入は第四修正により禁止された不合理な捜索には当たらないとしたのであって、open fields に柵が設けられているからといって憲法上保護されたプライヴァシーの利益が創設されるわけではない。

牧場の周囲の柵やその他の柵をのりこえて施錠された納屋の入口まで捜査官が侵入したときに憲法違反となるわけではない。本件において捜査官は curtilage の外で open fields にある納屋を外から覗いたのであって、open fields において納屋にある覚せい剤製造器具を観察しても憲法違反とはならない。

open fields における捜査官の観察を問題とした Oliver 及び Hester 事件は憲法上は同じ問題を扱ったものであり、目的物が第四修正の保護を受けると考えられる以上、結論に差異をもたらさない。

捜査官は合法的に納屋の造作を見たのであり、捜査官の観察は適法に発付された令状に基づくものである。よって、原審判断を破棄する。

二　ブレナン裁判官執筆の反対意見

納屋は curtilage にあたり、納屋及びそこに収納されている物品に対するプライヴァシーの正当な期待を害するもので、官憲の侵入は第四修正に反する。

現代社会は農場主や牧場主のプライヴァシーの正当な期待を否定するほど都市化されたものではないからである。

本件における争点は、納屋が curtilage に含まれるか、捜査官の行為が被上訴人のプライヴァシーの正当な期待を侵害するものかにある。

当裁判所は第四修正の保護は住居とその curtilage に及び open fields には及ばないとしてきた。法廷意見は、納屋は curtilage に含まれないとしているが、それは田園生活における納屋の役割を見のがし、納屋について農家にとって必須の仕事場で、私的な活動をする「家」の一部として curtilage に含まれるとする多数の州及び連邦の裁判所の裁判例を無視している。法廷意見は、基準へのあてはめが先例と調和していない。第一に、住居から六〇ヤード以上離れても curtilage に含まれるとする先例がある。第二に、どのような柵が設けられているかは決定的な要素とはならない。本件においては、納屋は住居から十分に歩けるところにあり、住居とその他の建築物とが木や柵によって囲まれ混在している。第三に、法廷意見は納屋が家庭用に用いられていないので curtilage に含まれないというが、個別的検討によらず一般論として問題を解決した Oliver v. United States に従って、一般に納屋は家庭用として用いられているというべきである。さらに納屋が実際は薬物製造に用いられていたというのは納屋が家庭用かどうかを類型的に決定するのに無関係である。法廷意見は納屋から強い臭気がし、モーターの音が聞こえたので納屋が家庭用に用いられてはいないというが、捜査官が覚せい剤の臭気を嗅いだときにはすでに curtilage の中にいたのであり、薬品の臭気やモーター音は第四修正の保護とは関係ない。侵入後収集した証拠を根拠に納屋が curtilage に含まれるとの原則を否定することはできない。納屋が一般に家庭用に使用されていれば家庭用でない使用がなされたとしても第四修正の保護を否定することにはならない。法廷意見は、捜査官が違法な侵入を行う前に納屋への立入りのための相当な理由を有していたというが、相当な理由が備わっていたのであったなら侵入する前に令状の発付を受けるべきであった。第四に、納屋のすぐ外は open fields ではなく curtilage の一部であってプライヴァシーの正当な期待の保護を受ける場所であり、事実被上訴人はプライヴァシーの保障のための周到な手段を講じていた。プライヴァシーの正当な期待を保持するために二四時間監視をおかなくても第四修正の保護を受ける。原審判断が正当である。

法廷意見は curtilage の概念を狭く解し、令状による捜索の範囲を狭いものとしている。これまで捜査官は、住居や財産の捜索を令状記載の場所以外の構築物についても curtilage に含まれると考えられるものについても行ってきた。しかし、これからは、農場の住居以外の建物について捜索しようとする場合にはさらに個別的に令状が必要となってしまう。

たとえ納屋が curtilage に含まれないとしても、第四修正の保障するプライヴァシーの正当な期待が納屋には認められるといえる。

第四修正は業務上の財産にプライヴァシーの利益の保障を認めている。本件における問題点は、納屋が業務上の構築物であるかどうか及びプライヴァシーの期待の保護の範囲である。法廷意見も納屋は業務上の構築物であり、プライヴァシーの期待が認められるとの前提にたっており、その点は正当である。農業も牧畜業も業務である。そこで、業務上の建築物の所有者はその建物の周囲にプライヴァシーの正当な期待を有しているかを検討しなければならないことになる。まず、捜索の対象物に主観的プライヴァシーの期待を表示しているか、次にその期待は社会が合理的と考えるものかである。本件において、被上訴人は主観的プライヴァシーを表示している。一般の家庭とは異なり、一般に公衆の立入りを許す業務上の構築物の所有者は、このような保護を受けるに当たって、公衆の立入りを明示的に阻止する必要があるとされてきたが、業務上の構築物が公衆の立入りを阻止するようなものであるときにはこの限りでない。当裁判所はこの区別を基準としたが、これを本件にあてはめてみると、納屋は、公衆に開かれたものではない業務上の場所であり、プライヴァシーの保護を受けるものといえる。

本件捜索は違法であり法廷意見に反対する。

《解　説》

第四修正において認められる「合理的な捜索」の「範囲」に関する判例である。

Oliver v. United States[1] は、Hester v. United States, 265 U. S. 57 (1924) において表明された open fields への官憲の立入は第四修正によって禁止された不合理な捜索に当たらないとの判断を確認し、Katz v. United States, 389 U. S. 347 (1967)[2] 判決以来、判例で展開されているプライヴァシーの合理的期待という基準に照らし、open fields にはプライヴァシーを保護する利益がないとしたものである。

California v. Ciraolo と United States v. Dunn は、いわゆる「住居付属地（curtilage）」の法理に関するものである。California v. Ciraolo 判決(3)は、住居の裏庭のマリワナ畑は curtilage にあたるとする一方、Katz v. United States の基準に照らし、官憲による上空からの curtilage にあるマリワナ畑の観察は何人も飛行できる空から行われた行為であり、物理的侵入があったとはいえず、合憲であるとしている。United States v. Dunn は、Hester v. United States 及び Oliver v. United States 両判決に従い、住居から六〇ヤード離れた牧場の納屋は柵が設けられ中が覗けないようになっていたとしても、覚せい剤製造目的で使用されているときには、curtilage に当たらず、捜査官が納屋の庇のすきまから内部を観察した行為は合憲であるとしたものである。

Oliver v. United States において確認された open fields の法理は、第四修正の保障が open fields（公衆が自由にアクセスできる場所又は公衆の目に触れる場所）には及ばないというものである。この法理は、Hester v. United States におけるホームズ裁判官執筆の法廷意見に示されるように、第四修正の文言に依拠するものである。すなわち、第四修正は、「身体（persons）、住居（houses）、書類（papers）及び所持品（effects）」を不合理な捜索・押収から保護することとしているが、open fields はこれに当たらないというものである。open fields と「住居」との区別は古くコモンローに遡るものであり(4)、また open fields が第四修正の「所持品」に当たらないことも明らかであるとする。さて本件 Oliver v. United States において法廷意見は、Hester v. United States での文理解釈に従って open fields が第四修正の「住居」にも「所持品」にも当たらないとしているが、open fields であるからといって、およそ官憲の侵入から保護されないのではなく、プライヴァシーの正当な期待が存しないときに保護されないにすぎないとしている。これに対し、少数意見は目的論的解釈を主張し、第四修正の保護の対象を open fields に拡げようとしている。法廷意見は、① open fieldsでは私的若しくは親密な活動（intimate activity）は行われないからプライヴァシーを保護する社会的利益が存しない、②プライヴァシーの利益の表明のためにとられた柵や立入禁止札が設けられていても有効に公衆の立入りを阻止し得ない、③コモンロー上の私的財産権の保護は第四修正の保護よりも広く、土地所有権の存在はプライヴァシーの期待の正当性を決定する一要素にすぎないとした。一方、少数意見は、①土地所有者が種々の目的でopen fieldsを利用する自由を尊重すべきとし、②柵や立入禁止札が設けられプライヴァシーの期待を他人に表明している、③所有権はプライヴァシーの正当な期待を決定する重要な要素とする。

Oliver v. United States判決はHester v. United Statesで表明されたopen fieldsの法理がKatz v. United Statesにおいて立てられたプライヴァシーの正当な期待という基準と矛盾しないことを判示したものといえる。

なお、open fieldsにおいても種々の親密な活動（intimate activity）が行われ、主観的なプライヴァシーの期待も表明されることを考えるとopen fieldsには第四修正の保護がおよそ及ばないとしてよいかは問題といえよう。

California v. Ciraoloは、高い塀で囲まれた住居の裏庭のマリワナ畑を上空一、〇〇〇フィートの高さから捜査官が自家用飛行機を用いて観察して令状発付を受けマリワナを押収したという事案である。法廷意見は、裏庭のマリワナ畑はcurtilageに当たるとし、Katz v. United Statesで示された二つの基準、すなわち、①プライヴァシーの主観的な期待を表明したか、②その期待が社会にとって正当なものと認められるか、という基準に照らし、上空からのcurtilageにあるマリワナ畑の捜査官による観察は、違法な植物栽培とはいえ高い塀をめぐらしプライヴァシーの主観的な期待を被告人は表明しているといえるが、第四修正の保障する「住居」の保護は何人も飛行可能な空からの侵入を阻止するものではなく被告人のプライヴァシーの期待は正当とはいえず、捜査官の飛行によるcurtilageへの侵入は合憲であるとする。

また、United States v. Dunn は、田舎の牧場の納屋での覚せい剤製造の嫌疑を抱いた捜査官が牧場に無断で侵入し、柵が設けられただちに中が見えないようにしてある住居から六〇ヤード離れた牧場の納屋の内部を観察し令状発付を受けこれを執行し押収したという事案で、Hester v. United States 及び Oliver v. United States の法理に従い、牧場の納屋はいわゆる curtilage にあたらず、納屋の内部を open fields から捜査官が観察することは第四修正に照らし合憲であるとしたものである。

これら二つの判決はいわゆる curtilage の法理に関するものである。いわゆる curtilage の法理は、コモンローに由来するもので、人の家という聖域（the sanctity of a man's home）及び生活のプライヴァシー（the privacies of life）を連想させる私的もしくは親密な活動が及ぶ領域であるとされ、それ故第四修正の目的に照らし住居の一部と考えられ政府の干渉を受けない「憲法上保護された領域」とされてきたのである。しかし、California v. Ciraolo は、住居の裏庭を curtilage に当たるとしつつ、空からの観察は物理的侵入があるわけでないから第四修正の保護を受けないとしたのに対し、United States v. Dunn は、住居に近接する納屋は curtilage に当たらないとして官憲の侵入を肯定した。(5)California v. Ciraolo のように考えると curtilage の法理は第四修正の保護を求めるに当たって十分機能しないのではないだろうか。また、Katz v. United States はただ「場所」に対する物理的侵入を阻止することを目的とするものではなく「人」の活動を保護するものであったのであるから、California v. Ciraolo の法廷意見が住居の裏庭を curtilage としつつ空からの侵入を許容したことにはやや論理的整合性を欠くうらみがあるように思われる。このような法廷意見が出された背景には、薬物事犯における「捜査の必要性」があるといってよいであろう。このことは United States v. Dunn において納屋の利用目的から正当性判断がされていることと共通する問題関心であるといえよう。その意味では被告人のプライヴァシー保護に関する一般的な問題解決の指針を示すものではないといってよいであろう。

（1）本件解説として、高橋則夫「Open fields の捜索と修正四条」（アメリカの刑事新判例紹介九五）判例タイムズ五四二号八四頁（一九八五年）。

（2）本件解説として、山中俊夫「盗聴の規制」英米判例百選Ⅰ公法一七六頁（一九七八年）など。なお、渥美東洋・捜査の原理七四頁（一九七九年）参照。

（3）本件解説として、松岡武彦（アメリカ刑事判例訳選5）同志社法学三七巻六号一二二頁（一九八六年）、高橋則夫「上空からの写真撮影・肉眼観察と修正4条」（アメリカの刑事新判例紹介一一三）判例タイムズ六四二号七〇頁（一九八七年）。

（4）4 Blackstone, Commentaries on the Laws of England, 223, 225, 226 (1769) (reprinted 1979).

（5）下級裁判所の裁判例では、柵や立入禁止表示が設けられていても、雑木林（Bedell v. State, 257 Ark. 895, 521 S.W. 2d 200 (1975)）、砂漠地帯（State v. Caldwell, 20 Ariz. App. 331, 512 P. 2d 863 (1973)）、都市部の非居住区（State v. Stavricos, 506 S.W. 2d 51 (Mo. App. 1974)）、海岸（open beach）（Anderson v. State, 133 Ga. App. 45, 209 S. E. 2d 665 (1974)）、貯蔵地（State v. Borchard, 24 Ohio App. 2d 95, 264 N. E. 2d 646 (1970)）、湖沼地帯（Nathanson v. State, 554 P. 2d 456 (Alaska 1976)）などは curtilage に当たらないとしたものがある。

（安富　潔）

一九　インヴェントリィ・サーチ（被連行者の所持品の警察所での保管目的での検査）

45　Illinois v. Lafayette, 462 U. S. 640 (1983)

警察署に連行された被逮捕者が携帯したショルダー・バッグは、日常行われる基準化された保管目的での検査であれば無令状で捜索できるとした事例——Inventory search——。

《**事実の概要**》

被告人は劇場の支配人と激論になり、それを理由に平穏を害する（disturbing the peace）罪で逮捕され、警察署に連行された。そのとき被告人はショルダー・バッグをもっていたが、逮捕記録手続室（booking room）で無令状での所持品の検査が行われ、その結果、そのショルダー・バッグの中のタバコの包みの中からアンフェタミンの錠剤が発見された。

法禁物所有の告発の後、（証拠）排除聴聞でイリノイ州は、本件の捜索はオッパーマン（South Dakota v. Opperman, 428 U. S. 364 (1976)）に照らすと適法な inventory search（正式逮捕記録作成手続に伴った、逮捕後身柄を収容する際に、被逮捕者の所持品の目録を作成するために行われる捜索）であると主張し、さらに排除聴聞の後には、時間的には事後のものではあるが逮捕に伴う捜索として適法である旨の趣意書を提出した。またその排除聴聞で警察官は、被逮捕者の全所持品の目録作成は通常行われる手続（standard procedure）であり、また捜索時には薬物や兇器を発見しようという意図はなく又それを予期してはいなかったこと、さらに、所持品の保護を目的とするのであればショルダー・バッグは容器、ロッカー等に入れ封印することもできたことを証言した。

公判裁判所はアンフェタミンの錠剤を証拠から排除することを命じ、イリノイ州控訴裁判所もこれを確認した。同裁判所は、逮捕に伴う捜索であるとの主張は放棄されていたと判示しながらも、たとえその主張が適宜になされた場合であっても、本件捜索は逮捕に伴う有効な捜索ではないと判示した。さらに同裁判所は、ショルダー・バッグには自動車よりも大きなプライヴァシーの利益があり、州の合法な利益は、より侵害の程度の低い方法でも充足し得たことを理由にオッパーマンとの差異を認め、適法なinventoryでもないとし、合衆国憲法第四修正に違反すると判示した。

イリノイ州最高裁判所は裁量による審理を行わなかったが、合衆国最高裁判所はサーシオレイライを認めた。

《判旨・法廷意見》

破棄差戻し

一　バーガー首席裁判官執筆の法廷意見

合法に逮捕された者の逮捕手続（booking）と収監に伴って、その者の所持品を捜索する活動は、警察署でのルーティーンな行政手続であるから、第四修正の合理的な（reasonable）捜索に当たる、といえるのかが本件の問題である。この捜索の正当化理由は相当な理由（probable cause）にあるのではない。したがって、令状が無くとも、それはこの捜索の合理性（reasonableness）には関係がない。inventory searchが令状要件の例外であることは、既に判例上確立されており、（オッパーマン参照）、チャドウィック（United States v. Chadwick, 433 U. S. 1 (1977)）でも、inventory search では本来の令状の機能が働きえないことが示されている。この inventory search は独立した法律概念ではない。それは逮捕後の収監に先行する付随的な行政手続であり、本件の捜索が合理的なものといえるか否かを判断するには、個人の第四修正の利益と政府の合法な利益を比較考量することになる。

逮捕から収監にいたるまでに関係する諸利益を較量して、ロビンスン（United States v. Robinson, 414 U. S. 218 (1973)）では、逮捕直後の被疑者の身体の捜索を合法とし、またシーメル（Chimel v. California, 395 U. S. 752. (1969)）では被疑者の直接の支配下にある領域の捜索が許されると判示した。

合法な逮捕に伴う被逮捕者の身体の捜索権限の根拠は、兇器の取り上げと証拠の発見の必要にあるが、この捜索の合法性は特定の逮捕状況の下で、その容疑者の身体から兇器又は証拠が実際に発見される蓋然性に関する裁判所の事後の判断によるのではない。相当な理由に基づく逮捕は、第四修正の下での合理的侵害に当る。この侵害が合法であれば、逮捕に伴う身体の捜索はそれ以外の別の正当化理由を必要としない。捜索権限の根拠は合法的逮捕という事実である。合法に逮捕がされた場合、身体全域にわたる捜索は第四修正の令状要件の例外にあたるだけではなく、同修正条項の「合理的な」捜索でもある（ロビンスン参照）。

逮捕後警察署に連行されても、逮捕という身柄拘束が継続している事実には変わりはない。ただ収監に先行する、身体又は所持品の捜索は、逮捕現場での逮捕直後の捜索とは多少異なる。警察署での捜索で政府が入手できる利益は逮捕直後の捜索で達せられない場合もあり、したがって両者の間では捜索の許される範囲も異なる。例えば、逮捕に伴う捜索を支える利益に照らすと、街路で被逮捕者の衣服を脱がせることはおよそ正当化されないが、ジェイルのルーティーンな運営にまつわる実務上の必要から、収監前に被収監者に衣服の脱着を求め得る場合はある（エドワーズ

（United States v. Edwards, 415 U. S. 800 (1974)）参照）。

inventory 手続を正当化するのは、次のような政府の利益である。収監に先行する所持品の検査、目録作成の手続を行うことで、所持品の盗難と、盗難された旨の偽りの主張を防止することができる。逮捕下にある者は、ベルト、ナイフ、薬物又はその他の物を用いて自傷又は他傷の行為に出ることが知られているし、髪剃、爆弾、兇器等の危険物を所持品に隠すことができる。このような危険があることに照らすと、その所持品が警察の占有下にある場合であれ、釈放時に返還される場合であれ、警察はかかる危険を減少させるための合理的措置を採ることができる。かかる危険から保護する必要は、特定の警察官が主観的に抱いている懸念とは関係なく生ずるのである。また被逮捕者の所持品検査は身許の解明や確認にも役立つ。

以上の結論は先例により十分に支えられる。オッパーマンでは、すでに放棄され、警察が合法にインパウンドした自動車のグラブ・コンパートメントの内容物の捜索を是認し、その捜索によって達せられる利益は、自動車内部に認められる個人のプライヴァシーの利益を陵駕するので合理的だと判示された。この事件で用いられた手段は個人の財物を保護し、盗難されたなどという偽りの主張から警察官を保護するものであった。

イリノイ州控訴裁判所は、他に、侵害の程度がより低い方法があるとの理由から、本件の捜索を不合理だと判示したが、本件の争点は第四修正がそのような手続を要件としているのか否かであり、警察署で日常行われている中立的な行政手続を規律するのは当裁判所の役割ではない。キャディ（Cady v. Dombrowski, 413 U. S. 433 (1973)）では、自動車のトランクの捜索の結果、回転式拳銃が発見されており、その捜索を是認して、捜索よりプライヴァシーの侵害の少ない自動車の監視によっても公衆を保護できるという主張を却けた。侵害の程度がより低い方法があることだけで行われた捜索が不合理なものになることはない。たとえより侵害の程度が低い方法があったとしても、どの容器や物は捜索することができ、どれについては一つのユニットとして（捜索をその場で行わずに）封印しなければならないのかについて、精確で微妙な区別をするように、日々の業務に従事している警察官に求めるのは不合理であろう（ベルトン（New York v. Belton, 453 U. S. 454 (1981)）参照）。

したがって、すでに確立されている inventory 手続に従えば、被逮捕者の全所持品又は容器を捜索することは、被逮捕者の収監に伴って行われている日常的な手続の一部であり、不合理ではない。

二　マーシャル裁判官の結論にのみ加わる補足意見（ブレナン裁判官参加）

被疑者の収監に先立つ inventory search には令状又は相当な理由を必要としない。身柄拘束施設での身体又は物の安全を確保するという現実の必要性が inventory search を正当化するのであり、逮捕の捕捉行為が存在するだけでは本件の捜索を正当化することはできない。

《解　説》

一　合衆国憲法第四修正は個人のプライヴァシーを保護する規定であり、今日ではその第二文に定める令状要件について、すべての事例で令状入手の時間的余裕のあるかぎり、令状による捜索・押収が原則であるとの立場が明らかにされている（Katz v. United States, 389 U. S. 347 (1967)）。①逮捕に伴う捜索・押収、②緊急状況が存在する場合＝とくに自動車が関連する場合は「自動車の例外」といわれている、③同意のある場合、④予防的捜検（frisk）、⑸国境での捜索等の場合には、令状要件の例外が一般に認められている。

二　本件では、法廷意見は、被逮捕者の収監に先行する inventory search を、ルーティーンな行政活動だとみて令状を要しないと判断した。だが、法廷意見は、inventory search に令状を要するか否かを判断するに当たり、逮捕に伴う被逮捕者の身体の無令状での捜索を合憲と判示したロビンスンを関連する先例の一つに引用している。この点に鑑みると、少数意見の懸念するように、本件の平穏を害する罪には物証はないのにかかわらず、本件のような捜索が、逮捕に伴う捜索・押収という構成によって許されていくことになりかねない虞れが残されていると思われる。

三 法廷意見は inventory search が令状要件の例外に当たることはオッパーマンで確立されたものと判示した。

オッパーマン事件は、駐車違反で牽引された車輌を合法にインパウンドし、警察の inventory 手続に従って車内を検査したところ、グラブ・コンパートメントからマリワナが発見された事例であるが、その註5において、相当な理由という基準は、犯罪捜査を目的としないルーティーンな手続(routine noncriminal procedures)では関連がなく、令状要件は犯罪捜査に距離を置く中立なマジストレイトによる相当な理由の審査を保障するものであるから、inventory search には令状要件は適用されないと判示している。だが、カマラ(Camara v. Municipal Court, 387 U. S. 523 (1967))では犯罪捜査ではなく、行政目的での住居への立入について同意を欠く場合にも令状が要件とされている。これに対してオッパーマンは註2で、令状手続は自動車の安全を確保する目的で行う検査には適用されてきてはいないと述べている。本件は「自動車」の inventory search を扱った事例ではないが、法廷意見は、オッパーマンを、ルーティーンな無令状での inventory search の合憲性を一般的に認めた判例であるとみて、本件の先例に引いている。

四 inventory 手続を無令状で行えるとしても、無制限に認められるものではない。法廷意見はロビンスン事件やベルトン(1)を引用して、第四修正は捜索の方法や限界についての詳細な基準を求めるものでないとする。たしかにあまりに微細な区別は必要ではないが、少なくともこれまでに第四修正が保護すると考えられてきたプライヴァシーについて考察しておく必要はあったのではなかろうか。

本件の inventory search で問題となるのは、身体の検査と所持品の検査である。inventory 手続の必要性は、法廷意見が説明するように、保管した物の紛失・盗難等の防止、身柄拘束下での自傷又は他傷の防止、さらに保管中や返還時の危険発生の防止などに関係する。被検査者が身につけている物に認められるプライヴァシーの開披については、逮捕に伴う捜索との対比からも合理的とみてよいであろう。しかし本件のショルダー・バッグの検査には問題が残る。すなわち容器や包装物は「物のプライヴァシー」の他に「場所のプライヴァシー」を有するからである。(2) チャドウィックでは鍵のかかったフットロッカー、サンダース（Arkansas v. Sanders, 442 U. S. 753 (1979)）ではスーツケース、ロビンス（Robbins v. California, 453 U. S. 420 (1981)）では不透明なプラスチック容器、ベルトンでは上衣のチャックのあるポケットに、いずれもプライヴァシーが認められたうえで各々の判断が下されている。(3) チャドウィックでは、「場所のプライヴァシー」をもつ容器は自動車よりも大きなプライヴァシーの利益をもつと認めることができると判示しており、この点からイリノイ州控訴裁判所は、自動車の inventory search に関するオッパーマンはそのまま容器の inventory 手続には適用されないとし、無令状で容器を開披することはできないと判示したものと思われる。容器に認められるプライヴァシーの利益が、安全なロッカー内の封印などの、侵害の程度のより低い方法を求めたとしても、保管中や返還時の危害の防止についていかなる影響力をもつかは疑問が残る。ただ、もしこの危害の防止の必要性が現実的なものであるならば、この必要性は容器のプライヴァシーを陵駕するが、一般的必要性を前提にした場合、たとえ日常的に行われる基準化された行政手続であっても第四修正の求める制限を受けるともいえる。たしかに、逮捕された者は、収監刑を受けた受刑者と類似するプライヴァシーの制限を受ける。しかし同じく身柄が収容されるといっても、逮捕と有罪判決では正当化理由においても差異がある。さらに、チャドウィックのように、被告人が逮捕され同時に自動車もインパウンドされた場合に、車内の容器にプライヴァシーが認められ無令状で開披することはできないとしても、容器の開披を含めてすべての物の検査を inventory search として行えるのであれば、その限度で容器にプライヴァシーの利益が認められてきた意味は薄れる。もちろんすべての逮捕で身柄が収監されるわけではないので、容器等に個々のプライヴァシーを認めることは重要であるが、とくに禁制品の所持罪などで、本来捜査目的でないはずの inventory 手続がむしろ積極的に利用される状況が生ずる危険も考えておくべきだろう。しかし検査者が、兇器や証拠発見の一般的な期待をもつことまでを禁止することはできない。したがって探索的な活動を禁止するためには、すくなくとも inventory search は身柄の収監手続が開始された以降に認められるべきではないだろうか。(4)

法廷意見がショルダー・バッグについてのプライヴァシーを分析しなかった理由は不明であるが、inventory search も第四修正の下で基準化される必要があるならば、むしろ逮捕に伴う捜索・押収とは異なる点を明確にした説明がされるべきだったと思われる。

（1）New York v. Belton, 453 U. S. 454 (1981).（本書35事件）

（2）渥美東洋「所持品検査の基準と違法収集証拠「排除法則」の適用基準について」判例タイムズ三七三・三七四・三七五号参照。

（3）チャドウィックについては、本書34事件、サンダースについては、本書33事件、ロビンスについては、本書39事件参照。

（4）本件記録では、被告人が disturbing the peace で収監されたか否かは不明であり、法廷意見は、註3で、この点について差戻審で審理すべきであるとする。これは、実際に収監されていない場合には、本件の検査が違法であることを意味するものと考えられる。逮捕に伴う新たな場所の捜索は、原則として逮捕現場での逮捕直後の捜索であり、逮捕理由となった事実や周囲の状況などが兇器や証拠物の捜索を正当化すると考えられている。逮捕という事実の存在は身柄の収監を正当化するといえども、ただちに inventory search をも正当化するとはいえない。

（前島　充祐）

二〇　捜索に当たらない捜査活動

46　United States v. Jacobsen, 466 U. S. 109 (1984)

私人が包装物を検査した後の政府の検査は、独立した捜索ではない。適法に入手したコカインの無令状の現場での化学検査（field chemical test）は、第四修正の捜索ではないとした事例。

《事実の概要》

民間運送会社の職員が輸送中に破損した箱を開封した。この箱の中にはテープで巻かれた筒状の包装物と揉みくちゃにされた新聞紙が詰められていた。職員がその筒を取り出して切り開くと、四重に包装された袋の中に白粉があるのを発見し、Drug Enforcement Administration に通報したところ、その後職員がその白粉の入った袋を筒の中に戻し、新聞紙と共に元の箱の中に入れてしまったので、DEAの係官が来たときには白粉は現認できる状態にはなかった。（しかしマジストレイトの認定によれば、箱の中の筒並びに白粉の袋は現認できる状態にあったとされており、Court of Appealsもイン・プレイン・ビュー（in plain view）であるとの前提で判断をしている。）DEAの係官がその箱を調べると、一端が切り開かれた筒を発見し、さらに白粉の袋を発見したため、白粉少量を採取して現場で化学検査をしたところ、その物質がコカインであることが確認された。

ＤＥＡはこの包装物が配達された場所で捜索令状を執行し、被告人を逮捕した。起訴後被告人は、その令状は違法な捜索・押収に基づいて発付されたとの理由で証拠排除を申し立てたが、却下され、有罪認定を受け、控訴した。Court of Appealsは、無令状で行った現場での化学検査は私人による捜索を超えており、令状を必要とする、として有罪認定を破棄した。

《判旨・法廷意見》

破棄

一　スティーヴンス裁判官執筆の法廷意見

(1)　合衆国憲法第四修正はプライヴァシーを保護するものであり、政府の行為のみを対象とするものであるが、私人の行為が不合理であっても、政府がその行為に関与していなければ第四修正の適用はない。したがって本件では、私人が行った最初の侵害は第四修正には違反しない。

(2)　政府による再度の侵害は、私人の捜索の範囲を超えていなければ、政府の独立の捜索にはならない。この基準はウォルター(1)で用いられ、私人が他人の情報を政府に知らせた場合の解決法に依る。他人に自分の情報を開披した者はその情報が政府に伝達される危険を負わねばならず、第四修正は政府がその情報を利用するのを禁じない。したがって私人による侵害であれ、一旦プライヴァシーの期待が喪失されれば、政府はその情報を利用できる。第四修正はプライヴァシーの期待がある場合のみを規律する。

本件でＤＥＡの係官が箱から筒を取り出したとき、白粉が見えたか否かは明らかではないが、イン・プレイン・ビューになかったとの前提に立っても、政府の得た情報は私人から得た情報を超えていない。また政府と運送会社の関係は適法であった。したがって、その包装物に被告人のプライヴァシーの利益は認められず、係官の行為は第四修正の捜索には当たらない。また本件では化学検査に当たり押収の問題が生ずるが、ブラウン事件[2]での風船やサンダース事件[3]で想定されたガンケースと同じく、本件の状況の下ではその包装物にプライヴァシーの期待を認めることはできず、少なくとも一時的には無令状の押収が許される。

(3) 本件の現場での化学検査は白粉がコカインか否かだけを明らかにする検査だが、その検査が私人の捜索の範囲を超えているので、この検査が第四修正の捜索に当たるか否かが問題になる。しかし、或る物質がコカインかどうかを明らかにするだけの化学検査は、合法なプライヴァシーの利益を侵害することはない。コカインだと判明した場合には合法な利益の侵害はなく、コカインでない場合には他の利益を害することはない。プレイス事件[4]では、訓練された麻薬摘発犬による検査は禁制品以外の物を開披することがないこと、侵害の程度が低いこと、得られる情報が限定されていることに着目して、第四修正の捜索ではないと判断したが、本件の化学検査も同様に第四修正の捜索ではない。

化学検査で少量の白粉が消失したことと所有権との関係が問題になることがあるが、本件の状況においては第四修正の違反とはならない。

二 ホワイト裁判官の補足意見

被告人はマジストレイトの事実認定を争っていないので、イン・プレイン・ビューの前提で判断をすべきである。またマジストレイトの認定に誤りがあるならば、原審判断を差戻すべきである。

法廷意見は化学検査以外の行為について、私人の捜索の範囲を超えないことを理由に、またさらにイン・プレイン・ビューにないとの前提で第四修正の捜索ではないとするが同意できない。禁制品が入っているとの相当な理由だけでは内容物の検査はできないのが原則であるが、法廷意見は第四修正が政府の行為のみを禁ずるとした先例を不当に拡大してその検査を許している。しかし私人の捜索が先行したとの理由で政府の行為が合法とされたことはなく、私人の提供する情報は令状入手の際の相当な理由となるだけである。法廷意見が依拠するウォルター事件では in plain view という前提があり、私人の捜索の範囲での政府による無令状捜索を許す先例はない。

情報を他人に開披し政府に伝達された事件に依っても無令状捜索は正当化されない。一旦他人に情報を開披すれば、容器あるいは場所にプライヴァシーの期待はないとか、無令状捜索が許されるとした先例はなく、その情報も相当な理由を構成するだけである。

法廷意見によれば、私人が捜索して犯罪を示す情報が政府に伝達されれば、たとえ家屋であっても、再度の政府の無令状捜索が許されることになる。しかし私人により侵害された場所に第四修正の合理的なプライヴァシーの期待が認められるか否かは、その私人の捜索によって犯罪の証拠や禁制品がイン・プレイン・ビューの状態になったか否かで判断されるべきであり、イン・プレイン・ビューになければ再度の政府の検査はまったく別個の政府の捜索となり、第四修正のプライヴァシーの利益を侵害する。

私人が或る容器に禁制品が入っていることを、その容器を封印した時点で知った場合、開封した時点で知った場合、さらにその容器の所有者との会話から知った場合などと、本件のように私人が捜索を行い禁制品をイン・プレイン・ビューの状態にした場合を区別しなければならず、前三者の場合には令状による捜索が要件となる。

三　ブレナン裁判官の反対意見（マーシャル裁判官参加）

私人の捜索についてホワイト裁判官の意見に同意する。しかし本件記録ではイン・プレイン・ビューか否かは明確でないので、本件は差戻すべきである。

法廷意見が本件の現場での化学検査を認める理由は、その化学検査で開披される情報が限定されていることと、その物質がコカインであれば合理的なプライヴァシーの期待はないことであり、その結論はプレイスに依拠している。しかしこの理由づけは第四修正の原理に反する。物のみに着目し、その物が禁制品であれば合理的なプライヴァシーはないとすると、麻薬摘発犬を街頭に放つことなどは第四修正の捜索ではなく、政府は自由にこれを行うことができることになる。これは物自体ではなく、物が置かれている背景に着目してきた当裁判所の判断と一貫せず、またそこで用いられる監視活動を規律することもできない。

侵害の程度が低いといっても侵害があることに変わりなく、合理的なプライヴァシーのある領域を侵害するものであれば第四修正の捜索である。しかし捜査の必要性と侵害の程度の利益較量に基づいて無令状捜索を許す例外はあるので、侵害の程度が低いことによって第四修正の下で合理的な捜索となることはある。

捜索か否かは合理的なプライヴァシーを侵害したか否かであり、通常公衆による詮索を避けるために用いられる手段が基準となる。本件のような方法で禁制品以外の物を包装することは考えられない。さらに係官は白粉を見たのであるから事実上コカインと確認したといえる。したがって合理的なプライヴァシーの期待はないので、本件化学検査は第四修正に違反する捜索ではない。

《解　説》

本件では、第一に、私人による捜索ののちに政府は無令状で再度私人の捜索の範囲で検査することは許されるか、第二に、適法に入手したコカインを無令状で現場で化学検査することは許されるかが問題となった。

一　私人の捜索との関連

法廷意見も述べるように、私人の行った捜索は第四修正とは関係がなく、私人の不当な捜索・押収により政府が適法に物を入手した場合、これを証拠として利用できることには問題はないとされている。[5] しかし私人の捜索が関連する場合には少なくとも二つの類型が考えられる。第一は私人の捜索・押収により官憲が適法に禁制品や犯罪の証拠を現認する場合であり、第二は官憲がその物を現認できない場合、あるいは捜索をした私人が情報のみを提供する場合である。ホワイト裁判官は第一の場合のみを合法とする。すなわち官憲がその物を現認できる場所にいたことが合法であれば、原則として新たな場所のプライヴァシーを侵害することはないので、イン・プレイン・ビューの原理[6]により押収することができる。しかし法廷意見は両者を区別せずに、他人に自分の情報を開披した者はその情報が政府に伝達される危険を負わねばならず、誰によるものであっても、一旦プライヴァシーが開披されれば、合理的なプライヴァシーはなくなり政府の検査は第四修正の捜索にならないとする。[7] 禁制品等を現認できない状態で入手した場合、官憲には禁制品等が入っているという情報が提供されるのであり、私人の捜索がなく情報のみが提供された場合と大きな相違はない。その情報は相当な理由を構成する要因になるが、私人の捜索をもって第四修正のプライヴァシーの問題は生じないといえるのだろうか。たとえば窃盗犯が逮捕され、或る家屋に禁制品があったと供述した場合、政府は無令状でその家屋を捜索できることになり、その行為は第四修正の捜索ではないことになってしまう。さらに私人の行為が合法であれば、そこから得られる情報の利用を禁ずる理由もないので、さらに多くの場合に無令状の捜索が認められる危険も生じよう。法廷意見は私人の捜索の範囲での政府の再度の捜索を、私人による情報の政府への伝達の危険負担から説明しているので、プライヴァシーが喪失する時点を私人の捜索が行われた時ではなく、情報が政府に伝達された時に求めるものと思われる。しかしたとえそうであっても、家屋などの場合には、私人の捜索と政府への情報の伝達に時間的な隔たりがある場合にも合法なプライヴァシーはないのであろうか。たとえば一年前の私人の捜索によって或る家屋にコカインがあったとの情報が入手された場合にも、法廷意見によれば合法なプライヴァシーはないことになるが、少量のコカインであればいくらその情報が正確なものであったとしても、相当な理由を充分に基礎づける要因にもならない場合が多いであろう。押収された包装物あるいは所持品検査を限定的に認めるとの構成でなく、私人の捜索によりプライヴァシーは喪失するとの一般原理を採用したため、多くの疑問が生ずるはずである。

第四修正は原則として令状主義を採用し、後知恵の危険の防止や捜査の可視性向上の機能をもつ。本来第四修正は捜索・押収の分野での政府の活動を規律するものであり、私人の行為があったとの理由で、政府の活動がその対象でなくなる合理性はない。さらにマジストレイトは中立かつ独立した者でなければならない(8)。プレイン・ビューの原理は、押収に関してではあるが、官憲による判断であっても禁制品等を現認した場合には実体要件の存在を誤って判断することはほとんどないこと、さらに証拠破壊の危険や警察官、公衆への危険の防止などの政府の利益と第四修正の利益との較量に基づき、一定の基準の下で行えば問題が少ないことから認められた令状要件の例外である。実体要件の存否の判断を官憲に委ねるのは例外であるが、法廷意見によれば、第四修正の捜索か否かは私人の捜索の有無が基準となり、プレイン・ビューの原理のような実体要件の存在の確実さが保障されない。このような法廷意見は第四修正の原理や機能を全く無視したものである。

官憲が白粉を現認している場合には、プレイン・ビューの原理で、また現認していない場合には限定的に所持品検査を認める方法で処理すべき問題であろう(9)。

二　無令状の現場での化学検査について

Court of Appealsは、本件化学検査は私人の捜索の範囲を超えているので令状が要件となるとする。これは原則的には、適法に入手した猥褻フィルムの映写を捜索とし、令状を要するとしたウォルターと同じものと考えられる(10)。白粉がコカインであるという情報を開披するという意味では化学検査は捜索に当たるともいえる。しかし法廷意見は本件化学検査を第四修正の捜索ではないとし、反対意見は第四修正の捜索であるが無令状で許される場合もあるとする。

法廷意見は、侵害の程度が低いことすなわち開披される情報が限定されていることと、犯罪に関連する物には合理的なプライヴァシーのないことを前提とする。しかし反対意見が指摘するように、この前提に立つと、麻薬摘発犬を街頭に放ったり、限定された犯罪に関連する情報を採取できる装置を街頭に設置するような監視活動は、第四修正の捜索ではないので、不審事由がなくとも自由に行えることになる。また、犯罪に関連する物には合理的なプライヴァシーはないことのみに着目するならば、不審事由があって特定さえできれば、監視活動は侵害の程度と無関係に自由に行えることにもなる。たしかにプレイス[11]では、麻薬摘発犬による検査は第四修正の捜索ではないとされたが、少なくとも不審事由があった事例であり、プライヴァシーの侵害が限定され、侵害の程度が低いことに依拠した判断であった。したがってプレイスを根拠に、犯罪が関連する場合には合理的なプライヴァシーはないとすることはできず、またその結論には大きな問題が残る。さらに反対意見が指摘するように、侵害の程度が低くとも侵害はあるのであり、それを理由に第四修正の捜索ではないとするのも疑問である。法廷意見を執筆したスティーブンス裁判官は以前には捜索に対応するプライヴァシーと押収に対応するプライヴァシーを区別する見解を採っていたが[12]、プレイスの法廷意見に参加しまた本件でも両者を分けた分析を放棄している。だがウォルターでは法廷意見を執筆しフィルムの映写を捜索としているのであるから、そのプライヴァシーの分析の放棄はプレイス事件や本件のコカイン等の禁制品の場合に限定されるのかもしれない。しかし禁制品を取り締まる必要を強調してプライヴァシーの分析に優先させると、反対意見が指摘するような危険が生じないとはいえない。ただスティーブンス裁判官にプライヴァシーの分析を放棄させるほどの想像を超えた麻薬犯罪の横行があると考えるべきであろう。

反対意見は現場での化学検査は第四修正の捜索であるが、カマラ[13]やテリー[14]のような処理で無令状の化学検査を認めることはできるとする。すなわち特定の行政目的を達成する必要が高い場合、あるいは少なくとも不審事由があり、プライヴァシーの侵害が限定される場合には、緊急状況の存在も考慮して、無令状捜索は許されるとする。そして通常は容器の場所としてのプライヴァシーに着目し、本件のような白粉であっても合理的なプライヴァシーを保つ容器に入っていれば化学検査は捜索となるが、本件の事情の下では不審事由があり、白粉をコカインと現認したのと同じであるから合理的なプライヴァシーを支えることはできず、無令状の化学検査は認められるとする。物の存在する背景に着目する反対意見によれば、たとえ検査の対象が液体や気体であっても、第四修正の捜索として規律することができるであろう。

プライヴァシーの分析を放棄し、犯罪に関連する場合には概念上唯一のプライヴァシーのみを考え、合法なプライヴァシーはないとすることはあまりにも不合理な結論に結びつく。第四修正によって法執行を規律するのであれば、捜索と押収に対応するプライヴァシーを区別した理論構成を前提に考察すべきであろう。

（1） Walter v. United States, 447 U. S. 649 (1980).（本書25事件）
（2） Texas v. Brown, 460 U. S. 730 (1983).（本書41事件）
（3） Arkansa v. Sanders, 442 U. S. 753 (1979).（本書33事件）
（4） United States v. Place, 462 U. S. 696 (1983).（本書55事件）
（5） Walter v. United States, 447 U. S. at 656 では Burdeau v. McDowell, 256 U. S. 465 (1921) 以来確立された原則であるとしている。
（6） Coolidge v. New Hampshire, 403 U. S. 443 (1971) 参照。
（7） 法廷意見が依拠する Walter は、私人の捜索の範囲を超える無令状でのフィルムの映写を第四修正に違反するとしたものである。多数意見は、映写が私人の捜索の範囲にある場合に令状が要件となるか否かは残されている（447 U. S. at 657, n. 9）

として無令状の映写を許す示唆をしているが、政府の再検査を許す例として、私人の捜索により物が現認される場合を挙げている。(Id., at 657) なお、本件の法廷意見も Walter の多数意見も共にスティーブンス裁判官が執筆している。

(8) Katz v. United States, 389 U. S. 347 (1967) により逮捕以外の捜索・押収の分野では、実体要件があっても令状を入手する時間的余裕があれば令状による捜索・押収が原則とされた。また Coolidge 事件では、捜査官であり検察官である State Attorney General は第四修正の求める中立かつ独立したマジストレイトではないとした。Shadwick v. City of Tampa, 407 U. S. 345 (1972) 参照。

(9) 合衆国では Terry v. Ohio, 392 U. S. 1 (1968) で、粗暴犯について不審事由がある場合に、凶器の捜検が第四修正の下で許されたが、Sibron v. New York and Peters v. New York, 392 U. S. 41 (1968) で、捜検は粗暴犯について不審事由がある場合に限定されるとしたため、その他の一般的な不審事由を解明するための所持品検査を許す判例の流れは絶たれている。

(10) Court of Appeals は、Walter 事件のフィルムの映写も本件の化学検査も共に私人の捜索の範囲を超えるとし、緊急状況がない限り、令状を要するとする。United States v. Jacobsen, 683 F. 2d 296 (1982). フィルムは第一修正で保護され、化学検査はフィルムの映写ほどの意味をもたないとして両者を区別する下級審判断もある。United States v. Barry, 673 F. 2d 912 at 920 (1982) 参照。

(11) 前掲註(4)参照。DEAの係官が被告人の手荷物の中に麻薬が隠されているとの不審事由に基づき、その手荷物を押収し、訓練された麻薬摘発犬による検査を行ったところ反応があったので、後に捜索令状を得て手荷物を開披し、コカインが発見された。法廷意見は、不審事由に基づき一時的に押収して麻薬摘発犬による検査をすることは第四修正の侵害にはならないとしたが、手荷物の押収から麻薬摘発犬による検査まで九〇分要したことは一時的な押収とはならないと判断した。

(12) たとえば Texas v. Brown 前掲註(2)における補足意見参照。

(13) Camara v. Municipal Court, 387 U. S. 523 (1967).

(14) 前掲註(9)参照。

(前島　充祐)

47 Maryland v. Macon, 472 U. S. 463 (1985)

猥褻物とされる物の捜査官による店での「購入」が第四修正の「押収」に当たらないとされた事例。

《事実の概要》

警察官が成人向き書店の警察の捜査の一貫としてある成人向き書店Sに行き、そこで私服の刑事がその店に入り、数分ざっと見てまわり売り子であるバクスター・メイコン（Baxter Macon（以下Mという））から印の付いた五〇ドル札で二冊の雑誌を買い、店を出て、それを近くで待っていた仲間の警官に見せた。彼等は、その雑誌が以前令状申請で用いた基準によれば猥褻であると結論して、その店に戻り、被上告人Mを逮捕し、購入に要した五〇ドルをレジから取返した。警官はそのとき釣銭の返却を無視した。被上告人は残りの客を店から出して、店を閉めて同行した。

公判前にMは警官が購入した雑誌とその購入に使った五〇ドル紙幣の排除を申立てた。公判裁判官はこの購入は第四修正の押収には当たらないとしてこの申立てを却下し無令状逮捕は合法であると判示した。この後、この雑誌は公判で証拠として提出されたが五〇ドル紙幣は提出されなかった。公判裁判官は被上告人を猥褻物頒布罪で有罪と認定した。被上告人は上訴し、猥褻に関する告発事実で押収し逮捕するにはそれに先立って頒布されている物が猥褻物であるとの裁判官の判断が要ると主張し、この判断がなければ、猥褻物とされる物は排除されるべきであり、公訴は棄却されるべきであると主張したが、その雑誌が猥褻物であるとの陪審の認定には異議を申立てなかった。

Maryland Court of Special Appeals は猥褻物とされる物の押収とその頒布者を逮捕するには、第一修正の表現の自由を手続的に保護するために、令状が要ることを認めた。同裁判所はこの購入は「解釈上」押収に当たる（"constructive" seizure）と判断してそれを証拠から排除し、また、無令状逮捕によりその証拠の排除が必要となると判示し、有罪を破棄して、その雑誌がなければ証拠は不十分であるとして公訴を棄却した。

この判断は、秘密捜査官による猥褻物とされる物の購入は、その購入に用いた金が証拠として取り戻されたか否かにかかわりなく、押収に当たらないと判示してきている大部分の州裁判所の判断（See, e. g., Baird v. State, 12 Ark. App. 71, 671 S. W. 2d 191 (1984) (enbanc)；Wood v. State, 114 Ga. App. 236, 240 S. E. 2d 743 (1977), cert. denied, 439 U. S. 899(1978)；People v. Ridens, 51 Ill. 2d 410, 282 N. E. 691 (1972), vacated and remandedon other grounds, 413 U. S. 912 (1973)；State v. Welke, 298 Minn. 402, 216 N. W. 2d 641 (1974)；State v. Perry, 567 S. W. 2d 380 (Mo. App. 1978)；State v. Dornblaser, 26 Ohio Misc. 29, 267 N. E. 2d 434 (1971)；Cherokee News & Arcade, Inc. v. State, 533 P. 2d 624 (okla. Crim. App. 1974). But see State v. Furuyama, 64 Haw. 109, 637 P. 2d 1095 (1981) (reaching the contrary conclusion)）と抵触する。この争点を解決するため合衆国最高裁判所はサーシオレイライを認容した。

《判旨・法廷意見》

破棄

一　オコンナー裁判官執筆の法廷意見

(1)　以下に述べる理由で、警官の書店への立入りとその後の販売に供された物の検査は捜索に当たらず、二冊の雑誌の購入は押収としての意味を持たない。猥褻に関連する告発事実で容疑者を逮捕するには令状が要るか否かについては判断しない。本件で争点となっている雑誌は無令状逮捕の産物ではないからである。雑誌を公判で許容したのは適法であるので、再度の公判が二重危険禁止条項に違反するとの被上告人の主張も判断しない。

(2) 本件の中心争点は、秘密の捜査活動をした刑事が被上告人の逮捕前に購入した雑誌を排除すべきか否かである。

(一) 第一修正により保護されると推定される物の捜索・押収では要件が加重される。令状は「周到な正確さで」記載されなければならず（Stanford v. Texas, 379 U. S. 476, 485 (1965)）、逮捕に伴う押収は無令状では許されず（Roaden v. Kentucky, 413 U. S. 469, 497 (1973)）、猥褻物とされる物の令状は押収対象物を限定・明示していなければならず、官憲の結論だけに基づいて発付されてはならない（Marcus v. Search Warrant, 367 U. S. 717 (1961)）。猥褻物の購入が押収といえるか否かについてこれまで判示してきていないが、秘密捜査官による真正な意味での購入（bona fide undercover purchases）がなされた後の押収が関係した先例は幾つかある（See. e. g., Lo-Ji Sales, Inc. v. New York, 442 U. S. 319 (1979)；Marcus v. Search Warrant, supra）。これらの事件では購入した資料の排除については判断せずに、憲法に違反する押収対象物を限定した記載を欠いた令状によりなされた大量押収により得られた資料の排除についてだけ判断した。「捜索」又は「押収」といえる政府の官憲の何らかの行為がなければ、第一修正の自由を保護するために樹てられた第四修正の法理は適用されない。

捜索があるといえるのは、「社会が合理的だとして考える用意のあるプライヴァシーの合理的期待が侵害された」場合である。本件で被上告人は、店の領域にはプライヴァシーの合理的期待を有していない、なぜならばそこでは公衆が立入り、取引きをするように誘いを受けているからである。客が告訴することはないとみるにせよ、秘密捜査官がその店で取引きすることはないとみるにせよ、ある物の違法な内容が当局の注意を引かない可能性があるという単なる期待は、社会が合理的として認める用意のあるものではない。書店に立入りその場所を尋ねたすべての者に意図的に目に触れる状態に置いてある商品を検査した官憲の行為はプライヴァシーの合理的期待を侵害するものではなく、それゆえ、第四修正の意味での捜索には当たらない。

立入り後の購入も第四修正にいう押収には当たらない。押収があるといえるのは、「ある個人の占有の利益に何らかの意味のある干渉がある」場合である。本件では、被上告人は、その雑誌に彼が占有の利益を有するにせよその利益を代金を受け取ってその購入者に任意に移転している。したがって、販売者の占有の利益はその雑誌にではなく、代金にある。この売買時に官憲は販売者の利益に「干渉」しなかったのであり、売買に必須の部分を受領したにすぎない。

秘密捜査官はポルノ等の取締法（vice laws）の執行にとり必須不可欠である。秘密捜査官は、ただ単に公衆に対し自由になされている商売・取引きをする申込を受諾しただけで第四修正に違反したことにはならない。「政府の官憲は私人と同一の方法で、商売・取引きをする誘いを受諾することができるし、家屋の占有者が意図する目的のためにその家屋に立入ることは許される。第一修正の観点からもこの結論は変わらない。本件の状況では警察による「商品全部の捜索・押収」は許されないが、販売目的で置かれている大量の雑誌その他の資料の、二、三冊の警察による購入が第四修正又は第一修正に違反すると判示した先例はない。第一修正の保護が関係するときには、事前抑制が関係するために、第四修正上通常とは異なる特別の保護が与えられるが、このような場合にはかかる危険はなく、本件の購入はそれ以外の既に発見された違法物質の購入に類するものであり、第四修正に反しない。See Lewis v. United States, 385 U. S. 206, 210 (1966)（麻薬の購入）。

申請人は、購入後の印のついた五〇ドル紙幣を押収し釣銭を返還しなかったことでこの購入は真正な意味での購入とはいえなくなったのであり、雑誌を保持したままその金を取戻すというその官憲の主観的意図は無令状押収に等しいと主張する。だが、第四修正違反の有無は、「官憲の行為時の事実と状況に照らして、官憲の行為を客観的に評価して」決められる（Scott v. United States, 436 U. S. 128, 136 (1978)）のであり、異議申立てを受けている行為時の官憲の主観的意図により決まるのではない。客観的にみると本件の取引き行為は通常の商売・取引きビジネスの過程でなされた販売である。購入に用いた金を証拠として利用するために取戻す主観的意図が官憲にあったことで、この販売が遡及的に無令状押収に変わりはしない。仮に、その金の取戻しが違法だとしても、適切な救済策はその代金の変換か又は五〇ドル紙幣の証拠からの排除であって、それ以前に購入した雑誌の証拠からの排除ではない。

(二) 残る問題は、本件雑誌購入後の無令状逮捕により雑誌が排除されるべきか否かである。仮にこの逮捕が第四修正に違反するとしても——この問題については判断しないが——雑誌はその違法が発生する前に合法に入手されたものであるから、排除されない。また五〇ドル紙幣は証拠に提出されていない。

秘密係官は猥褻物とされる雑誌を不合理な捜索・押収によって入手したのではない。また、その雑誌を公判で証拠として認めたのは適法である。

二 ブレナン裁判官の反対意見

(1) 私見によれば、本件訴追の基礎となった州法は過度に広範な憲法に違反するものであり、それゆえ、文面上その全体が無効とされるべきである。

(2) 仮にこの点について憲法違反がないと考えるとしても、本件の無令状逮捕は憲法に違反する。

(一) 第一修正により保護を受けると推定される物の押収には、事前抑制の危険があるので、「合理性」の判断は、犯罪の摘発という競争的な業務に従事している法執行官憲に委ねるのではなく、中立で公平なマジストレイトによりなされることが重要である。

猥褻とされる書籍、雑誌、及びフィルムの押収(逮捕)には猥褻であることについての事前の司法官による判断が必要であるので、かかる物を頒布する者を押収するにも同様の要件が充たされなければならないことになる。法執行官憲が猥褻性について誤った判断をし、第一修正により保護を受けると推定される物の押収が関係する場合と同様に、表現の自由を制約する虞れがある。

逮捕権が無制約に効果的に用いられると表現の自由は大きく損なわれる虞れがある。本件では、客の店への立入りが制限されているのであり、正当な頒布又は展示と推定される活動が突然停止されている。下級審は、無制約な逮捕権が体系的に用いられると多数の者の好みにあわない書籍と雑誌を販売する者を困惑させる（harassing）強大な手段を提供することになることを明らかにしている。See e. g. Penthouse International, Ltd. v. McAuliffe, 610 F. 2d 1353 (CA5 1980)；State v. Furayama, 637 P. 2d 1095 (Haw. 1981)。実際、第一修正により保護されると推定される物の押収に令状を求めても、かかる物を販売する者を無令状で押収（逮捕）できることになれば、この要件は無意味となる。ローデン（Roaden v. Kentucky, 413 U. S. 4966 (1973)）は、官憲が、猥褻性についての司法官による何らかの判断がなければ、人も、書籍、雑誌、フィルムも押収できないことを明らかにしている。したがって、本件での無令状逮捕は違法であることが明らかである。

本件のような事例にあっては、特に、第一修正の保障する自由を広範に利用できるようにすることに意を用いなければならない。この逮捕権が違法に用いられると、その逮捕権の濫用の具体的被害者だけでなく、官憲による困惑に晒されることを恐れる者の表現活動を広範に抑制することになる。このような抑止効があることに照らすと、相当理由について事前の司法官による判断により支えられていない、猥褻での有罪を無効として、効果的な救済を与える必要がある。この法理は第一修正と第四修正の双方にその基礎がある。これとは反対の道を選択したことで、法廷意見は、表現の自由を保護するために注意深く立てられてきた憲法上の要件に終止符を打った。

本件で認められた、性に関する非同調者についてなされた捜索・押収の利用と同様の権限発動が、直ちに政治的非同調者に向けられる虞れがある。See Sanford v. Texas, 379U. S. 476 (1965).

《解　説》

一　本件の争点は、官憲であることを秘して成人向き書店に「立入り」、「猥褻物」とされるものを数冊「購入」する行為が第四修正の「捜索・押収」に当たるか否かである。法廷意見は、「公衆が立入り、取引き（売買）するよう誘われている店にはプライヴァシーの合理的期待はないので、本件立入りは「捜索」に当たらず、また、購入は、「占有の利益への何らかの意味のある」干渉には当たらないので「押収」にも当たらないと判示した。

二　第四修正は、キャッツ以降、「プライヴァシーの合理的期待」の有無によりその保障の有無が決められてきている。(1)この合理的期待があるといえるためには、第一に、政府の行為の対象となる者が主観的にプライヴァシーの期待を示していなければならず、第二に、その期待が社会が合理的として認める用意のあるものでなければならない。

法廷意見はこの基準により、店はすべての購入者に意図的に開かれた場所であり、客が当局に告訴しないとか秘密捜査官が店に立入って購入しないといった「合理的」期待はないので、秘密捜査官による立入りは「捜索」には当たらないと判示した。

三　押収について、法廷意見は捜索と区別して扱い、「占有の利益への意味のある干渉」の有無という観点から判断し、被上告人は「任意に」取引過程で占有の利益を相手方たる捜査官に移転したのだから、占有の利益への「干渉」はなく、「押収」はないと判示している。法廷意見は、官憲による購入も、通常の公衆との間でなされる売買での申込みと承諾の関係であるに過ぎず、この点で、政府の官憲と私人を区別しないでよいとした。

四　法廷意見は、さらに、第一修正についても判示している、第一修正の利益が関係するときには、事前抑制を避けるために、文書の大量押収の場合には令状発付前の対審構造の聴聞が要件とされるなど、通常の場合よりも要件が加重されているが、(2)法廷意見は、本件では販売されている多量の雑誌その他の物の「極く僅かの」のものを「購入」したに過ぎず、その点で第一修正の事前抑制の危険はないとみた。

五　多数意見は逮捕の合憲性については判示しなかったが、ブレナン裁判官はこの点に重点を置いた反対意見を展開している。

ブレナン裁判官は、猥褻物とされる物を押収するには、中立で公平な令状発付官が猥褻性の有無について押収に先だって判断することがその押収を「合理的」なものにするための要件であるから、猥褻物とされる物の頒布者の逮捕（人の「押収」）もそれと同様の要件を充たさなければならないと判示する。

ブレナン裁判官の意見は、頒布者の違法逮捕は、第一修正により保護を受ける物の正当な頒布又は販売を阻止するのみならず、それを頒布・販売すると処罰されるかもしれない虞れを回避するために頒布・販売を差し控えるという冷却的効果を生み、効果的な表現への抑制として機能することになる点を懸念するとともに、この逮捕権の濫用が猥褻物のみならず、それ以外の、政治的非同調・反対などの保護された表現にまで拡大されていくことを懸念しているものである（もっとも、本件は、政治的非同調者が関係する場合を扱った事例ではない。）。

少量の証拠品を購入した後の逮捕は無令状でよいのか、事前に逮捕令状の発付があれば足りるのか、逮捕後のすみやかな対審構造の聴聞が必要なのかなど検討すべき点は多く、第一修正の利益が関係する場合の逮捕手続をどのようにするかは今後に残された問題である。

（中野目　善則）

（1）　Katz v. United States, 389 U. S. 347 (1967).
（2）　New York v. P. J. Video, 475 U. S. 868 (1986)　本書26事件参照。

二一　国境での検査

48　United States v. Ramsey, 431 U. S. 606 (1977)

税関で、禁制品が入っていると疑われる郵便物の開封は相当理由に基づくことを要せず、令状によることを要しないとされた事例。

《事実の概要》

ラムジィとケリーは郵便によるヘロイン輸入をワシントンＤ・Ｃの地域で始めた。ヘロインを購入してバンコックから手紙でワシントンＤ・Ｃの様々の地域に郵送しそれを集めた。西ドイツでの監視活動によりヘロイン供給者であるＢとＷの麻薬取引活動が判明したが、両名はタイに行き、西ドイツからの通報を受けたタイの官憲は両名を監視下におき、逮捕した。押収した証拠の中にはワシントンＤ・Ｃの地域宛てのヘロインの一杯詰まった一一通の封筒があり、後にそれが被上告人と関係することになった。

ＢとＷの逮捕の二日後合衆国関税検査官は、そのことを知らずに、タイから郵送されてきた国際郵便の袋を検査し、分厚く、商品が入っているかも知れないと思料される八通の封筒を発見した。これらの封筒はすべて同一のタイプ・ライターでタイプされているように思われ、ワシントンＤ・Ｃの様々の地域がその宛名となっていた。検査官は発信地が麻薬の供給地として知られているタイで、「どちらかというと分厚い」という事実から、この封筒は通信文ではなく、商品かあるいは麻薬が入っているかも知れないと疑って郵便局の検査地域にそれを持っていき触ってみたところ、中には紙ではなく、何かが入っていると感じ、計量してみると四二グラムで通常の航空便の手紙の三倍ないし六倍の重さがあった。そこで開封してみると、カード・ボード（段ボール）に挾まれた中に、白い粉の入ったプラスティックの袋があり、タイからのヘロインだと思料されたので、テストしてみたところヘロインであるとの結果が出たので、他の同様な封筒も開け検査の結果ヘロインが入っていることが判明した。

後にこれらの封筒DEA（Drug Enforcemnt Administration 薬物対策法執行局）に送られそこの係官が令状を入手して封筒を再度開封しヘロインのほとんどを取出し、再度封をして、六通が監視付で配達された。ケリーが三つの違った住所から封筒を集めラムジィと会ってラムジィに茶色の紙の袋を渡したところで連邦官憲が両名を逮捕した。

ラムジィとケリーはBとWと共に大陪審起訴され、被上告人らはヘロインと二丁の拳銃の排除を申立てた。District Court はこの申立てを却下し、有罪と認定して一〇年から三〇年の刑を言渡した。Court of Appeals for the District of Columbia Circuit は一人の裁判官の反対があったが、有罪を破棄し、人、荷物及び郵送されたパッケージに適用される「令状要件についての国境の捜索の例外」は通常なされる国際郵便物の開封には適用されず、合衆国憲法によれば「国際郵便の開封前に、相当理由の証明がなされ、中立なマジストレイトからの令状の入手」が義務づけられると判示した。この判断は他のすべての Court of Appeals の判断に反するものである。他の裁判所は、相当理由に基づかない、また令状によらない国際郵便物の開封を第四修正は禁止していないとする立場を採っている。United States v. Milroy, 530 F. 2d 1033 (CA4), cert. denied, 426 U. S. 924 (1976)；United States v. King, 517 F. 2d 350 (CA5 1975)；United States v. Barelift, 5214 F. 2d 1073 (CA9) cert. dnied, 423 U. S. (1975)；United States v. Bolin, 514 F 2d 554

(CA7 1975)；United States v. Odland, 502 F. 2d 148 (CA7) cert. denied, 419 U. S. 1088 (1974) United States, Doe, 472 F. 2d 982 (CA2) cert. denied, 411 U. S. 969 (1973)；United States v. Beckley, 335 F. 2d 86 (CA6 1964) cert. denied, 380 U. S. 922 (1965)。

この下級審間の判断の違いを解消するために合衆国最高裁判所はサーシオレイライを認容した。

《判旨・法廷意見》

破棄

一　レーンクェスト裁判官執筆の法廷意見

本件に適用される連邦法 19 U. S. C. 482 (1970) は、税関の検査官に、法に違反して輸入された商品が在中していると疑う合理的理由がある、国内に入ってくる国際郵便の封筒の捜索権限を与えている。この「不審事由（合理的嫌疑）」の基準は第四修正の令状発付に要する「相当理由」よりは程度の低いものである。本件ではタイからの郵便物であり、分厚く、中に何かが入っていると感じたというのだから封筒の中に商品又は禁制品が入っていると疑う合理的理由はある。本件の捜索は法律上認められているので、この法律の認める捜索が合衆国憲法に違反するか否かだけを審査する。

(1)　国境での捜索は、主権（sovereign）保護の目的で、国境を越えて国内に入る人と財産を停止させ検査するものであり、主権の発動として長きに亙って認められてきたものであり、国境でなされるという事実だけで合理的とされるものである。基本権規定を提案した議会も、その提案の数ヶ月前に、税関の官憲が関税を支払うべき財物等が隠匿されていると疑う理由がある船に立入り捜索する完全な権限を与える法律を制定している。このように、第四修正を提案したのと同一の議会がこの関税法を制定したという事実の歴史的重要性は明らかであり、したがって、ボイド（Boyd v. United States, 116 U. S. 616, 623 (1886)）で指摘されているように、この種の捜索・押収は当時の議会のメンバーにより「不合理なもの」とは見做されてはいなかったのであり、第四修正の禁止するものではなかった。国内での捜索・押収と異なり、国境での捜索は第四修正の令状条項の適用を受けず、第四修正の意味で「合理的な」ものだとする解釈に、その後、当合衆国最高裁判所は忠実に従ってきた。Carroll v. United States, 267 U. S. 1332 (1925)；United States v. Thirty-seven Photographs, 402 U. S. 363, 376 (1971)；United States v. 12 122-Ft. Reels of Film, 413 U. S. 123, 125 (1973)；Almeida-Sanchez v. United States, 413 U. S. 266, 272 (1973). 国境での捜索・押収には相当理由も令状も不要であり、その要件を欠いても「合理的である」とする立場を確認する。

(2)　被上告人は、郵送されてくる手紙は、旅行者や荷物の場合と異なり、国境での捜索の例外が及ばず、第四修正の要件が完全に適用されると主張する。原審も、この例外を郵送されてくるレター・サイズの封筒には「拡張」すべきでないとするが、当法廷はこの立場を採らない。

国境での捜索の例外は、憲法の限界の範囲内で、入国者と入国物をコントロールする主権の権限にその基礎を置くものであり、入国方法は重要性を持たない。旅行者が封筒を所持していたか封筒が郵送されてきたかで憲法上の違いはない。重要なのはその封筒が国境を渡って合衆国に入国したことである。

原審は、キャロル（Carroll United States, supra）を、捜索対象物が可動物で令状入手が困難であるという理由に基づいて国境での捜索の例外を認めたものだと解しているが、この立場の基本的難点は、「国境での捜索」の例外は「緊急状況」を理由とする理論に基づいているのでは全くないということである。この例外は歴史上長きに亙って認められてきた第四修正の令状要件の例外であり、この点で、ロビンスン（United States v. Robinson, 414 U. S. 218, 224 (1973)）

の「逮捕に伴う捜索」の例外に類似する。キャロルも、国境での捜索と国内での捜索を区別し、前者には相当理由が要らないことを認めているのであり、この判断は、「緊急状況」とは何の関係もない。

原審はまた、ブリニョーニ・ポンス（United States v. Brignoni-Ponce, 422 U. S. 873 (1975)）とアルメイダ・サンチェス（Almaida-Sanchez v. United Satates, 413 U. S. 266 (1973)）を根拠に、国境での捜索の例外を拡げることを拒否しているが、両事件は、国内での捜索と停止に当たる場合を扱ったものであり、事案を異にする。

本件では第一修正上の考慮が関係するので郵送された手紙の国境での捜索に先立って第四修正の要件を完全に充たすことが必要だとする立場も却ける。郵送された手紙と入国旅行者の所持する手紙を区別する理由はない。より基本的には、現行の国境での捜索の制度が第一修正の権利を侵害していることの証明がない（合衆国国境を通過して国内に入ってくる物のプライヴァシーのもっともな期待は限定されている。税関の官憲が入国者と入国物品を捜索する権限は長きに亙るものであり憲法上認められた権限であるのみならず、法律上のプライヴァシーの期待は何ら作り出されてはいない――法廷意見註(17)）。したがって、封筒の中に書簡が入っているかもしれないという可能性は、その他の点で憲法上合理的な捜索を「不合理なもの」とすることはない。

問題となっている法律は、封筒開封前に、関税法違反があると「思料する合理的理由」があることを要件とし、郵政規則（postal regulations）では如何なる場合にも、捜索令状がなければ書簡の閲読を禁止している19 CFR 145. 3(1976)ので、国際郵便物の開封が言論の自由の行使を憲法上許されないほど冷却することになるとする原審の立場を却ける。かかる状況では、「冷却」はあり得るとしても「最少限のもの」であるのみならず、全く主観的なものである。本件の税関の官憲による開封と捜索は第四修正に違反しない。

二　パウエル裁判官の補足意見

法違反を疑う合理的理由があることを手紙の開封の要件とする本件法律は、第一及び第四修正の権利を十分に保護しており、本件法廷意見の判断は、この法律に従った国境での郵便物の捜索として正当な範囲を超えるものではないと解されるので、法廷意見に加わる。

三　スティーヴンス裁判官の反対意見（ブレナン、マーシャル両裁判官参加）

本件の帰趨を決する問題は、連邦議会が、発信人又は名宛人の同意なく、また、その郵便に禁制品又は関税物品が入っていると信ずる相当理由なく、国外から合衆国に入ってくる個人の手紙を開封し検査する権限を税関の官憲に与えているのかどうかである。

一九七一年に財務省と郵政省は初めて、連邦議会は一八六六年の法律でこの権限を与えていると主張した。初期の実務では、これは一〇五年間一貫して従われてきたものであるが、税関の官憲は名宛人の立会いと同意がある場合を除き、相当理由により支えられた令状が最初に入手された場合でなければ、国外からの郵便を開封することは許されていなかった。連邦議会が、本件のような、私的郵便のこの種の秘密の捜索権限を与えていないとみるべき理由は五つある。

第一は、連邦議会は個人の私的意思伝達に個人が有する利益を尊重してきたことである。私的手紙が発信人又は名宛人の同意なく開封され検査されるということは伝統的なプライヴァシーの考え方と権利章典により守られた意思伝達の自由にとり脅威である。連邦議会の議員がこの権限の行使が憲法上の自由に及ぼす影響を考えなかったとは思われない。

第二に、一八八六年の立法経緯によれば、この懸念が上院議員により表明され、この立法の提案者から、この法案は合衆国郵便（United States mail）の検査権限を与えるものではないとの保障がなされている。

第三に、この法律の文言それ自体を、その全体との関連で読んでみると、関税を課される商品の輸入のために通常使われる包みに言及していることが明らかで、普通の手紙の検査を認めたものとは思われない。確かに封筒の検査も文言上定められているが、封筒という文言は手紙だけでなくパッケージや包みも含むものであり、また、当時この法律が議会を通過したときにはレター・サイズの封筒に適する商品の密輸について連邦議会は懸念を表明していなかった。私的郵便の検査まで認めるのが議会の意図であればよりはっきりとした文言に表明されてしかるべきである。

第四に、過去一〇五年間に亙って一貫してこの法律上私的郵便の検査は認められないとの行政解釈が採用されてきたことを重視すべきであり、状況の変化によりこの解釈を変更するのであればそれは連邦議会に委ねるべきである。

最後に、私的郵便を検査できるとする根拠は薄弱で、連邦議会がよく分析せずにその立場を受け入れることは困難だと思われる。外国郵便の開封に名宛人が同意しなければ発信人への送還が必要となる事態を回避するのが新実務の意図であるが、相当理由や同意を要件とすることで禁制品の広範な送還が必要になるとは思われない。

もし政府の行使する権限が認められれば、国内に入ってくる手紙の郵便はすべて秘密裡に検査されることになる。連邦議会がこのような、個人の意思伝達の重要な方式への前例のない侵害を明確に認めるまでは、当裁判所はこの重大な憲法問題について判示すべきではない。原審判断を確認すべきである。

（中野目　善則）

（本件は次の49事件とまとめて解説を加える。）

49　United States v. Montoya De Hernandez, 473 U. S. 531 (1985)

国境において、税関が、体内（消化器官）に麻薬を隠し持っている疑いのある者に対し、通常の検査の程度を超えて身柄を拘束する場合には、「不審事由（合理的嫌疑）（reasonable suspicion）」が要件とされ、明白な徴表（clear indication）は第四修正上の基準とはならないとされた事例

《事実の概要》

被申請人ロサ・エルビア・モントヤ・ド・ヘルナンデス（Rosa Elvira Montoya de Hernandez）は、コロンビアのボゴタで、ロサンゼルス行の直行便（アビアンカ航空080便）に乗り、一九八三年五月五日の深夜、ロサンゼルス国際空港に到着した。ビザに問題はなかったが、税関において、マイアミないしロサンゼルスに最近少なくとも八度の渡航歴がある点に不審が持たれ、さらに詳しい検査を受けることになった。この検査において、明らかになったことは、①渡航目的が、ボゴタで夫の経営する商店のための、商品の購入であること、②所持金は現金五〇〇〇ドルであり、これをほとんど五〇ドル紙幣で所持していること、③英語を話すことができないこと、④合衆国内に家族や友人はいないこと、⑤商談の予定は特にないこと、⑥宿泊先が未定であること、⑦航空券を入手した経緯を説明できないこと、⑧所持品は小型の旅行カバン一個であり、その中には着替え、布地の商品見本等が入っていたが、小切手、クレジット・カード、信用状は所持していないこと、であった。なお、被申請人の乗機地であるボゴタは、麻薬の「供給地」として税関の間に良く知られており、また、被申請人を取調べた税関の係官には、麻薬を体内に隠して、アビアンカ航空080便で到着した者を、これまで数多く発見した経験があった。

この時点で、税関は、被申請人が、麻薬を体内に隠して持ち込もうとしているとの疑いを抱き、被申請人に対して、さらに、身体検査を行った。その結果、禁制品は発見されなかったが、股の部分を紙タオルで補強した、伸縮性の下着二枚を着用していることが判明した。そこで、税関は、被申請人に対し、麻薬を体内に隠し持っている疑いがある旨を告げて、病院でのX線検査に同意を求め、被申請人は当初これに同意したが、妊娠中であると主張し、X線検査の前に、妊娠の有無を調べることに同意した。しかし、手枷をされて病院に連れて行かれると知って、被申請人がこの同意を撤回したので、税関は、つぎに搭乗可能な便でボゴタに帰るか、身柄拘束下で、X線検査又は排便検査を受けるかの、いずれかを選択するよう求めた。

被申請人は、ボゴタへの帰還に同意したので、航空機の手配ができるまで、税関で監視下におかれることになり、その間、電話の利用は許可されなかった。しかし、メキシコのビザの不所持を理由として、翌朝のメキシコ航空の便(メキシコ・シティー経由)への搭乗を拒否されたので、被申請人は、引続き身柄拘束を受けることになり、税関から、X線検査を受けない限りは、排便があるまで身柄拘束が継続されると告げられた。

被申請人はX線検査に同意しなかったので、その後、排便を我慢しつつ、また提供された飲食物に手をつけることなく、椅子に座ったまま過ごし、電話の利用も許されなかった。

同日午後四時(ロサンゼルス到着後一六時間経過)になって、税関は、妊娠の有無の検査、X線検査及び直腸検査の令状を請求し、この令状が発給されたのは同日の真夜中少し前であった。そこで、この令状に基づき病院で直腸検査が行われ、その結果、体内から異物が発見され、その内容物がコケインであったので、被申請人は正式に逮捕され、その後の四日間で、被申請人の体内からは、純度八〇%のコケイン合計五二八グラムが発見された。

排除申立て手続の後、ディストリクト・コートは、被申請人の体内から発見されたコケインを証拠と認め、被申請人は、頒布目的でのコケイン所持の罪（21 U. S. C. § 841 (a) (1)）、及びコケイン不法持ち込みの罪（21 U. S. C. §§ 952 (a), 960 (a)）により、有罪となった。

しかし、第九巡回 Court of Appeals は、税関が、当初、被申請人に抱いた不審は正当であると認めつつ、本件のような事例においては、当該人物が体内に麻薬を隠し持っている点（消化管を利用した薬物の密輸入）についての「明白な徴表（clear indication）」の存在又はかかる薬物密輸入が「明白に示唆されている」ことが、X線検査を行う令状発付の要件となるとの基準を本件に適用し、被申請人に対する身柄拘束の継続を決定した時点で、この「明白な徴表」が存在したとはいえないので、その後の一六時間にわたる身柄拘束は不当であるとして、第四修正違反により、被申請人に対する有罪を破棄した（731 F. 2d 1369 (1984)）。

この「明白な徴表」が合衆国憲法第四修正上の基準であるか否かという問題は、税関における法執行に重要な意味を有するが、この点につき、Court of Appeals 間に判断の相違が生じているため、合衆国最高裁判所は、サーシオレイライを認容した。

《判旨・法廷意見》

破棄

一　レーンクエスト裁判官執筆の法廷意見

(1)　ある捜索・押収活動が、第四修正の下で合理的なものと考えられるか否かは、その捜索・押収活動についての全事情やその捜索・押収そのものの内容を総合して評価される（New Jersey v. T. L. O., 496 U. S. 325 (1985)）。また、個々の法執行活動の許容性は、個人の第四修正上の基本権と、政府の合法な利益の実現とを、比較較量して判断される。

本件は、国境における税関の活動に関する事例であって、国境においては、租税の徴収や禁制品の密輸入の防止を目的とする捜索活動を、相当理由又は令状なしに行う、執行部の包括的な権限が、建国以来、議会により認められている。国境保全の重要性を考慮すると、国境における税関の活動についての第四修正上の基本権についての利益較量は、国内における捜索・押収活動の場合とは、基準を異にすべきであり、国境における入国者及びその所持品について通常の（routine な）検査については、「不審事由（合理的嫌疑）」、相当理由又は令状は、不要である。そして、ファーストクラス・メールは、相当理由に至らない理由で令状なしに開封することができる。（U. S. v. Ramsey, 431 U. S. 606 (1977)）。自動車での旅行者は国境付近の固定チェックポイントで、個別的な不審事由がない場合でも停止を命じられるのであり、その停止命令は、大部分、民族を理由とする場合でも、許され、（United States v. Martinez-Fuerte, 428 U. S. 543, 562-563 (1976)）、陸水内の水域にある船舶は容易に海に出ることができるので、その船舶には、何らの不審なしに、停止を求め乗船する権限が合衆国にある（United States v. Villamonte-Marques, 462 U. S. 579, 588 (1983)）。

これらの先例は、国境の完全性の保護に関する長きに亙る懸念を示している。近年の、麻薬の密輸に起因する、国内の法執行の危機的状況により、国境保全の関心は高まっているが、本件のような体内（消化管内）に麻薬を隠し持って入国を図る者が現れるに及んで、その規制は困難さを増している。

こうした状況においては、国境において税関の検査を受ける者のプライヴァシーについての期待は、国内において同種の活動を受ける場合よりも低いものと考えるべきであり、さらに、個人の第四修正上の基本権と、政府の合法な利益の実現との比較較量も、政府に有利に解されるべきである。

(2) 入国者に対し、通常の（routine な）税関での捜索（検査）の程度を越えた捜索活動を行うことが正当化されるには、具体的にどの程度の「合理的な嫌疑」の存在が要件となるのかについては、先例は判断してきていない。

この点に関し、Court of Appeals は、当法廷がシュマーバー（Schmerber v. California, 384 U. S. 757 (1966)）において用いた「明白な徴表（"clear indication"）」という言葉を、「不審事由（合理的嫌疑）」と「相当理由」の間にある第四修正上の中間的基準と解し、被申請人に対する身柄拘束が許容されるのは、被申請人が体内（消化管内）に麻薬を隠し持っているという「明白な徴表」が存在する場合に限られるとする。

しかし、シュマーバーは、対象となる者の体内で証拠が発見されるかもしれないという具体的な嫌疑が必要であることを、「明白な徴表」という言葉で表現したのであって、第四修正上の第三の基準を立てたわけではない。

「不審事由（合理的嫌疑）」と「相当理由」に加えて第三の基準を作り出すことが、第四修正が合理性（reasonableness）を強調していることと合致するとは解されない。憲法上の「合理性」の要件との関係が本件で検討すべき問題であり、刑法上のメンズ・リー（行為者の主観的状態）（See United States v. Bailey, 444 U.S. 394, 403-406 (1980)）が問われているのではない。言葉によって微妙な段階づけを行うことは、第四修正の意味をむしろ不明確なものとする可能性がある。

国境での、通常の（routine な）税関での捜索と検査の範囲を超える、旅行者の身柄拘束は、その税関の係官が、その旅行者とその者の旅行に関するすべての事実を考慮に入れて、その旅行者は体内（消化管内）に禁制品を隠して密輸しようとしているとの嫌疑（不審）を抱くことが合理的である場合に、開始することが正当とされる。

「不審事由（合理的嫌疑）」の基準は、法執行官憲が相当理由に至らない根拠で限定された干渉を及ぼさなければならない場合に、数多くの状況で適用されてきたのであり、私的利益と公共の利益の間の必要なバランスに影響を与える。この基準は、本件の、体内（消化管内）に薬物を隠した国境での密輸入について判断するのに相応しい基準である。麻薬を体内（消化管内）に隠し持っている者の場合には、その徴表が外部に現れることはなく、逮捕や捜索についての相当理由が具備されることは稀である。他方、このような者を国境において制止する政府の利益は大きい。この基準によれば、国境で官憲は、特定の者が体内（消化管内）に麻薬を隠して密輸入しようとしていると疑う「具体的で且つ客観的な根拠」を有していなければならない（Cortez v. United States, 449 U. S. 411, 417 (1981); id., at 418, citing Terry v. Ohio, 392 U. S. 1, 21)。

本件で税官吏が知っていた事実とそこから合理的に推論できる事実に照らすと、被上告人は体内（消化管内）に薬物を隠匿して密輸入を行う者であるとの不審事由（合理的嫌疑）の根拠があることは明らかである。

(3)（被申請人に対する身柄拘束の継続が、当初、身柄拘束が正当と認められた事情と、合理的関連性を持つか否かに関する判断）

ある法執行活動を、単に、より侵害の度合いの少ない手段が他にあったというだけで、直ちに不合理なものと判断すべきではない。

被申請人に対する身柄拘束が、「不審事由（合理的嫌疑）」を根拠として通常許容される時間よりも相当長く、外界と遮断された状況において、継続されたことは事実であるが、この身柄拘束の合理性は、時間の長さだけで評価されるべきではなく、一般常識と経験によっても規律されるものと考えるべきである。

一般常識で考えても、麻薬を体内（消化器官）に隠し持っている者については、その徴表が外部に現れにくく、捜検や身体検査も有効ではないので、テリーにおいて想定されていたような短い時間において、その者に対する「不審事由（合理的嫌疑）」を解明することは不可能である。

本件において、被申請人は、X線検査を拒否したため、税関は、テリーにおいて想定されていた時間を越えて身柄拘束を継続するか、「不審事由（合理的嫌疑）」が解明されないまま、入国を許すかの二者択一を迫られた。そこで税関は、被申請人がすでに一〇時間飛行機に乗っているので、比較的短時間のうちに排泄を行い、それによって「不審事由（合理的嫌疑）」が解明されることになると考えて、身柄拘束を継続することにしたものと考えられる。しかし、被申請人の努力によって、この期待はかなえられず、また、それによって、被申請人は相当の苦痛を経験することになった。

先例によっても、「不審事由（合理的嫌疑）」のある者が、追及を免れるためにあえてとった行為によって、一時の身柄拘束の時間が延びることになっても、法執行官の側に責任はないのであり（U. S. v. Sharpe 470 U. S. 675 (1985)）、本件においても、被申請人の苦痛の責任は、もっぱら、麻薬を体内（消化管内）に隠し持つという方法を選んだ被申請人自身にある。

よって、被申請人に対する身柄拘束時間は、不合理なものではない。

二　スティーブンス裁判官の補足意見

法廷意見のように、本件と同様の「不審事由（合理的嫌疑）」があれば、本件と同様の、人に対する捜索・押収が行われることになると解すると、その中には、相当多くの無実の者が含まれることになる点に問題があり、そこで受ける苦痛を、もっぱらこのような活動の対象となった者の責任とすることはできない。

しかし、被申請人に対する身柄拘束の継続は、被申請人がX線検査の同意を撤回したことを根拠として正当化されるものと考えるので、法廷意見の結論に同意する。

税関が、ある入国者に対し、麻薬を体内に隠し持っているとの嫌疑を抱いたことが合理的である場合であって、この者が妊娠中でない場合には、X線検査を入国の要件とすべきである。

三　ブレナン裁判官の反対意見（マーシャル裁判官参加）

(1)　被申請人に対する身柄拘束は、通算して約二七時間に及んでおり、その間、被申請人は、電話の利用や弁護士との連絡を許されず、椅子と机しかない部屋に監禁されていた。

このような「捜査を目的とする」身柄拘束が、他から遮断された状況において、同意なく無制限に行われるというのは、警察国家の特徴であり、自由社会のそれではない。

政府の官憲は、かかる状況下での犯罪捜査目的での身柄拘束に関して、国境における場合と国内における場合とで同様の制約を受けると解すべきであり、本件の、限定のない身柄拘束が第四修正下で「合理的」とされるのは、相当理由の証明に基づく令状による場合に限られ、同様に、令状要件と相当理由の要件が、犯罪捜査目的のX線検査にも適用されるべきである。

(2) 被申請人は、確かに体内に麻薬を隠し持っていたが、被申請人に対する捜索・押収の合理性を、この結果から評価することは、第四修正の認めるところではない。

また、プライヴァシーの期待の縮減が正当化されるのは、通常の税関検査を行う場合であり、この程度をこえた活動に対しては、プライヴァシーの期待は存在するものと考えるべきである。

(3) 腹部へのX線検査を受けさせるかどうかを、身柄を拘束した税関職員の裁量に委ねるという選択をなし得るとするスティーブンス裁判官の主張は、X線検査の人体への悪影響(細胞及び遺伝子への影響)を考慮しておらず、また、医療技術を犯罪捜査の手段に用いることは、侵害の度合いの減少を必ずしも意味しないのであるから、無令状のX線検査を許すべきではない。

(4) 犯罪捜査を目的とする場合には、第四修正の保障は、国境においても、国内と同様に及ぶものと考えるべきであり、被申請人に対する身柄拘束は、相当理由に欠け、第四修正に違反する。

(5) 入国の際、不審事由(合理的嫌疑)が認められ、テリーの基準に基づく検査を行った結果、相当理由が認められなかった者に対しては、入国の条件として身柄拘束に同意するか又は国外に退去するかの選択を求めるべきである。

(6)　麻薬をめぐる危機的状況を根拠として、市民の自由を安易に制限するべきではない。

（山口　努）

《Ramsey（48事件）及び Montoya De Hernandez（49事件）解説》

一　(1)　ラムジィ[1]及びモントーヤ・デ・ヘルナンデス[2]は国境での捜索・検査に関係する。国境を越えて輸入されるものについては、アメリカ合衆国はその主権に基づいて、その入国するもの（物・人・船舶など）の検査を行うことができるとの考え方がとられている。

麻薬・禁制品、合衆国の安全を害する物・人、関税法違反物品等について、入国に際して審査し、法違反が認められればその段階で入国を阻止する権限があるとの、国家主権を基礎とする考え方に立つ[3]。

(2)　ラムジィでは、ファースト・クラスの郵便物の「不審事由」に基づく開封（捜索）を、第四修正に反さないと判示し、国境での捜索は、緊急性を理由とするものではなく、入国する物についての、主権による捜索・検査権限によるものであることを明らかにした。

ラムジィの法廷意見は、国境を越えて入国するものについて検査・捜索することができるのは、主権保護の目的によることを強調し、国境での検査・捜索には第四修正の相当理由の要件も令状要件の適用もなく、この要件を欠いてもこの捜索は「合理的なもの（reasonableness）」だと判示し、捜索に関する基準が、国境での検査・捜索の場合と、国内の場合とでは異なることを明らかにしており、国境でのコントロールに際しては、主権の保護という目的に照らし、国内における捜索・押収よりも相当にその要件が緩和されるとの判断を示している。

モントーヤ・デ・ヘルナンデスにおいては、アメリカ合衆国に入国する者が体内（消化管内）に薬物を隠匿しているとの不審事由（合理的嫌疑）がある場合の、その検査・捜索までの留め置き・身柄拘束が第四修正により許されるか否かが問われ、適法と判断された。

モントーヤ・デ・ヘルナンデスでは、通常の（routine な）国境での検査・捜索に当たっては、相当理由も、令状も、不審事由も不要であると判示し、ラムジィよりも、一歩踏み込んだ判示がされている。

両判例に、国家主権への強い配慮をみることができる。

二　ラムジィで問われたのは、ファースト・クラスの郵便物に関税法違反の物品が在中している不審事由がある場合のその郵便物を開封検査（捜索）である。

(1)　キャッツ(4)では、国内で行われる公衆電話ボックスを利用した電話の録音機器を利用した傍受について、この会話にプライヴァシーの合理的期待が成立することを認め、捜索・押収令状による傍受が要件となるとの判断が示された。本件法廷意見も、このプライヴァシーの合理的期待を検討する視点に拠っている。

国外から国内に入ってくるものに、どの程度のプライヴァシーの期待が認められるのかが問われる。ラムジィは、個人が携帯する手紙よりも、大きなプライヴァシーの期待は、外国から郵送された郵便には認められず（法廷意見註(16)）、国境を越えて入国する物品の、プライヴァシーのもっともな期待は限定されたものであり、税関の係官には入国する人及び物についてこれを検査・捜索する、長きに亙る、憲法上授権された権限があるのみならず、法律上、プライヴァシーの期待は創造されていない（法廷意見註(17)）、と判示する。

ラムジィでは、関税法違反が疑われる物品がファーストクラスの郵便物中に在中しているとの不審事由（合理的根拠）がある郵便物を開封した場合である。本件の連邦法では、かかる不審事由の認められる郵便物についての開封を認め、さらに、本件郵政規則では、信書内容の閲読には捜索令状がいると定めて、信書が関係しない場合よりは要件を加重している。

ラムジィでの郵政規則が、郵便物や信書の場合に、輸入物品と異なる取扱をするのは、前者の方が、信書が関係するため、プライヴァシーの点で配慮すべき必要が大きいとみるからであろう。入国郵便物の開封には不審事由を要件とし、さらに、信書の閲読には令状を要するとする郵政規則が、憲法上の要件であるのかどうかについてはラムジィは判断していない。

(2)　法廷意見も指摘するように、ブリニョーニ・ポンスとアルメイダ・サンチェスは、入国後の審査に関するものであり、ラムジィで判断された国境での捜索・検査とは事案を異にする。国境を越えた場合と、国境での捜索・検査の場合とでは異なることを法廷意見は明らかにしている。

三　(1)　モントーヤ・デ・ヘルナンデスでは、体内（消化管内）に麻薬を隠し持っているのではないかと疑われる不審事由がある入国者について、X線検査を受けるか自然排泄を求めたが、妊娠を理由にX線検査を拒まれ自然排泄も拒まれたときに、その後の、（令状による）妊娠検査、X線検査及び直腸検査の実施まで身柄を拘束することが許されるのかが問われ、隠し持っているとの「明白な徴表（clear indicia）」が、不審事由又は相当理由以外に、身柄拘束の別要件となるのか否かが争われた。

「明白な徴表」が要ると判示したのはシュマーバーである。[7] シュマーバーは、酒気帯び又は酒酔いで事故を起こした疑いのある者が病院に運ばれ、そこで、弁護人からの異議を排した警察官の求めにより、医師が血中アルコール濃度検査のため血液サンプルを採取した事例であり、この事例では逮捕の相当理由があり、この相当理由を証明するのと同じ理由が警察が血液テストを受けるように求める正当理由となり、この事件で、病院に被疑者を連行するのに要した時間、血中アルコール濃度テストを遅らせるとアルコールが消失する危険、事故現場の捜査に必要な時間などに鑑みると、令状入手の時間的余裕はなく、かかる事実の下で、法廷意見は、第四修正は、人間の尊厳とプライヴァシーを保護し、証拠が見つかるだろうという単なるチャンスに賭けて捜索押収を行うことを禁止しており、この人間の基本的な利益に照らすと、証拠が事実発見されるという明白な徴表がなければ、法執行官は、直ちに捜索しなければ証拠が散逸するという危険を負わなければならない、と判示した。この事件では、令状入手の時間的余裕がない場合であり、無令状で血液サンプルを採取は第四修正に反さない、と判示された。

モントーヤ・デ・ヘルナンデスの法廷意見は、このシュマーバーの判示は、体内に証拠が存在する具体的嫌疑が必要であることを判示した趣旨だと解した。シュマーバーは身体への侵襲を伴う血液サンプルの無令状採血の事例であり、そのサンプルを採取する具体的嫌疑があった場合である。事実に照らしてみるならば、令状入手の時間的余裕はないため、無令状での血液採取活動が行われた場合であり、この血中アルコール濃度の検査目的での血液サンプルの採取という捜索・押収活動は、不審事由ではなく、それよりも高度の相当理由に基づいた場合であると解すべき場合であろう。事故を起こした本人が酒臭い息をしているという事情がある場合であるので、捜索・押収の根拠としての相当理由はあるとみるべき場合であろうが、モントーヤ・デ・ヘルナンデスの法廷意見は、被疑者の体内に証拠が存在する具体的嫌疑（particularized suspicion）の必要を示したものと解した。

相当理由と不審事由との間に、「明白な徴表」が求められるとすると、第四修正の基準は三つになり、第四修正の意味を不明確なものとする可能性があるとする法廷意見はもっともなものであろう。シュマーバーは、吐く息から酒臭さを感ずることができた事例だが、モントーヤ・デ・ヘルナンデスのように、体内（消化管内）に麻薬を秘しているのではないかと疑われる不審事由がある場合、外見から明白にそのことが判明するわけではない。このような事例で、「明白な徴表」があることを要件とすれば、薬物を体内に秘して密輸する事犯への有効な対処ができなくなってしまう虞れがある。

合衆国内に麻薬が持ち込まれるのを阻止する利益は重大であり、不審事由がある者を、その不審を解明するのに必要とされる限度で留め置くことができるとする判断を本件法廷意見は示している。テリー[8]は国内での職務質問、停止及び捜検を扱った先例であり、その停止時間も短時間のものであったが、本件では、一〇時間上が経過している（令状請求までに一六時間が経過）。この長さが長すぎるか否かが問われるが、被告人がX線検査、妊娠検査又は排泄に応じなかったために国境での拘束時間が長引いたのであり、国境での不審事由解明のために必要とされる限度を超えてはいないという判断が示された。

(2)　モントーヤ・デ・ヘルナンデスの本件法廷意見は、税関や空港での「通常の（routine な）検査」であれば、相当理由も、令状も、不審事由も、そのいずれも不要であると判示し、他方で、そのような通常の（routine な）捜索・検査を「超える」身柄の拘束について、（routine なものよりも干渉度合が強い場合）には、不審事由（合理的嫌疑）が要件とされると判示した。

「国境での通常の捜索・検査（routine search）」は、一般に、旅行者のプライヴァシーに重大な影響を及ぼさない捜索をいうものと分類されており、例えば、旅行者の荷物や靴の検査などはこれに当たる。他方、裸にして行う捜索[9]、体腔（body caity）の捜索[10]、不任意なX線検査[11]、密閉された（エンジンの）メタル・シリンダーにドリルで穴を開けて行う捜索など[12]は、この通常の捜索・検査（routine search）の範囲を超えるとされる[13]。これらの下級審判例においては、この通常の（routine な）場合には当たらない捜索・検査の場合には、不審事由（合理的嫌疑）を要件とすると判示してきている[14]。

国境では、入国資格があることを示して身元を明らかにすることを求められ、持ち物も合法に持ち込めるものでなければならず、ここでの入国検査に関しては、旅行者のプライヴァシーよりも、アメリカ合衆国の利益の方が重視されることになるとの立場から、第四修正の「合理性（"reasonble" search and seizure）の要件との関係で、国境での捜索の問題が扱われている。

(3) モントーヤ・デ・ヘルナンデス事件では、X線検査、妊娠検査及び直腸検査について、最終的には令状による対処がなされたが、同事件の法廷意見は、空港での令状を得るまでの身柄拘束についてのみ判断しており、この令状による捜索・検査と第四修正の関係には判断していない。本件で令状が請求されたのは、本件で関係する検査には、身体への侵襲を伴う検査が関係するので、令状を入手して慎重を期したものであろう。入国審査の場合、身体への侵襲を伴う捜索や身体のプライヴァシーに深く関係する捜索でも、不審事由は要件となるが、令状は不要と判断されている下級審判例が多くある(15)。

四 以上の二件の判例は、捜索に関する基準が、国境での検査・捜索の場合と、国内の場合とでは相違することを明らかにしたものであり、主権に基づく国境でのコントロールを重視する判断が示された。

（1） Ramsey v. United States, 431 U. S. 606 (1977).
（2） United States v. Montoya de Hernandez, 473 Y. S. 531 (1985).
（3） アメリカ合衆国は、入国段階で外国船舶検査の権限を有するが、九・一一以降、船舶で運ばれる荷物等の場合、アメリカ合衆国係官を積出港国に派遣し、その積出港での合衆国係官による検査を受けた荷物については、受けていない荷物の場合と比べて、優先的に合衆国の港湾の入港を認める措置がとられ、検査の権限は、派遣先の同意によりつつも、実質的に long arm で処理されている状況にある。
（4） Katz v. United Staes, 389 U. S. 347 (1967).

（5）United States v. Brignoni-Ponce, 472 U. S. 873 (1975). メキシコ国境付近でアメリカ合衆国の国境警備の係官が、不審事由なく、車両を停止させその乗員に市民権と移民の地位に質問した事例。国境又はそれに機能上相当する場所を除き、パトロールする係官が車両を停止させることができるのは、言葉で説明できる程度の気づいた具体的事実とそこから合理的に推論できることと総合して、対象車両に違法入国外国人が乗車していると疑う不審事由（合理的な根拠・嫌疑）がである場合に限られる、と判示して、メキシコ国境付近（具体的には、カリフォルニア州サン・クレメンテの州際公道五号線の検問所付近）で、乗員の三名がメキシコ人が祖先であることが明らかだという理由で車両を停止させた措置は、第四修正に違反すると判示した。国境例外の事例ではない。

（6）Almeida-Sanchez v. United States, 413 U. S. 266 (1973). メキシコとの国境から少なくとも北二〇マイルの地点に位置するカリフォルニアの道路で停止を命じられ、無令状捜索が行われマリワナが押収された事例。相当理由又は同意がなければこの捜索は第四修正に違反すると判示された。この事例も国境例外の事例ではない。

（7）Schmerber v. California, 384 U. S. 757 (1966).

（8）Terry v. Ohio, 392 U. S. 1 (1968).

（9）United States v. Reyes, 821 U. S. F. 2d 168 (1987)；United States v. Oyekan, 786 F. 2d 832 (8th Cir. 1986).

（10）United States v. Sosa, 469 F. 2d 271　(9th Cir. 1972).（肛門検査に令状を不要とした。）；United States v. Mason, 480 F. 2d 563 (9th Cir. 1973).（ヴァギナの検査に令状を不要とした。）体腔検査の場合には、医師の助力を求めて行われるのが通常である。M. Wesley Clark, US Land Border Search Authority, FBI Law Enforcement Bulletin, August 2004.

（11）United States v. Adekunle, 2 F. 3d 559 (5th Cir. 1993).

（12）U. S. Ramos-Saenz, 36 F. 3d 59, 61–62 (9th Cir. 1994).

（13）United States v. Rivas, 157 F. 3d 364, 367 (th Cir. 1998).

（14）例えば、United States v. Sosa, 469 F. 2d 271 (9th Cir. 1972)；United States v. Mason, 480 F. 2d 563 (9th Cir. 1973)；United States v. Briones, 423).（嘔吐剤の処方に令状は不要とした。）

（15）supra, note 14.

（中野目　善則）

二二　合衆国領水又は関税水域内での船舶検査

50　United States v. Villamonte-Marquez, 462 U. S. 579 (1983)

合衆国税関職員は、合衆国領水又は関税水域において、違法行為に関する嫌疑なくして船舶を停船させて乗船し、積荷目録その他船舶に備え置くべき文書を検査することができる旨の規定（19 U. S. C. § 1581 (a)）に基づく乗船措置と、その際に生じた相当理由による無令状の船内捜索・押収が、第四修正に反しない、とされた事例。

《事　実》

合衆国税関職員は、正午頃、合衆国領海基線から内陸に約一八マイル入った水域を巡視航行中、小型ヨットが投錨・停泊しているのを確認した。その直後、大型船舶がこの水路を通過したことにより、このヨットが激しく動揺したため、乗組員等の安全を確認する目的で船尾に近接し、乗組員に声を掛けた後、これに乗船した。そして、19 U. S. C. § 1581 (a)[1]に基づき積荷目録・船籍証明書等を検査していたところ、同税関職員はマリワナの焦げるような臭いを感じた。たまたま開いていたハッチから覗き込むと、梱包されたマリワナが見えたため、乗組員である被申請人二名を逮捕した上で、船内を捜索したところ、大量のマリワナが船内のあらゆる部分に隠匿されていたのを発見し、押収した（尚、船尾には母港名としてスイスのバーゼルが表示されていた）。

被申請人らはマリワナ輸入謀議(2)・マリワナ輸入(3)・マリワナ頒布目的所持謀議(4)・マリワナ頒布目的所持(5)について起訴され、District Court は証拠排除申立を却下して有罪判決を下した。しかし、The Court of Appeals the Fifth Circuit は内水における税関職員による乗船措置は関税法違反の合理的嫌疑（reasonable suspicion—不審事由）のある場合か、又は、船舶が領海外から入域したものと思料する理由のある場合に限る、と判示して、有罪判決を破棄した(6)。

この問題については各 Court of Appeals の判断の間に対立があり、関税法の執行の上で重要な問題であるのでサーシオレイライの申請を認容したものである。

《判旨・法廷意見》

破棄

一　レーンクェスト裁判官執筆の法廷意見

19 U. S. C.§1581 (a) の規定は、第一回合衆国議会で議決された包括的関税に関する法律に由来するものである。この法律の三一条では、合衆国領水又は領海基線から四リーグ以内の海域においては、官憲が積荷目録の提出を求め、船内を検査・捜索する目的で乗船措置を講ずることができる旨、規定されていた。合衆国議会の議決した法律が合衆国憲法に違反することは許されないが、合衆国憲法の権利章典を議決したのと同じ第一回合衆国議会がこの規定を議決しているのであるから、合衆国議会はこの規定による捜索・押収を第四修正が禁ずる不合理な捜索・押収にあたるとは見ていなかったものといえる。

本件で Court of Appeals は合理的嫌疑なくして乗船することが第四修正に違反するとの根拠に Court of Appeals の裁判例の他、当裁判所の判例であるブリニョーニ＝ポンスを引用している。そこでは、国境又は機能的に国境と同様な地点を除いて、巡回中の国境警備官は走行中の車輌に不法入国者が乗っているとの合理的根拠なくしてこれを停止させることができない、と判示された。しかし、当裁判所はブリニョーニ＝ポンス以後の二つの先例をも検討すべきものと考える。

まず、マルティネス・フュルテでは、国境から離れた地点の幹線道路に検問所を設置し、不法入国者が乗車しているとの合理的根拠なくして全ての車輌を短時間の質問の為に停止させる権限を国境警備隊に認め、ブリニョーニ＝ポンスと区別している。

また、プロウズでは、公道を車輌で走行するということのみで官憲の無制約な裁量によりプライヴァシーが損なわれるものではない、と判示する一方、道路の安全交通の確保のために、この場合よりも制約の度合いの低い検問所検問や一斉検問を選択することは可能である、と付言している。

ある法執行が許容されるか否かは、制約を受ける個人の第四修正の利益と制約を正当化する政府の利益との衡量で判断されるべきである。仮に、本件が水路上の船舶に関する事例ではなく、税関職員による国境付近の道路での自動車の停止に関するものであれば、その措置が第四修正に違反することは明らかであろう。

しかし、合衆国憲法第四修正が要件とする「合理性」について考えると、公海に非常に近接した（ready access to the open sea）水域に位置する船舶と、国境地帯の幹線道路上の自動車とでは差異が大きく、結論が分かれる。第一に、船舶はいつでもどんな方向にも航行でき、自動車のように定められた道路を通る必要がないので、水上ではマルティネス・フュルテ事件のような検問所検問は非実際的だからである。第二に、船舶の書類備え付け義務は、自動車について合衆国内で一般に採られている免許制度よりも重要である点で異なる。

自動車の場合、ナンバー・プレートを見るだけで法規を遵守しているか否か判断できることが多く、書類検査は必ずしも要らない。他方、船舶に関しては連邦法も州法もナンバー・プレートやステッカーに相当するものを発行していない。その上更に、船舶に備え付けるべき書類に関する法規は自動車に関する州法よりずっと複雑である。また、外国船籍の船舶は連邦法上の書類備え付け義務を負ってはいないが、合衆国領水に入域次第、税関職員に積荷目録を提示する義務を負っている。

船舶に備え付けるべき書類を検査する必要性は高いが、それによる第四修正の利益への制約は極めて限られている。すなわち、単に短時間の制約にとどまるし、対象船舶への乗船措置も甲板の上という限定された場所的範囲で必要書類を検査するためのものである。この検査に関して政府は多大の利害を有し、特に、海上での密輸抑止の必要性は大きい。そして、その結果としての干渉の度合いは僅かばかりのものである。

19 U. S. C. § 1581 (a) に基づく本件の乗船措置には合理性があり、第四修正に適合するものと考える。

二　ブレナン裁判官の反対意見

(1)　本件はCourt of Appealsで有罪判決が破棄された後、連邦刑事訴訟規則四八条(a)項によって公訴棄却（dismissal）になっており、サーシオレイライの申請はムートになってしまっている。

(2)　法廷意見の列挙する自動車検問に関する諸先例は、停止と捜索には相当理由若しくは合理的嫌疑のあること、又は、裁量を限定する方策が講ぜられていること、が要件となる旨を判示したものである。

法廷意見は、先例が個人の自由を官憲の気紛れに服せしめるような無基準・無限定な裁量を一貫して否定してきたことを完全に見落としている。また、自動車の停止と船舶の停止との間には、法廷意見に言う程の大きな差異はない。

法廷意見は、検問所検問は制約の度合いが低いこと、及び、官憲の裁量を限定し濫用の危険性が減じられること、の故にマルティネス・フュルテ事件をブリニョーニ＝ポンス事件から区別している。また、抜き打ち検問か一斉検問かでブリニョーニ＝ポンス事件をプロウズ事件から区別している。しかし、制約の度合いの差を以ってブリニョーニ＝ポンス及びプロウズから離れることを正当化はできない。本件で法廷意見が、合理的嫌疑に基づいてのみ停止措置が許される旨言及しているブリニョーニ＝ポンス事件やプロウズ事件の事案よりも、本件事案での干渉の度合いは遙かに強度のものであった。すなわち、これらの事案とは異なり、本件では単なる停止と質問に留まらず、乗船までしているのであって、これは家屋への立入りにも匹敵する措置である。船舶舟艇は一時的な住居として使用されることもしばしばであるから、プライヴァシーの期待は自動車よりもずっと大きいものといえる。

次に、海上の事案であることの故を以ってブリニョーニ＝ポンス及びプロウズから離れることはできないと考える。まず、本件水域の地理的状況は水路であって、州際幹線道路での検問所検問と類似している。仮に検問所検問が非実際的だとしても、税関職員は恣意的法執行の契機と被処分者の困惑の契機とを減じるような無害な選択的法執行方法を採ることが可能であった。また、無差別法執行によらずとも密輸の阻止の目的を達成することは可能であった。というのは、密輸の摘発は違法行為者であるとの根拠に基づいて行われる傾向にあるからである。更に、税関職員が乗船した上での書類検査という方法による必要はなく、その代替策として、船籍登録証を船腹に装着すること、税関職員の船舶が対象船舶に近接するにとどめるか対象船舶の乗組員に税関職員の船舶へ移乗するように求めること、あるいは無線交信により備え付け書類の記載事項を確認すること等によれば良いのである。

《解　説》

一　本件は、海上での税関職員による乗船・船内捜索措置の第四修正への適合性が合衆国最高裁判所で問題となった初めての事例である。尚、連邦刑事訴訟規則四八条との関係でのムートの点も問題となってはいるが、本件に関しては第四修正への適合性が中心問題となっており、コメンテーターも同様の扱いをしているので(7)、本稿でもこの点に絞って検討することとする。

二　まず、法廷意見が本件措置を合憲だとする第一の理由である19 U. S. C. § 1581 (a) の前身である一七九〇年法三一条が合衆国憲法の権利章典と同じく第一回合衆国議会で議決されたことを以って、相当理由（probable cause）又は合理的嫌疑（reasonable suspicion—不審事由）なくして税関職員が乗船措置を講ずることも第四修正の禁ずる不合理な捜索・押収にはあたらない、との理論構成を採っており、これと同趣旨の論文もある(8)。この考え方は、ボイド事件で19 U. S. C. § 1581 (a) の前身である関税法の解決として既に示されていたものである(9)。確かに、このような経緯は合衆国議会が税関職員の乗船措置権限について第四修正との間に不整合があるとは見ていなかった、と推断させる根拠にはなり得よう。その意味では傾聴に値する。

しかし、修正条項は合衆国議会の発議によるものとはいえ、議会の意思が憲法解釈について決定的とはいえない。連邦法の合衆国憲法への適合性の最終判断権はいうまでもなく合衆国最高裁判所にあるからである。

また、第一回合衆国議会当時と今日とでは、第四修正に適合する「合理性」についてのコミュニティーの基準が変わり、背景事情も変わってしまっている点で(10)、上述の事情は憲法適合性を支える根拠にはなり難い、との批判もある(11)。そして、第一回合衆国議会当時は、船舶との間での無線交信による積荷目録の検査等の迅速な代替的な確認の方法はなかったのであるから、おそらくは、乗船措置が備え付け書類の検査方法として唯一の方策だったのであろうが、今日ではそうとはいえない、と判示した裁判例もある(12)。更に、第一回合衆国議会当時、大多数の船舶は軍艦であると商船であるとを問わず課税対象物件を積載しているとの疑いを持つことに合理性があったので一七九〇年法三一条はこのような規定形式を採った、という事情も指摘されている[13]。

このように、法廷意見の第一の論拠は、一応傾聴に値するものの、一七九〇年三一条及びそれを受けて制定された19 U.S.C.§1581 (a) の憲法適合性判断に関して決定的であるとはいえないように思われる。

三　次に、法廷意見が本件措置を合憲とする第二の論拠、すなわち、公海に近接した水域であることを理由とする合理的措置論を検討したい。

ここでは、国境地帯での自動車検問に関するブリニョーニ＝ポンス[14]、マルティネス・フュルテ[15]、プロウズ[16]の三つの先例[17]が検討された上で、自動車検問と船舶への乗船・検査とは別異に判断すべきだと判示されている。すなわち、①定まった道路を走行せざるを得ない自動車とは異なり、船舶は海上を自在に航行できるので検問所検問を採用することは非実際的であること、②船舶に備え置くべき書類は複雑多岐であり、ナンバー・プレートの類も発行されていないので係官が乗船の上で検査する必要があること、が指摘されている。他方、反対意見は①の点については法廷意見にいう程には、自動車と船舶との間に差異はないとし、よしんば①の点を認めたとしても、係官の乗船という方法よりはプライヴァシー制約の度合いの低い何らかの方法で代替すれば、密輸の摘発・防止という政府の利益は満足できた筈であるという。

①の点に関しては、法廷意見の判示が説得的であると思われる。合衆国領土・領水への密輸目的での侵入に備えて接続水域や領海基線に検問所を設け、効果的な検問を行うことなどは技術的に不可能としかいいようがないからである。この点は、本件判断以前から既に指摘されていたことである[18]。

尚、反対意見は、船舶が一時的な人の住居として用いられることもあるのだからプライヴァシーへの期待は自動車よりも高いという。しかし、駐車場内でモーター・ホームが住居として使用されていた場合にも令状要件の例外である自動車の例外が適用される、と合衆国最高裁判所は本件より後にカーニー[19]で判示しているので（カーニーでの判断の当否についての評価はともかくとして）、反対意見のこの指摘は通りにくい。

②の点についてはどうであろうか。船舶に登録ナンバー・プレート制度が採用されていない現状や船舶に備え付けるべき書類・記録の多種多様性からすると、確かに、法廷意見の側に分があるように思われる。反対意見が指摘するような無線交信での確認作業・税関職員の船舶が対象船舶の舷側に近接しての確認作業だけでは、多岐にわたる検査項目に対して必ずしも十分に検査目的を達し得ないと思われるからである[20]。もっとも、対象船舶の乗組員を税関職員の船舶へ移乗させての備え付け書類の検査ならば目的を達し得ることも多いとはいえようが、係官の乗船措置が必要な限度を上回る制約であるといえるか否かは、具体的状況によるものといえよう。本件の事案は、合衆国領水に入域次第、直ちに合衆国税関職員に必要書類を提示すべき義務[21]を負っている外国船籍の船舶に関するものであること、投錨・停泊中とはいいながら公海に近接した水域にある船舶が対象であること、乗船措置も当初は甲板の上という限定された範囲のみであって船内全体の捜索に直ちに及んだ訳ではなかったこと等からすると、密輸の摘発・防止という正当目的実現のために必要な最小限度の制約に猶もとどまっているものと見る余地があるように思われる。

仮に、本件乗船措置が第四修正の禁ずる不合理なプライヴァシーの制約にあたらないとすれば、甲板の上でマリワナの匂いを嗅ぎ付けた係官が、たまたま開いていたハッチから船内を覗き込む行為は、正当な乗船行為で開かれた空間における相当理由又は合理的嫌疑に基づく観察行為として許される範囲にあるといえる。だとすれば、その結果、プレイン・ヴューで発見されたマリワナの所持等を理由とする逮捕も、その後の船内全体の捜索・押収も、いずれも合理性を認め得るものとなろう。

四　尚、本件で問題となった合衆国税関職員の乗船・停船・調査権に関する 19 U. S. C. § 1581 (a) と同様に、合衆国沿岸警備隊（United States Coast Guard）による乗船・停船・調査権についても違法行為の相当理由又は合理的嫌疑なくして乗船措置を講ずることができるように読める規定があり[22]、本件と同様に、乗船措置の合理性をめぐって多くの裁判例[23]がある。これについても、本件判断が合衆国憲法第四修正への適合性を積極に解する参考となる可能性は大きいといえよう。

（1） 19 U. S. C. § 1581 (a) 試訳。
合衆国関税職員は、合衆国領土・領水、又は関税水域若しくは密輸対策法（Anti-Smuggling Act）その他の法律の下で関税法執行権限が付与された水域においては何処でも、いかなる自動車・船舶にも立入ることができ、積荷目録その他の記録・書類を検査し、自動車又は船舶内のあらゆる部分及び乗員・荷台・容器・積荷を捜索することができる。その目的を達するため船舶に停船を命じ、又は停船命令に服させるために必要なあらゆる実力を行使できる。この点に関し、安富潔「海上における取締」法学研究七一巻六号一九頁註（3）参照。

（2） 21 U. S. C. § 963.

（3） 21 U. S. C. § 846.

（5） 21 U. S. C. § 841 (a) (1).

（6） 652 F. 2d 481 (1981).

（7） Supreme Court Review, Fourth Amendment, 74 J. CRIM L. & CRIMINOLOGY 1282 (1982).

（8） Carmichael At Sea with the Fourth Amendment, 32 U. Miami L. Rev. 51, 65-75, 100 (1977).

（9） Boyd v. United States, 116 U. S. 616, 623-34 (1986).

（10） このような見方をするものとして、e. g. Comment, *Border Searches and the Fourth Amendment*, 77 YALE L. J. 1007, 1011 (1968).

（11） Supreme Court Review, Supra, at 1292.

(12) see, United States v. Streifel, 665 F. 2d 414, 419 n. 8 (2d Cir. 1981).
(13) Id.
(14) United States v. Brignoni-Ponce, 442 U. S. 873 (1975).
(15) United States v. Martinez-Fuerte, 428 U. S. 543 (1976).
(16) Delaware v. Prouse, 440 U. S. 648 (1979).
(17) これらの判例の詳細については、渥美東洋「自動車検問に憲法上の限定を付した合衆国最高裁のプロウズ事件の判断について」判例タイムズ三八三号二四頁、香川喜八朗「自動車に対する無令状捜索・押収(一)」法学新報九四巻一一・一二号四—一〇頁等参照。
(18) e. g. Comment, High on the Seas : Drug Smuggling, on the Fourth Amendment and Warrantless Searches at Sea, 93 HARV. L. Rev. 725–733 (1980).
(19) California v. Carney, 471 U. S. 386 (1985). この事件の解説・紹介として、香川喜八朗「自動車に対する無令状捜索・押収(二)」法学新報九五巻一・二号七—一一頁、洲見光男「モーター・ホームに対する無令状捜索の可否」(鈴木義男編『アメリカ刑事判例研究第三巻』に所収)がある。
(20) このような代替策の有効性を説くものもある。e. g. Comment, *supra* note 16. pp. 737–38.
(21) 19 U. S. C. § 1431 (a).
(22) 14 U. S. C. § 89 (a).
(23) 19 U. S. C. § 1581 (a) 及び、14 U. S. C. § 89 (a) の第四修正への適合性に関しての裁判例の詳細は、Wayne. R. LaFave, vol. 3. Search and Seizure : A Treatise on the Fourth Amendment 776–88 ; Comment, *supra* note 16. を参照。

(清水　真)

二三　監視付配達・泳がせ捜査（controlled delivery）

51　Illinois v. Andreas, 463 U. S. 765 (1983)

合法な国境での税関検査により禁制品が発見された容器を封印後、警察の監視下でその容器を申請人のところへ送達し、一時見えなくなったが、申請人がその容器を持って出てきたところでその容器を押収後に再度開披するには捜索令状によることを要しないとされた事例。

《事実の概要》

カルカッタからシカゴの被上告人に空輸されてきた大きな、鍵の掛かった金属コンテナがオヘア国際空港に到着した時に、税関検査官がそれを開けたところ、中にマリワナが隠された木のテーブルが入っているのを発見した。この検査官はこの事実をＤＥＡ（薬物対策法執行局（Drug Enforcment Administration））に通報し、その日遅く特別係官ラベックが到着し、その内容物がマリワナであることを確かめ、再度そのテーブルとコンテナを封印した。

翌日、ラベックはそのコンテナを被上告人のビルへ送達し、そこでシカゴの警官リプセックと会った。両名は配達人を装って被上告人のアパートに立入りそのコンテナを引き渡した。被上告人の求めに応じ両名はそのコンテナを被上告人のアパートの外の廊下に置いた。ラベックはそのコンテナが見える位置から、被上告人がそのコンテナを自分のアパートに引き込むのを見た。リプセックが被上告人のアパートの捜索令状入手のために立ち去ったときに、ラベックはそのアパートの監視を続け、被上告人が、アパートを出て廊下の端まで行き、窓の外を見て、そのアパートに戻ったのを見た。この送達の三〇、四〇分後、リプセックが令状を持って戻ってくる前に、被上告人がこのアパートからコンテナを持って再度現れたので、ラベックは直ちに彼を逮捕し、警察署に連行し、そこで、無令状でそのコンテナを再度開け、テーブルの中から発見されたマリワナを押収した。

被上告人は禁制品所持罪で起訴された。公判前、公判裁判所は、サンダース（Arkansas v. Snders, 442 U. S. 753 (1979)）とチャドウィック（United States v. Chadwick, 433 U. S. 1 (1977)）を根拠に、テーブルから発見されたマリワナの排除を求める被上告人の申立てを認めた。

Apellate Court of Illinois, Fist Judicial District はこの判断を確認した（100 Ill. Apl 3d 396, 426 N. E. 2d 1078 (1981)）。同裁判所はサンダースとチャドウィックを根拠に、被上告人は、コンテナにプライヴァシーの合理的期待を有すると判示し、警察が合法な捜索後にそのコンテナの監視付配達（controlled delivery 泳がせ捜査）をしたのであれば令状は不要だが、監視付配達があるといえるには、警察はそのコンテナについて常時「支配とコントロール」を維持しなければならず、このときにその内容物が最初の捜索後に変えられなかったという「絶対的確実さ」を警察は得るのであり、この監視付配達は本件にはないと判示した。本件では、①ラベックがそのコンテナの再度の封印時に立会っておらず、したがってその内容物については「伝聞」によってしか知らず、②そのコンテナは被上告人のアパートの中にある間見えなかったのだから、その内容物がその前後で同一だとの確実性はなく、したがって、無令状でのそのコンテナの再度の開披は第四修正に違反すると判示した。

合衆国最高裁判所はサーシオレイライを認容した。

《判旨・法廷意見》

破棄差戻し

一　バーガ首席裁判官の法廷意見

(1)　第四修正はただ単に場所を保護するのではなく、プライヴァシーの正当な期待を保護する。警察の検査がプライヴァシーの正当な期待を侵害しなければ令状条項の適用を受ける「捜索」がないことになる。See Walter v. United States, 447 U. S. 649, 663-665 (1980)（Blackmun, J., dissenting）。したがって、最初の問題は、以前に合法に捜索されたコンテナについてプライヴァシーの正当な期待を個人が有するか否かであるが、一旦政府の官憲が合法にそのコンテナを開け、その内容物が違法な物であることを識別したら、そのコンテナ中の禁制品には保護されたプライヴァシーの利益は全くない。そのコンテナを、警察が監視付配達に付せるように再度封印した行為は、合法に侵害されたプライヴァシーの権利を復活させるものではない。

この結論はプレイン・ビュー理論を基礎づける理論構成によっても支えられている。プレイン・ビュー理論は、官憲が、第四修正上或る物に近づく正当根拠があり、その物が犯罪行為と関係していると思料する相当理由があるときにはその警察官の目に見える違法物又は証拠物の押収を認める。プレイン・ビュー理論は、一旦警察が合法に或る物を直接見たら、その物についての所有者のプライヴァシーの利益は失われるという立場に立つ。その所有者は所有権と占有権を依然として持つことができるが、プライヴァシーを保持することはできない。この理論構成が本件にも当て嵌まる。一旦コンテナに違法な薬物が入っていることが確実とみれる程度に判明したら、その禁制品は、警察のプレイン・ビュー下にある物と同様な物となり、プライヴァシーの主張は失われる。したがって、その後に、そのコンテナを再度開けることは第四修正の意味にいう「捜索」ではない。

だが、違法薬物取引きの捜査にあって避けることができない厳しさと偶然さのゆえに、原審が求めた「完全な」監視付配達と「絶対的確実性」は実現不可能なものである。しばしば警察は追跡しているコンテナを見失うことがあるし、また、車又は船で追跡しているときには危険が伴う。

一時見えなくなればコンテナ中の禁制品が出され別の物が入れられる可能性がある。このような中味の入替えが生ずる蓋然性の有無は、コンテナの性質と利用の仕方、監視中断時間の長さ、その中断が生じた状況等の事実と状況により決まる。だが、警察がそのコンテナの中味について一〇〇％の確実性を抱いていなかったという単なる事実はそのコンテナについて保護されたプライヴァシーの利益を生ぜしめるものではない。See Arkansas v. Sanders, 442 U. S. 753, 764–765, n 13 (1979)。そこで、裁判所は、コントロール又は監視に中断があった後のどの地点で、そのコンテナへの個人のプライヴァシーの期待が第四修正により保護を受ける正当なものとなったとみるべきかが争点となる。

この基準の設定に当たり次の三つの原理を考慮しなければならない。第一に、訓練を受けた平の警官が適用可能な基準でなければならないこと。第二に、その基準は合理的なものでなければならないこと。例えば、あるコンテナの内容物が変えられた蓋然性が僅かしかないのにプライヴァシーの正当な期待があるとみるのは馬鹿げている。第三に、この基準は客観的なものでなければならないこと。個々の警察官の思料するところを基準とするものであってはならない。プライヴァシーの正当な期待への侵害の危険を制限する、適用し得る、客観的基準は、そのコンテナの内容が、監視中断中に変えられたか否かである。内容物が変えられた相当高度の蓋然性がなければ、合法な権限に基づき以前に開披されたコンテナの内容物についてはプライヴァシーの正当な期待はない。

(2)　当法廷は、以上の基準を本件に適用する。本件ではコンテナの内容物が、監視をしている官憲が見失った僅かの間に変えられた相当高度の蓋然性はない。そのコンテナの異常な大きさ、その用途が特定されていること、監視の中断が比較的短かったこと、これらの事情を総合すると、被上告人がアパートの中にいる間にコンテナからテーブルを出して、そのコンテナの中に別の物を入れたとみるべき蓋然性は相当低いといえる。したがって、そのコンテナの再度開披はプライヴァシーの正当な期待の侵害に当たらず、第四修正違反はない。

二 ブレナン裁判官の反対意見（マーシャル裁判官参加）

私の知る限り或る個人が占有するコンテナを物理的に開披し調べる活動が「捜索」に当たらないとした先例はない。

法廷意見は、一旦政府官憲が合法にコンテナを開披しその中に禁制品が入っていることが判明したらコンテナ中の禁制品には保護されるべきプライヴァシーの利益は残されておらず、再度封印し監視付配達に付したことで、合法に侵害されたプライヴァシーの権利が復活することはないと判示する。

だが、第四修正は情報だけを保護するのではない。しばしば忘れられているが、その文言上、「身体、住居、書類、及び所持品の『安全を保護される』人民の権利」を保護している。第四修正は政府の干渉を受けずに一人で放っておいてもらう権利を保障する。これは自己の静謐を妨げられない権利である。

本件では被上告人は彼のコンテナの完全性を維持する権利がある。税関検査は合法だが、この捜索が如何に正当化されようとも、一旦そのコンテナが運び出されればもはやその正当根拠はなく、被上告人に送達されればその正当根拠がないのは確実である。

法廷意見は、プライヴァシーの権利を秘密権（right to secrecy）に減じてしまっているが、これは正当ではない。また、法廷意見が国境での捜索を類推する点も正当ではない。ロージー（Lo-Ji, Inc. v. New York, 442 U. S. 319 (1979)）は、公衆が自由に出入りできる店の展示物については官憲の侵入を受けないとのプライヴァシーの正当な期待はないと判示したが、だからといって、第四修正の保障に従わない店全部の捜索・押収に同意したとみるべきではない旨判示している。また、タイラー（Michigan v. Tyler, 436 U. S. 499 (1978)）は、火災直後の消防官と捜査官による無令状での被災家屋への立入りは「緊急状況」があるので認められるが、その緊急状況が過ぎ去った後の立入りには捜索令状が要ると判示している。火災は、一人で放っておいてもらう権利を一時停止させるが、この権利を全く消失させてしまうことはなく、最初の捜索は、その後の独立の無令状捜索を有効とすることはなく、まして、捜索ではないとすることはない。

したがって、本件の法廷意見は、第四修正に関し新見解を示し、第四修正の原理を掘崩すものである。さらに、法廷意見は、「所有権と占有権」は「プライヴァシー」権を与えないと主張して、第四修正の自由保障の制度の神髄からかけ離れてしまっている。

法廷意見は「捜索に当たらない」とする見解を「プレイン・ビュー理論」を基礎づける理論構成を類推して根拠づけるが、この理論は、第四修正は「秘密（secrecy）」のみならず「安全（security）」も保護することを認め強調しているので、根拠にならない。プレイン・ビュー法理では、犯罪に関係する押収対象物が目に見えるだけでは足りず、家屋への立入り等の官憲の行為が合法になされたことがその前提となる。また、「押収対象物が犯行と関連することを疑う相当理由」が要る。捜索・押収に第四修正が全く適用されないのであれば相当理由の要件は要らないはずである。

プレイン・ビュー理論は令状要件の例外である。令状によるのが原則であり、その例外は限定されている。プレイン・ビューの場合は、証拠破壊の危険があり、また法執行官憲の身体の安全確保の必要があるので無令状の活動の必要がある場合だが、本件では、先例で無令状の例外を認めなければならない必須の理由はない。警察官は、被上告人のコンテナ捜索に当たり、捜索令状を入手しようとすればできたはず——実際入手の過程にあった——だが、無令状で捜索した。したがって、たとえ、「捜索に当たらない」という法廷意見の新規な分析を令状要件のもう一つの例外とみるとしても、先例の明確に命ずる結果と調和させるのは難しい。

監視付配達が適法で効果的な法執行方法であることには法廷意見に完全に同意するが、この「監視付配達」は、送達後の捜索が有効な捜索令状により行われれば、同様に効果的で、より一層適法であろう。

たとえ、監視付配達後の容器の「再度の開披」が「捜索」ではないとする法廷意見の立場が正しいとしても、「監視中断の間に内容物が代えられた相当高度の蓋然性」がなければ「捜索はない」とする法廷意見には賛成できない。プライヴァシーの正当な期待から考える法廷意見の立場に立っても、「絶対的確実性」に近い蓋然性がなければならないとすべきである。容器が一度合法に開披された者が、その容器を見られることなく近づきその内容物を変える機会があったのであればプライヴァシーの合理的期待は再度生ずるとみるべきである。法廷意見は、曖昧な中間的基準を採用したことで、「プライヴァシーの合理的期待」への重大な侵害が生ずる虞を高めた。また、何故「相当高度の蓋然性」という基準が「訓練を受けた平の警察官が適用可能な」基準を提供することになるのか判らない。

本件では、三〇、四〇分間、「監視付配達」に付された容器は被上告人の占有下にあった。かなり長い間その容器を官憲は見ていないのである。その当時の状況を前提としても、その内容物が捜索されるか「再度開披され」た時に禁制品が中に入っているという「相当高度の蓋然性」があったとは思われない。

三　スティーヴンス裁判官の反対意見

原審の適用した「絶対的確実性」のテストは第四修正が求めるよりも幾分厳格であるので、原審判断を破棄し差戻す。

《解　説》

一　国境での税関検査で合法に開披されマリワナの存在が確認された容器を監視付配達（controlled diliberry 泳がせ捜査）に付し、被告人に引き渡した後、三〇～四〇分して被告人がその容器を持ってアパートから出てきたところでその容器を所持する被告人を逮捕して警察に連行し、その容器を「再度開ける」のに、捜索令状が要るのか否かが本件の争点である。法廷意見は、この容器にはプライヴァシーの正当な期待が欠けるので「捜索」はなく捜索令状は不要だと判示した。

二　キャッツ[1]は、第四修正の保護はプライヴァシーの合理的期待の有無により決まると判示した。この期待があるといえるには政府の行為の対象者がプライヴァシーの（他から侵入を受けないだろうとの）主観的期待を示していることと、その期待が社会が合理的として認めるものであることが必要である。

本件もこのキャッツの判断によっている。法廷意見は、まず、合法な開披により禁制品が確かめられれば、その容器中の禁制品には保護されるべきプライヴァシーはなく、その容器を閉めたからといって、失われたプライヴァシーが復活することはないと判示している。合法な開披によりプレイン・ビューの状態となってしまえば、そこには官憲の侵入を阻止するプライヴァシーの利益は失われるといってよい。プライヴァシーの合理的期待が欠ける場合には「捜索」はない。ここで残る利益は、プライヴァシーの利益ではなく、所有と占有の利益だといえる。ここで、プレイン・ビューの状態にある物が犯罪行為（活動）に「関連」していれば「押収」し得ることになる[2]。法廷意見は「捜索」と「押収」についてこのような構造で理解している[3]。

三　本件では監視付配達（controlled delivery 泳がせ捜査）が関係する。この活動の合法性それ自体については、法廷意見、少数意見、補足意見間に争いはない。見解の相違は、監視中、一時容器が目に見えない状態になったときにそれをどう評価するかである。一旦容器が開披されても、その後の事態の進展により別の物と入れ替えられる可能性もあり、入れ替えが生ずれば新たなプライヴァシーがそこで発生するので、最初の合法な開披によりプライヴァシーはなくなったという構成を維持できなくなる。法廷意見はこの点について、監視に中断があっても、「内容物が替わったとの相当高度の蓋然性」がなければ、以前に開披された容器についてプライヴァシーの合理的期待はないと判示した。これに対し、ブレナン裁判官は、プレイン・ビュー法理には「絶対的確実性」に近いものを求める立場に立ち、官憲にみられることなく容器に近づきその内容を替える機会があれば、プライヴァシーの合理的期待はあるとみるべきだとする立場に立っている。だが、ブレナン裁判官のように解すると、厳格に過ぎ、監視付配達（controlled delivery 泳がせ捜査）それ自体を困難にすることもあり得ると思われる。「内容物が替わったとの相当高度の蓋然性」の有無を基準にすることで、プライヴァシー保護に適切に配慮しつつ、実際の法執行を不可能にしないことになると思われる。

四　ブレナン裁判官は、第四修正は「身体、住居、書類、及び所持品の『安全』」に関する「人民の権利」(4)を保障したものであることを強調し、この権利を「政府の干渉を受けずに一人で放っておいてもらう権利」としてとらえ、その内容を「自己の静謐と占有を妨げられない権利」だと表現し、この視点から、容器の中味にプライヴァシーの合理的期待がないことを理由に第四修正違反がないとする法廷意見を批判している。

(1)　「静謐を害されない権利」は、絶対的なものではなく、プライヴァシーの合理的期待があるからこそ政府の干渉によってその静謐が害されてはならないと言えるので、プライヴァシーの合理的期待の有無を検討すれば第四修正の原理に従った扱いができるだろう。一旦中味が政府官憲によって合法に見られ監視付配達（controlled delivery 泳がせ捜査）に付されていれば、第四修正の保障するプライヴァシーの期待は欠けている。キャッツの法廷意見が明らかにしているように、第四修正は、他者との係わりのある状況で政府が私人の活動に干渉を加え、個人の意思に反して政府の干渉を受けない期待を保護しようとするものであり、ただ単に「一人で放っておいてもらう権利」を保護しようとするものではない[(5)]。このような「一人で放っておいてもらう権利」はむしろ「不法行為」による保護の対象となるのであり、憲法上の保護の対象とは別個の問題である。先例はプライヴァシー権を、ブレナン裁判官のいう「秘密権」(the right to secrecy) として構成しているとはいえない。

(2) 国境捜索を類推して本件をとらえるのは妥当でないとブレナン裁判官は論ずるが、法廷意見は本件を国境捜索(国境での税関検査) によりプライヴァシーの合理的期待が失われた状況が継続しているとみているのであり、国境捜索を国内での捜索に類推しているわけではない。

(3) ブレナン裁判官はロージー[(6)]とタイラー[(7)]を引いて、法廷意見を批判する。だが、両事件とも、批判の根拠にならないと思われる。

ロージーは、一般令状による成人向き書店で、押収対象物の明示・限定を欠く令状を発付した裁判官が令状執行部隊の一員として加わり「猥褻物」を「捜索・押収」した事案であり、プライヴァシーの正当な期待がある場所での一般令状による違法な捜索・押収がなされた場合である。一般の客が入れるからといって店全体の捜索・押収についてまで同意したことにはならないとのロージーの判示は、同意の範囲に関するものであり、ブレナン裁判官のいうような第四修正による住居の「安全・静謐」の保護の観点から、プライヴァシーの合理的期待の及ぶ範囲と無関係に、捜索・押収の合憲性について判示した事例ではない。プライヴァシーの合理的期待の有無の観点から捜索・押収にまで同意が及ばないことを十分説明できる事例であり、店には一般客が立入り購入できる限度でプライヴァシーの合理的期待はないといえるにとどまり、それを超えて、店を開いていることで、店全体の捜索・押収に関してまで、プライヴァシーの合理的期待がないとはいえない。容器の開披によりプライヴァシーの合理的期待が全くなくなった本件とは事案を異にする。

タイラーは、火災鎮火後、一旦退去した後の数時間後の火災原因調査のための再度の立入りを最初の立入りの「継続」だとして合法としたが、緊急状況消失後の立入りには捜索令状が要ると判示した。ブレナン裁判官は、緊急状況がなくなれば令状が必要だとタイラーが判示することを強調する。緊急状況を理由とする立入りにより合法にプライヴァシーの合理的期待は破られ、その立入りの「継続」する間は、新たなプライヴァシー侵害はないのに対し、「継続」とみれる時間を過ぎれば、被災家屋であっても新たなプライヴァシーが蓄積される。また、「家屋」は多くのプライヴァシーが貯蔵されている場所であり、火災の際には、鎮火、再火災防止、火災原因究明といった限定された目的の範囲で立入りがなされているのであり、プライヴァシーの合理的期待はその限度でなくなるといえるにとどまるから、「継続」に当らない新たな立入りを令状により規律する必要は高い。

監視付配達（controlled delivery 泳がせ捜査）のときには、一旦合法に中味が見られたことで容器の中味にプライヴァシーはなく、タイラーのいう、プライヴァシー（の合理的期待）が家屋にある状況とは構造を異にするので、タイラーは根拠にならない。

(4)　ブレナン裁判官は「占有を妨げられない権利」を第四修正が保障しているという観点から法廷意見を批判する。第四修正のプライヴァシー権は所有権と占有権の保障も含むとみる。ブレナン裁判官の意見は、プライヴァシーの合理的期待により「捜索」の有無を区別するという立場ではなく、財産権・占有権の「安全」の侵害の有無によって捜索の有無を区別する立場に立っている。つまり、キャッツの「プライヴァシーの合理的期待」の有無による「捜索」の有無の区別を、所持品（財産権・占有権）の「安全」が関係する場合についてとらない立場を選択している。この立場では、法廷意見と異なり、キャッツの、プライヴァシーの合理的期待が認められない場合でも、第四修正の保護が及ぶとみる。

ブレナン裁判官は、「捜索・押収」に第四修正が適用されないのであればプレイン・ビュー法理で要件とされる相当理由は不要なはずだというが、プレイン・ビュー法理は、プライヴァシーの合理的期待が欠けているとみることができる状況での「押収」に関係する。プレイン・ビュー法理を適用するには最初の立入りが合法であることが前提となる。立入り前には一般にプライヴァシーの合理的期待があるからである。合法な官憲の活動により犯罪に関する活動がプレイン・ビューの状態になればそこにはプライヴァシーの合理的期待があるとはいえない(8)。ここでは占有の利益の剝奪の是非、つまり、「押収」が関係する。財産権・占有権を剝奪する「押収」活動が政府の無制約な裁量に委ねられてよいとはいえないので、プライヴァシーの合理的期待がなくなっている状況であっても、証拠物を「押収」するには「相当理由との『関連』」がなければならない。ブレナン裁判官は、プレイン・ビュー法理を「(捜索)令状要件の例外」だとみるが、この法理が適用されるのは、プライヴァシーの合理的期待がない場合である。プレイン・ビュー法理は「捜索」に関する法理ではない。

法廷意見は、再度容器を開ける行為が「捜索」に当たるか否かを判断しているだけであり、「押収」については明示の判断を示していない。

五　プライヴァシーの合理的期待の有無という観点から考えると、キャッツ以前の、「住居・書類・所持品等の憲法上保護された領域・物」への侵入・捜索・押収の有無という、財産権（によって基礎づけられたプライヴァシー）の観点から憲法上の保護を考える場合と相違が生ずる。本件法廷意見は、キャッツの「プライヴァシーの合理的期待」という観点に立って考察したのに対し、ブレナン裁判官は、第四修正の保障には、住居、書類、所持品等の財産権や占有権の「安全」の保障が関係することを強調して、令状要件が妥当するとの判断を示した。有体物が関係する場合は、キャッツとは異なる基準で考える立場に立つようである。この視点の相違が本件で多数意見とブレナン裁判官の立場を分けた大きな要因であろう。

（1） Katz v. United States, 389 U. S. 347 (1967).

（2） プレイン・ビュー法理についてはCoolidge v. New Hampshire, 403 U. S. 443 (1971)；Arizona v. Hicks, 480 U. S. 321 (1987) 及び Horton v. California, 496 U. S. 128 (1990) を参照。Horton v. California, 496 U.S. 128 (1990) において、立入りが適法になされ、そこで発見した物が犯罪の証拠であることが「直ちに明らか」であり、法執行官憲がその証拠を入手できる適法な権限を有していれば、令状発付の理由となっている証拠以外の証拠についても、無令状で押収できる旨判示し、令状の理由たる犯罪とは別罪の証拠が適法な捜索押収の過程で「偶然発見されたこと（inadvertent）」との要件は不要であるとして、これを要件とするCoolidgeを変更した。発見した証拠物が犯罪の証拠又は禁制品であることが「直ちに明らか」であることを要件とする点及び「偶然発見したこと」を不要とする点ではCoolidgeとは異なるが、適法な立ち入りを要件とする点ではCoolidgeと同様である。

（3） 「捜索」と「押収」を区別して考える立場は、例えばMaryland v. Macon, 472 U. S. 463 (1985). 本書47事件でもとられている。

（4） 合衆国憲法第四修正の条文参照（the right of the people to be secure in their houses, papers and effects. . .）。

（5） Katz v United States, 389 U. S. 347 (1967) 参照。

（6） Lo-Ji Sales Inc. v. New York, 442 U. S. 319 (1979).

（7） Michigan v. Tyler, U. S.

（8） Coolidge v. New Hampshire；Arizona v. Hicks, supra. 2.

（中野目　善則）

二四　空港での停止及び所持品検査

52　Florida v. Royer, 460 U. S. 491 (1983)

空港で、ドラッグ・カリアー・プロファイルに基づいて停止し、運転免許証と航空券を返さないまま、窓のない取調室に類似した部屋へ同行することは、相当理由の欠如した身柄拘束であり、その違法な身柄拘束によって汚染された同意に基づく荷物の捜索は違法となり、押収されたマリワナは排除されるとした事例。

《事実の概要》

一九七八年一月三日、二名のフロリダ州麻薬取締官は、被上告人がドラッグ・カリアー・プロファイルに示された特徴を備えているという理由で、搭乗のためにコンコースを歩いているときに停止を求め、警察官であるとの身分を明かして、少し話をしたいと言った。取締官から航空券と運転免許証の提示を求められたとき、被上告人は口では同意しなかったが、それを提示した。航空券の氏名と運転免許証の氏名のくい違いについて質問された時、被上告人は友人がホルトという氏名で航空券を予約してくれたと説明したが、彼はこの会話をしているうちに一層緊張してくるのがわかった。取締官は航空券と運転免許証を返さないまま、被上告人に近くの部屋――机が一つと椅子が二つある大きな荷物室――に同行するように求めたところ、被上告人は口では何も答えなかったが同行した。取締官の一人は被上告人の同意あるいは合意を得ないで、荷物の受け取り券を使ってホルト名義の二つのスーツケースをその部屋に運んできた。その荷物の捜索への同意の有無を尋ねられたとき、口では返答せずに鍵を出し、一方のスーツケースの錠をはずした。取締官は同意を得ることなくそれを開け、マリワナが発見された。被上告人がもう一方のスーツケースの錠のコンビネイションナンバーを知らないといったので、取締官は開披への異議の有無を確かめたところ、被上告人は「いや、どうぞ」と言った。スーツケースがプライヤーでこじ開けられ、マリワナが発見された。このとき、被上告人は逮捕されたと告げられた。取締官が被上告人に近づいたときから、禁制品の発見により逮捕されるまではぼ一五分経過していた。

公判裁判所は、捜索の同意は自由に、任意に与えられたのであり、同意の有無に関係なく、令状入手の時間的余裕がなかったので、本件無令状捜索は合理的なものであると認定した。被上告人は証拠排除申立てを却下する判断に抗告する権利を留保して有罪の答弁を行い、有罪と認定された。フロリダ州第三地区控訴裁判所（the Court of Appeals of Florida, Third District）は初め、小法廷で公判裁判所と同じ認定を行ったが、裁判官全員出席の大法廷で有罪認定を破棄した。被上告人は相当の理由のないまま小部屋にとじ込められ、その身柄拘束はテリー事件の制限を逸脱し、したがって、捜索に対する同意は相当の理由を欠いた違法な身柄拘束の結果であるので無効であるというのが理由であった。この判断に対して、州からの事件移送令状の申請が認められた。

《判旨・複数意見》

原審判断確認

一　ホワイト裁判官執筆の複数意見

(1)　まず、いくつかの明確な点を述べておくことが妥当である。第一に、捜索令状が無く、相当の理由が欠如し、かつ緊急状態にない場合には、捜索の有効・無効は被上告人の同意の有無にかかっており、その同意が得られたこと、及びそれが自由に任意に与えられたことを証明する責任は州にある。第二に、警察官は自由に個人に近づき、質問に答えてくれるかどうか尋ねることができるし、警察官であるとの身分を明かしただけでは身柄拘束の問題は生じない。しかし、その者は質問に答える必要はないし、立ち去ることができる。身柄を拘束する合理的・客観的理由がない限り、一時たりとも身柄を拘束してはならない。第三に、犯罪が行われ、又は行われようとしているとの合理的で、言語で明確に表現できる不審事由がある場合には、その不審事由の有無を明確にするための一定の身柄拘束は第四修正の下で正当とされてきている。第四に、容疑者の身体の自由に対する限定的な侵害は法執行による正当な利益を理由として認められるが、その場合の捜索の範囲はその捜索を許容できるもとになった事情に厳格に限定されねばならない。つまり、捜査のための停止は一時的なものでなければならず、その停止の目的を実効化する上で必要な時間を超えてはならず、その方法も不審事由の有無を確認するうえで最も侵害の少ない方法でなければならない。そして、その時間や方法が合理的なものであったことを証明する責任は州にある。第五に、違法な身柄拘束の間になされた供述はたとえ任意なものであっても許容性は認められない。第六に、フロリダ州控訴裁判所は、被上告人が身柄を拘束されていたときに荷物の捜索に同意を与えただけでなく、テリー(1)で認められた捜査のための停止の限界を逸脱したと結論したが、われわれもそのように考える。

(2)　捜査官が麻薬取締官の身分を明かし、麻薬運搬の嫌疑があると告げ、航空券と運転免許証を返還せず、しかも自由に立ち去ることができる旨を告げないまま取調室に同行するように求めたときに、被上告人は第四修正の意味で実質的に身柄拘束された。

取締官が航空券と運転免許証及び荷物を持ち、被上告人に自由に飛行機に搭乗できると告知しなかった時点で、停止に関する同意は終了すること、及び州は、被上告人が荷物の捜索を拒絶した場合には取締官はそれを留置し、捜索令状を入手したであろうと釈明していることからみて、その時点から公共の場所での同意による調査は警察の取調室での捜査手続に変化したのである。航空券と運転免許証を返還せず、かつ自由に立ち去ることができることを告知せず、また被上告人の身柄を移動することにより、停止者の身体や停止が行われた場所の安全が保たれるという理由はなかったので、取締官の活動はテリー後の一連の事件で認められた、捜査のための停止を実効化するのに必要な侵害の程度を超えている。被上告人が停止場所で捜索に同意したのであれば、その捜索は荷物を取り出した場所で、被上告人の立会のもとで行うことができたのであり、そこで発見された証拠は彼に不利益に許容されることになったであろう。その捜索で何も発見されなければ被上告人はもっと早く、飛行機に乗り遅れることなく立ち去ることができたであろう。

(3) 取締官は相当の理由があったとは考えず、したがって、同意を根拠に手続を進めていったという事実があるからといって、公判廷で相当の理由を証明することにより、被上告人の身柄拘束を正当化することができなくなるわけではないと州は主張するが、若い男が緊張し、二つの荷物を持ち、麻薬運搬の目的地までの航空券を小額紙幣を用いて現金で購入し、それを不審事由として行われた質問によって、偽名で航空券を購入していたことが判明し、取締官がその理由の説明に納得しなかったという事実は相当の理由を構成しない。

(4) 被上告人は違法な身柄拘束中に、荷物の捜索に同意を与えたのであり、その違法に汚染された同意は捜索を正当とするには無効であるとの原審判断に同意する。したがって、原審判決を確認する。

二　パウエル裁判官の補足意見

本件麻薬取締官は同意のないまま、被上告人の荷物、運転免許証、航空券を留置したのであり、しかも彼は二名の取締官と共に、窓のない小部屋にいたのである。このような事情から、被上告人は逮捕されたといえ、荷物の鍵を差し出した行為は同意によるものとは考えられない。本件はこの点で、メンデンホール(2)と異なるので多数意見に加わる。

三　ブレナン裁判官の補足意見

多数意見が原審判決を確認する点で多数意見に加わるが、最初の停止が合法であったとする多数意見には反対する。テリーでは、警察官が自己の、又はその場にいる他の者の身体の安全が兇器によって脅やかされていると考えられる場合に、その身体の安全を守るために容疑者の着衣の外側をフリスクできると判断されたのであり、捜索のための停止の範囲はきわめて限定されていた。確かに、警察官と市民との出会いのすべてが第四修正の身柄拘束に当たるわけではないが、警察官がその身分を明かし、身分証明書や航空券の提示を求めた場合には第四修正の身柄拘束が行われたといえる。警察官が近づき、身分を明かし、運転免許証や航空券の提示を求め、それを渡したときに、被停止者は権威（authority）の呈示により自由を制限されたのであって、その者は自由に立ち去ることができると感ずると言うのは誤っている。

テリー、ウィリアムズ(3)で認められた停止を行うためには、言語で明確に表現できる事実及びその事実から合理的に推論された事実に基づく合理的な不審事由がなければならない。被上告人が重そうに見えるアメリカン・トゥアリスターの荷物を持っていたこと、年齢が若く、外出着だったこと、青白く緊張し、他の者を見回していたこと、航空券を小額紙幣を用いて購入したこと、荷札の記入事項を完全に行わなかったこと等の事実は、個別的に考えても、又は総合して考えても、不審事由を構成するには不十分である。したがって、最初の停止は違法であったと考える。

四　ブラックマン裁判官の反対意見

(1)　本件で荷物を開け、禁制品が発見されるまでは逮捕を行う相当の理由はなかったという点には同意するが、その相当の理由がない限り、捜索の同意を得て禁制品を発見することはできないという点には反対する。

(一)　先例から、二つの類型の身柄拘束、つまり、相当の理由が要求される場合と、柔軟な法執行の必要性を理由として不審事由に基づく限定的な身体の自由の制限がなされる場合とがある。後者の場合には、個人のプライヴァシーに対する侵害と、不審事由に基づく限定的な身体の自由の制限によって得られる法執行上の利益との較量が求められる。

(二)　被上告人に対する停止及び質問は合理的な不審事由に基づいていたが、ブリニョーニ＝ポンス[4]で判断されたように、それ以上の身柄拘束又は捜索が同意又は相当の理由に基づいていたか否かが問題となる。総合事情から判断すれば、被上告人は同行に同意したのであり、その部屋に入ると捜索に同意したのである。しかも、多数意見やフロリダ州控訴裁判所もその同意が不任意だったとは述べていない。したがって、最初の停止及び限定的な質問ののちに行われた身柄拘束や捜索は同意に基づいていたのである。

(2)　本件停止は合理的な不審事由に基づいており、その時間は一五分でしかなく、取締官は重要な段階で必ず同意を得ていた。警察官は短時間のうちに何らかの形で不審事由を解明する周到な捜査方法をとっていたと思う。麻薬運搬者を特定することがいかに困難であるかということに照らすと、本件の侵害行為は最小限のものであり、具体的な不審事由に基づいていたので合理的であった。

五　レーンクェスト裁判官の反対意見

麻薬取締官が観察して得た事実は、そのうちのいくつかを組み合わせてみれば、言語で明確に表現し得る不審事由及び相当の理由の双方を構成している。また、荷物がすでにチェックされ、被上告人が搭乗しなくともそれは目的地に送られることになっていた点に注意すれば、取締官が引き続き質問を行うことが適切だったかどうか、大変混雑したコンコース――多数意見が見落している事情の一つである――で質問を行い、荷物を開ける許可を求めることが合理的だったかどうか、荷物の捜索が行われた部屋が広く、椅子が三つあったならば、このような事実により、取締官の活動は合理的になったかどうかを考えてみれば、多数意見の根拠は不十分である。しかも、ブリニョーニ＝ポンス、ウィリアムズを引用して、第一修正の「最も侵害の小さい手段」の原則を第四修正に持ち込んだが、どちらの事件もその原則を第四修正のものとして支えるものではない。

多数意見が、捜査のための身柄拘束を正当とする合理的な不審事由があったことを肯定している以上、調査が取調室で捜査手続に変化したという指摘は、第四修正違反の主張を判断するには関係がない。

テリー(5)では、警察官の身体の安全を理由として兇器に対するフリスクが認められたが、その後の判決で停止の範囲が拡大され、マーティネス＝フュルト(6)では、通常の検問所では、具体的・個別的不審事由がなくとも、視覚による検査及び質問のために、違法入国者を運搬していると疑われる車輌の停止が認められたのである。したがって、本件での停止は合法であり、停止時間にも問題はなかった。

本件での取締官の活動が合理的であったことは、被上告人の同意があったことによるのではないが、被上告人は同行に同意したのであり、強制や威迫もなかった。したがって、同行した部屋で会話を再開したからといって、同意がそこで終了してしまい、部屋に入ったときに逮捕されたことになると考えることはできない。

さらに、同行した部屋の状況から、被上告人の同意が不任意なものとなったかどうかについては、被上告人がその部屋にいたというだけでは不十分であるし、部屋の大きさも理由にはならない。被上告人が強要されたという客観的な証拠が必要である。以上の理由から、反対する。

《解　説》

メンデンホール（53事件）[7]及びリード（54事件）[8]では、ともにドラッグ・カリアー・プロファイルに基づいて、捜査のための停止が行われたが前者は合法とされ、後者は違法とされた。本件では、ブレナン裁判官のみが最初の停止を支える不審事由はなかったと判断したのみで、他の裁判官はすべてその不審事由を肯定している。しかも、レーンクェスト裁判官を含む三名の裁判官は、麻薬取締官が観察した事実は逮捕を行うに足る相当の理由をも構成すると判断した。しかし、ホワイト裁判官にせよ、レーンクェスト裁判官にせよ、いかなる事実が不審事由又は相当の理由を構成するのか明言していない。プロファイルの問題について、ブレナン裁判官の反対がある以上、それを明確にすべきであったと思われるが、原審がむしろ最初の停止のあとの手続に目を向け、逮捕が行われたか否かに焦点をあてているため、その点を判断すれば足りると考えたのかもしれない。[9]レーンクェスト裁判官は、プロファイルに挙げられた特徴というものは、法執行官の専門技量により経験的に集積されたものであるから尊重されるべきであり、そこでの証拠は法執行に精通したものが理解するように判断されねばならない[10]と考えているが、メンデンホールで明らかになったように、プロファイルの特徴というものが空港ごとに異なり、まるでカメレオンのように、具体的な事件の事実に合わせてその内容が変わるようにみえる以上、[11]ある程度の基準化がされない限り、濫用の危険が多分にあると言えるであろう。[12]

ダナウェイ[13]では、身柄拘束下での取調はテリー[14]で認められた限界を超えており、したがって、逮捕の要件である相当の理由が必要であると判断された。このダナゥェイ及びブリニョーニ＝ポンス[15]での、不審事由に基づく車輛の停止及び質問は許されるが、それ以上の身柄拘束及び捜索は同意もしくは相当の理由がなければ許されないとの判断を受けて、ホワイト裁判官は、運転免許証及び航空券を返還しないまま同行を求めた時点で身柄が拘束されたと認定し、その時に同意も相当の理由も存在しなかったと判示した。

レーンクェスト裁判官は、ホワイト裁判官がプライヴァシー侵害の最も少ない方法をとることが要件とされるとしたことに対して、第四修正の原則としては支持できないとしている。しかし、利益較量を基盤とし、相当の理由よりも低い不審事由での停止質問を認める以上、相当の理由が存在する場合の警察活動と同程度の活動が認められるわけはなく、最小限の時間[16]、最も侵害の少ない方法[17]を要件とすることが、テリー、ブリニョーニ＝ポンス、ブラウン[18]の流れに添っていると思われる。またレーンクェスト裁判官は、身柄拘束の違法の問題と自白の任意性とを別の問題として考えるのと同じ考え方を使っており、自白の場合と同様に、事情の総合説に立っていることを示しているといってよいであろう。

リードの差戻審で、州裁判所はメンデンホール[19]でのスチュワート裁判官と同様に、身柄拘束の有無について、通常人が自由に立ち去ることができると信ずるか否かを基準とした[20]が、しかしこの基準をそのまま適用すれば、警察官が身分を明らかにした場合には、ほとんどすべての停止が第四修正の身柄拘束に当たることになってしまうであろう[21]。身柄拘束の有無に関する基準について問題は依然として残されていると言える。また、ドラッグ・カリアー・プロファイルをめぐり、いかなる場合に最初の停止を肯定する不審事由があるとされるのか、同行及び捜索についてどのような事情があれば同意があったとされるのかについて問題は残されている。

本件でのホワイト裁判官の意見は、メンデンホールの下級審である合衆国第六巡回区控訴裁判所がその事件を判断するのに依拠したマケイレブ[22]の理由づけと同じであるといってよい。メンデンホールで合衆国最高裁は、マケイレブと同じ理由づけをとった控訴裁判所の判断を破棄差戻し、理由づけは異なっていたが、空港での停止・質問・捜索（所持品検査）を肯定した。そこで、その警察活動の限界は未解決であったわけだが、マケイレブやメンデンホールと比較して、一つの大きく異なる事情——運転免許証や航空券及び荷物の留置——があった本件でその限界を示したとも言えよう。しかし、本件にせよメンデンホールにせよ、法廷意見が構成されていないため、換言すれば、法廷意見を構成できないほど事情が微妙であるため、なお判断基準は流動的であると思われる。

（1）Terry v. Ohio, 392 U. S. 1 (1968).
（2）United States v. Mendenhall, 446 U. S. 544 (1980).
（3）Adams v. Williams, 407 U. S. 143 (1972).
（4）United States v. Brignoni-Ponce, 422 U. S. 873 (1975).
（5）Terry v. Ohio, 392 U. S. 1 (1968).
（6）United States v. Martinez-Fuerte, 428 U. S. 543 (1976).
（7）United States v. Mendenhall, 446 U. S. 544 (1982).
（8）Ried v. Georgia, 448 U. S. 438 (1980).
（9）原審は、しかし、プロファイルにしたがったのみでは不審事由は構成しないと述べている。レーンクェスト裁判官の反対意見、51 USLW, at 4302. n. 6. また、リードでも同趣旨のことが言われている。
（10）United States v. Cortez, 449 U. S. 411, at 418 (1981).
（11）United States v. Westernbann-Martinez, 435 F. Supp. 690, 698 (S. D. N. Y. 1977).
（12）合衆国第五巡回区控訴裁判所は、United States v. Berry, 670 F. 2d 538（5 th Cir. 1982）（en banc）で、プロファイルの特徴を詳しくあげた。

第一次的な特徴として、①麻薬搬出都市と確認されている都市への出発、又はそこへの到着、②ほとんど、もしくは全然荷物を持っていないか、又はからのスーツケースをたくさん運んでいること、③航空便での長距離の旅行をしてきたわりにはすぐに戻ってしまうというような異常な旅程、④偽名の使用、⑤身体又はブリーフケースなどに異常なほど多額の紙幣を入れて持ち歩いていること、⑥小額紙幣を多く使って航空券を購入していること、⑦通常の者よりも落ち着かないこと、を挙げた。

第二次的な特徴として、①空港から離れる際にもっぱら公共輸送機関、特にタクシーを利用していること、②飛行機から降りたらすぐに電話をかけていること、③航空会社には虚偽の電話番号を教えていること、④麻薬搬出都市及び麻薬搬入都市にきわめて頻繁に旅行していることを挙げている。

しかし、この判決は他方で、プロファイルは運用上の道具であって機械的に適用されてはならず、したがって、容疑者がこれらの特徴を備えているからといって必ずしも不審事由を提供するとは限らないと述べている。670 F. 2d at 599–601.

（13）Dunaway v. New York, 442 U. S. 200 (1979).（本書1事件）

（14）Terry v. Ohio, 392 U. S. 1 (1968).

（15）United States v. Brignoni-Ponce, 422 U. S. 873 (1975).

（16）Sharpe v. United States, 660 F. 2d 967（4 th Cir. 1981）で合衆国第四巡回区控訴裁判所は、警察官が、自由に立ち去ることを許さない意図の下に、二名の容疑者を一五分間拘束した行為は、捜査のための停止の要件を超えており、相当の理由が必要とされるとした。

（17）ホワイト裁判官が示唆している犬の使用（51 USLW, at 4297, n. 10.）は将来に残された問題であるが、下級審では不審事由が必要であるという判断と、捜索にはあたらないという判断が対立している。71 Geo. L. J. at 391 n. 273 参照。

（18）Brown v. Texas, 443 U. S. 47 (1979).

（19）United States v. Mendenhall, 446 U. S. 544 (1980).

（20）States v. Reid, 247 Ga. 445 (1981).

（21）LaFave, Search and Seizure Vol. 3, at 50.

（22）United States v. McCaleb, 552 F. 2d 717 (CA 6 1977).

（宮島　里史）

53　United States v. Mendenhall, 446 U. S. 544 (1980)

空港でのドラッグ・カリアー・プロファイルに基づく停止は第四修正の身柄拘束には当たらず、その停止後になされた身体の捜索によるヘロイン押収行為を同意による押収と見て合法と判断した事例。

《事実の概要》

被上告人は一九七六年二月一〇日早朝、ロサンゼルスからの航空便でデトロイト・メトロポリタン・エアポートに到着した。二名の麻薬取締官は被上告人が飛行機から降りたときにその行動を観察し、麻薬を違法に運搬している者の特徴を備えていることが明らかであったので[1]、被上告人がコンコースを歩いているときに、身分を明らかにしたうえで、被上告人に身分を証明するものと航空券の提示を求めた。身分を証明するものとして提示された運転免許証に記載されている氏名と航空券に記載されている氏名が異なっている点を指摘されたとき、被上告人は別の名前を使いたいと思っただけだと答え、またその後の質問に対して、自分はカルフォルニアには二日滞在しただけだと述べた。この麻薬取締官の証言によれば、彼が連邦麻薬取締官の身分を明らかにしたとき、被上告人は大変驚き、極度に緊張し、言葉をほとんど口に出すことができなかった。

その麻薬取締官は運転免許証と航空券を被上告人に返したのち、さらに質問をしたいので五〇フィートばかり離れたところにある麻薬取締局（ＤＥＡ）の事務所――接客部分と他に三部屋から構成される――に同行してくれるかどうか尋ねた。記録では、その要求に対して被上告人がどのように答えたかは明らかではないが、被上告人はそこに同行した。その事務所で取締官は被上告人に身体とハンドバッグの捜索を認めるかどうかを尋ね、また被上告人はその捜索を拒む権利があると告げた。被上告人はどうぞと答えた。ハンドバッグの捜索から三日前にF・ブッシュという者に発行された、ピッツバーグ発、シカゴ経由ロサンゼルス行の航空券のリシートが発見された。この航空券は被上告人がカルフォルニアに行くときに使ったのかという質問に被上告人はそうだと答えた。婦人警察官は被上告人が身体の捜索に同意したことを確かめてプライベート・ルームに行き、そこで再度被上告人が捜索に同意するかどうか質問し、被上告人は同意すると答えた。婦人警察官は、身体を捜索するには衣服を脱がなければならないと説明し、被上告人の、飛行機に乗らなければならないとの発言に対して、麻薬を持っていなければ何も問題はないと答えた。それから被上告人は何も言わずに衣服を脱ぎ始め、脱ぎ終ったときに下着から二つの小さな包みをとり出して婦人警察官に手渡したが、そのうちの一つの包みはヘロインであることが明白だった。そのときに、被上告人はヘロインの所持を理由に逮捕された。

ミシガン州東部地区連邦ディストリクト裁判所は、麻薬取締官が被上告人に近づき、航空券と運転免許証の提示を求めた行為はテリー(2)とブリニョーニ＝ポンス(3)の基準により許される捜査のための停止であると結論し、この行為は犯罪の嫌疑が存在することを根拠づける、具体的で明確に述べることのできる事実に基づいていると認定した。また、被上告人が麻薬取締官事務所に同行したのは任意なものであり、協力しようとすることが明白な気持ちからであり、被上告人はそこでの身体捜索に同意し、しかもその同意は自由、任意になされたものだと認定した。合衆国第六巡回区控訴裁判所は本件をマケイレブ(4)と区別することはできないと結論して、有罪判決を破棄した。その後、同裁判所は、差戻後の上訴審において、裁判官全員出席の法廷で被上告人の身体の捜索への同意はマケイレブの意味では有効とはいえないと判断して、当初の判断を確認した。

《判旨・法廷意見》

破棄差戻し

一　スチュワート裁判官執筆

(1)　(一)第四修正は、伝統的な逮捕に至らない一時的な身柄拘束の場合も含めて、身体の押収はすべて客観的にみて正当とされる理由に基づいていることを求めている。警察官と市民との直接の交渉（intercourse）がすべて身体の押収にあたるわけではない。官憲が有形力の行使あるいは権威（authority）を示すことにより、何らかの点で自由を制限した場合に初めて身柄拘束がされたと結論される。身体の押収にあたる侵害行為と憲法で保障された利益を侵害しない出会いとの違いはテリー(5)で判示されており、警察官がテリーの身体を物理的に拘束して兇器の所持の有無を調べるまでは、憲法で保護された権利の侵害はなかったと判示した。つまり、警察官は他の者に自由に質問することができる。サイブロン(6)でも法廷意見は、警察官と市民との出会いがすべて客観的正当化理由を必要とする侵害行為となるわけではないと判示している。

本法廷意見は、有形力の行使又は権威の呈示による行動の自由の制限といえる場合に初めて身柄拘束がなされたといえるという考え方に従う。第四修正の趣旨は、個人のプライヴァシーや身体の安全を官憲が恣意的に抑圧する目的で、侵害することを阻止するところにある。被質問者がその質問を無視して自由に立ち去ることができる状態にある限り、合衆国憲法上の要件がなければ許されない、個人の自由やプライヴァシーの侵害はないのである。しかも、市民と警察官との路上での出会いをすべて身柄拘束の性格をもつものだとすると、様々な、合法な捜査実務に対し全く非現実的な制限を課すことになる。

第四修正の意味で身柄拘束されている状態とは、事件の事情全体に照らして普通人ならば自由に立ち去ることができないと思料する場合だと結論する。そのような事情としては、例えば複数の警察官が威迫的な態度で被質問者の面前にいる場合、警察官が武器を呈示している場合、市民の身体に何らかの形で物理的に接触している場合、又は警察官の要求に従うことが義務であることを示す言葉やそのような調子の言葉が用いられる場合がある。本件記録上は、被告人がコンコースでの会話をやめて自由に立ち去ることはできないと信ずる客観的理由があったことを示唆するものは全くない。したがって、麻薬取締官が被上告人に近づいた行為は身柄拘束には当たらなかったと結論する。この結論は被上告人が麻薬取締官から、協力しなくてもよいとはっきり告知された事実によって変わるわけではない。被上告人の任意の応答はその旨の告知の有無にはかかわらないからである。

ブラウン(7)で法廷意見は、警察官はブラウンの犯行を疑う理由を有していなかった場合には身柄拘束の根拠はないと判示した。ブリニョーニ＝ポンス(8)で法廷意見は、移動パトロールに従事する警察官が通常の国境で運転者を停止して居住資格の有無を短時間に調べることができるのは、警察官がその自動車に違法に入国した外国人がいるとの合理的疑いを持った場合にかぎられると判示した。走行中の自動車を停止させ、停止せずには見ることのできないコンパートメントの部分を目で調べる機会をもつという、停止に付随する行為は、歩行者に対して行う質問よりも侵害の程度がかなり大きいが、自動車の停止が身柄拘束行為に当たるとしても、そのことは停車後の付随的な行為の憲法上の位置づけにはほとんど何の意味も与えない。

(二)　つぎに、被上告人がコンコースから麻薬取締官事務所に赴いたときに第四修正の保護する利益の侵害があったか否かを検討する。合衆国ディストリクト裁判所は、被上告人は協力するという明確な意思で任意に取締官に同行したと認定したが、巡回控訴裁判所は取締官の同行要求があったので、その状況は相当の理由を要件とする身柄拘束に変化したと結論した。本法廷意見は、ディストリクト裁判所の認定が記録上支えられていると判断する。

被上告人の同行への同意が任意なものか強制の産物かは全事情の総合によって決定されねばならず、しかもその点については政府側に挙証責任がある。連邦政府が提出した証拠によれば、被上告人は同行するか否か尋ねられただけであり、威迫や有形力を示すこともなく、短時間質問されただけであり、航空券と運転免許証が返されたのちに同行するか否かを尋ねられたのである。他方、被上告人が二二歳の女性で高校を卒業しておらず、また黒人であったというような事情は意味がないわけではないが、どれも決定的なものではなく、したがって本件の証拠を総合すれば、ディストリクト裁判所の認定を支えるのに十分であることは明らかである。

㈢　被上告人の身体の捜索は違法な身柄拘束ののちに行われたのではない。そこで、身体の捜索への同意がその他の理由で無効であったかどうかを検討する。まず、被上告人は事情を知悉した上で同意することができた。つぎに、被上告人は二回明確に、身体の捜索に同意するのを拒絶することができると告知されていた。より重要なことは、被上告人は同意を撤回できることを告知されていたので、被上告人が取締官の活動を強制であると考えるのが合理的であったという蓋然性は相当低かったということである。

被上告人が述べた、飛行機に乗らなければならないとの発言については、公判裁判所は身体の捜索を早くやってもらいたいという気持を表明したものであると判断する権限がある。被上告人は二度明確に、身体の捜索に対する同意を示したのであり、何も発見されなければ問題はないことを警察官が保障したときに何も言わずに脱衣し始めたのである。また、被上告人の同意は、麻薬取締官事務所の状況が本来的に強制の契機を持っていることから生じたのだとの主張については、ディストリクト裁判所の認定に照らして、被上告人が事務所にいたのが強制を示す証拠になるとは考えない。また、被上告人は自分の運搬していた麻薬が発見される可能性のある捜索に任意に同意することは絶対にないという主張については、被上告人がすべて自分の利益のために行動したか否かが問題なのではなく、任意に行動したか否かが問題なのであると考える。

(2)　ディストリクト裁判所の判断が証拠によって支えられるのであり、したがって、巡回控訴裁判所の判断を破棄差戻す。

二　パウエル裁判官の結論同意、一部補足意見

(1)　法廷意見の事実、(1)—(二)、(1)—(三)、及び(2)に加わる。本件での停止は確かに身柄拘束を構成したと考えることができ、麻薬取締官は被上告人が犯罪に関係しているとの合理的な嫌疑を抱いていたのであり、したがって、通常の質問をするために被上告人を停止した行為は第四修正には違反していないと判断する。

(2)　テリー[9]で、捜査のための合理的な停止は第四修正に違反しないことが確立されたが、その合理性の要件として法廷意見は、特に①その身柄拘束によって役立つ公共の利益、②侵害の性格と程度、③官憲がその知識と技量に照らして依拠した客観的な事実を強調した。

(一)　麻薬は社会に大きな害を及ぼし、麻薬取引の大部分は組織的に行われ、膨大な利益を生み、しかも麻薬は簡単に隠滅することができる。そのため、他のいかなる法執行方法によっても、この犯罪捜査の障碍を克服することはできない。麻薬取締局（DEA）は一九七四年以降麻薬捜査について高度の技術を備えた捜査官をデトロイト空港に派遣し、またドラッグ・カリアー・プロファイル（麻薬輸送者プロファイル）を作成して、捜査官はデトロイトへの麻薬の流入源となっている四都市からデトロイトに到着した者には特に注意を払っている。その結果、この計画の運用を開始したのち一八ヶ月間で捜査官は九六件の停止で一四四名の身体と所持品を捜索し、そのうちの七七件について禁制品を発見して一二二名を逮捕した。本件の二名の麻薬取締官も麻薬の頒布という、社会に対する重大な脅威に対処するための高度に専門化した捜査方法を実施したのである。

(二) 捜索が合理的であったかどうかを分析する際に中心となる要素は、具体的な事件での侵害の程度であるが、本件では侵害の程度はきわめて低かったと言える。テリーでの申請人と異なり、本件被上告人はその身柄を物理的に拘束されてはいなかった。本件事情の下では、被上告人は自分が威迫されているとか、助けを受けられない状態にあると合理的に考えることはできないといえる。

(三) 麻薬取締官が被上告人を停止させ、質問するにいたった要素のうちで重要なのは、訓練を受けた捜査官には、素人には全く無色にみえる行為であっても、その中に特別の意味を認めることのできる能力を持っているということである。合理的な嫌疑を抱く基礎となった事情の中にはとくに、捜査官が犯罪方法や犯人としての特徴に知識をもっていること、捜査官がそのような知識に依拠し得るという事情がある。麻薬取締官アンダーソンは麻薬取締りに関して一〇年の経験があり、しかも特別の訓練を受けている。この取締官は麻薬運搬者の特徴について証言したが、本件被上告人の行動はこの特徴と一致していたので彼女を停止させ、質問したのである。

(3) 被上告人を停止させる判断が合理的であったというディストリクト裁判所の結論に同意する。麻薬取引を阻止するにあたっての公共の利益は大きく、被上告人のプライヴァシー侵害の程度は最小であった。本件の事情全体に照らして、取締官は被上告人を停止させたときに合理的な嫌疑を持っていたと判断する。第四修正は個人が不合理な捜索・押収を受けない権利と、効果的な法執行にあたっての公共の利益との較量を求めているが、合理性の基準を適用するにあたって、裁判所は官憲が特別の訓練と経験から得ている相当の専門技量を無視する必要はない。

三　ホワイト裁判官執筆の反対意見

(1) テリーで、法廷意見は停止が第四修正の規律する範囲に入り、第四修正は官憲が身体の自由を侵害する場合をすべて規律するものであることを認めつつ、個々の事件での侵害の程度を、合理性を分析する際の中心要素とすることが健全な方向であると結論した。そして、この原理をブラウン(10)に適用して、官憲は相当の理由がない場合でも容疑者を質問のために一時的に身柄拘束できるが、その場合でも客観的な事実に基づき、個人が犯罪に関係しているとの合理的な嫌疑を持っていることが要件とされると判断した。

連邦政府は下級審での審理において、被上告人の行為から合理的な嫌疑が生じたと主張することによってその停止を正当化しようとした。しかし、連邦政府はその主張によっては巡回控訴裁判所を納得させることができなかったので、当法廷で初めて身柄拘束はなされていなかったとの主張を展開して、判断の破棄を求めた。したがって、そこでは被上告人を停止させる合理的理由の存否の問題は不問に付されている。スチュワート裁判官の意見は、当法廷が下級審では提起されなかった主張に基づいて判決を破棄することを通常拒絶してきていることと一致せず、また、その意見が提起した、総合事情の評価を伴った事実問題は下級審では審理されておらず、しかも当法廷の記録からみて適切な検討をなし得るかどうか確かではないので、問題を公判裁判所の判断に委ねるのが最良である。

スチュワート裁判官は、第四修正の意味での身柄拘束とは有形力の行使又は権威の呈示による個人の行動の自由の制限がある場合に生ずると考え、この基準に立って、総合事情に基づいて、被上告人は本件では身柄を拘束されていなかったと認定した。この認定は、被上告人が取締官の捜査を自由に拒絶することができなかったという証拠が欠如していたことに基づいている。しかし、そのようにみる認定は、身柄拘束の問題が下級審で提起されなかったという事実に主に起因して、そのような証拠が欠如したことを無視している。スチュワート裁判官は捜査のための一時的な停止が身柄拘束に当たるという先例と区別するために、本件での身柄拘束の有無の問題を被上告人に知られていた客観的な要素に依拠させようとしているが、そこでは警察官が接近した者が自由に立ち去ることができると信ずる合理性の程度には幅があることを看過している。連邦政府が当法廷で身柄拘束の有無の問題を提起することが許されると信じている場合でも、その問題を当法廷で初めて判断するよりは、それについて証拠調べを行わせるためにディストリクト裁判所に事件を差戻すという指示を行うのが適切である。

(2) 被上告人が停止させられたときに身柄拘束があったと仮定すると、その停止が合法であるか否かは、停止の時点で被上告人が犯罪に関係していることを疑う合理的な理由があったか否かにかかる。そのための合理的な嫌疑の存在を立証するためには、合理的な推定と相俟って、第四修正の利益の侵害を正当とするような、具体的でしかも言葉で表現し得る事実を警察官が指摘できることが少なくとも必要である。被上告人が犯罪に関係していたという嫌疑は、取締官が空港で被上告人を短時間観察して得られた事情に基づいていただけであった。本件での被上告人の行動はどれも犯罪に関係しているという合理的な嫌疑を提供するには十分ではない。取締官の嫌疑は具体的・合理的な推論ではなく、嫌疑がまだ特定されない端緒の段階、つまり予感に基づいていただけであるので、取締官による被上告人の身柄拘束は正当とはいえないということになる。

(3) 被上告人が取締官によって停止させられたときに、第四修正の利益の侵害があったか否かについて疑問があったとしても、被上告人がコンコースから麻薬取締官事務所に同行したときに彼女が身柄拘束されたことには疑いない。ダナウェイ[11]での身柄拘束と同様に、被上告人が麻薬取締官事務所に同行したときに被上告人が受けた利益の侵害は大変大きかったので、本件での同行行為を伝統的な身柄拘束と重要な点で区別することはできない。被上告人が同行を自由に拒むことは事実上不可能であったのであり、同行を拒否できるということは告知されなかった。しかも、被上告人は身体の捜索に服さない限り、その事務所から出ることは許されなかったであろう。被上告人の利益の侵害はダナウェイのそれと同じものであったので、その利益の侵害を支えるためには相当の理由が要求される。

多数意見は、被上告人が麻薬取締官事務所への同行に同意したので第四修正の問題は生じないと示唆するが、その示唆はダナウェイの判断に反するし、また、本件記録上も支持されない。ダナウェイでの容疑者は積極的な答えをしたので、本件での同意についての証拠はその事件の証拠よりも弱い。サイブロン[12]でも、本件と同様の事情の記録では、サイブロンが外へ同行したのは強制によるか任意なのかについて何も示していないと判断された。多数意見は、被上告人が同行に同意したことについて連邦政府に挙証責任があることを認めているにもかかわらず、総合事情から同意の存在を認めた下級審の認定は十分に支えられていると判示している。この結論は、被上告人が警察の権威に抵抗した証拠がないことから同意を推定できるという考え方によっているが、バムパー[13]で判断されたように、同意が自由に、任意に与えられたということについての連邦政府の挙証責任は官憲の要求に黙従したということを証明しただけでは果たされないのである。被上告人は証拠排除の申立ての審理に出席しなかったので、彼が停止させられたときにどのような精神状態であったかについては憶測するしかないが、この一連の出来事が彼のプライヴァシーを侵害していないと信ずることはできない。被上告人は身体の捜索がされた時点で違法に身柄を拘束されたので、その汚染を消す証拠がない場合には、被上告人の証拠排除の申立てが認められるべきであった。

《解　説》

一九六七年のヘイドン[14]で「単なる証拠の原則」が捨てられ、合衆国最高裁判所は捜索・押収について弾劾主義から離れることを明言した。翌年、テリーで、捜査のための一時的な停止及び兇器に対するフリスクを認めた。ここでは、国家の法執行上の利益と個人のプライヴァシーとの較量[15]の上で、具体的な侵害の程度により、身柄拘束や捜索の合理性が決定されると判断された。相当の理由に基づいて許される身柄拘束や捜索よりも低い程度の侵害行為が許されるが、その場合には犯罪が行われ又は行われようとしていることを示す具体的・明確な事実、及びその事実からの推論に基づく合理的な嫌疑――不審事由――が要件とされたのである。一九七二年のウィリアムズ[16]ではスピネリ[17]の要件を充たしたか否かについて疑問のある情報提供者の情報のみに基づく停止及びフリスクを認めて、けん銃の押収、及びそのけん銃の不法所持を理由とする逮捕に伴う捜索により発見されたヘロインの押収を合法とした。この事件はテリーの不審事由をその事件の事実――粗暴犯及び警察官の身体に対する危険――に狭く限定して適用した場合として考えることができる。しかし、その後不審事由の有無をめぐり、大別して、テリーの事実類型を基準に判断を下した事件と、特に国境での車輛の停止に関して、利益較量論から判断を下した事件がある[18]。

ミムズ[19]は、ライセンス・プレイトの有効期限が切れていたことを理由に車輛を停止させた警察官が運転者に、車を降りて運転免許証及び車輛登録証を提示するよう求め、運転者が車から降りたとき、上着の下に大きなふくらみが見られたので、フリスクしたところ銃が発見されたというものである。合衆国最高裁判所は、降車命令はプライヴァシーの最小限の侵害でしかなく、しかもその命令により、警察官の身体に対する危険性は減少したのであるから正当であると判断した。交通違反切符を渡すことを目的とした停止で、しかも停止時点で身体に対する危険性について不審事由はなかったのであるから、降車まで命ずることができたかどうかについて問題がある。降車命令により警察活動は交通違反切符を切る通常の活動よりも重大なものとなったのである。イバラ[20]は酒場に対する適法な捜索令状が執行されたとき、警察官はそこにいた客に対し、兇器の発見を目的としてフリスクを行い、イバラの着衣から、中に物の入っているタバコ箱にさわったのでそれを押収したところ、ヘロインが発見されたという事実であった。合衆国最高裁は、警察官が酒場に入ったとき、イバラが兇器を所持し、警察官の身体が危険にさらされていることを信ずる合理的な理由がなかったので、フリスクは違法であると判断した。ミムズ及びイバラにおいて、ともに兇器を所持しているという情報や不審事由がなかったにもかかわらず、前者の降車命令が合法とされ、後者のフリスクが違法とされた点で、不審事由の有無の判断基準が不明確だといえよう。

アルメイダ＝サンチェス[21]では、移動パトロールによる違法入国者の捜索は第四修正が保障するプライヴァシーを大きく侵害するものであるから、国境付近で行われたという理由では肯定されず、同意がない場合には相当の理由が必要であると判断された。しかし、一九七五年のブリニョーニ＝ポンス[22]は利益較量を基準に不審事由の有無を判断した。合衆国最高裁は、違法に入国する外国人を排除するに当たっての国の利益及び長い国境をパトロールすることに固有の法執行上の問題と、停止により車輌に搭乗している者が受けるプライヴァシーの侵害とを較量した上で、停止・質問の時間は一分程度の短いものであり、捜索も行われなかったことを理由に、国境での移動パトロールによる停止を合法とした。侵害行為は限定されたものであったので、蓋然性の判断基準として不審事由が適切であると認定した。しかし、警察官の抱いた不審事由は車輌の搭乗者がメキシコ系であるということだけであったので、合理的な不審事由は存在しないとされた。マーティネス＝フュアテ[23]では、特定検問所での全車輌の停止及び簡単な質問、全車輌の停止及びそのうちの特定車輌について別の場所への移動と詳しい質問という活動はすべて、移動パトロールによる停止の場合に要件とされるような具体的・個別的不審事由がなくとも肯定されると判断された。この事件での検問所は国境から相当離れているにもかかわらず、最小限の侵害（de minimis intrusions）という概念を広く使って具体的不審事由は不必要であると判断した[24]。

ブラウン[25]では、警察官はブラウンが犯罪に関係しているという具体的な嫌疑又は兇器を所持していると信ずる理由がなかったにもかかわらず、停止させて身元を明らかにするよう求めたことは合理的な不審事由を欠いているという理由で違法と判断されたが、この場合の第四修正の要件について、捜査のための一時的な身柄拘束は、社会の正当な利益から判断して特定の個人を拘束することが求められていることを示す具体的・客観的事実に基づいていなければならないか、又はこの身柄拘束は警察官の活動が明確に公正に限定された方法で行われねばならないとした。この判決では、公正に限定された方法で行われれば、それは具体的・個別的な不審事由という要件にとって代わることができ、この要件がなくとも、その方法をとれば、捜査のための停止が合法とされるかどうかは明言されなかった。[26]

このような事件の流れを背景にして、空港での捜査のための一時的な停止、質問及び捜索（所持品検査）をどのように考えるかが本件で問題となった。最初の停止について、二名の裁判官は身柄拘束には当たらないと判断し、不審事由の有無についての断判をしなかった。三名の裁判官は身柄拘束に当たると考え、しかもそれは合理的な不審事由に支えられていたと判断した。四名の裁判官は、国はこの停止が身柄拘束に当たるかどうかの問題を合衆国最高裁で初めて提起したのであるから、その点について事件を差戻すのが適切であると判断した。したがって、本件では、いわゆるドラッグ・カリアー・プロファイルが合理的な不審事由を支えるかどうかの問題は、判断されなかったといえる。ただ、このプロファイルの中の、荷物受渡所を通り過ぎたことや飛行機を乗りかえたことについては、デトロイトからフィラデルフィアまではアメリカン航空の路線はなく、したがってイースタン航空を使用しなければならなかったのであり、その航空のカウンターに行ったところ荷物はすでにチェック・インされていたために、受渡所には寄らなかったのであるから、総合事情から不審事由の有無を適切に判断するためのよりどころとして、これらの要素は不十分なものといえる。[27] 同年に下されたリードでのプロファイルは、①コカイン搬出の主要都市から到着したこと、②取締官の活動が希薄になる早朝に到着したこと、③リード及びその仲間はショルダーバッグ以外の荷物を持っていなかったこと、④リード及びその仲間は一諸に旅行していることを隠そうとしていたことという要素を挙げている。[28] 初めの三つの要素は直ちに却下され、四番目の要因も合理的な推測ではないと判断された。このプロファイルは、ハイジャッカー・プロファイルと異なり、非公式のものであって、[29] 空港ごとに異なり、絶えず修正されるものである。下級審の事件では飛行機から最初に降りたことがプロファイルの要素の一つにされているものもあることを考えると[30]、プロファイルの特徴のみで不審事由があったと判断することはできないように思われる[31]。反対意見が指摘しているように[32]、パウエル裁判官が賞讃した成功率は、航空券販売員やその他からの情報、警察の別の活動、そして空港での実際の観察によっているのである。しかし、本件では、理由は異なっているが五名の裁判官が最初の停止は合法であると判断した。

多数意見はその後の侵害行為について、同意があったことを理由に合法であると判断した。同意が有効であるかどうかについて、合衆国最高裁はバスタモンテ[33]で、その同意が事実上任意になされたものであり、強制の結果でないことを証明すれば足りると判断した。したがって、第四修正の権利が有効に放棄されたかどうかを州は証明する必要がなく、警察官の要求を拒む権利があることを告知されていなくとも、捜索に対する同意は有効とされ得るのである[34]。しかし、同意が任意であるか否かは総合事情から判断されるのであり、ある場合には一定の事情を考慮に入れ、他の場合にはそれを無視することが起こり得る[35]。しかも、同意が有効であることについて国に挙証責任がある限り[36]、同意が自由に任意にされたものであるとの証明と、第四修正の権利が有効に放棄されたことの証明との間には相当の違いがあり、国の証明責任がゆるめられたといってよいであろう。

（1）　本件でのドラッグ・カリアー・プロファイルには次のような特徴が書かれてあった。①デトロイトに流入するヘロインの大部分の本拠地であると考えられている都市から飛んできたこと、②最後に飛行機から降り、大変緊張していることが明らかであり、麻薬取締官が立っているあたりを観察したこと、③荷物の受けとりを求めないで、荷物受渡所を通りすぎたこと、④デトロイトから出る航空便の飛行機を乗り換えたこと。

（2）　Terry v. Ohio, 392 U. S. 1 (1968).

（3） United States v. Brignoni-Ponce, 422 U. S. 873 (1975).

（4） United States v. McCaleb, 552 F. 2d 717 (CA 6 1977). 合衆国第六巡回区控訴裁判所は、麻薬取締官が観察した者の行動は無辜の者の行動と同じであり、その者に近づく最初の行為が許されるとしても、容疑者に質問をするためにプライヴェットト・ルームへの同行を求めたことは相当の理由を必要とする身柄拘束であり、また身体の捜索に同意を与えたことは違憲な身柄拘束の産物であるので任意なものではないと判断し、押収されたヘロインを排除した。

（5） Terry v. Ohio, 392 U. S. 1 (1968).

（6） Sibron v. New York, 392 U. S. 40 (1968).

（7） Brown v. Texas, 443 U. S. 47 (1979).

（8） United States v. Brignoni-Ponce, 422 U. S. 873 (1975).

（9） Terry v. Ohio, 392 U. S. 1 (1968).

（10） Brown v. Texas, 443 U. S. 47 (1979).

（11） Dunaway v. New York, 442 U. S. 200 (1979).（本書1事件）

（12） Sibron v. New York, 392 U. S. 40 (1968).

（13） Bumper v. North Caroliana, 391 U. S. 543 (1968).

（14） Warden v. Hayden, 387 U. S. 294 (1967).

（15） Camera v. Municipal Court, 387 U. S. 523 (1967).

（16） Adams v. Williams, 407 U. S. 143 (1972).

（17） Spinelli v. United States, 393 U. S. 419 (1969).

（18） Peter S. Greenberg, "Drug Courier Profiles, Mendenhall and Reid Analyzing Police Intrusions on Less Than Probable Cause," 19 Amer. Crim. L. Rev. 49, at 57 (hereinafter cited as Greenberg).

（19） Pennsylvania v. Mimms, 434 U. S. 106 (1977).

（20） Ybarra v. Illinois, 444 U. S. 85 (1979).（本書8事件）

（21） Almeida-Sanchez v. United States, 413 U. S. 266 (1973).

(22) United States v. Brignoni-Ponce, 422 U. S. 873 (1975).
(23) United States v. Martinez-Fuerte, 428 U. S. 543 (1976).
(24) Greenberg, at 62 参照。
(25) Brown v. Texas, 443 U. S. 47 (1979).
(26) Kamisar, et al. 1981 Supplement to Fifth Edition of Modern Criminal Procedure, at 56.
(27) Supreme Court：Trends and Developments, 1979–1980, at 134–135 の Kamisar 教授のコメント参照。
(28) Reid v. Georgia, 448 U. S. 438 (1980).
(29) スチュワート裁判官の意見の註１参照。
(30) 71 Geo. L. J. at 387 参照。
(31) Greenberg, at 77 参照。
(32) ホワイト裁判官の反対意見の註10参照。
(33) Schneckloth v. Bustamonte, 412 U. S. 218 (1973).
(34) Supreme Court：Trends and Developments, 1979–1980, at 126 参照。
(35) Greenberg, at 79 参照。
(36) People v. Whitehurst, 25 N. Y. 2 d 389 (1969)；Bumper v. North Carolina, 391 U. S. 543 (1968).

（宮島　里史）

54　Reid v. Georgia, 448 U. S. 438 (1980)

空港での乗客の停止、質問の要件としての合理的嫌疑には、本件のドラッグ・カリアー・プロファイルの示す事由では不十分とされた事例。

《事実の概要》

上訴人は、コカインの主な流入元とみられるフロリダ州フォートローダーデールから、早朝アトランタ空港に到着した。麻薬取引の摘発のため空港に張込んでいたDEA係官は、上訴人の荷物がショルダーバッグだけであること、コンコースを歩いてくる上訴人が、同じようなショルダーバッグをもってやや離れて歩いてくる男の方を時折振り返っていること、ロビーでその男が上訴人に追いついて言葉を交し、一緒にターミナルビルを出たことを目撃した。そこで、係官はビルの外で上訴人らに近づいて停止を求め、身分を明かして、航空券と身分証の提示を求めると、同人らはこれに応じた。航空券から、二人がフォートローダーデールに滞在したのは一日だけだったことが判明した。係官の証言によればこの間、両人は落ち着かない様子だったといい、身体及びバッグの検査への同意を尋ねられると、上訴人は頷き、もう一人は「Yeah, Okay」と答えた。しかし、ターミナルビルに戻る途中で上訴人が逃げ出し、バッグを投げ捨てたため、上訴人を捕捉し、バッグを開けたところコカインが発見された。

公判裁判所は、この停止には、違法なコカイン所持についての嫌疑が欠け、第四修正に違反する違法な人の身柄の押収であり、その結果押収されたコカインは排除されるとした。上訴裁判所は、ドラッグ・カリアー・プロファイルの特徴に一致していれば、嫌疑を具備しているといえ、この停止はテリー事件に照らして違法ではないとし、さらに、上訴人は身体検査をすることに同意してターミナルビルに戻ったのだから、この同行は違法な身柄拘束ではなく、上訴人がその途中で逃げ出し、バッグを投げ捨てたことにより、バッグを検査する相当理由が備わったと判示した。

《判旨・法廷意見》

破棄差戻し

一　全員一致

第四及び第一四修正は、伝統的な逮捕に至らない一時的な身柄拘束＝停止についても、合理的で言葉で表現し得る嫌疑を求めていると先例は解してきた（ブラウン、プローズ、ブリーニョニポンス、アダムス、テリー）。

原審によれば、本件停止が適法だといえる合理的嫌疑を示す事実は、① 上訴人がコカインの流入元とみられるフォートローダーデールから来たこと、② 取締りが緩くなる早朝に到着したこと、③ 上訴人ともう一人の男は連れであることを隠しているように見受けられたこと、④ 彼らの所持品がショルダーバッグだけであったことの四点で、これがいわゆるドラッグ・カリアー・プロファイルに一致するというのである。

当裁判所は、係官が観察したこのような事実だけでは、上訴人が刑罰法規に触れる行為に関係していると疑う法律上の合理的な理由とはならないと判断する。上訴人が連れの男よりも先を歩きながら、時折その方を振り返っていたことだけが、通常の乗客と異なる振る舞いである。その他の点は、犯罪に関わりのない乗客の行為と差はなく、停止に正当な理由を与える根拠とならない。たとえ、係官には上訴人らが連れであることを隠しているように見受けられたとしても、上訴人らの歩き方から彼らが犯罪に関係していることを疑うことは、係官の経験に基づくもっともな推定というよりは、漠然とした疑い、あるいは「勘」というべきで、法律上、身柄拘束の合理的な理由とはならない。

以上の理由で、上訴人の停止は適法であるとの原審判断を破棄し、当裁判所の判断に反しない限度で手続を進めるため本件を差戻す。

二　レーンクェスト裁判官は、メンデンホールに照らせば本件停止は第四修正にいう「押収」に当たらないので、憲法上の問題は生じないとの意見を表わした。

三　パウエル裁判官の補足意見

本件停止には「押収」の正当理由がないとの法廷意見に賛成する。しかし、本件事実はメンデンホール事件と類似しているから、まず検討すべきは、上訴人をターミナルビルの外で停止させたことが第四修正の「押収」に当たるか否かである。同事件によれば、その場の状況を総合して考えたときに、被停止者がそこから立ち去る自由を奪われているとみられる段階に至ったところではじめて、人の身柄が「押収」されたと見なされるのであるが、原審判断は、メンデンホールでこの基準が示される以前に下ったため、本件の停止がこの第四修正の「押収」に当たることを前提として、合理的嫌疑の有無について判断した。当裁判所も本件停止が「押収」に当たるか否かの判断を示していないので、この点についての判断は差戻審に委ねられている。

《解　説》

本件の一ヶ月前に判決のあったメンデンホールで、合衆国最高裁判所は、第四修正にいう「押収（seizure）」には伝統的な逮捕に至らない一時的な身柄拘束（detention）も含まれ、客観的な正当理由の存在がその要件となることを確認し、そのうえで、政府の官憲と個人の接触がすべて「押収」に当たるわけではない（すなわち合衆国憲法第四修正上の問題とならない場合がある）ことを指摘した。そして、この区別の基準は、停止の状況を通常人の目からみたときに、被停止者がそこから自由に立ち去ることができる状況であったと考えられるか否かであるとし、同事件の停止は「押収」に当たらないと判示した。(1)

しかし、これはスチュワート、レーンクェスト両裁判官による判断で、この部分にはパウエル、バーガー、ブラックマン各裁判官は参加しなかった。この三裁判官は、停止を「押収」とみたが、その停止を支える合理的嫌疑が具備していると判断したため法廷意見に加わった。(2)

本件では、上訴人を停止させたことが第四修正にいう「押収」に当たるかについては触れずに、ドラッグ・カリアー・プロファイルに基づいた停止に合理的嫌疑が具備していたか否かが直接判断された。パウエル裁判官は、本件の停止が憲法上の「押収」であるとすれば、それを支える正当理由はないという点に賛成しているが、同時に、州裁判所が本件停止を第四修正の適用外であると判断すれば、この停止が違法ではなくなる可能性を示唆している。

メンデンホール事件と同様、本件停止は、第四修正にいう「押収」でないとみるレーンクェスト裁判官を除き、本件で官憲が依拠したドラッグ・カリアー・プロファイルに列挙される事実では、合理的嫌疑を充足するには不十分だとの点について八裁判官の判断は一致している。メンデンホール事件では、本件と類似した事情に加えて、被停止者が飛行機から最後に降りたこと、注意深く辺りを見廻しながら歩いていたこと、それまで乗って来たのとは別の航空会社の航空券を購入したこと、といった事情があった。同事件では合理的嫌疑が具備していたと判断した三裁判官も、本件のドラッグ・カリアー・プロファイルは合理的嫌疑を支えるに十分でないと判断した。したがって本件は、一つの事例判決であるが、メンデンホール、一九八三年のロイヤーと合せて、(3)個人の自由な領域を守るという関心と、麻薬事犯を摘発して健全な社会を保とうとする関心との間で、合衆国最高裁判所がかなり微妙なバランスをとる

努力をしていることが伝わる事件である。(4)

（1） United States v. Mendenhall, 446 U. S. 544 (1980). この事件及び伝統的な逮捕に至らない一時的な停止を扱った判例のながれについて、本書53事件参照。

（2） Ibid., at 560. この事件で補足意見を執筆したパウエル裁判官は、合理的疑いが備わっているか否かは、訓練された捜査官の観察によるところが大きいので、ドラッグ・カリアー・プロファイルの特徴に一致していることだけでは、必ずしも合理的疑いが備わるとは言えないと注記している。ibid. at 565 n. 6.

（3） Florida v. Royer, 460 U. S. 491 (1983).（本書52事件）

（4） ドラッグ・カリアー・プロファイルに基づく停止の事件のながれを概観する文献として B. J. Goerge, Jr., et al., United States Supreme Court Cases and Commets, 9. 01., [1] Investigative Stops がある。

（小木曽　綾）

二五　麻薬探知犬による臭気選別

55　United States v. Place, 462 U. S. 696 (1983)

個人の手荷物に麻薬が入っているとの不審事由（合理的嫌疑）に基づいて、訓練された麻薬発見犬がその手荷物の臭いを嗅いでテストするために、一次的にその手荷物を留め置くことが、第四修正により禁止されるのか否か及びその限度が問題とされた事例。

《事実の概要》

被上告人レイモンド・J・プレイス（Raymond J. Place）が、マイアミ国際空港でニューヨークのラ・グァーディア（La Guardia）空港行きの航空券を買うために列に並んでいたときに、法執行官は彼の挙動に不審な点を認めた。プレイスが、彼の搭乗予定の飛行機に搭乗するためゲートに進んだところで、法執行官が彼に近づいて航空券の呈示と他の身分証の呈示を求めた。プレイスはこの求めに従い、チェック済の二つのスーツケースの捜索に同意したが、彼の搭乗予定の飛行機の出発間際であったため、この官憲は捜索をしないことに決めた。

彼らが警察官だと気づいていたとのプレイスの言動があったことに鑑みて、その官憲は、チェック済みの手荷物のアドレス・タグを調べたところ、通りの二つのアドレスに不一致があり、さらに調べるとそのアドレスはいずれも存在しないアドレスで、プレイスが航空会社に呈示した電話番号は、同じ通りの第三のアドレスに属していることが判明した。プレイスとの遭遇時に得た情報とこの情報に基づいて、マイアミの係官は、ニューヨークのＤＥＡ（Drug Enforcement Administration 薬物対策法執行局）に電話連絡を取り、プレイスに関するこの情報を伝えた。

二名のＤＥＡ係官がプレイスをニューヨークのラ・グァーディア空港の到着ゲートで待ち構えたところ、ここでも、係官は彼の行動に不審な点があるのを認めた。彼が自分の二個の手荷物を引き取ってリムジンを呼んだところで、ＤＥＡ係官は彼に近づき、連邦麻薬官憲であるとその身分を明かした。これに対し、プレイスは飛行機から降りてすぐに彼らが「警官」であることが判ったと応じた。係官の一人が、自らの観察したところとマイアミの当局からの連絡のあった情報により、麻薬を運搬していると信ずるとプレイスに伝えた。プレイスはそのバッグが自分のものであることを示した後、マイアミ空港で多くの警察官に取り囲まれて手荷物を捜索されたと述べたが、係官らは、情報によればその反対であると応じ、彼の運転免許証と航空券のレシートの呈示を求め、それを受け取った。後の免許証のコンピュータ・チェックでは彼に前科はなかった。プレイスが手荷物の捜索の同意を拒否したので、係官の一人が彼に捜索令状入手ためその手荷物を連邦判事のところに持参すると告げ、同行してよいと告げたが、プレイスは同行を断わり、係官の一人から、その係官に連絡がつく電話番号を得た。

その係官らはケネディ空港にそのバッグを持って行き、麻薬発見のために訓練された犬（麻薬犬）による「臭いテスト（sniff test）」をした。その麻薬犬は二つのバッグのうち、小さなバッグの方には麻薬反応を示したが、大きい方のバッグには曖昧な反応であった。この時までにこの手荷物の押収後、約九〇分が経過していた。金曜日の午後遅くであったため、この係官らは月曜の朝までその手荷物を保管し、月曜日の朝にその小さい方のバッグについて捜索令状を得て、そのバッグを開け、一一二五グラムのコケインをその中から発見した。

プレイスは頒布目的でのコケイン所持を理由に大陪審起訴された。プレイスはDistrict Courtで、ラ・グァーディア空港で押収された手荷物の内容物について証拠の排除を申立て、その手荷物の無令状押収は第四修正に違反すると主張したが、District Courtは、この申立てを却下し、テリー（Terry v. Ohio, 392 U. S. 1 (1968)）の基準を適用して、この手荷物の留置はそのバッグに麻薬が入っているとの不審事由（合理的嫌疑）に基づき許され、第四修正違反はないと判示した（498 F. Supp. 1217, 1228 (EDNY 1980)）。プレイスは、この申立ての却下に上訴する権利を留保して、公訴事実たる薬物の所持に有罪答弁した。上訴で、第二巡回区United States Court of Appealsはこの判断を破棄した（660 F. 2d 44 (1981)）。同裁判所の多数意見は、テリーの原理が適用され、それによれば相当理由に至らない根拠で手荷物の無令状押収が正当とされる場合があり、プレイスを捜査目的で停止させる不審事由（合理的嫌疑）はあったが、プレイスの手荷物の押収が長引き、テリー・タイプの捜査目的での停止の限界を超え、第四修正違反の相当理由のない押収となった、と結論した。サーシオレイライ認容（457 U. S. 1104 (1982)）。

《判旨・法廷意見》

原審判断確認

一　オコンナー裁判官執筆の法廷意見

(1)　最初に手荷物が押収され、その後にその押収した容器の（手荷物の中身の）捜索がなされることになるが、この最初の押収よりも、押収後の容器の捜索に異議が申立てられるのが典型的場合であり、先例で、押収に関しいくつかの一般的原理が示されている。通常の事件では、個人の財産の押収は、相当理由に基づいて発せられ、押収対象物を相当理由との関連で限定して記載した（particularly describing）令状によるのでなければ、第四修正上、自動的に不合理なものとなる、と解して来た（See, e. g., Marron v. United States, 275 U. S. 192, 196 (1927)）。法執行官が、容器の中に禁制品又は犯罪の証拠があると信ずる相当理由があるが、令状を得ていない場合、合衆国最高裁判所は、その容器の中身を調べる令状発付を待たずに、その内容を調べることができるのは、容器の内容を調べなければならない緊急状況があるか又はその他の令状要件の例外として認められた例外に該当する場合である、と判示してきた（See, e. g., Arkansas v. Sanders, 442 U. S. 753, 761 (1979); United States v. Chadwick, 433 U. S. 1 (1977); Coolidge v. New Hampshire, 403 U. S. 443 (1971)）。例えば、公の場所に凶器又は禁制品のような対象物が発見された場合には、警察はそれを無令状で押収することができる（Payton v. New York, 445 U. S. 573, 587 (1980)）。かかる状況では、令状入手前にその対象物が消失するか又は意図された目的で利用される危険があり、その危険は所持の利益を凌駕しているからである（See also G. M. Leasing Corp. v. United States, 429 U. S. 338, 354 (1977)）。

本件では、政府が判断を求めているのは、個人の荷物をその荷物を開披することなく、不審事由を迅速に確認し又は払拭するという、限定された捜査目的を遂行するために、相当理由よりも程度の低い根拠で、個人の荷物を無令状で押収することが、第四修正上合理的であるとの判断であり、特に、テリー（Terry v Ohio, supra）の原理を適用し、客観的事実を基礎に、荷物には禁制品又は犯罪の証拠があるとの、不審事由（人に言葉で説明することができる程度の合理的嫌疑・reasonable, articulable suspicion）があれば、その押収は許されるとの判断を政府は求めている。

テリーでは、犯罪を疑う警察官が、相当理由に至らない根拠で、個人の身体の安全に、限定された干渉を行うことを認めた（Michigan v. Summers, 452 U. S. 692, 698 (1981)）。警察官が、不審者が、武器を携行しており危険であると合理的に信ずる場合の、その凶器を捜すための限定された捜索、つまり「捜検（frisk）」を認めるに当たり、法廷意見は、警察官が、対象者が犯罪を行い又は行おうとしていると信ずる不審事由（人に言葉で説明することができる程度の合理的嫌疑）があれば、その者を強制的に停止させる権限を黙示的に認めた（392 U. S., at 22）。このことが前提となることを明らかにしたのは、アダムス（Adams v. Williams, 407 U. S. 143, 146 (1972)）である。アダムスでは、容疑者が麻薬を携行しており、凶器を隠し持っているとの情報提供者の情報を調べるために、その容疑者を強制的に停止させることは適法であると判示した（462 U. S. 696, 703）See also Michigan v. Summers, supra（有効な捜索令状による家屋の捜索を行う間、その家屋の占有者を限られた範囲で拘束できる）；United States v. Cortez, 449 U. S. 411 (1981)（違法入国の外国人を輸送している疑いのある車輌の国境付近での停止措置）；United States v. Brignoni-Ponce, 422 U. S. 873 (1975)（市民と移民の地位を尋ねる目的で、国境付近で短時間停止させる措置）。

テリーで認められた、人の身体を限定された範囲で押収するための相当理由の例外が、第四修正上の押収の合理性（reasonableness）の要件を充足するか否かは、先例では、対立する利益の較量により判断されて来ている（392 U. S., at 20）。第四修正により保護された個人の利益に対する干渉の内容とその質を、その干渉を正当化するとされる政府の利益の重要性と、比較較量しなければならない。拘束の内容とその程度が第四修正により保護される個人の利益に最低限度のわずかな干渉（minimally intrusive）を及ぼすのにとどまる場合、押収を正当化するのに必要とされる政府の利益は、相当理由よりも程度の低いものでよい。

限定された範囲の捜査を行う目的で、容疑者から荷物を短時間押収する措置を正当化する政府の利益をまず検討する。旅行者の荷物に麻薬が入っていると信ずることが合理的であることを正当化する、具体的で人に言葉で説明できる程度の事実を当局が有していれば、さらに捜査を行うために、短時間その荷物を押収する政府の利益があり、この政府の利益は相当程度重要なものであるとの政府の主張に同意する。

被上告人は、官憲の安全のような法執行上の特別の利益がなければ、法執行上の一般的利益は、相当理由がなければ第四修正上の個人の利益に対する干渉・介入を正当化する根拠とならない、というが、先例ではこのような立場は採られてきていない。テリーでは、まず身柄を押収する根拠となる政府の利益は「効果的な犯罪予防と犯罪の摘発・発見」にあるとした。逮捕の相当理由がなくとも、犯罪の可能性のある行為の捜査目的のために、適切な状況で、適切な態様で人に接近することができるとする判断を支えるのはまさにこの利益である（392 U. S., at 22）。同様に、サマーズ（Michigan v. Summers, supra）で、有効な捜索令状の執行の間、家屋の住人の身柄を、限定された間、拘束できるとされたのは、自己負罪の証拠が発見されたときの逃走を防ぎ、法執行官憲とその家屋の居住者の双方に害が生ずる危険を最小限度のものにし、捜索が秩序だって終了する助けとなるという法執行上の利益があることを認めた。この基準は、これらの政府の利益がその干渉を正当化するのに足りるほどに「相当程度重要」なものか否かであり、犯罪捜査を効果的に行い容疑者を逮捕するという利益から独立したものか否かではない。相当理由に至らない根拠による第四修正により保護される利益への程度の低い干渉が効果的な犯罪捜査に必須のものか否かの判断に、具体的法執行活動のコンテキスト（事実状況）が影響を与える場合がある。空港での薬物運搬者（ドラッグ・カリア）に関する薬の運び人の活動は本来的に一時的性質のものであるから、薬物運搬の不審事由（合理的嫌疑）による空港で短時間の捜査のための停止を認めれば、警察は、麻薬が頒布のチャネルを通して流通するのを防ぐ蓋然性を相当程度高めることになる。かかる強い利益が政府にあることに照らして、限定された捜査目的で荷物を警察が短時間留め置くときの、個人の第四修正上の権利への干渉の内容と程度と、この政府の利益とを比較考量しなければならない。

プレイスは、相当理由の例外の理由づけは、テリー・タイプの人の停止は、正式の逮捕の場合よりも個人の自由の利益に及ぼす干渉が相当程度低いという考え方を前提とするのに対し、財産が関係する場合には、財産の干渉の程度による違いはなく、一旦所有者の財産が押収されれば、その所有の剥奪は絶対的なものである、と主張する。

この見解は採用できない。所持品の押収により生ずる所持の利益への干渉は、その内容と程度に置いて相違が生ずる。所有者が財産のコントロールを第三者に放棄した後に押収がなされる場合や、本件のように、財産の所有者がその荷物を実際に保管しコントロールしているときに押収される場合もある。さらに、警察は、その捜査をその現場での訓練された麻薬犬による臭いテスト（検査）に限定する場合もあれば、別場所にその財産を移す場合もある。財産の押収による干渉度が場合により相違することに照らすと、個人の所持品の短時間の留置が、個人の第四修正上の利益に最低限度のわずかの影響を与えるにとどまり、他方、それに対応する政府の利益は相当に重要であり、その財産が禁制品又は犯罪の証拠を含むとの不審事由（人に言葉で説明できる具体的事実）のみに基づいて押収することが正当とされる場合もある。

要するに、官憲が観察したところから、旅行者が麻薬を入れた手荷物を運んでいると信じ、そう信ずることが合理的である場合、テリー及びその後のその系列の先例によれば、この不審事由の根拠となっている状況を捜査するために、短時間その手荷物を留置することが、その捜査目的での留置の範囲が適切に限定されていれば、許される。

本件での被上告人の手荷物の押収の目的は麻薬発見のために訓練された犬に臭いをかがせるためである。この捜査手続それ自体が相当理由を要する捜索であれば、この臭いテストを行う目的による被上告人の手荷物の最初の押収は、相当理由に至らない根拠で正当化することはできない。

第四修正は、人の正当なプライヴァシーの期待に政府が不合理な干渉を加えることから保護している（United States v. Chadwick, 433 U. S., at 7）。人は、手荷物の中身にプライヴァシーの利益を有するが、手荷物の中にコケインが入っているか否かを訓練された麻薬犬を使って「臭いを嗅いで確かめる」方法は、その手荷物の開披を必要としない。この方法では、禁制品ではない物は公衆の目から隠されたままであり、その手荷物の内容を隈無く探す場合でもない。したがって、この捜査方法により情報を入手する態様は、典型的な捜索よりも遙かに程度の低い干渉にとどまるのである。さらに、この臭いテストは麻薬、禁制品の存在又は不存在を示すのに過ぎない。したがって、この臭いテストはその手荷物の内容について何らかのことを当局に教えるという事実があるが、それにより入手される情報は限定されたものである。この麻薬犬による臭い嗅ぎにより明らかにされる情報が限定されたものであり、この場合、臭いテストよりも、捜査の範囲が限定的ではない、より干渉度の高い捜査方法を用いた場合に生ずる困惑と不便を、その財産の所有者が受けないで済む。

以上の点で、コケインの麻薬犬による臭い嗅ぎテストは独特のものである。コケインに関する情報獲得の方法とそれにより示される情報の内容の双方において、他にこれほど限定された捜査方法を知らない。したがって、本件での、公の場所にある被上告人の荷物を、訓練された麻薬犬による臭い嗅ぎテストの対象とするという、本件係官が行おうとした捜査は、第四修正上の「捜索」には当たらない。

(2) 捜索への同意を被上告人プレイスが拒んだ後に、係官はプレイスに令状発付の手続を取るためにその荷物を連邦裁判官のところに持っていくと告げたときに、係官はプレイスの荷物を第四修正の目的からすれば、「押収」したことになる。テリーで示したように、押収の態様が、押収の正当性を判断するのに重要である。したがって、本件係官の行動は相当理由を要する一般法理が適用される押収に当たるのか、それともこの法理に対するテリーの例外に当たるのかを検討する。

政府は、荷物の押収に相当理由が必要となる時点は、テリー・タイプの身体の停止の時点よりも後の時点であるとする。その前提は、一般に財産の押収は、身体の押収よりも干渉の度合いが少ないとみるところにある。この議論が当てはまる場合もあるが、本件では当てはまらない。本件での荷物の留置（detention）は、個人の荷物を麻薬犬に臭いを嗅がせる目的で旅行者の所持を制限し（奪い）押収する場合であり、本件での所持の留置は、荷物に関する容疑者の所持の利益に干渉するとともに、旅程に従って進む自由の利益を制限する。荷物がかかる制限を受けても旅行を続けるのは自由だし、身体を拘束されているのでもなく、身体の拘束に伴い公衆の面前で面目を失っているのでもないが、その荷物とともにとどまるか又はその荷物を取りに戻る算段をしなければならないため、旅程の放棄・変更を余儀なくされるので、かかる押収はその者を効果的に拘束することができる。したがって、警察が容疑者から荷物の所持を奪い押収した場合、捜査目的で行われる身体の拘束に適用される制限が、相当理由に至らない理由でのその者の荷物の捜査目的での留置に適用される。この基準によれば、本件の警察の行為は、テリーで許されるとされた捜査目的での停止の許容限度を越えることは明らかである。

被上告人の荷物の留置時間の長さに照らせば、それだけで、本件での相当理由を欠く押収が合理的であるとの結論は採ることができない。テリー、アダムス及びブリニョーニ・ポンス（Terry, Adams, and Brignoni-Ponce）で関係した短時間の押収よりも長い時間の押収の合理性を認めてきたが（see Michigan v. Summers, 452 U. S. 692 (1981)）、個人の第四修正上の利益に対する干渉の時間の短さ（brevity）が、その押収が、不審事由（合理的嫌疑）に基づく最小限度のわずかな干渉（minimally intrusive）であるのか否かを判断するのに重要な要因である。さらに、その荷物の留置時間の長さの及ぼす効果を判断するのに際して、警察が自らの捜査をできる限り速やかに（diligently）進めたか否かを考慮に入れてきた。本件では、ニューヨークの係官は、ラ・グァーディア空港にプレイスが到着する予定時刻を知っていたのであるから、その場でさらに追加的捜査をするために手はずを整え、それにより、被上告人の第四修正上の利益の侵害を最小限度にとどめることができるようにするための、十分な時間があったのである。したがって、テリーの類型の停止として許される停止に時間的上限を設けることはしないが、先例では、本件での九〇分に亙る長引いた人の身柄の押収を認めたことは全くなかったし、本件の事実に基づいて、かかる長引く停止を認めることはできない。本件での被上告人の荷物の九〇分の留置は、その押収を不合理なものとするのに十分であるが、この違反は、その係官らが被上告人に彼の荷物の輸送先、その荷物の占有を奪われる時間の長さ及びその捜査により嫌疑が晴れたときのその荷物の返還方法を、正確に告げなかったことにより、一層、程度の高いものとなっている。要するに、本件での被上告人の荷物の留置は、麻薬が入っていると不審事由（合理的嫌疑）により荷物を短時間留置する警察の狭い権限の範囲を超えている。

(3) 本件の事情の下では、被上告人の荷物の押収は第四修正によれば不合理なものである。したがって、その後の荷物の捜索により得られた証拠は、証拠能力がなく、プレイスの有罪を破棄する。原審判断確認。

二 ブレナン裁判官の補足意見

テリー（Terry v. Ohio, 392 U. S. 1 (1968)）及びその後の先例は、不審事由（合理的嫌疑）に基づく、ごく短時間の停止と極めて限られた捜索を許したものであることは明らかである。テリーは不審事由（合理的嫌疑）に基づく、捜査目的での短時間の停止と武装の疑いのある者の武器の捜索に限定した捜索を認めた先例であり、短時間の停止を越える停止は同意か相当理由に基づかなければならない。

テリーによれば、人（身柄）の合法な押収に伴って個人の所持品を押収することは認められるであろうが、身柄の押収なしに、荷物だけを押収することをテリー及びその後のテリーを継承する先例では認めていない。官憲は、逮捕の相当理由はなかったのであり、それにもかかわらず、荷物を押収したのであり、この身柄の押収を伴わない荷物の押収は第四修正に違反する。テリー及びその後のテリーに由来する先例は、荷物の押収については判断しておらず、荷物の押収は相当理由に基づかなければならないとのルールを変更していない。

法廷意見は本件での麻薬犬によるテストを捜索に当たらないと判示するが、この点はブラックマン裁判官の指摘するように、本件では争点として提起されていないので、判断すべきではない。犬の使用は、人の感知できない情報を得ることができるので、個人のプライヴァシーの領域に、より深く干渉するものである。犬の使用が捜索に当たるか否かは、将来の、適切な、より十分な情報が得られる事件での判断に委ねるべきである。

三　ブラックマン裁判官の補足意見

本件での荷物の押収は、最小限度の干渉を遙かに超えており、テリーによって許容されない。

本件で、プレイスは、臭いを嗅いで行う捜索の有効性それ自体を争っていないし、下級審の判断においてもこの争点は示されておらず、本件で判断する必要がない。両当事者ともこの争点に意見を表明していないのであり、この点に関する判断は将来の適切な事件に委ねるべきである。

《解　説》

一　本件では麻薬犬による臭いテストまでの荷物の留置（押収）の適法性がテリー(1)との関係で問われ、法廷意見は、薬物運搬の不審事由（合理的嫌疑）による麻薬犬による臭いテストのための荷物の留置は認められるが、本件では、DEA係官がもっと周到な配慮をすれば、荷物の留置時間を短い時間で済ませることができた場合であり、九〇分の荷物留置は長すぎると判断して、第四修正違反を認定した。本件では、①不審事由（合理的嫌疑）はマイアミ国際空港で認められ、ラ・グァーディア空港に到着後、荷物はケネディ空港での麻薬犬による荷物検査のために留置され、麻薬犬による臭いテストが行われた。②麻薬犬による臭いテストによる、麻薬が荷物の中にあるとの検査結果に基づき、荷物の捜索令状が入手されるまでの間（金曜日夜から月曜日の朝まで）、その検査結果が得られた荷物が留置された。本件で問題とされたのは、①の最初の麻薬犬による荷物の臭いテストまでの荷物の留置の可否である。②については、①の荷物の留置時間が長すぎるとして違法と判示されたため、判断されていない。

テリーは、店の前を数回行き来して窓越しに店の中の様子を窺う者について、強盗を行おうとしているのではないかとの不審事由（合理的嫌疑）に基づき、停止を求め、捜検（フリスク）したところ、凶器が発見された事例であり、不審事由（合理的嫌疑）に基づくこの停止及び捜検は許されると判示した。

テリーは、不審事由（合理的嫌疑）に基づく停止と凶器発見目的での捜検を認めた先例だが、本件では、不審事由（合理的嫌疑）に基づく荷物の麻薬犬によるテストのための「荷物」の「留置」の可否が問われ、法廷意見は、テリーによれば認められると判示した。補足意見は、テリーは本件のような場合まで適用できる先例ではなく、短時間の停止が認められるにとどまり、テリーの捜検は「凶器」発見目的のものであることを強調して、「相当理由」によらなければ、荷物の「押収」は認められないと判示した。

注目すべきは、本件法廷意見によるテリーの趣旨についての判示である。法廷意見は、テリーは、「効果的な犯罪予防と犯罪の摘発・発見」のための、相当理由に至らない不審事由（合理的嫌疑）による停止、質問及び捜検を認めた先例と解し、この「効果的な犯罪予防と犯罪の摘発発見」という目的を踏まえて、政府の法執行活動を行う利益と個人の第四修正により保護される利益に及ぶ影響とを比較考量して本件の政府の活動が許されるかを検討するアプローチを採っている。法廷意見は、テリーで認められた、人の身体を限定された範囲で押収するための相当理由の例外が、第四修正上の押収の合理性（reasonableness）の要件を充足するか否かは、対立する利益の較量により判断され、第四修正の保護する個人の利益への干渉の内容とその質を、その干渉を正当化するとされる政府の利益の重要性と比較較量しなければならない、とし、「拘束の内容とその程度が第四修正により保護される個人の利益に最低限度のわずかの干渉（minimally intrusive）を及ぼすのにとどまる場合、押収を正当化するのに必要とされる政府の利益は、相当理由よりも程度の低いものでよい。」、「個人の所持品の短時間の留置が、個人の第四修正上の利益に最低限度の影響を与えるにとどまり、他方、それに対応する政府の利益は相当に重要で、その財産が禁制品又は犯罪の証拠を含むとの不審事由（合理的嫌疑）のみに基づいて押収することが正当とされる場合もある。」と判示する。テリーをごく短時間の停止に限定せずに、薬物運搬の不審事由（合理的嫌疑）により麻薬犬による臭いテストをするため（不審事由解明のため）に必要な短時間の荷物の留置がテリーによれば認められると解し、[2]不審事由（合理的嫌疑）解明のための荷物の留置それ自体を認める判断を示した点が注目される（本件ではその留置時間は長すぎるとして違法と判示されたが）。テリーの事例のような、ごくわずかの短い時間の留置しか認められないという判断を法廷意見はしていない。

テリーは、麻薬犬による臭いテストのための「荷物の」留置が問題となった事例ではない。強盗の不審事由による停止とそれに関連する捜検が問題となった事例であった。また、テリーでは、凶器発見目的での捜検が問題となったが、本件の荷物の麻薬犬による臭いテストは、凶器発見のためのものではなく、麻薬犬による臭いテストを実施して麻薬の有無を確認するためのものであり、本件の荷物の留置はこのテストを行うためのものである。テリーのように、「凶器」の所持確認目的での「捜検」には当たらない「荷物」の「麻薬犬による臭いテスト（荷物の外から麻薬犬が臭いを嗅いで薬物の有無を確認する検査）」も、テリーにより認められる範囲に入る、と法廷意見が判示した点も重要であろう。ごく短時間の停止と凶器の発見目的での検査に限定することなく、「効果的な犯罪予防と犯罪の摘発発見」という目的との関連で、不審事由（合理的嫌疑）による荷物の一時的留置が許されると判示して、テリーが、空港での麻薬犬による臭いテストを受けさせるための荷物の留置のような状況にも対処することができる基準であることを明らかにした点が注目される。[3]

テリーでは、不審事由（合理的嫌疑）解明のための短時間の停止と法執行官憲への危険除去の目的での捜検を認めたが、テリーで、職務質問のための停止及び捜検を認めた背景には、都市化社会での安全と秩序の維持には「犯罪の予防と早期の摘発・発見」が不可欠であり、相当理由に基づかなければ停止を命ずることができないことになると、犯罪予防と犯罪後の早期の摘発の目的を達成することが困難となり、[4] ひいては逮捕それ自体も困難となってしまうであろうという都市化社会での状況があろう。相当理由による人の自由の拘束は、事件発生後の逮捕の要件とされるが、事後的対処を中心とするものとなり、また、相当理由を欠けば停止を求めることができないことになると、不審事由（合理的嫌疑）はあるが相当理由までには至らない不審者の停止を求めることができず、後から逮捕しようとしても、人工的ジャングルともいえる都市では、発見は著しく困難となる。テリーの、不審事由（合理的嫌疑）に基づく停止及び捜検、さらには、本件のような麻薬犬による臭いテストのための所持品の留置を認めた法廷意見は、匿名性や移動性を特徴とする都市化社会での犯罪捜査の困難さと犯罪予防及び犯罪後の摘発・発見の必要を背景とする判断であろう。

薬物対策の観点からみると、薬物取引が多く行われる地域からの、空港を経由したドラッグの運び人としてのプロファイルに該当するとみられる者に対する、不審事由（合理的嫌疑）を理由とする停止、質問及び所持品の留置と検査（本件では薬物の麻薬犬による臭いテスト）などの法執行活動の必要性は高い。法廷意見は、次のように判示する。

「空港での薬物の運搬者に関する薬の運び人の活動は本来的に一時的性質のものであるから、薬物運搬の不審事由（合理的嫌疑）による空港で短時間の捜査のための停止を認めれば、警察は、麻薬が頒布のチャネルを通して流通するのを防ぐ蓋然性を相当程度高めることになる。」

テリーを、このような薬物事犯への対処にも用いることができる先例であると解した点に、本件法廷意見の意義が認められる。所持品の留置は、凶器の発見目的に限定されるのではなく、「犯罪の予防と早期の摘発・発見」のために行われるとした本件判断は、薬物犯罪に対処する法執行活動を行う上で、重要な対処手段を提供するものである。この留置は、相手の同意を要件とするものではなく、不審事由（合理的嫌疑）があれば、不審事由を解明するのに必要とされる短時間、留置し得るものである。

二　本件で先例として引用されているサマーズ(5)は、捜索令状は、その適法な捜索の間、その家屋の住人を拘束する限定された権限を黙示的に認めており、法執行官憲は、その住居の占有者に家屋に再度立入ることを要求し、証拠が発見されるまでそこにとどまるように求める権限を有し、捜索令状執行中に、相当理由なく、執行終了後に逮捕された者を「押収」した措置は、適法であると判示した先例である。自己負罪の証拠が発見されたときの逃走の防止、証拠破壊のための突発的暴力の阻止及び秩序だった捜索の完了という法執行上の利益を、令状執行中に身柄を拘束し立会いを要求する根拠として示している。この先例は、職務質問による停止と荷物検査の事例ではないが、法廷意見は、この先例を、相当理由に至らない根拠による身柄の拘束を認めた事例として引用する。

アダムス(6)は、警察官の知る情報提供者から、被告人が武装しているとの情報が寄せられ、職務質問を受けた被告人が、乗車した車輛の運転席の窓を開けたので、そこから手を入れて、装塡された拳銃を被告人の腰から発見し除去した事例であり、法執行官憲が知る情報提供者から提供された情報により、停止を求め、危険除去の措置を講ずることができると判示した。この事件は、法執行官憲が自ら観察した場合でなくとも、警察官の知る情報提供者から提供された情報もかかる活動を行う根拠となり得ることを判示した。法廷意見は、相当理由に至らない合理的根拠による停止及び捜検が認められるとする先例として引用する。

コルテス(7)は、違法入国移民を乗車させていると疑う具体的且つ客観的根拠のある車輛を停止させた措置を適法と判断した先例であり、この国境パトロールによる停止は、相当理由に至らない状況で正当化することができ、停止が正当か否かは、全体事情に照らして、経験を積んだ国境パトロールの官憲が、停止を求めた特定車輌が犯罪活動に従事していると合理的に推測することができるかどうかにより決まる旨判示した。この先例も、相当理由に至らない合理的根拠による停止が許されるとする判断を示したものである。

ブリニョーニ・ポンス(8)は、国境パトロールの官憲が不法入国の疑いで国境付近で車輌を停止させることができるのは、言葉で説明することができる程度の、気づいた具体的な事実及びそこから合理的に推論することができるところから、その車輌に違法入国外国人が乗車していると合理的に疑う根拠のある場合のみであり、この根拠があれば、その車輌を短時間停止させ、市民権と移民の地位について質問し、疑わしい状況について説明を求めることができるが、それ以上の拘束又は捜索は、同意によるか又は相当理由に基づかなければならないと判示した。国境付近での、違法移民の乗車の有無を調べる目的での、具体的不審事由（合理的嫌疑）に基づく短時間の停止を認めた判断であり、相当理由に基づかなくともかかる停止を求めることができる先例として引用されている。

テリー及び本件法廷意見の引用するこれらの判例では、本件で問題とされた荷物の留置――（「押収」とも表現されているが、通常の押収ではなく、不審事由（合理的嫌疑）を解明のための短時間の荷物の留置である）――を問題とした先例ではないが、本件法廷意見は、相当理由がなくとも令状執行中の行動の自由の制約が許され、また、相当理由に至らない不審事由（合理的嫌疑）で身柄を一時拘束し又は捜検が認められるとする判例の趣旨が、不審事由（合理的嫌疑）に基づく「荷物の留置」にも妥当するとし、不審事由（合理的嫌疑）による麻薬犬による臭いテストのための短時間の荷物の留置をなし得ることを明らかにした。

三　この停止や荷物の留置は、不審事由（合理的嫌疑）に基づくものであり、根拠が相当理由よりも程度の低いものであることとバランスが求められ、その法執行活動による自由への干渉は限定されたものでなければならないと判示されている。

法廷意見は、ラ・グァーディア空港行きは判っていたのであるから、あらかじめ準備を整えて待ち受け、荷物の留置時間を合理的時間内にとどめるべき努力がなされていなかったことを重視し、九〇分でも荷物の留置時間は長すぎるとすると解した。停止や留置の措置は、不審事由（合理的嫌疑）を確認するための必要な限度を越えないものであることが求められ、できるだけ少ない干渉にとどまるように、確認のための手はずを速やかに整えて対処し、荷物の留置が長すぎるものとならないように注意を喚起する判断が示された。

四　本件では、荷物の「留置」を「押収」とも表現しているが、かかる留置は、通常の押収とは異なる。不審事由（合理的嫌疑）に基づく、不審事由（合理的嫌疑）の解明に必要な短時間の留置の場合であり、その干渉度は時間の点で短時間のものであり、通常の押収とは異なっている。本件では、事前の連絡が可能であったことを考慮して九〇分は長すぎるとして違法とされたが、適法な短時間の留置は、「押収」と表現されることがあっても、相当理由に基づかなければならないものではなく、不審事由（合理的嫌疑）によるものでよいとされた。

ブレナン裁判官は、本件の「押収」を相当理由に基づかなければならないものだとして、通常の押収と、本件のような、麻薬犬によるテストを実施するのに必要な短時間の留置（押収）とを区別しない立場に立つ。だが、不審事由（合理的嫌疑）による停止、質問、凶器発見除去目的での捜検及び不審事由（合理的嫌疑）のある荷物の麻薬犬による臭いテストに必要な短時間の荷物の留置は、その荷物の自由な移動を許さない時間の長さの点で、通常の押収の場合と区別することができるものであり、通常の押収と区別することなく一律に扱って、相当理由によらなければ許されないと判断することは、薬物運搬者のプロファイルに該当する者への麻薬犬を用いた荷物の臭いテストによる対処を不可能にしてしまう場合があり、都市化された移動性と匿名性を特徴とする社会における、自由と、秩序の維持・安全とのバランスをうまくとっているといえるのか、疑問である。

五　本件での麻薬犬による臭いテストは、荷物の中身をみてはおらず、臭いも麻薬の検出に限定され、このテストに要する時間も短時間のものであるので、プライヴァシーへの干渉度は限定されたものであり、このテストのための占有の利益の制限の程度も、通常は、短時間のものであるのにとどまる。麻薬犬による荷物の留置による影響がプライヴァシーへの干渉度の点でも占有への影響の点でも限定されているので、不審事由（合理的嫌疑）があれば足り、また、この根拠との関連で、その解明のために必要とされる合理的短時間の荷物の留置が認められるのにとどまることになる。

六　法廷意見は、麻薬犬による荷物の空港での臭いテストのための一時的な荷物の留置に焦点を当てて判断し、九〇分の荷物の押収（留置）は長すぎると判示しており、麻薬犬による臭いテストにより麻薬が荷物中にあることが示された後の、荷物の中身を調べるための捜索・押収令状入手までの荷物の留置については、本件では判断されていない。麻薬犬による臭いテストの結果、麻薬があると疑われる場合には、捜索令状入手のための相当理由があることになろうが、このような場合の捜索・押収令状入手までの間の荷物の留置（いわゆるインパウンド）については、本件では判断されていない(9)。

七　ロイヤー(10)と本件は関連する面もあるが、事案が異なる。

ロイヤーは、マイアミ国際空港からニューヨーク行きの片道航空券を仮名でキャッシュで購入し、同名で二個の荷物をチェックインし、搭乗区域のコンコースで、二名の刑事にドラッグ・カリアー・プロファイルに合致するとして、航空券と免許証の呈示を求められた。免許証は正しい本人名であった。この食い違いについて質問され、友人が仮名の航空券を予約したためだと説明した。刑事は、麻薬捜査官であることを告げて、麻薬の運び屋の疑いがあるとして航空券又は免許証を返却せず、コンコースに付属する警察が利用する部屋に同行を求め、被上告人の同意なく、刑事の一人が被上告人の荷物を航空会社から取り戻して、その部屋に持ってきて、被上告人はその荷物の捜索に同意を求められたがそれには答えず鍵を出したので開けてみるとマリワナが入っていた。この事例で、法廷意見は、荷物の捜索時に、被上告人は、違法に身柄を拘束されていたので、この同意はその違法により汚染されており、航空券と免許証を返却せず出発の自由があるとも示されずに麻薬の運び屋の疑いで取調室への同行を求められたのであり、彼の身柄の押収は、単なる犯罪行為の嫌疑に基づいて許される限度を越えた自由への重大な干渉であり、テリーにより許容される捜査目的での一時的身柄拘束（detention）の実効化に必要とされる限度を越えた干渉である、と判示した。法廷意見はこの事件ではこの身柄の拘束は「逮捕」であると判示している。安全とセキュリティの関係からコンコース付属の警察の利用する部屋に移動することが必要とされる場合もあるが、この事件ではその必要があったとは示されていないことを指摘し、テリーで認められる停止の限界を越えていると判示された。本件の事実は、非常にナーバスな状態の、二個の荷物を持ったアメリカ人の旅行者である若者が、（薬物の）目的地への航空券をキャッシュで購入したという事実から調査が開始され、仮名での航空券購入が判明し、本人の説明は捜査官を納得させるものではなかったというものだが、ナーバスな状態の若者が仮名でニューヨーク行きの航空券をキャッシュで購入し二つの重い旅行鞄を携行する場合には、全てこの若者を逮捕することができ、重大な重罪による訴追を受けることになるという州の主張には同意できない、と法廷意見は判示している。

本件の麻薬犬による臭いテストに付す場合と比べると、ロイヤーの、逮捕がなされているという判示に示されるように、ロイヤーと本件とは大分状況が異なる、プレイスよりも行動の自由への干渉度の大きい活動が関係しており、警察官の利用する部屋への移動が求められるなど、この事件固有の事情がある。ロイヤーでは荷物の検査も関係するが、人の身柄の押収（逮捕）の観点から判断した事例であり、本件のような、荷物に焦点を当てた判例とは異なっている。この事件でのドラッグ・カリアー・プロファイルがそもそもドラッグ・カリアー（麻薬の運び人）のプロファイルとして適切であったといえるのかも問題とされる。他方、九・一一以降、ロイヤーの基準がそのまま維持されるのかは、検討を要するであろう。

（中野目　善則）

（1）Terry v. Ohio, 392 U. S. 1, 392 U. S. 1 (1968).

（2）本件では荷物が留置されれば、その荷物の所持品の自由な移動も制限されるので、停止の場合のテリーの基準が本件でも適用されるとしている。

（3）補足意見は、本件では麻薬犬によるテストの適法性については判示する必要がない場合であるとするが、荷物の留置の目的がなんであるのかが、留置それ自体の程度、時間の長さなどに影響を与えるので、麻薬犬によるテストの可否とその性質は、本件で荷物の留置と密接不可分の関係にあるとみるべきであろう。

（4）Sam B. Warner, The Uniform Arrest Act, 28 Virginia L. R. 315 (1942).

（5）Michigan v. Summers, 452 U. S. 692 (1981).

（6）Adams v. Williamas, 407 U. S. 143 (1972).

（7）United States v. Cortez, 449 U. S. 411 (1981).

（8）United States v. Brignoni-Ponce, 422 U. S. 873 (1975).

（9）なお、後の判例である Illinois V. McArthur, 531 U. S. 326 (2001) は、相当理由があるときの、捜索・押収令状入手までの間、家屋への立入を制限した措置を、適法と判示している。

（10）Florida v. Royer, 460 U. S. 491 (1983).

二六　自動車検問

56　Delaware v. Prouse, 440 U. S. 648 (1979)

自動車免許及び自動車登録の検査のために、警察官が裁量により行うrandom stop checkを違憲とした事例。

《事実の概要》

警察用大型自動車で移動パトロール中の警官が被告人の車を停止させた。この停止は、当該警官が交通違反、車輌整備不良（equipment violations）又は何らかの疑わしい行為を認めたために行われたものではなく、自動車免許及び自動車登録の検査の目的で、専ら当該警官の自由裁量により行われたものであった。同警官は、車の走行に必要な文書の検査に関して州の検事総長又は警察署の定めた基準、ガイドライン、手続に従って行動したものでもなかった。停止後、被告人の車に近づくとマリワナの臭いがした。同警官が車中を覗くと、車の床にマリワナがあるのが見えたので、これを押収した。被告人は規制物品の不法所持により大陪審による訴追を受けたものである。

公判裁判所は、車の停止及び押収は警官の恣意的なもので、第四修正違反だとして、マリワナの排除申立てを認めた。デラウェア最高裁判所はこれを確認し、法律違反が行われたとの合理的嫌疑を示して停止を正当化するような、具体的に示すことができる事実がない場合には、運転者をランダムに停止させることは第四修正、第一四修正違反であるとした。

《判旨・法廷意見》

一　ホワイト裁判官の法廷意見

(1)　自動車を停止させ、その乗員の身柄を拘束することは、たとえ当該停止の目的が限定的なものであり、それに引き続く拘束が極めて短いものであったとしても、第四修正及び第一四修正にいう意味での押収になる。第四修正の禁止の趣旨は、恣意的侵害から個人のプライヴァシーを守るために法執行官その他官憲の裁量行使に対し合理性という基準を課することである。特定の法執行が許されるか否かは、当該法執行による個人の第四修正の利益に対する侵害と適法な政府の利益の増進との比較衡量により判断される。合理性という基準は、この比較衡量により形が与えられる。

(2)　ブリニョーニ＝ポンス（United States v. Brignoni-Ponce, 422 U. S. 873 (1973)）では、移動パトロール中の国境警備官が国境付近を走行中の車が密入国者を乗せている、若しくは密輸に関係がある、と信ずべき相当な理由又は合理的嫌疑を有しないにもかかわらず、その捜査のために random stop を行うことを第四修正違反だと判断した。しかし車の停止をすべて違法としたのではなく、具体的に示すことができる事実と、これらの事実からの推論とが相俟って密入国者だと思われる外国人がその車輌に乗っているとの嫌疑が合理的だとされる場合には、移動パトロール中の警官は当該車輌の停止をなし得るとした。停止のための合理的嫌疑という要件が、公共の利益擁護の適切な手段を政府に与え、かつ国境付近の住民が官憲の無差別的侵入を受けることのないよう保護するのである。

マルティネス＝フェルテ（United States v. Martinez-Fuerte, 428 U. S. 543 (1976)）では、国境警備官が検問所を設けて行

う車輌の停止は、移動パトロールによる random stop に比べ主観的侵害——車により移動する者の停止についての懸念又はそれによる驚き——が少ないとして合憲だとした。

これらの判決が、車の現場停止の際問題となる第四修正上の利益と公共の利益とのバランスを計る基準を提供するものである。

自動車免許及び登録の検査のための random stop による物理的・心理的侵入は、移動パトロールを行う国境警備官による停止により生じた侵入より重大でないとは考えられない。双方とも、法執行官が乗員に不安を募らせるような形で自己の権限を示し、走行中の車に合図して車を停止させるものであり、双方とも走行の自由に対する干渉であり、不便と手間をかけさせるものである。

さらに、第四修正の趣旨からは、特定の車に対する random stop と、道路閉鎖による停車との間には、それなりの相違もあると考えられる。検問所にあっては運転者は他の車が停止させられているのが判るし、また警察の権限を示す掲示を見ることもできるので、侵入による驚き、困惑も、その程度はかなり低いといえるからである。

(3)　(こうして stop check は、道路閉鎖による自動車検問と同視できず、また国境警備のための移動パトロールと同程度に又はそれ以上に運転者のプライヴァシーを侵害するものだとしても、道路の安全確保の手段として合理的か否かが問題となる。)

道路交通の安全確保は重要な公共の関心事である。自動車免許は、これを有する運転者は道路上での諸規則に精通した車輌運行の資格がある旨を保証し、自動車登録、より正確には自動車検査の要件は、危険な車を運行させないために工夫されたものとして、いずれも、道路交通の安全確保に役立つ。しかし、random stop check が確実な成果を齎らし、第四修正の利益に反する侵害を正当化する制度か否かは疑問である。ここでは、交通及び車輌の安全のための取締りの第一の方法は違反の観察に基づき行動することだということを想起すべきである。交通違反を犯した運転者の中から無免許運転者を見出すことは、全運転者の中からランダムに選ぶ方法で無免許運転者を発見することより遥かに容易だと考えるべきである。そうでないなら、運転免許制度は、道路安全確保の効果的な方法ではないことになる。無免許運転者の道路上での割合は極めて低く、一人の無免許運転者の摘発のために、停止を求められることになる免許を有する運転者の数は、実に多いというのが常識である。それゆえ、全運転者の中から裁量により選んで行う停車措置がハイウェイの安全に寄与するところは高々最低限度のものである。

さらに、無免許運転者は、交通違反に巻き込まれるかもしれないと考えて無免許運転を思い止まるかもしれぬが、stop check に当たるかもしれないと考えて無免許運転をさし控えるとは考えられない。

無免許運転者の発見又は無免許運転者の運転阻止の観点からも、stop check は第四修正の下で合理的な法執行手段というには効果が乏しいと思われる。

車輌の安全性についても同様である。デラウェア州においては、他州と同様、車輌は licencing plate を掲示しなければならないとされており、この licencing plate は当該車輌が登録されていることを証明するものである。そして、デラウェア州法の下では年ごとの登録資格を得るためには各車輌は毎年車輌検査に合格しかつ適正な保険に加入していなければならない。そこでデラウェア州に登録された車輌の停止が州の登録要件遵守の有無の確認のために必要であるとは思えない。また他州からの車の多くが登録済みを示す licencing plate を不要としていることを示す記録もないので、他州からの車を登録の検査のために停止する措置も、州の利益を増進するものではない。

こうして spot check が道路の安全に寄与するかは微妙なものである以上、警察官の自由な裁量による停車措置に合理性はない。

(4) 自動車を運転又は利用する個人は、車輌及びその利用が政府の規制に服するとの理由により、プライヴァシーへの合理的期待をすべて失うものではない。歩行者として又は他の移動方法によって自分を曝すよりも、車に乗って移動する方にこそ安全とプライヴァシーを感じる者が多いのである。家から歩道に出た者が第四修正の保護をすべて失うものでないのと同様、歩道から自動車に乗った者も自己の利益を失うものではない。それゆえ、運転者が無免許である、車が登録されていない、又は車輌若しくはその乗員が法に違反していて押収に服することを示す具体的に明示できる合理的嫌疑がある場合以外は、車を停止し運転者を拘束して運転免許及び自動車登録を検査することは第四修正の下で不合理である。但し、このことはより侵害の程度の低い、又は裁量の無制限の行使ということのない stop check の方法を開発することを禁ずるものではない。道路閉鎖により走行中の全車輌を停止し質問をするというのが一つの代案である。

二　ブラックマン裁判官の補足意見

当法廷は、裁量の無制限な行使に至らない、侵害の程度のより低い stop check を、本判決の射程から保護した。これは、たとえば特定地点を通過する車を一〇台目ごとに停止させるというような、道路閉鎖に等しいか又はそれより侵害の程度の低い random stop を許すものと思う。

三　レーンクェスト裁判官の反対意見

裁量による車の停止の濫用もまた考えられるが、本件記録からはこの濫用の蓋然性が高いことは示されていない。また、ランダムな免許の検査が違反者をより抑止し、違反者の逮捕が増加することには通じないと法廷意見は言うが、このことを示す記録もない。法廷意見は、経験的なデータに頼ることなくその結論を導いている。

《解　説》

一　予備的考案、国境警邏担当官の裁量権限が制約されていく過程

本件は、自動車免許及び自動車登録の検査のために警察官が専らその自由な裁量によって行うrandom stop checkを、第四修正に反するとしたものである。

道路交通の安全確保は重大な公共の関心事である。合衆国にあってもこの安全確保のため、運転者は運転免許及び自動車登録を受け、運転中は双方の文書を携帯し、警察官の要求によりこれら文書を提示しなければならないとの法規を全州が有しており、この免許及び登録の検査のために車を停止させる警察官の権限については、明文でこれを認める州と、文書提示を求める権限に黙示されていると解する州とに分かれているが、車の停止のための手続について法により規律する州はないとの指摘がある(1)。ただ従来から、警察官が特定地点に検問所を設け、一定方向に走行中の車をすべて又はほとんど停止させるという道路閉鎖方式と、パトロール中の警官が裁量により車を選んでその車を道路端に停止させるという移動パトロールによる停止方式との二つをいわば典型とし、この中間的な方式――たとえば検問所において停止させる車を裁量により決定する――も採用するという形で運用されていた(2)。

これは免許・登録検査のための停止に限らず、国境警邏のための停止についてもほぼ同様であった。国境警邏担当官に、国境警備という職務目的から広汎な裁量権を認めておく必要性は、免許・登録の検査を行う警察官に比べるはるかに高いといえる。それにもかかわらず、この国境警邏担当官の裁量・権限ですらも、車の停止・捜索に関し、次第に一定の枠が課せられていった。停止とそれに続く法執行の問題を考えるのに有益と思われるので、国境警備のための停止についての先例を見てみよう。

アルメイダ＝サンチェス（Almeida-Sanchez v. United States, 413 U. S. 266 (1973)）では、移動パトロール中の国境警備官

が、メキシコ国境から二五エア・マイル離れたカルフォルニア州の道路上で、格別の不審事由もないまま密入国の有無の確認のため走行中の車を任意に選んで停止させ、車内を捜索したことを違憲とした。合衆国法及び連邦規則に拠れば、国境警備官は、合衆国国境から一〇〇エア・マイル以内では、自動車その他の運搬手段を無令状で捜索する権限を有していた（8 U. S. C. § 3157 (a), 8 C. F. R. § 287. 1)。しかしスチュアート裁判官は、キャロル＝チェインバース法理は無令状での車の捜索を認めたが、これは捜索のための相当な理由の存した場合であること、キャマラ事件及びスィー事件では係官が何らその裁量の制限を受けることもなく行う捜索を非難したのだから、キャマラ法理で本件を扱うこともできないこと等を指摘した上で、本件でも、不法入国者を防ぐ必要を説くだけでは足らず、自動車の捜索のための相当な理由を要するとした。

ブリニョーニ＝ポンス事件では、車の乗員がメキシコ系と思われるとの理由だけで、移動パトロール中の係官が国境付近で車を停止し、乗員にその国籍を尋ねることを違憲とした。この事件でも係官は、国境から一〇〇エア・マイル以内では無令状で外国人が居ないか、車輌その他の運搬手段を捜索する権限を有し（8 U. S. C. § 1357 (a) 3)、かつ外国人又は外国人と思われる者に合衆国に留まる権利の有無について質問する権限を有していた（8 U.S. C. § 1357 (a) 1)。しかしパウエル裁判官は、この質問のための停止も合理的でなければならず、合理性は公共の利益と個人の利益との比較衡量により決定されるとした上で、密入国者を運ぶ車はパトカーを避けようとするとか、折畳みシートやスペアタイヤのための広いコンパートメント付であるとかの一定の特徴を備えていること、また服装や髪型の傾向から乗員がつい先頃までのメキシコ在住者であるか否かが判明すること等から、密入国者の輸送を疑わせる事由は外観上示されることが一般である、そこで密入国の規制という公共の利益を確保し、かつ国境周辺の住民の第四修正の権利を保障するためには、密入国者である又は密入国者輸送を行っているとの「合理的嫌疑」を要するとすべきである、そうでないとメキシコとの二、〇〇〇マイルの国境から一〇〇エア・マイル以内では何処でも係官は無制限の裁量により車を停止することができることになってしまうとした。

このブリニョーニ＝ポンス事件のコンパニオンケースであるオーティス（Unaited States v. Ortiz, 422 U. S. 891 (1975)）では、国境警備官が検問所を設けて自動車を停止させ、その中から第二次検査対象車を裁量により選んで質問や捜索を行うという場合に、車の捜索のための相当な理由が必要か否かが問題となった。検察側は、どの車を捜索するかを決する警備官の裁量は、検問所設置場所の選定を警備官は行えないことから、まず検問所設置により制限を受けていること、検問所での検査にあっては突然の停車を命ぜられることがないために、乗員の驚き、困惑の程度もはるかに低いこと等の理由から、移動パトロールによる捜索の場合より侵害の程度が低いことを指摘した。パウエル裁判官はこれら相違点にそれなりの意味のあることを認めつつも、停止が一斉に行われるからといって捜索によるプライヴァシー侵害を和げるものではないこと、停止した車のうち、どの車を捜索するかについては官憲の裁量が働いていること、その裁量の行使を単なる嫌疑に基づかせることは、官憲の専断恣意からプライヴァシーを保護するための最低限の要件として相当な理由を位置づけたアルメイダ＝サンチェスやチェインバーズの法理にそぐわないこと等を理由として、捜索にはやはり相当な理由が必要であるとし、車の乗員がメキシコ系と思われることが車の捜索の理由となっていたのだが、それだけでは相当な理由を構成しないとした。

マルティネス＝フェルテ事件では、メキシコ国境から離れたハイウェイ上の常設検問所で車を停止し、乗員がメキシコ系との理由で第二次検査地点に差し向け、乗員に対する質問や車の捜索を行ったという場合に、先のオーティス事件での政府側の指摘を受けながら、次のような判示を行った。

常設検問所での車の停止には合理的な嫌疑を要しない。これを要するとするのは交通対策上、非実際的である。

検問所での停止により齎される自由な通行に対する侵害の程度は、限定的なものである。停止、質問、窓越しの車内検査（visual inspection）という客観的な侵害は移動パトロールの場合と同様であっても、停止についての懸念、それによる驚きといった主観的侵害は、それよりはるかに低いものである。その上、検問所で係官の行使する裁量は限定的なものである。検問所の運用の仕方も表示され運転者に判るようになっているし、また検問所の設置場所の決定は停止を行う官憲の裁量で決まるものではない。

また、検問所での停止は捜索に関係するものではないし、この停止を行う公共の利益は大きいのに反し、他方、自動車に対するプライヴァシーの期待は伝統的な住居へのプライヴァシーの期待より低いものであることからも、私人の利益は小さなものといえる。

さらに、移動パトロールによる車の停止の要件である合理的嫌疑に至らない程度の嫌疑に基づいて第二次検査所へ差し向けたとしても、その差し向けは合憲である。第二次検査所での質問、検査という侵害も最少限のもので、差し向けを正当とする格別の事由が存する必要はない。

こうして、移動パトロールによる車の捜索には相当な理由を要する（アルメイダ＝サンチェス）、検問所での車の捜索にも相当な理由を要する（オーティス）、移動パトロールによる車の停止・質問には合理的嫌疑を要する（ブリニョーニ＝ポンス）、検問所で一定方向に走行中の車輌の停止には個別的な嫌疑を要さず、第二次検査場への差し向けには正当化事由を要さず官憲の裁量に委ねる（マルティネス＝フェルテ）とされたのである。マルティネス＝フェルテを今暫く別にして、前三件の判決を見ると、議会といえども違憲な法を立法することはできない、法の明文により又は黙示に授権した権限といえども憲法の趣旨に沿った運用がなされねばならないとの立場がうかがえる。国境警邏の目的上、裁量・権限の行使の必要は認めながらも、それが無制約であることの危険性を考慮し、窓越しの車内検査・捜索といったプライヴァシーへの客観的侵害、驚駭といった主観的侵害を理由に、一定の基準に従った裁量・権限行使の必要性を説くのである。

ところで、移動パトロールによる車の停止を扱った前述ブリニョーニ＝ポンスは、本件と類似性の強い事件であるが、同判決は脚註8で、「本判決は、国境警邏のための特殊性を考慮しており……州の法執行官が運転免許、自動車登録、トラックの重量その他の検査に関して、法を執行するのに必要な限定的な停止を行う権限を有していないということを意味するものではない。」とし、国内での文書検査のための停止については将来の判決に委ねた。そこで、車に対する同程度の侵害しか齎さないのかもしれぬ本件も、直接ブリニョーニ＝ポンスに依拠することはできず、独自に車の停止の合理性を検討することとなった。

二　random stop check の実効性及び自動車のプライヴァシーについて

テリー（Terry v. Ohio, 392 U. S. 1 (1968)）では、伝統的な逮捕に至らない短時間の身柄拘束も合衆国憲法第四修正にいう「押収」（seizure）にあたるとした。そして、一度政府の行為が第四修正の「捜索」「押収」にあたるとされると、それは「合理的」でなければならず、この合理性は、キャマラ（Camara v. Municipal Court, 387 U. S. 523 (1967)）以後、当該「捜索」「押収」により確保される政府の適法な利益と個人のプライヴァシーの利益との比較衡量により判断される。すなわち、居住状態の点検のための住居への立入りを第四修正にいう「捜索」にあたるとしたキャマラ事件では、第四修正の合理性については出来合いの判断基準はなく比較衡量によるほかないとしたうえで、①政府のこの点検という住居への立入りは裁判所及び一般公衆によって長い間受認されてきていること（long history of judicial and public acceptance）、②住居の危険状態が除去・減少されるよう求める公共の利益があり、他の方法に拠る方が妥当な結果が得られるかは疑わしいこと、③この点検活動は犯罪の証拠の発見を目指すものではなく、市民のプライヴァ

シーに対する侵害に限られるものであること、の三点を衡量に当って考慮すべき事項として掲げたのである。(3)

本件でも、警邏警察官による自動車の停止は第四修正にいう「押収」にあたると解したうえで、道路交通の安全の確保という公共の利益と、停止により個人の蒙る不利益とを比較しようとする。キャマラの掲げた三点の考慮事項から本件を見ると、①については、州裁判所間に争いのあるように、(4)ランダム停車が受認されているか否かは判らないので、②と③の事項について衡量を行ったものと思われる。

衡量に当って、本判決はまずrandom stop checkの有効性を問題にしている。

本判決によれば、交通違反者の中から無免許運転者を発見する確率の方が、random stop checkにより無免許運転者を発見する確率より高いとの前提に立つべきである、そうでなければ運転免許制度は道路安全確保に何ら資さないというべきことになるからだとし、さらにrandom stop checkにより無免許運転を思い止まらせようとすることもできないと考えるべきだとして、random stop checkには無免許運転を抑止する力もないとする。

また、自動車の安全性についても、デラウェア州では車輌は免許プレートを掲示すべきとされており、この免許プレートは車輌が適法に登録されていることを示すものである、そして登録資格を得るためには車輌は車検に合格し保険に加入していなければならない。このことから免許プレートを掲示している車輌を停止させ登録証の提示を求めるのは無意味だとする。

後者の自動車の安全性についての立論は、経験則上検証可能であろう。

前者の立論については問題である。レーンクェスト裁判官の指摘するように、無免許運転者を発見する確率はどちらの場合に高いのか、またrandom stop checkに無免許運転を抑止する力はないのか、経験的なデータは何もないのである。

それにもかかわらずホワイト裁判官は自己の価値判断まで加えながらrandom stop checkに実効性のないことを論証しようとするのである。これは合衆国最高裁判所が車と住居又は事務所とを区別しているとして、第四修正の基本権に関しては車の捜索は個人の身体又は建造物の捜索に比べはるかに侵害の程度の低いものとされてきていることから、[(5)] キャマラの掲げる考慮事項のうち、②についても経験的データがない以上不明として、①のプライヴァシー侵害の危険性に焦点をあてるだけでは、逆にプライヴァシー保障が覚束ないと考え（本件でのプライヴァシー侵害も「限定的」と言えなくもない。通常、停止は短時間で終了する。）、州の利益を否定しておくという考慮を働かせているのかもしれない。

ともあれ、本判決は、こうして経験的データに拠ることなく、免許制度の意味からやや性急にrandom stop checkが道路交通の安全確保に実効性のないことを強調して州側の利益を否定し、他方で車の乗員のプライヴァシー保護の必要性を説く。

従来、自動車の乗員のプライヴァシーについては、とかく軽視されがちな傾向があった。チェインバース（Chambers v. Maroney, 399 U. S. 42 (1970)）は、自動車の無令状捜索にも相当な理由が必要だとしたものだが、相当な理由を備えていれば無令状捜索・押収を認める根拠の一つとして、住居のプライヴァシーよりも自動車のプライヴァシーの方が低いことを説く。この自動車に対するプライヴァシーの期待の低いことは、先述したマルティネス＝フェルテでもそう解され続けている。さらに、交通規制や自動車事故・故障の可能性から、自動車の乗員は住居内にいるよりも警察と接触することが多いことを理由に、強盗の通報を受けて後無令状逮捕を行って自動車を停止し車内をくまなく捜索して証拠を押収した場合に、逮捕後自動車内にプライヴァシーはないかのような理由づけを行い、この捜索・押収を認めたキャディ（Cady v. Dombrowski, 413 U. S. 433 (1973)）もある。

本件では、「自動車を運転し又は自動車で移動中の個人は、自動車とその利用が政府の規律に服するという理由だけであらゆる合理的プライヴァシーへの期待を失うものではない」、「車に乗ることは個人の家庭、仕事場、そしてレジャー活動への行き帰りにとって基本的かつ不可欠の手段である」と指摘したうえで、「歩行者として又は他の形態の移動手段によって自らを曝すよりも、車に乗って移動する方にこそ、安全とプライヴァシーを強く感ずる人間が多い。もし個人が車に乗る都度無制約の政府の侵害に服さねばならないとしたら、第四修正の保障する安全は大きく損われるだろう」として、車の乗員のプライヴァシー保護の必要性を認めたのである。とはいえ、本件によって自動車のプライヴァシーが住居のプライヴァシーと同程度の保護を受けるものと位置づけられたわけではない。家から歩道に出た者が第四修正の保護をすべて失うものではないのと同様に、歩道から車に乗った者も自己の利益を失うものではないとの表現からは、あくまで歩行者と同程度のプライヴァシーを認めたにすぎないと解される。そして、車輌の停止によってこのプライヴァシーを侵害するには合理的嫌疑を要するとしたことからも、停車中の自動車の乗員の停止=質問での「停止」には合理的嫌疑があれば足りるとしたウィリアムズ（Adams v. Williams, 407 U. S. 143 (1972)）が歩行者に対して与えるのと同程度の保護を停車中の車の乗員に与えるものと言えよう。

三　停止の濫用の危険性及びその対処方法について

自動車に窓は付き物である。ために免許証提示を求めるためであれ、質問のためであれ、一度車を停止し、車に近寄れば窓ガラス越しに車内は見えるものである。そこで意図的であれ無意識的であれ、一定限度での窓越しの車内検査は停止に常に伴う、不可分のものと言える。また、免許証や登録証の提示を求めるための停止にあっては、通常、警官の一人が車の右側に位置し、必要に応じてフラッシュライトを使用しながら、車の乗員を監視して乗員からの攻撃の危険性を少なくした上で、今一人の警官が運転席の窓に近づいていくという方法が採られている。(6) 乗員に車外に出るよう求める方法を採る州もあるようである。(7) これは勿論、免許・登録の検査の実施及び警察官の身体の安全の確保のために必要だからと説かれている。しかし、こうした正当化事由があるとはいえ、停止と窓越し検査が不可分のものであることから、逆に窓越しの検査のために停止が行われる可能性も大きいと考えられる。移動パトロールを行う警官の裁量による停止にあっては、車の乗員の性、人種、服装、髪型を警官は識別でき、これら乗員の諸特徴が気に入らぬというだけで車を停止することができる。また現に合衆国で使用されている警察便覧（police manual）に、「犯罪の相当部分が一七歳から三〇歳までの年齢の者に、とりわけ一七歳以上二一歳までの層により行われているのだから、車に数人の若者が乗っている場合には彼らを潜在的強盗（possible muggers）と考え検査すべきである」(8) というように、乗員が若いというだけで、停止を求めることもできることになる。(9) オーラルアーギュメントでマーシャル裁判官は、random stop により警察は黒人又は女性の運転する車をすべて停めようとするのかと問い質し、(10) 差別的法運用への懸念を表明しているが、(11) これも自動車免許及び登録の検査を口実として停止と車内検査が濫用される危険を踏まえてのことであろう。もっともレーンクェスト裁判官の言うように、random stop に濫用の危険性が考えられても、現に濫用されていることを示す経験的データがあるわけではない。しかし、本件のような免許及び登録の検査のための自動車の停止の合理性が争われた州裁判所の先例の中には、車内にイン・プレイン・ビュー（in plain view）で兇器、禁制品その他法の規制を受ける物品が発見された例が多いのである。

停止が通行の自由を妨げられる煩しさを齎すだけでなく、常に一定限度での車内のプライヴァシーを開示するものであることから生じやすい停止の濫用の危険性への対処の仕方として、次の二つの方策が考えられる。

一つは、停止の理由が真に免許・登録の有無の確認にある場合には検査は合憲だが、停止の理由が犯罪活動の有無の確認・証拠の発見にあれば、停止の有効性はテリーの基準により判断するという、換言すれば、警察官の動機ないし意図により違法性を事件ごとに判断しようとする方法（たとえば、Palmore v. United States, 290 A. 2d 573, (1971)）である。この方法は警察官の意図による区分けをする点で妥当でない。停止の目的が停止とは無関係な犯罪の捜査にあったことを、被告人側が立証することは不可能に近いからである。(12)

今一つの方策が停止自体の抑制という方法である。

自動車には、窓越しに見える部分と車外からは目に見えない部分がある。車外から見えない部分については、前掲アルメイダ＝サンチェス及びオーティスのいうように、停止と車内の捜索とを別個に解し、捜索に相当な理由を要するとすることで無用な侵害を防ぐことができる。

これに対し、車外から窓越しに見える部分は一旦停止されると必然的に警察官の目に入ることになり、この窓越しに見える部分についての侵害だけを抑制する手段がない以上、停止自体を抑制するほかあるまい。道路交通の安全確保のために、無免許運転、車輛無登録、その他の運転者や車輛の法違反事実を具体的に明示できる合理的嫌疑がある場合に限って免許・登録の検査のための停止を認めることによって、免許・登録の検査を口実に停止の目的とは無関係な犯罪の証拠を求めて窓越しの検査を行うという、停止の濫用の危険性に一つの歯止めをかけたのである。

本件は道路交通の安全確保という行政目的に出た車輛停止の合理性を判断するものである。この点で居住状態の点検・改善命令のための住居の立入りを第四修正にいう「捜索」にあたるとした前掲キャマラ、消防基準の適否の点検を目的とする立入りを「捜索」にあたるとしたスィー（See v. City of Seattle, 387 U. S. 541 (1967)）と同一系列に属するものといえる。しかし結果的には、一定の合理的嫌疑を要件とすることによって、基準のない無制約の官憲の裁量に一定の基準・枠を設け、(13)免許・登録の検査を犯罪捜査の口実とする途を塞いだところに、捜査法上も大きな意義を認めるべきである。

最後に、本判決は、裁量の無制約の行使ということのない licence check の方法を開発することを禁ずるものではないとし、道路閉鎖により走行中の全車輌を停止し質問するという代案を提出している。マルティネス＝フェルテでの示唆を受けたものであろう。同事件で説かれたように、官憲の裁量に制約があり、主観的侵害が少なく、道路の安全確保に必要であれば合理的なのかもしれない。またブラックマン裁判官も補足意見で、一定地点を通過する車を十台目ごとに検査するという、ヴァージニア・ロー・レビューのノート筆者と同様の提言をしているが、これも本判決の趣旨からは妥当であろう。無制約の裁量により、道路安全確保を口実としたプライヴァシー侵害を抑止し、警察活動が一定の基準に基づいて行われていることが明瞭であればよいからである。ただ、一定の基準に基づいているとはいえ、これら代案の無免許運転者、整備不良車の摘発率の高さ、交通渋滞を齎す等、運転者にかえって不便、手間をかけることになりはしないか、といった点については、今後の判断に委ねられることになる。

（1） Note；Automobile license check and the Fourth Amendment, 60 Va. L. Rev. 666 at 670 (1974). このノートからは種々の示唆を得た。また、デラウェア最高裁がこのノートを引用していること、ブラックマン裁判官の代案は本ノートの代案と同一のものであることから、本件判決に何らかの影響を与えているのではないかと思われる。

（2） 前掲註（1） at 670-671.

（3） アルメイダ＝サンチェス事件で補足意見を執筆したパウエル裁判官は、同事件では、これら三つの要件を満たしていたとする。しかし同事件は、出入国管理という行政目的と併せて、違法な入国者の摘発という捜査目的から車内の捜索を行った事件である。本件のように道路安全の確保という純然たる行政目的を追求して行った停止の場合にこそ、キャマラの示した要件の吟味の必要性は高い。

（4） 移動パトロールによる random stop を違憲とするものとして、次のものがある。United States v. Montgomery, U. S. App. D. C. 561 F 2d 857 (1977)；People v. Ingle, 36 N. Y. 2d 413, 330 N. E. 2d 34 (1975)；State v. Ochoa, 23 Ariz. App. 510, 534 P. 2d

441 (1975) ; Commonwealth v. Swanger, 453 Pd. 107, 307 A. 2d 875 (1973) ; United States v. Nicholas, 448 F. 2d 622 (Ca 8 1971).

合憲とするものは、次のものがある。State v. Holmberg, 194 Neb. 337, 231 N. W. 2d 672 (1975) ; State v. Allen, 282 N. C. 503, 194. S. E. 2d 9 (1973) ; Palmore v. United States, 290 A. 2d 573 (D. C. App. 1972) ; aff'd on jurisdictional grounds only 411 U. S. 389 (1973) ; Leonard v. State, 496 S. W. 2d 576 (Tex. Crim. App. 1973) ; United States v. Jenkins, 528 F. 2d 713 (C. A. 10, 1975) ; Myricks v. United States, 370 F. 2d 901 (C. A. 5), cert. dismissed 386 U. S. 1015 (1967).

（5）アルメイダ＝サンチェス事件でのパウエル裁判官の補足意見及びオーティス事件での同裁判官の執筆した法廷意見。

（6）コロンビア特別区ではこれが典型とされる。Palmore v. United States, 290 A 2d 573 at 581 (1972).

（7）前掲註（1）ノート at. 672 脚註31参照。

（8）Pomis, The Sign of Crime ; A Field Manual for Police 3 (1977), from the Citation of 15 Crim. L. Bull at 250. L. w Sherman, Police Discretion and Automobile Search, 15 Crim. L. Bull. 248 (1979).

（9）本件でもブロウズは当時未成年であり、数人の友人と一緒に車に乗っていたことから、警察官に注目されたとも思える。

（10）47 U. S. L. W. 3491.

（11）47 U. S. L. W. 3503.

（12）前掲註（1）ノート at 687. なお、デラウェア州最高裁は被告人の権利保障を弱くするからと説く。

（13）基準のない無制約の裁量こそ、合衆国最高裁判所が弊害の源と認めたものだとされるのは、渥美「自動車検問に憲法上の限定を付した合衆国最高裁のブロウズ事件について」判例タイムズ三八八号二四頁。この紹介からも多々示唆を得た。

（香川　喜八朗）

二七　停　止

57　United States v. Hensley, 469 U. S. 221 (1985)

既に終了した犯行を理由に停止をすることの可否、警察が発行したちらしに基づいて行われた停止の可否及びその停止が許される場合の要件について判断された事例。

《事実の概要》

一九八一年一二月四日、オハイオ州シンシナティ郊外のセント・バーナードで武装強盗事件が発生した。六日後、セント・バーナード警察は、情報提供者からヘンスレイが事件の際、車を運転して逃走した旨の情報を得て、その旨の情報をちらしの形でシンシナティ一帯の警察に伝達した。このちらしには、ヘンスレイの特徴、彼が加重強盗犯の手配を受けていること、事件の日時・場所が記述されていた。また、このちらしはヘンスレイを発見した場合にはセント・バーナード警察に代わって摘発し、身柄を拘束することを要請し、さらに、ヘンスレイは武装しており危険である旨を警告していた。

同年同月一〇日に、このちらしを受領したケンタッキー州のカヴィントン警察は、以後同月一六日までの間、集会ごとに、ちらしを朗読した。カヴィントン警察にはヘンスレイと面識のある警察官がいて、ヘンスレイを探した。

同月一六日、カヴィントン警察の警察官は、道路中央に停車している白いキャディラックを認めて、運転席にいたヘンスレイに移動するように求めた。同警察官は、車が立ち去った後で、無線でヘンスレイに対する逮捕状の発付の有無を尋ねた。カヴィントン警察の他の二名の警察官、コープとラサッシュとが、オハイオ州で令状が発付されている可能性があると答え、コープはヘンスレイが立ち寄ることのある場所へ赴いた。

通信係は、令状の発付の確認に手間取っていたが、その間にコープは白いキャディラックが近づいてくることを報告した。コープは発光信号灯をつけ、ヘンスレイの車を停止した。通信係は、令状の発付につき確認がとれていないことを告げたが、コープはパトロール・カーを降り、拳銃を抜いてヘンスレイの車に近づいて、ヘンスレイと同乗者を下車させた。

この直後にラサッシュが到着した。ラサッシュは同乗者側のドアに近づいたが、そこで回転銃の台尻が同乗者側の座席の下から出ているのを認め、この同乗者を逮捕した。そして車を捜索したところ、さらに拳銃を発見し、ヘンスレイを逮捕した。

ヘンスレイは18 U. S. C. App. §1202 (a) (1) 違反に当たる重罪の前科者による火器の所持を理由に起訴された。ヘンスレイはカヴィントン警察による停止は第四修正、及びテリー（Terry v. Ohio, 392 U. S. 1 (1968)）に違反するとして、拳銃の証拠からの排除を申し立てたが、District Court の裁判官は、本件の停止を適法と判示し、申立てを却下した。

第六巡回区 Court of Appeals は、有罪判決を破棄した。同裁判所は、① 令状の発付を確認するための停止は許されないこと、② 捜査目的の停止は、現在実行中の犯行に関連する場合に限って認められるものであること、③ カヴィントン警察はちらしの根拠となっている具体的な情報を知らなかったのであるから、不審事由を欠いていたことを挙げて、ヘンスレイの有罪認定は違法逮捕によって入手した証拠によるものであると結論づけた。

《判旨・法廷意見》

破棄差戻し

一　オコンナ裁判官執筆の法廷意見（全員一致）

(1)　車輌の停止と乗員の拘束は押収に当たるが、具体的かつ明瞭な事実に基づく不審事由の解明に当たる政府の利益が、プライヴァシーの侵害を受けないとの第四修正の利益を凌駕する場合がある。第六巡回区 Court of Appeals は、かかる捜査目的の停止には、二つの前提条件の存在が必要であり、本件では、この前提条件が欠けていると判示している。すなわち第一に、本件の停止は、現在実行中の犯行ではなくて、すでに終了した犯行を捜査目的としていること、第二に、本件のちらしは不審事由を支えるものではないこと、の二つである。

㈠　Court of Appeals は、当合衆国最高裁判所の先例が捜査目的の停止を現在実行中の犯行に限定しようと意図していると言うが、コーテス（United States v. Cortez, 449 U. S. 411 (1981)）、プレイス（United States v. Place, 462 U. S. 696 (1983)）の先例で示されている傍論は、犯罪終了後でも、相当理由に至らない不審事由に基づく停止が許される場合のあることを示唆している。そして、すでに終了した犯行を捜査目的とする停止についても、身体の安全に対する侵害の内容、性質、及びかかる侵害の正当理由となっている政府側の利益の較量により限定が加えられることになる。

すでに終了した犯行を捜査目的とする場合、較量すべき利益は従来のものと若干の違いがある。まず、犯罪の予防に直接繋がるとは限らない。また、犯罪が行われているか、若しくは犯罪が行われようとしている場合の方が、公衆の安全に対する脅威は大きい。最後に、犯行後の場合には、停止の時と場所について選択の余地が広いと考えられる。

しかし、警察が、すでに終了した犯行に関係があると考えられる住居不定の者を短時間停止して質問し、また身元を確認することを許されれば、犯罪解明の助けとなる。相当理由を具備するまでは拱手傍観せざるを得ないとすると、その間に、その者が逃亡する虞がある。理由となっている犯罪が重罪か、または公共の安全に係わる場合には、できるだけ速やかに犯罪を解明し被疑者の身柄を拘束することに公衆は強い利益を持つ。かかる場合には、法執行上の利益が、停止と身柄の拘束を受けないという個人の利益を上廻っている。したがって警察は、すでに終了した重罪に関係しているか、重罪に関連して手配を受けていると疑うに足りる、具体的かつ明瞭な事実から成る不審事由が存在する者に対して、不審事由を解明するためにテリー・タイプの停止を行うことができる。

(二)　ワィトリィ（Whitely v. Warden, U. S. 560 (1971)）では、逮捕状が発付されているとの警察の無線連絡に基づいて逮捕がなされた。この無線連絡は、相当理由を構成する証拠を具体的に示してはいなかった。この事件で法廷意見は、令状発付につき相当理由が欠けており、逮捕官憲による捜索によって入手した証拠は排除すべきであると結論づけたが、そこで法廷意見は、「逮捕状の執行に助力を求められた警察官は、その助力を求める官憲がマジストレイトに対して、相当理由が存在するとの独立の司法官憲による評価を支えるのに必要な証拠を提出したという前提に立ってよい。しかし、官憲が相当理由の認定を支えるだけの証拠を提出していなかったことが判明した場合には、逮捕は違法であり、その官憲が他の官憲に逮捕状の執行を依頼したからといって、逮捕を無効とする異議を免れる余地はない。」（*Id.* at 568）と判示している。ワィトリィは、ちらしに基づいて行った逮捕に伴う捜索により発見された証拠の許容性は、ちらしを発した官憲が逮捕に必要な相当理由を持っていたか否かで決せられるという立場に立っている。社会が可動性を増す中で、被疑者が法域を越えて逃亡する可能性が高まっているのだから、前述の原則は常識に適っている。この原則を採れば、他の法域に伝えるべき情報量は最小限に止めることができ、警察は他の法域からの情報に基づいて速やかに活動することができる。

Court of Appealsも、また被申請人も、警察は令状が発付されていることを示すちらしには依拠してよいが、不審事由の存在を示すちらしには依拠してはならないと説明するような理由を何ら示唆していない。不審事由の存在を示す報告は、令状の入手を示す報告と異なり、マジストレイトの事前審査を経ていないが、この違いは意味のあるものではない。他の警察が発したちらしに依拠した停止を是認する場合に得られる法執行上の利益は大きく、他方、そこでの身体の安全に対する侵害は最小限のものである。すでに終了した犯行を捜査目的とする停止に関連する諸利益が、ここでも関連している。

したがって、手配中の者が犯罪を行ったと疑うに足りる、明瞭な事実から成る不審事由を根拠に、ちらしが発せられている場合には、ちらしに依拠して停止し、身元の確認、質問を行い、またより多くの情報の入手に努める間の短時間、身柄を拘束するのは正当である。不審事由が存在しないのにちらしが発せられた場合には、そのちらしに依拠した停止は第四修正違反となる。ちらしに依拠した警察官の活動は、客観テスト、すなわち、ちらしの内容に照らしてみて通常の注意力のある者が適切であると思料できるものであるという基準を充たさなければならない。ちらしに客観的に依拠した停止の間に発見された証拠は、㈠ちらしを発した警察が不審事由を持っており、㈡実際に行われた停止が、ちらしを発した警察に許されると考えられる侵害の程度を、その侵害の意味を変える程に超えていなければ、その証拠は許容性をもつ。

⑵　前述の二つの原理を本件に適用する。

セント・バーナード警察には、ヘンスレイが武装強盗に関係していると疑うに足りる、具体的かつ明瞭な事実に基づく不審事由が存在したと認定したDistrict Courtの判断に同意する。本件の情報提供者は、強盗事件の詳細を明らかにしており、しかも自己が強盗に加担したことを承認している。かかる場合、情報提供者の提供した情報には、不審事由を支える情報に必要な程度の「信頼性の徴憑（indicia of reliability）」（Adams v. Williams, 407 U. S. 143, 147 (1972)）がある。

本件では、終了した犯行が捜査の対象であったが、ヘンスレイについての不審事由は重罪に関するものであり、そしてヘンスレイは住居不定であったのだから、短時間の停止と身柄の拘束は第四修正に合致する。

セント・バーナード警察の出したちらしは客観テストの基準を充たしている。このちらしは、経験ある警察官が読めば、セント・バーナード警察が質問と捜査のためにヘンスレイの所在を探しているとの結論に至る内容のものである。この場合、ヘンスレイの身元を確認し質問をして、セント・バーナード警察が事情聴取を望んでいることを彼に教えるための短時間の停止が正当となる。また経験ある警察官が、ちらしが発せられた後に、令状の発行された可能性があるとまで結論づける余地がある。この場合、停止した現場で短時間、身柄を拘束し、令状の発行の有無を調べることが正当となる。本件で実際に行われた停止と身柄の拘束は、かかる場合の停止と身柄の拘束に伴う侵害の程度を超えるものではないのだから、客観テストの基準を充たしている。

最後に、本件の停止はセント・バーナード警察が停止した場合に許されたと考えられる侵害の程度を、その侵害の意味を変える程に超えてはいない。

したがって、本件の停止は第四修正の合理性の基準を充足している。

二　ブレナン裁判官の補足意見

テリー（Terry v. Ohio, 392 U. S. 1 (1968)）は、逮捕に比べて侵害の程度が相当に低いために、相当理由の具備を要件とする一般原則に代わって、較量テストの規律を受ける特別な押収のカテゴリーを認めた。押収が完全な逮捕（full-scale arrest）に当たる場合には、較量テストではなく、相当理由という基準で規律が加えられることになる。

《解　説》

本件で合衆国最高裁判所は、㈠すでに終了した犯行を理由とする停止の可否、㈡警察の発した手配のちらしに依拠した停止の可否とその要件について判断を示した。

一　テリー(1)は、逮捕の要件である相当理由にまで至る事由が欠けていても、武装犯行のため生命・身体に直接危険な犯行に将に着手しようとしている者に対し、法執行官は、予防的・防衛的な停止・質問をする権限があると判示した。だが、テリー事件で問題となった押収は、不審事由の解明を目的とする停止ではなかった(2)。次にアダムズ対ウィリアムズ(3)で、「第四修正は、逮捕に要する相当理由に必要な情報を持っていない警察官が拱手傍観して犯罪の発生を容認し、犯人の逃亡を許すことを求めてはいない。……不審な個人について、その身元を確かめ、現状を維持しつつより多くの情報を入手するために短時間の停止を求めることが、その時点で官憲に判明している事実に照らして極めて合理的な場合がある(4)。」と判示され、この判示が後の判例で多く引用されていくことになるが、そこでは問題となった具体的な停止の目的・性質について明示はされなかった。その後、ブリニョーニ＝ポンス(5)では、失業問題等、社会・経済上の問題を生む密入国の阻止という公共の利益に対して短時間の停止という最小限のプライヴァシーの侵害を較量し、さらに、国境警備に、それに代わる実際的な方法がないことを斟酌して、特定車輛が密入国者を運搬している不審事由がある場合には、それを短時間停止し、不審事由を解明することが許されると判示された。そして、現場検問による交通予防検問の合憲性が問題となったプロウズ(6)は、無免許、車輛の未登録、又は他の法律に違反しているために押収されるべきことを示す不審事由が欠けていると、免許の有無と登録の有無を確かめるための自動車の停止、運転者の拘束は、第四修正上、不合理な押収となると判示した。したがって、密入国の阻止、道路交通の安全を正当理由とする場合には、不審事由が存在するときには、その不審事由を解明するための短時間の停止は第四修正上合理的なものであるとされることになった。そこで、相当理由を要件とする一般原則に代えて、較量テストの下で不審事由があれば押収が合法とされるのは、官憲の安全・密入国の阻止といった、犯罪の解明・被疑者の検挙という利益とは別の、特別な利益が根拠となっている場合に限られるとみる立場もあったが[(7)]、合衆国最高裁判所は、テリーに始まる一連の事件を、犯行についての不審事由がある場合には捜査目的の停止を認めるものだと位置づけてきていた[(8)]。また、プレイス[(9)]では、官憲の生命・身体の安全という特別の利益が根拠となるときに限って、不審事由に基づく押収が許されるという被申請人の主張を却けて、政府側の利益は相当程度大きな（substantial）ものでなければならないが、犯罪の解明とは異なった別の利益である必要はないと判示している[(10)]。

本件の判断は、こうした流れに沿うものである。本件で、合衆国最高裁判所は、すでに終了した犯行を理由とする捜査目的の停止につき、犯罪の解明、被疑者・容疑者の逃亡の防止という正当理由とプライヴァシーの侵害とを較量して、すでに終了した重罪犯行に関係しているか、若しくは重罪に関連して手配を受けているとの不審事由に基づく停止は、第四修正上「合理的」であると結論づけたのである。

二　次に、本件で合衆国最高裁判所は、容疑者・被疑者の人相・体格等の特徴や、その者が利用している車輛の車名・車種・型式・ナンバー等を示して、捜査や検挙を求めるちらしが警察から発せられた場合の、そのちらしに依拠した停止についての要件を示した。

ちらしに基づく逮捕についいては、一九七一年にワィトリィ[(11)]で判断が示されている。ちらしに基づく停止についいては、同事件以降、大略二つの立場が見られた。第一の立場は、テリー事件で示された、押収・捜索時に判明していた事実を基礎にすれば、通常の注意力のある者の立場から見て、その官憲の採った措置が適切であると思料できるものであるか否かという、本件の法廷意見が客観テストと称している基準を、停止した側の警察官に適用し、この基準を充たしていれば、ちらしを発した警察に不審事由が存在したか否かを問うことなく、その停止と身柄の拘束を合法とするものである。(12) 第二の立場は、ちらしを発した警察に、具体的かつ明瞭な事実から成る不審事由の存在することを要件とするものである。(13) ウィトリィについて、第一の立場は、ウィトリィの法廷意見が、問題となった逮捕の相当理由の有無を判断するに当たって、逮捕官憲がウィトリィを停止した後に判明した事実をも考慮に入れていることを根拠に、官憲はちらしに基づき容疑者を停止して、ちらしの内容の確認を図る機会を持つことは許されるというのが、合衆国最高裁判所の立場である、としている。(14) 第二の立場は、警察からの相当理由の存在を示すちらしに基づく逮捕の場合でも、また不審事由の存在を示すちらしに基づく停止の場合でも、そのちらしの内容が相当理由又は不審事由を構成するだけの具体的な事実に基づいていなければならないことに変わりはなく、したがって、具体的事実で構成された不審事由の存在を要件としない立場は、ウィトリィが否定するとしている。(15)

この点について本件の法廷意見は、特に理由を示すことなく、先の第二の立場に立っている。停止は、警察が被停止者について犯罪に関係があると思料することが要件なのではなくて、犯罪に関係があると思料するのが合理的で具体的かつ明瞭な事実が存在することが、(16) その要件である。したがって、不審事由の存在を示すちらしに依拠して停止がなされた場合には、そのちらしを発した警察の下した結論が具体的事実に基づくものでなければならないのは当然だと思われる。

本件の法廷意見は、この点よりも、むしろちらしに依拠した警察官が不審事由を構成する具体的事実を知らなくてよいことの理由づけに焦点を当てている。この点につき、法廷意見は、判旨に要約した通り、ウィトリィについて同事件は、ちらしに依拠した警察官に相当理由又は不審事由が存在しなくてよいことを示唆していると解し、この原則が、社会が可動性を増していること、迅速な行動を求められる警察間の情報量を抑えることができることに照らして妥当である旨判示し、ワィトリィを適用し同様の結論を導いた第九巡回区 Court of Appeals の判示を引用している。[17] そして停止に当たった警察官は、テリー事件が、第四修正の法構造を意味あるものとするための不可欠のものだとする[18] 客観テストにより規律されることになる。

したがって、ちらしに依拠した停止は、(1)ちらしを発した警察に具体的事実から成る不審事由が存在すること、(2)停止と身柄の拘束が、① 客観テストの基準を充たしており、② ちらしを発した警察に認められたと考えられる侵害の程度を、その侵害の意味を変える程まで超えていないこと、以上の要件を充たす場合には合法であると結論づけられている。

令状逮捕の場合には、逮捕官憲が令状を所持することを要件とするのが、コモン・ロー上の原則であったが[19]、先の理論構成は、このコモン・ローの原則に代えて、逮捕状の緊急執行を合憲と判示したものと思われる。

本件の原審である第六巡回区 Court of Appeals は、事件の発生から、ちらしを発した時点では約一週間、ちらしに依拠してヘンスレイを停止した時点ではすでに約二週間が経過しており、第四修正の令状要件の例外となる緊急性が存在しない点を指摘している。[20] 緊急性・急務性を前提とする[21]停止・質問（stop and question）を、犯行後、約二週間経過している犯罪について認めることには疑問が残るが、合衆国では、わが国と異なり、四万二、〇〇〇に及ぶと言われる独立した法執行機関が検察官等による官僚的な監督を受けずに、それぞれ他の機関と必ずしも密接な協力関係も持たずに法執行に当たっている。[22] これが、容疑者を認めた際に、その逃亡を拱手傍観することなく不審事由の解明に当たる必要性を強くする事情として働いていることに留意すべきであろう。

（1）　Terry v. Ohio, 392 U. S. 1 (1968).

（2） Terry, 392 U. S. at 19 n. 16.

（3） Adams v. Williams, 407 U. S. 143 (1972).

（4） Adams v. Williams, 407 U. S. at 145–146.

（5） United States v. Brignoni-Ponce, 422 U. S. 873 (1975).

（6） Delaware v. Prouse, 440 U. S. 648 (1979).（本書56事件）

（7） *See* Michigan v. Summers, 452 U. S. 692, 706–712 (1981). (Stewart J., dissenting).（本書6事件）

（8） *See, e. g.,* Brown v. Texas, 443 U. S. 47, 51 (1979).（被停止者に身元の開示を義務づける州法について、問題となった被停止者には不審事由がなかったことを理由に適用違憲とした事例）、United States v. Cortez, 449 U. S. 411, 417–418 (1981).（不審事由の有無は、停止に当たった官憲が観察した事実、警察から入手していた情報、並びに違法活動の態様又はパタンを含む全体事情を勘案して決せられるとして、問題となった停止を合法とした事例）、Summers, 452 U. S. at 697–699 & n. 7, n. 9.（禁制品について家屋を捜索場所とする有効な捜索令状を執行する間、その家屋の占有者の身柄を拘束することが合法とされた事例）、Florida v. Royer, 460 U. S. 491, 498–499 (1983).（空港でドラッグ・カリア・プロファイルに基づいて停止し、運転免許証・航空券を返さずに、窓のない取調室に類似した部屋へ同行することは、相当理由の欠如した違法な身柄拘束に当たるとされた事例。本書52事件）

（9） United States v. Place, 462 U. S. 696 (1983).（手荷物に麻薬が入っているとの不審事由に基づいて、その手荷物を麻薬探知用の警察犬による探知のために短時間、押収することは「合理的」であるとしたうえで、問題となった押収が、捜査目的の押収として許容できる限度を超えているとした事例）

（10） Place, 462 U. S. at 703–704.

（11） Whitely v. Warden, 401 U. S. 560 (1971).

（12） *See, e. g.,* United States v. Hernandez, 486 F. 2d 6 : 4 (7th Cir. 1973) ; Cato v. State. 272 Ind. 102, 396 N. E. 2d 119 (1979) ; Watkins v. State, 288 Md. 597, 420 A. 2d 270 (1980), State v. Gilchrist, 299 N. W. 2d 913 (Minn. 1981) ; Commonwealth v. Prengle, 293 Pa. Super. 64, 437 A. 2d 992 (1981).

（13） *See, e. g.,* Commonwealth v. Cruse, 236 Pa. Super. 85, 344 A. 2d 532 (1975) ; United States v. Robinson, 536 F. 2d 1298 (9th

Cir. 1976)；State v. Benson. 198 Neb. 14, 251 N. W. 2d 659 (1977)；State v. McCord, 19 Wash. App. 250, 576 P. 2d 892 (1978)；PeoPle v. Brown, 88 Ill. App. 3d 514, 43 Ill. Dec. 505, 410 N. E. 2d 505 (1980)；State v. Hill, 3 Ohio App. 3d 10, 443 N. E. 2d 198 (1981)；United States v. Mobley, 699 F. 2d 172 (4th Cir. 1983)；People v. Hazelhurst, 662 P. 2d 1081 (Colo. 1983).

（14） *See* Hernandez, 486 F. 2d at 617.

（15） *See* Robinson. 536 F. 2d at 1299–1300；Benson. 251 N. W. 2d at 661；McCord, 576 P. 2d at 895–896.

（16） 註（8）に挙げたブラウンは、不審事由を構成する具体的事実を欠いた停止について、較量テストを適用し、かかる停止は警察の恣意によるプライヴァシーの侵害に途を開く虞れが高く、第四修正の「合理性」の基準を充たしていないとしている。(*See* Vrown, 443 U. S. at 52.) また、テリーは、プライヴァシーの侵害を支える具体的な事実の存在を要件とするのが、第四修正の法理の中心を成しているとする。(*See* Terry, 392 U. S. at 21 & n. 18.)

（17） 法廷意見が引用するのは次の判示である。「警察官が他の警察官からの指示と情報に基づいて行動することが許されなければ、効果的な法執行を行うことはできない。警察官は迅速に行動しなければならないことが多く、したがって、情報の根拠について、その情報を伝えてきた同僚たる警察官を問い直すよう求めることはできない。」(United States v. Robinson, F. 2d 1298, 1299 (9th Cir 1976).)

（18） *See* Terry, 392 U. S. at 21–22.

（19） *See* Warner, Modern Trends in the American Law of Arrest, XXI CAN. B. REV. 192, 197 (1943).

（20） United States v. Hensley, 713 F. 2d 220, 224 (6th Cir 1983).

（21） Terry, 392 U. S. at 20.

（22） 日米の警察機構の相違点については、渥美東洋『レッスン刑事訴訟法・上』（中央大学出版部　一九八五年）レッスン6参照。

（堤　和通）

58　Kolender v. Lawson, 461 U. S. 352 (1983)

不審事由（合理的嫌疑）に基づいて停止を求められた者が警察官の求めに応じて「信憑性があり、かつ信頼のおける」身元を開示しなかった行為を罰する法律が、明確さの欠如を理由に無効（void for vagueness）であるとされた事例。

《事実の概要》

被上告人ローソンは一九七五年三月から一九七七年一月の間にカルフォルニア州刑法（Cal. Penal Code § 647（e））により、約一五回、身柄を拘束されたり正式に逮捕された。同条は、明白な理由なく又ははっきりした目的をもたずに路上にたむろし又は放浪する者が、官憲（peace officer）から、身元の開示とその場所にいる理由の説明を求められ、この要求に従わなかった場合、普通人を基準にすると身元の開示が公共の安全を確保するうえで必要とされる状況が存在する場合には、その身元の開示拒否は、軽罪たる秩序違反（disorderly conduct）に当たると規定する。ローソンはこの法律により二度の訴追を受け、そのうち一度は有罪と認定された。他の告発は取下げられた。

ローソンはDistrict for the Southern District of Californiaに、① この法律は違憲であるとの宣言判決、② 同条の執行差止命令（mandatory injunction）、及び③ 自己の身柄を拘束した警察官らに対する塡補賠償と懲罰的損害賠償を請求する民事訴訟を起こした。District Courtは、相当な理由に至らない理由で停止を求められた者の身元の不開示を理由に、その者を処罰することは許されないので、同条は過度に広範（overbroad）であると判示した。District Courtはこの法律の執行を差止めたが、本件の身柄拘束又は逮捕は、警察官が合法だと善意（good faith）で信じて行ったものであるとして賠償請求を棄却した。

カルフォルニア・ハイウェイ・パトロールの副長官である上訴人ポラッツォはこの判断に対し第九巡回区Court of Appealsに上訴した。ローソンも上訴し、警察官に対する賠償請求について陪審裁判を受ける権利があると主張した。Court of AppealsはDistrict Courtがこの法律を違憲とした判断を確認し、同条項は、①不合理な捜索・押収を禁止した第四修正に違反する、②恣意的な法執行を許す結果となる漠然とした法執行基準を定めている、そして③禁止行為の類型について公正かつ十分な告知を欠いている、として違憲と判断した。同裁判所は損害賠償事件での陪審裁判を受ける権利は保障されないというDistrict Courtの判断を破棄した。

警察官らは、Court of Appealsの下した、この法律を違憲と宣言し、その執行を差止めた判断については合衆国最高裁判所に上告した。合衆国最高裁判所は28 U. S. C. § 1254 (2) に従い、この事件の審理権限があると判示した。

《判旨・法廷意見》

原審判断確認

一　オコンナー裁判官執筆の法廷意見

(1)　下級審でローソンはこの法律は文言上無効であると主張する。州法の文言を理由とする主張を評価するに当って、連邦裁判所は州裁判所又は法執行機関の採用している限定解釈を前提としなければならない。ソロモン（People v. Solomon, 33 Cal. App. 3d. 429 (1973)）におけるCalifornia Court of Appealsの同条の解釈によれば、同条の趣旨は、警察官がテリー（Terry v. Ohio, 392 U. S. 1 (1969)）に従って身柄を拘束する正当な理由となる、犯罪が行われているとの合理的な嫌疑をいだいて身元の開示を求めた場合には、身元開示を求められた個人は「信憑性がありかつ信頼のおける」身元を明らかにしなければならない、というものである。「信憑性がありかつ信頼のおける」身元とは、同裁判所によれば、「その身元が真正のものであるとの合理的な保障があり、しかも、身元を明らかにした者に後に連絡がとれる手段を提供するもの」をいうとされている。§647 (e) によれば、警察官は「信憑性がありかつ信頼のおける身元」を明らかにしなかった者を逮捕することができる。

(2) 個人の自由を制限する法律は、法律の文言の明確性 (definitness or certainty of expression) についてはもちろんのこと、その法律の実体的根拠及び内容についても審査を受ける。

漠然性ゆえに無効の理論 (void for vagueness doctrine) によれば、刑罰法規は普通人がどのような行為が禁止されているのか理解できるように、また、恣意的で差別的な運用を誘発することのないように、犯罪行為を十分明確に定義しなければならないとされている。(Village of Hoffman Estates v. Flipside, 455 U. S. 489 (1982); Smith v. Goguen, 415 U. S. 566 (1974), Grayned v. City of Rockford, 408 U. S. 104 (1972); Papachristou v. City of Jacksonville, 405 U. S. 156 (1972); Connally v. General Construction Co., 269 U. S. 385 (1926)) 合衆国最高裁判所は、最近、この理論にとっては実際に告知を与えるように求める要件よりも、立法府は法執行を規律する最低限のガイドラインを確立しなければならないという要件の方がより重要であると判示した。(Smith, supra). このような最低限度のガイドラインが定められていない場合には、警察官、検察官及び陪審員に自分好み (predilection) を追求することを許す虞れがある。

容疑者が何をすれば、§647 (e) の「信憑性があり信頼のおける身元」を開示したことになるのかについての判断基準が、法文上も州裁判所の解釈上も、全く欠けており、同条の要件を容疑者が充たしたか否かの判断が、警察の完全な裁量権に委ねられてしまう結果を招く。警察官がある個人が何らかの犯罪を犯したと疑う (suspicious) 理由はあるがそう信ずるに足る相当な理由 (probable cause) を有していないのに、その者がたまたまこの法律によって停止を求められると、停止させた警察官の気まぐれにより認められる限度でしか公道を自由に歩き続けることができなくなってしまう。同条は、第一修正の諸自由と憲法上保障された移動の自由（See Kent v. Dulles, 357 U. S. 116, 126 (1958)；Aptheker v. Secretary of State, 378 U. S. 500, 505–506 (1964)）を侵害する虞れがある。同条は、地方の検察官が、自分の気に入らない特定グループを苛酷に選択的に訴追するための便利な道具を提供することにもなる。同条による最初の身柄の拘束は、テリーの基準を満たすことが要件とされているので合法であるが、同条ではその後の身元開示要求に関する判断基準が定められていない。

上訴人の主張するように犯罪鎮圧の必要は確かに重要だが、この必要は明確性を欠く立法を正当化する理由とはなり得ない。デュー・プロセスは、これ以上明確性を求めることが不可能か又は実際的でない場合まで、さらに明確にするよう求めるものではない。だが、本件はこの場合には当たらない。本条は文言上漠然としており（vague on its face）合衆国憲法第一四修正のデュー・プロセス条項に違反する。原審判断確認、差戻。

二　ブレナン裁判官の補足意見

本件の法律は漠然としており合衆国憲法に違反するとの法廷意見に加わる。だが、たとえ漠然性についての欠陥が除去されたとしても、この法律は第四修正に違反する。

第四修正は、原則として、ある者が犯罪を行ったことを疑うに足りる相当な理由がなければその者の身柄を押収又は捜索することを禁じている。この原則には、不審事由（合理的嫌疑）がある場合の例外が認められている。第四修正の下では、ある個人がある犯罪を犯した又は犯そうとしているとの不審事由（合理的嫌疑）を持っている警察官は、この者を犯罪捜査に関連する質問を行う目的で、必要な場合には、何らかの強制力を行使して、拘束することができる。警察官はある答を引き出せるように質問をすることができる。しかし、警察官は答を義務づけ（compel）てはならず、この出合いの間に警察官が入手した情報が逮捕を正当化するに足りる相当な理由を構成しなければ、合理的な短時間が経過した後は、その者が立ち去るのを許さなければならない。カルフォルニア州は、テリーに基づく停止を受けた者が警察の行った質問に返答を拒否することを犯罪とすることでこの憲法上の法理を制限することは許されない。

三　ホワイト裁判官の反対意見（レーンクェスト裁判官参加）

刑罰法規の漠然性は、その刑罰法規に違反するとして告発された行為に照らして判断されなければならない。被告人の行為にある刑罰法規が適用されることが明らかであれば、その被告人は漠然性を理由にその刑罰法規が無効であると主張することはできない。Parker v. Levy, 417 U. S. 733, 756 (1974). また、刑罰法規は、その法規が適用されるすべての場合に許されないほど漠然としているのでなければ、文言の表面上漠然としており違憲であるとはいえない。Hoffman Estates v. Flipside, 455 U. S. 489, 497 (1982). 第三者に適用された場合に漠然としていることを理由にある法律が文言の表面からみて無効であるとするのは、漠然性の問題と過度の広範性の問題を混同するものである。本件で問題となった法律はローソンに適用されることが明らかであり文言の表面上漠然としているとはいえない。原審判断を破棄すべきである。

《解　説》

一　本件は、不審事由（合理的嫌疑）に基づいて停止を求められ、「信憑性がありかつ信頼のおける身元」を明らかにしなかった者を逮捕し処罰することを認めた法律を、漠然性のゆえに無効と判断したものである。

カルフォルニア州が身元の不開示を犯罪としたのは、犯罪の予防、発見のためには質問を目的とする身柄拘束が必要だが、質問のための身柄拘束を正面から肯定すると、取調のための身柄の拘束を認めない弾劾主義[(1)]との関連で違憲の問題が生ずる虞れがあるため、身元不開示を犯罪とすることでこの弾劾主義違反の虞れを回避しようとしたことによるものと思われる。この点を考えると、「相当な理由」（probable cause）にいたらない不審事由（suspicion）に基づく質問のための身柄拘束をめぐる問題こそが、本件のカルフォルニア州法について検討さるべき真の問題であるといえる。本件の法廷意見は、この問題について正面から判示せずに、第一修正によるアプローチを採って本件を解決した。

二　合衆国最高裁判所は、粗暴犯（crime of violence）が関係したテリー[2]で、はじめて、人に言葉で説明することのできる（articulable）合理的嫌疑（reasonable suspicion）＝不審事由に基づく身柄の拘束と捜査官憲の身体の安全を確保するための捜検（protective search, frisk）を認めた。テリーは「人に言葉で説明することのできる」「合理的嫌疑」（＝不審事由）を条件として、逮捕を行うために必要とされる相当な理由がない場合でも、プライヴァシーを侵害し得る道を開いた。

テリーは粗暴犯が関係した事案であるため、テリーによって、相当な理由にいたらない程度の不審事由（合理的嫌疑）に基づいて質問のための身柄拘束を行うことができるのは粗暴犯に限られるのか、それとも粗暴犯の場合を超えてもよいのかが問題となる。[3]本件の法廷意見はこの問題については触れず、漠然性によるアプローチを選んだが、法廷意見は、質問のための停止・身柄拘束を認める法律が漠然としていなければ、粗暴犯の場合を超えて、質問目的での身柄拘束を認めてもよいとする判断を背景とするものであるかもしれない。本件と同一開廷期に下されたいくつかの判例は、テリーを、粗暴犯が関連した身柄の拘束が問題となった事件として扱うよりもむしろ、「捜査目的での停止（"investigative" stop）、「有効な犯罪予防・発見のための」人の身柄の押収を肯定した判例としてとらえ、テリーを実質的に拡張してきている。[4]テリー事件の、粗暴犯という枠内でしか質問のための停止を認めない立場は、都市化社会での犯罪の予防、発見の必要に鑑みると、狭きにすぎると思われるからであろう。

三　ところで、質問のための停止についてはブレナン裁判官の示している基準が参考となる。(5) 「相当な理由」(probable cause)に基づかなければ「逮捕」を行うことはできない。(6) だが、相互依存度が高く、匿名性を特徴とする都市化社会では、社会秩序を維持し人々の生命・身体・自由・財産の安全を確保するためには犯罪の予防及び犯罪発生後の早期の犯人の摘発が重要であり、そのためには、嫌疑が逮捕に必要な「相当な理由」にいたらない場合でも、犯罪の予防、発見のための、質問を目的とする停止・身柄の拘束が(さらに必要な場合には所持品の検査まで)必要となる。だが、かかる停止・身柄の拘束は無制約な裁量に基づくものであってはならないので、不審事由(人に言葉で説明することのできる合理的嫌疑)に基づいていることが必要とされる。このような嫌疑が存在する場合には、逮捕にいたらない短時間の、必要な場合には強制力を用いた停止・身柄の拘束が認められてよい。不審事由を解明するために停止・身柄の拘束を求めたのであるから、当然に不審事由解明のための質問は許される。だが、この質問に対する返答を強要する=義務づける(compel)ことは許されない。かかる強要は第五修正の保障する自己負罪拒否特権・黙秘権に違反する。返答拒否のみを理由に逮捕することは、権利行使を処罰することになるとともに、「相当な理由」を欠く逮捕を認めることになるので、(7) 許されない。不審事由に基づいて停止させた後、その不審事由を解明するために必要な合理的な短時間、(8) 身柄の拘束を継続することができるが、その間にその不審事由の解明ができなければ、容疑者を釈放しなければならない。不審事由解明のために必要な短時間の身柄拘束を超える身柄拘束の継続は、相当な理由を欠く、取調目的の逮捕となるので許されない。

このような基準に従って質問のための停止・身柄拘束の問題を扱えば、都市化社会での、法執行の利益と法執行の対象となる市民の利益のバランスをとった処理になると思われる。本件の法律は、漠然とした基準による逮捕を認めるものであり、あまりに犯罪捜査の便宜に傾きすぎているといえるであろう。

（1） ウォーナー教授の統一逮捕法（Sam B. Warner, *The Uniform Arrest* Act, 28 *Va. L. Rev.* 315 (1942)）に対しては、取調を目的とする身柄拘束を許すことになるので弾劾主義に反するとの批判が加えられた。渥美、所持品検査の基準と違法収集証拠「排除法則」について（中）・判タ三七四号、一八頁参照。取調を目的とする逮捕はテリー事件（Terry v. Ohio, 392 U. S. 1 (1968)）後も違憲とされてきている。*See* Dunaway v. New York, 442 U. S. 200 (1979)（本書1事件）; Taylor v. Alabama, U. S. 200 (1979).（本書2事件）

（2） Terry v. Ohio, 392 U. S. 1 (1968).

（3） ラフェイヴは粗暴犯の限度で停止を認めるべきだとし、所持罪、放浪罪、賭博罪、秩序違反罪といった類型までテリー事件を拡張することに懸念を表明している。*See* LaFave, Search and Seizure, § 9. 2 (C), vol3, at 25-28.

（4） *See* Florida v. Royer, 460 U. S. 491 (1983).（本書52事件）（ドラッグ・カリアー・プロファイルに基づく空港での停止・所持品検査が問題とされた事例）; United States v. Place, 462 U. S. 696 (1983).（本書55事件）プレイスは、本ローソン事件よりも後に下された事件であるが、荷物に麻薬が入っているとの合理的な疑い（不審事由）に基づいて、麻薬発見のために訓練された犬によるテストを行うため、その荷物の一時的留置（detain）活動を、その detention が適法といえる限度内にあれば、テリーによって認めることができるとした。ただ、実際の時間が長すぎるとして違法とされた。

（5） もっとも、前述したように、質問のための停止を粗暴犯の枠内で考える必要はない。

（6） 取調を目的とする逮捕は認められない。註（1）参照。

（7） 容疑者の黙秘が他の事情と相まって相当な理由を構成することはあり得るであろう。本件でのブレナン裁判官の補足意見を見よ。

（8） 註（4）で挙げたプレイス事件は、捜査目的での人の身柄の拘束に適用される限界が、捜査目的で行われる荷物の detention にも適用されるとした上で、マイアミ国際空港で薬物運搬の不審事由があると認められた被上告人のラ・グァーディア空港への到着に備えて、より迅速な対処をするべく手はずを整えておくことができたはずであるとして、九〇分をテリーにより認められる detention としては長すぎるもので許されないと判示した。

（中野目　善則）

59　United States v. Sharpe, 470 U. S. 675 (1985)

マリワナ運搬の不審事由（合理的嫌疑）がある者の二〇分間の身柄拘束が、テリー事件の合法な「停止」に当たり、「逮捕」には当たらないとされた事例。

《事実の概要》

薬物対策法執行局（ＤＥＡ（Drug Enforcement Administration））の係官Ｃは、薬物運搬の嫌疑によるで監視地域の道路を覆面車でパトロール中、連なって走行する不審な二台の車輌に気づいた。一台は、被上告人サヴェジの運転するキャンパーを連結したピックアップ・トラックであり、他の一台は、被上告人シャープの運転するディヴィスの同乗したポンティアックであった。係官Ｃはこのトラックの後ろが沈んでいること、車体があまりバウンドしないこと、カーブを曲がる際にもあまり揺れないこと等から、積載重量違反の嫌疑を抱いた。さらに、キャンパーの横と後部の窓には、キルトの生地で覆いがしてあったため、嫌疑を深め、二台の車輌を捜査目的で停止させるため、他の警官に応援を求め追跡した。不審車のうち一台（ポンティアック）に合図して停止させたが他の一台は逃走したためさらに追跡した。逃走車輌（トラック）を追跡したＴは一マイル半行った所で停止させ、ＤＥＡの係官であるＣが到着するまで退去の自由を与えなかった。Ｔがトラックを停止させてから約一五分してＣがこの場に到着した。Ｃはサヴェジに身分を告げ、マリワナ運搬の嫌疑でキャンパーの捜索を二度求めたが承諾は得られなかった。そこで、Ｃはトラックの後ろに上ってこれ以上沈まないことを観察して、積載重量制限違反の嫌疑を確認した。Ｃが覆いのしてある窓に鼻を近づけて見ると、マリワナの匂いがした。Ｃはサヴェジの許可を求めずに、エンジン・キーを抜き取ってキャンパーの後部のドアを開けたところ、目の荒い麻布の俵がたくさんあるのが観察された。これらの俵は、Cが以前の捜索で見たマリワナの俵と似ていた。そこで、Cはサヴェジを逮捕し、彼をTに任せてポンティアックの所に戻り、シャープとディヴィスを逮捕した。Cがポンティアックを停止させたときからシャープらの逮捕時まで約三〇分から四〇分が経過していた。

数日後、Cの指揮下で行われた無令状の積荷検査の結果、この積荷はマリワナであることが判明した。シャープとサヴェジは統制品の頒布目的での所持を理由に起訴された。合衆国District Courtは、統制品の排除を求める被上告人らの申立を却下して、両名を有罪とした。

第四巡回区Court of Appealsでは、意見が分かれたが、有罪を破棄した。多数意見は、各車輌を停止させた時点でCにはシャープとサヴェジのマリワナ運搬について不審事由（人に言葉で説明できる程度の合理的嫌疑）があったと仮定したが、身柄拘束時間が停止の場合の短時間の身柄拘束要件の限界を超えており、本件の停止は相当理由を欠く事実上の逮捕となっているので、第四修正の不合理な捜索・押収に当たる、と判断し、マリワナは違法な捜索の果実であるので排除さるべきであると判示した。また、この理由が認められないとしても、本件の俵の無令状捜索はロビンス（Robins v. California, 453 U. S. 420 (1981)）に違反すると判示した。

政府はサーシオレイライを申請し双方の理由についての審査を求めた。当合衆国最高裁判所は、サーシオレイライ申請を容れ、ロス（United States v. Ross, 456 U. S. 798 (1982)）に照らしてさらに審理させるべく事件を差戻した。差戻審たるCourt of Appealsでは意見が分かれたが、有罪を破棄した。法廷意見は、ロビンスに違反するとの判示は正当でないとしたが、初めの違法逮捕の果実に当たるとする理由を確認した。合衆国最高裁判所はサーシオレイライを認容した。

《判旨・法廷意見》

破棄

一　バーガー首席裁判官執筆の法廷意見

(1)　捜査目的での停止は第四修正による規律を受ける。

(2)　テリー（Terry v. Ohio, 392 U. S. 1 (1968)）によれば、官憲の行為が正当理由に基づいて開始されたこと、及びその行為の範囲がその介入理由と合理的関連を有することが、捜査目的での停止の合理性の要件となる。

本件の停止の際にシャープとサヴェジのマリワナ運搬行為について不審事由（合理的嫌疑）を認めた原審の仮定は、記録上充分な根拠があり正しい。原審は、本件のシャープとサヴェジの身柄拘束時間は、停止は短時間のものに限定されるという第四修正の要件に違反すると判示するが、マリワナが発見されたのは、シャープのポンティアックからではなく、サヴェジの運転するトラックからであるから、論理上、本件の禁制品はシャープの身柄拘束の「果実」には当たらず、したがって、本件ではシャープの身柄拘束時間の合理性についての判断は不要である。本件の唯一の争点は、本件の状況下で、サヴェジの二〇分間の身柄拘束の合理性の有無にある。この身柄拘束は第四修正の身柄拘束の合理性の要件を充たしている。

原審が本件の身柄拘束がテリーの停止ではなく、事実上の逮捕であると判断した唯一の根拠は、身柄拘束時間の長さにある。被上告人側の amicus curie はダナウェイ（Dunaway v. New York, 442 U. S. 200 (1979)）、ロイヤー（Florida v. Royer, 460 U. S. 491 (1983)）、プレイス（United States v. Place, 462 U. S. 696 (1983)）の三事件を根拠に第四修正違反を主張するがいずれも本件の先例とならない。

ダナウェイでは、相当理由無く警察署に謀殺の容疑者を連行して取調自白を入手した活動は、逮捕に当たると判示して、捜査目的での停止に当たるとする政府の主張を却下した。だが、この事件での法廷意見の懸念は、被告人の身柄拘束時間の長さにあったのではなく、身柄拘束中の出来事（私人宅からの、その意に反する警察署への連行及びそこでの身柄拘束下での取調べ）にあるから、ダナウェイ事件は本件の先例とはならない。

ロイヤーでは、政府の係官が被告人を空港で停止させ、荷物を押収し、質問するための小さな部屋へ連行し、そこで荷物を捜索したところ麻薬が発見された。法廷意見は、この被告人の身柄拘束は逮捕であると判示した。ここでも、ダナウェイと同様、被告人の身柄拘束時間以外の事実——とりわけ質問のために被告人を小さな部屋に閉じ込めた事実に焦点が合わされた。ロイヤー事件は、捜査目的での停止は一時的なものでなければならず、停止目的の達成に必要とされる限度内で許されるとした。

プレイスは、同様のアプローチを採った。同事件では、被告人がある空港に到着後停止させ、麻薬発見用の犬による臭覚テストを行うため九〇分間荷物を押収した。この事件で、法廷意見は、テリーにより、捜査目的での個人の財産の押収は正当であると判示したが、荷物の留置（detention）の長さが九〇分に及んだことだけでこの捜索は不合理なものとなると判示した。だが、この結論が採られたのは、警察が数時間前にプレイスが到着することを知っており、したがって、警察は前もって訓練された犬を準備しておくことができたはずであり、この準備をすれば九〇分も荷物を留置（detain）する必要は回避できたはずだというところにある。法廷意見は、荷物の留置（detention）の時間の及ぼす効果の評価に当たっては、警察が捜査目的を勤勉さをもって遂行したかどうかを考慮に容れていることを指摘した。

本件では、原審は、警察は勤勉でなかったとか、サヴェジの身柄拘束を不必要に長引かせたと結論していない。したがって、プレイスもロイヤーも原審判断の根拠とはならない。

捜査目的での停止と事実上の逮捕の区別は困難な場合がある。捜査目的での停止が無限定に続けば、ある時点でこの停止を捜査目的での停止として正当化できなくなる。しかし、先例はテリーによる停止に厳格な時間の制限を加えていない。押収により生じた侵害の程度が、不審事由（合理的嫌疑）により正当化できる最小限のものであるかどうかを決めるに当たり、その侵害行為の時間的短かさが重要な要因であることは明らかだが、停止目的の実効化に必要とされる合理的な時間の長さの他に、停止によって達成しようとする法執行目的を考慮することが必要である。捜査目的での停止が不合理か否かを評価するにあたり「基準の明確な」法理を採るのが望ましいのと同じく、厳格な基準よりもコモン・センスと通常の人間の経験を適用しなければならない。

プレイスでは、停止の時間を厳格に制限する立場を退けて、法執行機関に、特定の状況の違いに応じて異なった対応をとることを許す必要があることを指摘した。原審は二〇分はテリーによる停止として長すぎるという自動法理を採るものであり、これは当合衆国最高裁判所のこの領域での基本的アプローチと相容れない。

停止時間が捜査目的での停止として正当化できる限度を超えているかどうかを決めるに当たっては、不審事由（嫌疑）の解明に必要な捜査手段を勤勉さをもって（diligently）用いたかどうかを考察することが必要である。裁判所は、この評価をするにあたって、警察は、目まぐるしく変化する状況下で行動しているかどうかを考慮に入れるべきである。かかる場合には、裁判所は、非現実的な後知恵判断をすべきでない。

本件の状況を前提とすると、係官Cは捜査を勤勉に行い合理的方法を用いたといえる。サヴェジの二〇分の身柄拘束中、CはTに連絡を取ろうとし、地域警察の助力を得ようとした。Cはサヴェジの所に到着後の活動も迅速になされた。本件の遅滞は、法執行官憲の正当な捜査目的の達成にとって不必要ではない。本件の遅れはサヴェジの逃走による。したがって、本件の二〇分の停止は合理的である。破棄差戻。

二　ブラックマン裁判官の補足意見

本件の被上告人は逃亡してしまっているので、原審に差戻し、一審の判断に対する上訴を棄却させるべきである。だが、法廷意見はこの道を選ばず、被上告人の主張内容について判断しているので法廷意見に加わる。

三　マーシャル裁判官の補足意見

被告人らの逃走行為が本件での停止を長引かせた原因であるので法廷意見の結論に加わる。だが、法廷意見は、テリーの、停止は短時間のものでなければならないとの要件を過少評価している。

停止時間が長すぎれば、それだけで、最初の合法な停止は個人の自由とプライヴァシーの不当な侵害となる。テリー違反の有無は停止時間の長さを基準にして判断すべきである。停止時間が「短」時間の要件を満たしているか否かは、具体的な停止に関する事実に照らして判断しなければならない。停止時間は、ほんの数分あるのが典型的場合である。これを超える身柄の拘束は、事実上の逮捕と推定すべきである。数分を超える身柄の拘束が不当な「侵害」に当たらないことについて、何等かの理由を示した証明があればこの推定は破られる。例えば、本件のように、警察ではなく、容疑者の行為が停止を長引かせる原因だったといえる場合がこの場合である。しかし、数分を超える停止の必要性を証明しただけでは、この推定は破れない。ＡＬＩの二〇分の停止を認める提案は長すぎる。

法廷意見は、最初の停止の合法性を支える証拠が充分にあると言うが、この論点は本件で争点として示唆されておらず、また事実に関する記録がさらに明らかにならなければ正しく扱えないものである。合衆国最高裁判所は自ら事実認定をすべき立場にない。

四　ブレナン裁判官の反対意見

(1)　法廷意見は、警官が不審事由（合理的嫌疑）に基づき停止を求めたときにトラックは「逃走」したと認定している。だが、この認定があれば、単に不審事由（合理的嫌疑）ではなく、逮捕の相当理由があり、本件はテリーにより判断すべきではなくなる。だが、法廷意見のこの認定は、曖昧な記録に基づく。合衆国最高裁判所の任務は法律判断にあり、事実認定にはない。

(2) 本件では、サヴェジが逃走しようとしたことの証明がないので、身柄拘束の合憲性をテリー及びそれに基づく後の判例に従って判断すべきだとした法廷意見に同意する。だが、本件の停止は、短時間の停止を求めたテリーに反する。たとえ本件の身柄拘束時間の長さ「だけ」を基準にできないとする立場に立ったとしても、本件は、テリーの他の要件に反する。同事件によれば、警察は、不審事由（合理的嫌疑）払拭のためには、侵害程度の最も少ない方法を用いる義務を負う。政府は実際に採った方法が最も迅速なものでありそれより迅速な処理が不可能であったことの証明責任を負う。

本件では政府はこの挙証責任を果たしていない。

第一に、本件では、両方の車輛に停止の合図をすることができたのにそれをしていない。第二に、Cにしか、マリワナ積載車の捜索権限がないのであれば、Cがトラックを追跡し、ポンティアックをTに任せるべきなのに、事実は逆である。第三に本件でTがサヴェジとピックアップ・トラックについてテリーによる捜査をしなかった理由を政府は説明していない。最後に、CとTの捜査上の協力・連絡がうまくいかなかった事実はあっても、客観的にみると、警察の権限の行使により不必要な侵害が生じている場合には、官憲の善意は、この侵害を免責する理由とはならない。

テリーの、停止による身柄拘束は短時間のものでなければならないという要件を厳格に執行すべきである。先例上、政府は、警官の訓練を行えなかったこと、スムーズな意思連絡を保障できなかったこと、その侵害を最小限のものとするのに必要な資源を割り当てることができなかったことについて、証明する責任を負う。本件で法廷意見はこれらの点についての証拠を示してさえいない。法廷意見は、法執行機関の利益の方を重視した利益較量を原則化する方向を歩んでいる。

五　スティーヴンス裁判官の反対意見

本件では、原審の判断が下り、政府が合衆国最高裁判所にサーシオレイライの申請手続をとった後に両名の被上告人が逃亡してしまった事件である。

本件は逃亡者の事件として処理すべきである。本件では訴訟の一方当事者が欠けるために、訴訟の論争主義的性格は失われてしまうことになる。したがって、本件は、被上告人の逃亡により上訴がムートになった（論争が仮定に基づくものとなり、裁判所が判断するのに相応しくないものとなった）場合と同じく扱うべきである。

《解　説》

一　本件の争点は、不審事由（合理的嫌疑）に基づく二〇分間の停止が、第四修正の下で「合理的な停止」に当たるのか否かである。法廷意見は、本件は「逮捕」には当たらない合法な「停止」だと判示した。

二　一九六八年のテリーは、(1)「相当理由」には至らない「不審事由」（reasonable suspicion 合理的嫌疑）に基づく「停止」「質問」「捜検」は第四修正の「合理性」の要件を充たす法執行活動であると判示して、職務質問に関連する活動の合憲性を明言した。テリー自体は、粗暴犯（violent crime）が関係した場合だが、その後の合衆国最高裁判所の意見では粗暴犯の場合を超えて、不審事由に基づく「捜査目的での」停止（investigative stop）をテリーを根拠に認めてきている。(2)

判例上、職務質問及びそのための停止を認める道を聞きそれを拡げてきているのは、都市化された社会では、匿名性、移動性の故に犯罪の摘発・発見が難しく、また発生すれば甚大な被害をもたらす虞れがあるので、犯罪の「予防」や犯罪後の犯人の「早期の」摘発・発見をはかり、犯罪を有効に鎮圧することが必要であり、そうしなければ、人々の自由・安全を守ることができないという背景があるからであろう。(3)

三　職務質問のための停止は「不審事由」に基づいて認められているからその停止は逮捕にまで至るようなものであってはならない。そこで判例上、逮捕か、それとも職務質問のための不審事由に基づく合理的な停止かが問題とされてきた。

ダナウェイ(4)は相当理由のない状態で、強盗未遂とホミサイド(人の死を惹起する犯罪)に関係しているとの容疑での取調目的で容疑者を警察署の取調室に連行した事案であり、法廷意見はこの身柄拘束は逮捕と区別できないと判示した。

ロイヤー(5)は、ドラッグ・カリアー・プロファイルに基づく空港での停止が問題とされた事案である。ロイヤーは小部屋へ同行を求められそこでスーツケースの捜索に同意を求められ同意してキーを提出した。その時まで一五分が経過していた。複数意見は、事件の具体的状況により介入の程度・範囲に差異はあるが、捜査目的での停止は一時的なものでなければならず、停止目的の実効化に必要な限度に止まると判示し、この事件ではロイヤーは逮捕下に置かれたと判示した。(小部屋への同行を求める安全確保上の理由が示されていないこと、停止場所での荷物の捜索により停止時間を短縮できたこと、また、犬による嗅覚テストを利用すれば停止時間を短縮できたこと等を理由に、捜査目的での停止の実効化に必要とされる限度を超えた介入となっていると判示した。)

同じくドラッグ・カリアーが関係した事件であるプレイス(6)では、薬物運搬の不審事由のある者を停止させその者の荷物を犬の嗅覚テストを受けさせるために九〇分間押収(留置)した活動の合法性が問われた。プレイスでは、事前に荷物検査の準備をする時間的な余裕があり、そうすればプライヴァシーの侵害を最少限に止めることができたはずだとして、荷物の押収時間が長すぎることを理由に、荷物の留置き（detention）を違法とした。この事件の法廷意見は、荷物が押収されただけで容疑者はすぐに解放されたが、荷物が押収されていれば自由に行動できないことになるから捜査目的での荷物の留置きにも人の捜査目的での身柄の拘束に適用される制限と同様の制限が適用されるとの立場に立って、不審事由に基づき正当化される最少限度の侵害か否かを判断するに当たり、プライヴァシーの侵害の短かさが重要な要因であり、警察が捜査を勤勉に遂行したか否かを考慮すべきだと判示した。

四　本件は右のような先例を前提に、逮捕と停止の区別を論じ、法廷意見は、捜査目的での不審事由に基づく停止は最少限のものであることが必要だが、停止時間に「厳格な」時間の制限はなく、停止目的の実効化に必要な、捜査目的を勤勉・適切・迅速に遂行した場合に必要とされる合理的な時間、停止を求めることができると判示した。この判断は、基本的にプレイスの法廷意見を踏襲したものである。

法執行の状況が多様であることに照らせば、停止時間の長さだけで停止の合法・違法を区別し、その時間を「ほんの数分」に機械的に限定することには無理があり、職務質問が、都市化され、モータリゼィションの発達した社会の中で犯罪に有効に対処するために認められるに至ってきている意義を没却してしまうであろう。逮捕に至ることは許されないが、具体的状況が多様であることに照らせば、停止に必要な時間を一義的に明確に決めたり、あまりに短く限定したりすることは妥当ではないだろう。これまでの判例が、職務質問に基づく停止をなし得る場合を、兇器が関係する場合を超えて認め、また、プレイスでも、具体的状況に応じた法執行を認める必要性を指摘していることに留意するべきであろう。

ブレナン裁判官のように、あまりに細かく、後知恵で、法執行官憲の行動の是非を検討するのも妥当でないと思われる。「侵害の最も少ない方法」を選択することが求められるとはいえ、当の検察官の置かれた具体的状況を前提にして法執行活動の合理性を判断すべきであり、事後的にみて捜査権限を持っているのが誰であるのかや、警察官の訓練についてまで検討するのは本件が犯人の追跡という状況の中で展開されたことに十分配慮を廻らせていないように思われる。

本件の法廷意見は、職務質問のための停止について、職務質問の必要性と職務質問が必要な限度を超えて用いられることに、歯止めを掛ける必要を踏まえて、具体的状況に応じた柔軟な判断をすべきことを明らかにしたものといえるであろう。

（1） Terry v. Ohio, 392 U. S. 1 (1968).
（2） Florida v. Royer, 460 U. S. 491 (1983).（本書52事件；United States v. Place, 462 U. S. 696 (1983).）本書55事件。
（3） 渥美東洋「所持品検査の基準と違法収集証拠「排除法則」の適用基準について（上）（中）（下）」判例タイムズ三七三・三七四・三七五号（一九七九年）。
（4） Dunaway v. New York, 442 U. S. 200 (1979).（本書1事件）
（5） Florida v. Royer , supra.
（6） United States v. Place, supra.

（中野目　善則）

60 Pennsylvania v. Mimms, 434 U. S. 106 (1977)

交通違反を取締る警察官は、安全確保のため、運転者を降車させることができるとした事例。

《事実の概要》

フィラデルフィア警察の警察官二名は、有効期限の切れたライセンス・プレートをつけた被申請人ミムズ運転の車を発見して取締りのため停車させ、車に近づいて降車を求めたうえ、登録証と免許証の提示を求めた。これに応じて降車した被申請人の上着が大きくふくらんでいることに気づいた警察官は、武器を持っているのではないかと疑い捜検したところ、弾丸が装填された三八口径のリボルバーを発見した。同乗者も三二口径のリボルバーを持っていた。被申請人は、致命傷を与え得る武器を隠し持っていた罪及び無許可の火器所持罪で逮捕、起訴され、リボルバーの証拠排除を申立てたが棄却され、有罪判決を受けた。

ペンシルヴァニア最高裁は、警察官が被申請人の車を停車させた行為は適法だが、犯罪が進行中であるか又は車に乗っている者が警察官にとって危険であるという疑いを支える客観的事実がないにもかかわらず降車を求めたのは、合衆国憲法第四修正に違反する（人の身柄の）「押収」であるとし、その結果発見されたリボルバーは毒樹果実として排除されると判示して有罪判決を破棄した。国側がサーシオレイライを申請した。

《判旨・法廷意見》

一　パー・キュリアム　破棄差戻し

(1) 第四修正違反の有無の判断は、具体的な権利侵害行為の全体事情に照らしつつ、公共の利益と法執行官による恣意的な介入を受けない個人の権利のバランスによって決せられるとするのが先例である。

被申請人は州法に違反して有効期限の切れたライセンス・プレートをつけて車を走行させており、これを停車させた警察官の措置に違法はない。そこで上着のふくらみに気づいた後の捜検の適法性はひとまずおいて、適法に停車させた車の運転者を降車させたことが第四修正の下で合理的であるかを検討する。

前述のバランスについて、警察官側の利益をまず考えてみると、停車の時点で被申請人が犯罪を実行中であるなどの疑いを警察官がもっていなかったことには争いがない。しかし、交通法規違反の検挙において、すべての運転者を降車させるのは通常の活動であって、これは、警察官の安全を確保するための予防措置として適法であると国側は主張する。運転者を車から降ろして対面することにより、警察官は運転者から危害を加えられる虞れを少なくすることができるというのである。

警察官の安全確保の利益は、重要である。車内にいる者に近づく途中の警察官が危険に遭遇する割合が高いことを裏づける実証的研究もあり、職務執行にあたって警察官が不必要な危険を負うよう求めるのは不合理である。また、運転者を降車させないで、警察官が路上の運転者側で職務執行するよりも、降車を求めて道路脇など危険の少ないところへいざなう方が、双方にとって事故に遭う危険も少ない。

国側のこの重要な利益に対置されるのは、適法に停車させられた者が車内にとどまる自由である。この自由の制限による不利益はごく軽微であると考えられる。運転者は、車内に座っている時に比べてわずかに多く身体を見せるよう求められているに過ぎず、すでに適法に停止させられているのだから、その停止の間、車内にとどまるか外に出るかの違いがあるに過ぎない。降車要求は、個人の尊厳への重大な侵害とみなされるほど重要な利益を侵害するものではない。

(2)　次に、上着のふくらみに気づいた後の捜検の適法性であるが、これはテリーで示された基準によって判断される。そこでは、通常の注意力をもつ警察官が、その時点で明らかになっている事実から判断して、停止させた者が武器を持っており、危険が現存していると合理的に判断した場合は、武器の捜検ができると判示された。本件の場合、上着がふくらんでいたことは、被申請人が武器を持っており、警察官の安全に重大かつ現在の危険があると疑わせるに足りる事情であり、捜検は合理的である。

二　マーシャル裁判官の反対意見

スティーヴンス裁判官の反対意見に同意するが、本日の法廷意見はテリーから離脱してしまったことを強調したい。

テリーでは、三〇年の経験を積んだ警察官が挙動不審者を注意深く観察し、強盗が計画されていると疑って名前を質したが、明確な答がなかったので疑いを強めて捜検を行ったのであり、停止と捜検は武器を用いた犯罪が実行されるとの相当性に基づいて行われた。このような活動は、その者が武器を持っており、現在の危険があって、警察官自身又は他の人々の安全が脅かされると判断するに足る事情がある場合に限定されるが、アダムス対ウィリアムズでは、ある者が武器と麻薬を持っているとの情報を警察官が入手していたことも、こうした事情に含まれると判示された。

しかし本件では、警察官は、降車を求める以前に運転者が銃を持っているとの僅かな疑いすらもっていなかったのであり、法廷意見はこれを認めているにもかかわらず、交通違反の取締りで停車を命ずれば、なんら具体的な理由がなくとも運転者の自由の侵害（降車命令）が許されると判示した。

強盗が実行されるのではないかとの疑いとそれに基づく武器の捜検にみられるように、テリーは停止の理由とそれ以上の自由への侵害の理由に関連を求めており、本件の交通法規違反と降車命令にはこのような関連がないので、法廷意見の結論はテリーからは導かれない。

本件の審理手続にも疑問が残る。テリーを拡張し、州の最上級裁判所が周到に下した裁判を破棄するという重大な判断を、サーシオレイライの申請書のみをもとに弁論を経ないで下すのは適切ではない。また本件では、被申請人が刑の執行を終えているのでムートに近いうえ、ペンシルヴァニア憲法が合衆国憲法より厚い保護を与えていると州裁判所が解する余地もある事件であって、このような重大な判断をするにふさわしい事件ではない。

三　スティーヴンス裁判官の反対意見

テリーは「相当理由」よりも低い基準で第四修正上の押収ができると判示したが、それは六ヶ月に及ぶ審理と弁論の末に下された判断であった。本日の法廷意見は、警察官による自由の侵害の適法性判断においては具体的な事実を審理しなければならないとのテリーの判示を離れ、一般的な自由の制限が許されるとの重大な判断を、当裁判所が審理する必要のない事件で、しかも弁論を経ずに下してしまった。

被申請人はすでに刑の執行を終えており、当裁判所が州最高裁の判断を破棄して有罪を確認する利益はほとんどない。差戻し後に被申請人は州法又は州憲法上の理由で無罪となるかもしれないが、いずれにせよ、本件の争点はペンシルヴァニア州法のみがかかわるもので、当裁判所が判断しなければならないものではなく、本来サーシオレイライを認めるべき事案ではない。

警察官の安全確保の利益が重要であることに異論はないが、だからといって第四修正上の争点を性急に解決しようとすると混乱を生じる。本件はその過ちを犯し、事実についての不確実な推論に基づいて、市民の自由への侵害を許すまったく新しい原則を作ってしまった。

法廷意見は、警察官が車の運転者に接するさまざまな態様を区別せずに、一般的に警察官の遭遇する危険が高いと結論づけている。しかし、車に近づく途中で警察官に危害が加えられることが多いという点、運転者を降車させることで警察官の安全が確保できるという点には疑いがあるばかりか、安全確保のためには運転者を降車させてはならないという研究結果もあるほどである。したがって、合衆国憲法上の争点を解決する以前に、当裁判所は警察官と運転者が接する態様や警察官が遭遇する危険について慎重に検討すべきなのである。

警察官が遭遇する危険が、常に運転者の自由侵害に正当な理由を与えるとはいえない一方、運転者の側からみれば、降車させられることで被る不利益は無視できないほど大きいこともあろう。

第四修正の押収を規律する法は、それぞれ具体的な自由の侵害行為について個別に審理するか、逮捕には相当理由、停止と捜検には合理的疑いといった基準の充足を求めてきた。本日の法廷意見はこれに新たな類型の押収を加え、個別審理も行わず、この活動をまったく警察官の裁量に委ねてしまった。

停止に伴う漠然とした危険を理由とするならば、運転者も同乗者も同じように警察官に危害を加える虞れがあるといえようから、交通違反をしていない同乗者も同じように扱われ、自由侵害の範囲が広がることになろう。また、安全を確保しようとするならば、降車させるだけでは真に危険な者から身を守るには不十分であろうから、直ちに後ろ向きにして足を広げさせ武器を捜検することまで許されてよいことになる虞れがあろう。

被申請人を降車させなければ本件の犯罪は摘発されなかったが、そうしなければ警察官が撃たれたであろうと考える理由はない。テリーは、警察官が危険に曝されるであろうとの具体的理由があるときに捜検を認めるのであって、警察官の安全確保を理由としても、これより緩やかな基準を設ける必要があるとは考えられない。

十分な弁論を行えば、本件のような場合に警察官の安全確保の必要が高いことが示される可能性はあるかもしれないが、これを行わず、かつ、ムートに近い本件では、州裁判所の判断に誤りがあるとしても、新たな合衆国憲法上の判断を下すべきではない。そうすることは、当裁判所が個人の権利を保護するよりも、国により大きな権限を与えることに熱心であるかのような誤った印象を与えかねない。

《解　説》

典型的な逮捕（人の身柄の押収）には及ばない停止＝捜検は、相当理由より低い程度の基準で許されるとしたテリーは、こうした活動もなお第四修正の「合理性」は備えていなければならないとし、それは警察の活動の必要性と侵害される個人の自由のバランスで決せられるが、①警察官には犯罪が実行されるかもしれないとの合理的疑いがあること、②その者が武器を持っており、危険であると考える具体的事実があることが要件となると判示した。これは、長年の経験をもつ警察官が、同じ店の前を何度も行き来して中を覗き込んでいる不審な男を見つけ、仲間らしい者と話しているところを観察したことから、強盗が計画されているのではないかと疑い、名前を質したがはっきりと答えないため、捜検を行ったところ銃が発見されたという事実であった(1)。長年の経験のある警察官であればこそ、そうした行為が不審で、犯罪が準備されているのではないかと疑うことに合理性があり、強盗であれば武器を持っている虞れが大きいので、警察官や周囲の者の安全を確保するためには捜検が許されるというのである。したがって、停止させる理由となる不審事由から考えて武器を持っているとの蓋然性が高い場合でなければ、捜検には合理性がないことになろう。

しかし、本件はこれとやや事案を異にしている。つまり、最初の車の停止は、交通違反検挙のためであり、降車後の捜検も、上着のふくらみが見つかったことで武器の存在が疑われるので、テリーの基準に照らせば許されるといえ、この二点について第四修正の問題は生じない。本件で問われているのは、停車後の降車命令であって、これが第四修正に違反する不合理な人の身柄の「押収」となるかどうかである。テリーは、合理的疑い→停止→捜検であったが、本件は、交通法規違反→停車→降車命令→捜検である。

法廷意見は、テリーによれば、降車命令の合理性は警察の活動の必要性と侵害される個人の利益のバランスで決まるが、停車させた車に近づく警察官の危険がかなり高く、それを防止するためには降車させる必要があり、また路上で交通違反の検挙手続をとると交通の妨げとなったり、危険であったりするので、そのためにも降車させるべきであるとする。そして、この警察の活動の必要性は高いが、個人の自由は、車の中にいるか外にいるかの違いだけで大きく損なわれはしないので、テリーのバランスは国側に傾くという。

これに対して反対意見は、①テリーは、個々の事件で合理的疑いが具体的事実によって示されて初めて警察官の活動の必要性が認められると判示したのであって、停車の理由が単なる交通法規違反で、しかも停車させた後に警察官が危険に曝されているとの具体的事実が認められていない本件で、一般的な警察官の安全確保を理由に自由の制限を認めることはテリーからの離脱である、②車に接近する警察官の危険が一般的に高いとはいえず、また降車させることで警察官の安全確保ができるとは限らない一方、車の中にとどまる個人の利益は法廷意見がいうほど軽微ではなく、バランスは必ずしも国側に傾くとは限らない、と述べている。[2]

本件の降車命令の合理性がテリーによって説明されるとするかぎり、①車を停止させた理由から推論して、降車させて安全確保する必要がある場合、②停車させて窓越しに見える範囲で武器をもっているなどの合理的疑いが生じた場合、③車を停車させた場合は一般的に降車させて安全を確保する必要があるといえるほど、車に近づく警察官の危険が高い場合、のいずれかでなければ降車命令に合理性はないであろう。①②の事情はないので、法廷意見は③によっている。火器所持がわが国に比べて緩やかに認められている合衆国で、職務執行にあたって警察官が不必要な危険を負わなければならないとすることは不合理なので、その危険が高く、まず降車させることで安全が確保されるならば、本件をテリーで説明することもできなくはなかろう。しかし、スティーヴンス裁判官の反対意見は、これが事実と一致するかは必ずしも明らかでないので、弁論を通じて審理を尽くすべきであったという。反対意見が懸念するように、合理的疑いを支える具体的事実もなく、警察官の危険も高くないときに、交通違反で停車させさえすれば警察官の裁量で降車を命じ得るとすれば、さらに何らかの違法行為があるのではないかとの見込みによる探索的な自由の制限を許すことになり、第四修正に違反する虞れが大きいといえよう。この点でより慎重な審理を行うべきであったとするスティーヴンス裁判官の方が説得力がある。

ところで国側は、交通違反であっても降車を求めるのが通常の警察官の活動であり、ルーティンであると主張した。法廷意見も、運転者が警察官に危害を与える虞れに加えて、そのまま路上で交通違反の手続をとることが交通の妨害になったり、事故を引き起こす虞れのあることを指摘している。そうすると、法廷意見によっても、交通違反で停車させた場合、窓越しに禁制品が見えたような場合を除いて、直ちに捜検や車内の捜索ができることにはなるまい。そこで、本件が、反対意見のみるようにテリー判決から離脱して一般探索的捜索に道を開いたと理解するのか、より限定的に、路上が交通事情等の理由で危険な場合を含めて、交通違反検挙の手続を確実かつ円滑に行うため、その手続の一環として降車を命ずることができるとしたもので、車外から見て明らかに危険がないような場合にまで警察官の恣意的・探索的な活動を許したものではないと理解するのかは、後の判例に委ねられていると解する余地はないだろうか(3)。

（1） Terry v. Ohio, 392 U. S. 1 (1968).

（2） 降車させることが必ずしも警察官の安全確保につながらないことについては、434 U. S. 106, Stevens, dissenting, n. 8, 9, 10. 本件のような場合に具体的事情がさまざまであることをスティーヴンス裁判官は、通勤途中の運転者、子供を学校に送っていく親、観光客、休日を楽しむ家族連れなどが警察官に危害を加えるわけではないし、夜間に婦人の運転者を停車させれば、運転者自身の安全のために車外に出たいとは思わないであろうし、病気がちな者は雨が降っていれば外に出ることが苦痛であろうし、急いで家を出てきた者が服をきちんと着ていないこともあるだろうし、なんら危険のなさそうな老人であれば、降車命令を権力の横暴とみることもあろう、と指摘している。434 U. S. 106, 120, 121. また同裁判官は、車に接近する時の警察官の危険がどの程度であるかが弁論で十分に論じられれば、法廷意見の立場が正しいとの結論に達することもあろうと付言している。434 U. S. 106, Stevens, Dissenting, n. 13. なお、本件がムートに近いという点について法廷意見は、被申請人には有罪判決の不利益な法的効果を受けない利益があるとしている。434 U. S. 106, n. 3.

（3） Miles, From Terry to Mimms：The Unacknowledged Erosion of Fourth Amendment Protections Surrounding Police-Citizen Confrontations, 16 The Am. Crim. L. Rev. 127 (1978)；Kilgore, Fourth Amendment Does Not Prohibit A Police Officer from Ordering A Traffic Offender Out of His Car. Pennsylvania v. Mimms, 98 S. Ct. 330 (1977), 6 Am. J. Crim. Law 193 (1978). なお、本書56事件の他、New York v. Class, 475 U. S. 106 (1986) を参照。

（小木曽　綾）

Ⅲ 排除法則

一　善意の例外

61　United States v. Leon, 468 U. S. 897 (1984)

排除法則の例外として、「善意の例外法理」が採用された事例。

《事実の概要》

身元不詳の情報提供者からバーバンク警察署の警察官に、アルマンドとパッティなる者がその住居（P住居）で、大量のコカインと睡眠薬を販売している旨の情報が寄せられた。この情報提供者はまた、約五ヶ月前、この住居でパッティが睡眠薬を販売しているところを目撃したこと、パッティが大量の現金を靴箱の中にしまっていることを現認したこと、を伝えた。さらに彼は、アルマンドとパッティが、この住居には少量の薬物しか置いておらず、残りは、バーバンク市内の別の場所に保管していることも伝えた。

これらの情報に基づき、同市警察は、大規模な捜査に乗り出した。P住居などに対する監視等の結果、以下の事柄が判明した。すなわち、この住居の前に停車してある自動車は、アルマンド・サンチェスとパッティ・スチュワートの所有にかかるものであること、サンチェスは以前マリワナ所持で逮捕された前歴があること、である。また、捜査官は、カスティロという人物の所有にかかる車輌がこの住居前に停車し運転手がこの住居に入り、小さな紙袋を持って出て行くのを目撃した。自動車の所有者であるカスティロには、以前、マリワナ所持で逮捕されたという前歴があった。カスティロのプロベーション記録を調べると、レオンなる人物の存在が判明した。カスティロがプロベーションに付される際に雇主のものとして申請した電話番号は、レオンのものであった。そしてこのレオンには、薬物犯罪で逮捕された前歴があり、薬物の大量密輸に関わっているとの情報が寄せられていた。また、以前に、グレンダル警察に、レオンは当時の住居に大量の睡眠薬を隠匿しているとの情報が寄せられていたことも判明した。

引き続き監視を続けると、以下の事柄も判明した。複数人がP住居に訪れ、小さな紙袋を持って立ち去ったこと、少なくともこのうちの一人は過去に薬物事件に関与していたこと、サンチェスとスチュワートが別々にマイアミに行き、帰りは二人連れ立って帰ってきたが、手荷物検査の結果、少量のマリワナが発見されたこと、などである。

これらの捜査結果をしたためた宣誓供述書に基づき、P住居とその他の住居と各人所有の自動車に対する捜索令状の発付を請求した。この令状発付の請求に際して、複数の検察官がその内容を確認していた。令状の発付を受けて捜索を行ったところ、捜索対象住居の各々からコカインが発見された。被申請人らは、コカインの所持及び頒布の共謀その他の実体犯罪の訴因で正式起訴された。

被申請人側は、本件令状による押収の結果入手された証拠の排除を申立てた。District Court は、前記宣誓供述書は相当理由を十分に疎明していないとして、被申請人側の証拠排除申立てを一部認容した。これは、被申請人側の誰一人として、本件捜査全てに対する証拠排除の主張適格は有していないということである。政府側の要請に応えて、District Court は、本件警察官が善意であることは認めたが、いわゆる善意の例外の主張（合理的かつ善意で、令状に基づき証拠を押収した場合には合衆国憲法第四修正の排除法則は適用されないとの主張）は退けた。

第九巡回区 Court of Appeals は原判断を確認した。すなわち、①宣誓供述書は捜索の要件である「相当理由」を疎明しておらず、② Aguilar 判決及び Spinelli 判決で確立した基準を満たしていないため、情報提供者の情報は不十分であること、③ 排除法則の例外として善意の例外は認められない、と判示した。

合衆国政府がサーシオレイライを申請した。合衆国政府は、本件捜索令状が相当理由に支えられているかについては争わなかった。合衆国政府が争ったのは、後に不完全であることが判明しても、その令状を合理的かつ善意に信頼して押収された証拠の証拠能力は否定されないという排除法則の例外の是非であった。

合衆国最高裁がサーシオレイライを認容した。

《判旨・法廷意見》

一　ホワイト裁判官執筆の法廷意見

第四修正の条文中には、第四修正に違反して獲得された証拠の使用を禁止する明文の規定はない。第四修正の起源と狙いを精査するに、違法な捜索・押収の成果を使用することは、新たな第四修正違反を生起させるものでないことは明らかである。第四修正が非難を向けている不法は、違法な捜索・押収それ自体によって完全に達成されており、排除法則は、被告人の権利に対する侵害を治癒することを企図しているものでもないし、また、治癒することもできないのである。すなわち、排除法則は、権利を侵害された当事者の憲法上の権利ではなく、一般的に抑止効果を通じて、第四修正上の権利の予防策として作用することを企図して裁判所が創り出した救済手段なのである。

排除法則の適用の有無は、第四修正上の権利に対する侵害の有無の判断とは別個のものである。排除法則の適用の有無は、それによるコスト＝ベネフィットの判断により決せられるべきものである。

第四修正上の権利を保護するために排除法則を用いることには相当大きな社会的コストを伴うことが長年指摘され

てきた。例えば、政府の廉直という理念を実効あらしめるために断固として排除法則を適用することは、裁判の真実発見という機能を阻害するものであるとか、本来有罪となるべき被告人を放免することになるなどの指摘がなされてきた。とりわけ、法執行官が客観的に見て善意に活動していたり、あるいは手続違反が軽微なものである場合、この被告人が享受する利益は、刑事司法制度の基本的な趣旨と正面から抵触する。無分別な排除法則の適用は、国民の内に法や裁判の運営に対する不信の念を抱かせることにもなりかねない。したがって、排除法則の適用は、その救済目的が最も効果的に達成できると考えられる領域に限定されてきた。

証拠排除をコスト＝ベネフィットの観点から考えると、公正中立なマジストレイトの発布した令状に依拠したことが合理的であると判断される場合、この捜索・押収によって得られた証拠は、検察官の本証において当然認容されるとの結論にたどりつく。

ただし、マジストレイトの相当理由判断を信頼するとしても、限度というものはある。第一に、相当理由の有無を判断する際に依拠した宣誓供述書の誤りを知っていたり、あまりにも軽率であったかの吟味はなされる。第二に、マジストレイトというものは、公正中立な判断者としての役割を果たさなくてはならない。第三に、マジストレイトに十分な判断資料を提供していない宣誓供述書に基づいて相当理由の判断がなされた令状は、信頼に値しない。

しかしながら、排除法則が裁判官やマジストレイトを規律するという発想は、見当違いである。排除法則は警察官の違法活動の抑止を目的とするものであって、裁判官やマジストレイトの過誤を処罰することを目的としているのではない。また、マジストレイトや裁判官に、第四修正を無視ないし破壊するという傾向があるとか、排除法則の適用でもって対処しなければならない違法があることを示唆する証拠はない。また、最も重要な点として、令状に基づき押収された証拠の排除により、令状を発布する裁判官やマジストレイトに対して、かなりの抑止効果があると考える根拠を見出すことができない。令状に基づいて押収された証拠の証拠能力を肯定し、同時に、この令状には若干の欠陥があると宣明することは、第四修正を遵守するという裁判官の専門家としてのインセンティブを減退させるものではないので、これにより令状審査の過誤を奨励することにはならず、また、虚偽の令状請求の全てを承認することにつながるということにはならない。

合衆国最高裁は頻繁に、捜査官が、自己の行為は第四修正に違反していないと客観的かつ合理的に信じて行動している場合に、果して排除法則に抑止効果があるのかについて疑問を呈してきた。場合によっては捜査官の違法活動を抑止し、第四修正に従って活動するインセンティブを提供することがあるとしても、自己の行為が適法であると信じることが客観的に見て合理的であるといえる捜査官の活動を抑止すると期待はできないし、また、そのような活動に排除法則を適用すべきではない。通常、マジストレイトの相当性判断に疑義をはさむことなど、捜査官に期待することはできない。ひとたび令状が発布されたならば、捜査官は法に従って行動するだけである。自分自身の誤りではなく、マジストレイトの誤りで捜査官を処罰するのは、論理的に見て、第四修正違反の抑止に何ら貢献しない。

後に要件を充足していないとして判断される令状を客観的かつ合理的に信頼して収集した証拠を排除することによって得られる利益は、あったとしてもわずかなものなので、排除によってもたらされる社会的コストを正当化できるものではない。

しかしながら、令状が適法に発布されたと捜査官が信じることに合理的根拠がない場合もある。以下の場合には、排除法則は適切な救済手段となる。宣誓供述者が虚偽であることを知っていたか、虚偽であることを当然知り得べき状況にあった宣誓供述書に基づいて令状が発布された場合である。また、令状を発布するマジストレイトがその職務を放棄していると認められる場合である。そして、相当理由が存在すると信じることが不合理であるような、相当理由の存在を十分に示していない宣誓供述書に基づく令状を信頼した場合には、客観的に見て善意の信頼とはいえない。最後に、捜索場所や押収対象物を特定していないなど、令状の記載自体に明らかな欠陥があるため、令状執行官がその令状の妥当性をおよそ肯定できない場合、である。

本日表明した原理を本件事実に当てはめると、第九巡回区 Court of Appeals の判断には根拠がないことは明らかである。被申請人レオンは、十分に訓練を積んだ捜査官であれば、彼の自宅を捜索する相当理由が存在するなど考えるはずがないと主張するが、本件で捜査官が令状の発付を受けるために提出した宣誓供述書は、貧相な宣誓供述書ではない。本件における宣誓供述書は、本格的な捜査の結果を受けたものである。これらの状況をもとに判断すると、マジストレイトの相当理由判断に対する捜査官の信頼は、客観的に見て合理的なものである。

二 ブラックマン裁判官の補足意見

合衆国最高裁が排除法則の射程を狭めたのは、捜索令状を信頼することが客観的に合理的と認められる捜査官に対して排除法則は目に見える効果がないと実証的に裏打ちされているからである。

私は、排除法則は第四修正それ自体の要請とは考えないので、実証的な判断を控えるということはしない。具体的事件における効果を実証的に判断するとしても、それは暫定的なものでしかない。本日の判断は、本来的に吟味が許されないという性質のものではない。善意の例外が、第四修正を遵守する警察官に根本的な変化をもたらすという結果が出るのであれば、本日の判断に対して、当然のことながら再検討が加えられるということになるのである。

三 ブレナン、マーシャル両裁判官の反対意見(1)

法廷意見によると、排除法則は、個人に保障される憲法上の権利ではなく、一般的に抑止効果を通じて、第四修正上の権利の予防策として作用することを企図して裁判所が創り出した救済手段とされている。すなわち、第四修正の目的は、人の身体、住居、書類、所持品のプライヴァシーに対する政府の不合理な侵入を禁止することにあると考えている。非難されるべきは、これら個人の生活領域に対する正当化されない政府の介入である。この不法は、相当理由を欠く捜索自体によって完遂している。このような理論構成は、以下のような考え方に基づいている。すなわち、第四修正の禁止が直接向かうのは、憲法上保護される個人のプライヴァシーを現実に侵害する政府の役人に対してである。つまり、違法に収集された証拠の証拠能力の判断について第四修正は直接何も触れていないので、政府は、違法に収集された証拠を排除する憲法上の義務を直接的には負っていないと考えるのである。第四修正のこのような理解は、裁判所の地位を今の場所から低く下げるものである。つまり、憲法上唯一審理しなければならない侵害は、事件が裁判所に持ち込まれる前に警察官により完遂しているので、汚染された証拠の証拠能力を裁判官が認めたとしても、合衆国憲法それ自体の違反はないのである。実際に裁判官にできることは、せいぜい祈りの姿勢をとり、証拠排除を通して警察官による将来の違法捜査を抑止できることを願うことくらいである。

しかしながら、合衆国憲法中の重要な要請の多くは、一般的な文言の中に込められているのである。したがって、具体的な事件の中で、一般的な文言の中に意味を見出す作業こそ、裁判所が果たすべき役割なのである。

権利章典中の他の条項と同じように、第四修正も、全体として、制限政府の考え方を具体化する規定である。裁判所は、憲法上の権利が尊重されることに責任を負うのである。

違法に収集された証拠の証拠能力を肯定することによって、裁判所は、第四修正がまさに禁止する単一政府の活動の一部分になってしまうのである。警察の証拠収集機能と裁判所の証拠能力判断機能の結び付きが許されるとするならば、合衆国最高裁の第四修正の理解の妥当性は相当怪しくなる。第四修正は、憲法に違反するプライヴァシー侵害だけでなく、それによって入手されたいかなる証拠の利用についても非難の目を向けていると理解すべきである。プライヴァシー侵害を受けない権利と証拠排除の権利は、共に、不合理な捜索・押収を受けない権利の構成要素として同等の価値を有する。

四　スティーブンス裁判官の反対意見

本件で合衆国政府は第四修正の重要部分の違反を認めている。合衆国最高裁は本件令状が相当理由に支えられていないことを前提に、しかし、押収された証拠排除申立てを退けた。その根拠は、警察官の行動が、合理性という憲法に基礎を置かない流行の基準を充足していることに求めた。しかしながら、合衆国最高裁の前提、すなわち相当理由に支えられていないとの前提が正しいとするならば、個人の居宅と自動車への不意打ちの侵入と捜索を認めることは不合理であるとの結論に至るはずである。相当理由を欠く捜索を合理的であるとする法廷意見の結論は、第四修正の法理論に全く支えられていない。

（本件は次の62事件とまとめて参照されたい）

（1）　ブレナン、マーシャル両裁判官の反対意見は、同時にシェパード判決の反対意見でもある。

（安井　哲章）

62　Massachusetts v. Sheppard, 468 U. S. 981 (1984)

《事実の概要》

一九七九年五月五日、日曜日の午前五時、女性の焼死体が発見された。解剖の結果、棍棒での殴打による頭部の複雑骨折が死因であることが判明した。警察は、被害者の友人の一人であったシェパードを尋問した。シェパードは、被害者を最後に見たのは火曜日の夜であること、金曜日の午後九時から土曜日の午前五時まで賭博場にいたと返答した。

その賭博場にいたとされる者数名に確認したところ、金曜日の夜にシェパードがその賭博場にいたことは間違いないが、二名の者を家に送り届けるため、土曜日の午前三時頃に自動車を借りていたことが判明した。これは十五分もあれば終わるはずなのに、午前五時近くまで戻ってこなかったとのことであった。

シェパードが借りた自動車の所有者の承諾を得て車内を点検したところ、後部バンパーとトランクの中から、血痕と毛髪が検出された。加えて、被害者の体に巻きつけてあったものと同種のワイヤーが発見された。自動車の所有者によると、シェパードに貸す少し前に自動車を利用したその時トランクに物をしまったが、後部バンパーやトランク内に何らのしみも認めなかったということである。

逮捕令状とシェパードの居宅の捜索を許可する捜索令状を入手するため、捜査官はこれらの捜索結果を詳細にしたためた上、押収対象物を具体的に列挙した宣誓供述書を作成し、検察官による確認も受けていた。

当日は日曜日であったため、裁判所も閉まっており、捜査官は適式の令状申請書類を発見することができなかった。そこで捜査官は、規制薬物用の書類に修正を加えて申請書類を作成した。

この宣誓供述書と令状申請書類を持参して裁判官の自宅を訪問し、令状発付を求めた。宣誓供述書を吟味した結果、裁判官は請求通り捜索を許可すると返答した。そしてこの申請書類が適式の捜索令状になるよう修正を加えたが、重要部分に訂正が加えられていないため、この令状は依然として規制薬物の捜索を許可する令状としての効力を有するものであった。それにもかかわらず、裁判官は、宣誓供述書と令状を手交し、本件の捜索を実行する上で形式的にも内容においても十分な令状であると返答した。捜査官はこの二通の書類を携えて、他の捜査官を引き連れて、シェパードの居宅を捜索した。捜索は、宣誓供述書に記載されていた物件に限られており、複数の負罪証拠が発見された。その結果、シェパードは第一級謀殺罪で起訴された。

公判前の証拠排除申立手続において、公判裁判官は、捜索対象物が具体的に明記されていないので、本件令状は合衆国憲法第四修正の要請に合致していないと判断した。しかしながら公判裁判官は、捜査官は善意で令状の有効性を信じて行動しているので、押収された証拠の証拠能力は認められると結論づけた。その結果、シェパードは有罪の評決が下された。

上訴審においてシェパードは証拠は排除されるべきであると主張した。上訴裁判所は、捜査官が善意で、本件捜索は適法で裁判官の発付した令状によって許可されたものであると合理的に信じて捜索を行ったことは認めたが、合衆国最高裁が善意の例外を未だ認めていない以上、本件証拠は排除されるべきであると判断した。

合衆国最高裁がサーシオレイライを認容し、レオン判決と合わせて判断した。

《判旨・法廷意見》

ホワイト裁判官執筆の法廷意見

捜索を行った捜査官が、後に要件を充足していないことが判明するが、公正中立なマジストレイトの発付した令状を信頼したことが合理的であると認められる場合、排除法則は適用されない。本件では、捜査官が、本件捜索が有効な令状により許可されたものであると信頼したことが合理的か否かが争点となっている。捜査官の誤った判断が客観的かつ合理的な根拠に支えられているかが問題となるが、公判裁判所も上訴裁判所も、この点については肯定している。合衆国最高裁も同様に考える。

本件で捜査官は、通常期待される手続を全て踏んでいる。捜査官の用意した宣誓供述書は、検察官の審査と承認を経たものである。そして、この宣誓供述書は、中立な裁判官に提出されている。同裁判官は、この宣誓供述書がシェパードの居宅に対する捜索の相当理由を疎明していることを認め、請求どおり捜索を許可すると捜査官に申し向けたのである。それから、捜査官は裁判官に令状の書式を提出し、修正の必要がある旨伝えた。捜査官は、裁判官が修正を施しているのを見ていたのである。このような状況下において、通常の警察官であれば、本件令状は宣誓供述書に列挙した物件に対する捜索を許可するものと判断するであろう。

要するに、本件における警察官の行為は、客観的に見て合理的であるし、概ね、過誤のないものであることは明らかである。令状の発付に関して憲法レベルの過誤がたとえあったとしても、致命的な誤りを犯したのは裁判官であって警察官ではない。排除法則は、警察官による違法捜査の抑止のために採用されたルールであって、マジストレイトや裁判官の過誤を処罰するためのものではない。必要な訂正を行うと請け合ったにもかかわらず、裁判官が必要な表記上の訂正を行わなかったことを理由に証拠を排除することは、排除法則の機能として企図されている抑止機能を果たすものではない。連邦法は本件で争点となっている証拠の排除を要求しない。原判断を破棄し、差戻す。

《解　説》

一　レオン、シェパードの意義

レオンとシェパードで、合衆国最高裁は、第四修正の排除法則として「善意の例外」を肯定した。排除法則そのものの形成や他の例外法理についての解説は本書中の各々の解説に譲り、本解説は、善意の例外の意義に焦点を当てる。(1)

善意の例外とは排除法則の例外法理の一つであり、相当理由に支えられていない等、後に要件を充足していないと判明する令状に基づいて収集された証拠であっても、捜査官の、令状の適法性に対する信頼が合理的である場合には、その証拠能力が肯定されるという法理である。(2) この法理は、下位の裁判所の判断の積み重ねの上に形成されたものであるが、(3) 合衆国最高裁としては、レオンがその採用を確認した。もっとも、合衆国最高裁を構成していた複数の裁判官が、補足意見や反対意見の中で、善意の例外の採用を主張していた。このことからも、合衆国最高裁として善意の例外を採用する土壌は整理されていたのである。(4)

善意の例外を基礎づけているのは、コスト＝ベネフィットの思考枠組である。そもそもこのコスト＝ベネフィットは、排除法則を基礎づける考え方として主張されていた。例えば一九七四年のキャランドラは、「排除法則は警察の違法活動を抑止するために裁判所が創りあげた手段であり、排除法則の適用により発生するコストを上回るほどの抑止効果が期待できる場合にのみ適用される」と判示していた。(5)

排除法則の存在自体は肯定したとしても、その適用には種々の弊害が伴う。その最も大きな問題は、「警察官がへまをしたから犯人が刑事責任を免れる」という帰結にどう応えるか、である。(6) 排除法則は真の有罪者のみに有利な法則だとの批判を受けて、合衆国最高裁は排除法則の適用に修正を加えてきたのであった。善意の例外法理には、その

到達点としての意義がある。(7)

二　レオン、シェパードの問題点

レオン判決はその前提として、排除法則を、裁判所が創りあげた単なる救済手段と位置づけていた。果して、この前提が妥当なのであろうか。

確かに、第四修正の文言中に排除法則に関する明文規定はない。しかしながら、合衆国憲法中の重要な要請の多くは、一般的な文言の中に込められているのである。具体的な事件の文脈の中で、これに意味を与えていく作業こそ、裁判所が果たすべき役割である。(8)

反対意見にもあるように、第四修正は憲法に違反するプライヴァシー侵害を非難するにとどまらず、このようにして収集された証拠の使用をも禁止しているのである。(9)すなわち、排除法則は第四修正それ自体の要請なのである。(10)このように、レオンは問いの立て方、議論の進め方、そして議論の前提そのものに非難が向けられているのである。他方、排除法則を抑止効を企図して裁判所が創り上げた救済手段と捉える立場からも、レオンには疑問が呈されている。(11)

（1）　両判決については、既に井上正仁教授の詳細な研究がある。井上正仁「排除法則と『善意の例外』」、『団藤重光博士古稀祝賀論文集第4巻』（一九八五年、有斐閣）、三五九頁以下。その他に鈴木義男「証拠排除法則の新局面—善意の例外（刑事法ノート79）」、判例タイムズ No. 546（一九八五年）二七頁以下。上原正夫「違法収集証拠排除原則の緩和をめぐって」、判例タイムズ No. 531（一九八四年）を参照した。また、レオンと「善意の例外」の射程に関して、Albert W. Alshuler, "'Close Enough for Government Work': The Exclusionary Rule After Leon", 1984 Sup. Ct. Rev. 309；Robert M. Bloom, "United States v. Leon and Its Ramifications", 56 U. Colo. L. Rev. 247 (1985)；Craig M. Bladley, "The "Good Faith" Exception

Cases: Reasonable Exercises in Futility", 60 Ind. L. J. 287 (1985); Donald Dripps, "Living With Leon", 95 Yale L. J. 906 (1986); Donald Dripps, "More on Search Warrants, Good Faith and Probable Cause", 95 Yale L. J. 1424 (1986); Steven Duke, "Making Leon Worse", 95 Yale L. J. 1405 (1986); Joel Jay Finer, "Gates, Leon, and the Compromise of Adjudicative Fairness (Part I): A Dialogue on Prejudicial Concurrences", 33 Clev. St. L. Rev. 707 (1985); Joel Jay Finer, "Gates, Leon, and the Compromise of Adjudicative Fairness (Part II): Of Aggressive Majoritarianism, Willful Deafness, and New Exception to the Exclusionary Rule", 34 Clev. St. L. Rev. 199 (1986); Robert A. Harrie, "The Exclusionary Rule and the Good Faith Doctrine in the United States and Canada: A Comparison", 14 Loy. L. A. Int'l & Comp. L. Rev. 779 (1992); Wayne R. LaFave, "The Seductive Call of Expediency: United States v. Leon, Its Rationale and Remifications", 1984 U. Ill. L. Rev. 895 (1984); Robert L. Misner, "Limiting Leon: A Mistake of Law Analogy", 77 J. Crim. L. & Criminology 507 (1986); John K. Van De Kamp, "The Good Faith Exception to the Exclusionary Rule– A Warning Letter to Prosecutors", 26 So. Tex. L. J. 167 (1985); kevin R. Vienna & J. Richard Chema, "United States v. Leon: Good Faith and the Military Commander", 25 A. F. L. Rev. 95 (1985); Patricia M. Wald, "The Unreasonable Reasonableness Test for Fourth Amendment Searches", 4 Crim. Just. Ethics 2 (Winter/Spring, 1985); Silas J. Wassertrom & William J. Mertens, "The Exclusionary Rule on the Scaffold: But Was It a Fair Trial?", 22 Am. Crim. L. Rev. 85 (1984); Wayne R. LaFave, 1 Search and Seizure, at § 1. 3 (Fourth edition).

（2） Black's Law Dictionary.

（3） 井上、前掲註（2）。

（4） この点を指摘するものとして、井上、前掲註（2）、鈴木、前掲註（2）、Wasserstrom & Mertens, supra note 2 at 95.

（5） United States v. Calandra, 414 U. S. 338, 348 (1974). 本件の研究として、井上正仁、アメリカ法一九七六年Ⅰ、一一五頁。

（6） デフォー事件でのカードーゾ裁判官の意見。See, People v. Defore, 242 N. Y. 13, 150 N. E. 585 (1926).

（7） 功利主義と排除法則との関係等、排除法則に関する原理的な分析として、渥美東洋、『全訂　刑事訴訟法』一六五頁以下、コスト＝ベネフィットについては特に一七九頁を参照。

（8） 1 LaFave at § 1. 3.

（9） 1 LaFave at § 1. 3.

(10)　わが国において排除法則の基礎を規範説に求める論考として、渥美、前掲註(8)。

(11)　井上、前掲註(2)、三八五頁以下参照。特に三八六頁以下で、「一応抑止説的な排除法則の理解を前提とするにしても、そのことから『善意の例外』という帰結を導き出すことが本当にできるかであろう。」と指摘され、また三九五頁以下で、「『善意の例外』は、以上のように理論上その正当性に疑問があるばかりか、実際上、却って不都合な結果をもたらすことが懸念される。」と指摘される。

（安井　哲章）

二　排除申立て適格

63　Rakas v. Illinois, 439 U. S. 128 (1978)

第三者が所有する自動車の単なる同乗者は、当該車輌の捜索の合法性を争う適格を有しないとされた事例。

《事実の概要》

通常の警邏活動中の警察官が、車で逃走中の武装強盗犯人に関する無線連絡を受けた直後、逃走車と思われる車を発見し、応援の警察官数人と共にそれを停車させた。警察官は乗員全員（女性二名と本件申請人たる男性二名）を降車させ、車内を捜索した。その結果、施錠されたグラブボックスの中からライフルの弾丸一箱、前部座席の下から銃身を短く切り落したライフル一丁が、発見された。警察官は申請人を署に連行し、逮捕した。

申請人は、本件捜索が第四及び第一四修正に違反するとの理由で、ライフルと弾丸の証拠排除を公判に先だち申立てた。しかしながら、申請人は、その車輌、ライフル及び弾丸の所有権を主張せず、自分達は単なる同乗者であって、捜索の時点で車を運転していたのは、所有者の女性だったと述べた。そこで、検察側は所有権の欠如を理由に、申請人には排除申立て適格がないと主張した。公判裁判所はこの主張を認め、証拠排除申立てを却下した。申請人二人は、有罪の判決を受けた。

The Appellate Court of Illinois は、所有権ないし同種の利益を持たない、単なる同乗者には、当該車輌の捜索の合法性を争う適格がないとして、公判裁判所の判断を確認した。The Illinois Supreme Court も上告を棄却した。

《判旨・法廷意見》

原審判断確認

一　レーンクェスト裁判官執筆の法廷意見

捜索の向けられた被告人は、その違法を主張して、当該捜索の結果入手した証拠の許容性に異議を申立てる適格をもつというターゲット・セオリー（target theory・標的説）、さらには、ジョーンズ（Jones v. United States, 362 U. S. 257 (1960)）の「適法に捜索場所に所在する」という基準を根拠とする被告人の排除申立は、認められない。

(1)　ターゲット・セオリーは採用しない。第四修正の権利は一身専属権であり、代位主張の許されない権利である。また、排除法理は、第四修正の保障を実効化する手段である。それ故、自己の第四修正上の権利を侵害された被告人のみが、排除法理による保護の利益を享受できると考えることが、法の趣旨に適っている。しかるに、第三者の家屋や財産の捜索によって確保された証拠を法廷に提出されることで不利益を被ったにすぎない者は、自己の第四修正上の権利を侵害された者ではない。これらの者に適格を認めるならば、排除法理を、その救済目的が最も有効に機能する領域に限定して適用することができなくなる。つまり、侵害の救済という点から言えば、自らの権利を侵害された者が、証拠排除を求めることは、もっともであるし、たとえ、排除法理を通してその刑事手続の中で救済されなくとも、他の手段で救済される事が考えられる。また、利益較量という点から言えば、第四修正の権利の保護と社会の犠牲とのバランスが保てなくなる。排除法理を捜索・押収の直接の被害者以外に拡張適用することに何らかの益があるとしても、それだけを根拠に、真実解明に役立つ全ての証拠を基に有罪・無罪を決するといった公共の利益が、これ以上損なわれることを妥当視することはできない。

(2) 第四修正上の権利は、一身専属権であり、捜索・押収によって侵害を受けた者が、自ら要求した場合に初めて、証拠排除により実効化されるという原理を認めれば、適格概念は不要となる。適格概念に代って Substantive Fourth Amendment Doctrine を主張することで、以前と判断が異なったり、証拠排除の場面が増加することもないし、調べるべき事項も同じである。また、証拠排除を申立てた者にその捜索・押収の合法性を争う権利があるか否かの決定が、容易になる訳でもない。ただ、適格よりも第四修正を機軸に被告人の権利の範囲に直接焦点を合わせる方が、理論的基盤が一層正しくなると考えるのである。なんとなれば、捜索・押収が、証拠排除を求める被告人自身の第四修正上の権利を侵害したか否かが問題であり、翻って、第四修正が保護しようとする被告人の利益をその捜索・押収が侵害したか否かを調べることが求められているからである。

(3) ジョーンズ事件の結論を疑うものではないが、「その場に適法に所在する」という文言は、第四修正の権利を評価する基準としては広すぎる。キャッツ法理（See, Katz v. United States, 389 U. S. 347 (1967)）にしたがって、第四修正の保護法益の範囲を画すべきである。つまり、第四修正の保護を求める資格は、侵入された場所に対する財産権に依拠するものではなく、第四修正の保護を求める者が、その場所に適法なプライヴァシーの期待を有しているか否かによると考えるべきである。ジョーンズ事件は、この適法なプライヴァシーの期待を有していた事例である。加えて、下級審判断が混乱していることを考えると、「その場に適法に所在する」という文言が、適用の容易な基準であるとも思われない。多数の者が共同利用している場合の説明も、反対意見が言うほど一義的ではなく、解釈の分かれる点も多々あるだろう。要するに、原則の基礎たる前提事実が概ね妥当し、事件毎の分析を止めることで、損失はほとんどなく、得るところが多いと言えるほど、「その場に適法に所在する」という基準はプライヴァシーの保護と密接な関係にあるわけではない。この基準が支配的要素だと看做すことはできない。

(4)　キャッツ事件の基準に照らして判断するならば、車と押収物に財産権を主張していない単なる同乗者は、車のトランク同様、グラブボックス、座席の下などという場所には、適法なプライヴァシーの期待を持たないのが通常である。ジョーンズ、キャッツ両事件と本件とは、事実関係が大分異なっている。ジョーンズは、友人からアパートを使う許可を得ていただけでなく、アパートの鍵まで預かっており、自分の持ち物をアパートに持ち込んでいた。友人本人は別として、ジョーンズはそのアパートを完全に支配・管理しており、他人をアパートから排除することができた。同様に、キャッツも公衆電話ボックスを占拠し、ドアを閉めて他人を誰一人中に入れず、通話料金を払っていた。こうすることで、自分の話す内容が、他に広く伝わらないよう確保したと言える。ジョーンズとキャッツは、捜索・押収の行われた領域に適法なプライヴァシーの期待をもっていた。これに反し、本件申請人は、捜索され、帰責証拠が押収された場所に適法なプライヴァシーの期待をもっていたことを立証していない。

よって原判断確認。

二　パウエル裁判官の補足意見

ジョーンズ事件以降の判決は、適法なプライヴァシーだけを保護することを強調している。しかしながら、政府が侵入することはないと個人がたんに希望し、予測しただけでは、不十分である。プライヴァシーの期待が第四修正の保護に値するためには、社会がこぞって合理的であると認めるものでなければならない。そしてプライヴァシーの期待が合理的か否かを判断するために、唯一、不変の決定要件があるわけではない。第四修正の目的に忠実であろうとすれば、全体事情に照らして判断することになる。判例は、①第四修正の保護を訴える者が、プライヴァシーを維持するため通常の注意を払ったか否か、②その場をどのように利用していたか、時には、③第四修正の沿革をも吟味した。また、多数意見の主張するように、財産権は、一定の領域で思うがままに振舞う権限があることを社会が明示・承認したことの反射であるから、④財産権をも考慮すべきことになる。

ところが、本件は右の要件のどれ一つをも充足していない。車を支配せず、鍵も持っていない同乗者が、適法に停止、下車を命じられた後も、当該車輛を捜索されることはないと期待するのが合理的であると主張するのは、現実的ではない。(1)

三　ホワイト裁判官の反対意見

多数意見は、第四修正の意図はプライヴァシーの保護であって、財産権の保護ではないと認めながら、事実上、本件での排除法理の適用を財産法概念と結びつけ、同乗者を狙った捜索を解禁状態に置いてしまった。

(1) ①自動車の内部にも一定のプライヴァシーが存在し、②プライヴェットな場所に適法に所在する者は、所有者でなくとも、政府による不合理なプライヴァシーへの干渉から保護されると考えるならば、多数意見とは異なった結論を採らざるをえない。然るに、多数意見は、ジョーンズ事件の原理を骨抜きにすることを選んだ。

(2) キャロル事件以降の車の捜索に関する判例も、車の単なる同乗者が、自分の居る所でなされた不合理な捜索からの保護を求める権利をもつとの前提に立っている。

(3) 第四修正の排除法理は、捜索により直接自己の権利を侵害された者だけが主張できるという原則に立つならば、車がある程度プライヴァシーを保護している以上、問題は、国に対して誰がこのプライヴァシーを享受するかである。つまり、申請人が、政府はその場に侵入しないと合理的に期待できる利益を、捜索された建造物にもっていたか否かが鍵となる。ジョーンズ事件は、所有の利益がない場合でも、捜索場所に適法に所在することで、第四修正の保護する利益が備わると判断した。キャッツ事件は、会社の事務所や友人のアパートに居る者、あるいは、タクシーの乗客だけでなく、公衆電話ボックスに居る者も、第四修正の保護を当てにしてよいと説いた。さらに、フレイジャー（Frazier v. Cupp, 394 U. S. 731 (1969)）は、捜索の同意権限を認めることで、建造物の共同利用者ないし共同占有者も保護されるべきプライヴァシーの利益を持つと説いた。なるほど、多くの者が一定領域を共同利用しているため、一人だけが閑居の自由を期待することが合理的でない場面はある。だが、private な建造物に適法に所在する者は、許可を得てその場に同席する者を知悉し、自己のプライヴァシーは、絶対的存在でなくとも、その場に同席する者達との間だけで共有しているにすぎないと考える。それ故、プライヴェットな建造物に適法に所在する者も、政府は同意又は第四修正の要件に従わない限り侵入してこないと期待する権利をもつ。ところが、多数意見は、本件をジョーンズ事件と区別し、申請人は所有者の許可を得て車に同乗していたが、それだけでは適法なプライヴァシーの期待を立証していないという。財産上の利益以外に多数意見を満足させるものは、考えられない。

(4)　多数意見の説くプライヴァシーの期待は、一般常識にそぐわない。車に同乗する非所有者が所有者の妻や子供の場合、あるいは、所有者の許可を得て運転している場合には、どう考えるのだろうか。親しい友人と遠い身内、あるいは、車を運転している場合と同乗しているにすぎない場合とでは、プライヴァシーの期待が異なるのだろうか。基本的に財産権に基礎を置く多数意見は、これについて満足のいく答えを提供してくれない。また、多数意見は、私人間の関係を基に事例を区別しようとするが、第四修正は、私人と政府との関係にこそ関心を寄せているのである。さらに、ジョーンズ法理は適用の容易な原則であるのに反し、多数意見の採った原則は、法執行官に保護される場合と保護されない場合とを分かつ鮮明な境界線を示してはいない。より重要なことは、排除法理の利用が最も正当化される領域（第四修正の悪意の侵害の抑制）において、同法理の力を殺いでしまったことである。

《解　説》

一　本判決が捨て去った「適格」概念は、物的財産へのトレスパスに関するコモン・ロー上の原則に由来し、元来、極く限られた範囲の者にのみ適用されていた。そこでは、財産上の利益に関する技巧的解釈が問題となり、混沌とした法運用がされていた。また、法律上も、any person "aggrieved by an unlawful search and seizure" という文言等を通して、適格性が考慮されていた(2)。

従来の、押収物・捜索場所への占有権限に基礎を置く、「被害者」のみの排除申立適格を漸次緩和していこうとしたのが、ジョーンズ（Jones v. United States, 362 U. S. 257 (1960)）であり、マンキシ（Mancusi v. De Forte, 392 U. S. 364 (1968)）であった。ジョーンズ事件は、憲法上保障に係る要件を財産法上の概念に依拠させる立場を変更した判決であり、マンキシは、組合役員たる共同占有者には「個人的」侵害がないとの主張を斥け、第四修正の保護を財産権ではなく、プライヴァシーの期待の側面から捉え直す立場を表明した判決であった。しかしながら、この両判決に続くオルダーマン（Alderman v. United States, 394 U. S. 165 (1969)）にあって、合衆国最高裁判所は、違法収集証拠の排除申立てには適格は要件ではないとするものではないことを確認した。第四修正に基づく排除申立ての適格は、全て一身専属的な特権であるとの立場を強調し、会話が違法に採られた家屋の所有者にしか、彼の「所有権への侵害」の結果として、自ら参加していない会話の排除を認めなかった。つまり、会話がされた家屋に適法に所在する者であっても、会話の参加者であるか、又は、家屋の所有者でない限り、適格はなく、第四修正の保護を主張することはできないと判断したことになる。この判断は、ジョーンズ事件ならびにトレスパスの有無を基準とするオムステッド＝ゴールドマン法理（See, Olmestead v. United States, 277 U. S. 438 (1928)；Goldman v. United States, 316 U. S. 129 (1942)）から、シルバーマン（Silverman v. United States, 365 U. S. 505 (1961)）をへて、合理的プライヴァシーの期待を基準とするキャッツ法理への判例変更を映じているマンキシを踏まえて見るに何か奇異な感を与える論理構成であった。[3] これは、まさに「適格」概念のなせる業ではないだろうか。

二　オルダーマンは、自己の基本権を侵害された者と第三者の基本権を侵害して入手した証拠を法廷に提出されることで不利益を被った者とを区別した。ところで、本件で警察官は、無線連絡を受けた強盗事件の解決を意図して車を捜索した。犯人を逮捕し、証拠を押収することで、その目的は完全に達成された。この場合に、適格の欠如を理由に警察の活動の合法性を争うことが許されないとすると、第四修正に直接違反する、また違反を承知のうえでなした活動で入手した証拠を、自己の権利を侵害された者以外の者の刑事責任の追求のために利用することが、認められてしまう。第三者の基本権の侵害を甘受する違法排除法理は、政府の違法活動を抑止する力を持つのだろうか。

しかも、思うに、警察の違法活動は、たまたま一人の警察官が自己の職務に忠実になり過ぎた結果、思わず加減を忘れ、他の諸価値を損ったにすぎないと言えるような活動ではない。現代社会にあっては、警察は整序された組織を持ち、組織独自の価値体系に従って組織人を教育し、組織として用意周到な決断を下すのである。これは、匿名性を特徴とする現代の都市化社会にあって、犯罪の摘発が困難となり、それに応じて捜査自体も緻密で組織化されたものとならざるをえないからである。そして、組織内で、独自の価値体系に基づいて綿密な計画をたて、それに従って捜査が行われると、社会の目の届かない所で、基本権侵害の問題となる場面が急増する。これは、司法手続に限られた状況ではない。警察活動を司法警察活動に限定できないように、現代の政府の活動は、社会の構成員たる個人の生活領域に深く入り込んでいる。今や、個人の自由の問題と広範な分野で密接な関連を持つに至ってしまった。こうして、必然的に密行性の高い捜査が社会的に重要になるにつれ、刑事手続における関心の中心は、公判から捜査段階へと移行した。

であるなら、ウィークス（Weeks v. United States, 232 U. S. 383 (1914)）に始まる違法排除法理は、公判を中心に置く弾劾主義・論争主義によっては調整できない新たな事態に対処すべく、司法の誠実さを通して、密行性の高い捜査段階での政府の活動の合憲性の審査に目を向けた法理であると考えられる。有罪・無罪の認定を通して、犯罪者から社会を保護する刑事訴訟制度が、一方で、個人の自由の領域を侵すという事実を認め、この両者のバランスを適切に維持していこうという問題意識がある。

違法排除法理が社会の構成員たる個人と政府との関係に焦点を合わせている以上、被害者救済的色彩の適格要件が機能する余地はない。適格要件の拡大というアプローウチではなく、不合理な処置を余儀なくさせている適格要件そのものを捨て去ることが肝要である。無用な原則論で、政府の違法活動を吟味する機会を奪ってはならない。あくまで、第四修正に照らして政府の活動を批判する機会を確保しなければならないのである。第四修正がプライヴァシーの保護を通して構築しようとする人間関係を保持し、個人の自由な自己発現のための聖域を確保し、ひいては、社会の多元性を保障できるか否かの吟味が肝要となる。そして、個々の事例での判断の集積をまって、種々の類型化、バランスのとれた基準の設定が実現されることになる。こう考えて初めて、法の健全で合理的な発展を促すことになる。

本件は、適格要件を捨て、プライヴァシーの合理的期待を基準とすることを明確にした。この意味は、大きいと考える。(4)

三　プライヴァシーは、適切に理解されたのだろうか。(5)

多数意見は、プライヴァシーの一身専属性を強調し、自動車を占有もせず、自己の所持品を押収されたものでもない、たんなる同乗者は、通常は、座席の下、グラブボックス等にプライヴァシーの合理的期待をもたないと主張する。つまり、違法収集証拠の排除を申立てるためには、その場所をほぼ完全に支配・管理し、自ら他人を排除できるとでも言うべき（第四修正の保護に値する）何らかの適切な利益をもっていなければならないと考えている。その場所を支配・管理し、他人を排除できる利益、翻って、その場所のプライヴァシーを処分する権限と第四修正によるプライヴァシーの保護を同じく取り扱うべきだと考えているように読みとれるのである。しかしながら、その場に適法に所在するにすぎない者は、その場所を支配・管理しておらず、それ故、その場所のプライヴァシーを処分する権限もなく、その利益は取るに足りないものであり、政府の活動の合法性を争うことは許されないというのであれば、多数意見は、「場所のプライヴァシー」のみを把握することになってしまう。

第四修正は、不合理な捜索から一定の場所を保護し、保護される領域は、従来「憲法上保護された領域」とわれてきた。だが、同修正は同時に不合理な押収から、一定の物のもつプライヴァシーをも保護しようとしている。本件において、同乗者は自動車の所有者に対しては自己の所有する物のプライヴァシーを期待し得ないとしても、第三者に対しては物に対して第三者が侵害しないであろうという正当な期待をもっているといえよう。

この物に対する期待を根拠に、申請人らが排除を申立てた場合には、多数意見はどう処理するのであろうか。しかも従来のジョーンズ法理は、いわゆる「所持犯罪」にあって所持を認めると犯罪を承認することになる場合には、自動適格を認めたが、本件では、押収物につき所持や所有権を主張しないから適格を欠くと考えると、有罪の自認を強要することになってしまう。たんなる同乗者は、所有者や運転者に対しては独立のプライヴァシーを主張できないことは当然としても、所持者や運転者以外の第三者に対し、所持者が招き入れないかぎり、車内に第三者から害されないプライヴァシーの期待を正当にもっているとみることはできないだろうか。

ちなみに、抑止論で排除法則を構成すれば、適格は不要となるのは当然である。

適格概念を捨てながら、従来の財産権の保障と結びつく適格概念を用いて、排除法則の射程を制限したのと同一の結論に至るために、多数意見は、同乗者は車の所有者のようには車内にプライヴァシーをもたないといったのではなかろうか。このように多数意見はあまり説得力のあるものではない。今後の展開をまつこと以外にあるまい。

（1）申請人は車の停止について争っていないため、行動のプライヴァシーは問題とならないと補足意見は考える。
（2）この規定は連邦刑事訴訟規則41(e)であるが、この文言は、Colorado, Connecticut, Maine, Minnesota, Missouri, Nebraska, New York, Pennsylvania, West Virginia 各州の規定の中にも見られる。
（3）適格については、渥美東洋「合衆国における違法排除法理の展開とその不合理性」同・捜査の原理所収参照。
（4）このように本判決を理解するなら、ジョーンズ事件の legitimately on premises という基準を捨て去り、実体的基準をとることで、判断基準が曖昧になったことを強調すべきではない。
（5）プライヴァシーについては、渥美東洋「プライヴァシーと刑事訴訟」同・捜査の原理所収参照。

（中村　明寛）

64　Rawlings v. Kentucky, 448 U. S. 98 (1980)

捜索場所に権利を持っていなければ、押収物の所有権だけでは、自己への排除法則の適用を主張できないとされた事例。

《事実の概要》

警察は逮捕令状を入手して被疑者の住居に赴いた。住居内で被疑者の捜索を行ったところ、被疑者は不在で、同居人と四名の訪問客が居ただけであった。この捜索の間に警察はマリワナの嗅いをかぎ、寝室の煖炉にマリワナの種を発見した。そこで警察官のなかの二名が住居の捜索令状を入手するためその場を立ち去り、他の警察官は居あわせた者を拘束し、身体の捜索を同意して行わせれば立ち去ってもよいと告げた。訪問客のうち二名はこれに従った。四五分後捜索令状を入手して警察官が戻ってきた。居残った者に対して令状を読み上げた後、ミランダ警告を与えた。訪問客の一人コックスが警察官の指示でハンドバッグの中味を開披したところ、法禁物である薬がでてきた。コックスは申請人に向って「自分の物を取りなさい」と告げ、申請人はこの薬は自分の物だと主張した。そこで警察官は申請人の身体を捜索したところ現金とナイフが見つかり、そこで申請人を正式に逮捕した。申請人は法禁物である薬を譲渡する意図で所持していたとの理由で、大陪審により起訴された。第一審で、薬、金員及び薬物発見後に申請人から入手した供述は違法な身柄拘束及び捜索の果実であるから排除するように求めた被告人の申立てを却下し、申請人を有罪とした。ケンタッキー州控訴裁判所は一審の有罪認定を確認した。同州最高裁判所は、申請人はコックスのハンドバッグについて自己自身の適法かつ合理的なプライヴァシーの期待をもってはいなかったから、申請人にはそのハンドバッグの捜索の有効性を争う適格はなく、また申請人のポケットからの金員の発見を導いた身体の捜索行為は相当な理由に基づいた適法な逮捕に伴うものであるから、正当であると判示し、申請人の有罪を確認した。

《判旨・法廷意見》

原審判断確認

一　レーンクェスト裁判官の法廷意見

(1)　申請人が、コックスのハンドバッグの捜索の有効性を争うためには、当該捜索が違法であること及びそのハンドバッグに申請人自身が適法なプライヴァシーの期待があったことを立証する責任をはたさなければならない。ところが、申請人がコックスのハンドバッグに自分の薬を入れたのはコックスと知りあって二、三日しか経っていない時であり、またこの時までにそのハンドバッグを使ったこともなく、他人がそのハンドバッグを使うのを排除する権利を有していたわけでもない。さらに薬をバッグに入れたのは突嗟の仕草であり、申請人がそのハンドバッグについて自分のプライヴァシーを保つために払われる普通の注意を払っていたとも認めることができない。申請人がコックスのハンドバッグには政府からの侵害を受けることはないという主観的な期待ももっていなかったことも記録上明白である。

申請人はコックスのハンドバッグについて自分自身のプライヴァシーの期待を有してはいないのに、そのハンドバッグの中の薬に所有権があると主張するだけでは捜索の違法性を争う適格を与えられるものではない。申請人が薬に所有権をもっているとの主張は考慮さるべき事実であるが、財産法上展開されてきている区分けが第四修正の保護を主張する適格があるかどうかを決めるわけではないことはレイカス（Rakas v. Illinois, 439 U. S. 128 (1978)）がすでに判示したところである。

(2) 捜索令状を入手するまでの間の、警察官による申請人達の身柄拘束は違法である。しかし薬の所有権が自分にあることを認める供述を排除するためには、この供述がこの違法な身柄拘束の果実であるとされなければならない。ところで、ブラウン（Brown v. Illinois, 422 U. S. 590 (1975)）では違法な身柄拘束と供述との間に条件関係があればよいとする条件説（but for rule）を却け、事情の総合説を採用した。

ブラウン事件で考慮すべきとされる事情のうち第一のものはミランダ警告の有無であるが、ミランダ警告は本件では、供述の直前に与えられている。

第二に考慮すべき事情は逮捕と自白の時間的接近性である。本件では、申請人達は四五分間ほど身柄を拘束されていた。だがその拘束は友好的雰囲気の下で行われており、この雰囲気を考慮に入れると、身柄拘束が始まってから、申請人が自己に不利益となる事実を「承認」する供述をするまでに比較的に短い時間しか経っていない事情は、考慮に入れなくてもよいと思われる。

第三に考慮すべき事情は身柄拘束と供述との間に因果関係を中断させる事由があったかどうかである。本件で、申請人はコックスのハンドバッグの中で薬が発見されたことに自発的に反応して、「承認」に当たる供述をしているので、申請人は当初の違法行為の影響を受けないで自らの自由意思で行って承認したものと認定できる。

第四に考慮すべき事情は警察官の違法活動の目的及びその違法の程度である。本件では、警察官が申請人らの身柄を拘束したのは、家のなかにあると考えたマリワナが搬出されたり破壊されたりすることを防止するためであった。捜索令状を入手するために申請人の身柄を一時拘束することが合理的といえるかどうかは、まだ結論の確定していない開かれた問題であり、また、当該捜索令状による捜索の範囲はイバラ（Ybarra v. Illinois, 444 U. S. 85, 100 S. Ct. 338, 62 L. Ed. 2d 238（1979））に照らして不適法であったかもしれないが、本件では申請人の供述を排除すれば警察官の違法活動を抑止することができるので、警察官の違法活動の抑止を考慮しなければならないほど意識的なものともいえないし、またそれほどまで由々しいものでもない。

最後に、ブラウンは供述が任意であることを第一の要件とする。本件では申請人は薬の所有権を承認したが、この承認が任意でないとは申請人は主張していない。

こうした本件での事情を総合すると、申請人の供述は違法な身柄拘束行為に影響を受けない自由意思の所産であるといえる。

(3) 本件での申請人の身体の捜索は申請人の逮捕に伴うものである。申請人がコックスのハンドバッグの中にあった薬の所有者であることを承認した以上、警察は申請人を逮捕する担当な理由を有していた。正式逮捕が身体の逮捕直後に行われた場合には、捜索が逮捕に先行しようとも逮捕が捜索に先行した場合と同列に論じてよい。

二 ブラックマン裁判官の補足意見

レイカスでは、① 捜索・押収が第四修正の保護する被告人の利益を侵害したか否か、② 捜索・押収が第四修正の権利を侵害したか否か、の二つの争点があることを認めていた。①は、被告人が適法なプライヴァシーを有しており、それが政府の捜索・押収により侵害されたか否かを判断することで、②は相当な理由及び令状要件が遵守されているか否かを判断することで答えることができる。本判決は、下級審判所がこれら二つの点を第四修正の権利主張のための別個の要素として扱うことを不適切だとするものではない。

また本判決は、財産権が第四修正の権利の存在を立証する上での重要な要素ではない旨の判示をしたものでもない。

三 ホワイト裁判官の補足意見

申請人の供述が違法な身柄拘束の果実か否かについてはケンタッキー州最高裁判所は言及していない。同裁判所は本件での申請人の身体の捜索が逮捕に伴うものだと結論するにあたって、令状入手迄の間の身柄拘束は問題の解明にとって無関係なものとして無視している。果実か否かの点が下級審で言及されていない以上、下級審判決を破棄し差戻すべきである。

四 マーシャル裁判官の反対意見

(1) 法廷意見は第四修正が不合理な捜索・押収から個人を保護するのは、その個人が捜索場所に適法なプライヴァシーの利益をもっている場合にかぎり、本件での警察官の違憲な行為も申請人の第四修正の権利を侵害するものではないという。しかし、押収物に利益をもつ場合にも第四修正の保護は受け得るというのが、今日までの基本原理であった。

法廷意見は第四修正の先例として、レイカス事件を吟味するに止まっている。レイカス事件は、捜索場所に適法に居たと立証するだけで被告人は第四修正の保護を受けることができるか否かが問題とされたのであり、個人が捜索場所にプライヴァシーの利益を有している場合にのみ不合理な捜索・押収を受けることのないよう当該個人を保護するものだと判示したものではない。

法廷意見を支持する先例は一つもない。それどころか反対の見解を採る良き伝統を無視するものである。

ジェファーズ（United States v. Jeffers, 342 U. S. 48 (1951)）では、部屋の捜索はジェファーズのプライヴァシーを侵害していないのでジェファーズには排除申立て適格が欠けるとの検察側の主張を却けて、捜索と押収は不可分のものであり、押収に対する排除申立適格は捜索に対する排除申立て適格を切り離すことはできないとし、押収された麻薬の禁制品としての性質から、押収物への財産上の利益をジェファーズが主張することを妨げることのない限り、同人には排除申立て適格があるとした。

ジョーンズ（Jones v. United States, 362 U. S. 257 (1960)）では、伝統的な適格要件によれば、被告人は原則として押収財産を所有若しくは占有していること又は捜索場所に対する相当程度の占有上の利益を有してることを主張せねばならず、所持犯罪にあっては占有が有罪に導くと同時に適格を付与するとのジレンマを惹起するので所持犯罪で起訴された被告人は捜索場所又は押収財産に対する利益の存在を予め立証する必要はないとしてこの原則を緩和し、被告人を有罪に導く占有が被告人にあれば被告人に適格が与えられることになるとしたのである。

シモンズ（Simmons v. United States, 390 U. S. 377 (1968)）では、ジョーンズ以前には排除申立てを行おうとする被告人は自分が押収財産の所有若しくは占有者であること、又は捜索場所に占有上の利益を有していることを立証しなければならなかったとし、ジョーンズは所持犯罪で訴追された被告人についてのみこの原則を変更したのだとして武装強盗で訴追された被告人は従来の原則通り適格のあることを立証すべきだとした。

法廷意見はこのように先例に反するのみならず第四修正の文言にも反する。第四修正は、身体、住居、書類及び所有物が不合理な捜索・押収を受けることのない権利を保障しているのに、法廷意見はこの中から所有物をはずし、人と家だけを保護するかのように扱う。これは誤りである。押収された物品への利益があればそれだけで第四修正の権利が政府の活動により侵害されたと主張するのに充分である。

また第四修正の歴史に照らすと、同条はプライヴァシーの利益と同様財産上の利益をも保護するものとされていたことが判る。実際ジョーンズまでは個人の第四修正の権利が侵害されたか否かは当該個人が捜索場所又は押収物に財産上の利益を有していたか否かに拠っていた。ジョーンズ及びキャッツ（Katz v. United States, 389 U. S. 347 (1967)）は、第四修正の保護が財産権からは与えられなくともプライヴァシーの利益を認めることで同条の保護が与えられているものとして、第四修正の保護の範囲を拡げたのである。プライヴァシーの利益を認めたからといって従来第四修正で保護されていた利益を排斥するものではない。

(2) 申請人が薬が自分の所有に属することを認めた承認が違法な身柄拘束の果実か否かの点については州裁判所は論じておらず、記録もない。こうした状況下では、この論点は州に委ねるのが適切である。にもかかわらず法廷意見は、申請人の供述は自由意思の所産であり当初の身柄拘束の違法に影響されないという。しかし申請人の承認はコックスが同人に自分の物を取るよう要求したことへの反応として行われたのであり、自発的なものではない。またコックスの要求もバッグの違法な捜索の直接の成果である。この違法な捜索は警察による違法な身柄拘束があればこそ可能だったのである。こうした状況下では、申請人の承認は違法な身柄拘束の果実たることは明らかであり、排除されるべきである。

《解　説》

一　⑴　合衆国最高裁判所は、今開廷期（1979–80 Term）にサルヴァッキ（United States v. Salvucci, 448 U. S. 83 (1980)）においてジョーンズの自動適格付与の法理（automatic standing rule）を変更・廃棄した。

⑵　ジョーンズ事件では、被告人は友人不在の折友人の部屋の鍵を預り使用の許可を得てシャツとスーツを持ち込んでその部屋にいた。連邦麻薬取締官はこの部屋に無令状で立入りジョーンズの隠匿していた麻薬及び麻薬利用器具を押収した。これら押収品の排除申立て適格の有無について合衆国最高裁判所は、被告人が適格を主張するために麻薬及び麻薬利用器具の所持を認めればそれは起訴事実を認めることになるというジレンマが生じ、地方政府側は被告人の適格を否定するために被告人が麻薬等の所持を主張していない事実を挙げながらも起訴状では被告人の麻薬所持を理由に訴追するという矛盾した主張することになるといって、このジレンマ、矛盾の解消のために、所持犯罪（the possessory offense）にあたっては捜索・押収を受けた者であることを主張すれば足りるとした。また「客や招待者のように一時的な所持によりある程度のコントロール権限を有するが、とるに足らない利益しか有せずに家を利用している者」（ジョーンズはこれにあたると認めていた）には適格はなく「アパートを支配していると事実上みられる者やそこに住所をもつ者」にのみ認められるとの政府側主張を排して、ジョーンズは適法にその場にいた（Legitimately on the premise）のであり、第四修正の保護を受ける占有権限をもっているといって排除申立て適格を認めたのである。

(3) ジョーンズの直面したジレンマを解決するためシモンズは一つの工夫をした。銀行強盗で訴追された被告人が、相被告人の母親の家の捜索により発見された証拠に排除申立て適格があることを証明しようとして、証拠とされたスーツケースが自分の物と似ており中にある衣類は自分の物だと証言した。排除申立ては却下され、彼の証言は公判で検察側の有罪立証に用いられた。合衆国最高裁判所は、自己の証言が後に公判で使用されるかもしれないという懸念を持てば、被告人は第四修正を根拠に排除申立て適格のあることを自分で証言して立証しようとしなくなると判示して、排除申立て手続での被告人の証言を検察側の有罪・立証に当って被告人に不利益な証拠として使用することを禁止したのである。

(4) ブラウン（Brown v. United States, 411 U. S. 223 (1973)）はシモンズにより「ジョーンズ判決の中心課題であった自己負罪のジレンマはもはや生じない。……被告人の自己負罪の危険又は検察側の自己矛盾の危険の存在しない場合に自動的に適格を付与する理由」はなくなったとする。またダイ（United States v. Dye, 508 F. 2d 1226 (6th Cir. 1974)）も「ジョーンズ事件で言及されたジレンマはシモンズにより除去された。たとえ所持が不可欠の要素であっても被告人は自動的に適格を有する物ではない」という。被告人達の一人の母親の借りているアパートの違法な捜索により発見された贓物たる小切手の排除申立て適格が争点となったサルヴァッキでもブラウン等によるシモンズの位置づけを基本的には踏襲したうえで、シモンズ事件は所持犯罪事件において自己負罪の危険を負うことのないようにしただけではなく、所持犯罪でない犯罪を理由に追訴された被告人にもuse immunityを認めたものだとした。こうしてジョーンズ事件が被告人のディレンマを避けるためにとった自動適格法理を認める途は一応塞がれた。

(5) またこれより先一九七八年のレイカスでは、ジョーンズに基礎を置く①「捜索の標的法理（target-of-the-search-rule）及び②「適法にその場にいる」ことを基準に占有権限の有無を考察しようとする考え方が却けられた。捜索の標的―法理は、「違法な捜索・押収により侵害を受けた者と認められるためにはその者が捜索・押収の被害者でなければならず、それは捜索・押収が向けられていた者である」とのジョーンズ事件でのフランクファーター裁判官の文言に由来するものである。この個所はオールダーマン（Alderman v. United States, 394 U. S. 165 (1969)）で肯定的に引用されたが、同事件で一部反対一部補足意見を執筆したフォータス裁判官により明確につぎのように表現した。「ジョーンズが求めるのは違法収集証拠の排除を申立てることができる者の中に捜索が向けられた者を含めるべきだということである。捜索又は、押収されたのがその者の財産ではない場合でも当該捜索・押収が向けられた者はプライヴァシー侵害の被害者であり、侵害を受けた者である」。この捜索の標的―法理は開かれた論点であったためこれに拠った例もあった。(1) しかしレイカスでは、① この法理は具体的適用が困難であるとのハーラン裁判官のオールダーマンでの指摘がある、② 排除法理適用の社会的コストが高くつく、③ 自己の第四修正の権利が侵害された者にのみ排除申立適格を与えるとの伝統があるとの理由で却けられた。捜索場所にいることが適法な場合には排除申立権を認めるという(2)の考え方は不法占拠者に適格を付与するのを否定し、占有権限概念についていコモン・ロー上の区別を基準にすることを拒み、ジョーンズに第四修正の保護を受ける占有権限があることを主張する基礎として用いられたものであった。これもレイカスでは、捜索時に捜索場所に隅々居あわせた訪問客や捜索開始一分前に捜索場所に入ってきた訪問客はその場所について適法なプライヴァシーの期待をもっていないのに、「捜索時に適法にその場にいた」ということを基準にすればこれらの者にも排除申立て適格を付与することになってしまい、そうなると、第四修正の権利の有無を判断するには余りに大雑把な基準（too broad gauge）になってしまうとして、却けられた。さらにこのような大雑把な基準であるとの批判は、押収物の占有が第四修正の利益の有無の基準となるとのジョーンズの前提にも向けられ、ジョーンズに適格が認められたのは同人が捜索場所へのプライヴァシーの期待を有していたからであるとされた。サルヴァッキはこれらのレイカスでの判断をも承け継いだのである。そして所持犯罪で訴追された被告人も、捜索場所についてのプライヴァシーの期待をもっていたことを立証しなければ排除申立適格は認められないと判示した。

二　本件はサルヴァッキと同じ日に下されたものである。本件でもローリングスがコックスのハンドバッグについてプライヴァシーの期待をもっていなかったことを理由にローリングスの排除申立て適格を否定した。法廷意見は財産権は考慮すべき事情の一つというが、財産権をプライヴァシーへのもっともな期待とどのように関係づけるかについての理論構成は何一つ示されてはいない。サルヴァッキ事件及び本件により、排除申立て適格の有無はプライヴァシーへのもっともな期待の有無を基準とすることとなった。

しかしプライヴァシーへの期待の有無を基準とするとはいえ、本判決はつぎの事実の下で下されていることに着目すべきである。当初、申請人は薬を自分のバッグの中に入れていたが、コックスのハンドバッグに投げ入れて、これを預かってくれるように依頼し、コックスが承諾した。申請人が入浴して出てきたところに警察官が入ってきた。[2] コックスによれば事実はつぎのようだという。[3] 申請人がコックスのハンドバッグに薬を投げ入れたので、こんな物を持っていたくはないから取り出すようにと告げたところ、「一寸待て」と言って部屋を出ていった時点で、警察官が入ってきた。いずれにせよ、申請人がコックスのハンドバッグに薬を移した後警察官が部屋に立入るまでの時間的間隔はわずかなものでしかない。立入り直前まで申請人は薬を自分のバッグの中に持っていたのだから、立入りがもう少し早く行われていたら、申請人は適格を認められたであろう。レイカス事件では捜索開始一分前に捜索場所を訪れた客に適格を与えるのは「大雑把な基準」を認めることになると判示された。では、薬を自分のバッグの中に持っていたので立入り直前までは適格を有していたと思われる者が偶々立入り時迄に他人のバッグの中にそれを入れていたために適格を与えられないとするのは、「大雑把な基準」にはならないのだろうか。

さらに法廷意見は、申請人がコックスのハンドバッグに薬を入れたのはコックスと知りあって二、三日目のことであり、この時までそのハンドバッグを使ったこともなく、他の者が利用するのを排除する権利もなく、そのハンドバッグに対するプライヴァシーを維持するための通常の注意を払っていた訳でもないので、申請人はそのハンドバッグについてプライヴァシーの期待をもってはいないと証言する。プライヴァシーの期待があったといえるための基準として掲げられているのは①バッグの利用の有無、②他人の利用の排除、③プライヴァシー維持のための注意の三つである。しかし、これらの要件を充たすことができるのは通常自己の所有物に対してであろう。法廷意見は、後にも触れるが、適格があるというためには所有権主張では足りず、プライヴァシーの期待がなければならないとする。このプライヴァシーの期待を有していたというためには自己の所有物に対すると同じ態度を示していることを求めるのである。適格付与の基準として財産権を捨てプライヴァシーの期待の有無を挙げながらも、この期待の有無を所有物に対すると同様の態度を示したか否かにより画そうとするのは、一種のトウトロジー的誤りではないのか疑問である。

この疑問はさておくとして、申請人がコックスのハンドバッグにプライヴァシーの期待をもっていないとの理由づけは、少なくとも申請人の主張に係る事実を前提とするかぎり妥当でない。申請人はコックスに薬を預かってくれるように尋ねたところ、同人は承諾したと主張している。コックスの承諾以後、申請人は、コックスのハンドバッグの利用が可能であったかもしれぬし、そのハンドバッグに何らかの注意を払いもしたろう。実際に利用した又は注意したとの事実がないのは、偶々預けた直後に立入りが行われたためである。申請人の主張する事実を前提とするなら、コックスの承諾以後申請人はコックスのハンドバッグにプライヴァシーの期待をもっていたと言うべきであろう。法廷意見は、預かるのを拒否したとのコックスの主張を前提として成立するものであろう。法廷意見の立場に立ってもなお、法廷意見は事実関係を確認するため破棄差戻しをすべきではなかったかと思われる。

かりにコックスの主張する事実を前提としてもなお問題が残る。本件で申請人は薬の所有権を主張している。法廷意見はレイカスを引いて所有権主張だけでは適格を付与することはできないという。しかしレイカス事件では、上訴人達は捜索対象たる逃走用の車輌、その中で発見されたライフル銃及び弾薬のいずれをも自分達の所有だと認めてはいなかったのである。そのため上訴人達は、捜索場所たる車輌の中に適法に居た又は捜索の標的であったことを理由に適格を主張し、法廷意見は、前述したように、いずれも採用し得ないとしたに止まる。レイカスでは、所有権主張では適格を付与しないというのは傍論でしかない。所有権主張をする者に適格を認めないとするこの合理性を検証するでもなく、レイカスの傍論を引くだけで所有権主張をした本件申請人に適格を否定するのは妥当でない。そもそも適格という概念は、第四修正は個人の権利を擁護することを目的とするとの考え方から生まれたものである。[4] そこで第四修正の保障する権利が財産権であると考えられた時には、財産権侵害を受けた者に適格が付与された。[5] 同様に、第四修正の保護するのは、プライヴァシーの利益のみであるとされるなら、プライヴァシー侵害を受けた者のみが適格を有するというのも一つの論理である。しかし、なるほどキャッツでは第四修正はプライヴァシーを保護するとされはしたが、財産権について第四修正の保護をはずしたものではないことはマーシャル裁判官の指摘するとおりである。第四修正が所有物に不合理な捜索・押収を受けることのない権利を保障していることと考えあわせると、本件で申請人が薬の所有権を主張している以上、適格を認める余地は充分にあったといえよう。申請人に適格を認めるべきである。

三　ブラウンは、シモンズによって被告人の自己負罪の危険及び検察側の自己矛盾の危険はなくなったのだから、ジヨーンズ事件の自動適格付与の法理を存続させる理由がなくなったという。しかし、被告人の証言が公判前の供述と矛盾した場合、この供述は被告人を弾劾するために利用することができる以上[6]、自己負罪又は自己矛盾の危険が全くないわけではない。レイカス事件において上訴人達が車輌内で発見されたライフル銃や弾薬の所有を認めれば適格が与えられたかもしれないのに、これをしなかったのはこの危険を顧慮したためではないだろうか。この危険を適切に除去する方途のないままジョーンズを変更したのは性急にすぎるといえる。

また、つとに指摘されていることであるが、適格要件は排除法理の適用範囲を制限するものである。排除法理を警察官の違法活動を抑止するためのものと理解する抑止効論の立場に立っても、違法に押収された証拠はすべて排除すべきであって、誰の権利が侵害されたのかを問う必要はないはずである[7]。そして合衆国最高裁判所は基本的にはこの抑止効論の立場に立つものと解される以上、その立場と適格要件との不整合性にいつまで眼をつむるのか、疑問というべきである。

また、警察の活動に基準を課し、この基準の遵守の有無を考察する過程で警察という組織体の行動をできるだけ目に見えるようにするものとして違法排除法理を位置づける規範論の立場からは、もちろん、適格概念は不要なものである。警察の違法活動の有無を考察することを主眼とするのであって、違法活動の被害者が誰であるかは問う必要がないからである。適格概念を放擲するのが望ましい[8]。

四　つぎに、ローリングスの供述が違法な身柄拘束の果実か否かの点を考えてみよう。本件においてローリングスの身柄拘束は相当な理由のないもので明らかに違法である。警察官の捜索令状入手後ローリングスの薬の所持を認める供述が違法な身柄拘束の果実か否かにつき、法廷意見はブラウン対イリノイの事情の総合説を採用し、同事件の掲げる五つの要件をすべて充たしていると認定する。事情の総合説の欠陥は、掲げる要件の一つ又は複数が欠けた場合に欠けたという事実をどう評価するのか評価基準が定かでないことにある。本件でブラウン対イリノイの掲げる要件のすべてを充たしているとしたことが、一つでも要件を欠いていればローリングスの供述を違法な身柄拘束の果実と認定すべきとの理解を前提としてのことなら、評価基準を明瞭にしたという意味で法廷意見を評価する余地もあると言える。とはいえ、個々の要件についての法廷意見の認定の仕方には牽強付会気味の点がある。たとえば、法廷意見は、四五分間の身柄拘束時間は最初の違法を消去するのに充分ではないが、当該身柄拘束時間には警察官と申請人等の間で和やかな会話が交わされるなど、友好的雰囲気にあったので違法な身柄拘束の開始時から供述時までの時間の短さは問題にせずともよいという。身柄拘束が友好的雰囲気にあれば身柄拘束の違法性を等閑視して良いとするのは疑問である。また法廷意見は、違法な身柄拘束の目的はマリワナの搬出又は湮滅の防止にあったのだから、違法性の程度は低いとする。警察官の目的が違法を治癒するというのである。理由のない身柄拘束を許さないとの基本的な立場を失念している。さらに、身柄拘束と供述の間の因果関係の中断事由の有無についての法廷意見の不合理さは、反対意見でマーシャル裁判官の指摘するとおりである。不合理な認定によって、本来相当な理由のない身柄拘束の違法性がミランダ警告を与えたことにより治癒されるというのは、ダナウェイ（Dunaway v. New York, 442 U. S. 200 (1979)）の嫌ったことではなかったか。本件がブラウン対イリノイの掲げる要件のすべてを充たすべしとの理解に立つとしてもなお、事情の総合説は、違法な身柄拘束と供述との間の条件関係さえあれば当該供述を排除すべしとする条件説（but for rule）の明瞭さには劣るものである。

五　本件では申請人の身体の捜索、コックスのハンドバッグの開示が行われた後、申請人の逮捕が行われた。法廷意見は、捜索が先行しようとも捜索直後に逮捕が行われていれば、逮捕が捜索に先行した場合同様、逮捕に伴う捜索といえるとする。

しかし何が逮捕に伴う捜索か、明確で合理的な基準をたてる必要は高い。捜索直後の逮捕があれば当該捜索を適法とすることは危険である。理由も必要もないまま単なる嫌疑しかない又はそれすら欠く場合に、捜索をやってみたところ証拠がでてきたので直ちに逮捕するという運用を生みかねないからである。逮捕後又は逮捕着手後の捜索に限定すべきである。

（1）　United States v. Mapp, 476 F. 2d 67 (2d Cir 1973).
（2）　法廷意見は本文ではこの事実を挙げる。
（3）　48 U. S. L. W. 4886 法廷意見の脚註1参照。
（4）　もっとも第四修正に限らず、憲法上の権利主張する際には適格がなければならないとされる Flast v. Cohen 392 U. S. 83 (1968).
（5）　適格は不動産に対するトレスパスについてコモン・ロー上の原則に由来すると言われている。Edward, Standing to Suppress Unreasonably Seized Evidence, 47 Nw U. L. Rev. 471 (1952).
（6）　People v. Sturgis, 58 Ill 2d 211, 317 N. E. 2d 545 (1974) はハリス事件（Harris v. New York, 401 U. S. 222 (1971)）と調和のとれた理解をすべきだと言う。
（7）　合衆国では多くのコメンテイターがこう主張していることにつき、Comment, Standing to Object to an Unreasonable Search and Seizure, 34 U. Chi. L. Rev. 342 (1967).
（8）　この点を早くから指摘するのは、渥美・違法排除法理「捜査の原理」の原理所収。

（香川　喜八朗）

65　United States v. Salvucci et al., 488 U. S. 83 (1980)

本件は、ジョーンズ（Johns v. United States, 362 U. S. 257 (1960)）で確立された、所持罪での証拠排除申立てに関する自動適格の法理（automatic standing rule）に関係する。この法理は、排除申立てにおける自己負罪の危険性並びに政府の主張の矛盾に着目したものであるが、この法理は維持されるべきではないとされた事例。

《事実の概要》

被告人は、贓物たる郵便物の違法所持により起訴された。この起訴の根拠となった小切手は被告人の母親のアパートの捜索の際に発見された。捜索は令状によるものであったが、相当な理由の欠如を理由に、証拠排除の申立てがなされた。

District Court は排除を命じた。政府は被告人はその捜索の合憲性を争う適格を有しないとして再審査を求めたが、排除命令は確認され、上訴がされた。Court of Appeals は自動適格の法理により District Court の判断を確認したが、この法理自体の成否は合衆国最高裁が判断すべき問題であると指摘した。

それ故、サーシオレイライが認められた。

《判旨・法廷意見》

破棄差戻し

一　レーンクェスト裁判官執筆の法廷意見

通常、排除申立においては、自分自身が第四修正の侵害の犠牲者（the aggriened）であった事を立証することが要件とされる。この立場は、一九〇七年以来そして最近ではレイカス（Rakas v. Illionis, 439 U. S. 128 (1978)）で確認されている。これに対し、所持罪において禁制品とされる物の証拠排除を求める場合には、採取手段たる捜索・押収の違憲性を立証することが要件とされてきた。

この例外的扱いを行った事情には、二つのものがある。第一は、排除審問手続で適格を証明する際の自己負罪供述の危険性である。これは、いくつかのCourt of Appealsが、排除審問手続に提出された証拠は公判で許容されると判断していたからである。第二は、政府が公判では所持を主張し、他方排除審問手続では不所持を主張するというのは矛盾であり、刑事司法の礼儀（amenities）と調和しないとの理由づけであった。これらを根拠に自動適格の法理は採用されたのであった。

第一の理由づけは、排除審問手続での被告人の証言は公判で有罪の証拠として許容されないと判断したシモンズ事件（Simmons v. United States, 390 U. S. 377 (1968)）で解消された。この判断では、いずれの犯罪で告発された被告人であろうとも、use immunityが認められており、その保護領域はジョーンズ判断より拡大されている。それゆえ、もはや自己負罪に関するジレンマは生ずることはない。この判断に対しては、排除審問手続での被告人の証言は、弾劾目的であれば、公判で許容され得ると主張されている。しかし、この問題は、シモンズ判断が認める特権の適用範囲に関連するものであり、自動適格の法理を維持する必要性とは関係しない。したがって、これは本件で解決すべき問題ではない。

当該捜索・押収が被告人自身の第四修正の権利を侵害しなかった旨の主張は、政府の矛盾した立場を生ぜしめることにはならない（Rakas v. Illionis, *supra*）。したがって、第二の理由づけだけでは法理を維持することはできない。禁制品たる押収物を所持していたという事実は、第四修正のもとでの排除申立て適格を証明するのに十分である、との前提がジョーンズ判断の基礎をなすが、合法な所持が必ずしも保護されるべき第四修正の利益を表現するものではなく、したがって、第四修正の利益の有無の判断の代用にもならない（Rawlings v. Kentucky, 448 U. S. 98 (1980)）。違法な捜索により侵害される権利とは、その場所に合法なプライヴァシーを有する者の権利だけなのであり、（Rakas v. Illionis, *supra*）、第四修正の適用にあっては、単に押収物に関する所持の利益の有無だけでなく、捜索場所でのプライヴァシーへの期待の有無を問わなければならない。この点で、ジョーンズ判断の基準はあまりに大雑把である。したがって、第二の理由づけ、さらにその前提も自動適格の法理を支えることはできない。

違法活動を争う者の範囲を広く認めれば、違法な警察活動を最大限に抑止することになろうと主張されたが、これは自己の第四修正の侵害を受けていない者に証拠排除の主張を許す十分な根拠とはならず、さらに、所持罪の関係では特別な効力をもち得ない。

当裁判所は、所持罪で告発された者は自分自身の第四修正の権利が侵害された場合にのみ排除法則の利益を主張することができると判断し、ジョーンズの自動適格の法理は変更されるべきものと確信する。

原審判断を破棄し差戻す。

二　マーシャル裁判官の反対意見（ブレナン裁判官参加）

排除審問手続での被告人の証言が弾劾目的の場合に許容される可能性が存在する以上、ジレンマは残る。これは排除申立ての際の大きな障碍となる。さらに、排除審問手続での検察官による反対尋問は、主尋問の意図を超えて、有罪を基礎づける情報を引出す可能性がある。たとえ、その情報が公判に提出できなくても、検察官の主張もしくは公判戦略の判断に役立つことが考えられる。これらを理由に、被告人が第四修正の主張を控えてしまう可能性はシモンズ事件では除去されていない。

第二の理由づけに関する法廷意見の判断は、ローリングス事件の反対意見で述べたように、これまでの第四修正の理解と全く相反するものである。

自動適格の法理は被告人の権利保護のための有益な法理であり、所持罪における排除審問での適格証明という無駄を排斥する。なぜなら、その告発自体が第四修正の主張を支えるに足りる十分な利益を主張してしまうからである。したがって、法廷意見の理由づけのいずれにも自動適格の法理を破棄するに足るものはない。

《解　説》

ジョーンズ(1)で確立された自動適格の法理は、所持罪で告発された被告人の証拠排除申立てに関するものである。すなわち、ジョーンズ事件以前は一般に、排除申立てを行うには、違法な捜索・押収によって被告人自身のプライヴァシーが侵害されたことが要件とされていたが、所持罪に関して同要件を適用すると、被告人は排除審問手続で、その所持が公判で争われている物の所持に関する利益を主張しなければならないことになる。これでは、第五修正の自己負罪拒否特権を行使するか第四修正による証拠排除を申立てるか、そのいずれによるかの選択を強いられることになる。他方訴追側も、公判で所持を主張しながら排除審問手続では被告人は物を所持していないという主張をすることができるようにもなる。このような所持罪と排除申立ての特殊な関係に着目し、所持罪で告発された被告人に自動的な適格を認めたのがジョーンズである。したがって、被告人は自己の第四修正の権利が侵害されたことを主張する必要はなくなったのである。

本件において、法廷意見は、ジョーンズでの理由づけによっては、もはや自動適格の法理は維持できなくなったとして、これを変更する旨宣言した。第一の理由づけ、すなわち、自己負罪供述とのジレンマはシモンズ事件[2]で解消されたとするが、反対意見で述べられたように、排除審問手続で被告人の証言が弾劾証拠として用いられる可能性は依然として残っている。そして法廷意見はこれを否定していない。他方、所持罪で問題となる排除審問手続での証言内容は、他の犯罪における弾劾証拠以上の意味をもつことは否定できないように思われる。法廷意見は、シモンズ判断で認められた特権の適用範囲はこの法理の維持の必要性とは関係しないとするが、少なくとも被告人の陥るジレンマをジョーンズでのひとつの理由づけと解しているのであるから、その主張には矛盾があるように思われる。

第二の理由づけに対するレイカス[3]による解決は、法廷意見のようなプライヴァシー理解に立てば、一応の理由はある。すなわち、検察側の捜査活動が被告人の権利を侵害しなかったという立場に立つならば、政府が矛盾した立場をとって利益を得ることに対する批判は避けられ、問題は生じないことになる。だが本件のような事例で、違法な押収が被告人の権利を侵害しないといい得るかについては疑問が残る。

法廷意見が自動適格の法理をあえて変更した理由は、まさにプライヴァシーの利益に対する理解の変化にあると思われる。ジョーンズで前提とされていた理解、すなわち、第四修正の権利が違法な活動により侵害されたことを立証するのには、押収物に関する利益が侵害されたことを示せば足りるとする考え方は、その物自体にプライヴァシーを認める立場である。しかし、法廷意見はレイカス、ローリングス[4]さらにジョーンズを引用し、ジョーンズでの前提を否定する。すなわち、第四修正が保障するのは財産法から離脱したプライヴァシーへの合法な期待であるとし、その判断基準は、捜索場所に関するプライヴァシーだけでなく押収物に関するプライヴァシーも共に侵害されていることを要件としなければならないとする。したがって、所持に関する利益だけではその要求は充足されないことになる。このことは、物自体、すなわち財産権に基づくプライヴァシーを否定することになる。法廷意見は何故、物のプライヴァシーが独立して第四修正の保障の範囲に属さないのかについての説明をしていない。財産法からの離脱では理由にならない。

マーシャル裁判官がローリングスでの反対意見でも述べているように、ジョーンズやキャッツ(5)は、たとえ財産権から生じたとはいえないプライヴァシーの利益であっても、第四修正はそれを保護する旨を明らかにしたものであり、物のプライヴァシー、すなわち財産権に基づくプライヴァシーの利益を否定したものではない。また、捜索と押収それぞれに対して本来別個に考えられる場所のプライヴァシーと物のプライヴァシーは、独立に第四修正の保障する利益である。しかるに、法廷意見は両者の区別を否定し、両者を合した一つのプライヴァシーだけしか認めず、またどうしてそのように解するのかについての理由づけもしていないので合理的なものとはいえない。不合理な捜索・押収により財産上の侵害を受けた者は、政府の違法活動の被害者であることは第四修正の文言上も明白であり、捜索場所にプライヴァシーの利益をもっていたことまでも排除申立ての要件とするのは見当違いであろう。したがって、第二の理由づけの前提となった理解は維持されるべきであり、自動適格の法理は変更されるべきではない。また、たとえ法廷意見のプライヴァシー理解に立ったとしても、被告人のジレンマは存在するのであり、これが自動適格の法理を支える一つの理由であったことを認めるならば、あえてこの法理を変更する必要もないはずである。

なお、私は排除法理の主張について、適格概念は否定されるべきものと考える。(6) したがって、所持罪か否かにかかわりなく、被告人が自分自身の第四修正に権利が侵害されたことが排除審問手続で要件とされることはないと考える。

(1)　Johns v. United States, 362 U. S. 257 (1960). 被告人は友人のアパートの鍵を借り、そこで一泊した。警察は麻薬に関する捜索令状を執行し、同アパートの窓の外にあった鳥の巣から麻薬を発見し押収した、という事件である。二つの理由で排除申立てが認められた。⑴所持は有罪を証明し同時に適格をも付与するというジレンマを生ぜしめる。したがって、適格要件とされている捜索場所での利益もしくは押収物に関する利益を排除審問手続で証明する必要は排斥される。⑵第四修正の保護する利益は財産権に基づく必要はない。したがって、本件が所持罪でなかったとしても、同アパートにおける被告人の利益は適格要件を充足している。

自動適格の法理は⑴を根拠とするものである。実際にジョーンズに適格があったことが逆にこの法理を短命にしたようである。

（2） Simmons v. United States, 390 U. S. 377 (1968). 共同被告人の母親のアパートの捜索で、スーツケース、衣服等、銀行強盗で使用された物が押収された。被告人は排除審問手続で所有者であることを証言したが、申立ては却下された。その証言は有罪の証拠として公判で許容されないとしたのがこの事件である。"[W]hen a defendant testifies in support of a motion to suppress evidence on Fourth Amendment grounds, his testimony may not thereafter be admitted against him at trial on the issue of guilt unless he makes no objection." *Id.*, at 394.

（3） Rakas v. Illinois, 439 U. S. 128 (1978). 強盗の知らせを受けた警察が逃走車と思われる車を停止させ、座席の下からライフル銃、コンパートメント・ボックスから薬きょうを発見し逮捕に及んだ事例である。

ここでは、ジョーンズの基準は第四修正の基準としてはあまり大雑把であるとされ、また、オールダーマン（Alderman v. United States, 394 U. S. 165（1969））でのフォータス裁判官の一部補足・一部反対意見で述べられた、いわゆるターゲット・セオリー（target theory）の採用が拒絶され、排除申立ての一身専属性が強調された（本書63事件）。

（4） Rowlings v. Kentucky, 448 U. S. L. W. 98 (1980). この事件と本件は同日に判断されたものである（本書64事件）。

（5） Katz v. United States, 389 U. S. 347 (1967). 公衆電話ボックスに電子盗聴記録装置を設置して被告人の賭博情報に関する州際通話を傍受した事例である。第四修正の保護の対象を有体物としていたオルムステッド＝ゴールドマン法理を変更し、会話であっても、話者がプライヴァシーに「もっともな期待」を有していれば、それは第四修正で保護されるとした。「第四修正は、場所ではなく、人を保護するものである」という表現は、何故第四修正がプライヴァシーを保障するかを端的に示している。なお、令状入手の時間的余裕が存する場合、令状による法執行が第四修正の要件とされた。

（6）違法収集証拠の排除申立てを含め、第四修正に関する権利は一身専属権と考えられている。"Fourth Amendment rights are personal right which. . may not be asserted vicariously,"（Alderman v. United States, 394 U. S. 165, 174 (1969)）.これは弾効主義の影響と思われるが規範説に立つ以上、必然的な結論ではない。渥美東洋・捜索の原理一八五頁以下参照。なお、プライヴァシーに関しては、渥美東洋・同二一一頁以下参照。

（前島　充祐）

66 United States v. Payner, 447 U. S. 727 (1980)

本件は、第三者の第四修正の権利を侵害した捜索活動によって入手された証拠の果実が証拠から排除されるか否か及び排除法則の適格要件が問題とされた事例。

《事実の概要》

被告人は連邦所得税虚偽申告罪で起訴された。国税局（ＩＲＳ）は、米国市民のバハマ諸島における金融活動を調べるため、情報屋と謀り、バハマの某銀行副頭取が合衆国を訪れた際に、預金者等に関する書類を盗み出した。それらの書類から得られた情報に基づいて、合衆国の某銀行に召喚状が発付された。その結果、被告人の虚偽申告を裏づける証拠が発見された。

オハイオ北部地区の District Court は、第五修正ならびに連邦裁判所の supervisory power（監督権）を根拠として、政府の意図的な違法活動により汚染された証拠は排除されるとした。第六巡回区控訴裁判所は、supervisory power

を根拠として、その判断を確認した。

《判旨・法廷意見》

破棄

一　パウエル裁判官の法廷意見

違法な捜索・押収が被告人自身の憲法上の権利を侵害した場合でなければ第四修正のもとでの証拠排除はできない、との原則はすでに確立されている。被告人は、その違法な捜索・押収においては第四修正の保護するプライヴァシーの利益を持っていなかったのであり、また、supervisory power を拡大して適用することは基準のない裁量権を裁判所に与えることになる。

違憲且つ犯罪性のある捜索は許されるべきではない。しかし、それが例外なく証拠排除を命令するものではない。排除法理は、十分な抑止効果がある領域に限定されてきたのであり、政府は、潔癖でなければならないとの理想を根拠に、制裁としての証拠排除を無条件に適用することは、裁判所の真実発見の機能に許容しがたいまでの障碍を与えるものである。第三者の憲法上の権利侵害を理由とする証拠排除が主張される場合にも、同様の社会的利益が危険にさらされる。さらに、supervisory power は、被告人自身の権利が侵害された場合であっても、注意深い適用がなされてきたのである。従って、第三者に対する違法な押収を根拠に supervisory power が証拠排除を求めることはない。この基準は、第四修正の基準と同一である。何故なら、裁判所は第四修正の代わりに、supervisory power のもとで、この問題の分析を行ってきたからである。

原審の判断は、排除によって背信的な行為を防止する利益は事実認定者に全証拠を供給する利益に勝ると結論したが、これは当裁判所の判断と相容れぬものであり、このような supervisory power の用法は、無分別な裁量権を裁判所に与えてしまう。従って、supervisory power は、このように拡大して適用されるものではないと判断する。

Court of Appeals の判断を破棄する。

二　バーガー首席裁判官の補足意見

明白に有罪な被告人が、政府が行った第三者に対する憲法上の権利侵害を利用することはできない。この種の違法活動に対しては、各行政庁内部の自制や懲戒で対処すべきであり、supervisory power は行政当局を一般的な監督する権限ではない。但し、法廷意見は本件捜索を許している、と読まれるべきではない。

三　マーシャル裁判官の反対意見（ブレナン、ブラックマン両裁判官参加）

法廷意見は、第四修正に関する排除申立て適格を用いて、第三者の第四修正の権利を侵害する道を政府に与えるものである。政府が証拠入手のために意図的に第三者の憲法上の権利を侵害する場合にあっては、証拠排徐の問題を考察すべきである。

当裁判所は、政府の違法活動の産物たる証拠の排除に対し、supervisory power を何度も行使してきた。証拠排除の原理は二重構造となっている。ひとつは政府官憲の違法行為の防止であり、他方は連邦裁判所の完全さを保護するものである。そして、特に、裁判所が政府の違法活動の共犯とならないために、supervisory power の行使の必要性を強調してきた。supervisory power が行使されたほとんどの場合において、政府官憲は意図的に法律違反を犯したのであり、もし、連邦裁判所がその違法活動の産物たる証拠を許容するのであれば、その違法性を許容したこととなり、裁判所自体の完全さも汚染されることとなる。このように、supervisory power は、被告人の憲法上の権利を擁護するためというより、むしろ、裁判所の完全さを保護するものであるから、法廷意見が第四修正の適格基準を用いたことは理解できない。さらに法廷意見の適格基準に関する判断は、裁判所の完全さを保護するうえで、それに反するだけでなく、supervisory powerそれ自体を不要なものにしてしまう。適格という基準が、意図的な違法活動における政府の剣となってはならない。

問題の違法活動と本件訴追との関係は極めて薄いとされるが、実際、その違法活動が本件の核心をなしている。その主体たる政府が本件当事者であるから、supervisory powerが適用されないとはいえない。さらに、District Courtはsupervisory powerのもとでの排除は、それが最後の手段である場合にのみ行使されるとし、政府が証拠入手のため意図的に違法活動を行った場合のみ、その排除は適法である、としている。したがって、本件は無条件で排除法理が適用されたものではない。

憲法上の権利に対し背信的な違法活動を行い、その果実たる証拠を連邦裁判所で用いて政府が利益を受けることは阻止されるべきである。

《解　説》

合衆国における第四修正の把握のひとつの基礎となっているのは、それが一身専属的権利（personal right）という理解である。ジョーンズ(1)からマンキシ(2)への流れは、第四修正をプライヴァシー権とし、財産権からの離脱へと流れたが、排除申立ての適格概念を支える一身専属的権利という考え方は維持され、オールダマン(3)、レイカス(4)、そして本件に受け継がれてきた排除法理には依然として適格概念が存在するのである。そして、これらの背後には伝統的な弾劾主義が存在するのである(5)。

法廷意見は抑止説に立ちつつ排除法則の限定適用を主張し、真実発見への障碍を強調する。しかし、抑止説自体は適格概念を支えるものではないし、また、抑止説に立っても適格概念を否定できるはずである。さらに、真実発見への障碍を強調したところで、適格概念を支え得るものではない。反対意見が指摘するように、政府が証拠入手のために意図的に第三者の憲法上の権利を侵害した場合に排除法理が適用されるのであれば、法廷意見の無条件での適用への懸念も理由とならない。したがって、法廷意見が、第三者の憲法上の権利を侵害して得られた証拠に対し、排除を拒否する根拠は、排除法理に対する一身専属的理解のみである。だが、法廷意見は、何故適格概念が必要であるかについては何も言っておらず、それゆえ、適格概念を維持する必要性に疑問は残る。

反対意見は、規範説に立ち、司法の完全さという概念で証拠排除を認めようとする。オルムステッド(6)でのブランダイス裁判官の表現――「政府が法を破るならば、……それは法への侮辱を育み、結局はアナーキー状態をかもし出すだろう」――が規範説を表わすものとして有名であるが、この立場は、当初の違法排除法理を基礎づけていた。しかし、エルキンス(7)以降、マップ(8)、リンクレッター(9)に至る流れは、規範説に代わって抑止説を主張するものであった。そして、この流れが本件法廷意見に続くことになる。だが、前述したように、抑止説は適格要件を当然の結論とするものではない。抑止説を強調することは、かえって適格概念の性格づけを混乱させるものであろう。他方、反対意見は、排除法理に適格概念を持ち込むことから生ずる害を率直に認め、supervisory power と司法の完全さとの関係を強調し、適格要件を排除する。これは、適格要件の必要性が明らかにされない限り、かなり合理的な理解ではなかろうか。

オールダマンでのフォータス裁判官の一部補足・一部反対意見で主張されたターゲット・セオリー（target theory）は、それが技術的であったにせよ、伝統的な適格要件を認める立場と、第三者の憲法上の権利が意図的に侵害された場合の証拠排除とを調和させようとの努力であった。しかし、レイカスにおいては、この論理は拒絶されている。また本件でも、この論理を採用していない。法廷意見は、違憲且つ犯罪性のある捜索は許すべきではないとするが、そのような違法活動を防止する方向への努力のないまま、さらには、その方向への努力を否定する判断を許容しながら、ただ伝統的理解に固執するのには疑問が残る。排除法則に関して、その抑止効果につき疑問のあることが主張されることが多い。(10) そして、現時点でそれが廃止されるべきでないとの理由づけは、今だそれに代わる有効な手段が存在しないことが挙げられる。このような主張、分析のもとで、排除法則の適格要件に固執するのは不合理に思える。

(1) Jones v. United States, 362 U. S. 257 (1960).
(2) Mancusi v. De Forte, 392 U. S. 364 (1968).
(3) Alderman v. United States, 394, U. S. 165 (1969) : "Fourth Amendment rights are personal rights which. . . . may not be asserted vicariously".
(4) Rakas et al. v. Illinois, 439 U. S. 128 (1978).（本書63事件）
(5) 排除法則の適格要件の不合理性については、渥美東洋「捜査の原理」一八五頁以下参照せよ。
(6) Olmstead v. United States, 277 U. S. 438. at 484-5 (Brandeis, J., dissenting) (1928).
(7) Elkins v. United States, 364 U. S. 206 (1960).
(8) Mapp v. Ohio, 367 U. S. 643 (1961).
(9) Linkletter v. Walker, 381 U. S. 618 (1965).
(10) 例えば、D. H. Oaks, Studying the Exclusionary Rule in Search and Seizure, 37 U. Chi. L. Rev 665 (1970).

（前島　充祐）

三　弾劾目的での違法収集証拠の利用

67　United States v. Havens, 446 U. S. 620 (1980)

違法収集証拠を、被告人の証言たる供述に対する反対尋問において、その供述を弾劾する目的で使用できるか否かが問題とされた事例。

《事実の概要》

被告人はヘイヴンズ（Havens）とマクレラス（McLerath）はペルーから空路マイアミへ来た。マイアミ空港で税関係官がヘイヴンズの身体を捜索したところ、上着の下に着ていたシャツにつくられていた急ごしらえのポケットの中にコカインが縫い込まれているのを発見した。マクレラスが被告人も関係しているといったので被告人も逮捕された。被告人の手荷物を押収し、無令状で捜索した結果、薬物は何も発見できなかったが、マクレラスのＴシャツに縫ってあった布切れと一致する部分が切りとられていたＴシャツを押収した。その捜査の際に押収されたＴシャツやその他の証拠は捜索段階で、申立てにより、排除された。

公判でマクレラスは有罪の答弁をし、被告人に不利益な証言をした。ヘイヴンズはみずから証人台に立ち、コケイン密輸入に係わりあいがないといったが、マクレラスがそのコケインをテープで自分の体に貼りつけたり、布で体にまきつけたと前に証言した内容は認めた。反対尋問で政府は以上の被告人の供述に注意し、マクレラスのTシャツに急ごしらえのポケットを縫いつけた行為に何か係わっていないかどうか質問した。被告人はそれらの係わりを否定したので、政府はつぎに、布地を少し切り取ったTシャツを自分の手荷物の中に持っていたかどうか、その押収されたTシャツが被告人のものかどうかを尋ねた。被告人は全然知らないと答えたが、被告人の異議申立てを排して、その押収されたTシャツが政府側の反証のための証拠として証拠に許容され、陪審はこの反証証拠をヘイヴンズの供述の信用性の弾劾のためにのみ利用すべきであると説示された。

Court of Appeals はアグネロ、(1) ウォールダ(2) に依拠してこれを破棄し、違法に押収された証拠を弾劾に利用できるのは、その証拠が被告人が主尋問で述べた特定の供述と矛盾する場合にかぎられると判断した。

《判旨・法廷意見》

破棄差戻し

一　ホワイト裁判官執筆の法廷意見

アグネロ事件は違法収集証拠を弾劾目的に利用することを認めなかったが、ウォルダー事件は違法入手証拠は起訴事実を立証するため（case in chief）には許容されないが、被告人が自ら証人台に立って述べた証言を弾劾するためには許容されると判断し、ハリス、(3) ハス(4) も、ミランダ法理に違反して採られた供述に関して同様の結論を認めている。Court of Appeals の判断とは異なり、主尋問での供述の弾劾のみを許すという単調な法理をとることはできない。被告人の虚偽と思える供述を、前の不一致供述やその他の、政府が利用でき信頼できる証拠で弾劾する点からみると、被告人が主尋問で述べた供述と、被告人の主尋問に含まれていることが明らかな事柄についての反対尋問での被告人の答弁との間に憲法上の重大な違いは何も見い出せない。このような反対尋問の機会がなければ、反対尋問の機能が大きく妨げられることになる。

排除法則の目的は、政府に起訴事実の主張・立証に違法収集証拠を利用させないことで充分はたされており、刑事公判における適正な事実認定という目標を完全に達するためには、虚偽の証言を攻撃されないままにしておき被告人の弾劾を禁じることで排除法則の目的をさらに増加することはできないとしたウォールダ、ハリス、及びハス事件を確認し、本件でも弾劾を禁じていないと考える。

本件での反対尋問は合理的であり、その反対尋問の結果生じた弾劾は被告人の憲法上の権利を侵害するものではない。

二　ブレナン裁判官の反対意見

(1)　ウォールダ、ハリス、ハスのいずれもアグネロの変更を示していない。アグネロ事件の原理は、政府は違法収集証拠を許容させるための布石として反対尋問を用いることはできないというものであり、排除できる証拠に関する反対尋問、又は排除されるべき証拠を提出してする弾劾は、被告人が主尋問で述べた供述によって裏づけるものでなければならない。この原理は、証拠が排除されることを利用して被告人が虚偽の主張をすることはできないと判断したその後の判例と全く矛盾するものではない。

ウォールダ事件は、検察官が汚染された証拠を引き合いに出すのに、政府が被告人の信用性を攻撃できないことを奇貨として被告人が主尋問で述べた特定の証言を対象とするという特別の条件で下されたものである。ハリス、ハス両事件が確立した排除法則の例外は、被告人の弁護人がある領域に関する質問をしないでおけば、それだけで相当簡単に制限できる。しかし、本件で法廷意見が定める法則は政府にその制限を受けさせないことになる。なぜなら、その他の場合には排除される証拠に許容性を与えるために、検察官は自らの質問で証拠を許容させるための布石をおくことができることになるからである。

(2) 事実にいたる認定をすることが、我が法制度の基本的な目標であることに反論の余地はないが、重要なのは憲法が、たとえ真実追求においてでも警察の不正行為を黙認していないということである。我が司法制度の手続では政府当局の違法行為を活力源とすることは許されない。それにもかかわらず、法廷意見は権利章典のポリシィと事実に適った正確な事実認定との間にバランスをたてようとしているが、このような処理は全く歯止めのないものになってしまう。第四修正・第五修正に固有の基準を適用するどころか、同様の事件を解決するのに警察の不正行為を抑止するにはそれだけの排除で充分であると言明するだけである。第四修正、第五修正の特権を単なるincentiveな制度として扱うことで、最高裁がこれらの条項の憲法上の保護規定としての特異な立場を悔辱することになるのを私は懸念する。

《解　説》

本件は、被告人の反対尋問での供述を違法に入手した物証で弾劾することをはじめて認めた事件である。アグネロ事件は、同じく反対尋問での供述を違法に入手した物証で弾劾した事件であったが、合衆国最高裁はこの弾劾を認めなかった。その後の判例は違法収集証拠の弾劾利用を認めてはいるが、ウォールダは物証を用いた弾劾ではあったが、その対象は主尋問での供述であり、しかも付随事実に関するものであった。ハリスは付随事実に限らないとしてウォールダを拡張しているが、これは主尋問での供述を、ミランダ法理に違反して得た供述で弾劾したものであり、ハス事件も同様の事例である。このようにウォールダ以降の弾劾利用を認めた事例は被告人の主尋問での供述に対するものであった。

ハリス判決以降、[5] 合衆国最高裁はおよそ偽証である場合は違法収集証拠を用いても弾劾できるという傾向にあり、本件では弾劾の対象を主尋問での供述にかぎらず、反対尋問での供述をも含めている。しかし反対意見が示しているように、コモン・ロー上の証拠法では両当事者にかなりの範囲にわたって自己に不利な証人を反対尋問することを認めている。法廷意見のように主尋問と反対尋問を証拠法上の関係でのみ把握すると、反対尋問に制限がなくなり、アグネロ事件のように反対尋問を利用して、被告人に偽証を強いる場合も生じる。これは被告人が証言台に立って証言するのをさまたげる結果となり、論争主義という被告人の公判参加を前提とした基本原理に反することになる。

弾劾と事実認定との関係からも問題がある。賠審は、この証拠を被告人の信用性の弾劾にのみ利用すべき旨説示されるが、この限定説示の効力がほとんど認められないことは一般に承認されている。[6] 違法収集証拠を利用したため、被告人がその証拠により有罪認定を受けることになり、起訴事実の主張・立証には違法収集証拠を利用できないという制限も無意味となる。

法廷意見は排除法則[7]に関して、わざわざ弾劾に利用するために違法証拠を得ることは考えられないから、弾劾手続では抑止効は認められないという立場にたち、真実追及という目標を強調している。この立場にも問題があるが、かりに抑止効の問題に限定しても、本件には疑問が残る。法廷意見のように反対尋問を広く認めると、違法収集証拠を許容させるために検察官は自らの質問でその証拠を許容させるための布石をおくことができ、弾劾のために違法収集証拠が広く用いられるようになり抑止力の低下が充分に考えられるからである。

本件では、ハリス判決に対して指摘されている問題点がますます顕著になってきている。

（1） Agnello v. United States, 269 U. S. 20 (1925).

（2） Walder v. United States, 374 U. S. 62 (1954).

（3） Harris v. New York, 401 U. S. 222 (1971).

（4） Oregon v. Hass, 420 U. S. 714 (1975).

（5） ハリス判決については、渥美東洋「最近の合衆国での刑事司法運用の動向」アメリカ法一九七二年(2)、熊本典道「自白法則の将来——Harris判決の意味するもの——」判例時報六三九号一七頁。

（6） Jackson v. Denno, 378 U. S. 368 (1964); Bruton v. United States, 391 U. S. 123 (1968).

（7） 排除法則の展開について、渥美東洋「捜索の原理」特に二五四頁以下を参照。

（田村　吉彦）

四　毒樹の果実法理

68　United States v. Ceccolini, 435 U. S. 268 (1978)

証人の証言も違法捜索の毒樹の果実になり得るが、排除法則の適用は非供述証拠の場合よりも慎重でなければならない、とされた事例。

《事実の概要》

被申請人チェコリーニの経営する花屋は賭博容疑でＦＢＩの監視下にあった。捜査規模の縮小にともないこの監視は解かれたが、それから一年後、地区警邏担当の警察官バイロは、警邏中、彼の友人であるこの花屋の店員へネシーとおしゃべりでもして油を売ろうと、店に立ち寄った。話をしている途中で、バイロは、レジスターの抽出しに現金のはみ出た封筒があるのに気づき、取り上げて中身を調べると、中には現金の他にナンバー賭博の番号札が入っていた。封筒の中身を見たことは告げずに、バイロがこの封筒が誰のものかと尋ねると、へネシーは、それはチェコリーニのもので、ある人に渡すように言われていると答えた。翌日バイロはこのことを地区の刑事に報告し、さらにそれはＦＢＩの捜査官に報告された。それから四ヶ月後、ＦＢＩの捜査官がへネシーの自宅に赴き、彼女の家族の面前で約三〇分ほど彼女と面接した。捜査官がチェコリーニの行動に関する情報を求めると（このとき捜査官は、バイロが賭博の番号札入りの封筒を目撃していることについては特に言及しなかった)、ヘネシーは自分は大学で警察学(Police science)を専攻しているので進んで協力すると答えた。

一ヶ月後、チェコリーニは大陪審に召喚されたが、賭博の関与を否定する証言をした。しかし、ヘネシーがこれと逆の証言をしたために、チェコリーニは偽証罪で起訴された。

合衆国 District Court は、一旦、チェコリーニを有罪と認定したが、その直後にヘネシーの証言に対するチェコリーニの排除申立てを認め、この証言を違法な捜索によって得られた毒樹の果実であるとして排除し、チェコリーニを証拠不十分で無罪とした。第二巡回区 Court of Appeales は、「警察官がバイロによる憲法違反の捜索からヘネシーの証言に至る道筋は、一直線でかつ何ら中断のないものである」として、District Court の判断を確認した。

合衆国最高裁判所によりサーシオレイライが認容された。

《判旨・法廷意見》

破棄

一 レーンクェスト裁判官執筆の法廷意見

(1) 本件の争点は、違法な捜索とその結果判明した証人の証言との関連性が十分に稀釈されておりその証言を証拠として許容できるといえるか、つまりいわゆる稀釈法理の適用が認められるかどうか、である。政府は、証人の証言については(非供述証拠の場合とは異なり)第四修正違反との関連がいかに密接であっても排除されないとの画一的な基準(per se rule)が採られるべきであると主張するが、ナードン(Nardone v. United States, 308 U. S. 338 (1939))以降の先例が示してきている排除法則についての基本的な考え方からすれば、この主張は受け入れられない。例えば、ウォン・サン（Wong Sun v. United States, 371 U. S. 471 (1963)）では、「供述証拠も非供述証拠と同様に毒樹の果実になる」と判示されており、本件でもこの判断を確認する。とはいえ、「排除法則の根底にある基本的な狙いからすれば、供述証拠と非供述証拠との間には排除法則の適用上論理的な区別は存在しない」とのウォン・サンの見方はウォン・サン以降の判例により大幅に修正されてきている。少なくとも、本件のように、証人の証言が毒樹の果実として問題になっていて、しかもその証人が将来被告人となると思われる者ではない場合には、「違法な捜索から証人の証言までの道筋に中断がないならばその長さは重要ではない」とのCourt of Appealsの判断は誤りである。道筋の「長さ」は考慮すべき重要な要因の一つである。

排除法則の適用に当たっては、証拠の排除によって得られる（違法捜査の抑止という）利益とそれによって社会が被る弊害とを比較衡量しなければならない、とされており、キャランドラ（United States v. Calandra, 414 U. S. 338 (1974)）では、このcost-benefit analysisから大陪審手続きには排除法則の適用がない、とされた。またウォールダ（Walder v. United States, 347 U. S. 62 (1954)）では違法収集証拠であっても弾劾証拠として利用することは許されるとされ、排除申立て適格についてもこの観点から制限が加えられている（Alderman v. United states, 394 U. S. 165 (1969)）。さらに、排除法則が明らかに適用される状況であっても、第四修正違反の行為との因果関係が認められれば即排除という基準は採られていない（Brown v. Illinois, 422 U. S. 590 (1975)）。

この利益衡量論からすると、証人の供述についての排除法則の適用の基準を考える際には、当の証人がどの程度自由意志によっていたかが重要な要因となる。進んで供述しようという証人の意志が強ければ強いほど、その証人は適法な手段で発見され易くなり、違法捜査の誘因は小さくなる。証人の証言の場合には汚染を消散させるのに必要な自由意志の程度は、他の証拠の場合よりも比較的見いだし易いであろう。また、最初の捜査の違法は、証言しようという証人の意志に何ら重要な影響を及ぼさないことが多い。

排除法則の適用の有用性の有無を判断するにあたって、さらには、証人の証言と非供述証拠との排除法則の適用上の違いを考えるうえで、考慮すべきもうひとつの要因は、証人の証言を排除することにより、最初の違法な捜索の目的やそこで発見された証拠と証人の証言とのつながりが非常に弱い場合であっても、関連性・重要性のある事実について証人が永久に証言することができなくなるということである。これは真実の解明にとって重要な障害であり、法制度はこの一世紀の間このような障害を除去する方向で発展してきている。当法廷も、たとえば、ベイヤ（United States v. Bayer, 331 U. S. 532 (1947)）で、自白の利用が禁ぜられるような状況で自白が一旦獲得されても、その状況が除去された後の自白は利用できると判示しており、またタッカ（Michigan v. Tucker, 417 U. S. 433 (1947)）では、ミランダ警告が適切に与えられずに採取された被疑者の供述から身元が明らかになった証人の証言も公判で証拠として許容される、と判示している。証人の証言の排除によるコストは、他の証拠の排除の場合に比べしばしば甚大で、排除を認められるには、捜査の違法とその証言との間により直接的な結びつきが必要なのである。

これは、証人の証言の方が非供述証拠よりも信頼性があるといっているのではない。実際は逆であろう。しかし、稀釈法理の適用が認められるかどうかの判断は証拠の信頼性に依拠するものではない。稀釈法理の分析では、証人の証言の場合と非供述証拠の場合とで異なった要因について焦点を当てる事が許されるのである。

(2) 叙上の諸原理に照らして本件を見てみると、Count of Appealsは、本件では稀釈の程度が捜査の違法と証人の証言との関連を消去するのに不十分である、と判示した点で誤っている。本件証人へネシーの証言は自由意思によるものであり、強制が加えられたわけでもなく、また、賭博の番号札の発見の結果として当局が証人から引き出したものですらない。へネシーに質問がなされたときにこの番号札は使われていない。違法な捜索がおこなわれたときから最初にヘネシーと接触がもたれたときまで、さらに、その接触のときからヘネシーが公判で証言するまでには相当の期間が経過している。ヘネシーの身元及び彼女と被申請人チェコリーニの関係を本件の捜査担当者はよく知っていた。警察官バイロがチェコリーニの花屋に入ったとき、あるいは、封筒を取り上げたときには、賭博に関する証拠を発見しようという意図はなく、まして、十分な知識をもちチェコリーニに不利な証言を進んでしようという証人を発見する意図などはなかった。このような本件事情の下で排除法則を適用しても、違法捜査の抑止効果はまるでなく、他方へネシーに証言させないことから生じるコストはあまりに大きすぎる。

憲法違反と証人の証言との因果関係が問題となっている場合の排除法則の適用は、非供述証拠の場合に比べより一層慎重でなければならない。

二　バーガ首席裁判官の補足意見

排除法則の目的という観点からすれば証人の証言とその他のタイプの証拠との間には根本的な差異がある、との法廷意見に賛成する。しかし、この観点から排除法則の適用の有無を考えるならば、証人にどの程度の自由意志があったかを検討することは不要であり、違法捜査をしようとした官憲の動機を検討すれば足りる。違法捜索が有益な証人の発見に通じると官憲が考えていた場合でなければ、証人の証言を排除しても違法捜査に抑止効は働かない。しかし、このような場合はきわめて稀であろう。また、証人を発見できるかもしれないとの期待が違法捜査を行う上で何らかの影響を及ぼすという場合もあるかもしれないが、そのような場合でも、証拠排除によって得られる利益と弊害とを比較衡量しなければならないのであり、しかもその結果は、弊害の方が大きすぎるということになるであろう。

したがって、証人の証言については、いかなる場合にも毒樹の果実にならないとの画一的な基準（per se rule）が採られるべきである。

なるとは考えられない。

三　マーシャル裁判官の反対意見

法廷意見は、ウォン・サンの採った「排除法則の目的からは、供述証拠と非供述証拠とは論理的に区別できない」との結論を大幅に修正しているが、憲法違反の捜索・押収を根とする同じ樹に排除法則の適用の異なる別々の果実がなるとは考えられない。

法廷意見は、稀釈法理の適用に当たって証人の証言と非供述証拠とでは異なった考慮が必要だといい、その理由としてまず、証人の証言には自由意志が介在するという。しかし、違法捜査とは無関係に証人が出頭し供述したかどうかは、稀釈法理の分析ではなく実は「独立入手源法理」あるいは「いずれにせよ発見される証拠の法理（inevitable discovery doctrine）」の適用の問題として考慮されるべきものである。しかも法廷意見はこの点につき、当の証拠が独立入手源から獲得されたか又はいずれにせよ発見されたといえるかどうか判断し、そのどちらも否定されると今度は、一般論としては証人が自らの意志で出頭することがときどきある、という事実を考慮に入れるといった方法を採っている。また「証言しようという証人の意思が強ければ強いほど、違法捜査への誘因は小さくなる」と法廷意見は主張するが、通常は証人が発見されてからでなければ証人が進んで証言しようと思っているかどうかはわからないはずである。本件の場合でも、警察官が違法捜索を行った時点ではわからなかった。また、非供述証拠の場合でも当の証拠が適法に発見されることを警察官が知っていれば違法捜査への誘因は小さくなるので、この点で証人の証言との間に差異はない。

次に、法廷意見は、証人の証言の排除は関連性・重要性のある事実についての証人の証言を永久に利用できなくするものであり、この点で非供述証拠の排除と異なる、と主張しているが、排除されれば関連性・重要性のある証拠が当の公判で利用できなくなるという点では証人の証言も非供述証拠も変わりがない。

証人の証言の排除が社会にとって大きな負担になるというのは事実であるが、非供述証拠の排除の場合でも同程度のコストが生じることはしばしばある。しかしそれでも、そのコストを凌駕する利益が証拠の排除によってもたらされるので、「最初の捜査の違法による汚染が充分に稀釈されないかぎり毒樹の果実は排除される」、という原則がこれまで採られてきているのである。この原則は法廷意見も確認している。

本件では、違法捜索からＦＢＩの捜査官が証人ヘネシーと接触するまで四ヶ月経過しているが、重要な証拠は警察官バイロの違法捜索によりヘネシーに質問した時点ですでに提供されているので、その後の期間の経過は重要ではない。また、違法捜索時のヘネシーの供述と後の公判での証言の間にはいかなる介在事情も存在しない。さらに、ヘネシーは警察学を専攻している学生でありながら、みずから当局へ出頭したわけでもなく証言させるよう求めたわけでもない。ＦＢＩの捜査官が彼女の自宅に赴き面接しなければならなかったのである。最後に、バイロの捜索が違法であったことには争いがなく、また、ＦＢＩが行っていた賭博の捜査に地方警察（local police force）が協力していたという点にも争いがない。以上のような本件事情からすれば、本件では、捜査の違法と証人の証言との関係が十分に稀釈され汚染が消散しているとみることはできない。

《解　説》

一　本件では、証人の証言が合衆国憲法第四修正に違反する捜索の毒樹の果実となり得るか、また、なり得るとしていかなる場合に稀釈法理の適用を認めるべきか、が争点となった。この争点については、本件で合衆国最高裁判所が判断を示すまで、連邦下級審裁判所、州裁判所では、大別して次の三つのアプロウチが採られていた。第一は、証人の証言しようという決意は、最初の違法捜査の汚染を消散させるのに十分な独立の介在事情となると認められ、違法捜査と証言との因果関係が断ち切られるので証人の証言は毒樹の果実にはなり得ないとするもの[1]、第二は、非供述証拠の場合と差異を設けることなく、当の事例で独立入手源法理、稀釈法理の適用が認められない限り毒樹の果実となる、とするもの（この立場は、証言しようという証人の決意を稀釈の要素とはみない）[2]、第三は、証人の証言も毒樹になり得るが、排除法則の適用の可否を判断するにあたって証人の証言に特有の事情を考慮に容れるべきだとするものである（この立場では、たんに証人が証言を決意したというだけでは稀釈ありとは認定されないが、熟慮のうえでの決意であったかどうか、違法捜索の目的が証人の発見にあったかどうか等が稀釈の有無の判断の要素となる）[3]。

本件で法廷意見は、排除法則の基礎をなす違法捜査の抑止という政策の観点から、第三のアプロウチを採った。

二　周知のように、毒樹の果実法理はシルヴァーソン（Silverthorne Lumber Co. v. United States, 251 U. S. 385 (1920)）以降合衆国最高裁判所で採られている法理であり、稀釈法理もナードン（Nardon v. United States, 308 U. S. 338 (1939)）以降採られているものである。また、ナードンは連邦通信法違反の事例であったが、ウォン・サン（Wong Sun v. United States, 371 U. S. 471 (1963)）で第四修正違反の場合の適用が確認された。とはいえ、毒樹の果実の排除の根拠、稀釈法理適用の根拠をいかに考えるかは、排除法則それ自体の根拠の理解が変わるのに伴い変化してきている[4]。

ウィークス（Weeks v. United States, 232 U. S. 383 (1914)）、シルヴァーソン等初期の判例では、「政府は自己の違法な活動から一片たりとも利益を得てはならない」との規範命題を第四修正から導き出し、この規範命題を排除法則の根拠としていた（規範説）。この規範説の立場では、第四修正に違反して獲得された証拠から派生する証拠を公判で証拠として許容すれば、「政府が自己の違法な活動から利益を得る」ことになるので毒樹の果実は排除されるのである[5]。したがって、規範説の立場では違法捜査との間に因果関係が認められる証拠は（独立入手源の存在が証明されない限り）原則としてすべて排除されることになるが、諸々の事情が間に介在することにより、理屈っぽい議論（sophi sticated argument）からは因果関係が認められても良識的（good sense）にみると因果関係が認められないという場合には、当の証拠を許容しても「政府が自己の違法な活動から利益を得る」ことにはならないので、その証拠は毒樹の果実としては排除されない。[6] これが規範説を前提とした稀釈法理適用の根拠である。

これに対し、ミャップ（Mapp v. Ohio, 367 U. S. 643（1961）.）以降排除法則の中心的根拠とされている抑止効論からすると、当の派生証拠を証拠として許容すれば排除法則の抑止効が失われるので、換言すれば、違法捜査への誘因を与えることになるので、その証拠は毒樹の果実として排除されることになる。稀釈法理適用の根拠も抑止効論では、当の証拠を排除しても抑止効が働かない場合には排除する必要がなく、したがって、違法捜査による汚染は稀釈されているとみる、というものになる。抑止効論に基づく排除法則の適用は、さらに、キャランドラ（United States v. Calandra, 441 U. S. 338（1974））で、排除法則は「裁判所が創設した救済策（judicial created remedy）」であるから適用の際には cost-benefit analysis が必要であるとされており、この理論構成からすると稀釈法理適用の根拠は、社会が被るコストを上回る（違法捜査抑止という）利益が得られない場合は排除法則を適用すべきではなく、それゆえ違法捜査による汚染は稀釈されているとみる、というものになる。例えば、ミランダ法理違反の自白から発見された証人の証言の許容性が争われたタッカ（Michigan v. Turcker, 417 U. S. 433（1974））では、証人の証言を排除しても抑止効の増大はのぞめず、関連性、信憑性のある証拠を事実認定者が利用するという利益を凌駕するものではない、として許容性が肯定された。また、probable cause を欠いた逮捕中にミランダ警告を与えて入手した被疑者の供述の許容性が争われたブラウン（Brown v. Illinois, 422 U. S. 590（1975））[7] では、違法逮捕の汚染がミランダ警告だけで常に稀釈されるとすれば排除法則の抑止効が失われてしまうので、稀釈の有無は、逮捕と自白の時間的接近性、逮捕と自白の間の介在事情、違法行為の目的と悪質さ等を総合的に評価して判断しなければならないとされた。[8]

本件でも、この抑止効論にcost-benefit analysisを加味した観点から稀釈の有無を判断するという立場が採られているが、同じ証人の証言の許容性が争われた事件でも、タッカがミランダ法理違反の事例であったのに対し、本件は排除法則のフランチャイズである第四修正違反の事例である点に注意を要する。というのは、ミランダ法理違反の場合にはその「毒樹性」自体に争いがあるのに対して、第四修正違反という常に毒樹性が肯定される場合の派生証拠である証人の証言の扱いについて、cost-benefit analysisを加味した抑止効論を前提にすべきことが本件ではっきり述べられたからである。抑止効論を梃子とした排除法則の限定という近時の合衆国最高裁判所の傾向が、毒樹の果実論の領域でも一層進んだといえる。また、本件では、稀釈の要因の一つとして証人の自由意志の介在が挙げられているが、それは、「進んで供述しようという意思が強ければ強いほど、その証人は適法な手段で発見され易くなり、違法捜査の誘因は小さくなる」という理由からであり、徹底して抑止効論に沿った理由づけがされているという点も注目されるべきである。連邦下級審裁判所、州裁判所で自由意志の介在を稀釈の要因とみる場合、自由意志という因果関係の中断事由が存在し良心的にみれば因果関係が断ち切られているといえる、というようにナードンでいわれた意味で稀釈の要因とされているのに対し、(9)本件ではあくまで抑止効論の観点から稀釈の要因とされているのである。

三　ところで、本件では法廷意見も補足意見も、そして反対意見も、稀釈の有無をcost-benefit analysisを加味した抑止効論の観点から判断するという点では一致しているが、その同じ前提に立ちながらそれぞれ異なった結論に達している。特に、法廷意見が証人の証言を非供述証拠の場合とは異なった扱いが必要であるとしその根拠として挙げたものを反対意見が一つ一つ反駁しているのは興味深い。違法捜査の抑止という政策的根拠に基づいているので、その性質上排除法則適用可否の判断は判断者によって結論が異なりやすいものとなる。さらに排除法則の抑止効が実証的に十分検証されていないということがこの傾向をさらに助長しているようにも思われる。しかし、このように判断が分かれる傾向が強く予見可能性に欠けるということは、下級審裁判所に判断の指針を提供し、また、法執行機関の活動に対し基準を設定するという点では大きなマイナスである[10、11]。抑止効論に立つ限り、基準設定は事例の集積をまつしかないということになる。

本件では、法廷意見は稀釈を認定するための要因として、① 証言が証人の自由意志によるものであること、② 違法捜査で発見された賭博の番号札が証人に対する質問の際に利用されなかったこと、③ 違法捜査と証人との接触の間、及び、その証人との接触と大陪審での証言との間にかなりの時間（計五ヶ月）が経過していること、④ 違法捜索の以前から証人の身元、証人と被告人との関係が捜査官に判明していたこと、⑤ 違法捜索の目的が証人の発見にはなかったこと、を挙げている。これらの要因をルーズに解釈し適用したのでは、結果的に、証人の証言は常に毒樹の果実にはならないとの画一的基準を採ったのと同じことになってしまう。法廷意見は画一的基準を採ることをはっきりと拒否しているのであるから、これらの稀釈の要因は慎重に解釈、適用されなければならないということになるであろう。

（1）　People v. Eddy, 349 Mich. 637, 85 N. W. 2d 117 (1957).

（2）　People v. Martin, 382 Ill. 192, 46 N. E. 2d 997 (1942). People v. Schmoll, 383 Ill. 280, 48 N. E. 2d 933 (1943). People v. Albea, 2 Ill. 2d 317, 118 N. E. 2d 227 (1954). People v. Mills, 148 Cal. App 2d 392 (1957). Abbott v. United States, 138 A. 2d 485 (1958). People v. Schaumloffel, 53 Cal. 2d 96, 346 P. 2d 393 (1959). United States v. Alston, 311 F. Supp. 296 (D. D. C. 1970).

（3）　Smith and Bowden v. United States, 324 F. 2d 879 (1963). M. Lindon v. United States, 329 F. 2d 238 (1964). United States v. Tane, 329 F. 2d 848 (1964). Smith and Anderson v. United States, 344 F. 2d 545 (1965). Lockridge v. Superior Court 474 P. 2d 683 (1970).

（4）　合衆国での毒樹の果実論及び稀釈法理の展開については、渥美東洋「合衆国における違法排除法理の展開とその不合理性」、同「違法排除法理の根拠と機能の再検討」（同『捜査の原理』（一九七九年）所収）、同「反覆自白、不任意自白と排除法則──毒樹果実論にも触れて」（判例タイムズ三六五号）、光藤景皎「違法収集証拠排除の範囲」（同『刑事訴訟行為論』（一九七四年）所収）参照。

（5）Silverthorne Lumber Co. v. United States, 251 U. S. 385, 392 (1920).

（6）Nardone v. United States, 308 U. S. 338, 341 (1939).

（7）本判決の紹介に、原田保、『（鈴木義男編）アメリカ刑事判例研究第一巻』（一九八四年）一四一頁、がある。

（8）パウエル裁判官の補足意見では、cost-benefit analysis から稀釈の有無を判断すべき旨がはっきり述べられている。（Powell J. concurring, 422 U. S. 590, 608-609. (1975).）

（9）ウォン・サン、ブラウンでも、自由意志の介在はこのナードンでいわれた意味で稀釈の要因として考慮されたように思われる。

（10）抑止効論のもつ欠点については、渥美東洋　前掲註（4）論文、及び、同「レッスン24排除法則の限界」（同『レッスン刑事訴訟法［中］』（一九八六年）所収）、同「第一四講排除法則の根拠とその適用」（同『刑事訴訟を考える』（一九八七年）所収）参照。

（11）ちなみに、我が国の昭和五三年最高裁判決（最判昭五三・九・七刑集三二巻六号一六七二頁）が抑止効論を中心としたいわゆる相対的排除論に立つとするならば、毒樹の果実論の領域でも、予見可能性の低さから下級審裁判所の判断に混乱が生じる危険性は高い。

（柳川　重規）

69　United States v. Crews, 445 U. S. 463 (1980)

公判廷での被害者による犯人識別証言が違法逮捕の果実としては排除されない、と判示された事例。

《事実の概要》

ワシントン記念公園内の女子トイレで武装強盗事件が発生し、さらに三日後にも同じトイレで類似の強盗事件が二件発生した。被害女性三名が警察に伝えた犯人の特徴は一致していた。さらにその三日後、犯行現場付近を警邏中の警察官が被申請人クルーズを見かけ、犯人の手配人相に似ていたことから、近づいて質問をした。クルーズは年齢が一六歳で、学校を無断欠席していると答えた。六日前の強盗事件が発生した日に、犯行場所付近をうろついている少年を見かけたと警察に通報していた公園のツアーガイドが近くにいたので、このツアーガイドにクルーズを確認させたところ、事件当日に見かけた少年であると答えた。そこで、警察官は、学校の無断欠席を理由にクルーズを警察署に連行し、簡単な質問と写真撮影をし、学校に連絡した後、釈放した。

その後、被害者のうち二名が写真による犯人識別を行い、クルーズを即座に犯人であると識別した。クルーズは再び身柄を拘束され、裁判所が命じた面通し（line up）で、この二名の被害者により犯人と断定された。

三つの強盗事件につき起訴されたクルーズは、公判前に、学校の無断欠席を口実にした逮捕の違法を理由に、すべての犯人識別証言の排除を申立てた。公判裁判所は、この逮捕が実体要件（probable cause）を欠き違法であると認定し、写真と面通しでの犯人識別供述は逮捕の成果であるとして証拠から排除した。しかし、公判廷での犯人識別証言については、途中の識別手続きにより汚染されていない被害時の独立の記憶に基づくものであるとして、証拠の許容性が認められるとした。公判で被害者三名全員がクルーズを犯人であると識別したが、クルーズは最初の強盗事件についてのみ有罪と認定され、四年のプローベーションに処せられた。

コロンビア特別区コート・オブ・アピールズは、違法逮捕がなければ警察はクルーズの写真を入手することはできず、また、写真がなければ被害者による犯人識別も行われなかったのであるから、結局、起訴することもできなかったはずであるとして、違法逮捕と公判での犯人識別証言との因果関係を認めた。そしてその上で、本件事情の下では排除法則の例外である独立入手源法理も、いずれにせよ発見された証拠の法理（不可避的発見の法理）も、稀釈法理も適用されないとして、公判廷での犯人識別証言を排除し、有罪判決を破棄した。合衆国最高裁判所により、サーシオレイライが認容された。

《判旨・法廷意見》

破棄

一 ブレナン裁判官執筆の法廷意見（ただし、⑷は、スチュワート、スティーヴンズ両裁判官のみ参加の意見）

ウォン・サン（Wong Sun v. United States, 371 U. S. 471 (1963)）やその後の判例が示しているように、排除法則は第四修正違反の活動の直接的な産物のみならず間接的な産物にも及び、有体物であると否とを問わず、観察により得られた物の情報、傍受された言葉、自白や供述なども含め憲法違反のあらゆる成果に対して適用される。

毒樹の果実法理の適用が争われる大部分の事件では、第四修正違反の行為と問題となっている証拠との間に因果関係があることは前提となっていて、その上で稀釈法理の適用の有無などが争われるのに対し、本件ではこうした前提から出発することができない。というのは、被害者による公判廷での犯人識別証言を構成する特徴的な要素として、①被害者が出廷し、被害者と犯人との間で何が起きたかを証言し、被告人と犯人が同一人物であると認めること、②被害者が犯行について知っていて、喚起した犯行時の記憶から被告人と犯人が同一人物であると認めること、③被告人が実際に在廷し、それにより被害者が被告人を観察し、被告人と犯人の容貌とを比較できること、といった三つの要素を挙げることができるのであるが、本件の場合、これらの要素はいずれもウォン・サンでいわれたところの被告人の第四修正上の権利の侵害を活用して獲得されたものではなく、第四修正違反の活動の産物とはいえないからである。

(1)　まず、被疑者の公判廷への出頭については、本件では被害者の身元が違法逮捕を行う前から警察には明らかになっていたのであるから、被害者の出廷と第四修正違反の活動との間に因果関係を認めることはできない。

(2)　本件の違法逮捕が被害者の犯人識別能力に対して影響を与えているか否かということでは、公判裁判所は、被害者の公判廷での犯人識別証言は被害者の犯行時の記憶に基づくものであり、その後に行われた写真による面割りや面通し(line up)による影響を受けていないと認定している。この認定は記録から見て十分な根拠がある。たとえて言えば「毒が注入される前に証拠の芽は花開いていたのである」。

(3)　被申請人(被告人)の公判廷への出頭について言うと、違法逮捕が行われても被告人は訴追を免れることはできず、政府はその違法活動に汚染されていない証拠を用いて被告人の有罪を立証する機会を奪われない、というのが先例である(Gerstein v. Pugh, 420 U. S. 103 (1975); Frisbie v. Collins, 342 U. S. 519 (1952); Ker v. Illinois, 119 U. S. 436 (1886))。したがって、被申請人自身は「果実」として排除の対象となることはなく、被告人として在廷させることができる。

(4)　被申請人は、犯行現場での自己の姿を写した写真と同じように、自己の容貌も一種の証拠であり、この容貌という証拠が違法逮捕の結果利用可能となったのか否かについて判断しなければならないと主張するが、本件でこの点について判断を下す必要はない。というのは、仮に被告人の容貌が違法逮捕の果実になり得るとしても、本件では違法逮捕の前に既に警察に被申請人の身元が判明していて、また、被申請人が強盗事件に関与していることを窺わせる証拠を得ていたのであり、さらには、被害者の記憶に基づいて犯人の似顔絵も作成されていたのであるから、被申請人の容貌に関して違法逮捕により証拠上の価値が増したということはないからである。本件では、被申請人の容貌は、警察が違法逮捕を行う前に既に入手していた情報であって、違法逮捕によって汚染されることはない。

以上述べた理由から、本件被害者による公判廷での犯人識別証言は憲法違反の逮捕によっては汚染されておらず、したがって証拠に許容できる。

二　パウエル裁判官の一部賛成の意見

一—⑷の部分を除き法廷意見に加わる。フリスビー＝カー（Frisbie v. Collins, 342 U. S. 519 (1952)；Ker v. Illinois, 119 U. S. 436 (1886)）の理論構成からすれば、被申請人の容貌が違法逮捕の果実として排除されないことは明らかであり、したがって、この点についてはホワイト裁判官の意見に従う。

三　ホワイト裁判官の意見（バーガー首席裁判官、レーンクェスト裁判官参加）

ブレナン裁判官は、被告人の容貌が違法逮捕の果実として排除され得るか否かという争点の解決を留保しているが、この争点は、フリスビーの理論構成により解決すべきであると考える。

フリスビーでは、被告人を法廷に出頭させる方法に違法があっても、これによって被告人に対し審理を行う裁判所の権限が失われるわけではないと判示されている。被告人の法廷への出頭を違法逮捕の果実とし、被告人の容貌を証拠から排除することは、公判廷での犯人識別証言が有罪立証に不可欠の事件にあっては、違法逮捕があったために被告人に有罪判決を下すことができないのと同じことになり、フリスビーの根底をなす理論構成に反することになる。

ブレナン裁判官の意見では、本件で被申請人クルーズの逮捕時に不審事由がなかったならば、公判廷での犯人識別証言が排除される可能性があったのであるが、これは先例に根拠を見出せるものではなく、また、なぜ、probable cause ではなく不審事由が要件となるのかについて憲法上の理由が不明である。被申請人が公判廷に出頭し、被害者が公判廷で被申請人と犯人との同一性を確認できたのは、たんに公判審理が開かれたことの必然的な結果に過ぎず、しかも、被申請人を違法に逮捕しても公判審理を開くことはフリスビーにより許されているのだから、被申請人の容貌は違法逮捕の果実として排除されることはない。

《解　説》

一　合衆国の排除法則には毒樹の果実法理が付随し、基本権侵害活動がなかったならば得られなかったはずの証拠、すなわち、基本権侵害活動と条件関係が認められる証拠は原則排除され、独立入手源法理[1]、稀釈法理[2]、いずれにせよ発見された証拠の法理（不可避的発見の法理）[3]という例外の法理が適用される場合にのみ、証拠の許容性が認められている。[4]

本件では、証人による公判廷での犯人識別証言が違法逮捕の毒樹の果実として排除されるか否かが争われているが、違法逮捕と犯人識別証言との因果関係の有無が検討の中心になっている。

二　被害者による犯人識別であっても、たとえば違法逮捕下での面通し（line up）の際の犯人識別に関しては、証拠排除されることが本件では前提とされているようである。しかし、公判廷での犯人識別証言に関しては、（理由付けは分かれたものの）これを証拠に許容するとの結論に裁判官全員一致で達している。

被告人の容貌が違法逮捕の果実になり得るかという争点以外の点に関して法廷意見を執筆したブレナン裁判官は、被害者による公判廷での犯人識別証言を、①被害者の法廷出頭、②被害者の犯人識別能力、③被告人の法廷出頭と、これに基づく被害者による犯人と被告人の容貌の比較の三つの要素に分解し、それぞれの要素が違法逮捕の影響を受けていないことを理由に、犯人識別証言を証拠に許容している。この判断で理論的に特徴的なのは、逮捕に違法があっても被告人を公判に出頭させ在廷させることは許されるということを確認した点である。この点で依拠したのがフリスビー等の判例であり[5]、フリスビーでは、他の法域から違法に被告人を連行した場合であっても、公判での被告人の権利が保障された状態で審理が行われれば、公正な裁判を受ける被告人の権利は侵害されず、デュー・プロセス違反はないと判示されている。

逮捕に違法があっても、それに由来しない証拠によって被告人を訴追することは禁ぜられない、すなわち、被告人を法廷に召喚し、在廷させることは禁ぜられないという点では本件での裁判官の意見は全員一致であるが、その先の被告人の容貌が違法逮捕の果実になり得るかという点で、見解が分かれている。この点については、違法逮捕の果実にはなり得ないとするホワイト裁判官の意見が絶対多数を占め、法廷意見となっている。被告人が法廷に出頭すれば、その容貌は当然に法廷で明らかになるのであり、被害者が犯人と被告人の容貌を比較できるのは、ホワイト裁判官が言うように公判審理が開かれたことの必然的な結果に過ぎないようにも思われる。だが、このような見解には、排除法則の適用を大幅に制限する可能性を有し、違法捜査の抑止効が失われるとの批判もある。(6) ただ、たとえば、違法逮捕に由来する証拠によって証人が発見された場合など、公判廷での犯人識別証言であっても他の点で違法逮捕の影響が認められれば証拠に許容できないのであるから、こうした批判は当たらないようにも思われる。(7)

（1） このような毒樹の果実法理が採用されている理由付けは、排除法則の根拠をいかに理解するかにより異なる。基本権保障条項それ自体が証拠の排除を要求するとの規範説によれば、排除法則とは基本権侵害活動の否定を意味し、基本権侵害活動の法的効果を一切否定するものだということから、毒樹の果実法理が排除法則に当然に付随することになる。違法捜査の抑止を排除法則の根拠に据えるよう抑止効説の立場では、派生証拠まで排除しなければ排除法則の抑止効が保たれないということが理由とされる。

（2） 基本権侵害活動とは異なる入手源から証拠が獲得されたことを理由に、証拠の許容性を認める法理。この法理については、本書70事件参照。

（3） 基本権侵害活動と獲得された証拠の間に様々な事情が介在していて、証拠の獲得が基本権侵害活動の成果とは見られないということを理由に、証拠の許容性を認める法理。この法理については、本書68事件参照。

（4） 証拠の獲得は、実際には基本権侵害活動に由来するが、適法な活動によってもいずれにせよ証拠は発見されていたという場合に、証拠の許容性を認める法理。この法律については、本書71事件参照。

（5）Frisbie v. Collins, 342 U. S. 519 (1952).

（6）See, Supreme Court Review : Fourth Amendment - In-Court Identifications, 71 J. Crim. L. & Criminology 488 (1980).

（7）本件を紹介したものに、鈴木義男編『アメリカ刑事判例研究　第二巻』（一九八六年）。

（柳川　重規）

70　Segura v. United States, 468 U. S. 796 (1984)

無令状の立入りには緊急状況がなく違法であり、その立入りで現認された証拠は排除されるが、立入り前の情報に基づいて申請された令状を入手するまでの間、証拠隠匿・破壊防止目的で官憲が家屋内に留まった滞在措置（インパウンド）は、第四修正の不合理な押収に当たらず、後に発付されたその令状で押収した証拠は独立源に基づくものとして合法であるとされた事例。

《事実の概要》

ニューヨーク薬物法執行タスク・フォース（New York Drug Enforcement Task Force）の係官は、申請人であるセクゥーラ（Segura（以下Sと記す））とCのコケイン取引について情報を得、監視を続けて両名を逮捕した。逮捕までの経過は次のとおりである。

Sと取引相手VがレストランVに入ったとき、そのレストランの駐車場に駐車していたVの車の乗員PにCが大きな包みを渡すのを係官は目撃したのち、VとPを追跡し、アパートに入ろうとするところで停止させ、調べたところPのコケイン所持が判明し、両名をただちに逮捕した。この場でVは協力して、Sからのコケイン譲受とCとの取引の事実を認め、Sから後にコケイン取引について電話がかかってくること、さらに、売却に成功すればさらに引き渡しを受ける手筈であると係官に告げた。

七時半頃係官らは申請人のアパートに到着し外部で監視体制を敷き、一一時一五分頃Sが一人でアパートの建物のロビーに入ったところで直ちに逮捕し、彼の部屋に連行し、後にCと判明したドアを開けた夫人から立入許可を得ずにSと共に室内に入り、そこに居合わせた数名の者とともに、Sは無令状で逮捕され、この部屋の捜索令状が入手されることになっていると告げた。

安全を脅かし、証拠を破壊する虞れのある者を確かめる目的で部屋の安全確認をした。その折、寝室で、薬物取引に用いられる、竿コンパス、乳糖、セロファンの包みを現認したが、手を触れずにおいたままCを逮捕した。捜査官は逮捕に伴いCの身体の捜索・押収をしバックの中から装塡済み回転拳銃と二、〇〇〇ドルを超える現金を発見した。C、S、及び他の居合せた者を薬物取締本部（Drug Enforcement Administration Headquarter）に連行した。

DEAの二名の係官がこの部屋に滞り令状の発付を待った。「事務上の処理の遅れ」で翌日の午後五時になって初めてマジストレイトに捜索令状が請求され、令状発付後、午後六時から捜索が開始され、その結果、約三ポンドのコケイン、Cが逮捕時に所持していた回転拳銃に合致する三八口径の弾丸一八発、五万ドルを超える現金と、麻薬取引の記録を発見した。捜査官は、前日の安全確認時に現認した物と共にこれらの物を押収した。

申請人らは合衆国District Courtの公判前手続で安全確認の時に現認された物とその後の捜索で発見された物の双方の排除を申立てた。District Courtは、証拠排除に関する完全な聴聞の後、この申立てを認め、本件アパートへの立入りを正当化する緊急状態は無く、Cの逮捕とその逮捕に伴う捜索、及び、現認された物の押収は不法であり、違法な捜索の「果実」として排除を命じた。後に発付された捜索令状には「相当理由」があるが、アパートへの違法な立入りと「占拠」がなければ、Cが薬物の隠匿又は破壊をしていたかも知れず、したがって令状による捜索時にその証拠は発見されないことになるからとの理由で、同裁判所は有効な令状で押収された薬物も「毒樹の果実」だと判示した。

Court of Appeals は District Court の判断を一部破棄し、一部確認した。Court of Appeals は、当初の立入りには緊急状態がなく現認された証拠は排除されるとした判断を確認し、現認された証拠の「押収」は捜索令状発付後であるから排除すべきではないとの国側の主張を却下したが、アガピート（United States v. Agapito. 620 F. 2d 324 (CA2), cert. denied. 449 U. S. 834 (1980)）に依拠して、立入りがなければ証拠が破壊された可能性があるとして有効な令状で押収した証拠を排除した判断は妥当でないと判示し District Court の判断を破棄した。

申請人は、コケイン頒布の共謀罪（21 U. S. C. 846）、コケインの頒布目的所持（21 U. S. C. § 841 (a) (1)）で有罪とされた。第二巡回区裁判所はこの判断を確認。

合衆国最高裁判所はサーシオレイライを認容した。

《**判旨・法廷意見**》

原審判断確認

一　バーガー首席裁判官執筆の法廷意見（(3)はオコンナー裁判官のみ参加の複数意見）

(1)　本件無令状立入りと証拠破壊の防止目的での安全確認には緊急状況がなく、違法である。本件の唯一の争点は、当初の立入り時には現認されなかったが、後の有効な令状で発見された証拠を、毒樹の果実として排除すべきか否かである。

(2) 最初の不法な行為と、後に入手された証拠の関連が稀薄なため、最初の違法が十分に稀釈されていれば後に入手した証拠を公判で用いることができる。Nardon v. United States. 308 U. S. 338, (1939). 証拠が違法行為とは独立の行為から得られた場合には、その証拠を公判で用いることができる。Silverthorne Lumber Co. v. United States. 251 U. S., at 392；Wong Sun v. United States. 371 U. S. 471, 484 (1963)；see also United States v. Crews, 445 U. S. 463 (1980)；United States v. Wade, 388 U. S. 218, 242 (1967)；Costello v. United States, 365 U. S. 265, 278–280 (1961).

(3) (オコンナー裁判官のみが参加している複数意見の部分)

官憲が令状入手までの間室内に証拠破壊防止のため滞在した措置(インパウンド)の妥当性が問題となる。事情を総合すると本件でのインパウンドは不合理な押収に当たらない。申請人は、係官の立入後令状入手までの占拠行為は「押収」に当たる、と主張する。証拠破壊防止の立入が個々のコケイン等の証拠まで「押収」したことになるのかどうかを決する必要はない。第四修正の禁止するのは、不合理な捜索・押収であり、アパートとその内部の物を押収したと仮定しても本件押収は全事情を総合すると不合理な押収に当たらない。

押収と捜索では、違った利益が関係する。押収は、占有権(possessory interests)にしか影響を与えないが、捜索は人のプライヴァシーに影響を与える。United States v. Jacobsen, 466 U. S. 109 (1984)；United States v. Chadwick, 433 U. S. 1, 13–14, n. 8 (1977)；see generally Texas v. Brown, 460 U. S. 730 (1983) (Stevens, J., concurring opinion).

犯罪証拠が家屋に存在すると信ずる相当理由があれば、証拠の隠匿又は破壊を防止する一時的な、家屋での危険防止措置が、第四修正に違反するのか否かにつき、先例はないが、少なくとも、捜索令状入手の間の現状凍結のための証拠破壊防止目的での家屋のインパウンドが第四修正に違反しないと示唆する二件の先例がある。ミンシィ事件（Mincey v. Arizona, 437 U. S. 385（1978））は、死亡事件のアパートで、令状入手に先立ち、証拠の紛失、破壊又は隠匿の虞れは示されなかったのに、証拠保存のために、入り口に見張りの警察官を置いた活動を是認した。同様に、ローリングス事件（Rawlings v. Kentuckey, 448 U. S. 98（1980））も、逮捕状が発付されていた被逮捕者の家屋で内部から証拠破壊の危険を除去する措置を採り、他の官憲が令状を入手する間、家屋所在者全員の身柄を拘束したが、合衆国最高裁判所は、後に発付された令状に従って発見された証拠の許容性を疑わなかった。

これらの諸先例で示されてきたインパウンドの原理が本件にも適用される。家屋は聖域だが、第四修正が家屋を聖域とするのは、家屋の占有者に「占有」の利益があるというよりは、家屋内での活動に占有者が「プライヴァシーの」利益を持つことを理由とするものである。第四修正は、「人を保護しているのであって、場所を保護しているのではない。」

押収は占有の利益にしか影響を与えず、プライヴァシーの利益には影響を与えないので、プライヴァシーの利益を保護するための保障は、捜索ではなく「押収」が争点となっている場合には全く関連しない。それゆえ、相当理由に基づく捜索令状請求中の証拠の破壊・隠匿を防止して、相当理由に基づき家屋についてその危険を除去する措置を採ることは、それだけでは、家屋や家屋内の物の不合理な押収に当たらない。しかし、緊急状態がなければ、無令状の捜索は違法である。

本件では係官は住居への立入りに先立ち申請人のアパートの中で犯罪に当たる薬物に関係する活動が行われていると信ずるに足る相当理由を持っていた。係官は数週間に亘る監視の結果、申請人がコケイン販売目的でアパートを出るのを目撃している他、Ｓが犯罪に関係していたとの、Ｖの係官に対する供述がある。この情報に基づき、マジストレイトは捜索令状を正当に発付した。

本件では係官が家屋に立入り内部での証拠破壊防止措置を採った。部屋の中には、被拘束者以外証拠破壊を行う者が不在だと確認したのち、部屋から出て、外で見張りを立て監視する方法を採る方が賢明だともいえるが、「押収」に関するかぎり内部での監視と外部での監視には第四修正上差異はない。緊急状況がなければ家屋への立入りは違法な「捜索」となり、申請人のプライヴァシーの利益を侵害するので、この立入りの間に見たすべての証拠は排除されるべきであるが、家屋内に滞留し、証拠破壊を防止する措置が部屋の中の物について申請人がもつ利益を侵害する程度は、外での見張りによる監視と変わらない。当初の立入の合法、違法は押収の合理性には影響を与えない。

申請人は、内部に立入っての監視と外部での監視とを区別しない考え方は、違法な立入りの危険を高めると主張するが、この主張には理由がない。第一に、緊急状況がない場合の立入りは違法である。官憲が通常、意図的に当然に法を無視するとは思われない。第二に、実際問題として、官憲に相当理由があり、令状入手の過程にある場合、緊急状態がないのに、その官憲が、令状発付前にその家屋に立入る理由はない。勿論、緊急状態があれば立入りは当然に合法となる。第三に、違法に立入れば、その立入りの結果直接に発見した証拠はすべて排除されることを官憲は認識している。最後に、緊急状況がないのに立入ると基本権法の一九八三条により民事の責任を問われる虞れがある。

押収行為が当初相当理由に基づき合理的でも、押収が長引き又は、その他の理由でのちに不合理になることがある。United States v. Place, 462 U. S. 696 (1983).

本件では令状入手に一九時間の時間の遅れがある。それは大都市では珍しいことではなく、それ自体で捜査官憲の悪意を示してはいない。また、本件では官憲が令状入手を意図的に遅らせたという示唆はない。被逮捕者の扱いを先行させたために手続が遅れたとの釈明は不合理ではない。官憲は、部屋に滞って令状の発付を待っていただけで、別の目的に占拠・滞在を利用した証拠はない。さらに、夜一〇時から翌朝一〇時までは令状請求を審査する裁判所を容易に利用できない状態にあると想定するのが合理的である。最後に、所有者が第三者に財産権を放棄したのちや、所有者の身柄を拘束したのちの押収を、プレイス事件は肯定している。部屋が占拠されて占有を害されたSとCは、逮捕され、官憲の占拠中警察に身柄を拘束されていた。したがって、部屋の財産権に対する実際の侵害は事実上、結局生じていなかったことになる。本件押収は不合理なものではない。

(4)　捜索令状により入手した本件証拠は、独立源によるものである。第一に、令状申請に用いられた情報は、部屋への違法な立入りで獲得されたものではない。令状発付の基礎となった情報は立入りとは無関係であり、立入りに先立ち官憲に認知されていた。立入り中又は占拠中の情報は、令状入手には必要でもなくまた全く用いられなかった。それゆえ、令状による本件押収は独立源に基づく。第二に、家屋に立入らず、部屋の中での証拠破壊を防止するために外部から監視したとしても、本件令状により押収された禁制品は、実際に発見されたのと同じく、発見され、押収されることになったと思われる。立入らずに外部から監視した場合には、証拠隠匿や証拠破壊の危険があるとの議論は、原審のいうように、憶測の域をでない。したがって、令状により押収した証拠は、違法捜索の果実には当たらず、証拠に用いることができる。

本件で第四修正違反はない。したがって、コケイン、現金、コケインの取引記録、弾丸に証拠能力を認めた原審判断は適法である。原審判断確認。

二　スティーヴンス裁判官の反対意見

(1)　下級審は、住居への無令状立入りを正当化する緊急状況がなかったと認定しているので、無令状立入りが違憲であることには争いがない。

(2) 官憲の家屋の占拠は、第四修正の「捜索」に当たる。家屋への立入りも、その後の占拠もともにプライヴァシーの侵害である。官憲の家屋の占拠が長びけば、アパートの中の様々な所持品が官憲の目に晒されるのに、複数意見は、この点を無視している。家屋への立入りの有無により、基本的な相違がある。

(3) 本件の官憲の「占拠」は第四修正の不合理な押収に当たる。

係官は、申請人らが自分の部屋に近づけないようにしたのみならず、部屋とその中の物を完全にコントロールしていたのであるから、本件では「押収」がされており、この押収は不合理である。

当初は押収が合法であっても、押収が長引き不合理なものとなることがある。たとえ、緊急状況で家屋に立入り、令状を入手するまでの間、インパウンドが許されるとしても——本件ではその様な緊急状況があるとは誰も主張していない——本件の「押収」時間は長すぎ不合理である。

部屋の立入りから令状執行まで、一八時間から二〇時間が経過しているが、令状入手にこれ程長い時間が必要であるとはおよそ考えられない。まして本件では、押収は緊急性を欠く不合理なものである。係官が令状申請を不合理に遅らせたのだから本件の押収は不合理である。バーガ首席裁判官の判示は驚くに値するとしか言い様がない。

逮捕手続を先行させたために、捜索令状入手に困難が生じたという証拠はない。下級審はこのような長時間の遅滞は不合理であると認定している。

官憲の善意・悪意が捜索・押収の合理性を考えるに当たって無関係であることを繰り返し判示してきている。

バーガ首席裁判官の結論にとって最も重要なのは、逮捕されたから占有の利益の侵害がないとする点である。先例は、市民には身柄を拘束されている場合でも自己の家屋や屋内の所持品に、保護されるべき占有利益があり、この利益を無令状で侵害してはならないと繰り返し判示してきている。バーガー首席裁判官の結論で最も奇妙なのは、係官が、Cを逮捕した事実から利益を得ることを許している点である。違法な立入りに加え、違法な逮捕により、被逮捕者が家屋についてのコントロールを身柄拘束により放棄させられる結果、不合理な占拠が「合理的」となるとするのはおかしい。違法な立入りに加え違法な逮捕がなされたために不合理な「占拠」が「合理的」になるというのはおかしい。

一八時間から二〇時間、申請人の家屋を「占拠」したのは、第一の違法な立入りの果実であるのみならず、第二の別個の第四修正違反である。

法廷意見は、本件の令状で入手した証拠は独立源入手だと構成するが賛成できない。令状入手前に発見した証拠と令状入手後に発見した証拠とを区別して扱うべきではない。合法な立入りがなければ、いずれの証拠も押収し得たかどうか定かではなく、また、令状が独立源になるというのであれば、プレイン・ヴューにあったものも同様に扱われるべきである。

本件では、違法なインパウンドがなかったとすれば、証拠隠匿や証拠破壊がなされた可能性がある。この可能性は憶測にとどまるものでないと一審は認定しており、この認定を尊重する義務がある。このインパウンドがなければ証拠は令状執行時まで実際に残っているのか否かについて判断させるため、事件を差戻すべきである。

《解　説》

一　法廷意見は本件の最初の立入りは緊急状況がなく、違法だが、捜索・押収令状入手までの官憲の家屋内の滞留と、違法な立入り前の情報に基づき発付された令状による捜索・押収は、独立源に基づくもので合法だと判示した。

本件は、毒樹果実論の領域で、「独立入手源法理」(1)が依然として用いられていることを示している。

判示をしている。

二 (1) オコンナー裁判官のみの参加したバーガー首席裁判官の複数意見は、本件でのインパウンドを適法であると判断している。

米国においては、令状入手までの間、現状を凍結し、捜索・押収令状の発付を待って捜索・押収を行う、「インパウンド」の方法が用いられており、本件でその適法性について、複数意見ではあるが、はじめて判断している。

この方法は、「令状による」捜索・押収が行われることを重視し、令状入手までの間に、証拠が破壊される危険を防止する措置である。「押収」とも表現されてもいるが、通常の押収の場合には占有者又は所有者の占有又は所有を一時的に令状発付がされるまで奪うのではなく、還付の裁判があるなどしなければ、その押収による所持又は所有の剝奪は継続し押収されたままとなり、政府の側がそれを継続して保管することになる。インパウンドの場合には、かかる本格的な完全な意味での押収の場合ではなく、本格的な押収は令状の発付を待ってなされることになり、それまでの証拠破壊を防ぐ一時的な措置である。(2) インパウンドは、令状による捜索・押収を行うための、その時までの証拠破壊防止のための現状凍結措置であり、法執行官憲のみによる、捜索・押収の実体要件（相当理由）に関する判断により無令状捜索・押収がなされ、実体要件を欠く捜索・押収が後知恵で正当化される危険を防ぎ、令状により捜索・押収を行わせる意味を持つ。実体要件はあるが捜索・押収令状入手の時間的余裕がない場合の、無令状捜索・押収よりも、インパウンドにより証拠破壊の防止措置を講じた後に、捜索・押収令状の発付を待って捜索・押収する方法による方が、捜索・押収の実体要件の判断が中立・公平な令状発付官の判断を経ることとなり、後知恵の危険を避けることができ、法執行官憲の裁量権を適切にコントロールすることができることになる。

後に捜索・押収令状による捜索・押収を予定する場合、令状が入手までの間に証拠が破壊されることを阻止する必要があり、インパウンドはそのための措置であるが、インパウンドにより、インパウンドの対象となる家屋等の自由な使用を、令状が得られるまで制限される不利益が生ずるが、この措置は一時的なものである。無令状捜索・押収よりも、インパウンド後の捜索・押収令状による捜索・押収の方がプライヴァシーの保護が十分となり、他方、令状発付までの間、証拠破壊の危険を防ぐ必要があり、この必要の方が、一時的に家屋等の利用を制限される不利益を凌駕する。令状による本格的な捜索・押収時までに、令状入手の間に、証拠が破壊されてしまうのでは、令状による捜索・押収はその目的を達することができない。できるだけ捜索・押収令状によって捜索・押収を行わせることを重視すれば、令状入手までの間の証拠破壊を防ぐ措置であるインパウンドは必須のものであるということができる。

(2)　本件後に、インパウンドの適法性について正面から判断した法廷意見が、マッカーサー[3]において示された。

この事例は、Mが自宅にマリワナを隠匿しているとの相当理由があり、捜索令状入手までの約二時間の間、Mが自宅に立ち入ることができない措置を講じた。その後、捜索令状による捜索により薬物精製器具及びマリワナが発見され、Mは逮捕された。Mは、発見された証拠物は、警察官が付添わなければ自分を家に入れないようにした、違法な警察による押収の果実であり、証拠から排除されるべきであるとしたが、合衆国最高裁判所法廷意見は、令状入手までの間の家屋の押収は第四修正により許されると判示して、この主張を却けた。

個人の財産権の押収は、通常、令状がなければ、第四修正上、不合理だが、特別の法執行上の必要がある場合、プライヴァシーの期待が減じている場合、干渉の度合いが最小限度のわずかなものである場合などは、令状要件の適用の例外となる。令状入手までの間の家屋の押収には、法執行上の差し迫った、又は緊急の特別の必要が関係する。さらに押収令状入手までの家屋への立入り制限措置は、この法執行上の必要を充たすためのものであり、その時間と範囲の点で限られたものであり、家屋それ自体への重大な干渉を避けている。したがって、不合理であるとの自働法理を用いるのではなく、その干渉を加える措置が合理的か否かを判断するに当たり、プライヴァシーに関連する懸念と法執行に関連する懸念との間のバランスをとらなければならない。

次の事情に照らすと、令状入手までのMの住居への立入り制限措置は合理的なものであり適法である。第一に、警察はMの家屋に犯罪の証拠と違法な薬物があると信ずる相当理由を有していた。第二に、住居への立入りの制限措置をとらなければ、令状を入手してMの家屋に戻るまでの間に、Mが証拠を破壊してしまうと懸念する十分な理由があった。第三に、Mの家屋の家屋への無令状の立入り又はMの逮捕を避け、警察官を伴わない立入りを制限するのにとどめる措置を講じて、法執行上の必要と個人のプライヴァシー保護の要求と調和させる合理的な努力がなされていた。第四に、この制限措置は、限られた間のものであり、勤勉さをもって（できる限り速やかに）令状を入手するのに必要とされる時間を超えなかった。かかる事情に照らすと、本件での制限措置は第四修正に反さない。相当理由があり、速やかに令状を入手するまでの間に証拠が破壊されるのを防ぐための一時的な押収を違法と判断した先例はない。

このように、Seguraの複数意見で示されたインパウンドの適法性は、その後の判例において、その適法性が確認されている。

三　本件複数意見は、最初の立入りは違法だが、捜索・押収の相当理由はあり、捜索・押収令状を入手して捜索・押収を開始するまでのインパウンドの適法性を認めた。

本件では、無令状での立ち入り自体を緊急状況がなく違法としているので、その後のインパウンドの措置への影響とインパウンドの適法性が問われるが、複数意見は、無令状でプライヴァシーが開かれた部分については、違法な立ち入りの結果であるとして、それを証拠にすることはできないが、他方、インパウンドそれ自体については、適法とし、令状入手までの間の証拠破壊の危険を防ぐために、家屋の中にいる者を家屋から出すなどして、その占有と使用を制限することができ、後に発付された令状による捜索・押収は適法であると判示した。

インパウンドしてから令状を入手するまでの間に大分時間が経過しており、この遅さが問題となったが、インパウンドを認めるのであれば、令状入手までの合理的時間はこれを許容範囲にあるとみなければならないであろう。最初の立入りを違法としているのに、インパウンドを適法とするのは、一見すると矛盾しているようにもみえるが、インパウンドは後の令状による捜索・押収のための措置であるので、最初の違法とされる立入りにより影響を受ける部分を除けば、適法であると判断することができるであろう。

四　本件で、複数意見は、立入りは緊急性がなく違法だが、家屋内に滞留し証拠破壊を防止する措置が部屋の中の物について申請人がもつ利益を侵害する程度は、外での見張りによる監視と変わらず、当初の立入りの合法、違法は押収の合理性に影響を与えない、と判示する。

緊急性のない立入りが違法であるとするのであれば、家屋内のプライヴァシーをそもそも侵害することは許されないと判断すべきであろうが、ここでいわんとするのは、証拠破壊を防ぐために、家屋内の者に令状入手までの間、一時的に退去を求めるために、家屋内に官憲が滞留することは、許されるとみなければならないということであろう。家屋内にいる人を外に出すか又は家屋内での家人の滞留を認めるのであれば証拠破壊がなされないように、官憲が滞留してその動きを監視しなければ、捜索・押収令状入手までの証拠破壊を阻止する目的は果たせないことになろう。家屋への立ち入りが必要とされない場合には、外からの立入りを防げばよいが、中に人がいる場合には、捜索・押収令状を入手するまでの間の証拠破壊を防ぐためには、官憲が中に立ち入って人を外に出すか（そのためには一時的立入りと中にいる人を外に出すのに必要な限度での滞留の必要がある）、中に留まって家人の動静を監視して証拠破壊を防ぐ必要がある。捜索・押収目的ではないが、この限度での立入りと滞留を認めなければ、令状入手までの間に証拠が破壊されてしまい、令状による捜索・押収の目的を達することができなくなる。無令状での捜索・押収を行う根拠としての緊急性ではない、インパウンドして証拠破壊を防ぐための、家屋からの一時的退去を求めるか又は証拠破壊を阻止する限度での、立入りと（又は）滞留を要するという意味での緊急性は認めなければならないことになろう。

これまでの先例では、家屋への緊急捜索・押収を認めた先例がなく、(4) 本件下級審でも緊急状況はないと認定しており、緊急捜索・押収を認めるべきか否かは全く争点になっていない。捜索・押収の相当理由はあるが、捜索・押収令状入手を待つと、その間に家人などによる証拠破壊の危険があるという場合には、令状入手の時間的余裕がない場合であり、その意味での令状要件の例外としての緊急性が認められてよい場合に当たるとも思われるが、本件では、家屋への緊急捜索・押収を認めていないこともあり、捜索・押収令状入手までの官憲の一時的な立入りと証拠破壊を防ぐのに必要な限度での滞留を認めるべきであるとする結論が採用されている。捜索・押収に実体要件があると思料され、捜索・押収令状入手までの証拠破壊を防ぐ目的でなされる滞留は、この滞留の限度で、官憲の目に触れてしまう部分はあるが、家屋内に証拠を破壊する虞れのある者がいないことを確かめ、家人などによる証拠破壊を防ぐためにその動静を監視する等の措置が必要となる。これらの措置も一定限度ではプライヴァシーを開披する等の措置を伴うものではあるが、この場合のプライヴァシーへの干渉度は、捜索・押収令状によるプライヴァシーへの干渉度よりは遙かに限定されたものであり、捜索・押収令状入手までの証拠破壊を防ぐという目的との関連で、必要とされる限度内の措置であれば許されるということになろう。

バーガー首席裁判官の意見は、緊急状態がないとしつつ、無令状での立入りを認めているので、混乱があるようにも見えるが、インパウンドのこのような性質に照らせば、官憲の一時的滞留は違法とはいえないと判示したものと推察される。

（1） Silverthorne Lumber Co. v. United States, 251 U. S. 385 (1920). 法廷意見は希釈法理にも言及している。Wong Sun v. United States, 371 U. S. 471 (1963). このほか法廷意見の引用する判例参照。

（2） インパウンドについて、See, Ralph G. Anzivino, Can the Police "Impound" a Home While They Seek a Search Warrant?, 200–2001 Preview U. S. Sup. Ct. Cas. 89 (2000–2001).

（3） Illinois V. McArthur, 531 U. S. 326 (2001).

（4） Vale v. Louisiana, 399 U. S. 30 (1970) は、車でやってきた者が駐車スペースでクラクションを鳴らし、逮捕歴が二回あり官憲によく知られている被告人が家から出てきてこの者と車の窓越しに話をし、あたりを見回して被告人が家の中に戻り数分後家から出てきてまたあたりを注意深く窺ってから車に近づいて車の窓から中にかがみ込んだのを官憲が目撃し、麻薬の取引だと確信して被告人を玄関先（屋外）で逮捕し、被告人の家屋を無令状で捜索した事例であるが、法廷意見は、先例で令状要件の例外とされる場合に当たらず、逮捕令状、捜索・押収令状の入手が不可能な事情は認められないとして、この捜索・押収は第四修正違反だとした。ルイジアナ州最高裁は令状入手の時間的余裕がないとしたが、法廷意見は、緊急性が認められないという判断に立つので、相当理由があり、且つ、証拠破壊の危険がある場合に、家屋への捜索目的での無令状の立入りが認められるのか否かは、この事例では判断されていないとみるべきであろう。

（中野目　善則）

71　Nix v. Williams, 467 U. S. 431 (1984)

基本権侵害活動によって獲得された証拠から派生して得られた証拠であっても、合法的な手段によってもいずれにせよ発見されたはずであるならば、毒樹の果実としては排除しないとする、いずれにせよ発見された証拠の法理（inevitable discovery doctrine）が採用された事例。

《事実の概要》

一　アイオワ州デモインで少女誘拐殺人事件が発生し、被申請人ウイリアムズが、デモインから一六〇マイル離れたデイヴンポートの警察署に犯人であるとして自首した。ウイリアムズの身柄を引取りにデモインの警察官がデイヴンポートに赴いたが、ウイリアムズから電話で連絡を受けたデモインにいる弁護人はこの警察官に、デモインに戻るまで一切尋問をしないと約束させた。しかしこの警察官は、デモインに戻る車中でウイリアムズに対して信仰心に訴えかけるような話（christian burial speech）を持ち出し、この話に心を動かされたウイリアムズは、被害者の少女の遺体を遺棄した場所に警察を案内した。

ウイリアムズが自首する前に、被害者の着衣がデモインとデイヴンポートの間にあるグリンネル付近で発見されたため、州警察は二〇〇名のボランティアを含む大捜索隊を編成し、グリンネル付近から徹底捜索を開始していた。そして、ウイリアムズの案内により遺体が発見された場所は、その捜索対象区域に含まれており、しかもウイリアムズが供述を始めたことにより捜索が中止されたときには、捜索隊の一つが遺体発見場所から二・五マイル離れた地点にまで迫っていた。

二　第一次裁判(1)

公判でウイリアムズは、第一級謀殺で有罪と認定され、Iowa Supreme Court もこれを確認した。ウイリアムズは、ヘービアス・コーパスによる救済を合衆国 District Court に求め、同裁判所は、遺体及び遺体の状態等の遺体に関する証拠を許容したのは誤りであると判示し、請求を認容した。第八巡回区 Court of Appeals もこの判断を確認した。合衆国最高裁判所はサーシオレイライを認容し、ウイリアムズの供述は弁護権を侵害する取調べによって得られたものであるとして、Court of Appeals の判断を確認した。ただし、その際、遺体の発見場所、発見の状態に関する証拠については、ウイリアムズの負罪供述がなくてもいずれにせよ発見されたはずだといえるのであれば、いわゆるいずれにせよ発見された証拠の法理（inevitable discovery doctrine）を採用して証拠に容れることができる旨を注記していた(2)。

三　第二次裁判

アイオワ州の公判裁判所は、ウイリアムズの負罪供述がなくても被害者の遺体が短時間のうちにほぼ同じ状態で発見されたはずであることが、証拠の優越の程度に証明されていると認定し、遺体の発見場所、遺体の状態に関する証拠を許容し、ウイリアムズを再び有罪と認定した。Iowa Supreme Court が、これを確認したため、ウイリアムズはヘービアス・コーパスによる救済を合衆国 District Court に求めた。同裁判所はアイオワ州公判裁判所と同じ理由から当の証拠の許容性を認め、請求を棄却した。第八巡回区 Court of Appeals は、いずれにせよ発見された証拠の法理を適用するには、証拠の発見を早めるためにいずれにせよ発見されることを警察が知って（bad faith）行為してはいないことを国が証明する必要があり、国はこの証明責任を果たしていないとして、District Court の判断を破棄した。合衆国最高裁判所によりサーシオレイライが認容された。

《判旨・法廷意見》

破棄差戻し

一　バーガー首席裁判官執筆の法廷意見

(1)　シルヴァーソーン（Silverthorne Lumber Co. v. United States, 251 U. S. 385 (1920)）以来当裁判所は、違法に獲得された証拠のみならず、その証拠から派生した証拠も排除する法理、いわゆる毒樹の果実法理（fruits of the poisonous tree doctrine）を用いてきているが、この法理は第四修正違反の行為についてのみならず、第六修正違反の行為にも適用されている（See, United States v. Wade, 388 U. S. 218 (1967)）。この法理の理論構成の中核は、警察の違法行為を抑止するためには違法行為の果実まで排除しなければならないということである。ただし、この法理の適用に際しては、この警察の違法行為の抑止という利益と、証明力のある証拠をすべて法廷に提出させて事実の解明を行うという利益を適切に衡量しなければならず、そして、その衡量は、警察を違法行為が行われなかった場合よりも有利な立場にも不利な立場にも置かず、同じ立場に置くことによって適切に行われると考える。警察の違法行為とは別の独立の入手源から得られた証拠は毒樹の果実としては排除しないという独立入手源法理（independent source doctrine）が認められているのも、こうした証拠を排除すれば、警察を違法行為が行われなかった場合よりも不利な立場に置くことになるからである。いわゆるいずれにせよ発見された証拠の法理（inevitable dis covery doctrine）は、この点で、独立入手源法理と同じ機能を果たす。合法的な手段によってもいずれにせよ発見されたはずの証拠を排除すると、警察を違法行為が行われなかった場合よりも不利な立場に置くことになる。違法な手段によらずとも合法的に証拠がいずれにせよ発見されたはずであると証明の優越の程度（preponderance of evidence）に証明されれば、違法活動抑止のための排除という理論構成は、ほとんどその基礎を失う。

Court of Appeals は、警察が証拠の発見を早めるために悪意（bad faith）で、つまり証拠が合法的な手段によってもいずれにせよ発見されることを知りつつ行為したのではないことを要件にすべきだという。しかし、これを要件にすると、違法行為がなくても獲得できたはずの証拠まで排除されることになり、警察は違法行為がなかった場合よりも不利な立場に置かれる。この要件は、事実解明の過程で事実の一部が除かれるというコストをまるで考慮しないものである。悪意で行為したのではないことを要件にしなければ排除法則の抑止効が失われると Court of Appeals は言うが、違法に証拠を獲得しようとする警察官が、当の証拠が合法的な手段によってもいずれにせよ発見されるか否かを考えることはまずないし、逆に、いずれにせよ発見されることがわかっていれば、胡散臭い「近道」をしても得るものはほとんどないので、違法活動を避けようとするはずである。また、警察内部の懲戒処分、国家賠償、損害賠償等によっても違法活動の増加は押さえられるので、悪意で行為したのではないことを要件とした場合の違法捜査抑止の利益は、証拠排除のコストにより大きく凌駕される。

被申請人ウイリアムズは、第六修正の排除法則は公正な裁判と事実認定過程の十全さを保障するものであるから、第四修正の排除法則と同じコスト・ベネフィット分析をすべきではないと主張している。しかし、本件で排除の是非が問われているのは遺体及び遺体の状態を示す証拠という物的証拠であり、弁護権侵害により証拠の信頼性が害されることはない。また、論争主義の下での裁判の公正さは、警察の違法活動が行われなかった場合と同じ状態に国と被告人を置けば維持できる。いずれにせよ発見されたはずの証拠を許容しても、公判で国を有利な立場に立たせることにはならず、被告人の無罪立証に害を及ぼすことにもならない。

(2)　遺体の発見場所は、捜索隊による捜索対象地域に含まれていたこと、ウイリアムズが供述して捜索が中止された時点で、捜索隊は遺体の発見場所に二・五マイルの地点まで接近しており、捜索を継続していれば三〜四時間後には発見場所にまで至っていたと思われること、水路や溝は念入りに捜索するように具体的な指示が出ており、遺体の発見場所はそうした溝の近くであったこと、以上のような本件事実からすれば、ウイリアムズが供述しなくても捜索隊がいずれにせよ遺体を発見していたことは明らかである。原判断を破棄し差戻す。

二　ホワイト裁判官の補足意見

法廷意見にすべて賛成するが、ブリューワー対ウイリアムズ（Brewer v. Williams, 430 U. S. 387 (1977)）の反対意見が述べているように、本件は本来ならばミランダ法理に照らして検討すべきものである。そして、ミランダ法理に照らすならば、本件の警察官の活動には違法なところはまったくない。したがって、スティーヴンズ裁判官の意見は正鵠を失している。

三　スティーヴンズ裁判官の結論賛成の意見

法廷意見の判断は、精神病院からの逃走者による少女誘拐殺人という、事件の重大性に影響されたものになっており、理論的説明が十分な形で行われていない。

証拠の排除を検討するには、侵害された権利が何かをまず特定しなければならない。本件で問題になっているのは、第六修正の弁護権の侵害である。弁護人との約束を反古にして車中で行われた本件取調べは、当事者・論争主義の手続を糺問主義の手続に代えようとするのに等しいものである。

とはいえ、被害者の遺体が、この取調べが行われなくてもいずれにせよ発見されたはずだというのであれば、公判は糺問主義の手続の成果によるものとはならない。公判手続が違法な取調べによって汚染されていなければ、被申請人には当事者・論争主義に基づく公判が保障されたことになる。警察官の善意・悪意はこの点についての判断には無関係である。法廷意見は、排除法則を一般化したために、本件で第一に扱うべき主たる問いに取組めなくなってしまったのである。

いかなる証拠排除の原則であれ、憲法違反の誘因を与えるものであってはならないというのは、法廷意見の言うとおりである。いずれにせよ証拠が発見されたことについての証明責任を訴追側が負っており、その証明が成功するか否かの予想が困難であるから、いずれにせよ発見された証拠の法理を採用しても違法捜査の抑止力は失われない。また、証明力のある証拠を排除することにより社会が被るコストを法廷意見は言うが、本件で警察官が違法な「近道」をしたことによって生じた本当のコストは、一五年にも及ぶ訴訟によりアイオワ州が支出を余儀なくされた費用と労力である。このようなコストが、本件のような憲法違反の活動を抑止するのは確かである。

四　ブレナン裁判官の反対意見

いずれにせよ発見された証拠いずれにせよ発見された証拠の法理の採用には賛成する。但し、この法理は、必然的に仮定的判断を含むものであり、証拠は現実に独立の源泉から獲得されたわけではない。そこで、独立入手源法理と機能的には同じだというためには、当の証拠がいずれにせよ発見されたことについての証明責任の基準を証拠の優越よりも高くして、明白かつ確信を抱かせる程度（clear and convincing evidence）にし、この証明責任を政府に果たさせる必要があると考える。証明責任の程度を高くすることにより、判断の重要性を事実認定者に印象付けることができ、そしてこれにより、違法収集証拠を誤って許容してしまう危険は減少すると思われる。この高い証明基準を適用して審理させるため、事件を差し戻すべきである。証明基準について見解を異にするので、法廷意見の理由にも結論にも同意できない。

《解　説》

一　本件は、合衆国最高裁判所が毒樹の果実法理（poisonouce tree doctrine）の例外であるいずれにせよ発見された証拠の法理（inevitable discovery doctrine）を初めて採用した事例である(3)。

毒樹の果実法理は元来、逮捕、捜索・押収を規律する合衆国憲法第四修正の領域で発展してきたものであり、排除法則に関する初期の判例であるシルヴァーソーン（Silverthorne Lumber Co. v. United States, 251 U. S. 385 (1920)）以来用いられてきている。また、本件以前には、毒樹の果実法理の適用を制限する法理として、基本権侵害活動とは無関係な、独立入手源が認められる証拠は排除しないという独立入手源法理（independent source doctrine）と、基本権侵害活動との間に様々な事情が介在しているために基本権侵害活動の成果とはみられなくなった証拠は排除しないという稀釈法理（attenuation doctrine）が採用されていた。本件は第六修正の弁護権侵害の事例であるが、第四修正の排除法則、毒樹の果実法理の理論構成をそのまま適用しているので、本件によって毒樹の果実法理の第三の例外が認められたということができる。

二　ところで、毒樹の果実法理及びその適用を制限する例外の法理の根拠付けは、排除法則の根拠についての説明が変化するのに対応して変化してきている。ウイークス（Weeks v. United States, 232 U. S. 383 (1914)）、シルヴァーソーン等の初期の判例では、排除法則は「政府は自己の違法な活動から一片たりとも利益を得てはならない」という第四修正に内在する規範命題から根拠付けられ、毒樹の果実法理も、この規範命題から排除法則に当然に付随するものと理解された。ミャップ（Mapp v. Ohio, 367 U. S. 643 (1961)）以降、違法捜査の抑止効を排除法則の主たる根拠にするようになると、派生証拠まで排除しなければ抑止効は確保できないとの理由から、毒樹の果実法理は支持された。また、キャランドラ（United States v. Calandra, 414 U. S. 338 (1974)）で、大陪審手続への排除法則の適用を検討するに当たり、違法捜査の抑止という利益と、真犯人が処罰できなくなる危険が生ずる社会的コストを衡量するコスト・ベネフィット分析が持ち込まれると、毒樹の果実法理の適用もこのコスト・ベネフィット分析に基づいて行われるようになった。

いずれにせよ発見された証拠の法理については、本件以前は、下級裁判所の裁判例の大部分がこれを支持し適用していたが、この法理の採用を認めないものもあった(4)。このような結論の相違は、この法理を適用することにより抑止効が失われることにならないか、という点についての判断の相違を反映したものであった。論者の間でもこの法理の採用には賛否両論に分かれていたが(5)、採用自体には賛成する論者の中にも、抑止効を維持するために様々な要件を付加することにより、ルーズで機械的な適用を避けるべきだと主張する者もいた(6)。そうした要件の一つとして主張されていたのが、基本権を侵害して証拠を獲得した警察官が悪意（bad faith）で、つまりいずれにせよ証拠が発見されることを知りつつ違法捜査を行ったのではないことの証明である。(7)これを要件にしないと、合法的な手段によるよりも早く、容易に、確実に証拠を獲得しようとして行われる警察の違法活動を抑止できなくなると言われた。とりわけ令状要件違反については、こうした要件を付加しなければ令状制度が骨抜きにされると言われた。(8)また、この法理の安易な適用を戒めるために、合法的な手段によってもいずれにせよ発見されたと認定するためには、それがほとんど確実であったことの証明が必要であり、高度の蓋然性の証明を要件にすべきであると主張する論者もいた。(9)本件以前には、いずれにせよ発見された証拠の法理について以上のような論議がなされていた。

三　本件では、法廷意見はまずウェイド（United States v. Wade, 388 U. S. 218 (1967)）を引用して、第六修正の弁護権侵害の事例にも毒樹の果実法理は適用されているとして、本件の問いがいずれにせよ発見された証拠の法理採用の是非であると捉えた。そして前述のコスト・ベネフィット分析を用い、警察を違法活動が行われなかった場合よりも有利な立場にも不利な立場にも置かないことにより適切な衡量が行われるとし、そしてこの点ではこの法理は独立入手源法理と同じ機能を果たすと言えるとして、採用を肯定した。また、悪意の不存在の証明を要件とすべきかについては、同様のコスト・ベネフィット分析からこれを否定した。さらに、後に合法的な手段によって証拠が発見されたと思われる蓋然性の程度については、特に説明はないが、高度の蓋然性を要するとの結論をとっている。(10)この点に関連して、いずれにせよ発見されることの証明基準をどのように設定するかについて、法廷意見と反対意見の間で対立が生じている。反対意見は、安易な適用を防止するために、明白かつ確信を抱かせる程度の証明（clear and convincing evidence）が必要であると主張しているが、法廷意見は証明の優越（preponderance of evidence）で足りるとしている。その理由は本文中では示されてはいないが、註で述べられていることからすると、証明基準を高めることにより生ずる証拠排除のコストの増加を懸念しているようである[11]。

四　ところで、前述したように、法廷意見はウェードを引用して、第四修正の毒樹の果実法理が第六修正違反の場合にも適用されるとしている。これについてはスティーヴンズ裁判官の意見で、排除法則をこのように一般化すべきではなく、各権利及びその侵害の内容を明確にして排除の是非を判断すべきだと批判されている。ウェードは、起訴後公判開始前に、弁護人の立ち会いを欠いて警察が面通し（line up）を行ったことを理由に、公判廷での同一証人による犯人識別証言を排除した事例であるが、この証言が排除されたのは、犯人識別では一旦公判廷外で証人に不当誘因が与えられると、それを公判で正すのが著しく困難であり、結局は公判での弁護人の活動が無意味なものとなってしまうと考えられたためである。したがって、違法捜査の抑止と事実解明への弊害を衡量するというコスト・ベネフィット分析に基づく理論構成を、ウェードを典拠にして本件に適用するのには無理があったと思われる。

第六修正の弁護権侵害の場合にも派生証拠を排除するとしても、それは、派生証拠まで、排除して弁護権侵害の影響をすべて排除しなければ、当事者・論争主義に基づいて公判を行わせるという憲法の構想を挫折させ、裁判の決着が結局は公判廷外でつき、公判が茶番となってしまうからであろう。したがってこの点に関しては、スティーヴンズ裁判官の意見の方が説得的であり、先例の理解としても正しいと思われる。抑止効を根拠に排除法則及び毒樹の果実法理を基礎付けるという考え方が、侵害された権利の内容、証拠排除の意味を明確にする努力の妨げになっているのではないかと思われる。

五　しかし、さらに言うならば、本件の真の問題点は、本件の第一次裁判であるブリューワー対ウイリアムズ（Brewer v. Williams, 430 U. S. 387 (1977)）で本件の取調べが第六修正の弁護権を侵害するものと認定されたことにあるように思われる。捜査段階の弁護権についての明文規定を合衆国憲法が持たないため、合衆国最高裁判所は、一方で公判段階の弁護権の保障をいわば前倒して開始するという方法をとるとともに、他方でミランダ（Miranda v. Arizona, 384 U. S. 436 (1966)）により被疑者の供述の自由を保障するための第五修正の弁護権を創設した。前者に属するのがマサイア（Massiav. United States, 377 U. S. 201 (1964)）、ブリューワー対ウイリアムズで問題になった弁護権であり、インニス（Rhode Island v. Innis, 446 U. S. 291 (1980)）[12]、エドワーズ（Edwards v. Arizona, 451 U. S. 477 (1981)）[13]等で問題になったのは後者の弁護権である。もっとも、マサイアは共同被告人を警察の協力者に仕立てて、起訴後保釈中の被告人に接近させ、被告人から負罪供述を引き出させて、それをトランスミッターで送信させたという事案において第六修正の弁護権侵害を認定した事例であり、厳密に言えば「捜査段階」の弁護権の事例ではない。ウェイドも起訴後の弁護権侵害の事例である。ブリューワー対ウイリアムズで、起訴前であっても裁判官が関与する手続（judicial proceeding）が開始すれば、当事者・論争主義を支える諸権利の保障も開始するとして、マサイア法理が拡張されたのである。起訴後第一回公判期日までの期間が我が国よりもずっと長いという合衆国の実務のあり方が、このマサイア法理の拡張を受け入れやすくする素地になっているのかもしれない。

だが、ブリューワー対ウイリアムズで弁護人の果たすべき役割として期待されたのは、取調べに先立ってウイリアムズと直に接見してウイリアムズの供述の自由の行使を確実なものにすることだったはずであり、公判でのように挑戦的な防禦を行うことでも、公判の準備をすることでもなかったはずである。そうすると、ホワイト裁判官の補足意見が言うように、ブリューワー対ウイリアムズではミランダ上の弁護権の侵害の有無を検討すべきだったのではないかと思われる。またそうすると、弁護権侵害の有無は、被疑者が一旦弁護権を行使した場合は、被疑者が自ら供述を始めないかぎり、弁護人と接見するまで取調べを行ってはならないというエドワーズ法理（initiation doctorine）に従って判断すべきだったことになる。

仮にエドワーズ法理違反が認定され、そしてこれによりミランダ違反が認定されたとすると、ウイリアムズの供述が排除されることは明らかであるが、本件で争われている被害者の遺体及び遺体の状態に関する証拠の排除の是非を判断するには、ミランダ違反が「毒樹」となるか、つまりミランダ法理に毒樹の果実法理が付随するか否かをまずは検討しなければならないと思われる。この点について、タッカー（Michigan v. Tucker, 417 U. S. 433 (1974)）、エルスタッド（Oregon v. Elstad, 470 U. S. 298 (1985)）[14]では、ミランダ法理が予防法理（prophiratic rule）でありミランダ違反が直ちに供述の自由の侵害に当たるとは言えないとして、ミランダ違法の毒樹性が否定されているので、これからの先例に従うならば、遺体及び遺体の状態に関する証拠は排除されないという結論になるようにも思われる。ただ、被疑者が弁護人との接見を要求したのは、弁護人と相談しなければ、供述すべきか、否認すべきか、黙秘すべきかの判断が付かないからだとすると、弁護人と接見させずに取調べを行えば供述の自由を侵害することになるとも言える。そうすると、この場合の弁護権侵害は、供述の自由の侵害とイコールということになり、供述の自由の侵害が直接認定された場合には毒樹性が認められるわけであるから、結局、この場合の弁護権侵害は毒樹性を有することになる。エドワーズ法理違反の問題と捉えても、このように少なくとも二つの解決の道筋が考えられる。

六　我が国では、合衆国とは異なり、捜査段階の弁護権の保障について憲法三四条に明文規定があるので[15]、合衆国での議論はそのままの形では当てはまらない。

判例は、違法な接見制限等の弁護権侵害については、自白法則からのアプロウチのみをとり、自白の任意性を判断する要因の一つに数えるだけである[16]。捜査段階の弁護権を侵害してえられた供述に関しては、排除法則を適用するにせよ、ミランダ法理のような法理を適用するにせよ、弁護権侵害を理由に即排除すべきではないかと思われる。ただ、派生証拠を毒樹の果実法理を適用して排除すべきか否かについては、議論の余地がある。捜査段階の弁護権が憲法三四条で明文で規定されていることを重視し、独自の基本権としての意義を認めるならば、排除法則そのものが適用され毒樹の果実法理も適用されることになると思われる。これに対して、規定の仕方は独立の権利となっているが、その実質は憲法三八条一項の供述の自由を保障するための手段的なものにすぎず、供述の自由の保障や三五条のプライヴァシーの権利と同程度の重みを持つ権利とは言えないと理解するならば(17)、ミランダ法理のように毒樹の果実法理は適用されないとすることもできる。しかし、さらに、たとえ手段的な性格の権利であるとしたとしても、前述したように、弁護人との接見を要求し、それが叶わぬまま取調べを受けて自白した場合には、供述の自由自体が侵害されているともいえ、その侵害は毒樹性を備えるとも考えられる。いずれにせよこの点に関しては、今後議論を深めていく必要があろう。

（1）Brewer v. Williams, 430 U. S. 387 (1977). 本件については、渥美東洋編『米国刑事判例の動向Ⅰ』（一九八九年）三頁（第一事件、香川喜八朗担当）参照。

（2）See, Brewer v. Williams, 430 U. S. 387, 407–408 n12 (1977).

（3）合衆国での毒樹の果実法理の展開については、渥美東洋『捜査の原理』（一九七九年）二三四—二四〇頁、同「反復自白、不任意自白と排除法則——毒樹果実論にも触れて」判例タイムズ三六五号、拙稿「毒樹果実法理の適用と裁判所の証拠排除権限」法学新報一〇一巻三・四号二一一頁参照。また、不可避的発見の法理については、小早川義則「排除法則と「不可避的発見の法理」の例外㈠—㈨」名城法学三七巻二号五五頁、三八巻二号二九頁、三八巻三号一頁、三八巻四号一頁、三九巻二号四三頁、三九巻四七七頁、四〇巻一号五三頁、四〇巻二号二九頁、四〇巻三号一頁参照。

（4）United States v. Castellana, 488 F. 2d 65 (5th Cir.), modified 500 F. 2d 325 (5th Cir. 1974).

（5）採用に賛成のものとしては、Maguire, How to Unpoison the Fruit-The Forth Amendment and the Exclusionary Rule, 55 J. Crim. L. C & P. S. 307 (1964). 反対のものとしては、Pitler, "The Fruit of the Poisonous Tree" Revisited and Shepardized 56

Calif. L. Rev. 579 (1968).

（6） Note, 74 Colum. L. Rev. 579 (1974). Notes & Comment, 5 Hofstra L. Rev. 137 (1976). Comment, 31 U. Miami L. Rev. 579 (1977).

（7） Notes & Comment, 5 Hofstra L. Rev. 137 (1976).

（8） LaFave & Israel, Criminal Procedure, 741 (1993). United States v. Griffin, 502 F. 2d 959 (6th Cir. 1974).

（9） 31 U. Miami L. Rev. 579 (1977).

（10） "evidence would have been dicovered" とwouldが用いられているがwouldはmightやcouldに比べより高度の蓋然性を要求するものだと理解されている。See, LaFave & Israel, Criminal Procedure, Supplement 195 (1993).

（11） Nix v. Williams, 467 U. S. 431, 443-445 n5 (1984).

（12） 本件については、渥美・前掲註（1）、本書2事件参照。

（13） 本件については、渥美・前掲註（1）、本書3事件参照。

（14） 本件については、渥美・前掲註（1）、本書8事件参照。

（15） 捜査段階の弁護権については、渥美東洋『刑事訴訟法（新版）』（一九九〇）三七頁、同『罪と罰を考える』（一九九三年）二一五頁、椎橋隆幸『刑事弁護、捜査の理論』（一九九三年）四六頁、宮島里史「捜索段階における弁護権の意味と機能――憲法三四条と関係して」法学新報九八巻三・四号一二七頁参照。

（16） 椎橋、前掲註（12）、二二二頁参照。

（17） See, Murphy & Coleman, Philosophy of Law (2ed.) 82-94 (1990). カント主義の立場からしても、憲法上の権利の中には、個人を目的として遇するための根本的な権利と、その権利の保護を目的とする権利があり、後者の権利は、社会全体の効用の増加のために制限されることはないが、多数の人々の権利保護の拡大のために制限が肯定されるという意味で一種の政策的な考慮に服するという。そこで例として挙げられているのは、表現の自由そのものとマスコミのニュース・ソースの秘匿権の対比などがあるが、供述の自由と捜査段階の弁護権との間にも、このような権利の性質の違いがあるのではないかと思われる。

（柳川　重規）

『比較法雑誌』21 巻 1 号 (1987)　143 ～ 151

50. United States v. Villamonte-Marquez, 462 U. S.579 (1983)
『比較法雑誌』26 巻 3 号 (1992)　39 ～ 48

52. Florida v. Royer, 51 U. S. L. W. 4293 (U. S. Mar. 23, 1983)
『比較法雑誌』17 巻 2 号 (1983)　154 ～ 164

53. United Satates v. Mendenhall, 446 U. S. 544 (1980)
『比較法雑誌』17 巻 2 号 (1983)　121 ～ 135

56. Delaware v. Prouse, 440 U. S. 648 (1979)
『比較法雑誌』13 巻 2 号 (1979)　120 ～ 134

57. United States v. Hensley, 469 U. S. 221 (1985)
『比較法雑誌』21 巻 1 号 (1987)　152 ～ 162

58. Kolender v. Lawson, 51 U. S. L. W. 4532 (U. S. May 2, 1983)
『比較法雑誌』18 巻 4 号 (1985)　179 ～ 186

63. Rakas et al., v. Illinois, 439 U. S. 128 (1978)
『比較法雑誌』15 巻 4 号 (1982)　225 ～ 234

64. Rawlings v. Kentucky, 448 U. S. 98 (1980)
『比較法雑誌』15 巻 1 号 (1981)　243 ～ 256

65. United States v. Salvucci et al., 448 U. S. 83 (1980)
『比較法雑誌』15 巻 1 号 (1981)　236 ～ 242

66. United States v. Jack Payner, 48 U. S. L. W. 4829 (U. S. June 23, 1980)
『比較法雑誌』14 巻 3 号 (1981)　214 ～ 218

67. United States v. Havens, 446 U. S. 620 (1980)
『比較法雑誌』14 巻 3 号 (1981)　183 ～ 187

70. Segura v. United States, 468 U. S. 796(1984)
『比較法雑誌』22 巻 1 号 (1988)　115 ～ 128

25. Walter v. United States ; Sanders v. United States, 48 U. S. L. W. 4807 (U. S. June 20, 1980)
『比較法雑誌』14 巻 2 号 (1980)　155 ～ 160

26. New York v. P. J. Video, 54 U. S. L. W. 4396 (U. S. April 22, 1986)
『比較法雑誌』20 巻 4 号 (1987)　111 ～ 121

29. United States v. Caceres, 440 U. S. 741 (1979)
『比較法雑誌』13 巻 2 号 (1979)　134 ～ 143

30. United States v. Knotts, 51 U. S. L. W. 4232 (U. S. Mar. 2, 1983)
『比較法雑誌』17 巻 2 号 (1983)　145 ～ 154

33. Arkansas v. Sanders, 442 U. S. 753 (1979)
『比較法雑誌』14 巻 1 号 (1980)　67 ～ 79

34. United States v. Chadwick, 433 U. S. 1 (1977)
『比較法雑誌』13 巻 1 号 (1979)　134 ～ 141

35. New York v. Belton, 49 U. S. L. W. 4915 (U. S. July, 1, 1981)
『比較法雑誌』15 巻 4 号 (1982)　269 ～ 277

39. Robbins v. California 49 U. S. L. W. 4906 (U. S. July 1, 1981)
『比較法雑誌』15 巻 4 号 (1982)　258 ～ 269

41. Texas v. Brown, 51 U. S. L. W. 4361 (U. S. April 19, 1983)
『比較法雑誌』18 巻 2 号 (1984)　188 ～ 197

42. Oliver V. United States; Maine v. Thornton, 466 U. S. 170, 104 S. Ct. 1735, 80 L. Ed. 2d 214 (1984)
『比較法雑誌』21 巻 4 号 (1988)　87 ～ 91

43. California v. Ciraolo, 106 S. Ct. 1809, 90 L. Ed. 2d 210 (1986)
『比較法雑誌』21 巻 4 号 (1988)　91 ～ 95

44. United States v. Dunn, 55 U. S. L. W. 4251 (March 23, 1987)
『比較法雑誌』21 巻 4 号 (1988)　95 ～ 104

45. Illinois v. Lafayette, 51 U. S. L. W. 4829 (U. S. June 20, 1984)
『比較法雑誌』18 巻 4 号 (1985)　186 ～ 193

46. United States v. Jacobsen, 466 U. S. 109 (1984)

初出一覧

1．Dunaway v. New York, 442 U. S. 200 (1979)
『比較法雑誌』13 巻 臨時第 3 号 (1980)　102 ～ 115

2．Taylor v. Alabama, 50 U. S. L. W. 4783 (U. S. June 7, 1982)
『比較法雑誌』16 巻 臨時第 3 号 (1983)　91 ～ 97

4．Michigan v. DeFillippo, 443 U. S. 31 (1979)
『比較法雑誌』13 巻 臨時第 3 号 (1980)　119 ～ 125

5．Washington v. Chrisman, 455 U. S. 1 (1982)
『比較法雑誌』17 巻 1 号 (1983)　210 ～ 219

6．Michigan v. Summers, 452 U. S. 692 (1981)
『比較法雑誌』16 巻 1 号 (1982)　239 ～ 249

7．Terry Terrol Torres v. Commonwealth of Puerto Rico, 47 U. S. L. W. 4716 (U. S. June 18, 1979)
『比較法雑誌』13 巻 臨時第 3 号 (1980)　115 ～ 118

8．Ybarra v. Illinois, 48 U. S. L. W. 4023 (U. S. November 28, 1979)
『比較法雑誌』14 巻 1 号 (1980)　112 ～ 123

10. Colorado v. Nunez, 52 U. S. L. W. 4219 (U. S. Feb. 21, 1984)
『比較法雑誌』19 巻 1 号 (1985)　78 ～ 83

11. Franks v. Delaware, 438 U. S. 154 (1978)
『比較法雑誌』13 巻 1 号 (1979)　194 ～ 203

12. Payton v. New York, Riddick v. New York, 445 U. S. 573 (1980)
『比較法雑誌』15 巻 2 号 (1981)　197 ～ 209

20. New Jersey v. T. L. O., 469 U. S. 325 (1985)
『比較法雑誌』26 巻 1 号 (1992)　57 ～ 66

21. Michigan v. Tyler and Tompkins, 46 U. S. L. W. 4533 (U. S. May 31, 1978)
『比較法雑誌』12 巻 2 号 (1979)　222 ～ 228

編者紹介

渥《あつ》 美《み》 東《とう》 洋《よう》

中央大学名誉教授、法学博士

主著　刑事訴訟法要諦（中央大学出版部）／全訂　刑事訴訟法（第２版）（有斐閣）／捜査の原理（有斐閣）／レッスン刑事訴訟法（上）（中）（下）（中央大学出版部）／刑事訴訟を考える（日本評論社）／罪と罰を考える（有斐閣）／刑事訴訟における自由と正義（有斐閣）／複雑社会で法をどう活かすか（立花書房）

執筆者紹介

香《か》川《がわ》喜《き》八朗《はちろう》	亜細亜大学教授
安《やす》富《とみ》　潔《きよし》	慶應義塾大学教授
前《まえ》島《じま》充《みつ》祐《ひろ》	中央大学通信教育部インストラクター
椎《しい》橋《ばし》隆《たか》幸《ゆき》	中央大学教授
中《なか》野《の》目《め》善則《よしのり》	中央大学教授
小《お》木《ぎ》曽《そ》　綾《りょう》	中央大学教授
清《し》水《みず》　真《まこと》	明治大学教授
柳《やな》川《がわ》重《しげ》規《き》	中央大学教授
中《なか》村《むら》明《あき》寛《ひろ》	中央大学大学院博士後期課程中退
山《やま》口《ぐち》　努《つとむ》	中央大学大学院博士後期課程中退
宮《みや》島《じま》里《さと》史《し》	桐蔭横浜大学教授
堤《つつみ》　和《かず》通《みち》	中央大学教授
安《やす》井《い》哲《てっ》章《しょう》	中央大学准教授
田《た》村《むら》吉《よし》彦《ひこ》	中央大学大学院博士前期課程修了

米国刑事判例の動向 Ⅳ　　日本比較法研究所研究叢書（84）

2012年11月15日　初版第１刷発行

編　者　渥美東洋

発行者　遠山　暁

発行所　中央大学出版部

〒192-0393
東京都八王子市東中野742-1
電話 042(674)2351・FAX 042(674)2354
http://www2.chuo-u.ac.jp/up/

ISBN978-4-8057-0583-4　　㈱千秋社

日本比較法研究所研究叢書

1. 小島武司著　法律扶助・弁護士保険の比較法的研究　A5判　二九四〇円
2. 藤本哲也著　Crime and Delinquency among the Japanese-Americans　菊判　一六八〇円
3. 塚本重頼著　アメリカ刑事法研究　A5判　二九四〇円
4. 小島武司・外間寛編　オムブズマン制度の比較研究　A5判　三六七五円
5. 田村五郎著　非嫡出子に対する親権の研究　A5判　三三六〇円
6. 小島武司編　各国法律扶助制度の比較研究　A5判　四七二五円
7. 小島武司著　仲裁・苦情処理の比較法的研究 —正義の総合システムを目ざして—　A5判　三九九〇円
8. 塚本重頼著　英米民事法の研究　A5判　五〇四〇円
9. 桑田三郎著　国際私法の諸相　A5判　五六七〇円
10. 山内惟介編　Beiträge zum japanischen und ausländischen Bank-und Finanzrecht　菊判　三七八〇円
11. 木内宜彦・M・ルッター編著　日独会社法の展開　A5判（品切）
12. 山内惟介著　海事国際私法の研究 —便宜置籍船論—　A5判　二九四〇円
13. 渥美東洋編　米国刑事判例の動向 I —合衆国最高裁判所判決—　A5判　五一四五円

日本比較法研究所研究叢書

14	小島武司 編著	調停と法 —代替的紛争解決（ADR）の可能性—	A5判（品切）
15	塚本重頼 著	裁判制度の国際比較	A5判（品切）
16	渥美東洋 編	米国刑事判例の動向Ⅱ —合衆国最高裁判所判決—	A5判 五〇四〇円
17	日本比較法研究所 編	比較法の方法と今日的課題	A5判 三一五〇円
18	小島武司 編	Perspectives on Civil Justice and ADR: Japan and the U.S.A. (民事司法とADRの展望：日本対米国)	菊判 五二五〇円
19	小島・渥美 清水・外間 編	フランスの裁判法制	A5判（品切）
20	小杉末吉 著	ロシア革命と良心の自由	A5判 五一四五円
21	小島・渥美 清水・外間 編	アメリカの大司法システム（上）	A5判 三〇四五円
22	小島・渥美 清水・外間 編	Système juridique français	菊判 四二〇〇円
23	小島・渥美 清水・外間 編	アメリカの大司法システム（下）	A5判 一八九〇円
24	小島武司 韓相範 編	韓国法の現在（上）	A5判 四六二〇円
25	小島・渥美・川添・清水・外間 編	ヨーロッパ裁判制度の源流	A5判 二七三〇円
26	塚本重頼 著	労使関係法制の比較法的研究	A5判 二三一〇円
27	小島武司 韓相範 編	韓国法の現在（下）	A5判 五二五〇円

日本比較法研究所研究叢書

28	渥美東洋 編	米国刑事判例の動向Ⅲ —合衆国最高裁判所判決—	A5判（品切）
29	藤本哲也 著	Crime Problems in japan	菊判（品切）
30	小島武司・渥美東洋・清水睦・外間寛 編	The Grand Design of America's Justice System	菊判 四二七五円
31	川村泰啓 著	個人史としての民法学 —思想の体系としての比較民法学をめざして—	A5判 五〇四〇円
32	白羽祐三 著	民法起草者 穂積陳重論	A5判 三四六五円
33	日本比較法研究所 編	国際社会における法の普遍性と固有性 —経済のグローバル化と日米欧における法の発展—	A5判 三三六〇円
34	丸山秀平 編著	ドイツ企業法判例の展開	A5判 二九四〇円
35	白羽祐三 著	プロパティと現代的契約自由	A5判 一三六五〇円
36	藤本哲也 著	諸外国の刑事政策	A5判 四二〇〇円
37	小島武司・渥美東洋・外間寛 他編	Europe's Judicial Systems —Past and Future—	菊判（品切）
38	伊従寛 著	独占禁止政策と独占禁止法	A5判 九四五〇円
39	白羽祐三 著	「日本法理研究会」の分析 —法と道徳の一体化—	A5判 五九八五円
40	伊従寛・山内惟介・J・O・ヘイリー編	競争法の国際的調整と貿易問題	A5判 二九四〇円

日本比較法研究所研究叢書

41 渥美東洋・小島武司 編　日韓における立法の新展開　A5判 四五一五円

42 渥美東洋 編　組織・企業犯罪を考える　A5判 三九九〇円

43 丸山秀平 編著　続ドイツ企業法判例の展開　A5判 二四一五円

44 住吉博 著　学生はいかにして法律家となるか —日本の法曹とイギリスのロイヤー—　A5判 四四一〇円

45 藤本哲也 著　刑事政策の諸問題　A5判 四六二〇円

46 小島武司 編著　訴訟法における法族の再検討　A5判 七四五五円

47 桑田三郎 著　工業所有権法における国際的消耗論　A5判 五九八五円

48 多喜寛 著　国際私法の基本的課題　A5判 五四六〇円

49 多喜寛 著　国際仲裁と国際取引法　A5判 六七二〇円

50 眞田芳憲・松村明 編著　イスラーム身分関係法　A5判 七八七五円

51 川添利幸・小島武司 編　ドイツ法・ヨーロッパ法の展開と判例　A5判 一九九五円

52 西海真樹・山野目章夫 編　今日の家族をめぐる日仏の法的諸問題　A5判 二三一〇円

53 加美和照 著　会社取締役法制度研究　A5判 七三五〇円

54 植野妙実子 編著　21世紀の女性政策　A5判 (品切)

55 山内惟介 著　国際公序法の研究　A5判 四三〇五円

56 山内惟介 著　国際私法・国際経済法論集　A5判 五六七〇円

57 大内和臣・西海真樹 編　国連の紛争予防・解決機能　A5判 七三五〇円

日本比較法研究所研究叢書

58 白羽祐三 著　日清・日露戦争と法律学　A5判 四二〇〇円

59 伊従寛、山内惟介、J・O・ヘイリー、W・A・W・ネイルソン 編　APEC諸国における競争政策と経済発展　A5判 四二〇〇円

60 工藤達朗 編　ドイツの憲法裁判　連邦憲法裁判所の組織・手続・権限　A5判（品切）

61 白羽祐三 著　刑法学者 牧野英一の民法論　A5判 二二〇五円

62 小島武司 編　ADRの実際と理論Ⅰ　A5判（品切）

63 大内和臣・西海真樹 編　United Nations' Contributions to the Prevention and Settlement of Conflicts　菊判 四七二五円

64 山内惟介 著　国際会社法研究第一巻　A5判 五〇四〇円

65 小島武司 著　CIVIL PROCEDURE and ADR in JAPAN　菊判（品切）

66 小堀憲助 著　「知的（発達）障害者」福祉思想とその潮流　A5判 三〇四五円

67 藤本哲也 編著　諸外国の修復的司法　A5判 六三〇〇円

68 小島武司 編　ADRの実際と理論Ⅱ　A5判 五四六〇円

69 吉田豊 著　手付の研究　A5判 七八七五円

70 渥美東洋 編著　日韓比較刑事法シンポジウム　A5判 三七八〇円

71 藤本哲哉 著　犯罪学研究　A5判 四四一〇円

72 多喜寛 著　国家契約の法理論　A5判 三五七〇円

日本比較法研究所研究叢書

＊価格は消費税5％を含みます．